8ºj 1308

8° J
1308

J

LA
GRÈCE CONTINENTALE
ET
LA MORÉE.

PARIS, IMPRIMÉ PAR BÉTHUNE ET PLON.

LA GRÈCE CONTINENTALE

ET

LA MORÉE.

VOYAGE, SÉJOUR ET ÉTUDES HISTORIQUES

EN 1840 ET 1841,

PAR J.-A. BUCHON.

> Notre manière de voir à nous, et, ce tour d'esprit, nous le devons peut-être à notre genre de vie tout politique, est de faire peu de cas de ce qui ne va qu'à faire valoir l'art sans être au fond d'aucune utilité.
> FR. BACON, *Dignité des sciences*, l. v, c. 5.

PARIS.
LIBRAIRIE DE CHARLES GOSSELIN,
ÉDITEUR DE LA BIBLIOTHÈQUE D'ÉLITE,
30, RUE JACOB.

MDCCCXLIII.

A Son Altesse Royale

Madame la Duchesse d'Orléans.

MADAME,

Mon voyage en Grèce avait un but tout historique et tout national. J'allais interroger les monuments en ruines, les débris des archives religieuses et civiles, les souvenirs même et les traditions populaires, et leur demander quelques rayons de lumière qui éclairassent mes pas à travers l'obscure histoire de ces temps où nos croisés de France étaient venus fonder leurs baronnies dans les mêmes vallées où avaient fleuri les rois d'Homère. Pendant plus d'un siècle, cette Nouvelle-France, comme on l'appelait alors, avait fait les délices de l'Occident [1] ; et, lorsqu'elle disparut

---

[1] E cosi le delizie de' Latini, acquistate anticamente per li Franceschi, i quali erano i più morbidi e meglio stanti che in ullo paese del mundo, per cosi dissoluta gente (les Catalans) furono distrutte e guaste. (Giov. Villani, l. VIII, c. 50.)

au milieu de l'anarchie féodale, avant que ses conquérants si indisciplinés mais si valeureux eussent pu racheter bien des fautes par l'héroïque résistance qu'ils auraient opposée aux envahissements des Turcs, tout souvenir de sa courte existence ne fut pas enseveli avec elle. Les chroniques du temps, les ballades populaires, que j'ai entendu les bergers d'aujourd'hui chanter sur les ruines des anciens châteaux francs disséminés par toutes les montagnes, nous ont conservé la mémoire de l'héroïsme chevaleresque de nos aventureux barons, du dévouement de quelques belles châtelaines, du respect que surent s'acquérir au milieu de ces troubles deux des princesses françaises de Morée, Catherine de Valois et Marie de Bourbon; et cette sorte d'unité que créa pour la première fois la conquête française, entre des municipalités habituées depuis la plus haute antiquité à une hostile indépendance, prépara peut-être utilement les idées des Grecs, à leur propre insu, à se voir, au jour de leur indépendance nationale, réunis en un seul État.

A l'aspect de cette nouvelle page ajoutée aux glorieuses annales des nôtres, un noble cœur, un cœur ouvert à toutes les généreuses émotions, un cœur que faisait battre surtout la gloire de sa nation et la gloire de sa famille, qu'il ne séparait jamais, fut vivement remué. S. A. R. Monseigneur le duc d'Orléans approuva chaudement mes recherches, et m'autorisa à lui faire part, pendant mon voyage en Grèce, des faits nouveaux découverts sur les lieux et qui devaient m'aider à jalonner l'histoire du passé; et il prenait d'autant plus d'intérêt à voir ces nouveaux fleurons ajoutés à la couronne des siens, que lui-même, ainsi qu'a daigné me le révéler sa modeste et noble confidence, avait commencé pour lui seul, pour sa famille, pour quelques amis peut-être (car il était justement fier d'avoir des amis), une Histoire des hauts faits par lesquels s'étaient personnellement illustrés les divers membres de sa famille. Cette autorisation, qui me fut accordée avec tant de grâce, était un devoir trop doux et trop honorable pour que j'y manquasse.

En offrant aujourd'hui à VOTRE ALTESSE ROYALE le volume qui contient le résultat des recherches dont elle veut bien accepter l'hommage, c'est à lui encore, c'est à sa pensée vivante, c'est à cette même généreuse affection pour tout ce qui est et fut noble et grand, c'est à ce même cœur tout national qui s'est versé en entier dans le vôtre afin de se transmettre avec la même chaleur et la même pureté à son fils, c'est à Monseigneur le duc d'Orléans en vous, MADAME, que je crois l'offrir. Que VOTRE ALTESSE ROYALE me permette de vous confondre ensemble dans le même respect et le même dévouement.

Je suis,

Madame,

De VOTRE ALTESSE ROYALE

Le plus respectueux et le plus humble serviteur,

J.-A. BUCHON.

Paris, 16 octobre 1843.

INTRODUCTION.

« Avec le livre, dit le mâle Regnier de La Planche[1], on voyage sans frais par toutes les régions de la terre; l'on monte avec espérance jusques au ciel, et descend l'on avec asseurance jusques aux abismes: l'on single par tous les gouffres de la mer sans aucun péril; l'on se trouve sans danger au meilieu des batailles, en assaults et prinses de villes; l'on se sauve sans perte de la main des brigands; bref, l'on y faict toutes négociations et exercices sans bouger d'une place. Ce que long âge, un grand travail et pesante expérience n'aportoient qu'à l'heure de la mort, nos enfants le peuvent, par manière de dire, succer des mamelles de leurs mères et nourrices. »

A l'exemple de cet Amyot, de ce Jacques Colin[2] et de tant d'autres excellents ouvriers, qui, suivant ce même éloquent écrivain du seizième siècle, « aidoient le grand roi François, premier de ce nom, à tirer par la main, comme d'ung tumbeau, les sciences, les arts, les lettres et bonnes disciplines ensevelies en une fondrière d'ignorance, et à nous rendre les outils de sagesse tranchants en nostre langue maternelle, » le but comme l'espoir de l'auteur de ce volume est de conduire sans fatigue avec lui son lecteur à travers des lieux et des hommes intéressants à étudier, mais parfois âpres à visiter, à travers des recherches tout

---

[1] Le *Livre des marchands* de Régnier de La Planche, pag. 428, dans ma Collection des Chroniques du Panthéon littéraire, seizième siècle.
[2] *Ibid.*, p. 427.

à fait nouvelles d'où peuvent surgir des caractères et des faits dramatiques, mais qui ont besoin d'être dégagées de toute encombre et éclaircies, pour laisser saillir le drame de notre conquête et de notre établissement féodal en Grèce.

Le récit de cet épisode de nos annales, que je suis allé étudier sur les lieux, ne viendra que plus tard et après de nouvelles recherches; aujourd'hui je présente au public le récit du voyage que j'ai entrepris dans le but de contempler à la fois cette jeune société européenne que la liberté avait agrégée aux vieux états occidentaux, et les débris des monuments et des souvenirs de l'antique domination des nôtres, monuments et souvenirs dispersés partout sur cette terre conquise et dominée par eux pendant plus de deux siècles, à la suite de la quatrième croisade.

Long-temps avant les pèlerinages à main armée et en grandes masses qui ont exclusivement conservé la dénomination de croisades, mais qui ont été, en effet, comme le déclin des pèlerinages religieux, de nombreux chrétiens avaient pris la croix et s'étaient rendus dans la Terre-Sainte pour y vénérer le tombeau de Jésus-Christ. C'est de là que revenait le chef normand Drogon ou Dreux, en l'an 1016, lorsqu'il débarqua à Salerne, défendit cette ville contre les Sarrasins, s'engagea au service du duc lombard de Salerne émerveillé de la bravoure de sa petite troupe, et, après avoir fait venir de nouveaux renforts de Normandie, jeta la base de cette domination qu'étendirent depuis si glorieusement les fils de Tancrède de Hauteville sur tout le royaume de Naples, l'île de Sicile et les îles de Malte et de Gozo.

A cette première époque des passages d'outre-mer, qui avaient lieu périodiquement au printemps et en automne, ainsi qu'ont lieu aujourd'hui les pèlerinages des musulmans au tombeau du Prophète, le zèle religieux poussait seul les pèlerins vers la Terre-Sainte. Aucun but d'ambition mondaine ne les entraînait hors de leur patrie sur ces plages lointaines. Quelque grande faute à expier, quelque violente passion à calmer, quelque vœu ardent à accomplir, voilà ce qui précipitait des multitudes sans cesse renouvelées au pied du saint tombeau ; et, le voyage accompli, ceux qui avaient pu résister aux fatigues et aux misères de la route rentraient dans leurs foyers plus calmes et plus honorés.

Les Arabes, maîtres de Jérusalem, respectaient alors ces pieux voyageurs. Mais lorsque, en l'an 1065, les Turcs Ortokides, conduits par un lieutenant du sultan Melek-Schah, eurent triomphé des Arabes et dépossédé les califes fatimites de Jérusalem, une ère de persécutions toujours croissantes commença pour les pèlerins chrétiens. Les insultes multipliées faites par les nouveaux conquérants turcs aux pèlerins soulevèrent l'indignation de Pierre-l'Hermite, lors de son premier voyage en Terre-Sainte en 1094. De retour en Europe, il chercha à faire passer son indignation dans tous les cœurs, et, à sa voix éloquente, des armées entières de pèlerins se portèrent vers la Terre-Sainte pour venger les insultes faites à Dieu et aux hommes, et ouvrir désormais un libre accès au saint tombeau. Le poëme du Tasse a immortalisé cette croisade. Jérusalem fut prise et le tombeau du Christ délivré ; mais, à dater de cette victoire, l'esprit de conquête commença à succéder au zèle religieux. Un royaume fut fondé à Jérusalem, une principauté à Antioche, des comtés à Édesse et à Tripoli, et tout le pays conquis sur les musulmans fut réparti entre divers chefs féodaux, qui obtinrent un territoire plus ou moins considérable, en proportion du nombre d'hommes d'armes que chacun avait réunis sous sa bannière et qu'il pouvait y maintenir pour la défense du pays.

En même temps que cette nouvelle direction des idées provoquait de si notables changements en Orient, elle amenait rapidement en Occident une modification réelle de la société. Jaloux de se montrer avec plus d'éclat dans les armées des croisés et de profiter plus amplement des chances de la conquête, tous les chefs féodaux luttaient d'efforts pour réunir sous leur bannière une suite plus nombreuse de chevaliers et d'hommes d'armes. Ce surcroît de forces ne s'obtenait pas sans un surcroît de sacrifices pécuniaires, aggravés encore par le haut intérêt que faisaient payer les marins ou banquiers vénitiens et génois, et on ne pouvait arracher aux communes ces contributions extraordinaires qu'en se laissant aussi arracher des concessions extraordinaires. L'avantage réclamé par le seigneur amena ainsi un avantage correspondant octroyé aux hommes de ses domaines. Dans les premiers temps des pèlerinages, on avait isolément affranchi quelques serfs pour le salut de son âme; cette fois, on affranchit des communes entières pour l'agrandissement de sa personne. La liberté s'acheta partout en même temps; et, à chaque nouvelle croisade en Orient, s'augmenta en Occident le nombre des garanties concédées aux classes inférieures. Les exemples donnés par les seigneurs qui partaient à la recherche des aventures ne tardèrent pas à être suivis par ceux même qui restaient dans leurs domaines; de sorte qu'après un siècle seulement, grâce à l'éloignement des hommes les plus turbulents, qui allaient user en Orient l'activité qui aurait porté le désordre dans leur pays, grâce aussi à la sage prévoyance des papes, qui prescrivirent la paix dans les terres ainsi momentanément abandonnées par leurs seigneurs, le bon ordre intérieur, résultant d'une meilleure organisation des communes, l'amélioration de la justice et l'accroissement de la richesse publique amenèrent sans secousses les progrès civilisateurs qui signalent l'apparition du treizième siècle.

Au moment où ce treizième siècle allait succéder au douzième, le dernier des siècles obscurs du moyen âge, un nouvel ébranlement était imprimé à la fois aux idées religieuses et aux idées de conquête. Saladin, devenu successivement sultan de Damas, d'Alep et d'Égypte, avait frappé au cœur le royaume chrétien de Palestine.

Jérusalem, après quatre-vingt-dix-huit ans de possession, était retombée entre les mains des musulmans, et Ptolémaïs ou Saint-Jean-d'Acre elle-même, ce boulevard du nouveau royaume, venait de succomber. Deux rivaux dignes de Saladin, Philippe-Auguste et Richard Cœur-de-Lion, se présentèrent aussitôt dans la lutte, à la tête d'une troisième croisade. Richard commença par enlever l'île de Chypre à l'empire grec en la cédant aux Lusignan, comme pour donner le signal du démembrement qui allait suivre, et les deux souverains reconquirent héroïquement Ptolémaïs. Mais les cruautés atroces commises par Richard, la violence de son caractère, les jalousies entre les deux rois, et, d'autre part, la générosité et la bravoure toute chevaleresque de Saladin rendirent inutile la reprise de Saint-Jean-d'Acre par les chrétiens, et la troisième croisade se termina sans que Jérusalem eût été reconquise.

Un pape homme de génie, Innocent III, monté sur le trône pontifical en 1198, résolut de tenter un nouvel et puissant effort en faveur de la cause chrétienne. Une quatrième croisade succéda rapidement à la troisième. Mais l'ambition mondaine lui donna un tout autre cours que ne l'avait prévu le zèle religieux. Une suite d'événements, décrits avec un charme entraînant par le plus ancien de nos chroniqueurs en prose française, le maréchal héréditaire de Champagne Geoffroy de Ville-Hardoin, détourna le principal corps de l'armée des croisés des mers de Syrie pour le porter sur les mers de Grèce; et ce ne fut plus Jérusalem, la ville sainte, mais Constantinople, la ville chrétienne schismatique, qui tomba entre leurs mains. L'empire byzantin fut divisé tout entier par lambeaux entre les chefs croisés. Déjà l'île de Chypre avait été transformée depuis quelques années en un royaume latin placé sous les Lusignan; l'île de Candie avait été presque entièrement détachée aussi de la couronne impériale en faveur du marquis de Montferrat, qui la céda aux Vénitiens; ce qui restait de l'empire fut réparti entre tous les chefs. Un empire franc fut créé à Constantinople et donné au comte Baudoin de Flandre qui avait épousé Marie de Champagne. De cet empire relevèrent : les duchés francs établis soit en Asie, soit en Europe au nord de l'ancien empire grec ; les provinces et les îles données au doge de Venise avec le titre de despote ; le royaume de Salonique, qui s'étendait du mont Hémus aux Thermopyles, et fut donné à Boniface de Montferrat ; enfin la principauté de Morée, qui embrassait le reste de la Grèce continentale, le Péloponnèse, les Cyclades et les îles Ioniennes, moins Corfou, et qui fut conquise par un seigneur français. L'empire franc de Constantinople ne dura que cinquante-neuf ans. Le royaume de Salonique dura moins de temps encore. Son existence même fut toujours précaire, déchiré qu'il était d'un côté par les rois de Bulgarie, qui venaient de ressaisir leur indépendance, et de l'autre par les despotes d'Arta, de la famille Ange, qui s'étaient constitué une souveraineté sur les débris de leur souveraineté de famille.

La principauté française de Morée ou d'Achaïe eut plus longue vie. Gouvernée par une suite de souverains braves et habiles de la famille Ville-Hardoin de Champagne et rattachée à la fois par des liens de famille et de féodalité à la dynastie angevine des Deux-Siciles, elle continua à se maintenir, plus ou moins déchirée, plus ou moins puissante, mais toujours française et toujours indépendante et guerrière, jusqu'à la conquête turque, à la fin du quinzième siècle.

C'est l'histoire de cette partie importante de nos conquêtes étrangères que j'ai entrepris de rechercher et d'éclaircir. Une obscurité profonde l'avait jusqu'ici enveloppée. Les historiens byzantins ne la traitent qu'en passant et à l'occasion des guerres de leurs souverains avec les Français ; nos chroniqueurs à leur tour avaient trop peu de moyens, dans l'état imparfait des communications, pour pouvoir jeter sur cette curieuse époque une lumière suffisante. Et d'ailleurs, autant nous sommes ardents et habiles à rechercher, à gagner, à nous unir les pays contigus à notre territoire, autant sommes-nous froids et dépourvus de suite dans ce qui s'éloigne par trop de notre attention de tous les jours. Quelle partie de l'univers n'avons-nous pas successivement possédée et perdue, sans qu'il reste même dans notre mémoire le souvenir du nom des pays que nous avons régis, des hommes éminents qui nous les ont acquis et de ceux qui ont consacré leurs talents à nous les conserver! Le grand ministre Sully avait été vivement frappé de ce défaut de notre caractère national. Il s'exprime ainsi à cet égard dans une lettre qu'il écrivait le 26 février 1608 au président Jeannin, envoyé pour négocier au nom de la France dans les Pays-Bas :

« J'ai toujours estimé, dit Sully, la monarchie d'Espagne estre du nombre de ces estats-là, qui ont les bras et les jambes fortes et puissantes et le cœur infiniment foible et débile, et tout au contraire nostre empire françois estre de ceux qui ont les extrémités destituées de puissance et de vertu et le corps d'icelles merveilleusement fort et vigoureux, différences qui procèdent de leur situation et du naturel des nations dont ils sont composés. Ces considérations m'ont toujours fait insister et conseiller avec fermeté qu'il falloit attaquer le cœur et les entrailles de l'Espagne, que j'estime, pour le présent, résider aux Indes orientales et occidentales, lesquelles ayant été le seul fondement de la grandeur d'Espagne, sera par sa ruine le bouleversement de sa rude domination, sans néanmoins devoir prétendre pour nous la conservation ou possession de telles conquestes, comme trop éloignées de nous et par conséquent disproportionnées au naturel et à la cervelle des François, que je reconnois, à mon grand regret, n'avoir ni la persévérance ni la prévoyance requises pour telles choses, mais qui ne portent ordinairement leur vigueur, leur esprit et leur courage qu'à la conservation de ce qui leur touche de proche en proche et leur est incessamment présent devant les yeux, comme les expériences du passé ne l'ont que trop fait connoistre, tellement que les choses qui demeurent séparées de nostre corps par des terres et des mers estrangères ne nous seront jamais qu'à grande charge et à peu d'utilité. »

Cette disposition éternelle de notre esprit explique tout naturellement l'abandon successif de tant de pays et de tant de populations conquises par notre épée et soumises par l'équité de nos lois ou gagnées par l'affabilité de nos mœurs ; elle justifie en quelque sorte l'oubli de la politique ; mais elle ne saurait excuser ni l'abandon ni l'oubli qu'en ferait l'histoire. Tout fait glorieux du passé est un legs sacré qui appartient à la génération présente, laquelle, à son tour, en doit compte aux générations futures ; car c'est la réunion de tous ces faits qui compose la vie d'une nation ; et le bien comme le mal, la gloire comme les revers, le bon usage de la prospérité comme la fermeté d'un haut cœur dans l'adversité, sont des exemples et des leçons qu'on ne saurait passer sous silence sans se rendre coupable envers soi et envers les siens.

Napoléon écrivait à son frère Louis en Hollande : « Vous devez comprendre que je ne me sépare pas de mes prédécesseurs, et que, depuis Clovis jusqu'au comité de salut public, je me tiens solidaire de tout, et que le mal qu'on dit de gaieté de cœur contre les gouvernements qui m'ont précédé, je le tiens comme dit dans l'intention de m'offenser. » Cette même sympathie pour les triomphes et les souffrances de nos devanciers, nous devons la ressentir tous ; et nous ne devons pas permettre qu'on arrache ou qu'on dédaigne un seul feuillet de nos annales nationales ; car nous sommes ce que nous sommes, avec nos défauts comme avec nos qualités ; et, au milieu des époques les plus désordonnées, il y a de hautes gloires qui surgissent au sein du plus profond abattement ; il y a d'éclatantes vertus qui expient de bien tristes erreurs ; il y a de grands progrès qui nous consolent de nos longues souffrances.

Ce sentiment consciencieux de mon devoir comme Français et comme écrivain est l'inspiration qui m'a toujours guidé et soutenu dans mes études, et m'a encouragé à poursuivre les travaux difficiles qu'il me fallait entreprendre pour reconstituer et remettre enfin sur pied l'histoire si obscure de notre domination dans les provinces démembrées de l'empire grec à la suite de la quatrième croisade. Un court exposé du résultat de mes recherches ne sera peut-être pas sans intérêt.

L'empire de Constantinople une fois conquis par les nôtres, il fallut songer à le constituer et à l'organiser. L'empereur Henri de Constantinople, successeur de son frère Baudoin, convoqua à cet effet tous les chefs de la conquête en un parlement solennel, qui se tint à cheval dans les prairies de Ravennique en Macédoine. Chefs militaires et chefs ecclésiastiques, tous y accoururent, et le patriarche latin de Constantinople y vint prendre place pour stipuler les droits de l'Église romaine triomphante. Là fut décidé ce que les chefs supérieurs devaient à l'empereur; ce que tous les feudataires se devaient entre eux ; ce qu'ils devaient au reste de l'armée franque qui les avait suivis; ce qu'ils devaient enfin au pays soumis, dans l'intérêt du maintien de la conquête. Là fut constituée l'église latine, qui succédait à l'église grecque dans ses biens et ses droits. Les coutumes féodales qui avaient réglé la conquête franque dans les royaumes de Palestine et de Chypre, devinrent les usages par lesquels eut à se régir tout l'empire de Romanie, en même temps qu'une sorte de concordat, dont j'ai eu copie des savants moines bénédictins de l'abbaye du mont Cassin, déterminait l'étendue et la limite des priviléges de l'Église.

Geoffroy de Ville-Hardoin, devenu prince de Morée ou d'Achaïe par sa bravoure, son habileté, et aussi par la haute considération dont était entouré son oncle, le vénérable maréchal héréditaire de Champagne et de Romanie auteur de la *Chronique de Constantinople*, mit sur-le-champ les nouveaux usages en vigueur dans ses états, et fit frapper monnaie en son nom. A l'image du royaume de France et de la plupart des états chrétiens, et en souvenir peut-être des pairs romanesques de la Table Ronde, sa principauté eut ses grands fiefs, subordonnés à sa suzeraineté et confiés à ses hauts barons. Au marquis de Bodonitza, l'un d'eux, il confia la garde des marches ou frontières de la principauté du côté de la Thessalie. Au duc d'Athènes, de la maison des La Roche ou Ray (*de Rupe*) de Franche-Comté, fut dévolue la principale autorité dans le conseil, avec le titre de baron d'Athènes et de Thèbes, qui ne fut remplacé par le titre de duc qu'en vertu d'une concession de saint Louis. Le duc de Naxos ou des Cyclades, le comte palatin de Céphalonie et autres îles ioniennes, et les trois barons tierciers d'Oréos, de Chalcis et de Carysto en Eubée, furent chargés en particulier de la défense maritime. Le baron de Caritena eut la garde des montagnes du côté des Tzacons, qui, de temps à autre, renouvelaient leurs nobles tentatives d'indépendance. Le baron de Passava, de la maison de Neuilly, campé au sein même de la terre guerrière du Magne, fut investi de la dignité héréditaire de maréchal de la principauté; et les seigneurs de La Trémouille, de Toucy, de Brière, de Charpigny, de La Palisse, de Périgord, de Courtin, de Ligny, de Brienne, de Bussy, de Lusignan, de Bracy, d'Agout, d'Aunoy, et beaucoup d'autres, ainsi que les chevaliers de Saint-Jean de Jérusalem, du Temple et de l'Ordre Teutonique, reçurent à diverses époques des fiefs plus ou moins considérables dans l'intérieur du pays. Les hauts barons étaient tous les pairs ou égaux du prince, et formaient avec lui la haute cour, chargée de prononcer, sous la présidence du prince, dans toutes les questions féodales et dans tous les cas de haute justice ou justice par le sang. Une cour inférieure, appelée cour des bourgeois, présidée par un délégué du prince, était saisie des questions entre les habitants non nobles; et chaque seigneur, dans sa propre terre, connaissait sans appel des cas civils entre vilains, et avec appel des cas de moyenne et haute justice. Outre le maréchal héréditaire, le prince avait de grands officiers d'état, tels que le logothète ou chancelier, le protovestiaire ou trésorier, le capitaine d'armes, et des châtelains dans les forteresses de garde générale. On s'était partagé le pays avant de l'avoir occupé de fait ; l'œuvre d'occupation effective ne fut ni longue ni bien contestée. Depuis les derniers temps des Comnène, les parties éloignées de l'empire s'étaient déshabituées de l'obéissance régulière, et de petits chefs locaux avaient, dans l'intérêt de leur ambition, semé partout la discorde et l'anarchie. Aucune force grecque un peu compacte ne pouvait donc être réunie contre les Français, et chaque province attaquée séparément devint une proie facile. Les douze villes fortifiées du Péloponnèse et les montagnes offrirent quelque résistance ; mais, aux villes fortes, on accorda des priviléges, en laissant parfois aux habitants grecs la garde de la ville et en se contentant d'un fort par lequel on la dominait ; quant aux montagnards plus pauvres, ils furent agréés comme auxiliaires soldés. Puis, pour assurer l'occupation du pays, on fit bâtir dans les plus fortes positions des châteaux autour desquels vinrent se grouper les habitations de l'armée conquérante. Les Romains, lorsqu'ils réunirent tant de royaumes sous leur autorité, s'étaient garantis contre les rébellions en détruisant les forteresses et en portant leurs boulevards de défense aux extrémités de l'empire ; aussi, ces boulevards une fois franchis, les peuples barbares purent-ils se répandre comme autant de torrents destructeurs sur toutes leurs provinces sans défense. Le système opposé fut adopté par l'armée conquérante de nos Francs de Morée, ainsi qu'il l'avait été par leurs ancêtres. Tout le pays fut hérissé de châteaux-forts : châteaux du prince pour la garde générale du pays ; châteaux des hauts barons au centre et aux extrémités de leur baronnie pour la protection de leurs propres domaines et sans qu'il leur fût besoin de l'autorisation du prince, puisqu'ils avaient, en qualité de ses égaux, le droit de guerre privée ; châteaux des seigneurs bannerets et des liges d'hommage simple, toujours ouverts au prince, mais qui servaient à la fois à la protection et à l'éclat des seigneurs. Retrouvant ainsi sous le beau ciel de la Grèce les habitudes de leur patrie, nos Français s'attachèrent à leur conquête. Beaucoup d'entre eux firent venir de France leurs sœurs et une partie de leur famille, et bientôt la Morée devint, suivant l'expression du pape Honorius, une *Nouvelle France;* car, ainsi que le rapporte le spirituel chroniqueur et aventureux guerrier catalan, Ramon Muntaner, qui visita ce pays en 1309, « toujours, depuis la conquête, les princes de Morée avaient pris leurs femmes dans les meilleures maisons de France, et il en était de même des hauts barons et chevaliers, qui ne s'étaient jamais mariés qu'à des femmes qui descendissent de chevaliers de France. Aussi, disait-on, ajoute-t-il, que la plus noble chevalerie du monde était la chevalerie française de Morée, et on y parlait aussi bon français qu'à Paris. »

Ce droit de guerre privée laissé aux hauts barons produisit des fruits amers pour la conquête, car c'était souvent au moment où il était le plus nécessaire de se réunir contre l'ennemi commun que les dissensions et les jalousies entre les chefs français affaiblissaient le plus l'autorité du commandement; mais le courage aventureux de ceux qui restaient avait bientôt compensé le désavantage de leur situation. C'est dans ces luttes inégales que se présentent en foule à notre admiration les caractères et les faits les plus héroïques, qui forment un drame plein de vie et d'intérêt pour nous; car, partout où triomphe un Français, la France est glorifiée en lui, et, partout où un Français est humilié, la France se sent humiliée avec lui.

Cette anarchie féodale, quelquefois comprimée par l'autorité des princes, mais jamais complétement étouffée, continua en Morée pendant plus d'un siècle. Les feudataires sentaient bien d'où venait le mal, et comprenaient qu'en présence des Grecs, qui avaient repris les montagnes du Magne, et après les embarras survenus aux rois angevins de Naples, qui, depuis la reprise de Constantinople par les Grecs, avaient continué, en vertu d'une cession de l'empereur Baudoin et du prince Guillaume de Ville-Hardoin, à posséder la seigneurie supérieure de l'Achaïe, le maintien de la conquête devenait chaque jour plus difficile ; mais aucun ne voulait faire les sacrifices d'amour-propre nécessaires au rétablissement de l'autorité et de la force publique. Sur la fin du quatorzième siècle, la principauté d'Achaïe échut, par la mort de l'impératrice Marie de Bourbon, à son neveu Louis II, troisième duc de Bourbon, beau-frère de Charles V, un des tuteurs de Charles VI, et petit-fils de Louis, premier duc de Bourbon, duquel descend directement Henri IV. Louis de Bourbon résolut d'aller prendre une possession effective de sa principauté ; mais, pour mieux se rendre compte de l'état du pays et des ressources qu'il pouvait offrir aussi bien que des moyens à prendre pour le conserver, il y envoya à deux reprises un de ses chevaliers, nommé Chastel-Morant, qui, dit une vieille chronique, « oncques en sa vie ne feit voyage, sinon à ses despens, ne aussi n'ot cure de demourer en cour de seigneur. » Chastel-Morant avait rapporté de Grèce à Moulins une adhésion des seigneurs hauts terriens de Morée et entre autres du plus puissant de tous, le seigneur d'Arcadia en Messénie. Louis de Bourbon se prépara donc à partir vers 1390. « Il avoit, dit sa chronique, de hautes pensées en lui. La première estoit de mener la royne à Naples, et, allant son chemin, de prendre la saisine du principat de la Morée que l'on clame Achaïe, qui estoit sienne : car ceux de la Morée n'attendoient que lui pour le recevoir à seigneur. »

La démence du roi Charles VI et les dissensions entre les princes de la famille royale de France empêchèrent Louis duc de Bourbon de se rendre dans sa principauté de Morée, et il mourut, en 1410, avant d'avoir pu réaliser son projet. La défaite d'Azincourt eut lieu cinq ans après, et la France, déchirée dans son propre sein, eut besoin pour elle du bras de tous ses enfants. Quand elle se fut reconquise elle-même et fut rassise sur sa base, grâce aux vertus et à la raison si droite de Jeanne d'Arc, à la sagesse de Dunois, à la bravoure des Xaintrailles, des La Fayette, des La Hire, aux lumières de Bureau de La Rivière, réformateur de l'artillerie, au patriotisme de l'opulent Jacques Cœur, il n'était plus temps de remédier à l'état chancelant de la principauté gallo-grecque. Les Turcs, vainqueurs sous Bajazet des forces hongroises et de la chevalerie de France à Nicopolis, s'étaient emparés, sous Amurat, son petit-fils, de Salonique et d'une partie de l'ancienne Épire, et enfin, sous Mahomet II, fils d'Amurat, de Constantinople elle-même. La principauté de Morée, dont les Grecs et Florentins et Napolitains disputaient les lambeaux aux seigneurs français, faible reste de la conquête de 1205, ne pouvait se maintenir plus long-temps. Dix ans s'étaient à peine écoulés depuis la prise de Constantinople par Mahomet, que la Roumélie entière, puis la Morée, puis en 1470 l'île d'Eubée, devinrent la proie des Turcs. Tous ceux qui purent fuir se réfugièrent dans les pays voisins; le reste fut dépouillé ou massacré, et la Grèce entière fut enlevée pour près de quatre siècles à la civilisation.

J'ai voulu voir, après ces siècles d'infortune et de barbarie, ce qui restait sur le sol grec et dans les cœurs grecs des monuments et des souvenirs de notre domination de plus de deux siècles dans la principauté d'Achaïe. J'ai parcouru le pays dans tous les sens; j'ai conversé avec les hommes de toutes les classes; j'ai mûrement examiné et les débris des monuments, et les débris des archives; et, après deux ans de recherches consciencieuses, je rapporte à mes compatriotes le fruit d'études persévérantes. Semblable au médecin qui, le lendemain des grandes batailles, parcourt soigneusement le champ de mort pour découvrir si, parmi ces cadavres gisants pêle-mêle, il ne se retrouverait pas quelque corps animé d'un reste de vie, j'ai parcouru le champ obscur du passé à la recherche de quelque fait ou de quelque nom glorieux des nôtres qui méritât de sortir du sépulcre de l'oubli pour renaître à la vie de l'histoire, ou du moins sur la trace des monuments et des souvenirs qui restent d'eux. Ces faits, ces noms, ces monuments, ces glorieux souvenirs sont bien plus nombreux qu'on ne le pense. Suivons pour un instant la marche de notre armée conquérante à travers les provinces de l'ancienne Grèce, et on verra si je m'abuse.

Laissons là notre vieux chroniqueur Geoffroy de Ville-Hardoin, maréchal héréditaire à la fois de Champagne et de Romanie, choisir entre les fiefs de Serrhès et de Mosinopolis en Macédoine, que lui avait donnés son ami le roi-marquis Boniface de Montferrat; laissons là aussi le roi-marquis, s'appuyant au nord sur l'Hémus et comptant sur le bon voisinage de son beau-frère le roi de Hongrie, s'avancer au midi jusqu'à l'Olympe, disposé à abandonner au neveu de son ami le maréchal le reste des provinces méridionales, et passons de l'autre côté de l'Olympe et au delà de la vallée de Tempé pour pénétrer avec les nôtres dans les riches plaines de la Thessalie. Ici commençait la Grèce d'Homère, ici commençaient à vrai dire les premiers postes féodaux de la principauté française ; ici aurait dû commencer le royaume actuel de Grèce, si les puissances n'eussent pas refusé de se rappeler que c'était dans les montagnes de l'Olympe et du Pinde qu'avait été constamment alimenté le foyer de la résistance armée contre le joug turc, que les chefs les plus braves s'étaient perpétués de race en race, qu'il y avait eu le plus de sacrifices, le plus de courage, le plus de dévouement, le plus de souffrances. La Thessalie et la Crète, arrachées par la volonté des hautes puissances au corps de la monarchie grecque, se débattront longtemps palpitantes, comme la tête et la queue d'un serpent que la hache aurait séparées de leur tronc ; mais le serpent meurt, et la Grèce subsistera ; et, viennent les zéphyrs, cette jeune plante grandira à sa taille naturelle, et les fleurs produiront leurs fruits.

Au temps de notre conquête, la Thessalie était comme une sorte de terrain neutre entre le royaume lombard de Salonique et la principauté française d'Achaïe, et, de même qu'au temps d'Homère, elle était le vestibule et la porte de la Grèce. Les centaures antiques et leurs successeurs avaient leurs successeurs dans nos chevaliers toujours éperonnés et armés. Mais, au lieu du vaillant Protésilas, d'Eumélus, fils du roi Admète; de Philoctète, ami d'Hercule; de Podalire et Machaon, enfants d'Esculape; de Polipétès, fils de Pirithoüs, vainqueur des centaures et petit-fils de Jupiter; de Gonéus, maître de la froide Dodone; de Prothoüs, habitant les forêts du Pélion; c'étaient Roland de Passy, Thierry d'Ostrevant, Guillaume et Pierre de Bassigny, Jacques de La Baume, Robert de Trevel, Jean de Montigny, Guillaume Alaman, Roland et Albert de Canosa, Ulrich de Thorn, Eustache de Saar-Brück, Berthold de Katzenellenbogen, Nicolas de Saint-Omer, Hugues de Besançon, Albert du Plessis, qui occupaient les forteresses de Larisse, de Velestino, de Pharsale, d'Armyro, de Domocos et des environs du Pélion, qui a conservé de l'un d'eux le nom de Plessis; forteresses dont les restes sont encore debout sur tous les contreforts des monts de la Thessalie, sur tous les escarpements qui dominent ses plaines. Leur position les rendait presque indépendants.

Ce n'est qu'au delà des monts Othrys, avec la vallée du Sperchius, que commençait le domaine incontesté des princes français d'Achaïe de la famille Ville-Hardoin. Cette riche vallée du Sperchius était de tous les points le plus essentiel à défendre, puisqu'elle conduit en Béotie et en Attique; et cette nécessité de la défense y a toujours entretenu la vaillance des habitants. Aux temps homériques Achille était comme campé à la tête de la vallée, dans la Phthiotide, dont la capitale, Larissa-Cremasti, offre des ruines intéressantes. La petite république des Ænians, avec Hypate et Néopatras au pied de l'Œta, protégeait le passage du Sperchius à l'autre extrémité ; l'étroit passage des Thermopyles, entre les derniers points de la chaîne de l'OEta et les marais du golfe Malliaque, en interdisait la sortie vers le midi ; et, si on franchissait ces obstacles, on se trouvait aux prises, avant de franchir les défilés du Callidrome, avec les habitants guerriers de la Locride du Cnémis, dont Ajax, fils d'Oïlée, conduisit les troupes au siége de Troie, et avec ceux de la Locride Opuntienne, que gouverna le père de Patrocle, ami d'Achille. A toutes les époques on voit se diriger par cette route les grandes armées d'invasion. C'est par cette vallée que, l'an 480 avant Jésus-Christ, l'armée de Xerxès vint se heurter aux Thermopyles contre le dévouement de Léonidas et de ses Spartiates. C'est là que fut arrêtée, deux cents ans après, l'an 280 avant Jésus-Christ, l'armée de nos ancêtres gaulois, qui, sous un de leurs brenns, avaient ravagé la Macédoine et la Thessalie, et c'est par le chemin même d'Hydarnes qu'ils franchirent le Callidrome et allèrent piller le trésor du temple de Delphes. C'est par là encore que, quinze cents ans après, l'an 1205 de Jésus-Christ, une autre armée envahissante de Français, celle des croisés, ayant pour chef Boniface de Montferrat et pour capitaines Guillaume de Champlitte, Othon de La Roche, Jacques d'Avesnes et plusieurs autres illustres croisés de Bourgogne, de Champagne, de Flandres, de Savoie et de Lombardie, se dirigea par la Béotie et Mégare sur Corinthe et Argos, avant la cession de l'Achaïe à un prince particulier. C'est par là enfin que passa, en 1309, la Grande-Compagnie catalane dans sa marche sur le duché français d'Athènes. Aussi, lors de l'établissement de la principauté française d'Achaïe, des soins tout spéciaux furent-ils pris par les conquérants pour pourvoir à la garde de tous les passages.

Un seigneur français de famille puissante obtint, sous le titre de marquis, le commandement de cette marche ou frontière, et planta son château à Bodonitza, peut-être l'ancienne Dodone thessalique.

Les deux grandes forteresses de Zeitoun ou Lamia, et de Patradjick ou Néopatras, l'ancienne Hypate capitale des Ænians, dont de vastes ruines subsistent encore, furent destinées à garder les passages du blond Sperchius aux rives verdoyantes. Les Français ne s'en emparèrent que sur la fin du premier siècle de la conquête. Les Catalans, maîtres après eux du duché d'Athènes, s'en emparèrent à leur tour, fortifièrent de nouveau Néopatras contre les excursions qui pouvaient survenir du côté de l'Étolie, et y fondèrent le duché de Néopatras, dont le titre, réuni à celui du duché d'Athènes, s'est conservé jusqu'à nos jours parmi les titres d'honneur des rois d'Espagne, successeurs des rois d'Aragon-Sicile. La ville de Patradjick, qui domine toute cette partie de la vallée du Sperchius, est encore surmontée des ruines de l'ancienne forteresse catalane. Elle était destinée dans les temps plus anciens à arrêter les envahisseurs arrivés de la Thessalie aux beaux chevaux pour se jeter dans l'Étolie, dont les habitants faisaient partie, aux temps homériques comme aujourd'hui, de la réunion des peuples grecs, et qui, sous Thoas, fils d'Andrémon, furent conduits sur quarante bâtiments au siége de Troie. La grande vallée de l'Achéloüs, qui sépare l'Étolie ancienne de l'Acarnanie, était alors défendue, au passage du mont Arakinthe, près duquel se trouve le couvent actuel de Boursos, par de petits forts qui donnaient l'éveil aux villes fortes de Vrachori et de Missolonghi, tandis qu'aux deux extrémités de cette côte les forteresses de Vonitza, près de l'ancienne Actium, et de Lépante ou Naupacte, à l'entrée même du golfe qui ouvrait passage au cœur de la principauté, défendaient tout abord par mer. La forteresse de Lépante resta presque jusqu'aux derniers temps de notre domination entre les mains des seigneurs français de Morée; et ce ne fut qu'en 1407 que, désespérant de voir arriver parmi eux Louis de Bourbon leur prince, auquel ils avaient envoyé leurs requêtes par son ambassadeur Chastel-Morant, ils se décidèrent à s'en dessaisir, moyennant une indemnité de 500 ducats d'or, en faveur des Vénitiens plus capables qu'eux de la protéger contre les Turcs. Sous Philippe de Tarente, mari de l'impératrice titulaire de Constantinople Catherine de Valois, et fils de Charles II de Naples, Lépante avait été le séjour habituel de ce prince, qui, à sa qualité de prince direct d'Achaïe, joignait celle de despote d'Arta et de seigneur de Corfou en vertu de son premier mariage avec Ithamar, fille de Nicéphore Comnène, despote d'Arta ou d'Épire. Enfin, c'est près de cette même forteresse de Lépante que se livra, en 1571, le célèbre combat naval dans lequel les Vénitiens, les forces pontificales et les Espagnols, commandés par don Juan d'Autriche, triomphèrent des forces ottomanes, sans pouvoir cependant sauver Chypre, ce qui était le but de la ligue et de l'armement. L'étendard porté par don Juan est encore conservé à Gaëte. Ces forteresses et ces montagnes formaient ainsi alors un puissant boulevard.

La mer ouvre un accès plus facile à la vallée du Sperchius. Tout en face du plateau sur lequel est assis Bodonitza, en suivant la vallée par laquelle le torrent du Boagrius se jette dans le golfe Malliaque, s'ouvre le détroit de l'Eubée, et par là les bâtiments peuvent arriver des côtes d'Asie et du golfe de Salonique. Larissa en Phthiotide et Oréos en Eubée étaient placées des deux côtés de ce canal comme des sentinelles vigilantes. Au temps d'Homère, les Abantes, qui habitaient l'Eubée depuis Histiœa ou Oréos jusqu'à Carysto, paraissent sous les ordres d'un seul chef, Elphénor, de la race de Mars. Sous les Français, l'Eubée, île riche et peuplée, fut répartie entre trois barons de la même famille, relevant féodalement des princes français de Morée et liés par des traités avec la commune de Venise. Tous les traités conclus à cet égard entre les princes français de Morée et la commune de Venise, depuis les premiers temps de la conquête, sont conservés textuellement dans les archives de Venise, et je les ai vérifiés sur des manuscrits du temps. Jacques d'Avesnes, de la famille des comtes de Flandres, avait bien été le premier conquérant de l'Eubée ; mais, en vertu d'arrangements particuliers, la seigneurie de l'Eubée avait été cédée par lui à un Lombard de ses amis, qui la partagea entre ses trois fils, restés tous sous la suzeraineté des princes français de Morée. En parcourant cette île, qui n'a jamais été décrite par les voyageurs, car les Turcs d'Eubée s'opposaient toujours à ce qu'on la visitât, j'ai retrouvé encore debout les trois forteresses placées au centre des trois baronnies, les redoutables châteaux bâtis dans les défilés de chaque baronnie pour leur servir de rempart l'une contre l'autre, plusieurs châteaux des feudataires inférieurs, quelques-unes des églises latines construites au temps de ces barons, et jusqu'à leurs inscriptions funéraires et écussons.

Les îles placées sur la côte d'Eubée, telles que Skopélos, Skiathos et Skyros, étaient dans la dépendance de ces trois barons. A Skyros, où Achille se cacha parmi les filles de Lycomède et donna naissance à Pyrrhus, les Francs consacrèrent un couvent à saint Luc, et les deux autres îles offrent quelques restes des châteaux et couvents qu'ils y avaient bâtis, aussi bien que de leurs armoiries de famille.

Au cas où la surveillance active des barons de l'Eubée se serait endormie, et où des vaisseaux passant près des îles Lichades, composées des membres du malheureux Lichas, serviteur d'Hercule, dont elles portent le nom, eussent hasardé un débarquement sur les côtes de la Locride, des dispositions étaient prises pour en neutraliser le danger. Au pied du Cnémis, à quelques milles de la côte où est établie aujourd'hui une sucrerie française de sucre de betterave, s'éleva la forteresse de Sidéroporton, qui défend l'accès vers les passages de montagne et vers l'ancienne Opus, patrie de Patrocle, aujourd'hui Kardinitza, où se trouvent aussi les restes d'une ancienne forteresse.

Les passages de mer étaient donc aussi bien gardés que les passages de terre. Pour pénétrer dans la vallée du Sperchius et du Boagrius dans la vallée de la Doride, en allant en Béotie par Bodonitza, on rencontre un défilé, ou *cleisoura*[1], que notre vieux chroniqueur Henri de Valenciennes, continuateur de Ville-Hardoin, appelle la Closure. A l'entrée même de cette gorge étroite et pittoresque qui se fraie un chemin sinueux entre deux versants du Callidrome, dont les pentes sont revêtues jusqu'au sommet des arbres les plus magnifiques, est bâti au-dessus d'un plateau, au milieu d'une gracieuse vallée et sur de larges bases helléniques, le château franc du marquis de Bodonitza, encore presque entier aujourd'hui. Ce chef féodal tenait ainsi entre ses mains les clefs de la Grèce. Une fois ce défilé franchi, on descend dans la vallée du Céphise, entre le Callidrome et le Parnasse. Dans tous les passages de cette vallée intérieure de la Doride, sur tous les versants du Callidrome et du Parnasse jusqu'aux sources mêmes du Céphise, subsistent les ruines de petits châteaux français, distribués partout comme autant de sentinelles et placés sous le vasselage du haut baron de Bodonitza. Par sa position intermédiaire, cette riche vallée dépendait alors, comme elle dépendit aussi dans les temps anciens, des chefs plus puissants qui l'entouraient. Le seigneur de Gravia, mentionné dans les lettres d'Innocent III, était un des plus importants de ces feudataires inférieurs, car par le défilé de Gravia s'ouvre encore aujourd'hui la route de la Livadie ou partie supérieure de la Béotie.

Une fois descendue dans les plaines de la Béotie, une armée d'invasion eût trouvé de nouveaux obstacles. Près de l'antique domaine de Mynias, l'ancienne Orchomène, dont Ascalaphe conduisit les troupes au siége de Troie, existent des ruines d'une forteresse franque, et à trois lieues de là subsiste entière sur ses bases helléniques la forteresse française de Livadia, dont l'enceinte fermée a offert, pendant la dernière guerre, un rempart à toute la population de

---

[1] Κλεισοῦρα, passage étroit et fort entre des montagnes.

la ville actuelle de Livadia. Ces vastes restes, qui couvrent la colline élevée à pic au-dessus de la ville, du côté de l'antre de Trophonius, produisent un très-bel effet dans tout le paysage, et de là on embrasse une vue magnifique des cimes neigeuses du Parnasse et du double Hélicon. Si de là on voulait passer dans la Phocide, on avait devant soi la forteresse encore subsistante des comtes de Salona; et, si on voulait marcher sur Thèbes, on trouvait une multitude d'autres petits forts, échelonnés sur tous les versants de l'Hélicon et qui viennent se projeter sur la route de cette ville, outre les marais du lac Copaïs, si funestes aux chevaliers de France en l'an 1310, et les nombreux fortins disséminés sur ses rives, dans l'île de Gla, à Hagia-Marina et jusqu'à Karditza, l'ancienne Acræphia, où existe encore une église bâtie par messire Antoine de Flamma en 1311, ainsi que le témoigne une inscription grecque que j'y ai copiée.

Toute la Béotie et l'Attique furent, au temps des Français, conquises par un seigneur puissant de la maison de La Roche, du comté de Bourgogne, qui, comme les souverains, fit frapper monnaie en son nom. Placé, en dépit de lui-même, sous la suzeraineté des princes de Morée, il fut toujours un feudataire peu docile. C'était comme un renouvellement de la vieille lutte entre Athènes et le Péloponnèse; mais cette fois Athènes fut forcée d'abdiquer la domination et de rester sujette. Comme, à chaque renouvellement des princes de Morée, il fallait un renouvellement d'hommage des feudataires, l'un des successeurs du premier conquérant d'Athènes profita du moment où arrivait à la couronne princière de Morée un successeur du premier Ville-Hardoin pour lui refuser hommage de fidélité, et il entraîna dans sa rébellion les seigneurs d'Eubée, et même l'un des parents du prince, le seigneur de Caritena et de presque toute l'Arcadie, Geoffroy de Brière. Le seigneur d'Athènes et les siens furent vaincus. Le sort des armes fit encore fléchir Athènes sous Lacédémone et le Péloponnèse. Guillaume de Ville-Hardoin, prince de Morée, bien différent du rigoureux Lysandre, n'abusa pas de sa victoire sur ses compatriotes et parents. Il se contenta d'envoyer le seigneur d'Athènes en France au pied du trône respecté de saint Louis, qui préparait dès lors une nouvelle expédition à la Terre Sainte, pour laquelle il avait besoin du concours des Français de Morée. Saint Louis réconcilia le seigneur d'Athènes avec son souverain, et, pour enlever de son cœur tout souvenir amer de sa défaite et de sa soumission, il lui conféra le titre de duc et en fit le premier des hauts barons de la principauté de Morée. Les traditions locales indiquent encore aux voyageurs, au pied du mont Carydi, sur la route de Mégare à Thèbes par le Cithéron, un peu au-dessus de sa jonction avec l'ancienne route de Corinthe à Thèbes, près de deux belles tours helléniques parfaitement conservées et rattachées par un mur franc en ruines, le lieu où fut livrée cette grande bataille entre les chevaliers français, qui renouvelaient les rivalités des temps antiques.

Telle avait été, lors de notre conquête, la distribution des grands fiefs dans la Grèce continentale et dans l'Eubée et les îles de sa dépendance, Skiathos, Skopélos et Skyros. Le Péloponnèse eut aussi ses hauts barons, soumis, comme les premiers, à la suzeraineté du prince, qui n'était pas le maître, mais le chef de ses égaux. En comparant avec attention notre principauté française d'Achaïe avec la Grèce homérique, on rencontre entre elles des ressemblances singulières qui ne font que mieux ressortir leurs différences. Les deux époques s'expliquent l'une par l'autre, et nos hauts barons semblent les successeurs immédiats, mais étrangers, des rois homériques. Le vieil Homère, ce guide si sûr pour la topographie de la Grèce antique, est un guide non moins nécessaire pour la topographie des hautes baronnies franques. Mais les rois d'Homère étaient des Grecs qui commandaient à des Grecs et professaient la même religion qu'eux. S'ils avaient à se prémunir contre les autres rois leurs voisins, ils n'avaient du moins rien à redouter dans l'intérieur de leur seigneurie. Les nôtres, au contraire, étaient des chefs étrangers qui, avec une armée étrangère, une religion étrangère, une langue étrangère, des habitudes et des lois étrangères, venaient s'implanter sur le sol grec. Ils avaient donc non-seulement, comme leurs prédécesseurs homériques, à se prémunir contre les autres barons leurs voisins, mais aussi à se tenir toujours sur leurs gardes avec une population qui ne supportait qu'avec peine le joug catholique, et qui pouvait compter sur un appui de ses coreligionnaires et compatriotes d'Asie d'abord, puis de Constantinople reconquise. Je me contenterai d'indiquer ici quelques rapports entre les deux époques, pour mieux faire ressortir l'époque que j'ai à décrire.

Voici venir, en tête de l'isthme de Corinthe et en tête de tous les hauts barons d'Homère, le roi des rois, le superbe Agamemnon, qui exerce sur tous les chefs du Péloponnèse la suzeraineté qu'exerça aussi le Champenois Geoffroy de Ville-Hardoin sur tous ses barons, successeurs des rois, aussi bien dans le Péloponnèse que dans la Grèce continentale et les îles. Le domaine particulier du roi Agamemnon était Argos; mais le territoire de l'Argolide avait pris avec lui de plus grandes dimensions et s'étendait, au midi, entre la Laconie et la Messénie, jusqu'à Cardamyli, Énope, Hira, qui a de si beaux pâturages; la charmante Phères; Anthée, qui a les plus belles prairies du monde; Aipée et Pédase célèbre par ses bons vins; sept grandes villes bien peuplées, toutes situées sur les confins du sablonneux territoire de Pylos, dans le voisinage de la mer, et offertes par Agamemnon en dot à Achille avec une de ses filles, comme un gage de réconciliation; il s'étendait à l'ouest bien au delà de la Corinthie et de la Sicyonie, sur les côtes du golfe de Corinthe, jusqu'à l'antique Ægium, aujourd'hui Vostitza, et jusqu'au cœur de l'Achaïe. Agamemnon avait fixé sa résidence à Mycènes la bien bâtie, dont les murailles se conservent imposantes, avec sa porte aux lions, déjà antique au temps d'Agamemnon, et son trésor ou tombeau des Atrides, conservé dans son intégrité. En gouvernant par lui-même cette partie de l'Argolide et de la Corinthie, il avait sans doute délégué son autorité à quelques grands feudataires; car on voit Diomède l'Étolien commander les contingents des villes de Tirynthe, Hermione, Asine, Trézène, Épidaure, Masète, c'est-à-dire de toute la presqu'île de Methana et de l'île d'Égine, et fixer sa résidence à Argos, où le Lycien Glaucus, petit-fils de Bellérophon, devint son hôte. Quant au reste du Péloponnèse, la Laconie de Ménélas, la Messénie du vieux Nestor, l'Arcadie d'Agapénor, l'Élide d'Amphimaque, Agamemnon y exerçait aussi, sinon une suzeraineté légale, au moins une suprématie de fait.

Sous les Français, nous voyons le prince Geoffroy de Ville-Hardoin, le baron des barons, prendre possession de Corinthe et faire bâtir vis-à-vis de l'Acro-Corinthe, du côté de la Morée intérieure, le petit fort de Mont-Esquiou, dont le nom, qui rappelait au prince champenois l'un des villages placés près de sa terre de Ville-Hardoin en Champagne, s'est conservé jusqu'aujourd'hui presque sans variation. Toutefois, comme ce n'était pas du côté de l'Attique, occupée par des compatriotes puissants, que la conquête française pouvait courir quelque danger, mais bien du côté des montagnes de la Laconie et de la Tzaconie, occupées par des tribus guerrières et amies de l'indépendance, comme l'étaient leurs prédécesseurs les Spartiates, ce fut cette partie du pays qu'il se réserva à lui-même, et sur laquelle il porta toute son attention. Conservant son domaine de Calamata, placé au débouché du Taygète et de toutes les grandes chaînes, il donna Caritena au plus *bacheleureux* des chevaliers de France, Geoffroy de Brières, fils d'une de ses sœurs, et fit bâtir la forte ville de Mistra, ou la maîtresse ville, pour dominer sans crainte toute la vallée du Taygète, et cinq forteresses encore debout dans le Magne, celles de Passava, de Kelepha, de Maïna, du Château-de-la-Belle et du Port-aux-Cailles, pour contenir l'indocile bravoure des Maniotes. Le reste du pays fut réparti entre les plus puissants de ses barons. A Diomède, grand-vassal d'Agamemnon, succéda un chef franc [1], qui, maître comme lui de la presqu'île de Methana, depuis Argos et Nauplie jusqu'à Épidaure, songea aussi à s'y bien fortifier. Ainsi j'ai retrouvé encore de vastes ruines de constructions franques, souvent sur des débris de constructions helléniques, sur la côte d'Épidaure, comme dans l'intérieur, à Angelo-Castro, à Piada surtout près d'Épidaure, à Xéro-Castelli, où les Byzantins, et les Français ensuite, ont eu peu à faire pour réparer les immenses restes de la citadelle hellénique restée debout avec ses vastes pierres polygonales et ses petites portes angulaires, à Argos sur le sommet de la montagne, à Nauplie au-dessous de la forteresse qui a conservé le nom du fils de Nauplius, l'ingénieux et malheureux Palamède.

Le frère d'Agamemnon, le malencontreux Ménélas, régnait sur un pays plus difficile à conquérir et à conserver. Aussi les Français couvrirent-ils ce pays de châteaux-forts. En se dirigeant sur Sparte par Astros et la Tzaconie, on en aperçoit de vastes débris sur presque toutes les collines qui protégent les passages. Un des plus intéressants est le Château-de-la-Belle, au-dessus du ravin de Xéro-Campi et près d'Hagios-Pétros et du couvent de Loucos. Là on peut, comme je l'ai fait, assis au milieu des ruines, se faire chanter par les bergers de la Tzaconie la ballade antique, répétée de bouche en bouche, en l'honneur de la belle châtelaine française, aux belles robes franques, au courage héroïque, au cœur pitoyable, qui défendit douze ans son château contre l'ennemi, et ne fut trahie que par la bonté de son cœur; aussi le nom de Château-de-la-Belle est-il resté aux ruines du château qu'elle avait défendu.

[1] Au quatorzième siècle, la seigneurie d'Argos fut possédée par Guy d'Enghien, neveu de Gauthier VI, duc d'Athènes par sa sœur Isabelle, mariée à Gauthier d'Enghien, et petit-neveu de Gauthier de Brienne, duc d'Athènes, tué par les Catalans.

Ces doux souvenirs de la patrie rafraîchissent le sang sur la terre étrangère.

La vallée de l'Eurotas ou du Taygète, dans laquelle on pénètre à la sortie des monts de Tzaconie, avait été fortifiée d'une manière particulière à l'aide de la ville et de la citadelle de Mistra. Là vous apparaissent, à quelques pas l'une de l'autre, les trois époques, l'époque grecque, l'époque byzantine et l'époque franque, parfaitement distinctes. La vieille Sparte est ensevelie sous la terre, mais chaque jour la charrue en soulève quelques débris précieux. Son enceinte est parfaitement marquée : ici est le théâtre, situé près de l'ancien marché, au pied des collines et à une extrémité de la ville ; là est la prairie ombragée autrefois de platanes, aujourd'hui de beaux peupliers, où, sur le bord de l'Eurotas, luttaient les jeunes filles de Sparte en présence du peuple ; en se dirigeant du théâtre vers les collines qui descendent gracieusement du Taygète, voici les restes d'un temple placé sur la route qui conduit au rocher des Apothètes, visible de la ville, et d'où on précipitait les enfants spartiates malingres et contrefaits. La Lacédémonia byzantine se renfermait dans un espace beaucoup plus restreint. Ses murs d'enceinte, élevés, du côté de l'Eurotas, sur des bases d'anciens temples, et, du côté du Taygète, sur les ruines du théâtre, sont encore debout sur les collines dont la pente est bordée par l'Eurotas aux rives ombragées de lauriers-roses. Les conquérants français avaient pris une position plus forte pour bâtir leur ville de défense. Ville-Hardoin choisit pour cela, parmi les contreforts du Taygète, un monticule facile à défendre, et il y éleva sa citadelle et sa ville de Mistra, appelée par les Grecs Mesithra. Jusqu'à nos jours, la Mistra de Ville-Hardoin, à une lieue environ de la première Sparte, avait été la seule ville importante de la vallée du Taygète. Guillaume de Ville-Hardoin, prince de Morée, ayant été forcé de la céder aux Grecs pour sa rançon, ceux-ci en firent le chef-lieu du despotat de ce nom, et, quand les Turcs eurent conquis complétement la Morée sur les Français, Italiens, Catalans et Grecs qui se la disputaient, ils continuèrent à regarder cette ville comme un des points militaires les plus importants. Aujourd'hui que les habitants du Magne obéissent, comme les habitants des autres provinces, à un gouvernement national, il est devenu inutile de conserver une place forte intérieure, et on abandonne peu à peu la montueuse Mistra pour reprendre dans la vallée la position de l'antique Sparte. Mistra cependant portera long-temps encore son origine franque écrite sur tous ses débris. La citadelle couvre le sommet du pic, et au-dessous sont échelonnées, sur les pentes rapides de la montagne, de vastes et belles églises, sur les colonnes de l'une desquelles on peut lire, comme dans des archives, les donations faites au chapitre dans le cours du treizième siècle.

Au sud de la vallée du Taygète s'étend le Magne, difficile alors à contenir; et Jean de Neuilly, en recevant la seigneurie de ce pays, reçut en même temps le commandement de ses cinq forteresses et le titre de maréchal héréditaire de la principauté.

On voit dans Homère que la partie orientale de l'Arcadie devait entrer dans les possessions propres d'Agamemnon, puis qu'elles s'étendaient jusqu'à Phères et Cardamyli. Dans les temps historiques, les noms d'Orchomène, de Mantinée, de Mégalopolis, suffisent à sa gloire. Sous les Byzantins, on y retrouve les villes fortes de Nicli, de Véligosti, de Moukhli, et les Turcs, plus tard, y bâtirent Tripolitza avec les ruines de trois villes voisines. A Agapénor, qui conduisit les troupes d'Arcadie au siége de Troie, succéda le sire de Brières, neveu du prince, un des plus chevaleresques caractères parmi nos brillants chevaliers de Morée. Ce fut à l'entrée du pays de montagnes, à l'extrémité de la plaine de Mégalopolis, qu'il bâtit son château crénelé. Là il se logea comme un aigle dans son aire. Le château pittoresque et bien assis de Caritena a offert de nos jours à Colocotroni un boulevard que n'ont pu franchir les

Turcs. En faisant faire alors quelques menus travaux de réparation, il retrouva quelques tombeaux de nos anciens chevaliers, et sous leur pierre funéraire des cottes de mailles, des casques et d'autres armures, telles qu'on en a récemment retrouvé un grand nombre à Chalcis en Eubée.

C'est sous quatre chefs différents, Amphimaque et Thalpius, tous deux petits-fils d'Actor, le vaillant Diorès et Polyxène, semblable aux dieux et petit-fils du roi Augée, qu'Homère envoie au siège de Troie les guerriers de Buprasie et de la divine Élide. A cette époque de l'histoire grecque, les plaines de l'Élide n'avaient pas à redouter les invasions venues du côté de l'Étolie, peuplée par des hommes de même race, et ses laborieux habitants pouvaient se livrer avec sécurité à la culture de leurs plaines fécondes. Il n'en fut pas de même au temps de la conquête franque.

Le despotat d'Arta était alors entre les mains d'un prince de race grecque, parent des empereurs de Byzance, et les Génois, ennemis des Vénitiens, pouvaient, avec leur marine, faciliter l'attaque des côtes. Il fallut donc multiplier les précautions militaires; aussi voyons-nous s'élever de ce côté de redoutables forteresses confiées à de puissants seigneurs. Sur les limites méridionales du côté de la Messénie : c'est Vilain d'Aunoy qui occupe la forteresse limitrophe d'Arcadia en Messénie; c'est Ancelin de Toucy, qui se fortifie dans les montagnes de manière à protéger le cours de l'Alphée; c'est Nicolas, châtelain de Saint-Omer, qui, sur la rive septentrionale du Pénée, au-dessus d'une belle montagne d'où on peut suivre tout ce qui se passe en Élide, fait bâtir une grande ville fortifiée qui, ainsi que la montagne elle-même, porte encore aujourd'hui son nom légèrement altéré en celui de Santameri. Un de ses petits-fils, du même nom que lui, Nicolas de Saint-Omer, bail [1] de Morée en 1285, fit bâtir à Thèbes,

---

[1] Le bail était le lieutenant ou vicaire du prince, le gardien ou administrateur du pays; en latin, *bajulus* : d'où *baillie*, garde, puissance, et *bailler*, donner en garde.

à l'extrémité de la Cadméa, une vaste forteresse qui porte aussi son nom, et dont une large tour carrée subsiste aujourd'hui, et, au vieux Navarin, sur l'emplacement de la Pylos de Nestor, près de Sphactérie, une autre forteresse destinée à la protection de cette côte, et dont les vastes murailles, les portes et les travaux intérieurs se conservent imposants en face du nouveau Navarin et de l'autre côté de la baie. Enfin, pour mieux garantir ces riches plaines de toute attaque, Geoffroy de Ville-Hardoin choisit avec discernement, sur cette côte unie, l'ancien promontoire montueux de Chélonitès pour y bâtir une autre forteresse, celle de Klémoutzi, à laquelle des Francs donnèrent le nom de Mata-Grifon, ou meurtrière des Grecs; et l'emplacement fut si bien choisi et la construction fut si bien entendue, qu'elle subsiste entière et presque sans aucune dégradation extérieure. Comme Ville-Hardoin employa à cette construction le produit des séquestrations des revenus du clergé, qui, après avoir accepté des fiefs militaires, refusait cependant le service militaire convenu, le nom de Castel-Tornèse, ou forteresse bâtie avec des deniers-tournois, lui a été conservé par une ironie perpétuée jusqu'à nos jours. En remontant jusqu'aux rivages méridionaux de l'ancienne Achaïe, on retrouve deux autres forteresses franques qui complétaient le système de défense : celle de Patras, donnée comme baronnie à une fille du prince ; celle de Vostitza, l'antique Ægium d'Agamemnon, donnée au sire de Charpigny ; et enfin, en s'appuyant sur les montagnes qui s'abaissent de ce côté, les baronnies de Chalantritza et de Calavryta, dont l'une était échue au sire de La Trémouille, nom qui s'est conservé dans le voisinage de Calavryta, dans le petit fort de Trémoula, et dont l'autre fut le partage de Raoul de Tournay. Les ruines de ce dernier château franc, placées au-dessus de la ville actuelle de Calavryta, sont considérables.

Ainsi protégée par ces nombreuses forteresses, l'Élide put se peupler et prospérer. La facile communication de ses ports avec Brindes et les autres ports du royaume de Naples avait amené dans ce pays un commerce fort étendu, attesté par de nombreux témoignages. Clarentza, dont le nom est encore porté, avec le titre de duché, par les ducs anglais de Clarence, qui l'ont reçu par héritage d'une petite-fille de Guillaume de Ville-Hardouin [1], était alors le principal entrepôt du commerce; on y frappait monnaie au nom des princes français de Morée; les poids de Clarentza étaient connus et adoptés dans les villes commerciales d'Europe et du Levant, et les droits qu'on y percevait sur les marchandises étaient pondérés avec une équité qui faisait loi. Un employé de la compagnie des Bardi de Florence, François Balducci Pegalotti, a composé, avant le milieu du quatorzième siècle, un guide des commerçants pour l'usage de ses mandataires. Il a été imprimé sous le titre de : *Pratica della mercatura*, dans la collection intitulée : *Della decima e di varie altre gravezze imposte dal comercio di Firenze*, et il suffit de le parcourir pour se convaincre de toute l'importance commerciale de Clarentza. D'autres villes de l'Élide, telles que Beauvoir ou Belvéder, dont le nom a été traduit en Caloscopi; Andravida, où trois princes de la famille Ville-Hardoin ont leur tombeau dans l'église Saint-Jacques dont je n'ai plus retrouvé que la vaste enceinte à fleur de terre, mais où subsistent encore le chœur et une partie de la nef

---

[1] Isabelle de Ville-Hardoin, fille de Guillaume de Ville-Hardoin, prince de Morée, avait épousé en troisième mariage Florent de Hainaut, appelé Walleran dans l'*Art de vérifier les dates*. Elle en eut une fille, nommée Mathilde de Hainaut, qui hérita de la principauté de Morée, et mourut en 1324. Le duché de Clarentza était un apanage de l'héritier présomptif de la principauté d'Achaïe ou de Morée. Il passa à Philippine de Hainaut, nièce de Florent et fille de son frère Guillaume comte de Hainaut. Lorsque Philippine épousa Édouard III d'Angleterre, elle lui apporta ce titre, qui fut donné à Lionel, son second fils. Le titre de duc de Clarence s'est conservé depuis ce temps parmi les titres des princes royaux d'Angleterre.

de la belle église gothique de Sainte-Sophie, dans laquelle siégea souvent la haute cour féodale de Morée; et plus loin, en remontant les rives délicieuses de l'Alphée au delà d'Olympie, les ruines immenses de l'antique et pittoresque monastère latin de Notre-Dame d'Isova, avec ses belles fenêtres ornées, et tant d'autres ruines de châteaux et d'églises disséminées depuis le rivage jusqu'au sein des montagnes, attestent la richesse de cette province pendant l'administration des Français. C'était, à ce qu'il semble, leur séjour de prédilection, à cause de sa position vis-à-vis des côtes d'Italie; et c'est aussi là que la langue du peuple a été le plus profondément modifiée par la langue française. Souvent, en parlant avec les paysans, je m'étonnais de la grande quantité de mots de notre vieille langue qui se sont incorporés à la langue grecque et se conservent dans le langage habituel de cette province.

Reste l'opulente Messénie, arrosée par le Képhisius et le Pamisus, et s'étendant d'Arcadia, fief de Vilain d'Aunoy, jusqu'au cap Gallo. Ce ne fut pas à Pylos, patrie du vieux Nestor, ce ne fut pas sur l'emplacement de l'immense Messène ou ancienne Ithome, dont les murs d'enceinte, aussi considérables que ceux de notre moderne Paris peut-être, s'étendent avec leurs nombreuses tours sur les pentes régulières des montagnes dont elle est environnée, que les conquérants francs établirent leur capitale. Nestor avait eu dans son temps une grande puissance maritime, puisqu'il mena les siens sur quatre-vingt-dix bâtiments au siége de Troie. A l'époque de notre conquête, c'était entre les mains des Vénitiens qu'était toute la puissance maritime; et on leur abandonna même les ports fortifiés de Modon et de Coron en Messénie, afin de s'assurer leur secours. Il n'y avait donc plus à s'occuper sérieusement que de la défense de terre, et c'est dans ce but que fut bâtie la forteresse de Calamata, presque aux débouchés du Taygète, par où pouvaient pénétrer les Maniotes, sujets et alliés peu sûrs des croisés et toujours impatients du joug étranger. Guillaume de Ville-

Hardoin, le troisième des princes de Morée du nom de Ville-Hardoin, naquit à Calamata; et la forteresse qu'y fit construire son père couvre encore le plateau supérieur de cette ville, dont la physionomie rappelle beaucoup celle de nos moyennes villes du Bourbonnais. Çà et là, sur les portes des anciennes maisons et des édifices religieux de ce fief de famille des seigneurs de Ville-Hardoin, successeurs du roi Nestor, apparaît l'écusson des Ville-Hardoin de Champagne.

Mais à ces souvenirs anciens de la patrie viennent se joindre des titres modernes plus glorieux encore qui appellent sur la Messénie et notre plus vif intérêt et notre longue affection. C'est à Pétalidi que, dans des vues bien différentes de celles qui avaient guidé les croisés nos ancêtres, et uniquement cette fois dans des intentions bienfaisantes et généreuses pour la Grèce, débarqua, le 30 août 1828, une année après la bataille de Navarin, le corps d'armée français placé sous les ordres du maréchal Maison, et destiné par un ministre homme de cœur et d'intelligence, le vicomte de Martignac, à assurer enfin la libération de la Grèce. C'est à Navarin, dans cette rade au-dessus de laquelle s'élève le château crénelé de Nicolas de Saint-Omer sur les ruines de la Pylos du vénérable Nestor, qu'une année avant ce débarquement de notre armée libératrice fut livré, le 19 octobre 1827, par les flottes française, anglaise et russe combinées, ce célèbre combat naval qui garantit l'existence de la Grèce au moment où elle était le plus dangereusement menacée d'une destruction complète. Que d'autres qualifient d'infortunée et d'inopportune cette victoire de la civilisation! la France a toujours compté parmi ses plus beaux jours ceux où elle a pu tendre une main secourable aux malheureux et replacer un peuple au rang des peuples libres. Chacun de nous pense aujourd'hui à cet égard comme ont pensé nos pères, et s'écriera, ainsi que s'écriait jadis, en présence des Athéniens ses compatriotes, le plus grand orateur de l'antiquité : Non, nous n'avons pas failli en nous mettant en avant pour le salut et la liberté des autres! J'en atteste ceux de nos ancêtres qui ont chevaleresquement aventuré leur vie partout où il y avait une noble cause à défendre, à Nicopolis, contre Bajazet, comme au dernier siècle dans les champs de l'Amérique, dans le passé comme dans le présent; j'en atteste tous les rivages délivrés à jamais par nous de la présence et de l'humiliation des pirates africains; j'en atteste la Belgique rendue à sa nationalité, la Grèce rendue au monde européen et à elle-même; j'en atteste cette sympathie profonde que nous éprouvâmes tous comme un seul homme à la nouvelle des désastres de Missolonghi et de Chios, et ce bel exemple donné au monde de toute une nation, depuis les plus hauts rangs jusqu'au plus humble, depuis l'intelligence la plus élevée jusqu'au simple bon sens qui ne sait que reconnaître la voix du cœur, entraînant son gouvernement, sans arrière-pensée d'intérêt propre, à la protection armée d'une nation qui souffre; j'en atteste le noble sacrifice de lord Byron à Missolonghi, de Santa-Rosa à Sphactérie; j'en atteste enfin les bénédictions d'un peuple que nous avons arraché à l'esclavage et au massacre; j'en atteste sa marche rapide vers la civilisation; j'en atteste le noble avenir qui lui est réservé; non, nous n'avons pas failli en nous mettant en avant pour le salut et la liberté des autres.

Après avoir suivi depuis les Thermopyles jusqu'au golfe de Corinthe et au golfe Saronique, depuis Corinthe jusqu'au cap Malée, la distribution des vallées grecques les plus importantes sous les rois d'Homère comme sous nos barons francs, il ne me reste plus qu'à jeter un coup d'œil rapide sur les îles qui ont fait partie soit de la Grèce d'Homère, soit de la Grèce française.

Au delà des côtes occidentales du Péloponnèse j'aperçois d'abord Zante, Céphalonie, Ithaque, Leucade; puis, à la mobile embouchure de l'Achéloüs, les îles Échinades, placées, avec quelques villes de cette partie de la côte de l'Acarnanie et de l'Étolie, sous la seigneurie de l'astucieux Ulysse. Corfou, habitée par les Phéaciens et gouvernée par le bon Alcinoüs, était en dehors de la fédération des peuples grecs, et on la regardait comme trop éloignée vers soleil couchant pour être visitée dans des vues commerciales. Corfou ne fut pas non plus comprise, au temps de la domination française, parmi les fiefs relevant de la principauté de Morée. Elle resta attachée au despotat grec d'Arta ou d'Épire, et n'en fut séparée que pour passer entre les mains d'abord de Mainfroi, comme dot de sa femme Hélène Ange-Comnène, puis de Charles d'Anjou, vainqueur de Mainfroi, et successivement des autres rois angevins de Naples. Quant aux autres îles ioniennes qui constituaient le royaume d'Ulysse, elles furent données, avec le titre de comte palatin, à un seigneur français nommé Richard, dont la famille les posséda plus d'un siècle. J'ai retrouvé un acte original de ce Richard ou de son fils, du même nom que lui, dans les archives épiscopales de Zante. C'est un long rouleau de vingt-trois feuillets de parchemin, d'environ huit à dix pouces de largeur, qui contient le recensement en langue grecque des biens de l'évêché de Céphalonie (réuni plus tard à l'évêché de Zante), fait en l'an 1264, sous l'évêque Henri et le comte palatin Richard, dont le sceau en cire rouge est appendu au bas de l'acte. L'acte et le sceau auront place dans mes *Nouvelles Recherches historiques sur la principauté française de Morée*. Le comte palatin de Céphalonie, Zante, Ithaque et Leucade était un des douze hauts barons qui formaient la cour du prince et qui le servaient dans ses guerres, ainsi qu'Ulysse servait Agamemnon.

On ne voit pas que Chypre, la plus éloignée des îles grecques, ait fourni son contingent pour marcher avec Agamemnon au siége de Troie; tout ce qu'on sait, c'est que Kinyras, hôte du roi d'Argos, apprenant ses préparatifs militaires, lui avait envoyé une magnifique cuirasse de combat. Douze ans avant que les Français devinssent maîtres de Constantinople, l'île de Chypre avait déjà été détachée de l'empire grec pour passer aux mains de la famille française des Lusignan ; et elle resta royaume à part, mais allié aux Francs de Morée.

La puissante île de Crète, dont les troupes avaient été conduites au siége de Troie par le vaillant Idoménée, était déjà séparée aussi de l'empire de Byzance au moment de notre conquête. Boniface de Montferrat, qui l'avait reçue en partie comme dot de famille et en partie comme don de la reconnaissance du jeune Alexis, la céda aux Vénitiens, qui la conservèrent.

Rhodes, dont les guerriers marchaient contre Troie sous le grand et le vaillant Tlépolème, fils d'Hercule, et Cos, la principale des Sporades, qui marchaient sous les ordres de Phéidippe et d'Antiphus, tous deux fils d'Hercule, furent conquises séparément et pour leur compte particulier par les Hospitaliers de Saint-Jean de Jérusalem, qui, après leur querelle avec les Lusignan de Chypre, y transportèrent leur ordre en 1310. Ces moines guerriers avaient en outre, ainsi que leurs confrères du Temple et de l'Ordre Teutonique, de nombreux fiefs dans la principauté de Morée, dont ils se montrèrent plutôt alliés que sujets ; ils avaient, ainsi que le clergé, leur souverain à Rome.

Homère, qui cite aussi Salamine, dont le plus brave des Grecs après Achille, Ajax fils de Télamon, commandait les troupes, et l'île d'Ægine, dont les guerriers marchaient sous le commandement d'Euryalus, ne mentionne aucune des Cyclades dans son énumération des forces grecques, pas même l'île d'Io, ou Nio, suivant notre vicieuse dénomination [1], qui se vante de lui avoir donné naissance

---

[1] Les Européens accusent les Grecs d'avoir défiguré leurs anciens noms de lieux, tandis que ce sont eux-mêmes qui les défigurent, faute de comprendre leur prononciation, si différente de notre absurde prononciation de la langue grecque. Ainsi, *'s tin Ko*, à Cos,

et de posséder encore son tombeau. Toutes les Cyclades furent, sous les Français, réunies sous un seul seigneur, le duc de la Dodécannèse, de la mer Égée, des Cyclades ou de Naxos; car il porta indifféremment tous ces titres, et il prit place parmi les hauts barons de la principauté française de Morée.

En parcourant toutes ces îles l'une après l'autre, j'ai retrouvé encore sur pied, à Zéa, Paros, Andros, etc., quelques-uns des anciens châteaux-forts bâtis alors par nos ancêtres francs, trop souvent reconnaissables, il faut l'avouer, à la rudesse de leur architecture et à l'emploi grossier des débris antiques. A Naxos, dans le plus grand nombre des familles, s'est conservé l'usage de la langue française; à Santorin et dans quelques autres îles, l'usage du culte latin; et par toutes ces îles, et par tous ces pays, aux monuments qui restent viennent s'ajouter les noms propres et les souvenirs.

Tous ces éléments épars et peut-être trop oubliés de nous-mêmes, qui rappellent notre ancienne domination en Grèce, réunis aux germes de reconnaissance qu'ont semés dans tous les cœurs nos services récents, nous aurions pu les faire valoir ensemble avec autorité lorsqu'il s'est agi de donner un souverain au nouvel État grec; mais, fidèles encore une fois à nos habitudes de désintéressement, en servant la Grèce nous n'avons voulu servir que la Grèce. Les premiers à appuyer son indépendance nationale, nous avons été les premiers aussi à appuyer, dans son intérêt, le nouveau souverain que l'Europe lui a désigné hors de chez nous, et nous avons été les plus fermes et les plus constants amis que la Grèce et lui aient trouvés dans des temps difficiles. Notre généreuse conduite a eu les heureux

---

est devenu *Stanco;* *'s tin Io*, à Ios, est devenu *Nio;* *'s tas Thivas*, à Thèbes, est devenu *Stivas;* *'s ta Limena*, à Lemnos, est devenu *Stalimène;* *'s tin Polin*, à la ville, est devenu *Stamboul;* *'s ton Evripon*, à l'Euripe (nom du détroit), est devenu *Négrepont*, nom donné aujourd'hui par nous à l'île d'Eubée; et ainsi de tant d'autres.

effets qu'elle devait avoir; et aujourd'hui cette nation, petite encore, mais pleine de sève et vie, s'avance avec une noble persévérance dans la route de liberté, d'ordre et de civilisation que nous lui avons ouverte. De grands obstacles sans doute arrêtent encore la rapidité de sa marche. Toutes les nations ne veulent pas, comme nous, son ferme établissement et ses progrès; mais les moments les plus critiques sont passés, chaque jour amène peu à peu ses améliorations. Le peuple grec veut être, et rien ne saurait l'en empêcher que lui-même. Son jeune souverain est honnête, intelligent, ami de la justice et animé des plus respectables intentions. Il a mesuré les affections de toutes les classes de son peuple pour la France et apprécié la pureté de notre sympathie pour le bien-être du peuple qu'il a été appelé à gouverner. Que la fermeté et la constance infatigable de nos bons conseils le soutiennent dans la voie du bien, et avant peu d'années la Grèce, qui doit tout à notre désintéressement, nous devra encore l'heureux avenir que lui assurera une bonne administration. Nous, de notre côté, si nous avons sacrifié quelques vues d'ambition et de fierté nationale, nous en trouverons, à notre tour, le dédommagement en nous assurant un allié et un ami, non inutile peut-être, pour les crises qui peuvent se présenter un jour dans l'Orient qui se meurt.

LA GRÈCE CONTINENTALE ET LA MORÉE.

I.

MALTE. — SYRA. — LE PIRÉE. — ARRIVÉE A ATHÈNES.

Après avoir recherché avec soin, dans les archives publiques et particulières d'Italie, de Sicile et de Malte, tout ce qu'il pouvait s'y trouver de documents sur notre établissement de la principauté gallo-grecque d'Achaye à la suite de la quatrième croisade, et avoir recueilli plus de deux cents diplômes inédits sur cette époque si intéressante, mais si inconnue encore, il me restait à visiter sur les lieux mêmes tout ce qui devait s'y être conservé dans les monuments militaires et religieux, dans les mœurs, dans la langue, dans les souvenirs.

Malte aussi m'avait offert des souvenirs honorables pour la France, mais d'une époque plus récente. Ce n'est qu'en 1530 que vinrent s'y établir les chevaliers hospitaliers de Saint-Jean-de-Jérusalem, après la perte de Rhodes. Malte, conquise sur les Sarrasins en 1088 par le célèbre comte Roger-le-Normand, avait été depuis ce temps annexée à la couronne des Deux-Siciles, et avait passé, avec tout le reste de l'héritage normand-souabe, entre les mains de Charles d'Anjou. Les vêpres siciliennes avaient arraché, en 1282, l'île de Sicile à Charles d'Anjou pour la placer sous l'autorité de Pierre d'Aragon, mari de l'héritière souabe, Constance, fille de Mainfroi. Malte suivit, en 1283, les destinées de la Sicile. Des rois angevins de Naples elle alla aux rois aragonais, dont la main affaiblie pouvait à peine la retenir au milieu des tempêtes politiques qui les agitaient au centre même de leur autorité. Aussi retourna-t-elle, pour quelques années encore, sous le sceptre de Jeanne Ire de Naples et de son faible époux Louis d'Anjou-Tarente, qui la donna, en 1357, à titre de comté héréditaire, au grand-sénéchal Nicolas Acciaiuoli, seigneur de Corinthe et d'Amalfi. Celui-ci en fit l'apanage de son fils aîné, Ange, lequel le transmit à son fils Robert; puis, la paix s'étant faite entre Naples et la Sicile, Malte redevint sicilienne. Cette partie de l'histoire politique de Malte est restée jusqu'ici inconnue, et aucun des historiens qui ont écrit sur Malte n'a pu encore la débrouiller. Mais les archives de la maison Acciaiuoli, qui m'ont été ouvertes par l'obligeant possesseur actuel, le chevalier Horace-César Ricasoli, un des derniers héritiers de cette maison, m'ont mis en état de dissiper ces ténèbres, car j'ai eu entre les mains l'original de l'acte de donation de l'île de Malte par Louis et Jeanne, en 1357, à titre de comté héréditaire, en faveur de Nicolas Acciaiuoli, ainsi que les divers diplômes de transmission du père au fils et du fils au petit-fils, et des lettres autographes de famille écrites à diverses époques par les comtes et comtesses de Malte de la maison Acciaiuoli; c'est un supplément qu'il faudra désormais ajouter à l'histoire de cette île[1]. Charles-Quint la reçut comme sa part de l'héritage immense de Ferdinand-le-Catholique, et s'en dessaisit, le 23 Mars 1530, en faveur de l'ordre de Saint-Jean, entre les mains duquel il resta jusqu'au jour où apparut dans ses eaux, le 7 Juin 1798, la

---

[1] Voy. mes *Nouvelles Recherches historiques sur la principauté française de Morée et ses hautes baronnies*, t. I, partie première, article *Nicolas Acciaiuoli* et article *Malte*.

flotte française qui portait en Égypte notre aventureuse armée et son jeune et brillant général. Malte, où se trouvent encore les tombeaux de tant d'héroïques chevaliers qui ont illustré l'ordre de Saint-Jean et celui du jeune et aimable comte de Beaujolais, frère du roi Louis-Philippe, touche donc par bien des points à notre histoire, et le peu de semaines que j'y passai m'offrirent une étude intéressante.

Je m'embarquai à Malte le 28 novembre 1840, au matin, sur un de nos bâtiments à vapeur de poste, pour me rendre à l'île de Syra, centre de notre correspondance postale d'Orient. Cette navigation se fait constamment en trois jours, mais elle fut moins rapide cette fois. Le mauvais temps nous avait assaillis dès le départ, et augmenta encore d'intensité lorsque nous arrivâmes à la hauteur de l'embouchure de l'Adriatique. Un vent du nord extrêmement violent nous poussait dans la direction de la Crète. Afin de mieux résister, nous remontâmes obliquement, mais un peu trop haut, dans la direction des Strophades, qui font aujourd'hui partie du gouvernement anglo-ionien. Ce fut là qu'autrefois, suivant le poème d'Apollonius sur l'expédition des Argonautes [1], les Harpies furent sur le point d'être exterminées par les fils de Borée, qui y règnent encore en maîtres. Il s'y trouve aujourd'hui un grand monastère grec qui renferme, dit-on, beaucoup de manuscrits curieux.

Enfin, après quatre jours de lutte, nous étions redescendus vers la petite île de Sapienza, où, tout nouvellement, l'Ordre de Malte avait rêvé de se créer un établissement qui lui permît de réclamer ses grasses commanderies d'Allemagne; comme à la fin du treizième siècle, à la suite de son expulsion de Syrie et de ses querelles en Chypre, et avant sa conquête de Rhodes, il s'en était formé un à Rhænéa ou la Grande-Délos. Là, tournant l'orageux cap Gallo et traversant les eaux du beau golfe de Calamata ou de

---

[1] Livre II.

4.

Messénie, nous arrivâmes en vue du cap Grosso[1] qui se présente par sa partie la plus large en avant du cap Matapan, l'ancien promontoire Ténare. La vue de la terre de Grèce, de la terre de Lacédémone, m'apparaissait pour la première fois, et le soleil reprit un instant son éclat pour nous dévoiler dans sa beauté la chaîne neigeuse du Taygète. Nous étions fort voisins de la côte et distinguions parfaitement les villages épars çà et là sur les collines, et, au-dessus de ces villages, sur une autre colline, s'offrait à mes yeux un vieux château ruiné, d'apparence toute féodale. Je le regardai avec la plus curieuse attention; c'était bien réellement une ruine franque. J'en demandai le nom au vieux pilote chargé de nous guider le long de cette côte dont tous les détours lui sont familiers. Il m'apprit qu'il s'appelait le château de la Belle, *to castro tis Oraias*; nom évidemment emprunté aux souvenirs francs[2]. Je me rappelai alors que Guillaume de Ville-Hardoin, prince d'Achaye, avait fait bâtir de ce côté un fort appelé Mani, et je pensai que ce pourrait bien être là le fort Mani de notre Guillaume de Ville-Hardoin. « Le prince Guillaume, dit la Chronique grecque de Morée que j'ai publiée d'après un manuscrit inédit de la Bibliothèque royale de Paris[3], après avoir terminé

---

[1] Ce cap, dit M. Boblaye (Géologie de la Morée, t. II, p. 339 du grand ouvrage in-4°), est un rocher de marbre gris, d'une lieue de longueur, élevé de 200 mètres au-dessus de la mer, coupé verticalement, soit du côté de la mer, soit de celui de la terre, et en outre tronqué horizontalement à son sommet; en sorte que, vu de face, on dirait une muraille blanche avec une bande noire à sa base. Il est rare qu'on puisse en approcher sans danger, la rencontre des vents opposés du golfe de Messénie et de Laconie y excite des tempêtes fréquentes; et un courant rapide longe ses bords, où il n'y aurait, en cas de naufrage, aucune espérance de salut.

[2] Sur le point culminant du plateau qui couronne le promontoire du cap Ténare sont les ruines d'un ancien fort qu'on nous dit se nommer Orioskastro, et le sol y est criblé de citernes effondrées, au nombre de 365, disent les Kakovouniotes. (Expéd. scient. de Morée, par Bory de Saint-Vincent, t. II, p. 309.)

[3] Dans ma première édition de 1825 je n'avais publié que le texte;

en 1248 la construction de sa belle forteresse de Mistra, monta à cheval, traversa Passava et arriva dans le Magne. Là il trouva un rocher d'un aspect terrible, situé au-dessus d'un cap. Cette situation lui plut, et il y fit bâtir un fort auquel il donna le nom de Mani; et ce nom, ajoute le chroniqueur anonyme qui écrivait vers 1320, est celui qu'il porte encore. » Ainsi, la première fois que mes yeux s'arrêtaient sur le sol grec, j'y retrouvais déjà quelque chose de ce que je venais y chercher, la trace du passage et de l'établissement des nôtres.

En remontant cette partie du Magne vers le nord, on retrouve deux autres vieux châteaux-forts qui datent de notre conquête : Passava, donné en 1208, comme haute baronnie, à Jean de Neuilly, maréchal héréditaire de la nouvelle principauté d'Achaye; et Kelepha, dont les ruines s'élèvent sur un escarpement opposé à celui sur lequel est bâti Vitylo, l'ancien OEtylos, d'où partit, en 1675, la colonie grecque qui alla s'établir près du port de Sagone en Corse, sous la conduite, disent les conteurs grecs, de deux familles, dont l'une, celle des Comnène, avait perdu l'empire de Trébizonde, et dont l'autre, celle des Calomeri, qui italianisa son nom en celui de Bonaparte, devait conquérir l'empire du monde.

Devant nous, au midi, se présentait, avec ses côtes arides où subsiste misérablement une population de neuf mille habitants, l'île rocailleuse de Cerigo, l'ancienne Cythère, poste le plus avancé du gouvernement anglo-ionien. Nous passâmes entre Cerigo et le cap Malée, qui en est éloigné de cinq à six lieues; mais l'air est si pur et si transparent que l'œil saisit les moindres détails.

En nous rapprochant du cap, nous aperçûmes à travers les rochers éboulés une sorte de ruine qu'on nous dit avoir été pendant quelques années la retraite d'un pauvre ermite

---

dans la seconde, de 1839, j'ai publié pour la première fois le texte grec tout entier à côté de la traduction.

qui vivait là de ce que venait déposer sur la côte la charité des matelots. M. Bory de Saint-Vincent dit avoir encore vu cet ermite en juillet 1829. « Quand nous fûmes, dit-il[1], à un jet de pierre seulement de la côte terrible, mais devenue traitable, le canot de notre bâtiment à vapeur fut mis à l'eau. Une corbeille ayant été aussitôt remplie de biscuit et de farine, où je fis ajouter une cruche d'huile, les canotiers purent, non sans peine, à travers les rescifs écumeux, déposer l'offrande sur une noire avance de rochers, à l'instant même où le soleil, se dégageant de l'horizon, inonda de clartés lancées de tout son disque l'immense hauteur au pied de laquelle je demeurais en admiration. L'ermite sauvage, averti sans doute au fond de son antre, par les brillants rayons du jour, que l'heure de la prière était venue, apparut comme une de ces figures que peignaient si bien Zurbaran et Van Dick, frappée de lumière sur un fond de ténèbres et encadrée par de vieilles briques, sa chevelure, sa barbe et les haillons de son vieux cilice d'une même teinte bistrée... Pendant la courte halte qu'avaient nécessitée la mise à flot et la rentrée du canot, le solitaire s'était agenouillé du côté de l'orient sans paraître d'abord s'occuper de nous ; mais quand l'épaisse fumée de notre mât de tôle l'avertit que le pyroscaphe se mettait en route il se releva et, abaissant vers nous ses regards, il parut nous adresser quelques démonstrations de reconnaissance auxquelles l'équipage, accouru sur le pont, répondit par un respectueux salut : puis, quand nous nous éloignâmes davantage, se redressant avec une singulière dignité, il montra, de l'index de sa main droite étendue, le ciel resplendissant où s'éleva son regard. Ainsi détaché sur cet escarpement, on eût pu le prendre pour quelque vieux tableau demeuré suspendu contre le mur grisâtre d'une basilique en ruine. »

L'ermite avait disparu depuis quelques années au mo-

---

[1] *Expédition scientifique de Morée*, t. II, p. 418 de l'édit. in-8°.

ment de mon passage; mais les matelots, qui aiment toutes les choses extraordinaires, montrent encore de loin l'espèce de grotte où il résidait.

Continuant notre route entre Falconera et Anti-Milos, puis entre Serphos et Siphnos, et laissant à notre droite Paros et Naxie, nous nous trouvâmes en vue de Syra, et de Délos; puis, laissant Délos à droite, nous doublâmes la côte méridionale de Syra, et entrâmes à cinq heures du soir, après cinq jours de navigation fort agitée, dans la rade de Syra.

L'aspect des deux villes d'Hermopolis et du vieux Syra, placées l'une au-dessus de l'autre, depuis le bas de la marine jusqu'au sommet du monticule pointu qui s'élève au fond de la rade, saisit vivement l'attention du nouvel arrivant. J'aimais à recueillir tous les traits de ce premier tableau qui s'offrait à mes yeux. Les nombreux petits bâtiments ancrés le long des quais témoignaient de l'activité et de la prospérité du jeune État, et les groupes de curieux assemblés sur une sorte d'esplanade rocailleuse au-dessus des bâtiments de la douane, sur un cap qui se projette à droite des arrivants, avec leur fezy rouge, leur fustanelle blanche et la longue pipe en main, me rappelaient que c'étaient bien là les fils des curieux et bavards compatriotes d'Aristophane.

L'importance de l'île de Syra ne date que de la révolution grecque. A cette époque, les Grecs qui avaient pu échapper aux massacres de Chios vinrent chercher un refuge à Syra. Ils se bâtirent sur la plage de misérables abris temporaires et cherchèrent à vivre de leur pêche. L'organisation d'une ligne postale de bateaux à vapeur français, dont le centre fut placé à Syra pour s'étendre de là, en arrivant de Malte, sur Athènes, Smyrne, Constantinople et Alexandrie, vint bientôt changer l'aspect du pays. Un lazaret, une douane, des magasins furent construits; le commerce y devint facile, régulier, actif; l'argent commença à affluer, les spéculations s'agrandirent, les maisons de chaume firent place à des maisons de pierre, et un campement de baraques se transforma en ville avec tous ses établissements. Aujourd'hui cette ville a un nom. Elle s'appelle Hermopolis, pour la distinguer de la vieille ville de Syra restée immobile avec ses vieilles mœurs au faîte de son antique rocher. Hermopolis compte cinq mille maisons et dix-sept mille habitants. On y trouve un chantier de construction, des auberges telles quelles, des écoles, un cercle littéraire, un casino, un musée, des imprimeries, un théâtre. Le jour même où je descendis dans une petite auberge tenue par trois sœurs smyrniotes, devait avoir lieu la première représentation donnée par la troupe italienne d'Athènes à son retour d'une excursion à Smyrne. Les annonces, imprimées en langues grecque et italienne, étaient répandues dans les auberges et cafés : les opéras annoncés étaient *Clara de Rosemberg, le Barbier de Séville, Nina* et *Lucie de Lammermoor;* les premiers sujets, mesdames Basso et Rota, MM. Moretti, Polani et Rota. Je n'avais garde de manquer à cette représentation.

Le théâtre de Syra est construit en bois sur des dimensions assez étroites, on aurait peine à passer trois personnes de front dans les corridors; et, si le feu prenait, le meilleur parti à prendre serait de sauter par les fenêtres, qui fort heureusement ne sont pas très-élevées. L'intérieur est assez bien disposé sur un quadrilatère allongé avec deux rangs de loges superposés. Toutes les loges, qui sont presque aussi incommodes et aussi étroites que celles de nos grands, moyens et petits théâtres de Paris et de France, étaient remplies de femmes fort agréablement mises à la française, tandis qu'au parterre la population masculine était vêtue à la grecque, soit de l'élégante fustanelle blanche avec la veste coquette, soit du sévère costume des marins avec le pantalon flottant et l'épaisse ceinture rouge, et tous portant le moderne fezy à frange bleue, coiffure incommode et disgracieuse généralement adoptée par les hommes comme par les femmes. On donnait la *Clara de Rosemberg* de

Ricci. La prima donna, mademoiselle Basso, est une jeune Piémontaise dont la belle voix de contralto n'est pas encore réglée par une méthode savante; mais le feu qui l'anime réagit sur son jeune auditoire, qui lui sait gré de l'initier aux jouissances les plus délicates de la civilisation. Le ténor avait peu de voix, mais beaucoup de goût; la basse peu de goût, mais assez de voix. Le délicieux duo du second acte me rappelait malheureusement trop le souvenir de Rubini et de la Grisi, par lesquels je l'avais souvent entendu chanter à Paris. La mémoire des plaisirs passés gâte souvent nos plaisirs présents. L'auditoire grec, qui n'a pas de passé, jouissait de tout. Dans les entr'actes on se faisait servir des glaces et des sorbets dans les loges. Bref, si ce n'était la fumée des cigarettes et des longues pipes des spectateurs, répandue dans toute la salle comme un brouillard de novembre dans les salles de spectacle de Londres, on eût pu se croire dans une petite ville d'Italie. J'ai vu à Savone, voire même quelquefois à Naples, un opéra italien beaucoup moins bien exécuté.

Cette première journée passée à Syra n'avait été nullement défavorable, dans mon esprit, à la nouvelle Grèce, échappée depuis si peu d'années à la grossière barbarie turque, et déjà marchant si vite dans la voie de la civilition européenne, devançant même, dans la délicatesse de ses plaisirs, tant de nos grandes villes de France privées d'un opéra italien et se vantant de leurs vaudevilles. Il y avait là matière à amples réflexions, au milieu desquelles je m'endormis fort doucement. Le lendemain matin, à mon réveil, je fus frappé de la magnificence du spectacle qui s'offrait à mes yeux. Le lever du soleil, vu de Syra, appelle à l'esprit tous les souvenirs des temps mythologiques. C'est du mont Cynthien de Délos qu'il semble se lever en souverain sur tout l'Archipel. Les ruines de son temple et de sa statue colossale dont le piédestal porte encore le nom d'Apollon, dispersées çà et là dans l'île de Délos, semblent être les lieux mêmes d'où il s'élance pour se montrer au monde. Délos et sa montagne ruissellent de ses premiers feux qui scintillent sur les flots, d'où ils font ressortir gracieusement Tinos et Myconi d'une part, Paros et Naxie de l'autre. La mythologie antique avec tout son cortége de dieux, qui sont de vieux souvenirs classiques chez nous, mais de jeunes réminiscences romantiques et nationales ici, apparaît et saisit les plus prosaïques imaginations.

Dès le matin je me mis à parcourir toute la nouvelle ville d'Hermopolis. Les rues sont encore fort irrégulières, mais elles commencent à se redresser et à s'élargir. Les boutiques sont assez bien approvisionnées des objets manufacturés importés de Trieste, de Marseille ou de Londres. Les agréables petits vins blancs de l'intérieur de l'île sont un produit qui peut grossir avec le travail. Les marchés ou bazars semblent suffisamment fournis, mais pas une femme ne s'y montre; ce sont les hommes ici qui seuls vendent et achètent. L'homme de la dernière classe est quelquefois propre et toujours coquet dans ses ajustements; la femme du peuple est presque constamment négligée et malpropre. A Syra, le seul quartier de la ville où l'on aperçoive des femmes du peuple proprement mises, et avec de belles tailles et de belles figures, est le quartier des Ypsariotes qui se sont réfugiés à Syra après le don fait de leur île aux Turcs par la conférence de Londres. Bizarres décrets de la diplomatie! les montagnes de l'Olympe, Ypsara, Chios, Candie, où avait éclaté la révolution, et dont les habitants s'étaient le plus signalés par leur haine contre les Turcs, ont été déclarées en dehors du nouvel État grec délivré par elles; et d'autres îles, où ne s'était pas manifesté le moindre symptôme de révolte contre les Turcs, de sympathie même pour les Grecs, ont été données à la Grèce. Merveilleux effets de la jalousie des sages réformateurs du monde!

Tout ce qui concerne l'instruction publique a reçu à Syra une vive impulsion. Des cinq gymnases établis en Grèce, cette île en possède un; les quatre autres sont à Athènes, à Missolonghi, à Nauplie et à Hydra. Il y a de plus à Syra six écoles à la Lancastre pour garçons et pour filles, fondées par des missionnaires protestants anglais, américains et allemands, et recevant environ deux mille enfants. Il s'y trouve aussi un musée dans lequel on a réuni toutes les antiquités, bas-reliefs, inscriptions, médailles, ornements, vases, découvertes dans l'île même ou dans quelques-unes des îles voisines. Je n'ai remarqué en restes antiques, dans l'intérieur de la ville, qu'un fragment d'inscription sur le rocher et un taurobole placé dans la cour de la grande église, en montant vers le vieux Syra, avec une inscription qui annonce que ce taurobole est dédié à Trajan en l'honneur de sa victoire sur les Parthes.

De la nouvelle ville d'Hermopolis à la vieille ville de Syra, la distance est courte; un ravin étroit et la seule ondulation d'une colline les séparent l'une de l'autre; mais, en les voyant de près, on dirait deux peuples différents. Ici une marche active vers le bien-être et la civilisation; là l'engourdissement dans la misère et dans les vieux préjugés. Ici la fierté d'une jeune nation qui s'est affranchie et s'exagère sa force; là le découragement d'une nation affaissée par une longue oppression. Ici une ardeur impétueuse pour tout apprendre à la fois; là une crainte ombrageuse de toute nouveauté. En bas, des magasins bien approvisionnés des produits européens les plus nécessaires, des rues qui cherchent à se redresser, des maisons qui tendent à se donner un air coquet; là-haut point de commerce, des rues tortueuses dont les porcs vous disputent l'usage, des cabanes fétides où les animaux de toute espèce, grosse, moyenne et petite, vivent en communauté avec les hommes et sur les hommes.

Tout au sommet de cette vieille ville, et comme dans un acropolis antique, siége comme sur un trône l'évêché catholique de Syra. Il y a quatre mille catholiques dans toute l'île : huit cents dans la basse ville, et trois mille deux cents dans la haute ville où leurs pères avaient cherché un abri contre les attaques des Turcs et les invasions des pirates. Il y a peu de siècles encore que la population des Cyclades était en grande partie catholique ; le nombre total des catholiques de l'Archipel ne dépasse pas aujourd'hui le chiffre de quinze mille. De toutes les Cyclades, l'île de Tinos est celle qui en contient le plus grand nombre. Sur une population de vingt mille habitants, elle contient sept ou huit mille catholiques répartis dans vingt-quatre villages. Le reste est distribué entre les autres îles, surtout celles habitées par les évêques : telles que Naxie, Syra et Santorin.

L'église catholique en Grèce est administrée par quatre prélats : un archevêque, à Naxie, qui porte le titre pompeux de métropolitain de la mer Égée, et trois évêques, à Syra, Tinos et Santorin. Il existait autrefois un quatrième évêché à Milos, mais il a été supprimé depuis une soixantaine d'années par le pape. Comme il n'y a pas d'évêché catholique dans le Péloponnèse, c'est l'évêque de Syra qui étend sa juridiction sur ce pays. Le présent évêque, qui est de Savoie, est de plus revêtu de l'office de délégué pontifical dans l'Archipel.

L'archevêque de Naxie a un revenu de 6,000 francs. L'évêque de Syra retire environ 4,000 fr. des biens de l'évêché, et reçoit des cours de Rome et de Sardaigne une pension annuelle de 2,000 francs. A cela il faut ajouter une subvention de 10,000 francs qui lui sont envoyés chaque année de Lyon par la société de la Propagation de la foi, et qui, joints à quelques autres dons, lui ont servi à bâtir deux églises dans la Grèce continentale, et à constituer des paroisses, desservies chacune par un prêtre, à Athènes, au Pirée, à Patras, à Nauplie et à Navarin. Les évêques de Tinos et de Santorin ont chacun 4,000 francs ; mais, à cette somme, il faut ajouter une légère subvention annuelle payée par le gouvernement français à chacun des évêques de l'Archipel. De toutes les populations catholiques des îles, la plus pauvre et la plus ignorante est celle de Syra ; la plus riche, la plus morale et la plus tolérante est celle de Santorin, qui, sur seize mille habitants, compte sept cent dix catholiques, les plus opulents et les plus respectés de l'île par leurs concitoyens du culte grec; la plus turbulente et la plus tracassière est celle des quatre cents catholiques de l'île de Naxie. Habitant presque toute la partie de la ville comprise dans l'enceinte du château des anciens ducs, se donnant à eux-mêmes le nom de châtelains, se vantant presque tous de descendre des anciennes familles nobles établies dans ce duché depuis la quatrième croisade, et conservant précieusement leurs généalogies dans leurs archives ou leurs mémoires, et leurs armoiries sculptées au-dessus de leurs portes, les catholiques de Naxie manifestent la plus grande antipathie pour toute espèce de travail et se perpétuent dans leur misère par les prétentions de la vanité. L'usage de la langue française s'est généralement conservé dans ces familles, qui donnent fort à faire par leurs exigences aux excellents pères lazaristes que la France envoie et entretient dans cette île.

Le clergé régulier latin dans les Cyclades se compose : de cinq jésuites, dont trois dirigent le séminaire de Syra, et deux celui de Tinos; de deux capucins, l'un à Syra, l'autre à Naxie, auxquels la France fait un traitement de 600 francs [1]; de quelques franciscains établis à Tinos sous la protection de l'Autriche, et des lazaristes placés particulièrement sous la protection du gouvernement français. Ces derniers ont succédé, par arrêté du roi en date du 5 janvier 1783, à tous les droits et priviléges et à toutes les possessions dont jouissaient les jésuites. L'ordre de Saint-Lazare a son centre et ses douze directions à Paris, et envoie des missionnaires dans toutes les parties du monde. Le supérieur des missions du Levant réside à Constantinople, où il a récemment érigé un collége. Il a aussi fondé à Smyrne une institution pour les filles, établissement qui manquait

[1] La société de la Propagation de la foi de Lyon a envoyé de plus, en 1840, une somme de 4,000 francs au capucin de Syra, homme intelligent et fort respecté.

en Orient. Les prêtres de Saint-Lazare ont deux établissements en Grèce, l'un à Naxie, l'autre à Santorin, et dans tous deux ils s'occupent avec fruit du but spécial de leur mission, qui est de desservir les chapelles consulaires et d'apporter tous leurs soins à la formation des ecclésiastiques et à l'instruction des jeunes gens. Ils ne sont pas soumis aux pratiques rigoureuses des autres ordres religieux. Leur genre de vie n'a rien d'austère, et ils ont su partout se concilier l'estime et l'affection des habitants par la facilité de leur commerce, la moralité de leur conduite, leur bonne éducation et leur charité. A Naxie, les biens qui leur ont été laissés à la suppression des jésuites leur rapportent un revenu de 4,000 francs consacrés à des œuvres de bienfaisance. En même temps les bons soins donnés par eux à leurs terres et à leurs deux maisons de campagne, situées dans les parties les plus agréables de Naxie, pourraient servir de modèle aux autres agriculteurs dans une île où on tendrait plus vers le progrès qu'on ne le fait à Naxie. Mais la vanité des châtelains a parfois suscité aux lazaristes des obstacles et des tracasseries contre lesquels l'appui amical et conciliant du gouvernement français a souvent seul pu les soutenir.

Avant la révolution grecque, la France possédait un droit de protection reconnu sur tous les catholiques répandus dans les Cyclades, la Roumélie et la Morée. Au moment où un souverain indépendant fut donné à la Grèce, la France renonça à un droit qui pouvait blesser l'indépendance du nouvel État auquel on donnait une place parmi les États européens; mais il fut stipulé, par un protocole de la conférence de Londres en 1830 : que la religion catholique jouirait en Grèce du libre et public exercice de son culte ; que ses propriétés lui seraient garanties; que les évêques seraient maintenus dans l'intégralité des fonctions, droits et priviléges dont ils jouissaient sous la protection du roi de France, et qu'enfin, en vertu des mêmes principes, les propriétés appartenant aux anciennes missions françaises seraient reconnues et respectées. C'est ce protocole qui a protégé les lazaristes contre les usurpations de leurs propriétés. Ces disciples de saint Vincent de Paul et les capucins, qui n'ont rien de la malpropreté ni de l'ignorance des capucins d'Occident, sont un ferme point d'appui à la fois pour le catholicisme et pour une civilisation progressive et régulière en Orient. Malheureusement la cour de Rome, au lieu de prêter son appui à ces idées tolérantes et éclairées, aime mieux faire appel aux jésuites, qui divisent au lieu d'unir, compriment les idées au lieu de les diriger, éteignent au lieu d'éclairer. L'épiscopat catholique de Grèce ne semble pas non plus, il faut le dire, comprendre sa vraie mission. C'est à la France surtout qu'il appartient de faire bien comprendre à la cour de Rome, si intelligente sur ses intérêts, qu'ici son véritable intérêt est de faire choix d'hommes éclairés et tolérants qui sachent prendre le devant dans tout ce qui est bon, et appuyer le triomphe du catholicisme sur le triomphe de la civilisation.

Après avoir examiné l'état actuel de l'église latine, que nos croisés de 1204 avaient étendue sur toutes leurs possessions de Grèce, je recherchai s'il n'existerait pas autour de moi à Syra quelques vestiges des établissements féodaux qu'ils y avaient fondés, lorsque le duché de la mer Égée fut déclaré la seconde des hautes baronnies de la principauté française d'Achaye et donné à un Sanudo de Venise; mais je ne pus retrouver aucun reste de l'ancienne forteresse bâtie alors dans l'île de Syra.

Mon examen terminé, je jetai un dernier coup d'œil sur cette vue enchanteresse de la mer Égée, parsemée de gracieuses îles qui brillent comme des escarboucles aux rayons du soleil couchant, et je me disposai à prendre place sur le bateau à vapeur grec *le Maximilien* pour me rendre au Pirée. La direction de nos bateaux à vapeur a grand besoin d'être réformée. Nous avons été les premiers à frayer la route, il ne convient pas que nous restions en arrière quand d'autres sont arrivés sur nos traces et ont profité des premières fautes inévitables pour faire mieux. Les quarantaines différentes doivent amener différentes mesures. Les quarantaines de Grèce sont de sept jours, celles de Turquie de quatorze, celles d'Alexandrie de vingt et un jours, et la plus forte entraîne nécessairement les plus faibles. Il résulte de là que, comme ce sont nos bâtiments d'Alexandrie qui desservent la ligne d'Athènes, tout voyageur arrivant de France ne peut profiter, pour se rendre au Pirée, des bâtiments français, puisqu'il s'imposerait presque continuellement la totalité de la quarantaine d'Alexandrie. Le même inconvénient se présente pour retourner de Grèce en France. Comme on prend à Syra les voyageurs de Constantinople et d'Alexandrie, on est obligé de subir à Malte une quarantaine de vingt et un jours; tandis que, si on prend la ligne autrichienne du Pirée à Trieste, on arrive à Trieste en libre pratique, le gouvernement autrichien vous comptant comme quarantaine les sept jours que vous passez en mer de Corfou à Trieste. C'est que le gouvernement autrichien, qui est raisonnable et fort, ne se laisse pas faire la loi par le conseil de santé de Trieste, comme nous nous la laissons faire par le plus ignorant et le plus avide des conseils de santé, celui de Marseille.

Quoique *le Maximilien* fût en si piteux état que ce voyage fut la dernière de ses navigations et qu'il dort depuis sur les chantiers de l'île de Poros, je me décidai à le prendre plutôt que de subir avec le bâtiment français une quarantaine de quatorze jours que je pouvais éviter. Le temps d'ailleurs était magnifique; et j'ai l'habitude en voyage de ne tenir aucun compte des hasards et d'aller toujours en avant, m'en reposant sur la fortune. La chaudière bouillonnante du *Maximilien* m'appelait, je partis.

Notre époque a aussi ses merveilles qui ne saisissent pas moins l'imagination que les merveilles de la mythologie antique. La mer était calme comme le plus beau lac, pas un souffle de vent ne ridait sa surface; les voiles de tous es bâtiments tombaient molles et abandonnées comme les membres d'un homme frappé de paralysie : et cependant, maîtres d'un agent qui supplée à la nature et qui la maîtrise, la vapeur, nous étions embarqués pour arriver à heure fixe, et, avec notre frêle bateau et sa médiocre puissance de vingt-quatre chevaux, nous cheminions sur cette mer immobile. Il y a aussi de la poésie dans la science et dans l'industrie humaines, quand elles s'élèvent à cette hauteur.

La navigation de Syra au Pirée n'a rien de la monotonie des navigations ordinaires, surtout quand le soleil luit et que la mer est favorable. Le spectacle qu'offre le bord d'un bateau à vapeur en Orient est déjà un point d'observation intéressant pour tout nouvel arrivant des régions occidentales. Ici une jeune et jolie Athénienne aux grands yeux tendres, aux petites dents blanches, à la taille souple, au parler un peu mignard, arrivant d'Odessa ou de Constantinople, étend sous ses petits pieds bien chaussés son ouitchoura russe et, dérobant mal ses regards sous son chapeau parisien, les lance fort coquettement autour d'elle. Là se tient debout un Anglais, immobile de geste, d'œil, de figure, avec un long châle écossais qui le drape assez pittoresquement par-dessus le costume le plus irréprochable, arrivant tout exprès d'Oxford pour passer dix-sept jours, ni plus ni moins, dans une visite à Marathon, Platée, Thèbes, les Thermopyles, Delphes et quelques autres lieux classiques indiqués par son itinéraire. A côté de lui, penché sur le bord du bâtiment, un fier Rouméliote au front large et haut, à l'œil vif, au cou épais, à la moustache bien fournie et tombante, les jambes vêtues de la guêtre homérique, la ceinture garnie d'un beau cangiar et de deux pistolets damasquinés, les épaules recouvertes d'une blanche toison au-dessus de sa blanche fustanelle resserrée par une ceinture de soie qui lui fait une taille de guêpe, semble poser pour le voyageur européen. Plus loin, un Arménien à la longue robe et à la longue barbe, assis sur ses jambes avec calme, et faisant passer successivement entre ses doigts tous les grains de son chapelet ; un jeune palicare coquet et insouciant près d'un juif inquiet et observateur ; des matelots d'Hydra parlant durement le rauque albanais, et moi au milieu de tout cela arrivant tout exprès de Paris en Grèce pour mieux connaître mon histoire de France ; tous les costumes, tous les goûts, toutes les langues, toutes les physionomies, tous les caractères si opposés souvent aux physionomies : voilà, avec bien d'autres nuances, ce qui se rencontrait à bord du bâtiment à vapeur qui me conduisait de Syra à Athènes.

En dehors du bâtiment, le spectacle des lieux qui se dérobent successivement devant vous occupe puissamment aussi et l'œil et l'esprit pendant cette course de huit à dix heures. A peine a-t-on passé entre les îles de Thermia et de Zéa, si renommées par leur chasse aux perdrix, que vous apparaît le cap Sunium avec ces belles colonnes encore debout sur le faîte, qui lui ont fait donner le nom de cap Colonne, et tout à côté de ce petit îlot appelé poétiquement l'île d'Hélène, où, dit-on, celle qui devait être un jour la femme du malencontreux Ménélas commença par faire de fort bonne heure sa première chute en faveur de l'heureux Thésée. Quelques va-et-vient de plus du piston de la machine à vapeur conduisent en vue d'Égine et du temple qui domine encore ces hauts lieux ; puis vous apparaît Salamine avec ses grands souvenirs, et par derrière, dans le lointain, le sommet du tragique Cithéron ; bientôt se présente, tout en face de vous, le mont Hymette, toujours renommé par son excellent miel ; et au pied le rocher glorieux de l'Acropolis, portant comme une couronne les magnifiques débris du Parthénon qui le signalent à l'admiration du monde.

A mesure qu'on approche de terre il faut descendre un peu à des idées plus prosaïques. Le passé est en ruine, et le présent est en constructions de pacotille. Les deux piliers qui ferment l'entrée du port du Pirée portaient autrefois deux lions colossaux auxquels le Pirée a dû le nom de Port-Lion sous lequel il était connu au moyen âge. Ces lions sont aujourd'hui placés à l'entrée de l'arsenal de Venise, au milieu d'autres morceaux antiques qu'y a transportés le péloponnésiaque François Morosini lors de sa conquête de la Morée sur les Turcs en 1686. Quant aux piliers du Pirée, ils sont veufs de leurs lions antiques et ne portent plus que deux lanternes.

Le port du Pirée est petit, mais bon; les vaisseaux de ligne peuvent y mouiller. Il y a dix brasses et demie d'eau sur un fond de vase. Quelques bâtiments marchands, plusieurs bateaux à vapeur français et autrichiens, et *l'Othon*, grand bâtiment à vapeur du roi de Grèce, animent ce joli petit port. En 1834 le Pirée ne possédait que cinquante-six petits bâtiments marchands mesurant 268 tonneaux, en 1840 il avait deux cent vingt-six bâtiments marchands mesurant 3,724 tonneaux [1]. La ville nouvelle s'étend à partir du port de Munychie jusqu'au Pirée. En 1834 il n'y avait sur ce terrain qu'une seule maison et huit magasins construits en bois, en 1840 on y comptait déjà quatre cent cinquante maisons de pierre et une population de deux mille deux cent soixante-quinze habitants. Beaucoup de ces maisons, vues du port, semblent jetées çà et là un peu comme au hasard et sans que rien les relie entre elles et prépare des rues, c'est un essai de ville plutôt qu'une ville; mais enfin il y a vie, mouvement et progrès.

En prenant son numéro dans le catalogue des nations

---

[1] Voici la rapide progression de cet accroissement :

1834 —	56 bâtiments portant	266 tonneaux.
1835 —	60	—	282	—
1836 —	80	—	496	—
1837 —	109	—	754	—
1838 —	156	—	1716	—
1839 —	192	—	1556	—
1840 —	226	—	3721	—

civilisées de l'Europe, le nouvel État grec ne pouvait manquer de se conformer aux habitudes de ses anciens. Autrefois, dit-on, c'était à des potences bien garnies de leurs cadavres flottants, comme j'en ai vu long-temps près des docks de Londres, qu'un voyageur reconnaissait un pays civilisé; ce sont aujourd'hui les bureaux de douane et de police, ou de passe-ports, qui sont la mesure de la civilisation des terres inconnues, aussi la Grèce s'est-elle hâtée d'organiser sa gendarmerie, ses bureaux de police, sa quarantaine et ses douanes. A peine a-t-on mis le pied sur la terre hellénique, qu'on appartient aux préposés de la santé qui vous transmettent aux préposés de la police qui vous renvoient aux préposés de la douane; et ce n'est qu'après que votre personne et vos effets ont été minutieusement enregistrés, timbrés et taxés, tout à fait comme dans votre pays, que vous êtes enfin rendu à votre liberté d'action. Il y a peu de restes antiques au Pirée. Il faut cependant aller voir sur la colline située au-dessus de la ville actuelle les ruines ou plutôt les fondements du temple de Neptune, les restes du bâtiment qui servait à décharger les blés, et le tombeau de Thémistocle, dont une colonne renversée gît en bas baignée par les flots.

Cinquante voitures de toute forme et de toute grandeur vous attendent et vous sollicitent pour vous conduire du Pirée à Athènes, qui n'est qu'à deux lieues de là. Voitures anglaises, russes, françaises; calèches, berlines, droschki, tilbury, cabriolet, char-à-bancs, y compris même l'humble coucou exilé de Sceaux et de Montmorency, vous trouvez là de tout : diplomates, consuls, voyageurs du nord comme de l'ouest, voilà les fournisseurs du marché aux voitures d'Athènes. Les raccommodages se font ensuite comme on peut, dans un pays où on ne sait encore travailler ni le fer ni le bois. Quant aux cochers, ils s'improvisent avec une merveilleuse facilité. Le matelot sans emploi quitte momentanément le gouvernail de sa barque pour essayer le gouvernement d'un cheval syrien attelé à un cabriolet de Paris ; le conducteur de chameaux, obligé d'essayer un nouveau métier, s'élance sur le siége d'une calèche d'Offenbach, et lutte de vitesse avec le klephte pacifié, assis triomphalement sur une planche endommagée de son coucou à roues mobiles. Le cuisinier mis hors de service, le palicare attendant une nouvelle guerre, l'homme des îles comme l'homme des montagnes, tous voyant pour la première fois une voiture quelconque, voilà les Tiphys et les Automédon qui se chargent intrépidement du transport de votre personne. La route est large, belle et facile ; les chevaux et les cochers sont pleins de feu, la course se fait rapidement, et même sans encombre, à moins que ces guides inexpérimentés ne se choquent un peu trop rudement, que les voitures mourantes n'expirent sous vos pieds, ou, par exemple, qu'un cheval d'Europe ne rencontre face à face quelques chameaux et, par peur de cet animal inconnu, ne vous jette sur un pan de muraille oublié des longs murs de Thémistocle ou dans le lit desséché du Céphise.

A moitié de la route, votre cocher, qui s'est fait une sorte d'étrange turban en nouant son mouchoir autour de son fezy, s'arrête auprès d'un petit cabaret ; sous prétexte de donner un peu de repos à son cheval, mais, en réalité, pour se faire payer un verre de raki. Un gros garçon joufflu fait de son mieux, en mêlant toutes les langues, pour vous engager à imiter votre cocher. Il y a peu d'années, il n'y avait là qu'une pauvre baraque en bois ; mais une flotte française est venue séjourner dans la baie de Salamine : officiers et matelots étaient curieux de visiter Athènes ; la consommation des cigares et des verres de raki s'est augmentée. Les marins, peu patients, attendaient rarement l'appoint de leurs francs en centimes ; les francs sont devenus des écus, et la baraque de bois de Ianni s'est transformée en bonne maison de pierre. Vienne une nouvelle flotte, à cette maison s'en joindront d'autres, et la station se transformera en village. Le lieu est bien choisi pour cela. Tout auprès est un puits de bonne eau, et un puits, ici, c'est un trésor. La route a jusque-là suivi les longs murs; on commence à entrer dans ce qu'on appelle le bois d'oliviers. Ces célèbres oliviers se sont succédé d'âge en âge sans interruption, depuis Cécrops; mais ils sont si clair-semés, leurs troncs sont si maigres et si noueux, leurs feuilles si pâles et si maladives, leur ombrage est si rare, qu'il faut être bien et dûment averti que c'est là un bois pour songer à lui donner ce nom, qui, dans notre prosaïque pays, nous rappelle tant d'autres images si belles et si douces.

Les cinq minutes écoulées, votre cocher repart au milieu de flots de poussière; et, après vingt minutes de cette course aventureuse, on se trouve en présence d'un des plus gracieux monuments de l'antiquité, le temple de Thésée, encore debout en entier sur un petit plateau qui surgit légèrement de la route d'Athènes. Ses élégantes colonnes d'un beau marbre blanc, auquel l'action du temps et du soleil a donné le plus beau reflet rose, se détachent sur ce ciel si pur comme pour vous révéler en un instant la vie et l'art antiques.

Le tribut d'admiration légitime une fois payé en passant au temple de Thésée, on retombe de la hauteur du passé dans le terre-à-terre du présent. C'est à travers un dédale de planches amoncelées qu'on entre dans la moderne Athènes. Quelques petites maisonnettes malpropres servent, comme notre rue Copeau ou notre rue Mouffetard, d'avenue au Paris de ce petit coin du monde. Ce passage, au reste, est très-court, et on arrive dans une grande rue droite, la rue d'Hermès, qui coupe la ville en deux sections : d'une part les vieux bazars, les vieilles rues, la vieille ville, mais aussi la tour des Vents, le monument de Lysicrate, tous les restes antiques et l'Acropolis; de l'autre part les nouveaux quartiers, les cafés, les marchandes de modes, la richesse, la diplomatie, la cour. Un petit essai de trottoir parfois interrompu, dans cette assez longue rue, prouve plutôt ce qu'on veut avoir que ce qu'on a réellement ; et un beau palmier, situé au milieu de la rue, reste là, glorieux, pour attester que la vie et le soleil d'Orient ont encore toute leur puissance. Le temple de Thésée, c'est le souvenir des beaux temps de la Grèce ; le palmier c'est le souvenir de la domination des fils du désert, qui transforment en autant de déserts tous les lieux qu'ils parcourent et qu'ils gouvernent.

Deux rues transversales, la rue de Minerve, qui conduit à l'ancien portique d'Adrien, et la rue d'Éole, qui finit à la tour antique des Vents, viennent couper la rue d'Hermès. Voilà les seules tentatives de régularité urbaine qu'on aperçoit en arrivant à Athènes. Tout le reste semble désordre et confusion ; et cette rue d'Hermès elle-même a été si mal tracée, bien qu'on eût la plus entière liberté de tracé, qu'elle vient se jeter tout au travers d'une vieille et respectable église que les maçons étrangers n'auraient pas fait difficulté de démolir, mais qu'ont protégée le respect religieux du peuple et les réclamations des savants. L'église reste donc, et la rue tournera autour d'elle comme elle pourra. Avec le temps, on s'arrangera pour tracer à l'entour un *crescent* à portiques quand les petites maisons à l'allemande qui se sont glissées ici tomberont pour faire place à des constructions plus conformes aux besoins du climat.

Cette première vue d'Athènes est plutôt bizarre qu'agréable. On sent cependant qu'il y a ici de la vie et de l'avenir[1]. Les mœurs d'Orient n'ont pas encore contracté

[1] M. Wordsworth a visité Athènes à la fin de 1832 et au commencement de 1833. Voici l'état dans lequel cette ville se présenta alors à ses yeux : « The town of Athens (p. 51) is now lying in ruins. The streets are almost deserted; nearly all the houses are without roofs. The churches are reduced to bare walls and heaps of stones and mortar. There is but one church in which the service is performed. A few new wooden houses, one or two of more solid structure, and the two lines of planked shades which form the Bazar, are all the inhabited dwellings that Athens can now boast. »

mariage avec les mœurs d'Occident ; elles coexistent séparées, sans s'être ni fondues ensemble ni annulées. Plus tard la fusion s'opérera par des sacrifices réciproques. En attendant que le goût et la mode aient fait passer la société grecque sous leur équerre, chacun prend l'allure qui lui convient. Près d'une boutique à la turque, dans laquelle le marchand s'assied sur ses jambes, en déroulant mélancoliquement entre ses doigts les grains de son chapelet, on rencontre un café à la française avec un billard d'acajou. Ici vingt Maltais, accroupis dans la rue, attendent l'emploi de leur activité ; là des Grecs à la blanche fustanelle, à la veste dorée, fument leurs longues pipes, tandis que d'autres Grecs, habillés à la franque, finissent une bouteille de bière en fumant un cigare ou une cigarette et en dissertant en français sur les journaux de Paris. Celui-là porte un costume grec avec des bottes françaises par-dessus son large pantalon, celui-ci une redingote française avec la fustanelle et les guêtres grecques. Les langues grecque, française, italienne, allemande viennent à la fois frapper l'oreille, et une dissertation sur un roman de Balzac et un drame d'Alexandre Dumas est interrompue par une tirade patriotique sur Candie, Omer-Pacha ou Mavrocordatos.

C'est à travers ce pêle-mêle de costumes, de langues et d'idées que je me fis voie pour me rendre à l'auberge dont j'avais fait choix, car on peut faire un choix maintenant. Il y a à Athènes trois auberges fort convenables, et quelques autres où on peut trouver à se caser sans trop d'inconvénients. J'allai me loger à l'hôtel de Londres, chez un Piémontais, nommé Bruno, ancien courrier de Capo-d'Istrias. Sa maison est petite, mais précédée d'un jardinet et proprement tenue. Mon appartement, très-suffisant, s'ouvrait sur tous les points de l'horizon. C'était une sorte de belvédère de trois pièces, d'où je pouvais jouir d'une vue magnifique de la ville, des environs et de toutes les chaînes de montagnes de l'Attique. L'Hymette, le Pentélique, le Parnès m'entouraient. D'un côté, je pouvais admirer le Parthénon, diadème précieux qui orne le front de l'Acropolis, et ma vue s'étendait dans la direction du temple de Jupiter-Olympien jusqu'aux montagnes au pied desquelles serpente le lit sans eau de l'Ilissus et se détache le rocher un peu sec de la fontaine de Callirhoë ; d'un autre côté, mes regards s'étendaient sur Phalère, le Pirée, Salamine, en suivant les roches Scironides, d'où le brigand Sciron fut précipité dans les flots par Thésée, jusqu'à la cime aplatie de l'Acrocorinthe. Mon belvédère était ainsi un excellent point d'observation pour m'orienter à travers l'Athènes de Périclès, celle des ducs français de la maison de La Roche ou de la maison de Brienne, celle des vaïvodes turcs, et celle dont il a plu au roi de Bavière de faire la capitale du nouveau royaume hellénique, afin de se donner le plaisir classique de recevoir de son fils, le jeune roi Othon, une lettre datée : *De mon palais d'Athènes.*

II.

ATHÈNES. — SES MONUMENTS ANTIQUES ET SES FÊTES POPULAIRES. — SA PASSION POUR LA PHILOLOGIE. — SES ÉCOLES AVANT LA RÉVOLUTION GRECQUE.

Un de mes amis, se promenant un jour dans les environs d'Athènes, demanda à un petit pâtre, qu'il rencontra, le nom de cette ville qui se présentait en perspective. — On l'appelle Anthina (c'est-à-dire ville des fleurs, Florence par exemple), lui dit le berger dans son patois ; mais, pour des fleurs (en grec *anthi*), elle n'en a pas [1]. L'Athènes antique, comme la Florence moderne, éveille en effet dans tous les esprits, même les plus étrangers aux lettres et aux arts, des idées de gloire ou de poésie ; et le peuple, qui ne

[1] Τὴν μὲν Ἀνθήνα μὰ ἄνθη δὲν ἔχει.

fausse jamais les noms propres que pour leur donner une signification plus analogue à sa pensée [1], prouve ainsi qu'il n'est pas moins sensible que les classes éclairées au beau nom acquis à sa patrie. Ce nom glorieux, répété de bouche en bouche dans la dernière lutte, après un silence de près de deux mille ans, a suffi pour éveiller la sympathie de tous les peuples ; et l'Occident, qui devait sa civilisation à la Grèce, lui a prouvé sa reconnaissance en l'aidant à son tour à s'affranchir de la barbarie.

Bien que notre oreille soit plus familiarisée aujourd'hui avec ce magnifique nom d'Athènes, il ne laisse pas que d'agir avec force sur tout nouvel arrivant. Ce qu'on voudrait, ce serait de faire tomber pour un instant toutes les barrières qui vous séparent du passé, de reconstruire par la pensée la ville antique avec ses monuments, ses temples, ses statues; d'évoquer du tombeau sa population bruyante, ici se pressant au Pnyx autour d'un orateur populaire, là s'agitant, au théâtre de Bacchus, au spectacle d'une noble tragédie de Sophocle ou d'une mordante comédie d'Aristophane, ailleurs revenant en procession de la Voie Sacrée et affluant près des statues des dieux. On en veut à tout ce qui vous distrait de cette apparition fantastique, à cette ville nouvelle comme à ces hommes nouveaux. On désirerait au moins, puisqu'il ne reste que des ruines, que ces ruines ne fussent pas gâtées par un contact prosaïque avec des reconstructions modernes; que, pour un moment, disparût tout le présent, hommes et choses, et qu'on pût rester seul en présence de ces seules ruines. Malheureusement il n'en est pas ainsi. Depuis que, par une ordonnance du 30 (18) septembre 1834, signée par les régents bavarois Armansperg, Cobell et Heideck, et par les ministres grecs Colettis, Theocharis, Lesuire, Rizo et Praïdis, il a été décrété qu'Athènes serait désormais la capitale du

[1] L'île de Naxos ou Naxie est la plus belle des Cyclades; aussi le peuple, au lieu de l'appeler *Naxia*, l'appelle-t-il toujours ἡ Ἀξία, la Digne.

royaume grec, et que le siége du gouvernement y serait transporté le 13 (1ᵉʳ) décembre 1834, le prestige antique a été et il ira de jour en jour s'évanouissant de plus en plus. Au temps de la domination turque, les misérables cabanes (*calyvia*) et les misérables habitants qui se glissaient à travers les ruines ne nuisaient pas plus à leur effet qu'un nid de cicognes placé sur les débris de créneaux gothiques n'en détruit l'unité. C'étaient là des choses si complétement étrangères et si éphémères qu'elles ne servaient pour ainsi dire que comme la cloche d'un couvent abandonné à sonner l'heure du passé. Il en est bien autrement des constructions récentes; une ville moderne, je ne dis pas s'édifie, mais se maçonne presque partout, sur l'emplacement même de la ville de Thésée. Encore, si on eût fait quelques réserves pour l'antique et qu'on eût imité l'exemple du respect donné par Adrien! Lorsque cet empereur, dans les deux visites qu'il fit à Athènes, l'an 125 et l'an 130 de notre ère, ordonna de relever la ville d'Athènes, il eut soin d'assigner un espace nouveau aux constructions nouvelles; et sur les limites qui séparaient la ville ancienne de la ville nouvelle fut construit le portique d'Adrien, encore debout avec l'inscription qui attestait le respect d'Adrien pour l'antiquité. D'un côté de cette porte, on peut lire encore : *C'est ici la ville de Thésée, non celle d'Adrien ;* et de l'autre côté : *C'est ici la ville d'Adrien, non celle de Thésée.* On eût pu de la même manière, à l'entrée de la partie de la ville sur laquelle semble vouloir s'étendre par prédilection la cité nouvelle, près du point où se rencontrent par exemple les rues d'Hermès et d'Éole, et en face du portique d'Adrien, élever un portique sur lequel on eût inscrit d'une part : *C'est ici la ville de Thésée et celle d'Adrien, et non celle d'Othon ;* et de l'autre : *C'est ici la ville d'Othon, et non celle de Thésée ni d'Adrien.* Ainsi eussent été laissés libres aux investigations et aux fouilles des antiquaires tous les terrains sur lesquels s'étendait autour de l'Acropolis l'Athènes antique, et où on voit encore aujourd'hui les *stoa* ou portiques du Pœcile, la porte de l'Agora ou marché, la Tour des Vents, le monument de Lysicrate dans l'ancienne rue des Trépieds, par laquelle on montait sur un revers de l'Acropolis paré encore de deux belles colonnes qui portaient autrefois leurs trépieds ; les débris du théâtre de Bacchus et de son temple, et les précieux restes des chefs-d'œuvre de l'Acropolis. Aujourd'hui de nombreuses maisons de pierre bâties sur le nouveau sol, plus élevé que le sol antique, interdisent toute recherche future.

Les premiers pas du voyageur dans Athènes se dirigent nécessairement vers l'Acropolis. Tout prévenu que l'on soit par les récits les plus pompeux, on est toujours surpris et émerveillé de ce qu'on y trouve. La forme même et la couleur rouge-pâle du rocher de l'Acropolis donnent déjà des ailes à l'imagination. L'Acropolis est encore une forteresse fermée par des murs : au nord les restes du mur, de construction dite pélasgique ; au midi, les restes du mur de Cimon. On passe au-dessous de la grotte d'Apollon et de Pan, on tourne un peu le rocher, et on se trouve à la première porte de la forteresse, au-dessus de l'Odéon ou théâtre musical d'Hérode Atticus, qui était réuni par les stoa ou portiques couverts d'Eumènes, fréquentés par les péripatéticiens ou promeneurs, avec le théâtre de Bacchus ou grand théâtre tragique. Il ne reste plus rien du théâtre de Bacchus, mais la partie inférieure des stoa couverts qui l'unissaient à l'Odéon et le mur du fond de l'Odéon, avec quelques jours ouverts sur la campagne et sur la mer, subsistent encore. Au-dessous du théâtre de Bacchus, sur le haut d'un des flancs abrupts du rocher, était un temple consacré à Bacchus, qui depuis le moyen âge avait été transformé en une chapelle dédiée à la *Panagia Spiliotissa*, Notre-Dame-de-la-Grotte, parce qu'il était creusé dans une grotte. Il y a peu d'années encore, ce temple subsistait en son entier et debout, avec une belle statue de Bacchus assis, sur toute la hauteur de l'architrave. La beauté de la statue a causé l'infortune du temple. Un ambassadeur anglais obtint en 1799 du gouvernement turc, que le débarquement des Français en Égypte avait jeté dans les bras de la Grande-Bretagne, l'autorisation d'enlever la statue pour la transporter en Angleterre. Elle fut en effet arrachée saine et sauve de sa niche; mais les précautions suffisantes n'avaient pas été prises, et toute la façade du petit temple, l'architrave avec les deux piliers de marbre qui soutenaient la corniche s'écroulèrent et gisent amoncelés devant la grotte. Tout à côté est une vaste assise de marbre couverte d'une longue inscription. Aucun des morceaux de cette simple et élégante façade, si ce n'est la statue du dieu, n'a été enlevée, et ce ne serait pas un grand travail de la relever en remettant les morceaux à leur ancienne place; cela se fera sans doute un jour.

L'entrée de l'enceinte murée de l'Acropolis est située au-dessus des deux théâtres, mais plus près de l'Odéon. Après quelques pas faits dans l'intérieur on se trouve au bas des degrés qui montent aux Propylées, majestueux vestibule de cet ensemble de chefs-d'œuvre. A droite s'élève le délicieux petit temple de la Victoire aptère (sans ailes); à gauche est cette belle salle de la Pinacothèque, dans laquelle étaient exposés les tableaux de Zeuxis. Un lourd piédestal gâte un peu cette façade élégante des Propylées; mais il portait la statue équestre d'un empereur, et il est tout romain. Une lourde tour carrée gâte aussi un peu les proportions du temple de la Victoire; mais elle est d'origine et de construction française, et servait de prison au palais des ducs français d'Athènes. Dans des temps fort rapprochés de nous, la même destination lui avait été rendue; et on voit encore, attachée à une de ses façades et balancée par le vent, la corde à laquelle fut pendu Gouras, qui y avait été enfermé. Mais je ne mêlerai pas les souvenirs de la féodalité franque et les souvenirs de la lutte récente à ceux que font naître les monuments construits sous Thémistocle, Cimon et Périclès, créateurs de tous les grands établissements d'Athènes.

Le vestibule des Propylées franchi, on a devant soi le monument le plus parfait d'architecture et de sculpture qu'il ait été donné aux hommes d'admirer : le Parthénon. Sa belle ligne de colonnes est interrompue par la destruction qu'y apporta, en 1687, une bombe de Morosini ; et ce vide a été rendu plus difforme par une laide mosquée, qui tombe heureusement en ruine. Ses frises sont dépouillées de ces ravissantes métopes qui se moisissent maintenant sous le ciel brumeux de Londres. Mais, tel qu'il est, sur son rocher poétique, sous son ciel si pur, avec ses colonnes cannelées de marbre blanc que le soleil a brunies de la même teinte dont il brunit les joues des filles d'Orient, le Parthénon sera toujours le type le plus parfait du vrai beau. Près de là, sur ce même plateau de l'Acropolis, reste debout un autre temple, l'Érechthée, auquel se rattachent les plus grands souvenirs de l'histoire d'Athènes. C'est là, dit-on, l'emplacement du palais de Cécrops ; c'est là que Neptune, dans sa dispute avec Minerve, fit d'un coup de son trident jaillir du rocher une fontaine dont les eaux furent renfermées dans les souterrains de l'Érechthée. L'une des façades de ce temple mystique, si irrégulier et composé de trois autres temples, était soutenue par quatre magnifiques caryatides. Elles tentèrent le même ambassadeur anglais qui avait obtenu la statue de Bacchus en faisant écrouler la façade de son temple, et qui avait fait enlever à la même époque les métopes du Parthénon dépouillé ainsi de sa frise comme une prêtresse de ses bandelettes ; il obtint aussi de la Porte la permission d'enlever les caryatides du temple d'Érechthée. L'une des caryatides fut en effet arrachée de la corniche qu'elle soutenait, et alla rejoindre à Londres la statue de Bacchus. Mais l'indignation populaire avait été grande à cette nouvelle ; car ces quatre caryatides avaient pris leur place dans les croyances populaires comme des êtres surnaturels qui veillaient sur le peuple d'Athènes, et on ne les connaissait que sous le nom de *jeunes filles* (*ai korai*). On ne crut donc pas prudent d'enlever les autres caryatides pendant le jour, et on attendit la nuit pour y envoyer les Turcs chargés de l'enlèvement. Au moment où ils s'approchèrent du temple d'Érechthée pour consommer leur œuvre de destruction, le vent, qui souffle toujours avec plus de force après le coucher du soleil dans ce lieu élevé, fit entendre, en glissant à travers ces colonnes et les murailles ruinées, un gémissement prolongé, semblable aux sons que rendent les harpes éoliennes agitées par les vents d'Écosse. A ce son les Turcs effrayés crurent reconnaître la voix des *jeunes filles* (*ai korai*) qui gémissaient sur la perte de leurs sœurs, et qui se défendaient contre le sacrilége par leurs plaintes et leurs soupirs. Ils s'arrêtèrent; et rien ne put les décider à porter leurs mains sur les caryatides, qui échappèrent ainsi à une émigration forcée, et sont aujourd'hui l'ornement de leur patrie, où un beau ciel ajoute encore à leur beauté.

M. Pittakis, conservateur des antiquités à Athènes [1], possède une histoire manuscrite de la ville d'Athènes en langue grecque jusqu'à l'année 1800, dans laquelle on trouve quelques curieux renseignements sur l'époque de ces diverses dévastations. Cette histoire d'Athènes depuis les temps fabuleux est suivie d'éphémérides depuis l'année 1754. Le dernier des événements mentionnés est relatif aux recherches de lord Elgin avec l'autorisation de la Porte.

« Sur la fin de juillet de cette même année 1799, est-il dit dans ce manuscrit, lord Elgin, ambassadeur de la Grande-Bretagne près la Porte Ottomane, envoya à Athènes des ouvriers romains et napolitains pour faire des fouilles et retirer du sein de la terre des marbres et antiquités, et faire descendre de la frise du célèbre temple de Minerve

---

[1] M. Pittakis est le mari de la belle Grecque chantée, en 1811, par lord Byron dans sa *Maid of Athens*.

ces magnifiques bas-reliefs et statues qui faisaient l'étonnement et l'admiration de tous les étrangers. »

Le même chroniqueur mentionne dans ses éphémérides des dilapidations partielles des monuments antiques employés à la reconstruction des bâtiments nouveaux.

« Dans l'année 1759, dit-il, le vaïvode d'Athènes bâtit la mosquée du Bazar d'en bas, fit sauter avec la poudre une des colonnes du portique d'Adrien, et prit beaucoup de marbres dans l'ancienne métropole.

» Le 18 février de l'année 1777, Hadji-Ali commença à bâtir le mur d'enceinte de la ville d'Athènes. Il commença ensuite à grande hâte le mur appelé Bourzi, qui fut terminé en soixante-dix jours; car toutes les corporations y travaillèrent, et souvent lui-même aidait à passer les pierres aux ouvriers. »

Beaucoup d'autres marbres furent employés à la construction de ce mur d'enceinte, dont l'invasion russe de 1770 avait démontré la nécessité.

Dans un autre endroit de son histoire, le chroniqueur mentionne la destruction d'une partie du Parthénon par la bombe vénitienne qui mit le feu au magasin à poudre des Turcs placé dans ce temple.

Il indique aussi, à la date du 10 août 1784, l'arrivée à Athènes de l'ambassadeur de France, M. de Choiseul-Gouffier, qui fut reçu avec les plus grands honneurs. Mais le voyageur français qui, à ce qu'il semble, excita le plus vivement l'attention à cette époque fut un jeune homme de vingt-cinq ans, du nom de Montmorency, arrivé à Athènes au mois de Mai 1782[1]. Le chroniqueur raconte qu'il eût

---

[1] Il s'agit ici de l'abbé Hippolyte de Montmorency-Laval, frère du duc Matthieu de Montmorency. Il était fort connu par son esprit et son instruction, et avait rapporté de ses voyages en Grèce des inscriptions et quelques antiquités grecques que son parent, M. le duc de Luynes, m'a dit avoir vues dans sa jeunesse. L'abbé Hippolyte de Montmorency fut décapité à Paris pendant la révolution, et est enterré dans le cimetière de famille de Picpus.

divers entretiens avec lui sur des matières religieuses. « Il était certainement fort extraordinaire, dit-il, de trouver dans un si jeune homme tant de connaissance de l'histoire ancienne et des livres saints unie avec une véritable piété. Son but était à la fois de décrire les antiquités du lieu et de bien étudier l'histoire de l'église de l'Orient... Après de longs entretiens sur des questions religieuses, il termina en nous assurant, les larmes aux yeux, que, quelque indifférence que missent les rois dans ces importantes affaires, il se trouvait en Occident beaucoup de personnes qui donneraient jusqu'à leur sang pour voir l'union des deux églises. »

Cette histoire grecque d'Athènes mériterait certainement d'être publiée, malgré un certain nombre d'erreurs historiques qu'elle contient sur l'époque du moyen âge, et j'engage fort son possesseur, M. Pittakis, à le faire.

Ce n'est pas sans intention que j'ai cité le nom de M. Pittakis à propos de l'Acropolis. M. Pittakis semble, en effet, avoir été découvert par notre vieux consul Fauvel sous une corniche oubliée de l'Acropolis, qui protégeait son berceau; il y a grandi, il y vit, il y mourra : car l'Acropolis est sa patrie, sa famille, son Dieu; et après sa mort on le trouvera certainement transformé en caryatide supplémenmentaire destinée à tenir lieu de celles qui auront disparu, tant sa passion pour son Acropolis est vive, constante et jalouse. Bien des fois j'ai voyagé avec lui à travers les décombres de sa patrie acropolitaine, et chaque fois j'étais plus frappé de la tristesse solennelle de sa démarche, de son geste, de son regard, de sa parole. Adressait-il quelque observation aux gendarmes qui gardent les ruines plus que la forteresse, il cherchait à leur inculquer le saint respect du fragment de marbre poussé négligemment par leurs pieds, de la poussière même qu'ils avaient l'honneur de fouler. Passait-il près du piédestal placé le long des Propylées et sur lequel était autrefois posée la statue de l'architecte de ce beau monument, tombé sans vie au même lieu du haut des frises dont il surveillait l'exécution, il versait des larmes sur le pauvre architecte mort depuis deux mille ans. Trouvait-il un fragment de vase, il le recueillait comme le débris du vase dans lequel auraient été brûlés les premiers parfums offerts à Minerve. N'était-ce qu'un ossement humain, cet ossement pouvait être, était sans doute la précieuse relique d'un Cécrops ou d'un Périclès, d'un Sophocle ou d'un Praxitèle. Par ici il me faisait remarquer qu'entraient les processions solennelles; par là Égée s'était précipité, non pas dans la mer Égée, qui est à deux lieues, mais sur les rochers, à la vue de la voile noire de son fils Thésée revenant d'une dangereuse visite au Minotaure de Crète : de ce côté on avait précipité le fameux Odyssée pendant la dernière guerre ; car M. Pittakis unit souvent dans son admiration les héros des derniers jours aux héros des anciens jours. C'est le meilleur type possible du collecteur et conservateur des antiquités de la ville d'Athènes. Qu'il assemble donc et qu'il conserve, mais qu'il laisse à d'autres le travail de l'interprétation : il perdra son auréole le jour où il voudra expliquer les pensées au lieu de conserver les choses. Je ne trouve en lui qu'une seule anomalie, c'est qu'il porte l'habit franc. Le conservateur du musée de l'Acropolis et du musée du temple de Thésée devrait porter le *tzoubé* ou robe à larges manches des *kodja-baschis*, costume qui se rapproche au moins un peu du costume des gens graves de l'antiquité.

Combien de fois n'ai-je pas visité seul aussi, avec affection, à différentes heures du jour et de la nuit, cette merveilleuse réunion des chefs-d'œuvre de l'Acropolis! Au coucher du soleil on y a une vue magnifique ; tout l'horizon est inondé de rayons du rouge le plus ardent, les nuages en reçoivent tout l'éclat du vermillon ; la mer semble étinceler des feux du couchant ; les îles élèvent leur tête pour se montrer dans leur beauté, et les montagnes se détachent par couches fortement nuancées depuis le plus éclatant porphyre jusqu'au vert le plus sombre. Ces vives couleurs de la nature environnante viennent se refléter sur les beaux marbres de Pentélique, du Parthénon, de l'Érechthée et des Propylées, et les nuancent de la plus délicieuse variété de rayons et d'ombres, et le paysage entier en reçoit à son tour une nouvelle beauté, car ici chaque objet ne fait qu'ajouter à la beauté de tous. Pendant les belles nuits, la scène est plus restreinte, plus uniforme, plus calme. L'éclat de la lune de Grèce surpasse de beaucoup plus le pâle reflet de notre pauvre lune, que les feux étincelants du diamant de Golconde ne l'emportent sur la terne et douce blancheur de l'opale; c'est comme un autre astre dans un autre ciel. Cette blanche lueur si unie et si tranquille prête à ces grandes ruines un langage digne d'elles. A cette heure et dans ce lieu, toute mesquine idée s'enfuit honteuse; on croirait avoir frappé à la porte de l'éternité.

Le lever du soleil apporte ici de tout autres idées. Quiconque n'a pas vu se lever le soleil derrière la chaîne de l'Hymette ou derrière ces mille chaînes de montagnes qui bordent le sol de la Grèce du côté de l'orient, ne peut rendre complète justice aux poètes anciens. J'avais fréquemment entendu parler dans mes classes de l'Aurore aux doigts de rose qui ouvre les portes du Soleil et s'enfuit après l'avoir annoncé au monde; mais en toute vérité je n'y comprenais rien. Dans nos pays de plaines, cet astre s'annonce lui-même. Il envoie d'abord en fusée quelques rayons qui traversent l'atmosphère; puis l'horizon rougit, et de ces ondes de pourpre émerge le soleil, qui, à ce premier moment, veut bien se laisser contempler face à face, mais qui bientôt se dégage des vapeurs qui lui servaient de voile et force tout regard à s'incliner devant lui. Il n'y a pas là de précurseur, il n'y a pas d'Aurore aux doigts de rose qui arrive, puis disparaît : il y a une Aurore en Grèce, et les poètes ont raison. Aussitôt que le soleil est arrivé à la hauteur des premières couches de l'atmosphère, cet air, plus léger, plus transparent que le nôtre, se teint du plus beau rose dans toute l'étendue du ciel et glisse à travers les vallons et entre le flanc des montagnes ; c'est l'Aurore qui annonce aux hommes que le dieu du jour va paraître. Il ne paraît cependant pas, puisque les cimes des montagnes le dérobent ; mais, en dépassant les premières couches de l'atmosphère, ses rayons blanchissent, et la teinte rose de l'aurore a disparu. Le soleil continue à s'élever sans éblouir encore de ses rayons ; ce n'est que quand il a franchi le sommet des montagnes qu'il se manifeste en vainqueur. On voit donc que la fable antique n'est que l'enveloppe d'une vérité locale, et que les poètes anciens sont beaucoup meilleurs peintres de la nature et surtout beaucoup plus exacts qu'on ne veut aujourd'hui le reconnaître.

Presque tous ceux des monuments de l'antique Athènes qui sont parvenus jusqu'à nous en dehors de l'Acropolis sont situés au pied du rocher. Le premier qui se présente, en descendant du côté du théâtre de Bacchus, des deux colonnes encore debout sur les flancs de l'Acropolis et de l'ancienne rue des Trépieds, est le gracieux monument de Lysicrate, connu aussi sous le nom de Lanterne de Démosthènes, destiné autrefois à porter le trépied offert à un vainqueur par sa tribu. Avant la révolution ce monument se trouvait renfermé à l'intérieur d'un couvent de franciscains français dans lequel lord Byron a vécu quelques mois en 1811, et où il a composé quelques-uns des plus beaux vers de *Childe-Harold*[1]. Le couvent a été démoli, et nous n'avons plus de capucins français à Athènes ; mais le terrain nous appartient toujours, et ce gracieux monument est ainsi propriété française. Nous n'aurons pas, je l'espère, la grossière ignorance de l'arracher du lieu pour lequel il a été construit ; bien que notre destruction de l'arc de triomphe de Djémilah, qui s'était conservé en entier sur le sol d'Afrique, et que nous avons démoli pour le poser en-

---

[1] Il y a, dans la correspondance de lord Byron, plusieurs lettres datées de ce couvent.

suite dans quelque carrefour de Paris, ait signalé notre propre vandalisme aux yeux de toute l'Europe et nous force à garder le silence quand on fait des reproches du même genre à un autre ou à d'autres peuples; car là le monument était debout et entier, et il n'y avait pas à faire valoir pour excuse la crainte d'une dégradation future, puisque le pays nous appartient et qu'il s'était maintenu tant de siècles, sans violation d'aucun des peuples barbares qui y ont passé.

Sur la colline de Musée, à côté de la ville, est situé un monument aussi lourd que celui-ci est élégant; je veux parler du monument élevé à Philopappus. En montant sur cette colline, on peut visiter en passant trois chambres taillées dans le roc. La dernière et la seconde me semblent avoir contenu un autel et des ex-voto; on voit encore dans la seconde une quantité de petits trous qui annoncent que c'était là qu'on accrochait les tableaux ou offrandes votives. Dans la première chambre est une partie plus reculée en forme de cône et éclairée par le haut. Ce devait être là aussi l'emplacement d'un autel situé en face de l'Acropolis et du Parthénon, qui se présentent de là avec grandeur et magnificence. Au-dessus de ces trois chambres le roc s'élève jusqu'au monument, dont la face sculptée est tournée du côté de la mer. On a de là une fort belle vue de la baie de Salamine. Philopappus, auquel ce monument a été élevé, était un Syrien, descendant du roi Antiochus, qui s'était fait incorporer à la cité de Besa. Une inscription publiée par Wheler, et dont on voit encore les restes, annonce qu'il fut consul, probablement consul désigné, à l'époque de la victoire de Trajan sur les Allemands et les Daces. Ce monument du temps romain est d'une architecture fort lourde, et les bas-reliefs et restes de statues sont d'une non moins lourde sculpture.

La colline du Pnyx et de l'Aréopage est située entre la colline de Musée et le temple de Thésée. Les siéges taillés dans le roc, sur lesquels les juges prenaient place, sont fort bien conservés. Il y aurait une page éloquente à écrire pour bien faire sentir l'effet particulier que les lieux environnants ajoutent aux mouvements d'éloquence de l'orateur; mais la vue du Pnyx en dira toujours plus que les pages les plus éloquentes.

En se rapprochant de l'*Agora* ou marché on aperçoit un petit bâtiment octogone, que l'on dégage en ce moment du milieu des remblais qui jusqu'ici l'avaient enfoui aux deux tiers de sa hauteur. Il est connu sous le nom de tour des Vents, à cause des huit vents sculptés sur chacune des façades de sa frise, avec le nom de chacun au-dessous de sa représentation : Euros le sud-est, Apeliotis l'est, Kaikias le nord-est, Boreas le nord, Skirôn le nord-ouest, Zephyros l'ouest, Notos le sud, Lips le sud-ouest. Vitruve en a fait la description, et Varron lui donne le nom d'Horloge. Spon, qui voyageait avec Wheler en Grèce en l'an 1676, c'est-à-dire dix ans avant la conquête de la Morée sur les Turcs par le Vénitien François Morosini, dit avoir vu le dessin de cette tour dans un manuscrit sur vélin de la bibliothèque Barberini à Rome, de l'an 1465, fait par un certain architecte nommé Francesco Giambetti. La collection de ces dessins est d'autant plus curieuse qu'elle a été faite un peu avant la conquête turque, et que beaucoup de monuments ruinés depuis étaient encore debout en leur entier.

Le temple de Thésée, le mieux conservé de tous les monuments d'Athènes et de la Grèce, est situé assez près de là sur un petit plateau qui s'élève au bas des dernières pentes de l'Acropolis. Tout l'extérieur de ce temple antique est dans son entier, et toutes ses jolies colonnes sont debout; l'intérieur seul a changé. Au moyen âge, c'était une église sous l'invocation de saint George ; c'est aujourd'hui un musée. La situation isolée de ce joli temple ajoute encore à son effet.

Le jour du 1er Avril, selon le style grec (13 Avril, n. st.), ce plateau devient tous les ans le rendez-vous d'une foule nombreuse de tout sexe, de tout âge, de tout rang, de tout costume. Cette réunion populaire a lieu annuellement sur l'esplanade qui est entre le temple de Thésée et la colline du Pnyx. Le jour où j'y assistai, il faisait un temps magnifique ; il n'y a rien là du mouvement tumultueux d'une fête champêtre française, mais la variété des costumes et des physionomies offre à elle seule un tableau animé et piquant. Les femmes étaient toutes amoncelées sous le péristyle, sur les degrés, et autour de l'enceinte du temple de Thésée, avec les divers costumes de l'Albanie, de Smyrne, d'Athènes et d'Hydra. Les femmes albanaises abondent surtout parmi le peuple d'Athènes, et, vues du bas de la route dans leur costume aux brillantes couleurs, sous ces colonnes brunies par le soleil, elles forment un groupe d'un bel effet pittoresque. Leur tête est enveloppée comme celle des Arabes, et le haut de leur figure ressort seul, comme dans une momie égyptienne, de l'espèce de linceul blanc qui entoure la tête et les épaules. Quelques autres portent sur la tête une coiffure formée de monnaies d'or et d'argent étagées les unes au-dessus des autres, et au bas du dernier rang desquelles pendent d'autres monnaies légères qui, en plus petit nombre, se balancent comme autant de clochettes autour du front. La robe pendante et flottante est recouverte d'une espèce d'étoffe bariolée de toutes couleurs et d'or, assez semblable à l'aumusse d'un prêtre.

Les hommes seuls semblent s'être réservé les plaisirs de la fête. Groupés çà et là, on les voit danser entre eux sans qu'une seule femme se mêle à leurs jeux. J'y remarquai surtout des bergers albanais. D'un côté douze ou quinze d'entre eux, vêtus d'une fustanelle et d'une veste blanche sur laquelle flotte une longue peau de mouton à brillantes soies blanches, la tête couverte du fezy retenu par un mouchoir en forme assez peu gracieuse de turban, se tenaient par la main et se dandinaient en chantant. Le chef de la bande seul, qui conduit cette chaîne avec toute l'autorité d'un de nos beaux conduisant un cotillon dans un de nos élégants salons de Paris, conserve le privilége de se livrer à la liberté de ses mouvements et de ses allures; il exécute, à la grande admiration des spectateurs, les mouvements les plus difficiles en se lançant de côté et d'autre, et se laissant retomber, tantôt avec les jambes entrelacées d'une manière bizarre, tantôt comme plié sur lui-même, puis se relevant d'un bond pour recommencer encore. Les autres le suivent en se dandinant aussi à la façon grecque, mais sans imiter ses bonds, ses chutes et rebonds, qui sont comme les points d'orgue d'un chanteur émérite. Plus loin une autre bande de danseurs, car ce ne sont que des hommes qui se livrent à cet exercice, s'agite au son du tambourin et d'une sorte de hautbois à trois trous. Sur une autre partie de l'esplanade, c'est un joueur de guitare qui règle les mouvements en frappant sur des corde ordinaires ou sur des fils d'archal, assis sur une chaise curule antique, ou debout sur un tombeau de marbre sculpté qui va sous peu de jours prendre sa place parmi les monuments du musée. M. Pittakis assure que ces danses autour du temple de Thésée remontent à la plus haute antiquité, à Thésée lui-même, dit-il gravement, qui, à son retour du labyrinthe de Crète, interrogé par ses jeunes concitoyens, avides de connaître la difficulté des tours et détours de ce labyrinthe, les fit ranger ainsi par cercles qui se repliaient l'un sur l'autre et s'entremêlaient pour se dégager ensuite; et, pour appuyer sa démonstration, le grave archéologue Pittakis se met à exécuter ces évolutions. Cette danse, au reste, ressemble beaucoup à celle de nos paysans des montagnes du Béarn. Seulement, dans nos belles vallées des Pyrénées, les jeunes Béarnaises, avec leur capulet rouge, viennent s'entremêler aux lestes Béarnais: et bien que le chef de la danse soit chargé de l'exécution des sauts les plus merveilleux, tous cependant chantent ensemble des chansons gaies qui les animent; et les sauts des hommes, et les pas gracieux des femmes, témoignent de la vivacité de leur plaisir. En Grèce le plaisir ne se manifeste sur la figure que d'un bien petit nombre des acteurs et des spectateurs : les physionomies sont généralement intelligentes, les traits réguliers, le front est gracieux ; mais on attend vainement dans chacun et dans tous la manifestation de cette étincelle électrique qui, chez nous, fait mouvoir instinctivement une masse d'hommes comme un seul homme, et par une seule idée. Les diverses parties qui composent la société grecque ont l'air d'être encore étrangères l'une à l'autre, et sans langue sociale commune. Il faudra de longues années encore avant que cette cohésion soit cimentée, et que l'invasion des habitudes occidentales, pénétrant cette société, la perfectionne au lieu de la disjoindre ou de l'affaiblir.

Une autre fête populaire a lieu annuellement autour d'un autre des plus vastes monuments de l'antiquité, les colonnes du temple de Jupiter-Olympien, dans la vallée de l'Ilyssus, le premier jour de carême. Ce jour solennel tombait, en 1841, le 10 Février à la grecque (22 Février n. st.). Le carnaval grec se termine avec le dimanche gras, et le carême commence le lundi. Les catholiques portent le carnaval jusqu'au mercredi des cendres, c'est-à-dire deux jours au delà du carnaval grec ; et les Milanais, qui jouissent d'un *carnavalone*, ou long carnaval, poussent le leur jusqu'au lundi d'après exclusivement : c'est-à-dire qu'ils ont cinq jours de carnaval de plus que les autres catholiques, et sept jours de plus que les Grecs. Dans tous ces pays, le premier jour du carême est une sorte de fête demi-profane et demi-religieuse. A Paris, on va enterrer le carnaval avant de venir recevoir les cendres ; en Grèce, on commence le long jeûne par des fêtes et des danses. Le soleil est déjà puissant en Grèce au mois de Février. Dès le matin toutes les maisons et rues d'Athènes étaient complétement abandonnées, et la foule, hommes, femmes, enfants, vieillards, se portait, à pied, en voiture, à cheval, à âne, dans la vallée que domine le temple de Jupiter.

Ses vastes colonnes s'élèvent, avec leur beaux chapiteaux et leurs immenses frises, sur une esplanade autrefois entourée de murailles qui étaient soutenues par des piliers dont chacun portait une statue. Au bas de cette esplanade coule, ou plutôt peut couler, l'Ilyssus, qui a fait plus de bruit dans l'histoire que ses eaux rares n'en font en s'infiltrant à travers les cailloux de son lit desséché. La fontaine de Callirhoë, placée dans la même vallée, semble, avec quelques larmes épuisées, avoir long-temps pleuré le départ de son amant Ilyssus, et les quelques gouttes d'eau qui s'assemblent au pied des roches qui la protégent semblent plutôt données au souvenir du passé qu'au besoin du présent. A quelques pas est le stade abandonné.

En m'approchant du temple par le portique d'Adrien, j'apercevais çà et là toute la population mâle et femelle d'Athènes distribuée dans la vallée, sur l'esplanade du temple de Jupiter et en haut des collines environnantes. C'est surtout après avoir traversé l'Ilyssus, non à gué, mais à sec, et en montant sur une petite colline détachée du versant des montagnes, à quelque distance au-dessous de la fontaine de Callirhoë, que le spectacle est véritablement plein d'intérêt. Le temple de Jupiter se présente sur le premier plan avec ses imposantes colonnes ; plus loin, sur le second plan, et comme pour servir d'encadrement, s'élève l'Acropolis surmonté du Parthénon, qui se dessine dans les airs avec toute son élégance et sa grandeur : plus loin, sur la gauche, est la chaîne de l'Hymette. Entre l'Acropolis et l'Hymette l'œil se fraie un chemin jusqu'à la mer et découvre Phalère et le Pirée avec tous ses bâtiments, et au delà les eaux étincelantes de la mer, d'où sortent l'île d'Égine et celle de Salamine, dont les montagnes sont d'une si gracieuse forme et d'une si belle couleur. Je contemplais avec une véritable extase la beauté des montagnes, des cieux, des côtes et des eaux. Tout est rocher, pas un seul arbre n'apparaît autour de vous pour donner le sentiment du repos et de la fraîcheur ; et cependant cette vue est pleine de grâce et de charme : c'est qu'on ne saurait se faire une idée de la délicieuse couleur des montagnes, des eaux, des nuages, et de leur infinie variété suivant les divers accidents de la lumière, si on n'a parcouru les montagnes grecques et navigué sur les mers grecques. Même en revenant du golfe de Naples, on est frappé de cette différence aussitôt qu'on aperçoit le cap Matapan, puis le cap Malée et le Taygète, et les sommets si variés de toutes les montagnes des environs d'Athènes, qui semblent transparentes aux feux du soleil et brillent de loin comme le porphyre le mieux nuancé, tandis que les plans plus éloignés vont peu à peu se fondant avec les dernières teintes du ciel. Il y a là une harmonie et un éclat de couleurs que peut seul rendre le pinceau de Claude Lorrain ; et ces rochers ardents, et cette vallée onduleuse, et cette foule mobile qui la remplit, et cette mer lointaine, et les vaisseaux du Pirée, et les barques légères qui sillonnent les flots tranquilles et les plissent élégamment, ajoutent à ce délicieux tableau tout le charme qu'ajoute aux œuvres de la nature le prestige de la vie.

Plus de vingt mille personnes étaient réunies dans cette vallée : les uns, assis en cercle sur le gazon déjà fort vert dans la vallée, prenaient leur part d'un repas de carême qui pendant trois jours ne peut se composer que de fruits et de légumes, d'olives, d'oranges, de pruneaux, d'oignons, sans poisson, sans œufs et sans beurre, mais sans exclusion du vin, dont on use et abuse ; et ils invitaient tous les passants à l'hospitalier partage du repas et de la damejeanne de bois, ou *tzitza*. Les autres, aux incertains accords de la guitare à cordes de laiton, du tambour de basque et de la flûte, se formaient en cercles et dansaient la danse albanaise, ou la danse guerrière des palicares. Quelques mascarades composées de catholiques, dont le carnaval se prolonge de deux jours, viennent se mêler aux groupes des danseurs, tandis que d'autres groupes portent le masque derrière la tête en signe de l'expiration du carnaval grec. Pendant que les hommes forment leurs danses, les femmes forment aussi les leurs, plus gracieuses et plus molles. Le chef de la danse des hommes doit être vif et alerte, la conductrice de la danse des femmes doit être souple et digne ; un signe de dignité pour les femmes, dans les habitudes anciennes, c'est de porter le ventre en avant, comme les aldermen de Londres. Ce grand air de dignité prend aussi sûrement un cœur grec que le *meneo* prend un cœur espagnol, et l'aisance élégante de la démarche un cœur français ; les Grecs le célèbrent dans leurs chansons, et en font le type de la beauté. J'en citerai comme preuve les paroles d'une chanson grecque populaire [1] :

> Que les montagnes s'abaissent
> Afin que je puisse voir Athènes,
> Et que je puisse contempler ma belle,
> Comme elle marche dignement, semblable à une oie grasse.

Pour les jeunes gens le type de la beauté est plus conforme à nos idées d'élégance ; leur taille est prise ainsi que dans un corset, et une ceinture de soie serrée avec puissance leur donne, non la souplesse, mais la finesse d'un corsage de guêpe.

Des danses nationales s'exécutent en même temps. Ici deux danseurs renommés sautent une sorte de passe à deux, plus semblable à la vigoureuse gig des infatigables Écossais qu'à la gracieuse tarentelle de la Grande-Grèce actuelle. Là quatre couples d'hommes et de femmes, vêtus du léger costume ancien des îles Ioniennes, tout blanc et tout rose, avec force rubans, exécutent une espèce de

---

[1] Voici le texte en langue populaire :

> Νὰ χαμελόναν τὰ βουνὰ,
> Νὰ γλέπα τὴν Ἀθήνα,
> Νὰ γλέπα τὴν ἀγάπην,
> Πῶς περπατεῖ σὰν χήνα.

contredanse zantiote, que danse avec des passes fort gracieuses chaque couple, avec ses houlettes attachées deux à deux en haut par des rubans roses. En parcourant les divers groupes, tous empressés à accueillir et à fêter un étranger et surtout un Français, je fus frappé sans doute de la beauté de quelques jeunes filles albanaises, de la gracieuse figure de quelques jeunes filles d'Athènes, des beaux fronts et des beaux yeux de presque toutes, mais je ne trouvai pas cependant aussi fréquemment que je l'espérais ce pur type du beau antique qui appartenait proprement à la Grèce. Quelle nature riche n'eût été appauvrie par une aussi rude oppression et une aussi profonde misère! Après peu de jours d'éclat la beauté ici est flétrie, et les enfants, ne recevant point pendant leur jeunesse une nourriture généreuse, perdent de bonne heure leur première fraîcheur; mais l'organisation physique est forte, et, malgré de rudes privations, l'homme grec se développe, endurci aux difficultés matérielles, sans être moins apte aux perceptions les plus rapides et les plus délicates de l'intelligence.

Il y a en Grèce deux races d'hommes tout à fait distinctes et très-faciles à reconnaître, la race albanaise et la race hellénique. Les Albanais, qui sont de race slave, ont, à diverses époques, envahi la Grèce continentale et le Péloponnèse, et leurs bandes armées y ont porté la dévastation; mais, comme tous les autres conquérants barbares, lorsqu'ils ont voulu former un établissement permanent, ils se sont trouvés impuissants en face d'une législation et d'une civilisation plus avancées, et, après peu d'années, cette civilisation les avait absorbés, modifiés, ou exilés dans les lieux les plus âpres du pays, qui seuls pouvaient les maintenir en un corps un peu compacte. Ainsi se sont conservées, dans les montagnes, dans les défilés et dans les lieux difficiles, les dénominations albanaises employées pour désigner les pays où ils s'étaient campés. Avec le temps, l'intelligence reprit le dessus; et, comme chez nous beaucoup de soldats germains étaient ravalés, eux ou leurs descendants amollis, au rang même de serfs, les populations slaves en Grèce furent réduites au rôle d'ouvriers soldés pour cultiver la terre du maître grec. On retrouve en Grèce quelques-uns des anciens villages slaves; mais il faut bien se garder de les confondre avec les nouveaux villages, peuplés tout récemment par la population albanaise arrivée à la suite des armées turques dans le siècle dernier, soit en 1688 après l'abandon d'Athènes par Morosini, soit après l'invasion russe de 1770. Les troupes albanaises, envoyées alors par la Porte, se jetèrent sur l'Attique, mettant tout à feu et à sang. En 1688, les chroniques d'Athènes racontent que ses malheureux habitants furent obligés de se réfugier à Salamine, à Égine et à Corinthe, et que ce ne fut qu'après trois ans qu'ils purent rentrer en partie dans leur ville et dans leurs champs. Beaucoup des villages de l'Attique sont encore habités par les descendants de ces derniers envahisseurs, et avant la dernière révolution on n'y parlait que la langue albanaise; mais leur physionomie diffère autant que leur langue de la physionomie de la race grecque. Les Albanais ont en général le corps épais, la tête ronde, le bas de la figure large, les traits durs, le front mal fait, les yeux plus vifs qu'intelligents. Ils sont presque tous fort laborieux, mais fort avides; et on pourrait leur appliquer avec plus de raison peut-être encore qu'aux Turcs le proverbe grec : Vois-tu un Turc, prépare ton argent [1].

La race grecque, au contraire, a une figure d'un bel ovale, un front bien fait, des yeux intelligents, un nez droit et fin, le corps souple et élancé. Un marchand français disait à un étranger, en parlant avec colère : «Monsieur, c'est la même canaille que du temps de Périclès.» Ce mot reproduit bien les défauts comme les qualités qu'on s'at-

---

[1] En grec : Τοῦρκον εἶδες, ἄσπρα θέλει : Tu vois un Turc, il veut tes aspres. Trois aspres faisaient un para; quarante paras, une piastre (γρόσι); et cinq cents piastres, une bourse (πούγγι).

tend à trouver en eux. Il sont en réalité, ou ils seront, ce qu'ont été leurs pères. A une époque où on ne savait pas encore travailler le fer, qui n'est pas nommé une seule fois dans les poèmes d'Homère, et où l'on immolait des hommes aux dieux pour obtenir des vents favorables, l'instrument de l'intelligence, la langue, avait devancé si rapidement par ses progrès les autres instruments humains, que déjà Hésiode et Homère pouvaient faire parler toutes les passions et décrire toutes les œuvres des dieux et des hommes. Ainsi la culture intellectuelle avait devancé chez les anciens Grecs toutes les autres cultures. Le même phénomène se reproduit aujourd'hui chez leurs descendants. La charrue est encore celle de Triptolème; le vin continue à être renfermé dans les outres et mêlé de résine; toute voiture, même l'utile brouette, est inconnue; à peine s'il existe une seule route du Pirée à Athènes et à Thèbes; partout en Grèce, excepté à Athènes, les matelas sont une invention qui ne s'est pas fait jour, et on couche par terre sur un tapis ou enveloppé dans son *caban*; aucun des arts et métiers utiles n'a pu encore s'implanter ou se naturaliser. Au bas de l'édifice de la civilisation, il n'y a rien; mais il en est bien autrement du faîte: la Grèce semble vouloir avant tout des académiciens, des philosophes, des poètes, plus tard elle fera des charpentiers et des serruriers; elle veut des ouvrages littéraires, plus tard elle saura faire des chaises, des tables, des souliers et des chapeaux. A peine est-elle née, que déjà elle a une université à Athènes, avec les trois facultés de théologie, de médecine et de droit; une académie des sciences naturelles, une société d'archéologie; deux bibliothèques publiques, l'une à Athènes, l'autre à Andritzena; un musée, cinq gymnases dans différentes villes, douze écoles publiques dans d'autres villes, sans compter une école d'orphelins à Nauplie et une autre au Pirée.

Le premier travail des Grecs a été le travail sur leur propre langue. Ils n'ont pas plutôt été affranchis du joug turc qu'ils ont affranchi leur langue des mots turcs qui la gâtaient, et, par la même occasion, des mots francs qui en altéraient l'unité. La langue grecque était autrefois une sorte d'arche de Noé dans laquelle venaient chercher asile les mots de toutes les autres langues. L'épuration s'est opérée de la manière la plus rapide. Jamais décret de souverain absolu ne fut plus ponctuellement obéi que ne l'a été, et sans appel, ce vœu de quelques puristes; et cela non pas seulement dans la conversation des savants, des avocats, des hommes éclairés, mais dans le langage des classes inférieures : tant ce peuple a de rapidité dans l'intelligence, de délicatesse dans la perception des sens. C'est encore ce même peuple de l'antique Athènes parmi lequel une marchande d'herbes reconnaissait Anacharsis comme étranger à sa prononciation, que tous ses amis lui avaient cependant déclarée parfaite. Les gens du barreau, qui, dans tous les autres pays, sont les plus grands corrupteurs de la la langue, en ont été ici les réformateurs. Comme le peuple d'Athènes a été de tout temps et est encore fort ami de la chicane; et que ce goût est entretenu en lui par les délais sans fin mis par le gouvernement à la constitution de la propriété, et par de perpétuelles récriminations sur l'usurpation des propriétés de l'État après l'expulsion des Turcs, les tribunaux, dont les débats sont publics; suivant les habitudes françaises importées ici, ne désemplissent pas d'acteurs et de spectateurs. Les avocats, qui ont suivi leurs cours dans les universités européennes et ont souvent professé la littérature de leurs pays pour augmenter leurs modiques ressources pécuniaires, ont tous étudié avec amour la langue grecque ancienne, et fait une fréquente lecture de leurs grands prosateurs et du facile Isocrate en particulier. Leurs discours deviennent donc comme une école pour leurs clients et leurs auditeurs. Le savant patriarche Coray avait commencé, dès avant l'affranchissement de la Grèce, la réforme de la langue. A leur rentrée dans leur pays, les jeunes Grecs ses admirateurs et ses disciples ont voulu la continuer et leurs efforts ont été encouragés par le goût général pour la philologie; car la philogie est la passion de tous les étudiants grecs, non-seulement de ceux qui se vouent au professorat, mais de ceux qui veulent se consacrer aux lois, à la médecine, à l'église et à l'administration publique : le beau parler grec est souvent là ce qu'est la faconde de la tribune chez nous; et tel médecin, avocat, professeur, est devenu ministre parce qu'il maniait bien sa langue. En France, la grammaire française, dans toutes ses difficultés, n'est bien enseignée qu'aux femmes; quant aux hommes, ils n'apprennent guère leur langue que par l'intermédiaire d'une autre langue savante. Ici il en est tout autrement, et la grammaire grecque siége en maîtresse à la base et au faîte de tout enseignement. Aussi un étranger, en arrivant à Athènes, est-il étonné de la transformation qu'a subie la langue moderne dans les discours familiers aussi bien que dans les livres. De là un dédain beaucoup trop grand dans la génération actuelle pour tous les ouvrages en grec moderne imprimés avant la dernière révolution. De tous les livres imprimés à Trieste, à Venise et à Vienne dans le dernier siècle, le chronographe Dorothée, l'*Histoire de Chypre* de Kyprianos, *le Jugement de Pâris* de Gouzeli, l'intéressante histoire de Souli du bon Perrhebos, à peine un seul, le roman d'*Érotocritos*, pourrait-il se rencontrer dans les librairies et même dans les bibliothèques particulières d'Athènes, tant chacun est effrayé du danger de gâter son beau langage. Non contents d'avoir éliminé tous les mots étrangers, les Athéniens cherchent à se rapprocher autant que possible de la langue ancienne par les mots, par leur forme et par la coupe de la phrase et ses inversions. Beaucoup de gens prétendent que, dépouillée ainsi de tout mélange étranger, la langue grecque actuelle se rapproche infiniment de celle que parlait le peuple des campagnes au plus beau siècle de la Grèce, et que beaucoup de mots alors usités, mais qui n'ont pas eu leur place dans les anciens auteurs, s'y trouvent conservés : tels que, par exemple, le mot *nero*, eau, d'où les anciens avaient pu former le nom propre de *Nérée* et celui de *Néréide*, divinités des eaux, mot qui, dans quelques parties de la Grèce, devait être usité au lieu de celui d'*udor*. Des tentatives assez heureuses d'un retour à l'inversion antique ont été faites par plusieurs écrivains en prose et en vers : tels par exemple que M. Blastos, auteur de l'*Histoire de Chios*, imprimée, il y a deux ans, à Syra, en deux volumes. D'un autre côté, les paladins de la philologie grecque marchent à la conquête d'une forme grammaticale comme d'une riche province. Le datif avait disparu, on l'a relevé du tombeau : l'aoriste s'était éteint, tous cherchent à lui souffler une nouvelle vie; ils se flattent à présent du vif espoir de reconquérir l'infinitif depuis long-temps émigré. La langue ancienne est un empire dont ils ne désirent pas moins vivement reprendre possession que de tous les pays où elle était parlée, Candie, les îles Ioniennes, la Thessalie, Salonique, Constantinople, l'Asie mineure avec ses îles, voire même (car qui sait jusqu'où s'exaltent les espérances d'un peuple qui se sent renaître, et qui cherche son unité sans avoir encore trouvé son centre) la Sicile et les belles provinces italiennes de la Grande-Grèce. Pour obtenir un peu, il faut souvent espérer et demander beaucoup.

Au reste, même au temps de la domination turque, il y eut toujours au milieu de l'ignorance générale quelques hommes qui se dévouèrent avec passion à l'étude. La chronique grecque manuscrite d'Athènes, écrite par un Athénien, mentionne avec regret l'ignorance absolue des plus riches comme des plus pauvres, mais cite, d'après Spon et ensuite d'après les recherches propres à l'auteur, les noms de quelques hommes qui se sont distingués jusqu'en 1800 par leurs encouragements littéraires ou leurs travaux.

« Les plus nobles, les plus riches et les plus anciennes familles, dit-elle [1], étaient les Chalcocondyle, les Paléologue,

---

[1] Page 224 du manuscrit de M. Pittakis.

es Benizelos, les Peroulos, les Libonas, les Kavalaris, les Kapetanakis, les Néris[1], les Taronites, les Kodrika, les Gaspari, les Benaldi, les de Ca[2], les Macolos, les Latinos, les Gueranos. C'est parmi eux qu'on choisissait les gens chargés de gouverner les affaires publiques, et ils portaient l'ancien nom d'archontes[3]. Quant à la science, cette Athènes, qui était autrefois le siége des lettres et de la sagesse, est devenue au contraire le siége de l'ignorance et de la barbarie; de telle manière qu'à peine un seul, je ne dis pas parmi le peuple le plus grossier, mais parmi les hommes les plus nobles, savait signer son nom. »

Il ajoute ensuite les exceptions, qui sont, dit-il, d'après Spon :

L'hégoumène ou abbé du monastère de Kaisariani dans l'Hymette, surnommé Jezechiel, savant en grec ancien, en médecine et dans la philosophie platonicienne ;

L'archevêque d'Athènes qui avait gouverné cette église pendant vingt-quatre ans au moment de l'arrivée de Spon, en 1675 ;

Un nommé George, médecin de l'île de Crète ;

Demetrius Benizelos, que Spon avait rencontré à Zante, homme d'un noble et beau caractère et en même temps un des savants les plus éclairés qui se trouvassent en Orient; il connaissait fort bien l'ancien grec et le latin et possédait toutes les branches de la philosophie ;

Un Benaldi, fort versé dans la connaissance du grec ancien, connaissance toujours estimée avant les autres.

---

[1] Peut-être descendants illégitimes d'un des Acciaiuoli, ducs d'Athènes, qui portèrent ce nom de Neri ou Rénier.

[2] Peut-être issue d'un des de Caeu, que les chroniqueurs byzantins appellent de Kae. Un croisé français de ce nom suivit, en 1261, Baudoin II à Négrepont après la perte de Constantinople, et se fixa dans la principauté française d'Achaye. L'orthographe de ce nom ντὲ Κά indique une origine française.

[3] Le gouvernement d'Athènes sous les Turcs était aristocratique et placé sous la présidence du Disdar-aga, capitaine de l'Acropolis

A propos de ce Benaldi, l'auteur de la chronique grecque d'Athènes manuscrite donne une lettre écrite par lui, au nom de sa patrie, à la grande église (celle du patriarcat de Constantinople). Cette chronique mentionne aussi les noms de plusieurs Grecs qui, dans le cours du dix-huitième siècle, avaient été forcés, par l'absence de tous moyens d'instruction dans les villes grecques, d'aller étudier dans les universités étrangères, et qui, de retour dans leur patrie, cherchèrent à suppléer à ce défaut d'instruction de leurs compatriotes par leurs fondations généreuses, leurs leçons et la création de plusieurs écoles. Tels furent :

Grégoire, surnommé *Soter* (*le Sauveur*) à cause des services qu'il rendit à sa patrie. Il succéda à Jacob [1] dans l'archevêché d'Athènes, et se distingua à la fois par ses talents poétiques, ses connaissances littéraires et scientifiques et ses bienfaits. A son retour d'Italie, il acheta une maison qu'il transforma en école; il la dota convenablement et y donna lui-même des leçons gratuites. En 1728 il fonda une autre école, à Monembasie, pour les sciences et les lettres, et lui légua sa bibliothèque.

Paisios enseigna au temps de Grégoire Soter et eut pour élèves Demetrius Calogeras, Demetrius Capitanakis, Michel Paléologue, Jean Tournavitis, Nicolas Cacouris et beaucoup d'autres hommes distingués, et, entre autres, Éphraïm, patriarche de Jérusalem.

---

[1] Les archevêques d'Athènes sont, depuis l'occupation de la Morée par les Vénitiens jusqu'en 1800 :

Cyrille en 1686
Meletius 1705
Jacob 1714
Grégoire Soter . . . 1715
Zacharias 1736
Anthimos 1743
Barthélemy 1764
Bénédict 1781
Athanasios 1785

Paul, savant en grec ancien et en philosophie, qui, à la mort de Cavalaris, hégoumène du monastère de Kaisariani, lui succéda dans cette dignité.

Athanase le Péloponnésien, qui avait étudié au monastère de Pathmos.

Meletius de Joannina, successeur de Cyrille dans l'archevêché d'Athènes, et second métropolitain de cette ville depuis l'invasion vénitienne, auteur d'une Histoire ecclésiastique.

Demetrius Bodas.

Samuel Couvelanos, d'Athènes, élève du grammairien Bessarion et de Sophronius.

Jean de Ca, d'Athènes, qui fonda une école dans cette ville, la dota et l'enrichit d'une bibliothèque.

Michel de Ca.

Le grammairien Bessarion, mort le 27 mai 1765.

Balanos de Joannina.

Demetrius Michel de Ca.

Jean Benizelos, d'Athènes, et plusieurs autres.

Le rédacteur de cette chronique grecque d'Athènes raconte que ce fut dans l'école de Jean de Ca qu'il étudia la grammaire en 1765, et qu'ensuite il étudia la logique, la physique et la rhétorique sous Demetrius Bodas amené, en 1777, de Joannina par Dorothée. Une autre école publique[1] avait été aussi fondée à Dimitzana en Arcadie. Elle était fort célèbre avant la révolution grecque, et elle possède encore une assez belle bibliothèque. Un bel évangéliaire, qui faisait partie de la bibliothèque de Dimitzana, a été envoyé récemment à la bibliothèque publique d'Athènes.

Des Grecs établis à Venise, à Vienne, à Smyrne, à Constantinople, à Londres, dans toute l'Europe, envoyaient alors de l'argent pour entretenir ces écoles, payaient l'éducation de quelques-uns de leurs jeunes compatriotes

---

[1] L'état de la culture intellectuelle des Grecs avant leur révolution a été fort bien décrit dans un volume publié à Genève par M. Jacovaki-Rizo, homme d'esprit et écrivain facile.

dans les universités étrangères, et faisaient publier à leurs frais de bonnes éditions des auteurs anciens; ainsi que le firent les frères Zozime, qui encouragèrent les utiles travaux du savant Coray. Ainsi se conservait sur le sol grec et dans les cœurs grecs le culte de la patrie antique, ainsi les Grecs se préparaient à mériter une patrie nouvelle; ainsi surent-ils se la conquérir, et sauront-ils, je l'espère, la conserver, l'agrandir et la civiliser.

III.

ATHÈNES. — LA COUR ET LA VILLE.

A un malade dont une fièvre brûlante a troublé le cerveau, nos médecins ont l'habitude d'appliquer sur la tête d'abondantes couches de glace. Les protocoles sont la glace destinée à calmer la fièvre des peuples. Aussitôt qu'un peuple a été, par une bouillante et généreuse ardeur, lancé en dehors des cercles concentriques et réguliers de la politique, qu'il s'est enivré d'héroïsme, d'indépendance et de liberté, que son cœur s'est enflammé en aspirant à s'élever à la hauteur de sa fortune, nos prudents médecins diplomates lui appliquent, en forme de douches calmantes, le réfrigérant des protocoles. Un protocole définitif, succédant à beaucoup d'autres protocoles insignifiants ou contradictoires, décida que la Grèce écourtée, tailladée, mutilée, réduite à un petit territoire qui ne comprendrait ni le Pinde ni l'Olympe où avait germé et fructifié dans la vie klephtique l'esprit d'indépendance et d'héroïsme, ni Candie si patriote, ni Chios si dévouée, ni Samos où avait triomphé la révolution, et qui ne contiendrait pas plus de huit cent mille habitants, serait cependant transformée en royaume, et que ce royaume serait donné au prince Othon de Bavière. Dès que le jeune roi Othon eut atteint sa vingtième année, le 1er Juin 1835, il prit en main l'autorité royale, et, le 2 Novembre 1836, il fit don à la Grèce d'une jeune et jolie reine de dix-sept ans et demi, la princesse Amélie d'Oldenbourg.

Pour le jeune roi et la jeune reine de ce nouveau royaume, il fallait une cour et d'abord un palais : et le palais comme la cour étaient chose qu'on était nécessairement obligé d'improviser dans une ville où, deux ans auparavant, on voyait à peine une seule maison de pierre, chez une nation où les rayas s'étaient si récemment élevés à la dignité de maîtres, et où les princes dormaient en plein air enveloppés dans leur capote. Mais la Grèce est un sol riche qu'il suffit aujourd'hui, comme aux anciens jours, de frapper du pied pour en faire jaillir, à l'exemple de Neptune et de Minerve, le coursier de la guerre et l'olivier de la paix. Tout ce qui est nécessaire à la vie sociale s'y improvise promptement. Deux petites maisons neuves furent louées pour le jeune couple royal, en attendant que s'édifiât le nouveau palais. On les rattacha ensemble au moyen de constructions dont le plan fut envoyé d'Augsbourg par l'architecte du roi de Bavière, M. Gaertner, qui n'avait pas encore vu la Grèce; et une habitation temporaire, étroite, mais assez convenablement disposée, et placée entre un petit jardin ombragé et une sorte de square à l'anglaise revêtu d'une pelouse quelquefois verdoyante, devint le *Cecropium* du nouveau royaume. Bientôt un vrai palais moderne allait être entrepris. M. Klenze, savant architecte du roi de Bavière, fut d'abord envoyé pour examiner les lieux; mais il prit le timide et modeste Ilyssus pour un frère de l'impatient et redoutable Danube, et, par crainte des débordements de ce ruisselet sans eau, il renonça à un fort bel emplacement, situé au-dessus de la ville et bien élevé au-dessus du plateau qui domine l'Ilyssus, pour désigner une autre situation qui se trouvait d'un tout autre côté de la ville. Le roi de Bavière arriva à son tour et choisit, après quelques hésitations, un emplacement excellent, qui est l'emplacement actuel, et il envoya son architecte, M. Gaertner, pour en tracer le plan et en surveiller l'exécution.

Pendant qu'on déplaçait ainsi le palais futur, la ville d'Athènes se construisait et changeait autant de fois de plan qu'on changeait l'emplacement du palais; car, comme la rue principale devait aboutir au palais, et que, ainsi qu'à Carlsruhe, on aurait été bien aise que les diverses autres rues aboutissent aussi à cet édifice, de même que les branches d'un éventail déployé convergent autour du bouton, et comme ces rues convergeaient autant de fois que se déplaçait leur point central, il devait résulter de tant de plans divers l'absence la plus complète de tout plan. Enfin les fondements du palais furent jetés; mais, pour qu'il ne fût pas dit qu'un seul des plans eût été suivi, entre le dernier plan et la pose de la première pierre on fit faire un léger mouvement oblique à la façade du palais, et la rue d'Hermès, devenue à son insu la rue principale, et qui descendait directement du nouveau palais dans toute la longueur de la ville, sur la route du Pirée, ne pouvant suivre l'édifice dans son mouvement oblique, fut condamnée à le regarder un peu de travers. Il n'y avait pas alors de projets assez grandioses pour cet édifice. A peine Caserte, à peine Versailles eussent-ils paru trop considérables. On ne comptait pas avec les millions de drachmes que cela pouvait coûter, sans que le jeune roi, qui devait cependant avoir un jour à les payer, fût appelé à faire prévaloir un plan plus modeste. Un royaume avait été décrété, et les cours étrangères les plus pompeuses voulaient y trouver une pompe en proportion avec sa suprématie hiérarchique. L'édifice s'éleva donc : le Pentélique fournit ses marbres, la Bavière et l'Italie leurs chefs d'ouvriers, Trieste ses planches et ses clous, ses portes et ses fenêtres, le roi Othon son propre argent. Sept millions de drachmes[1] sont aujourd'hui dépensées, et il n'y a pas encore

---

[1] La drachme vaut 90 centimes.

d'escaliers. Avec trois autres millions de drachmes on pourra sans doute terminer complétement le palais, et avec deux millions le meubler ; mais pour l'habiter il faudra, au budget d'un million de drachmes qui suffit aujourd'hui à l'économie bien entendue du roi, ajouter quelques suppléments tirés de sa fortune personnelle, et environner le souverain d'une cour plus nombreuse que la cour modeste, mais tout à fait convenable, dont le roi s'est entouré dans son modeste palais.

Cette cour se compose du maréchal de la cour (*aularkis*), de six aides-de-camp, de trois officiers d'ordonnance pour le service du roi, d'une grande-maîtresse qui, dans les cours les plus polies de l'Europe, serait citée au premier rang par la bonne grâce toute parfaite de ses manières, son ton exquis, sa simplicité de grande dame, et de deux dames d'honneur dont l'une est une blonde, languissante et agréable Allemande, et dont l'autre est cette vive, piquante, aventureuse, fière et noble Triantaphyllou Botzaris, fille du célèbre patriote Marco Botzaris, la même qui, l'année dernière, s'est conquis tous les hommages parmi les blondes filles d'Ems comme parmi les brunes filles de Venise.

Il ne faut pas s'étonner si le maréchal de la cour ne connaît pas encore fort bien son rôle. D'abord il ne savait guère ce que c'est qu'une cour ; puis les premières gaucheries sont moins promptement relevées dans une première élaboration de l'étiquette. On ne trouve pas d'ailleurs tous les jours des Ségur pour rédiger et imposer le code d'étiquette le mieux approprié à une société nouvelle. Dans des lois qui échappent si souvent aux appréciations de la raison il faut un sentiment bien délicat des convenances pour faire accepter ses décisions, et le zèle ne saurait jamais ici remplacer le goût ; mais le maréchal de la cour de Grèce, M. Charles Soutzo, est un homme d'esprit, et avec de l'esprit on finit par tout concevoir. En recherchant le bien de tout ce qui nous est confié, de préférence à notre bien personnel, nous ne pouvons manquer d'obtenir des succès légitimes, et M. Charles Soutzo possède trop de qualités pour ne pas arriver, quand il voudra s'en donner la peine, au but que doit se proposer le Ségur de la cour d'Athènes.

La cour du roi est toute militaire; on remarque parmi ses aides-de-camp le colonel péloponnésien Jean Colocotroni, fils du fameux Colocotroni, distingué lui-même par des services militaires, et aussi par sa grande affection pour la Russie, dont l'influence s'appuie sur la sienne; l'Albanais Gardikioti Grivas, qui s'est fait un nom dans la guerre de l'indépendance; le Souliote Tzavellas, dont le courage honorerait toute armée européenne. Parmi les officiers d'ordonnance, je nommerai le jeune Maïnote Mavromichalis, fils du vieux bey Mavromichalis et frère de ces malheureux jeunes gens qui crurent venger leur père et sauver leur patrie en frappant Capo d'Istrias. Sa tournure militaire, la politesse de ses manières, la distinction de sa figure et de toute sa personne, que relève beaucoup la grâce du costume grec, le feraient, comme mademoiselle Botzaris, remarquer dans tout cercle élégant. Ainsi composée, cette jeune cour grecque, dans laquelle le roi Othon, grand, svelte et agile, porte lui-même et porte toujours fort bien le costume grec, n'a rien de gauche ni d'emprunté; ce sont plutôt des chefs féodaux qui entourent leur suzerain que des courtisans qui se courbent devant un maître.

Cet aspect que me présenta à mon arrivée la cour d'Athènes reporta tout naturellement ma pensée vers l'époque où une autre cour féodale venue d'Occident, la cour des ducs français d'Athènes, de la maison de La Roche dans le comté de Bourgogne, y siégeait dans sa splendeur. Au moment où l'amiral de France Thibaut de Cépoy, ambassadeur de Charles de Valois auprès du duc d'Athènes, Guy de La Roche, arriva dans cette ville en 1307, il y trouva une cour brillante et de nombreux ménestrels. Le Catalan

Ramon Muntaner, qui l'avait visitée une année après, décrit en termes pompeux sa personne sa puissance, ses goûts chevaleresques, ses splendides tournois. La cour du roi Othon est moins opulente sans doute que la cour féodale des ducs français d'Athènes, mais elle a le grand avantage d'être nationale. Si quelques Allemands s'y mêlent encore, ce n'est que pour peu de temps ; car il y a contre tout étranger en Grèce une grande jalousie nationale, et le roi n'ignore pas qu'il est dans le caractère du peuple certaines susceptibilités honorables qu'un souverain doit savoir respecter.

Plusieurs fois, pendant mon séjour à Athènes, j'ai eu occasion d'assister à des fêtes de cette jeune cour. Là se trouvaient réunis des hommes de toutes les provinces et îles, dont quelques-uns fort probablement, avant ce jour, n'avaient assisté à aucune fête de ce genre, n'avaient jamais pris place sur une chaise européenne, n'avaient eu aucune occasion de se mêler avec une société de salon telle que nous l'avons faite ; et cependant tout cela avait fort bon air, et pas un ne semblait gauche ou embarrassé. Les costumes riches et élégants de la Roumélie et de la Morée sont portés par tout le monde avec grâce ou avec aisance. La gravité naturelle aux peuples d'Orient fait qu'ils ne sont jamais pressés d'agir et de parler, et ils évitent par conséquent beaucoup plus de bévues que ne le feraient des Occidentaux placés dans les mêmes circonstances. Quant aux femmes, leurs costumes sont bien loin d'être aussi gracieux que les costumes des hommes. Les robes dorées des Albanaises ne dessinent aucune forme, et le corps le plus élégant disparaît dans leur ampleur flottante. Les costumes des femmes hydriotes sont ceux de matrones qui veulent paraître respectables en grossissant démesurément chacune des parties proéminentes de leur corps par de nombreux vêtements superposés, de couleur sombre, sur lesquels se détachent les nombreuses circonvallations des épais tissus blancs qui défendent leur poitrine. La figure seule, mais une figure d'une expression contenue, une figure d'une belle forme, un peu ronde peut-être, mais avec des yeux vifs et des dents fines, se dégage de cet encombrement de vêtements, et une robe fort courte laisse voir la jambe la mieux faite et le pied le plus délicat. Le costume d'Athènes est plus léger et plus élégant. Mademoiselle Triantaphyllou (Rose) Botzaris l'a rendu populaire en Europe, et son portrait, avec ce costume qu'elle aime et qu'on aime en elle, peut se voir chez tous les marchands de gravures des bords du Rhin et de la rue Vivienne. Le fezy seul, ou haut bonnet rouge à glands bleus, ne me semble pas gracieux; il donne cependant à une toute jeune fille un petit air rodomont et mutin qui sied à merveille dans une salle de bal. Le plus joli bonnet et le plus coquet costume sont évidemment le bonnet doré et la jolie veste coupée des Smyrniotes; mais on le trouve rarement dans un bal d'Athènes. Ce qui se voit le plus souvent est le costume franc, la mode de Paris; ce costume est plus simple, plus léger, moins dispendieux en apparence. On peut le changer souvent, et varier, selon sa figure et sa taille, la forme, la couleur, la coiffure. Aussi l'invasion de la mode parisienne a-t-elle fait les progrès les plus rapides, et l'immense majorité des femmes, dans un bal de cour, est-elle vêtue à la française. En vérité la souplesse des tailles athéniennes s'arrange fort bien de ces tissus aériens, et presque toutes les portent sans gêne. On ne saurait dire avec quelle facilité ce qui est parisien devient promptement athénien. Le Grec d'Athènes a quelques-unes de nos qualités et bon nombre de nos défauts, outre ce qui lui est personnel, et il surcharge souvent les uns et les autres. Il est intelligent, actif, brave, entreprenant, mais non moins léger que nous et bien plus vain encore. Les femmes, captives dans les liens étroits de la société orientale, ne peuvent qu'à peine se révéler à elles-mêmes; mais déjà l'amour de la toilette, le bon goût dans le choix des parures, l'absence d'affectation et de lourdeur, la simplicité étudiée, le discernement dans le choix des couleurs se font en général remarquer dans les toilettes. Il y a d'ailleurs des chefs savants parmi elles qui ont étudié à Paris et plu à Paris, et qui donnent la leçon et l'exemple.

La jeune reine n'a pas étudié à Paris, mais elle a deviné la science et y est passée maîtresse. On la citerait certainement à Paris même au premier rang des belles les plus remarquées. Écuyère infatigable et intrépide, danseuse légère, animée et gracieuse, reine élégante et belle, elle jouit de ses succès avec un bonheur qui l'embellit encore. Aucune femme dans sa cour ne se livre avec plus de charme au plaisir de la danse. Polonaise, valse, contredanse, galop, mazourque, cotillon, tout lui plaît, et lui plaît avec la même vivacité, depuis la solennelle polonaise qui ouvre le bal, jusqu'à la folle danse du grand-père qui le ferme, à l'exclusion des danses grecques, dont aucune n'est dansée dans les salons d'Athènes. Il faut ajouter que c'est sur elle que pèse le moins le poids de l'étiquette, qui doit gêner un peu les autres; car l'étiquette règne avec toute sa roideur dans un bal de la cour de Grèce. A neuf heures du soir, tout le monde est réuni dans la salle de bal. A neuf heures et demie, le roi et la reine entrent suivis de leur maison. Tout le monde, hommes et femmes, reste debout aussi long-temps qu'ils tiennent cercle, environ une demi-heure; pendant ce temps chacun d'eux va de son côté, adressant la parole à l'un ou à l'autre et montrant toujours aux étrangers la plus grande bienveillance et la plus parfaite politesse : puis commence la polonaise. Le roi offre la main à une des dames; la reine à un des hommes, en général un des chefs du corps diplomatique; les autres chefs des légations en font autant, et tous font ainsi un tour de salle; après quoi le roi passe à une autre dame, et la reine à un autre diplomate, pour recommencer un second tour de promenade, et ainsi de suite jusqu'à ce que les chefs de mission et ceux que la reine veut distinguer aient accompli leur tour de promenade : puis la valse commence. Tant que la reine danse, les femmes qui ne dansent pas peuvent être assises; mais dès qu'elle quitte la danse et se promène elles doivent se tenir debout, et ne peuvent se rasseoir que quand elle se rassied. Deux fauteuils sont mis en avant hors ligne pour le roi et la reine, et les autres femmes sont placées en arrière sur des chaises. De temps à autre on apporte quelques rafraîchissements. Vers les trois ou quatre heures, quand toute la série des danses de tout nom est épuisée et que les danseurs sont épuisés aussi, tout le monde se lève; et le roi et la reine tiennent un autre cercle d'une demi-heure, qui oblige tous les conviés à rester : car il n'est aucun moyen honnête de quitter le bal avant que le roi l'ait quitté. Le roi et la reine prennent congé, et chacun rentre chez soi. Bon nombre de voitures, ouvertes ou fermées, de fabrique milanaise, viennoise, belge, russe, anglaise ou parisienne, attendent les demandeurs; mais presque tous les hommes s'en vont à pied : car en Grèce le ciel est presque toujours pur, les nuits toujours belles, l'air toujours doux, la terre toujours sans boue, mais non sans poussière; et les chiens, qui, souvent à la nuit, pourchassent en foule le voyageur à pied et font de toute course nocturne une course aventureuse, se montrent plus discrets aux premiers rayons du soleil.

La même étiquette est adoptée toutes les fois que le roi et la reine acceptent un bal chez un diplomate. Le corps diplomatique, qui a introduit le baise-main en faveur des jolies et blanches mains de la reine, a accepté une autre étiquette plus sévère pour les soupers. Dans ce cas, le roi et la reine sont servis seuls dans une chambre à part. Le ministre et sa femme s'asseyent à la même table mais sans couvert devant eux, et leur font les honneurs. Peut-être est-ce là l'étiquette de quelque cour allemande particulièrement sévère.

J'ai remarqué aussi une prescription de l'étiquette qui ne m'a pas frappé ailleurs : c'est que les hommes sont invités à dîner avec le roi et la reine, et souvent en Grèce le roi fait cette politesse aux étrangers et y met la meilleure grâce ; mais les femmes ne sont jamais invitées. Aucune des femmes des ministres étrangers n'a jamais dîné à la cour. Bien plus, deux femmes d'un rang diplomatique et politique plus élevé, madame de Barante, femme de l'ambassadeur de France à Pétersbourg, et lady Londonderry, femme de l'ancien ambassadeur d'Angleterre à Vienne et pairesse d'Angleterre, ont passé à Athènes en allant à Constantinople ou en revenant : M. de Barante et lord Londonderry ont dîné à la cour et ont été comblés d'égards, mais aucune des deux ambassadrices n'a pu être invitée à la table royale. Bals et concerts, oui ; dîners, non : c'est l'étiquette.

Le théâtre italien est aussi un point de réunion pour la société d'Athènes. Il existe sur un côté de la ville une colonne antique, isolée, qui appartenait, dit-on, autrefois à un temple d'Esculape. La tradition populaire est restée fidèle au culte du dieu de la santé. Au bas de la colonne a été construite une sorte de niche dans laquelle les malades et leurs parents envoient brûler des cierges. La colonne elle-même est regardée comme prophétique. Veut-on savoir si un malade guérira promptement, on prend un de ses cheveux et on va l'attacher à la colonne par les deux bouts avec un peu de cire ; si la cire reste ferme, le malade est pris bien dangereusement ; si un seul bout se détache, il languira plus ou moins suivant le temps que la cire met à se détacher ; si la cire se fond promptement et se détache des deux côtés, le malade est sauvé. C'est devant cette colonne d'Esculape, et à quelques pas de distance, qu'on a construit un temple au dieu de la musique, à Apollon, père d'Esculape, sans doute pour signifier que tous deux ils donnent la joie et la santé. J'y ai vu parfois jouer quelques tragédies grecques, une traduction en grec de l'*Aristodème* de Monti, un *Marco Botzaris*, par exemple ; mais on n'y joue en général que l'opéra italien. Tout le monde en Grèce est passionné pour la musique, et surtout pour la musique italienne. Quelquefois les jeunes Grecs élégants, pour mieux témoigner de leur enthousiasme, font pleuvoir sur les actrices les fleurs, les couronnes, les madrigaux et même parfois des vers français de leur composition [1].

On ne sait comment se rendre compte de ce goût pour la bonne musique quand on entend les chants d'église et les chants populaires. La beauté du chant national consiste à chanter par le nez ; plus le chant est nasillard, plus il est regardé comme majestueusement religieux et parfaitement héroïque. Je me suis souvent fait chanter des chants nationaux par les bergers et les palicares, soit en naviguant, soit en visitant les ruines de nos vieux châteaux francs disséminés partout sur le sol grec, et j'ai souvent aussi rencontré de belles voix, mais j'ai toujours eu la plus grande peine à empêcher les chanteurs de retomber dans leur chant nasillard. Le goût de la musique italienne réformera probablement ce vice, car le parterre est presque toujours rempli, ainsi que les loges à bon marché, d'hommes des classes les plus humbles. Quant aux femmes, ce ne sont que celles des classes les plus élevées qui se montrent en public et assistent à l'Opéra, qui devient ainsi, comme notre Opéra, un salon où chacun reconnaît et va visiter les siens.

La société d'Athènes se compose de plusieurs éléments fort divers qui ne se sont pas encore très-bien fondus. Les

---

[1] A une représentation à bénéfice à laquelle j'assistais, je reçus, comme tout le monde, une petite feuille imprimée portant ces vers français d'un jeune admirateur grec :

A MADEMOISELLE RITA BASSO POUR SA SOIRÉE A BÉNÉFICE.

A toi les chants d'amour, les accents du délire,
A toi la voix sonore et forte qui déchire
    Ou charme tous les cœurs ;
A toi le don charmant d'émouvoir l'auditoire,
A toi d'être toujours chère à notre mémoire,
    A nous le droit de te couvrir de fleurs.

salons les plus élégants sont, comme on peut bien le croire, ceux du corps diplomatique. La France, l'Angleterre, la Russie et l'Autriche, puis la Bavière, la Prusse, la Turquie, la Belgique, l'Espagne, la Suède ont des ministres plénipotentiaires et des ministres résidents près de la cour d'Athènes, et chacun contribue plus ou moins pour sa part aux agréments de la société. Les secrétaires de légation et attachés ne travaillent pas moins activement à répandre le goût de nos élégantes habitudes d'Europe. Les Français y trouvaient de mon temps chez leur propre ministre cette fleur de société qu'ils aiment à rencontrer dans leur patrie; et chez les autres, soit un esprit fin et délié, soit un caractère ferme et franc, soit une noble intelligence unie à un noble cœur, soit enfin ces traits particuliers qui font mieux ressortir telle ou telle variété de l'esprit et du caractère, et la rendent plus neuve et plus piquante en la marquant du sceau national.

A côté de ces salons européens sont placés les salons fanariotes des Argyropoulo, des Karadza, des Soutzo, des Rizo, des Mavrocordatos. Les familles fanariotes avaient, long-temps avant la révolution grecque, adopté les habitudes occidentales. Presque toutes étaient opulentes, car tour à tour les dignités d'hospodar de Valachie et de Moldavie, et celles de drogman de la Porte et de l'Arsenal, qui étaient des sortes de ministères, ou celles de *postelnicks* et autres hauts offices des principautés, avaient passé entre leurs mains. Leurs enfants apprenaient en naissant la langue française; toutes leurs relations étaient avec les Occidentaux, et surtout avec la diplomatie, et chaque famille se rangeait sous une bannière particulière. Les Morousi et les Ypsilanti, par exemple, étaient connus pour être dans l'intérêt russe, comme les Soutzo dans l'intérêt français; et c'était tour à tour l'appui ou l'inimitié d'une de ces puissances qui amenait leur chute comme leur élévation. Au moment de la révolution grecque, les familles fanariotes riches et puissantes prirent la part la plus active à l'affranchissement de la Grèce. Les uns, comme l'hospodar Soutzo, furent sacrifiés pour avoir appuyé les premiers efforts de l'hétairie ; les autres, comme les Ypsilanti, y sacrifièrent leur vie. La Porte, ne pouvant atteindre les chefs, poursuivit ce qui restait de familles fanariotes à Péra. Les biens furent confisqués ; les hommes, femmes et enfants obligés de fuir pour éviter la mort. Les jeunes gens les plus généreux n'avaient pas attendu ce moment pour aller joindre leurs efforts aux premiers efforts faits par les leurs en Grèce. Les Mavrocordatos, les Soutzo, les Karadza, les Ypsilanti ont mêlé leurs noms aux noms les plus honorables sortis de cette lutte. Grégoire Soutzo, qui s'était dévoué à la fortune de Colettis, qu'il respectait et dont il était aimé, succomba bien jeune encore et plein d'espoir. Démétrius Ypsilanti succomba à son tour. Mavrocordatos s'est conservé actif et influent. Mais, en général, les Fanariotes étaient suspects au reste de la population grecque. Leurs habitudes étrangères, leurs distinctions aristocratiques éveillaient la méfiance de ce peuple d'une nationalité jalouse et d'un esprit complétement démocratique. A Athènes, où toutes ces familles se sont retirées, elles vivent beaucoup entre elles et s'allient entre elles. Cependant peu à peu elles se mêlent davantage au reste de la population à mesure que la population grecque fait des pas vers l'Occident. Ainsi la brune et belle Rallou Karadza, petite-fille du vieil hospodar Karadza, le type le plus pur de l'antique aristocratie fanariote dans son beau temps, épouse un fils du chef de montagnes moraïte Colocotroni, le jeune Constantin Colocotroni, élevé à Paris, et parlant français comme nous. La jalousie ombrageuse des Grecs avait été surtout blessée du titre de prince que portaient les descendants de ceux qui avaient été hospodars de Valachie ou de Moldavie. L'esprit d'égalité est l'esprit du pays, et tout ce qui le blesse blesse tous et chacun. Le gouvernement ne reconnaissant d'ailleurs aucun titre, ceux qui les portaient en Europe y renoncèrent dans leur pays ;

et tous aujourd'hui ont, volontairement ou involontairement, renoncé à se faire appeler par un titre qui blesse la susceptibilité de leurs nouveaux concitoyens. Le rapprochement s'opérera d'autant plus aisément que les lumières s'associent chez quelques-uns au patriotisme. Des hommes tels que M. Argyropoulo seraient dans tous pays respectés pour leurs talents et leurs vertus.

Une autre classe qui sert beaucoup à la fusion des mœurs orientales dans les mœurs occidentales est la classe des professeurs de l'université, des magistrats, des avocats, des médecins. Tous ont étudié dans diverses universités européennes, et en ont rapporté, avec la manière de vivre et le costume de l'Occident, une direction intellectuelle qui fait aisément reconnaître le pays où ils ont étudié. Ceux-ci ont étudié en France : ils sont tranchants, indifférents aux choses religieuses, indisciplinés, mais décidés, pratiques, ennemis des sophismes et de l'obscurité, amis de la publicité, des progrès, de la liberté, et assez versés dans la connaissance des affaires judiciaires et de la partie plus purement matérielle de la science. Ceux-là ont étudié en Allemagne : ils sont sophistes, ergoteurs, obscurs, sceptiques, amis du pouvoir, mais réguliers, pieux, mystiques même, et fort versés dans la partie plus purement philosophique des sciences. D'autres ont étudié en Italie, et se rapprochent beaucoup de la manière de voir de ceux qui ont étudié en France. Les peuples du Midi ont une marche intellectuelle qui diffère complétement des procédés par lesquels la science pénètre dans les esprits des hommes du Nord. Les étudiants grecs de ces diverses écoles se modifient sans doute peu à peu en vivant parmi les leurs, mais la première direction d'idées subiste.

A côté de cette classe toute pénétrée des usages occidentaux il faut placer celle des banquiers et négociants des îles et places maritimes, qui ont eu des relations fréquentes avec le commerce européen, et travaillé dans les comptoirs des villes importantes d'Allemagne, de France, d'Angleterre et d'Italie. Par la nature même de leurs occupations, tout en restant patriotes, ainsi qu'ils l'ont prouvé par des sacrifices multipliés, ils sont devenus cosmopolites ; ce sont des hommes pratiques et intelligents.

Tous les Grecs qui appartiennent à ces diverses classes parlent ordinairement fort bien les langues française et italienne, et portent l'habit franc ; mais les mœurs franques n'ont pas fait encore complète invasion dans leur intérieur, surtout dans les positions les plus modestes. Leurs femmes, tout en portant le costume franc, conservent par-ci par là quelques restes du costume grec. Elles sortent peu, reçoivent peu, et ne se montrent guère qu'à la promenade du dimanche sur la route de Patissia, marchant seules avec gravité derrière leurs maris, qui marchent seuls aussi, ou parfois au bal de la cour, dans une grande solennité nationale.

En dehors de ces classes pénétrées, imprégnées ou frottées de l'esprit occidental viennent les Grecs plus purement grecs, qui n'ont jamais porté leurs regards au delà du magnifique horizon de leurs montagnes et de leurs mers, qui n'ont jamais parlé que la langue grecque, n'ont jamais porté que le costume grec, n'ont aimé et connu que les costumes, la religion, la nationalité grecs. Les uns, comme Condouriotis, avec sa vieille réputation d'honneur et d'intégrité, siégent au conseil d'État ; les autres, comme Canaris le brûlotier, si populaire en Europe, honorent la marine de leur pays ; ceux-ci, comme le vieux Colocotroni, ont la gloire de n'avoir jamais désespéré de la cause de l'indépendance grecque quand la fortune lui était le plus contraire ; d'autres, dans l'armée régulière ou dans le corps des phalangistes, comme l'excellent Perrhebos, le simple et éloquent historien de Souli, qui a si bien servi sa patrie de sa plume et de son épée, sont là comme les vieilles colonnes de la société antique et les plus solides appuis de la société nouvelle. Au milieu d'eux tous et à leur tête doit être inscrit le nom d'un homme qui a été mêlé à toutes les luttes politiques et militaires de son pays, depuis les premières lueurs de l'ambition d'Ali-Pacha; qui, malgré son absence, est toujours présent dans l'estime de tous, et qui est peut-être destiné un jour par sa prudence à asseoir l'avenir de la Grèce sur des bases fermes et régulières, lorsqu'après beaucoup de remaniements ministériels le roi voudra faire appel à l'expérience, au patriotisme et à la patience de Colettis.

Sous la bannière de ces chefs populaires vient se classer le reste de la population grecque. Ce sont comme des chefs de clans derrière lesquels marche toute leur famille. Chacun autrefois avait ses rapsodes; comme les chefs écossais leurs bardes et leurs cornemuseurs. La race de ces vieux rapsodes n'est pas encore éteinte. Tous les jours en Grèce, et même dans les rues d'Athènes, on rencontre deux vieillards dont l'un est aveugle, comme son devancier Homère, et vous chante les cinquante et quelques chansons relatives au héros ou à la famille dont il est le chantre exclusif; soit Marco Botzaris, soit Colocotroni, pendant que l'autre l'accompagne en raclant avec son archet les cordes de laiton de sa guitare. Mais aux rapsodes enrôlés sous la bannière du chef de clan succèdent maintenant les journaux, enrôlés sous la bannière de leur chef politique. Les casinos comme les cafés sont devenus l'Agora et le Pnyx où on discute et décide les affaires. Les chansons populaires ont cessé; les premiers-Paris des journaux d'Athènes ont usurpé sur les vieilles chansons le gouvernement de l'opinion publique. Tous les jours, dans la rue d'Éole, les cafés sont pleins de jeunes Grecs qui dissertent sur la politique de l'Europe avec les journaux français, et sur leur politique à eux avec leurs nombreux journaux. Il y a dans ce pays des anomalies bizarres. Ainsi les cabinets européens ont pu former un royaume en Grèce, mais non faire la moindre impression sur l'esprit démocratique: ils ont empêché qu'on préparât une constitution politique avant l'arrivée du roi, et il n'en a pas été donné depuis; mais la liberté de la presse est reconnue et établie, l'organisation municipale est parfaitement indépendante du pouvoir, le jury a été introduit, et les débats des tribunaux sont publics, à l'instar de notre organisation judiciaire. Le roi est absolu de fait et de droit, et il n'y a ni chambre ni autre institution pour régler son autorité; mais il est amené par la force des choses à respecter les institutions établies avant lui, et son esprit de justice lui impose des lois à lui-même. Ainsi coexistent le droit de l'absolutisme et l'usage de la liberté, sans qu'aucun anéantisse l'autre: la monarchie, parce qu'elle respecte la liberté qui l'a créée; la liberté, parce qu'elle respecte la monarchie qui l'a garantie.

A tous ces habitants réguliers d'Athènes et prenant part à la vie sociale et politique d'une manière active, fanariotes, magistrats, étudiants, banquiers, employés civils et militaires, tous ayant quelque vocation (car personne n'est assez indépendant de fortune pour rester oisif), il faut ajouter bon nombre des anciens militaires et clients qui arrivent des provinces pour témoigner leur allégeance à leurs chefs ou solliciter leur appui. Pendant le jour, tous les anciens palicares, revêtus de la fustanelle, drapés d'une blanche toison ou de l'épais talagani[1] qu'ils portent avec beaucoup de grâce sur une seule épaule, avec la ceinture bien garnie d'un bon couteau, la moustache bien fournie, et la longue pipe toujours en main, obstruent les rues d'Hermès, d'Éole, de Minerve, et les trottoirs de l'Agora. Ils vivent complétement sur la place publique; la beauté constante du ciel et la clémence de l'air, même pendant les plus rudes journées d'hiver, leur rendent cette vie facile. Pour la nourriture et le coucher, la table et la maison du chef sont hospitalières; et, si les moyens sont fort circonscrits, les besoins le sont aussi. Les carêmes,

---

[1] Sorte de longue veste épaisse de poil de chèvre, imperméable, et terminée par un capuchon. Il y en a de grandes fabriques à Salonique.

d'ailleurs, sont longs, sévères et nombreux, et il n'est pas de Grec qui ne les observe avec la plus grande rigueur. En dehors de ces jours d'une abstinence incroyable pour nous, un mouton rôti en entier, à la façon homérique, quelques œufs durs, des oignons crus et du fromage de brebis, voilà le repas qu'ils partagent en commun, en faisant circuler à la ronde une dame-jeanne de bois remplie de vin raisiné. Il ne faut pas de grands frais d'ameublement et de vaisselle pour les recevoir; une petite table ronde, haute d'un pied au plus, est placée au milieu d'eux, et tous se rangent alentour, assis à l'orientale, sur leurs jambes croisées. Le pain sert d'assiette, et avec leur poignard ils peuvent se passer de fourchette. Quelquefois, en été, une immense jatte de *yaourd*, sorte de lait caillé, mais beaucoup meilleur que le nôtre et tout à fait particulier au pays, termine le repas, et tous à la gamelle y plongent tour à tour leurs cuillers de bois. Pour la nuit on étend des tapis fort minces sur le parquet, et chacun s'y couche enveloppé dans son caban; car, après l'extravagante domination des Turcs et les désastres profonds de la dernière guerre, il n'est presque personne sur le sol grec qui ait reçu de son père un ameublement, de la vaisselle, de l'argenterie, des tables, des chaises, du linge, un lit, heureux qui a pu trouver une maison en ruine qu'il lui fût possible de relever! Aussi, les plus grands comme les plus petits, supportent-ils avec la plus parfaite gaieté la privation de toutes les aisances de la vie. Un gouverneur, un général, un conseiller d'État, un ministre, s'étendront avec la plus complète impassibilité, pour passer la nuit, sur un parquet recouvert d'une simple natte ou d'un léger tapis en se drapant ainsi dans leur caban; et ceux même qui ont connu les douceurs d'un lit de France n'éprouvent pas la moindre difficulté à retourner à leurs premiers usages, à dormir en plein air sur un tapis.

Je n'ai pas parlé du menu peuple d'Athènes, parce que, en effet, à l'exception de la population albanaise, qui semble plus particulièrement destinée au travail matériel, à Athènes comme dans la campagne tous les autres Grecs semblent appartenir à ce qu'on appelle chez nous les classes moyennes. Tous veulent s'instruire, grandir, s'élever; aucun ne désespère de son avenir. Faites-vous venir le Grec le moins savant pour lire et converser avec lui dans sa langue, il réunit le peu qu'il gagne ainsi pour aller faire son droit à Paris; prenez-vous un domestique, il accumule ses gages pour aller étudier la médecine à Pise; un ouvrier se place-t-il chez un chef d'atelier européen, en peu de mois il a appris tout ce qu'il lui fallait pour s'établir seul dans un pays où les bras sont rares, où le manœuvre gagne 2 fr. 50 à 3 fr. par jour, et où personne n'a à redouter de concurrence. Ceux qui ont vu leurs amis grandir, et grandir honorablement, celui-ci de professeur devenir président d'une cour de justice ou conseiller d'État, celui-là de médecin devenir ministre et ministre estimé, cet autre de matelot devenir navarque et de soldat devenir général, veulent à leur tour arriver par le travail ou préparer à leurs enfants des moyens de succès dans les études littéraires. De là l'empressement avec lequel sont partout suivies les écoles par les enfants appartenant aux plus pauvres familles. Ceux qui désespèrent d'arriver par le travail appellent de tous leurs vœux les dangers et les chances de la guerre, et se trouvent trop à l'étroit dans le petit État qu'on leur a fait. Ils se sont élancés avec ardeur à l'affranchissement de Candie, ils s'élanceraient avec la même impatience à l'affranchissement de la Thessalie, de l'Épire, de la Macédoine; et ils y réussiraient très-certainement si les puissances étrangères ne les contenaient et ne servaient de bouclier à la débile Turquie, car un Grec est convaincu qu'il ferait aussi sûrement fuir aujourd'hui dix Turcs en Europe qu'un Turc, au temps de sa confiance, faisait fuir dix Grecs ses rayas. La confiance en soi est déjà une force; mais l'armée et la marine militaire ne leur offrent pas maintenant assez de débouchés.

L'armée grecque se compose aujourd'hui de 6,000 hommes d'infanterie et 500 hommes de cavalerie. Ces 6,000 hommes sont divisés en deux bataillons habillés à l'européenne et portant complétement l'uniforme de l'armée bavaroise, deux bataillons habillés à la grecque en fustanelle, un bataillon de Maïnotes, aussi en fustanelle, et quelques colonnes mobiles.

Il y a, en outre, un corps fort bien organisé de 1,200 gendarmes ou gardes municipaux (*chorophylakas*) habillés aussi à l'européenne et répartis dans tout le pays pour en assurer la tranquillité. C'est un corps excellent et composé d'hommes d'une bravoure connue. Là ont pris place quelques-uns des anciens klephtes qui ont fait leur soumission, et qui sont devenus fort utiles pour poursuivre d'autres klephtes dans les montagnes qu'ils connaissent si bien.

Après la guerre, on était fort embarrassé de classer dans des grades réguliers tous ceux qui avaient volontairement pris les armes et qui tantôt avaient rallié d'autres hommes à eux et tantôt s'étaient ralliés à des chefs plus puissants. On leur a donc donné à tous le rang d'officier, mais ils n'ont que la paye de soldat; on les a laissés se distribuer dans le pays sous la dénomination de *phalangistes* et sous les ordres d'un chef de phalange, ici au nombre de dix, là au nombre de douze ou quinze. Ils peuvent suivre sans gêne toutes les vocations de la vie civile, être fermiers ou marchands. C'est une sorte de corps d'invalides; mais la plupart sont fort valides et très-en état de porter les armes au besoin, et avec les meilleures dispositions pour cela.

La marine militaire se compose d'environ 2,000 hommes, officiers et soldats; mais la marine marchande compte peut-être plus de 20,000 matelots actifs, intelligents et entreprenants.

Toute cette population, avec ses différentes classes d'employés publics, d'avocats, de médecins, de banquiers, de militaires et de boutiquiers, est complétement étrangère à l'Athènes de 1820; tous sont venus s'y implanter depuis 1834, et ont remplacé ou fait oublier la population originaire, qui était presque tout entière albanaise. Aujourd'hui les anciennes familles albanaises d'Athènes, distribuées dans de misérables cabanes autour de l'Acropolis, semblent marcher à côté de cette société plutôt que s'avancer de front avec elle. Leur intelligence moins rapide les retient dans les sphères les plus humbles. Avides d'argent, sobres, patients, laborieux, prêts à tout faire comme à tout supporter, ils semblent destinés à rester les ouvriers de la race grecque affranchie, plutôt qu'à l'aider ou la suivre dans sa marche rapide vers la civilisation. Les femmes albanaises sont grandes et belles, mais n'ont rien de l'aptitude des femmes grecques à se modeler sur les usages et les costumes de l'Occident. Pendant la semaine, vêtues seulement d'une épaisse chemise de laine fendue à la poitrine, que couvre une longue veste ouverte, sans qu'un lien quelconque vienne la rattacher à la taille et indiquer les formes, elles vaquent aux soins domestiques, vont remplir aux fontaines de vastes cruches d'eau qu'elles portent sur leurs têtes, allaitent leurs enfants sans scrupule devant leur porte, blanchissent le linge de leurs maris et des étrangers, et remplissent tous les menus offices moins celui d'aller au marché : car il n'est pas une seule femme, domestique ou non, qui se présente dans un marché, cela blesserait toutes les lois des convenances ; les hommes seuls vendent et achètent les provisions de la maison. Le dimanche, les femmes albanaises, après avoir assisté aux offices religieux, viennent prendre place, accroupies par terre peu gracieusement, à la porte de leur maison dans la rue, et y restent toute la journée. Leur mise est alors fort riche et fort brillante sans être plus gracieuse. La chemise de laine plus blanche et plus propre, mais non moins détachée et sans ceinture, est recouverte d'une tunique de couleur, d'une immense veste splendidement brodée, et d'un demi-jupon aux couleurs voyantes, qui masque le bas de la tunique. Une sorte d'écharpe à franges d'or enveloppe la tête et le cou. Quelques longues tresses s'en échappent par-devant sans beaucoup d'étude, tandis que, par derrière, deux immenses tresses descendent jusqu'au bas de la jambe, et sont terminées par un gland de soie rouge long et épais.

Le peu que je viens de dire de la société grecque montre que, quand la France s'est imposé de généreux sacrifices pour donner la main à un peuple qui voulait ressaisir son indépendance, elle n'a pas été trompée dans les espérances qu'elle avait mises en lui. Elle voulait une nation qui fût fière de prendre sa place parmi les peuples civilisés, et qui sût la conserver après l'avoir méritée; une nation qui sût se contenir et s'améliorer dans ses étroites limites, pour se rendre digne un jour de plus hautes destinées; une nation qui pût quelque temps rester petite, mais sût et voulût devenir grande; une nation dont le germe pût se développer et croître de manière à couvrir de son ombre une bonne partie du sol européen sur laquelle languit et dépérit aujourd'hui le germe de la nationalité musulmane, et qui pût saisir pour elle un butin qu'il serait dangereux de laisser à d'autres : et, cette nation, nous l'avons trouvée dans la vieille race grecque, qui demande à se régénérer. Les premiers pas faits par cette nation sont déjà dignes de notre méditation. Une longue anarchie ne lui a pas ôté le goût de l'ordre, un long abaissement n'a pas détruit sa fierté, un long despotisme ne l'a pas rendue incapable d'une liberté régulière, une longue ignorance ne lui a pas enlevé le goût des sciences, une longue misère ne lui a pas donné le dégoût du travail, une domination immorale n'a pas atteint la moralité dans le sanctuaire domestique, une religion humiliée ne lui a pas inspiré l'intolérance après la victoire, et la tolérance chez elle n'est pas devenue aussitôt de l'indifférence; il y a là des éléments et de nombreux éléments de bien. Il reste sans doute encore beaucoup de mal à extirper. Un peuple ne reste pas impunément, pendant près de quatre siècles, courbé sous des maîtres stupides qu'il est contraint de flatter ou de tromper. Les générations se corrompent vite et s'améliorent lentement ; car l'amélioration morale d'un peuple est le fruit des institutions sociales et politiques, dont les principes sont souvent contestés et les progrès toujours lents. La propriété doit s'organiser, les fortunes moyennes se multiplier pour cimenter l'indépendance des caractères et la puissance de l'opinion publique, qui fait respecter l'honnête et le vrai. Tout cela ne se fait pas en un jour. La Grèce a déjà beaucoup fait. Que l'on compare son point de départ avant la révolution grecque avec le point de départ des autres peuples pris la même année, et qu'on mesure ce qu'a fait chacun dans la même période d'années. Établissement d'une société politique, d'une administration, d'une armée régulière, d'impôts réguliers, de tribunaux réguliers ; création d'une université, d'une bibliothèque, d'un musée, de gymnases, d'écoles, de sociétés savantes ; édification d'une ville entière avec ses édifices publics, tels quels mais suffisants ; des écoles pour les uns, un théâtre italien pour les autres ; un budget grossissant graduellement de 4 millions à 17 millions de drachmes, sans que les dépenses aillent au delà des revenus : tant de bonnes choses déjà faites montrent tout ce qu'on peut faire et ce qu'on fera. Il conviendrait seulement pour cela peut-être que les cours étrangères ne voulussent pas si fréquemment intervenir dans les petites choses, et qu'elles réservassent tout le poids de leur influence pour les grandes, par exemple pour l'établissement d'une bonne organisation politique et d'une direction régulière des affaires. En cela l'intérêt de toutes les nations est le même ; une seule ne trouverait pas son compte à l'affermissement du royaume grec, mais cette puissance fait-elle si bien nos affaires à tous que nous soyons tentés de faire les siennes ?

IV.

L'ATHÈNES FRANÇAISE DU MOYEN AGE. — SES DUCS. — SES MONUMENTS. — CHATEAUX. — ÉGLISES. — SÉPULTURES. — ARMURES.

Lorsque, semblable à une nuée d'oiseaux de proie, l'armée de nos ancêtres croisés, maîtresse de Constantinople et de l'empire grec, eut franchi l'Olympe et la vallée de Tempé pour se répandre dans la Thessalie et dans toutes les parties de la Grèce antique, Athènes devint l'apanage d'un des plus puissants barons de l'armée conquérante. Le chevalier français auquel fut dévolu ce glorieux fief était un Bourguignon nommé *Othon de La Roche*, fils aîné du sire de La Roche-sur-Ougnon en Franche-Comté. Il obtint dans le partage de l'empire grec en 1205, d'abord, ce qu'il estima le plus haut, un morceau de bois de la vraie croix, dont il fit hommage à l'église du village de Ray, où elle se conserve encore comme un dépôt dont la propriété reste à la famille Marmier; puis, ce qu'il estimait moins, mais évaluait plus, la riche province de Béotie et la glorieuse Attique. Il devint ainsi un des feudataires relevant de la principauté de Morée, possédée par la famille champenoise des Ville-Hardoin; il établit sa résidence à Athènes, et s'y fit bâtir un château-fort. Pendant une quinze d'années il continua à séjourner dans sa seigneurie d'Athènes, satisfaisant également bien à ses devoirs judiciaires dans la cour féodale du prince de Morée, et à ses devoirs militaires dans ses garnisons et ses expéditions. Puis, son père étant venu à mourir en Bourgogne, il quitta à l'instant sa seigneurie d'Athènes au grand nom pour aller prendre possession de son obscur fief paternel au comté de Bourgogne.

Plusieurs de ses neveux et nièces, enfants d'un frère

cadet moins brillamment apanagé en Bourgogne comme en Grèce, étaient venus s'établir auprès de lui dans sa seigneurie d'Athènes. A l'aîné, nommé *Guy*, fils de Pons de La Roche, seigneur de Ray, près de Gray[1], il fit don de sa seigneurie d'Athènes ; et Guy, resté en Grèce avec une partie de sa famille, ne songea plus qu'à bien s'établir dans sa seigneurie et à y bien établir les siens. Son ambition faillit le perdre. Au moment où Guillaume de Ville-Hardoin succéda à son frère, Geoffroi de Ville-Hardoin, dans la principauté de Morée, Guy de La Roche voulut profiter du moment où l'autorité du prince n'était pas encore bien solidement assise pour se soustraire à sa suzeraineté, en refusant l'hommage d'allégeance et en se déclarant indépendant dans sa seigneurie. Il avait entraîné dans sa révolte plusieurs autres chefs féodaux qui étaient charmés comme lui de l'espoir de se rendre tout à fait indépendants dans leurs baronnies ; mais les feudataires ligués furent battus par le prince Guillaume. Guy de La Roche, assiégé dans Thèbes, fut forcé de se rendre. Au lieu de le punir par la confiscation, le prince, dont la famille était alliée à la sienne, préféra l'exiler pendant quelques années, et il lui ordonna d'aller en France trouver le roi saint Louis et de s'en remettre à sa décision pour tout ce qu'il ordonnerait de lui. Saint Louis, qui préparait une nouvelle croisade, parvint à réconcilier ses compatriotes de Morée au nom de l'assistance commune qu'ils devaient à la religion, et, pour panser les blessures faites par une éclatante défaite à la fierté du seigneur d'Athènes, il l'autorisa à changer son titre grec de megas-kyr ou grand-sire en celui de duc. Guy, en retournant en Grèce en 1260, y reparut donc avec le titre de duc d'Athènes. Il mourut en Grèce vers 1264.

[1] La dernière héritière des La Roche, seigneurs de Ray, épousa un Marmier, dont elle était éprise, et par ce mariage la seigneurie de Ray passa dans la maison Marmier. Le château de Ray appartient aujourd'hui au duc de Choiseul-Marmier. J'ai retrouvé dans ses archives plusieurs actes curieux relatifs aux La Roche d'Athènes.

Deux fils de ce premier duc Guy possédèrent successivement le duché d'Athènes après la mort de leur père. *Jean*, l'aîné, eut à lutter contre les entreprises de Michel Paléologue, qui, après s'être rendu maître par surprise de Constantinople dès 1261 et avoir chassé les Français de cette partie de l'empire, cherchait à les déposséder également des autres provinces. Dans un combat que le duc Jean livra aux forces impériales, soutenues par la marine génoise, dans le détroit de l'Eubée, il fut fait prisonnier et amené à Constantinople. Là l'empereur grec, désireux d'obtenir son alliance et de l'éloigner de ses rivaux les Comnène d'Épire, lui offrit en mariage une de ses filles ; mais Jean était fort goutteux et peu disposé à se marier. Il déclina poliment les avances de l'empereur, obtint sa délivrance, retourna dans son duché, et y mourut peu de temps après, vers 1275, laissant le duché à son frère.

Guillaume, frère puîné de Jean et fils comme lui de Guy de Ray, de la maison de La Roche, lui succéda au duché. Celui-là était jeune, ardent, belliqueux. Il s'allia dans la famille des Comnène d'Épire, ennemis des Paléologue, en épousant Hélène, fille de Théodore Comnène, et il s'acquit une telle importance dans la principauté française de Morée qu'après la mort du prince Guillaume de Ville-Hardoin et de Louis-Philippe d'Anjou, mari d'Isabelle de Ville-Hardoin, ce fut lui qui succéda en 1280 à Rousseau de Sully dans le baïlat et le vicariat général de la principauté de Morée pendant le reste de sa vie[1]. Il fit à cette époque faire de grands travaux de défense et bâtit la place de Dimatra dans les défilés de Gortys[2]. En outre de son fief qu'il tenait du roi Charles d'Anjou, seigneur supérieur de la principauté, il se trouvait en relations constantes avec le royaume de Naples et avec les seigneurs français ses compatriotes qui y étaient établis. Hu-

---

[1] Chr. de Morée, p. 187 de mon édit. à deux colonnes.
[2] Id., ibid.

gues de Brienne, comte de Lecce, étant venu lui faire une visite à Athènes vers 1280, il lui fit épouser sa sœur Isabelle, qui en eut un fils, Gautier de Brienne, auquel devait un jour revenir le duché d'Athènes après l'extinction de la branche mâle des de La Roche. Isabelle mourut en 1290 et son frère Guillaume d'Athènes mourut peu de temps après [1], laissant le duché à son fils unique, Gui ou Guido, encore mineur.

Ce *Gui* ou *Guido* nous est fort connu par les récits d'un auteur contemporain qui a eu avec lui des relations personnelles, le piquant chroniqueur Ramon Muntaner, un des capitaines de cette Grande-Compagnie catalane si fameuse au quatorzième siècle. On trouve dans sa chronique une peinture ancienne de la cour brillante et somptueuse du duc Gui d'Athènes. Il raconte [2] qu'au temps du duc Guillaume un membre de la famille dalle Carcere de Vérone alla s'établir à Athènes, et que le duc Guillaume le reçut avec la plus grande bienveillance, lui accorda beaucoup de biens, le fit un puissant feudataire, lui donna une femme fort riche et le fit chevalier. Au bruit de cette fortune un autre membre de la famille dalle Carcere voulut aller chercher fortune à son tour en Grèce. « Or, dit Ramon Muntaner, messire Boniface n'avait qu'un château que son père lui avait laissé. Il le vendit afin de mieux s'équiper, et ainsi il s'équipa lui et dix chevaliers et dix fils de chevaliers. Et il prit l'ordre de chevalerie des mains de son frère aîné, parce qu'il valait mieux pour lui de partir comme chevalier que comme écuyer; car, dans ces pays, aucun fils de grand feudataire n'est considéré jusqu'à ce qu'il soit chevalier. Voilà pourquoi il se fit armer chevalier des mains de son frère. »

Voilà donc Boniface qui part de Vérone pour Athènes

---

[1] Chr. de Morée, p. 187, et mes *Nouvelles Recherches historiques* dans la généalogie de la maison de La Roche à la fin de l'avant-propos du tome 1ᵉʳ.

[2] Ch. 244, p. 481.

avec de hautes espérances; mais il se trouva fort désappointé en arrivant. Son parent était mort un mois auparavant, laissant deux fils et une fille, tous trois mineurs. Dans cet embarras, le jeune duc d'Athènes Gui le reconforta comme son père le duc Guillaume avait reconforté le parent de Boniface. Il le mit de sa maison et de son conseil et le fit inscrire pour une ration belle et bonne pour lui et sa compagnie. Boniface vécut de ce genre de vie pendant bien sept ans, de telle sorte, dit Ramon Muntaner, que « jamais il n'y eut un homme à la cour du duc qui se vêtît plus élégamment et plus richement que lui et sa compagnie, et nul qui se présentât partout en meilleur arroi. Et le bon duc d'Athènes remarquait son intelligence, quoiqu'il n'en fît pas semblant, et d'autre part il le trouvait plein de sagesse dans le conseil. » Il conçut même le projet de profiter de l'occasion d'une fête qui devait avoir lieu au moment où il se faisait armer chevalier pour lui donner une marque plus éclatante de sa haute faveur. Je laisse parler le naïf et piquant Ramon Muntaner.

« Il est de toute vérité, dit-il, que le duc d'Athènes était un des plus nobles hommes qui fussent dans l'empire de Romanie, et des plus grands qui ne fussent pas rois.... Et il avait eu sa terre franche et quitte[1]; et il avait donné à ses chevaliers châteaux, maisons et terres, de telle sorte qu'il s'y établit (en Morée et à Athènes) bien certainement mille chevaliers français, qui tous firent venir de France leurs femmes et leurs enfants. Depuis ce temps, ceux qui sont issus d'eux ont pris pour femmes les filles des plus hauts barons de France. Et ainsi en droite ligne ils sont tous nobles hommes et de noble sang. Il arriva donc un jour que le bon duc d'Athènes (celui qui laissa sa terre à Gautier de Brienne) voulut prendre l'ordre de chevalerie, et il fit convoquer une cour plénière de toute sa terre, et il

---

[1] Cette prétention était celle des ducs d'Athènes; mais ils furent obligés de se soumettre, selon l'institution de leur baronnie, à la suzeraineté des princes français de Morée.

ordonna que, le jour de la saint Jean de juin, tout ce qu'il y avait de nobles hommes dans son duché se trouvât dans la ville de Thèbes, où il voulait recevoir l'ordre de chevalerie. Il convoqua également les prélats et tous autres bonnes gens; ensuite il fit publier dans tout l'empire, dans tout le despotat et toute la Vlachie (l'Hellade) : que tout homme qui désirerait y venir n'eût qu'à se présenter, et qu'il recevrait de lui grâces et présents. Et cette cour plénière fut proclamée bien six mois avant sa réunion.

» ... A l'époque où le bon duc avait convoqué sa cour plénière, chacun s'empressa de se faire faire de beaux habillements pour soi-même et pour sa suite, et aussi pour en distribuer aux jongleurs, afin de donner plus de lustre à la cour. Que vous dirai-je? Le jour de la cour plénière arriva, et dans toute la cour il n'y eut personne plus élégamment et plus noblement vêtu que messire Boniface et sa suite. Il avait bien cent brandons armoriés de ses armoiries. Il emprunta de quoi subvenir à toutes ces dépenses en engageant d'avance la solde qui devait lui revenir plus tard. Que vous dirai-je? La fête commença d'une manière splendide. Et, lorsqu'on fut arrivé dans la grande église, où le duc devait recevoir l'ordre de chevalerie, l'archevêque de Thèbes dit la messe, et sur l'autel étaient déposées les armes du duc. Tout le monde attendait avec anxiété le moment où le duc allait recevoir l'ordre de chevalerie, et on s'imaginait, comme grande merveille, que le roi de France et l'empereur se seraient disputé cet honneur et auraient tenu à grande gloire que le duc voulût bien recevoir l'ordre de chevalerie de leurs mains. Et, au moment où tous étaient ainsi dans l'attente, le duc fit appeler messire Boniface de Vérone. Celui-ci se présenta à l'instant, et le duc lui dit : « Messire Boniface, asseyez-vous ici tout près de l'archevêque, car je veux que ce soit vous qui m'armiez chevalier. » Et messire Boniface lui dit: « Ah ! seigneur, que dites-vous ? assurément vous vous moquez de moi. — Non, dit le duc, car je veux que cela soit ainsi. » Et messire Boniface, voyant qu'il parlait du fond du cœur, s'avança vers l'autel auprès de l'archevêque, et donna au duc l'ordre de chevalerie. Et, quand il l'eut créé chevalier, le duc dit en présence de tous : « Messire Boniface, l'usage est que toujours ceux qui reçoivent un chevalier lui fassent un présent. Eh bien ! je veux faire tout le contraire. Vous, vous m'avez fait chevalier ; et moi je vous donne, à dater d'aujourd'hui, cinquante mille sols tournois de revenu, à posséder à jamais, pour vous et les vôtres, et le tout en châteaux et autres bons lieux, et en franc aleu, pour en faire toutes vos volontés. Et je vous donne aussi pour femme la fille de tel baron qui est et demeure sous ma main, et qui est dame de la tierce partie de l'île et de la cité de Négrepont. » Voyez comme en un jour et en une heure il lui donna bel héritage. Et certes ce fut le plus noble don que depuis bien long-temps ait fait en un seul jour aucun prince. »

Telle était alors la cour féodale des ducs français d'Athènes de la maison de La Roche. L'amiral de France Thibault de Cepoy [1], qui alla le voir à Athènes de la part de Charles de Valois, empereur titulaire de Constantinople, dont le désir était de substituer une possession réelle à sa possession nominale de l'empire, mentionne dans son compte de dépenses [2] les ménestrels et l'écuyer du duc d'Athènes : « Pour don aux ménestreus du duc d'Athènes, » etc.—« A deux ménestreus du duc d'Athènes qui vindrent pour le mariage de Roquefort. » — « A Jean de Barquon, escuyer du duc d'Athènes, » etc. Pour rendre sa cour plus brillante et augmenter en même temps le nombre de ses hommes d'armes francs, afin de faire respecter les droits de la jeune princesse de Morée, Mathilde de Hainaut, qu'il venait d'épouser à l'âge de douze ans, il profita des dissensions qui

---

[1] Son portrait est à Versailles parmi ceux des amiraux, sous le n° 1170.

[2] Rouleau en parchemin de l'ancienne chambre des comptes, note 2, p. 467 de R. Muntaner.

s'étaient mises dans la Grande-Compagnie catalane et enrôla sous ses drapeaux quelques-uns de ses chevaliers les plus braves, qui étaient arrivés au port d'Armyros en Thessalie. Il n'en restait pas moins lié d'intérêt et d'affection avec la maison d'Anjou napolitaine et avec l'empereur titulaire Charles de Valois, son suzerain. Ramon Muntaner raconte que, lorsque l'infant Fernand de Majorque, son ami, fut arrêté par le duc d'Athènes, pour plaire à l'amiral français Thibault de Cepoy il alla lui-même voir l'infant dans sa prison à Thèbes, et qu'il vit là le duc Gui d'Athènes.

« Je me procurai alors cinq montures, dit-il[1], et me rendis à la cité de Thèbes, qui est à vingt-quatre milles de Négrepont, et j'y trouvai le duc d'Athènes malade. Et, tout malade qu'il était, il m'accueillit très-bien, et me dit qu'il était bien fâché du dommage que j'avais souffert, et qu'il se mettait à ma disposition pour que je lui indiquasse à quoi il pourrait m'être utile, et qu'il aurait grand plaisir à m'être en aide. Je lui fis beaucoup de remercîments et lui dis que le plus grand plaisir qu'il pût me faire, c'était de traiter avec toute sorte d'honneurs le seigneur infant. Il me répondit qu'il s'y sentait tenu par lui-même et qu'il était bien fâché d'avoir à prêter ses services dans une telle circonstance. Je le priai de vouloir bien me permettre de le voir. Il me répondit que oui, et non seulement de le voir, mais rester à ma volonté auprès de lui ; et que, par honneur pour moi, tant que je serais avec lui, tout homme pourrait entrer dans sa prison et manger avec lui, et que même, s'il voulait monter à cheval, il le pouvait. Il fit aussitôt ouvrir les portes du château de Saint-Omer[2], où

[1] Chronique de Ramon Muntaner, p. 474 de mon édition à deux colonnes.

[2] Ainsi appelé parce qu'il avait été bâti par Nicolas de Saint-Omer lorsqu'il était bail de Morée, au treizième siècle. « Par ses grandes richesses, il se vit en état de faire construire à Thèbes le château de Saint-Omer, et il y fit bâtir une habitation si magnifique, qu'un empereur eût pu s'y établir avec toute sa maison ; et il l'orna de très-belles peintures. » (Chr. de Morée, p. 189).

était détenu le seigneur infant, et j'allai le voir... Après que j'eus demeuré deux jours à Thèbes auprès du seigneur infant, je pris congé de lui avec grande douleur ; car peu s'en fallut que mon cœur ne s'en brisât. Je lui laissai une partie du peu d'argent que j'avais, et je me dépouillai de quelques habillements que je portais et les donnai au cuisinier que le duc lui avait fourni ; et je pris à part ledit cuisinier, et lui dis qu'il se gardât bien de souffrir que rien fût mis dans ses mets qui pût lui faire aucun mal, et que, s'il y donnait bonne garde, il recevrait de bonnes récompenses de moi et d'autres. Et je lui fis mettre les mains sur l'Evangile et jurer en ma présence qu'il se laisserait plutôt couper la tête que de souffrir qu'il arrivât malheur à l'infant pour avoir mangé d'aucun mets préparé par lui. Ces précautions prises, je le quittai. J'avais déjà pris congé du seigneur infant et de sa compagnie ; j'allai aussi prendre congé du duc d'Athènes, qui, avec bonne grâce, me fit don de quelques riches et beaux joyaux. Nous partîmes satisfaits de lui, et nous retournâmes à Négrepont, où se trouvaient les galères, qui n'attendaient plus que moi. »

Le duc Gui mourut de maladie [1] le 5 octobre 1308 et fut enterré au tombeau de ses prédécesseurs, dans une abbaye de Bénédictins de Cîteaux situé près d'Athènes. Mathilde de Hainaut, princesse de Morée, sa femme, avait à peine accompli sa quinzième année [2]. A défaut d'enfants du duc Gui qui héritassent du duché d'Athènes, sa succession passa à son cousin germain, Gautier de Brienne, fils de sa tante Hélène et d'Hugues de Brienne.

Maison de Brienne. Gautier de Brienne, arrière-petit-neveu du célèbre Jean de Brienne, roi de Jérusalem et empereur de Constantinople, arriva de son comté de Lecce dans le royaume de Naples, pour prendre possession du duché d'Athènes, qui venait de lui échoir. Déjà la Grande-

---

[1] R. Muntaner, p. 474.
[2] Elle était née vers la fin de 1292.

Compagnie catalane, conduite par Roger de Flor au secours de l'empereur Andronic, avait perdu son chef, s'était déclarée en guerre avec l'empereur et tout l'empire, avait dévasté les campagnes qui entourent Gallipoli, et s'était mise en route par la vallée de Tempé et la Thessalie pour aller chercher un établissement dans des provinces moins épuisées ou plus disposées à les accueillir. Elle s'approchait de la Béotie et de l'Attique, domaines de Gautier de Brienne. Celui-ci, qui redoutait leur indiscipline, refusa non-seulement de les prendre à son service, mais même de leur livrer passage, et se porta à leur rencontre sur le bord du lac Copaïs, près d'Orchomène, à la tête de ses chevaliers. De même qu'à Crécy, à Poitiers, à Azincourt, la bravoure imprudente de ces chevaliers entraîna leur perte. Les archers catalans, qui les attendaient sur le terrain humide où la chevalerie française s'était témérairement engagée, les accablèrent de leurs flèches sans qu'ils pussent avancer. Gautier périt dans la bataille, en 1310, et la Grande-Compagnie s'empara du duché d'Athènes. Sa veuve, Jeanne de Châtillon, duchesse d'Athènes, se retira à Naples avec son fils Gautier et sa fille Isabelle. Dès 1314, Gautier de Châtillon, tuteur du jeune Gautier, chercha à reprendre pour lui le duché d'Athènes; mais il n'y put réussir.

Gautier II d'Athènes fit quelques tentatives pour ressaisir plus tard le duché d'Athènes sur les Catalans[1]; mais il ne put réussir et fut forcé de retourner dans le royaume de Naples. C'est lui que nous voyons deux fois gouverneur temporaire de Florence, en 1320 et 1343. Il en fut chassé cette dernière fois pour avoir voulu s'emparer complétement de la seigneurie, et mourut en combattant glorieusement en 1356, sans laisser d'enfants, à la bataille de Poitiers, où il commandait comme connétable de France.

Maison d'Enghien. Sa sœur *Isabelle*, qui avait épousé Gautier d'Enghien, hérita de ses titres et préten-

---

[1] Voy. Villani, et mes *Nouvelles Recherches*, p. 32.

tions sur le duché d'Athènes, que cherchèrent à faire valoir deux de ses fils, *Sohier* et *Gui*. Sohier avait pris le titre de duc d'Athènes, qu'il transmit à son fils *Gautier*, tué à Gand en 1381, sans que ni le père ni le fils, tout occupés des affaires de France, aient fait aucune tentative pour ressaisir leur duché d'Athènes. *Gui*, dernier enfant d'Isabelle, n'ayant rien à espérer des terres de France et d'Italie, tourna son ambition vers la Grèce, se rendit en Morée et parvint à se rendre maître de la seigneurie d'Argos; mais, n'ayant laissé après lui qu'une héritière nommée Marie, à laquelle les Vénitiens firent épouser un des leurs, nommé Pierre Cornaro, pour pouvoir lui succéder, comme ils le firent en Chypre, la seigneurie d'Argos, saisie d'abord par Nerio Acciaiuoli, finit par retomber entre leurs mains [1].

Maison d'Aragon. Depuis la mort de Gautier de Brienne, en 1310, la grande compagnie catalane possédait effectivement le duché, et y avait même ajouté la seigneurie de Néopatras; mais le titre fut réservé aux rois de Sicile, qui le donnèrent à un de leurs enfants. Aucun de ces ducs titulaires n'alla toutefois habiter son duché. Leur titre de duc devint un simple titre honorifique, qui fut transmis avec tous leurs autres titres aux rois d'Aragon et est encore porté par les rois d'Espagne.

Maison Acciaiuoli. L'année même où Gautier de Brienne, duc d'Athènes et seigneur de Florence, expirait à Poitiers, le Florentin Nicolas Acciaiuoli, grand-sénéchal de Naples, commençait à posséder réellement d'importantes seigneuries dans la principauté d'Achaye, et entre autres la seigneurie de Corinthe, dans laquelle lui succédèrent son fils et son petit-fils. Un neveu du grand-sénéchal, nommé *Nerio Acciaiuoli*, auquel il avait légué quelques seigneuries en Grèce, avait fini par se faire céder par son parent cette seigneurie de Corinthe, et il fut créé en 1394

[1] Voy. mes *Nouvelles Recherches*, p. 141; et la Chronique d'André Dandolo, p. 482 (Collect. de Muratori, t. XII).

duc d'Athènes par Ladislas, roi de Naples, héritier des droits de la maison de Tarente. Son frère Donato lui fut subrogé comme duc d'Athènes, au cas où il mourrait sans enfants. Nerio fut enterré dans l'église Sainte-Marie d'Athènes [1].

Antoine, fils naturel de Nerio, lui succéda au duché d'Athènes en 1395, malgré les droits de Donato et de ses enfants et petits-enfants. Il avait fait embellir la ville d'Athènes et acquis de grandes richesses. Ce fut lui qui plaça au Pirée sur leurs deux piédestaux les lions qui furent ensuite transportés à Venise par François Morosini [2]. Il avait conclu un traité de commerce avec la république de Florence [3]. Antoine, se voyant sans enfants, fit venir de Florence Nerio et Antoine, fils de Franco, qui, lui-même, était fils de ce Donato auquel avait été subrogé le duché à défaut d'héritiers de Nerio, et il leur laissa sa seigneurie d'Athènes en mourant en 1435.

Nerio II, petit-fils de Donato, obtint aussi le duché d'Athènes et s'y maintint jusqu'à sa mort. Sa veuve, s'étant remariée à un Vénitien, P. Almerio, et n'ayant pu réussir à lui assurer le duché, fut obligée de se sauver d'Athènes avec lui.

Franco, neveu de Nerio II par son frère Antoine, devint alors duc d'Athènes et fut tué ensuite après avoir été déshonoré par Mahomet II, qui s'empara en 1462 de l'Attique comme il s'était emparé du reste de la Grèce.

Je ne pouvais pas m'imaginer que les ducs de la maison française de La Roche, qui avaient possédé la seigneurie d'Athènes pendant plus d'un siècle, et les ducs de la maison florentine d'Acciaiuoli, qui y avaient résidé aussi pendant près d'un siècle, n'eussent laissé aucun monument de leur passage. Déjà j'avais publié des deniers tournois frappés dans l'atelier monétaire de Thèbes par chacun des

---

[1] Lo corpo nostra inditamo che sia sepellito nell' ecclesia di Santa Maria di Athene. (*Testament*, tome II, p. 254 de mes *Nouvelles Recherches.*)

[2] Voy. mes *Nouvelles Recherches*, p. 145.

[3] Voy. mes *Nouvelles Recherches*, p. 173.

seigneurs de la maison de La Roche ; n'existait-il aucun autre monument de leur domination, aucuns vestiges de châteaux et églises bâtis par eux, aucune trace de leurs tombeaux de famille déposés dans le monastère de Bénédictins de Cîteaux, désigné par des actes des archives de Mons comme se trouvant dans la proximité d'Athènes ? Tel fut l'objet principal de mes recherches pendant les premiers jours de mon séjour à Athènes, et elles ne furent pas infructueuses. Mes remarques sont consignées dans un rapport que j'adressai à l'Académie des inscriptions et belles-lettres[1] au moment de mon départ d'Athènes :

« Athènes, écrivais-je à l'Académie, fut la première ville par laquelle j'eus à commencer mes études. Après avoir payé mon premier hommage aux merveilleux restes de l'architecture et de la sculpture antiques, je tournai les yeux pour voir si, dans l'ancienne résidence des ducs français d'Athènes des maisons de La Roche et de Brienne, dans la capitale de ces ducs dont Ramon Muntaner et Thibaut de Cepoy, qui les ont visités et connus personnellement dans les premières années du quatorzième siècle, attestent le luxe et l'opulence, il n'existerait pas quelque débris de monuments qui leur fussent contemporains. J'en retrouvai trois.

Le premier est une tour carrée, sur l'Acropolis, à côté des Propylées et du temple de la Victoire sans ailes. Cette tour est un reste du palais ducal, construit sur l'Acropolis, embrassant les Propylées et se prolongeant au-dessus de cette gracieuse pinacothèque ornée autrefois des chefs-d'œuvre de Zeuxis, et transformée au treizième siècle en chapelle latine. Il y a peu d'années que la colonne centrale sur laquelle reposaient les arceaux de cette chapelle, qui allaient s'appuyer sur les quatre angles de la pinacothèque, existait encore. Ce n'est qu'en 1836 et 1837 qu'elle

---

[1] M. Lenormand eut la complaisance d'en faire lecture en mon nom à l'Académie.

a été abattue, ainsi que les arcades, pour laisser à découvert l'élégante salle qu'elles encombraient; mais on voit encore au milieu de la pinacothèque la base de cette colonne, et sur les murs on aperçoit la porte et les fenêtres d'un étage supérieur construit pour le palais ducal au-dessus de cette chapelle. En dehors, du côte de la ville, se voient les armoiries des empereurs français de Constantinople, seigneurs supérieurs du duché d'Athènes et de la principauté de Morée, de laquelle relevait le duché comme première baronnie. En remontant sur les côtés des Propylées jusque derrière la pinacothèque, on retrouve d'autres restes des appartements ducaux, tous démolis aujourd'hui, mais où restent les portes surmontées des mêmes armes impériales, la croix perlée et fleuronnée, ainsi que des écussons des Ville-Hardoin, princes de Morée, et des La Roche, seigneurs, puis ducs d'Athènes et de Thèbes. Un peu au delà, sur l'emplacement même où semble avoir été bâti l'antique palais de Cécrops, sont dans le mur des restes de grandes plaques de marbre sur lesquelles s'appuyait le balcon du palais ducal. Ce palais paraît s'être étendu jusqu'au temple d'Érechthée, et, comme tout château devait avoir sa prison, les traces d'un cachot se retrouvent dans la partie souterraine du temple d'Érechthée, dans le passage même par où on pénétrait à la fontaine que Neptune fit jaillir du rocher d'un coup de son trident, dans sa dispute avec Minerve pour revendiquer la protection d'Athènes. Çà et là on rencontre aussi, dispersés au milieu des débris antiques, des débris de la sculpture grossière de nos ancêtres : ici un écusson fleurdelisé, là un fragment de tombeau; car, en Grèce, tous les tombeaux ont été fouillés par l'avidité scientifique des voyageurs ou l'espérance des habitants d'y trouver de l'or. Au-dessus de l'arceau d'une tombe jetée au milieu des décombres et qui représente des anges à la robe flottante et à la physionomie immobile, je lis les mots latins : *Hic jacent*. Le reste de la pierre est brisé, et je n'ai pu retrouver le nom des Francs qui gisaient sous cette tombe ; car cette inscription latine, en lettres gothiques du treizième siècle, appartenait évidemment à une des grandes familles franques établies dans le pays. J'ai prié le directeur du Musée, M. Pittakis, homme plein de zèle et d'obligeance, de réunir les uns près des autres tous ces fragments dispersés, pour qu'on puisse plus aisément les étudier et les reconnaître, et j'ai tout lieu d'espérer que les germes de curiosité historique pour cette époque, qui a aussi son intérêt, germes que j'ai cherché à enraciner et à développer pendant mon séjour en Grèce, ne périront pas tout entiers après mon départ, et qu'un autre pourra trouver de nouvelles facilités pour étendre ou corriger mes recherches.

» Dans l'intérieur de la ville nouvelle d'Athènes est une petite église plus intéressante encore pour l'histoire gallo-grecque. Elle porte le nom de Catholicon, et dans les traditions populaires elle passe pour avoir été fondée par des princes français. On la reconnaît aisément pour église latine à la sculpture extérieure qui revêt tous ses murs, car les Grecs n'emploient jamais la sculpture à l'intérieur ni à l'extérieur de leurs églises. C'est un monument composé de toutes pièces. L'ensemble ne manque pas d'une certaine élégance, mais les divers morceaux de sculpture qui la revêtent offrent l'association la plus bizarre : ici une inscription grecque antique renversée, là un fragment d'un beau chapiteau corinthien ; plus loin un fragment romain, puis un morceau d'un assez joli zodiaque antique coupé à plusieurs endroits, et quelquefois aux dépens des personnages du zodiaque, par les armoiries des Ville-Hardoin de Champagne, princes supérieurs de Morée, dont relevait le duc d'Athènes, et, à côté de ces fragments helléniques et romains, des allégories byzantines et l'aigle impériale de Byzance. Mais le trait le plus caractéristique de cette église est la réunion des diverses armoiries franques sculptées de tous côtés sur ses murs. Dans les lieux les plus proéminents est placée la croix perlée et fleuronnée des empereurs français de Constantinople, puis la croix ancrée des Ville-Hardoin de Champagne, puis la croix cantonnée de quatre roses de Provins, telle qu'elle avait été adoptée quelques instants par les seigneurs d'Athènes, qui, plus tard, quand saint Louis, en 1258, les eut autorisés à porter le titre de ducs, substituèrent, dans les deux cantons supérieurs de la croix, deux fleurs de lis à deux des roses de Provins ; et enfin un grand nombre d'autres armoiries des seigneurs français établis en Eubée, en Morée et dans la Grèce continentale. Les lettres des papes nous aident à comprendre l'époque de la construction de cette petite église avec tous ses blasons. On sait par elles et par la Chronique de Morée que Geoffroi de Ville-Hardoin, prince d'Achaye, ayant sommé les prélats de faire le service militaire personnel pour leurs fiefs de conquête, ainsi que cela avait été réglé, les prélats refusèrent, et qu'alors Geoffroi, d'accord avec les autres chefs féodaux, séquestra leurs revenus, et fit bâtir avec l'argent qui lui en revint la forteresse de Chlemoutzi, qui existe encore parfaitement conservée, et qui, aujourd'hui même, est connue du peuple sous le même nom et aussi sous celui de Castel-Tornese, ou château bâti à l'aide de deniers tournois. Le pape prit la défense des prélats et excommunia Ville-Hardoin et les barons qui l'avaient assisté. Enfin, en 1218, Ville-Hardoin parvint à faire agréer sa justification pour le passé, sous la condition d'une conduite plus respectueuse envers l'Église à l'avenir. L'excommunication fut levée ; Geoffroi de Ville-Hardoin et les barons frappés d'anathème rentrèrent dans la communion de l'Église, et, pour attester mieux cette complète réconciliation, ou peut-être en exécution d'une réparation imposée par le pape, ils firent bâtir l'église du Catholicon, en y affixant les armoiries de ceux qui avaient pris part à la querelle et à la réparation. Telle est du moins l'explication qui m'a paru la plus probable, car l'âge du monument répond parfaitement à l'époque mentionnée. Je ne sais pas si la vieille église de Saint-Nicodème ne serait pas aussi d'origine franque, bien qu'elle ne soit pas revêtue de sculptures. C'est peut-être la chapelle d'honneur qui était placée, selon l'usage, au bout de la lice des tournois au temps des ducs français d'Athènes ; car on ne pouvait alors avoir de fêtes sans tournoi, et le goût des Francs avait passé jusqu'à la cour de Byzance[1].

» Le troisième monument dont je veux parler est la sépulture même des ducs d'Athènes de la maison de la Roche.

» Un acte déposé dans les archives de Mons en Hainaut, et envoyé en 1309 au comte de Hainaut au nom de sa parente Mathilde de Hainaut, petite-fille de Guillaume de Ville-Hardoin, prince de Morée, et veuve de Gui de La Roche, duc d'Athènes, prouve que Gui de La Roche était mort le 5 octobre 1308, et fait connaître que son corps avait été déposé le lendemain, 6 octobre, au tombeau de ses prédécesseurs, dans l'abbaye de Delfina (dit le texte), abbaye de l'ordre de Cîteaux et dans le duché d'Athènes. Les noms grecs ont été tellement mutilés en passant dans les autres langues, et ils sont si souvent méconnaissables dans la forme que leur donnent et les actes officiels civils et religieux et les écrivains latins et français surtout de cette époque et même de la nôtre, qu'il me fut d'abord fort difficile de connaître où était placé ce Saint-Denis des ducs d'Athènes. Il existe à deux lieues d'Athènes un vieux monastère du nom de Daphni, situé sur l'antique voie Sacrée, à moitié chemin entre Athènes et Eleusis. M. Ross, avec qui je parcourais la liste des monastères voisins, me conseilla d'examiner si ce Daphni ne serait pas le Delfina de l'acte latin ; je pris des informations et allai moi-même visiter le monastère. Sa situation dans le duché d'Athènes, son voisinage à deux lieues de la capitale du duché, de manière que le corps de Gui de La

[1] Voy. Nicéphore Grégoras, t. I, p. 484, éd. de Bonn, et mes nouvelles *Recherches historiques sur la principauté française de Morée*, t. I, p. 65, note 1.

Roche eût pu aisément y être transporté le lendemain, et l'analogie des noms n'avaient pas été de vaines présomptions. J'y reconnus d'abord les vestiges d'un cloître ouvert et à colonnes, selon la forme latine. Presque toutes les colonnes de ce cloître sont debout, mais à moitié enterrées. Sur le devant du narthex extérieur, ajouté par les Francs, sont les restes d'un vaste portail gothique flanqué de deux côtés de quatre longues fenêtres en ogives jointes deux à deux. Un ambassadeur anglais, en enlevant trois belles colonnes d'un ancien temple d'Apollon qui portaient ces fenêtres et un côté de ce portail, a ébranlé toute cette partie de l'édifice mal soutenu par les poutres de travers et la maçonnerie grossière substituée aux colonnes; mais tout y est cependant encore fort reconnaissable, surtout les ogives du haut, maintenues par leurs fortes rainures de pierre. Je pénétrai dans l'intérieur de l'église par une petite porte extérieure soutenue par une autre colonne antique du même temple d'Apollon engagée dans le mur, et qui a ainsi échappé à l'enlèvement que lui eût procuré son beau chapiteau, puis par une seconde porte armoriée de l'écusson des seigneurs d'Athènes. A droite et à gauche étaient des colonnes antiques, mais encombrées de paille. Du narthex intérieur on entre dans l'église, qui a de fort belles proportions avec des arcs cintrés comme dans les églises normandes byzantines de Sicile. La voûte est ornée d'un Christ bénissant de la droite, avec un livre dans la main gauche, qui rappelle celui de l'église de Cefalù en Sicile plus encore que celui de Monreale, et est exécuté en mosaïque. Les deux mosaïques latérales représentent le Christ ressuscitant Lazare et l'entrée de la Sainte-Famille. Après avoir fait vider la chapelle à gauche, qui était plus sombre, mais moins encombrée, j'aperçus, le long du mur qui soutenait le côté de l'église, un tombeau de marbre sans couvercle, sans inscription, sans armoirie. Au-dessous de ce sarcophage je remarquai une ouverture et des degrés par lesquels je descendis, à travers des décombres, jusqu'à un caveau sépulcral qui règne tout le long du narthex intérieur de l'église, et dont les murs latéraux anciens sont cachés par une muraille délabrée qui ne semble destinée qu'à dérober à l'œil quelque pierre funéraire, quelque inscription peut-être; soin que les Grecs ont toujours eu lorsqu'ils ont pris possession des églises latines, soit en retournant les pierres sépulcrales dans un autre sens, soit en les remplaçant par d'autres. En remontant je tournai autour du tombeau ouvert pour examiner s'il ne se trouverait pas quelque inscription qui m'eût échappé, et j'aperçus une petite porte qui conduisait à une seconde chapelle un peu plus petite. Là était un second tombeau de marbre, ouvert aussi; mais, en l'examinant avec des bougies, j'aperçus un écusson sculpté sur le long côté. C'était une croix avec deux fleurs de lis dans les deux cantons supérieurs de la croix, telle que la portèrent parfois les ducs d'Athènes, telle que la portait Gui de La Roche dont je cherchais la sépulture. A tant de signes réunis je me crois fondé à penser que c'est bien là l'antique monastère des Bénédictins mentionné dans l'acte de Mons, qui servait de sépulture aux ducs d'Athènes de la maison française de La Roche; et que les deux sarcophages de marbre, dont l'un porte l'écusson fleurdelisé, sont les tombeaux de deux de ces ducs. J'ai d'autres preuves encore de l'établissement des Bénédictins dans la principauté française de Morée. Une lettre d'Innocent III, publiée par Boschetus, et qui m'a été envoyée par les Bénédictins du Mont-Cassin, que, pendant mon séjour dans leur abbaye, j'avais priés de faire toutes les recherches possibles sur l'établissement des Bénédictins de Cîteaux et du Mont-Cassin en Grèce, prouve que, dès les premiers temps de la conquête, des Bénédictins de Haute-Combe furent établis dans le diocèse de Patras.

» Ainsi, malgré toutes les prédictions qui m'avaient été faites par tous les voyageurs avant mon départ de France, et qui m'avaient été renouvelées par tous les savants à

Athènes même, que je ne trouverais pas en Grèce un seul monument subsistant qui attestât le passage de la domination de nos croisés français, je venais de retrouver à Athènes et dans ses environs trois monuments avérés : les restes du palais des ducs, une église bâtie par eux, et leur sépulture de famille. Un heureux hasard amena, à l'époque même de mon arrivée, une nouvelle découverte.

» En 1840, peu de semaines avant mon arrivée en Grèce, un pan de muraille s'écroula dans la partie de la citadelle de Chalkis, qui sert aujourd'hui d'hôpital militaire. On aperçut que, derrière cette muraille légère, il y avait un vide. On agrandit le trou, et on découvrit un réduit dans lequel se trouvaient amoncelés des sacs de toile contenant une énorme quantité d'armures anciennes. On en prévint aussitôt le roi Othon, qui eut la bonté de me le faire savoir et qui voulut bien, à ma demande, envoyer à Chalkis une gabare chargée d'apporter tous ces armures à Athènes. Elles furent transportées dans une salle du nouveau palais. Je pus donc les examiner à loisir; et, comme on désirait connaître mon opinion à cet égard, je publiai dans le Courrier grec (Tachydromos) une lettre dans laquelle je cherchais à faire connaître et partager l'opinion que je m'en étais formée :

» — Ces armures, disais-je, remontent à la fin du treizième et au commencement du quatorzième siècle, et ce sont, je pense, celles des Catalans, des Turcopules et des Français qui, en 1309, se sont disputé la possession du duché d'Athènes, la première des douze grandes baronnies ou pairies de la principauté française de Morée. Mais, pour mieux faire comprendre ce que sont ces armures, et comment, du grand champ de bataille sur les bords du lac Copaïs, elles ont pu être transportées à Chalkis et s'y retrouver aujourd'hui, il est nécessaire que je dessine ici une légère esquisse des événements de cette époque. Bien que ces faits soient proprement une épisode des guerres étrangères de la France à la suite de la quatrième croisade, ils appartiennent aussi à l'histoire moderne de la Grèce, qui ne saurait pas plus les rejeter de ses annales que nous ne pouvons nous-mêmes rejeter de notre histoire de France l'établissement de la première et de la seconde race de nos souverains, bien qu'ils fussent des guerriers de race germanique cantonnés sur le sol de France au milieu des désordres qui suivirent l'affaiblissement de l'empire romain. Le tableau de ces époques de conquête et de lutte sera toujours une grave et féconde instruction pour les peuples, et l'histoire se compose aussi bien des souffrances supportées en commun et avec courage que des triomphes obtenus dans des temps plus heureux. Tout se lie dans la vie des nations, et le mal comme le bien du passé doivent porter leurs fruits dans le présent.

» A la fin du douzième siècle, l'empire de Byzance avait perdu toute sa force et son ressort. Les Turcomans d'Asie le pressaient et le menaçaient déjà, et les Turcomans-Seldjoucides avaient fondé un empire puissant à sa porte et sur ses débris. En Europe, les Bulgares avaient reconquis leur indépendance. Les provinces éloignées n'obéissaient déjà plus aux ordres venus de Constantinople. Chypre avait passé entre les mains de Richard-Cœur-de-Lion, puis des Lusignan de France; Candie était cédée comme dot au marquis de Mont-Ferrat, le Péloponnèse était entre les mains de plusieurs petits tyrans indigènes. La conquête de Constantinople par les Francs fut le dénoûment de ce drame de discordes intestines. Un empire franc fut fondé à Constantinople, un royaume franc à Salonique; une principauté franque dans l'Attique, la Morée et les îles, depuis les Thermopyles jusqu'au cap Matapan. L'empire franc de Constantinople dura à peine soixante ans, le royaume franc de Salonique eut une existence plus précaire encore; mais la principauté franque d'Achaïe se conserva, plus ou moins puissante, plus ou moins compacte, pendant près de trois siècles.

» Le prince franc d'Achaïe n'était que le chef féodal de

plusieurs grands vassaux, dont les plus puissants étaient : le duc d'Athènes, créé duc par saint Louis de France en 1258 ; le duc des Cyclades ou Dodécannèse, le marquis de Bodonitza en Locride, le comte palatin de Zante, Céphalonie, et autres îles ioniennes (moins Corfou, qui appartenait aux rois de Naples), et les trois barons de l'Eubée. De tous les grands vassaux des princes français de Morée qui étaient de la famille Ville-Hardoin, le duc d'Athènes était incontestablement le plus puissant. Ses possessions s'étendaient le long de la côte, depuis Armyros jusqu'au cap Sunium, et du cap Sunium aux portes de Corinthe, englobant ainsi plusieurs autres feudataires. Il avait droit de haute et basse justice, droit de guerre privée, et faisait frapper monnaie comme les souverains.

» J'ai publié dans mes *Recherches sur la principauté française de Morée* plusieurs monnaies de ces seigneurs et ducs de la maison de La Roche et de la maison de Brienne, maison qui se vantait d'avoir donné un roi à Jérusalem, un empereur à Constantinople (Jean de Brienne). Le dernier duc d'Athènes de la maison de La Roche avait à Athènes une cour des plus brillantes et y donnait, en 1300, des fêtes et des tournois célèbres dans toute la chrétienté, et dont le souvenir s'est conservé dans les chroniques de l'époque comme dans les poèmes populaires de la Grèce elle-même. Sa cour et sa bourse étaient ouvertes à tous les chevaliers qui venaient le visiter ou désiraient s'établir chez lui. Au nombre de ces derniers se trouvaient quelques Aragonais qui, sous le commandement d'un noble personnage, Fernand Ximenès, lié de parenté avec les rois d'Aragon, s'étaient détachés de la Grande-Compagnie catalane après ses guerres en Asie et avaient pris du service parmi les chevaliers et les servants d'armes du duché d'Athènes. Cette Grande-Compagnie avait quitté la Sicile au moment où la paix vint terminer les longues guerres qui avaient suivi les Vêpres Siciliennes, et était allée servir l'empereur de Byzance contre les Turcs d'Asie. Leur secours avait d'abord été utile à l'empire; mais bientôt l'assassinat de leur chef par le fils de l'empereur Andronic, et d'une autre part leur indiscipline et leurs excès, allumèrent la discorde entre eux et les Grecs. Sans s'arrêter à mesurer les forces d'un immense empire, les Catalans envoyèrent un des leurs défier l'empereur de Constantinople sur son trône impérial, et pendant sept ans ils portèrent le ravage jusqu'aux portes de Constantinople. Un de leurs chefs, Ramon Muntaner, a décrit avec chaleur l'histoire de ces sept années, pendant lesquelles, dit-il, « les Catalans ne semaient, ni ne labouraient, ni ne » taillaient la vigne, et cependant recueillaient chaque an- » née autant de vin qu'il leur en fallait pour leur usage, et » autant de froment, et autant d'avoine, et vivaient riches » et dans toutes leurs aises. » Le résultat nécessaire de tant de désordres était l'épuisement total du pays, épuisement dont les Catalans eux-mêmes éprouvèrent les funestes conséquences. Il fallut songer à se porter sur des provinces moins épuisées. Quittant la forteresse de Gallipoli, qui était leur point de refuge, ils résolurent d'aller se conquérir un État séparé dans le voisinage des Francs du Péloponnèse. La réception faite par Gui de La Roche, duc d'Athènes, à quelques-uns des leurs, après l'expédition en Asie, semblait leur promettre un bon accueil à eux-mêmes : ils se mirent donc en route, traversèrent la presqu'île de Cassandria, puis la Macédoine, puis la Thessalie, et arrivèrent enfin sur les confins de la Béotie.

» Le duché d'Athènes était échu depuis une année à Gautier de Brienne, comte de Lecce dans le royaume de Naples, et cousin-germain, par sa mère Hélène, du dernier duc, Gui de la Roche. C'était un Français d'un caractère impétueux, d'un courage bouillant, mais irréfléchi. Il refusa la demande des Catalans, et leur interdit même l'entrée de son territoire. Ceux-ci, forcés par la nécessité, n'eurent plus d'autre parti à prendre que de se faire jour les armes à la main, car ils venaient de brûler leur flotte, pour mieux prouver aux Grecs leur intention formelle de ne plus se rembarquer pour la Catalogne. Ils se préparèrent donc au combat, et de son côté le duc d'Athènes marcha à leur rencontre. Ici je laisserai parler un écrivain grec contemporain, Nicéphore Grégoras; il expose les faits avec netteté, quoique ses notions géographiques soient peu exactes :

» — « Au retour du printemps (de l'an 1309), dit Nicé-
» phore Grégoras, les Catalans, ayant reçu des Thessaliens
» de grandes richesses et des guides, franchissent les mon-
» tagnes qui s'étendent au delà de la Thessalie, et, traver-
» sant les Thermopyles, viennent placer leur camp dans
» la Locride et sur les bords du Céphise. Ce grand fleuve
» découle des cimes du Parnasse, et dérive son cours à l'o-
» rient, ayant au nord les Locriens-Opontiens et les Lo-
» criens-Épicnémides, au sud et au sud-est toutes les par-
» ties méditerranéennes de l'Achaïe et de la Béotie; puis,
» sans se diviser et toujours considérable, arrose les champs
» de la Livadie et de l'Haliarte; puis, se partageant en
» deux branches, change son nom en ceux d'Asope et d'Is-
» mène; enfin, sous le nom d'Asope, coupe l'Attique en
» deux pour aller se perdre dans la mer, et sous celui
» d'Ismène va se jeter dans la mer d'Eubée, tout près
» d'Aulis, où autrefois, dit-on, dans leur navigation vers
» Troie, abordèrent et s'arrêtèrent pour la première fois
» les Grecs. Aussitôt que le seigneur de Thèbes et d'Athè-
» nes et de tout ce territoire, nommé, comme je l'ai dit,
» Megas Kyrios (Grand Sire) par corruption du nom de
» Megas Primikerios qu'il portait autrefois, eut appris l'ar-
» rivée des ennemis, il refusa, malgré les vives instances
» des Catalans, de leur donner passage sur ses terres, pour
» aller de là se jeter où bon leur semblerait; mais il leur
» parla au contraire avec la plus grande hauteur, les pour-
» suivit de ses moqueries, comme des gens dont il ne pre-
» nait nul souci, et pendant tout l'automne et l'hiver s'oc-
» cupa de réunir ses forces pour le printemps suivant. Au

» printemps (1310) les Catalans passèrent le Céphise et
» placèrent leur camp non loin des rives du fleuve, sur le
» territoire béotien, décidés à livrer bataille en ce lieu.
» Les Catalans étaient au nombre de trois mille cinq cents
» hommes de cavalerie et trois mille hommes d'infan-
» terie, parmi lesquels se trouvaient plusieurs de leurs pri-
» sonniers admis dans leurs rangs à cause de leur habileté
» à tirer de l'arc. Dès qu'il leur fut annoncé que l'ennemi
» approchait, ils labourèrent tout le terrain où ils avaient
» résolu de livrer bataille, creusèrent alentour et y ame-
» nèrent des cours d'eau tirés du fleuve, et arrosèrent co-
» pieusement cette plaine de manière à la transformer pour
» ainsi dire en un marais, et à faire chanceler les chevaux
» dans leur marche, par la boue qui s'attacherait à leurs
» pieds et dont ils ne pourraient qu'avec peine se dégager.
» Au milieu du printemps le seigneur d'Athènes se pré-
» senta enfin, amenant avec lui une nombreuse armée,
» composée de Thébains, d'Athéniens et de toute l'élite
» des Locriens, des Phocidiens et des Mégariens; on y
» comptait six mille quatre cents hommes de cavalerie et
» plus de huit mille hommes d'infanterie. L'orgueil et l'ar-
» rogance du seigneur d'Athènes dépassaient toutes bornes
» convenables : car il se flattait non-seulement d'extermi-
» ner en un instant tous les Catalans, mais de s'emparer
» de tous les pays et villes de l'empire jusqu'à Byzance
» même; mais il arriva tout le contraire de son espérance,
» car en plaçant toute sa confiance en lui seul, et non dans
» l'appui de Dieu, il devint bientôt la risée de ses enne-
» mis. En voyant cette plaine couverte d'un si beau vête-
» ment de verdure, et ne soupçonnant rien de ce qui avait
» été fait, il pousse le cri de guerre, excite les siens, et
» avec toute la cavalerie qui l'entourait s'avance contre
» l'ennemi, qui, au delà de cette plaine, se tenait immobile
» sur le terrain, attendant son attaque. Mais, avant d'être
» parvenus au milieu de ces prairies humides, les chevaux,
» comme s'ils eussent été embarrassés par de lourdes chaî-

» nes et ne pouvant sur ce terrain glissant poser leurs pieds
» avec fermeté, tantôt roulaient dans la boue avec leurs
» cavaliers, tantôt, débarrassés de leurs cavaliers, s'em-
» portaient bien loin, et tantôt, sentant leurs pieds s'enfon-
» cer, restaient immobiles au même lieu, avec leurs maî-
» tres, comme des statues équestres. Les Catalans, encou-
» ragés par ce spectacle, les accablèrent de leurs traits et
» les égorgèrent tous. Bientôt, se lançant avec leurs che-
» vaux sur la trace des fuyards, ils les poursuivirent jus-
» qu'à Thèbes et à Athènes, et, attaquant ces villes à l'im-
» proviste, s'en emparèrent avec facilité, ainsi que de tous
» leurs trésors, de leurs femmes et de leurs enfants. Ainsi,
» comme dans un jeu de dés, la fortune ayant tout à coup
» changé, les Catalans devinrent maîtres de la seigneurie
» d'Athènes et mirent fin à leurs longues courses vagabon-
» des, et jusqu'aujourd'hui ils n'ont pas discontinué d'é-
» tendre les limites de leur seigneurie. »

» Ce fut en effet à partir de ce jour que les Catalans obtinrent la possession de duché d'Athènes et substituèrent
leur seigneurie à celle des seigneurs français, qui continuèrent à posséder le Péloponnèse et plusieurs parties de
l'Acarnanie, de l'Etolie et de la Phocide. Le roi Frédéric
de Sicile envoya à ses Aragonais de Grèce un de ses fils
pour les gouverner avec le titre de duc d'Athènes et de
Néopatras, et ce titre se conserve encore aujourd'hui
parmi ceux que portent les rois d'Espagne héritiers des
rois d'Aragon et de Sicile. Mais écoutons maintenant le
récit d'un autre chroniqueur contemporain, mais d'origine
franque, le Catalan Ramon Muntaner, l'un des chefs de
cette Grande-Compagnie.

» — « Le duc d'Athènes (Gautier de Brienne, comte de
» Lecce dans le royaume de Naples) avait avec lui deux cents
» hommes d'armes à cheval catalans et environ trois cents
» hommes d'armes à pied ; et, ceux-là, il les avait mis de sa
» maison, et leur avait donné franchement et quittement
» des terres et des possessions. Quant aux autres Catalans,

» il leur ordonna de s'éloigner de son duché ; et en atten-
» dant il avait fait venir, soit de la terre du roi Robert de
» Naples, soit de la principauté de Morée, sept cents cava-
» liers français. Quand il les eut réunis, il rassembla éga-
» lement deux mille quatre cents Grecs, hommes de pied,
» de son duché, et alors, en bataille rangée, il marcha sur
» la Compagnie ; mais ceux-ci, qui le surent, sortirent avec
» leurs femmes et leurs enfants, et se rangèrent dans une
» belle plaine près de Thèbes. Dans ce lieu il y avait un
» marais, et de ce marais la Compagnie se fit comme
» un bouclier. Mais quand les deux cents hommes d'armes
» à cheval catalans et les trois cents hommes d'armes à
» pied virent que cela était sérieux, ils allèrent tous en-
» semble trouver Gautier de Brienne et lui dirent : « Sei-
» gneur, ici sont nos frères, et nous voyons que vous vou-
» lez les détruire à tort et à grand péché ; c'est pourquoi
» nous voulons aller mourir avec eux, et ainsi nous vous
» défions et nous nous dégageons envers vous. » Et le duc
» leur dit qu'ils s'en allassent à la male heure, et que cela
» était bon pour qu'ils mourussent avec les autres. Alors
» ceux-ci se réunissant allèrent se fondre avec le reste de la
» Compagnie, et ils se disposèrent tous au combat.... Que
» vous dirai-je ? Le duc, en belle bataille rangée, avec
» deux cents chevaliers français, tous aux éperons d'or,
» avec beaucoup d'autres cavaliers du pays et avec les gens
» de pied, marcha sur les Catalans ; lui-même se plaça à
» l'avant-garde avec ses bannières et alla férir sur la Com-
» pagnie, et la Compagnie férit aussi sur lui. Que vous di-
» rai-je ? Les chevaux du duc, aux cris que poussèrent les
» amogavares (hommes de pied des Catalans), s'enfuirent du
» côté du marais, et là le duc tomba avec sa bannière.
» Tous ceux qui formaient l'avant-garde arrivèrent alors.
» Les Turcs et Turcopules (alliés des Catalans), voyant que
» l'affaire était sérieuse, brochèrent à l'instant des éperons
» et allèrent férir sur eux, et la bataille fut terrible ; mais
» Dieu, qui en tout temps aide au bon droit, aida si bien

« les Catalans que de tous les sept cents chevaliers français
» il ne s'en échappa que deux. Tous les autres périrent,
» ainsi que le duc et les autres barons français de la prin-
» cipauté de Morée, qui étaient accourus pour anéantir la
» Compagnie. De ces deux l'un fut messire Boniface de
» Vérone, seigneur de la tierce partie de Négrepont, qui
» était fort prud'homme et loyal, et avait toujours aimé la
» Compagnie ; aussi, dès que les nôtres le reconnurent sur
» le champ de bataille, ils le sauvèrent.... Après la prise
» de possession du champ, les Catalans pressèrent messire
» Boniface d'être leur chef ; mais il refusa absolument. »

« Considérons maintenant les faits, les hommes et les lieux, et après cela les inductions à tirer de ce récit paraîtront toutes naturelles. Le champ de bataille est, on le voit, sur la rive droite du Céphise, le long du lac Copaïs, assez près de Thèbes, à une dizaine de lieues de Chalkis, dans les terrains marécageux placés sur la rive occidentale du lac Copaïs, au bas de Skripu (ancienne Orchomène), entre les rivières Céphise et Hercyne, et près de l'endroit où le Céphise entre dans ce lac ainsi que l'Hercyne. Ce n'est pas en écrivant à Athènes et pour des Athéniens qu'on a besoin d'entrer dans un plus long développement topographique sur une semblable question ; ici tous connaissent des lieux si voisins. Quant aux combattants, ce sont des chevaliers français avec leurs troupes légères d'une part, et les Catalans et Turcopules de l'autre. A cette bataille livrée par les Français survit un chevalier feudataire des princes français de Morée, le seigneur de Chalkis, Boniface dalle Carcere de Vérone, qui, suivant R. Muntaner, avait deux ans auparavant été chargé par Gui de La Roche mourant de l'administration du duché d'Athènes en attendant l'arrivée de Gautier de Brienne, neveu de Gui et son héritier, qui était alors à Naples. Sauvé du champ de mort, il reçoit de ses vainqueurs l'offre du commandement en chef et il refuse. N'est-il pas tout naturel de supposer qu'après la grande bataille dans laquelle avaient succombé ses amis le seigneur de Chalkis, qui était en faveur auprès des Catalans, aura obtenu d'eux de remplir un devoir pieux auquel les ennemis les plus acharnés ne se refusaient jamais, celui d'enterrer les morts? Les Catalans avaient l'usage, après une bataille, de lever le champ, c'est-à-dire d'aller sur le champ de bataille dépouiller les morts de tout ce qu'ils possédaient de précieux ; et certes ils n'avaient pas manqué de s'emparer des éperons d'or et des armes de prix, aussi bien que des armes offensives qui pouvaient leur servir. Les armes défensives, plus grossières ou trop endommagées, furent laissées sur la place au milieu des marais et des terres, et ce sont ces armes que, suivant mes conjectures, le seigneur de Chalkis, après avoir fait enterrer ses amis, aura fait relever du champ de bataille et transporter dans son château de Chalkis, voisin de ce lieu. Peut-être aussi auront-elles été murées ici par les Vénitiens au moment où ils furent forcés de livrer Chalkis aux Turcs en 1470. Ils ne pouvaient s'en servir pour eux-mêmes et ne voulaient pas que ce dépôt historique fût enlevé. La forme des armures, leur grossier travail, les coups terribles qui les ont toutes endommagées, tout atteste que ces armures n'étaient pas conservées dans un arsenal pour l'usage des hommes d'armes, mais seulement comme un pieux souvenir et loin de tout regard; et en effet ce n'est que cinq cent trente ans après qu'un pan de muraille, en s'écroulant, a fait connaître la salle voûtée et sèche dans laquelle elles étaient conservées.

» Ces armures consistent en une centaine de casques de fer de trois formes différentes, selon qu'ils appartenaient à des servants d'armes français, catalans ou turcopules. Les casques turcopules sont plus légers et plus maltraités, et il y en a aussi beaucoup moins. C'est la même forme qui se conserve encore aujourd'hui dans l'Asie-Mineure et en Perse. D'autres, les plus curieux peut-être, sont d'énormes casques de siége, avec leurs épaulières et leurs poitrails, formés d'une seule pièce de fer. La visière seule est

mobile. Ces casques, qui ne pouvaient convenir qu'au moment d'un assaut, sont si lourds qu'un vigoureux Maltais, sur la tête duquel j'en avais placé un, ne pouvait pas le supporter sans douleur au delà de dix minutes. Puis viennent des cuirasses ornées en général de petits clous de cuivre, dont la tête est assez élégante; puis des épaulières, brassards, cuissards, genouillères, jambards, dont quelques-uns étaient destinés à des enfants pour les habituer de bonne heure à ces armes gênantes; puis un nombre considérable de plattes, c'est-à-dire de plaques de fer de forme concave, qui se plaçaient les unes près des autres comme une sorte d'écailles, attachées à un vêtement de lin supérieur, et couvraient tout le dos de l'homme d'armes jusqu'à sa jonction avec la cuirasse. L'un de ces vêtements d'étoffe, et qui sous cette forme était connu sous le nom de gasygan, avec ses plattes attachées de manière à envelopper tout le corps en passant sous les bras, est encore conservé en son entier. Plusieurs autres sont en lambeaux, mais en lambeaux assez considérables pour indiquer leur place. Le gasygan, qui était plus léger à porter, dispensait, dans les cas de surprise, de la cuirasse et autres armures supérieures. Souvent les chevaliers les plus braves se contentaient de cette légère enveloppe d'écailles, souple et légère à porter dans ce climat chaud, et utile dans un cas de surprise ou d'attaque, quoiqu'elle fût loin d'offrir la protection que donnait la cuirasse. Henri de Valenciennes dit, dans sa Continuation de Ville-Hardoin, en parlant de l'empereur Henri de Constantinople : « Li empereres meis-
» mes i ala (à l'attaque) auques folement, car il n'avoit de
» garnison pour son cors à cel point que un seul gasygan. »

» Dans plusieurs des casques sont les coiffes de lin et de cuir que l'on plaçait dessous le casque pour protéger la tête. A beaucoup de cuirasses sont attachées les courroies de cuir et les boucles qui les réunissaient. Un casque des plus épais porte l'empreinte d'un coup de masse d'armes, asséné alors d'une main si puissante qu'il suffisait à faire jaillir la cervelle. Dans l'intérieur d'une des cuirasses et sur une des genouillières est la marque du fondeur, des M gothiques d'une forme que l'on reconnaît aisément pour celle usitée au commencement du quatorzième siècle. Les plattes abondent en telle quantité que j'ai été obligé de les faire placer dans une pièce du rez-de-chaussée pour qu'elles ne fissent pas crouler les plafonds. Il n'y a aucune de ces armures offensives dont Ramon Muntaner revêt les chevaliers de cette époque : quatre javelots ferrés pour lancer de loin ; la longue lance pour la première attaque ; la longue épée droite qu'on appuyait sur la cuirasse en poussant son cheval en avant ; l'épée recourbée pour se défendre de près ; la masse d'armes ; et pour dernière ressource le poignard. Mais il y a un grand nombre de ces pointes de javelots à quatre faces que les Catalans frottaient sur les cailloux pour les aiguiser, des pointes de flèches, des bouts de fer pour les épieux, dont une partie de bois subsiste, et aussi beaucoup de ces étoiles de fer destinées à être jetées sous les pieds des chevaux, dans les endroits plus secs, pour les arrêter dans leur course et les blesser. On voit donc que les armures de Chalkis peuvent offrir un objet intéressant d'étude. Je rends grâce pour ma part à S. M. d'avoir bien voulu les faire venir à Athènes, où plus tard elles peuvent, avec les monnaies françaises de Constantinople, les monnaies françaises de la principauté de Morée, existant ici en grand nombre, et celles des ducs d'Athènes, et aussi avec tous les restes de blasons sculptés sur le marbre et quelques-uns avec leurs devises, trouver place dans un établissement public.

» Tous ces débris de l'histoire passée sont toujours des enseignements utiles pour les peuples. Il ne saurait être indifférent à la Grèce de se reporter vers une époque où, pour la première fois après son adjonction au grand empire de Rome, puis de Byzance, elle a commencé à ressaisir une existence qui lui fût propre, et à prendre sa place au rang des souverainetés qui ont un nom. Si pendant les trois cents ans qui s'écoulèrent depuis la conquête de Constantinople par les Francs jusqu'à la conquête de la Morée par les Turcs, presque toutes les provinces qui forment aujourd'hui le royaume de la Grèce furent régies par des hommes étrangers au pays, par des Français dont les chroniques grecques elles-mêmes proclament la bonne foi sans tache, la générosité chevaleresque et l'insouciante bravoure, du moins la Grèce put, par cette existence nouvelle, reprendre, dans le malheur même, des idées de fierté et d'indépendance, qui plus tard devaient porter de si heureux fruits. Et quand on a l'honneur d'appartenir à une nation qui, comme la France, a si noblement et si puissamment contribué à l'affranchissement actuel de la Grèce, et que soi-même on a donné à cette belle cause des secours non inefficaces, on peut, sans crainte de blesser une honorable susceptibilité nationale, aimer à se rappeler et à rappeler aux autres qu'avant d'assurer à la Grèce d'aujourd'hui cette nationalité que lui ont conquise et méritée tant de sacrifices généreux, tant de malheurs, tant de courage enfin déployé dans une lutte obstinée, les chevaliers français avaient été les premiers à lui reconquérir, sinon une existence nationale, du moins une individualité qui n'était ni sans fierté ni sans gloire. »

V.

ATHÈNES. — L'ÉTAT.

Sera-t-il dieu, table ou cuvette ?
— Il sera dieu, même je veux
Qu'il ait en sa main le tonnerre.
Tremblez, humains, faites des vœux,
Voici le maître de la terre.

L'empereur Napoléon avait un instant conçu le projet de transformer la république suisse en un landammanat héréditaire qu'il voulait donner à Berthier, depuis prince de Neufchâtel et de Wagram; mais il revint promptement aux idées qu'il avait manifestées en 1803 dans la conférence avec les dix députés suisses[1]. « Le rétablissement de l'ancien ordre de choses dans les cantons démocratiques est, leur disait-il, ce qu'il y a de plus convenable et pour vous et pour moi. Ce sont ces cantons, ce sont leurs formes de gouvernement qui vous distinguent dans le monde, qui vous rendent intéressants aux yeux de l'Europe. Sans ces démocraties vous ne présenteriez rien que ce que l'on trouve ailleurs; vous n'auriez pas de couleur particulière. Et songez bien à l'importance d'avoir des traits caractéristiques; ce sont eux qui, éloignant l'idée de ressemblance avec tous les autres États, écartent celle de vous confondre avec eux ou de vous y incorporer. »

La Grèce, avec ses montagnes et ses vallées, avec ses souvenirs antiques et ses habitudes nouvelles, se trouvait, après sa révolution, dans une situation tout à fait analogue à celle où se trouve la Suisse. Cette considération ne pouvait échapper aux hommes d'État européens chargés de prononcer sur ses destinées futures, puisque plusieurs d'entre eux étaient de ceux qui, en diverses circonstances, avaient pris part aux affaires de la Suisse, et avaient pu se convaincre par eux-mêmes de la vérité des idées émises par Napoléon dans cette célèbre conférence. Si donc on n'a pas fait du nouvel État grec une agrégation de petites démocraties marquées d'un caractère particulier qui, *en éloignant l'idée de ressemblance* avec tous les autres États, écartât celle de le confondre avec eux et de l'y incorporer, c'est que probablement quelqu'une au moins des puissances n'aurait pas été fâchée de s'incorporer la Grèce un jour ou l'autre, et que les autres, avec une utile prévoyance, devançaient par la pensée l'heure où il deviendrait convenable, indispensable peut-être, de

---

[1] Voyez la note sur cette conférence, rédigée immédiatement par MM. Usteri et Stapfer, dans les Œuvres complètes de Napoléon, t. IV, p. 417, Cotta, 1823, à Stuttgard.

confondre les provinces déjà affranchies avec d'autres provinces qui ne pouvaient manquer de l'être, et qu'ils voulaient ainsi former le noyau d'un État capable de prendre sa place au rang des importants royaumes de l'Occident. Telle fut probablement la raison pour laquelle, mus par des vues différentes, tous s'accordèrent cependant sur un seul point : l'utilité de faire de la Grèce et de ses 800,000 habitants, non une petite agrégation de démocraties, non un hospodorat, non un duché ou un grand-duché, non une principauté comme au temps des Ville-Hardoin de France, mais un royaume, c'est-à-dire un État de premier rang.

La Grèce est donc de droit un royaume; mais elle attend encore de fait les provinces qui lui adviendront tôt ou tard, et qui seules peuvent mettre les faits en harmonie avec les noms. La Crète, plusieurs des grandes îles de l'Archipel et peut-être de la mer Ionienne, la Thessalie, l'Épire, voilà tout au moins, jusqu'à la vallée grecque de Tempé et aux montagnes grecques du Pinde et de l'Olympe, ce qu'il faudra bien finir par lui laisser prendre; car tout cela et bien d'autres choses échappent à la Turquie expirante. Je ne parle pas d'une autre combinaison parce que je ne la crois ni du goût de la Grèce, ni du goût de la France, de l'Angleterre et de l'Autriche, qui auront bien aussi leur mot à dire sur ce sujet.

Lorsque le jeune prince Othon de Bavière fut créé le 7 mai 1832 roi du nouveau royaume grec, divers gouvernements temporaires s'y étaient succédé depuis 1821 et avaient cherché à y enter de nouvelles institutions prises autant que possible dans les anciennes habitudes du pays. J'indiquerai rapidement en passant celles de ces institutions qui avaient pu y laisser un germe.

Sous l'empire de Byzance les municipalités s'étaient perpétuées en Grèce dans toute leur autorité et leur indépendance.

Sous les Francs, qui succédèrent aux empereurs de Byzance, ces formes municipales furent respectées par les premiers conquérants eux-mêmes, et continuèrent à reprendre plus d'autorité en même temps que, par l'anarchie, s'affaiblissait la domination des seigneurs francs.

Sous les Turcs les mêmes formes municipales furent maintenues, bien que ces maîtres ignorants avec leur violence habituelle violassent souvent de fait ce qu'ils reconnaissaient de droit.

La domination des Vénitiens en Morée ne dura que de 1685 à 1715, et ces trente années d'une possession incertaine ne laissèrent presque aucune trace dans le pays. Si on se la rappelle plus vivement, c'est qu'elle a été la plus récente ; mais, à l'exception de quelques forteresses et églises dans cinq ou six places fortes du littoral, à Corinthe, Nauplie, Monembasie, Coron, Modon et Navarin, il n'en reste aucun vestige, et c'est par un acte d'ignorance, partagé d'une manière absurde par des hommes qui devraient être plus éclairés, que le nom de fort vénitien a été donné et laissé à des monuments et à des ruines qui ont précédé de plus de trois cents ans la présence des Vénitiens dans l'intérieur de la Morée, et à d'autres monuments et ruines du même genre dans des parties de la Grèce continentale où jamais, à aucune époque, les Vénitiens n'ont mis les pieds.

Les Turcs, qui reprirent la Morée en 1715, y trouvèrent et y laissèrent les mêmes usages municipaux. Voici comment était, de leur temps, organisé le système municipal dans la Morée, sur le continent et dans les îles. Je puiserai ces exactes notions dans un mémoire manuscrit du ministère de l'intérieur à Athènes qui m'a été communiqué par la complaisance de M. de Roujoux.

« Les Grecs, y est-il dit, au temps même de la domination turque, avaient une sorte de système communal fort imparfait, et qui différait dans chacune des trois parties de la Grèce.

» Dans le Péloponnèse, les maires (proestoi) de chaque ville, bourg et village d'une province se rendaient, par ordre du vaivode (gouverneur et percepteur des droits), à la résidence du cadi (le juge turc). Chaque province (éparchie) avait un juge particulier qui prononçait dans les causes civiles et commerciales. Pour connaître d'une affaire criminelle, il avait besoin d'un ordre exprès du pacha. Ces députés de la province, réunis dans la résidence du juge (chef-lieu de la province), procédaient à l'élection de deux primats (kodja baschi), dont l'un était Grec et l'autre Turc nommé ayane, d'un trésorier et d'un maire général nommé proestos. Ces élections se faisaient à la pluralité des voix, en présence du juge, du vaivode et de tous les ayanes. Le vaivode était nommé directement par le pacha. Le juge demandait d'abord l'avis de l'assemblée sur les élections qui venaient d'être faites, et, d'après la réponse, il notifiait par écrit leur élection particulière aux personnes qui venaient d'être élues, et les invitait à protéger les intérêts du peuple et à lui servir de représentants dans toutes les occasions. Ces fonctions étaient annuelles. Le primat (kodja baschi) et le trésorier restaient toujours auprès du vaivode, avec lequel ils tenaient conseil tant sur les affaires de la province que sur les ordres transmis par le pacha. Le primat avait le droit de s'opposer à l'exécution de ces ordres toutes les fois qu'ils étaient onéreux au peuple. Si des disputes s'élevaient entre le vaivode et le primat, celui-ci convoquait en assemblée les maires (démogérontes ou proestoi) de toutes les villes, bourgs et villages de la province. Il leur soumettait le différend qui s'était élevé entre lui et le vaivode; et, si l'assemblée ne parvenait pas à l'apaiser, elle en faisait son rapport au pacha par l'entremise du cadi. On suivait la même marche dans toutes les occasions difficiles. S'il y avait des plaintes fondées contre les exactions (angaria) du vaivode, le primat, de concert avec le cadi, le suspendait de ses fonctions et s'en rapportait ensuite à l'autorité compétente, qui était le pacha. Chaque province avait un boulouk baschi (chef de la gendarmerie), qui relevait du vaivode et du conseil provincial. Le conseil pouvait le destituer toutes les fois que bon lui semblait. Par conséquent, le chef de la force exécutive était obligé, pour se maintenir en place, de ménager le conseil et de se conformer aux ordres qu'il recevait de lui. Pour lever un impôt quelconque, lorsque les besoins du pays ou ceux du gouvernement local le réclamaient, il fallait le consentement exprès du conseil provincial et celui des maires de toutes les villes, bourgs et villages, et ceux-ci le répartissaient en proportion des moyens de chacune des familles sur lesquelles cet impôt devait peser. A la fin de l'année le trésorier général présentait ses comptes au conseil, qui nommait une commission pour les examiner. On convoquait ensuite en assemblée générale les maires de toutes les villes, bourgs et villages de la province, auxquels on soumettait ces comptes. En cas d'abus de la part du trésorier, l'assemblée des maires faisait son rapport au cadi; et celui-ci au pacha, qui punissait le coupable. Tout procès criminel intenté contre un Grec était instruit devant le cadi et le primat. Si ce procès était de quelque importance, le primat, le vaivode et l'ayane étaient tenus d'y assister. Dans chacune de ces personnes l'accusé devait trouver un protecteur. Le primat exerçait toujours beaucoup d'influence et il avait même le droit d'appeler de la sentence. Quand un Grec avait un procès avec un Turc, le primat était son avocat naturel. L'évêque ne prenait aucune part directe dans les affaires civiles; mais il exerçait une grande influence dans les affaires religieuses. Il pouvait connaître des différends qui s'élevaient entre les Grecs et les apaiser par arbitrage, mais sans pouvoir les juger en dernier ressort. En cas de plaintes de la part du peuple contre le conseil provincial, c'était à l'évêque qu'il appartenait de les porter à la connaissance du vaivode; et, s'il y avait des plaintes contre le vaivode, l'évêque s'adressait au pacha. A la fin de l'année chacun de ceux qui formaient le conseil provincial était tenu de rendre compte de ses actes à ses mandataires; et si sa conduite obtenait leur approbation ils faisaient leur rapport au pacha, qui pouvait, dans ce cas, le confirmer encore pour une année dans son emploi. Telles étaient les attributions du conseil de chaque province. Le pacha avait son administration particulière. Il avait auprès de lui un interprète grec que le gouvernement turc nommait sur la présentation de l'interprète ou drogman de la Porte. Dans cet interprète tout Grec devait trouver un protecteur, puisque toutes les affaires étaient présentées par lui au pacha. Chaque province envoyait à la résidence du pacha un ou deux primats qui, avec les ayanes turcs, formaient son conseil, et étaient censés représenter en même temps le peuple. Ces primats, réunis en assemblée avec l'interprète, prenaient connaissance de toutes les affaires et opinaient sur la distribution des impôts que le pacha voulait lever. Tout le Péloponnèse réuni envoyait à Constantinople deux ou trois de ses primats qui y résidaient en qualité de fondés de pouvoirs de leurs concitoyens. Ces hommes, par leurs relations avec des personnes importantes, exerçaient beaucoup d'influence sur toutes les affaires relatives à l'administration de leur pays. Leur séjour dans la capitale de l'empire turc leur donnait la facilité de mettre des bornes à l'oppression et à la cupidité des pachas, dont plusieurs avaient été destitués sur les représentations que les députés de la Morée faisaient à la Porte.

» Le Magne avait un système communal tout à fait particulier. Il se gouvernait lui-même et ne recevait jamais de Turcs dans son sein. Chaque ville, bourg et village du Magne nommait son démogéronte, qu'on appelait capitaine. Les démogérontes réunis formaient le conseil du Magne, présidé par un capitaine choisi dans son sein et élu à la pluralité des voix avec le nom d'archicapitaine. Ce n'est que depuis 1770, époque à laquelle la Morée révoltée contre les Turcs à l'instigation de l'impératrice Catherine fut ensuite soumise, qu'on a donné au Magne un gouverneur sous le nom de bey ou prince du Magne. Ce bey n'était pas nommé, comme les princes de la Valachie et de la Moldavie, en vertu d'un firman de La Porte, mais uniquement par le capitan-pacha. Au lieu de 4,000 piastres qu'il avait payées jusque-là au trésor du sultan, le Magne eut désormais à payer 15,000 piastres ; et les attributions du nouveau prince du Magne furent d'envoyer régulièrement au pacha ces 15,000 piastres par an. Il fut chargé en conséquence de percevoir les revenus de la province. Il pouvait dépenser l'excédant pour les besoins du pays, et devait y maintenir le bon ordre.

» Dans la Grèce continentale le système communal ressemblait, sous plusieurs rapports, à celui du Péloponnèse. Chaque ville, bourg et village nommait d'abord ses primats, qui, réunis en assemblée, nommaient les primats provinciaux ou des éparchies (en Albanie velagetia), lesquels dans certaines provinces étaient élus tous les deux ou trois ans, dans d'autres étaient élus à vie, et dans quelques-unes étaient héréditaires. Aucune autorité, soit administrative, soit judiciaire, ne pouvait intervenir dans les élections des primats. Ce n'est que pendant la domination d'Ali-Pacha que cette prérogative fut méconnue. Les impôts levés sur les habitants de la Grèce continentale étaient exorbitants. On ne pouvait pourtant lever aucun impôt sans le consentement des primats. C'est pour cela que, dans les provinces où il y avait des primats honnêtes et probes, les pachas commettaient moins d'exactions ; mais malheureusement, dans la plupart des provinces, les primats n'étaient que les organes des abus et des exactions des oppresseurs. Aussi les habitants du continent étaient-ils souvent forcés de payer des impôts directs et de faire des corvées extraordinaires pour satisfaire la cupidité des pachas et de leurs satellites, tandis que les habitants du Péloponnèse et de l'Archipel, ayant plus de prérogatives que ceux de la Grèce continentale, avaient moins à souffrir de leurs oppresseurs. Comme le Péloponnèse avait aussi dans toutes ses provinces des prélats qui se réunissaient une ou deux fois par an dans la résidence du pacha, où ils discutaient et terminaient les affaires de leur pays, et qu'ils avaient à Constantinople des fondés de pouvoirs, les remontrances des premiers auprès du pacha et surtout la présence des derniers dans la capitale du royaume turc empêchaient beaucoup d'abus de la part des pachas. La Roumélie ne jouissait d'aucune de ces prérogatives et ses habitants étaient par conséquent abandonnés à tous les caprices des pachas et de leurs subdélégués.

» Les îles avaient aussi leur système communal séparé. Au commencement de l'année, les primats de chaque île s'assemblaient dans un endroit désigné où ils procédaient, à la pluralité des voix, à l'élection de leurs démogérontes, nommés archontes, dont les fonctions étaient annuelles. Aussitôt que les nouveaux démogérontes entraient en fonctions, leur premier soin était de réclamer de leurs prédécesseurs le compte des dépenses faites par eux pendant l'année précédente, de dresser un aperçu des dépenses nécessaires pour l'année suivante, et d'envoyer à Constantinople des émissaires pour payer au trésor le tribut régulier. Après le retour de leurs commissaires, ils faisaient dresser un aperçu des recettes et des dépenses annuelles et s'imposaient en conséquence des taxes extraordinaires pour combler le déficit des dépenses de l'année courante. Cette répartition des taxes était faite par les archontes, en proportion des moyens de chaque famille sur laquelle cette taxe devait peser. Les recettes communales consistaient dans les dîmes et droits de douane que chaque commune percevait pour son compte. Outre ce tribut régulier payé au trésor, les îles devaient de plus, en temps de guerre, fournir au capitan-pacha des bâtiments de transport et des marins. Les archontes étaient aussi investis des pouvoirs judiciaires dans les affaires civiles et dans les affaires criminelles. On pouvait appeler de leur sentence devant l'interprète des îles; mais en attendant on devait porter le plus grand respect aux ordres de ces archontes. Si quelqu'une des îles voulait avoir un gouverneur (dikiaitis), elle s'adressait à l'autorité compétente, qui était celle du capitan-pacha, et elle lui désignait la personne qu'elle désirait avoir pour gouverneur et dont elle devait payer les émoluments. Les instructions dont ce gouverneur était muni portaient qu'il devait juger, d'accord avec les archontes et d'après les usages du pays, tous les différends qui s'élèveraient entre les habitants. »

Tel était le système communal qui régissait les diverses parties de la Grèce, la Morée, le Magne, la Grèce continentale et les îles, au moment où éclata la révolution de 1821.

Un congrès national composé de quatre-vingt-dix membres élus par les diverses municipalités des villes récemment affranchies, à commencer par Calamata, avait été convoqué dès le mois de novembre 1821 à Argos et fut transporté ensuite à Épidaure. Son premier soin fut de s'occuper de l'organisation civile du pays. Une constitution républicaine fédérative fut publiée à Épidaure le 1er (13 n. st.) janvier 1822. L'égalité des droits de tous, la tolérance des cultes, le système représentatif et la séparation des pouvoirs législatif, judiciaire et exécutif y sont proclamés. En attendant un nouveau code, les lois des empereurs grecs de Byzance pour les affaires civiles et criminelles, et notre code de commerce pour les affaires commerciales furent déclarés lois de l'État. Un décret du 15 (27) janvier de la même année proclama l'indépendance de la nation grecque, et une loi organique des communes fut promulguée. Un décret du 7 mai décréta aussi que tout soldat qui s'enrôlerait recevrait un strème de terre par mois, à compter du jour de son enrôlement jusqu'à la fin de son engagement.

Un nouveau congrès élu conformément à la constitution d'Épidaure devait se réunir à Nauplie, mais il se réunit en effet en 1823 à Astros, dans le vallon, à l'ombre des orangers et des citronniers, et en présence des curieux qui couronnaient les collines voisines. La constitution d'Épidaure fut revisée ; on mit quelques bornes à l'autorité des juntes locales, qui avaient entravé les affaires, et on s'occupa d'un code pénal qui pût remplacer le code gréco-romain de l'empire byzantin. Mais les commissions chargées de ces questions n'eurent pas le temps, pendant cette courte session, de présenter le résultat de leurs travaux, et on se contenta, en se séparant le 18 (30) avril, de présenter l'analyse des travaux de la session et de proclamer de nouveau l'indépendance de la nation grecque, repoussée au congrès de Vérone.

Le 6 (18) avril 1826 s'ouvrit un nouveau congrès convoqué à Épidaure et qui s'assembla à une lieue de là, à Piada. M. Stratford-Canning promit alors à cette assemblée de négocier avec la Porte pour faire reconnaître à la Grèce une sorte d'existence indépendante, moyennant un tribut annuel ou une fois payé, et alors le nouvel État devait comprendre, outre le Péloponnèse et la Grèce continentale, les îles de l'Archipel, l'île d'Eubée et Candie.

Ces mêmes députés, réunis après de vives dissensions, se rassemblèrent à Trézène dans les premiers jours d'avril 1827, et choisirent aussitôt à l'unanimité le comte Jean Capo d'Istria pour président ou procdros de leur nouvel État. En se séparant le 17 mai 1827, cette assemblée proclama une nouvelle constitution qui modifiait la constitution d'Épidaure. Le pouvoir exécutif, d'après la constitution de Trézène, était confié à un président inviolable, élu pour sept ans, avec droit de *veto* suspensif seulement et un ministère responsable : le pouvoir législatif était confié à une seule assemblée nommée sénat (bouli). Le pouvoir judiciaire se composait 1° de juges de paix ; 2° de tribunaux d'éparchie (province ou première instance) ; 3° d'appel ; 4° d'une cour suprême de cassation. Les lois gréco-romaines, les lois votées par les assemblées et le code de commerce étaient déclarées lois de l'État en attendant la rédaction d'un nouveau code. Le jugement par le jury était adopté ; les débats devaient être publics ; la liberté de la presse était reconnue ; les titres de noblesse étaient interdits; le recours à la protection des puissances étrangères était aboli. Des promesses de terres étaient faites à ceux qui auraient bien servi le pays, à leurs veuves et à leurs enfants. Les maires (démogérontes) devaient être élus, par les habitants, à la pluralité des voix. Le siége du gouvernement était fixé à Nauplie. La bataille de Navarin, le 20 octobre 1827, vint consolider l'espoir d'une indépendance nationale.

Jean Capo d'Istria arriva à Nauplie le 18 janvier 1828, et convoqua une nouvelle assemblée pour le mois d'avril 1829 ; et, en attendant, il nomma, sous le titre de Panhellenion, un conseil composé de vingt-sept membres pour agir de concert avec lui. Le corps français du maréchal Maison débarqua à Navarin le 29 août 1828, et un protocole du 12 décembre 1828 promit aux Grecs une monarchie constitutionnelle.

L'assemblée nationale se réunit le 13 juillet 1827 à Argos, sur les gradins même du théâtre antique adossé à la montagne. Elle continua le gouvernement provisoire des vingt-sept, choisis par le président sur une liste de soixante-trois qu'avait à lui présenter le congrès. Le sénat (gerousia) devait préparer une constitution définitive avec la division du pouvoir législatif entre deux chambres. Le congrès se sépara le 18 août 1829 après avoir décrété que 200,000 strèmes de terre (environ 100,000 arpents de Paris) seraient aliénés en faveur des soldats, à qui on devait un long arriéré de leur solde.

Le 3 février 1830, la conférence de Londres signa les protocoles par lesquels elle reconnaissait l'indépendance de la Grèce comme état monarchique ; et elle choisit le prince Léopold de Saxe-Cobourg pour son souverain, sans dire un mot du droit public des Grecs. Dans sa réponse à cette communication de la conférence, le sénat grec déplore le refus qu'on faisait de Candie, de Samos, d'Ipsara, de Chios et des petites îles voisines et indique son espoir d'une constitution libre : « La Grèce, est-il dit dans son mémoire, se réjouit d'autant plus du choix fait de S. A. R. le prince Léopold de Saxe-Cobourg, qu'elle a appris que S. A. R. a noblement refusé la glorieuse et difficile tâche de faire le bonheur d'une nation avant de s'être assuré de son assentiment. Le principe qui a engagé S. A. R. à prendre une résolution si généreuse, et l'élévation de son caractère, sont de sûrs garants de sa disposition à consolider les libertés publiques que la Grèce a consacrées dans quatre assemblées nationales, et qu'elle regarde comme aussi nécessaires et aussi précieuses que l'existence même. » Le comte J. Capo d'Istria s'expliquait dans le même sens en écrivant en particulier au prince : « Il m'est impossible, prince, lui disait-il le 6 avril, de trouver le temps nécessaire pour discuter en détail les actes de la conférence de Londres; mais, ce qui me semble assez clair, c'est qu'on a trouvé meilleur et plus court d'imposer aux Grecs une convention d'où doit résulter pour eux l'indépendance que de leur laisser adopter cette convention dans une forme légale. Ce n'est pas à moi à examiner les motifs qu'on a eus pour préférer ce plan ; ce que je puis dire seulement, c'est qu'on n'en pouvait pas choisir un qui fût moins favorable aux intérêts de ce malheureux pays et à ceux de V. A. R. L'acte du 3 février et celui qui confère à V. A. R. le pouvoir de souverain héréditaire ne disent pas un seul mot des droits publics des Hellènes. Ce silence indique de deux choses l'une : ou que les puissances alliées ont imaginé que la personne du prince absorbait et concentrait en elle-même tous les droits des Grecs, ou qu'ils ont réservé au prince souverain la faculté de reconnaître ces droits par une déclaration qu'il ferait au moment de prendre la direction des affaires. Cette seconde explication est celle que j'ai donnée aux membres du sénat et à tous les citoyens, qui ne cessent de m'accabler de questions depuis que les actes de Londres sont connus ici ; et c'est dans ce sens que sera probablement conçue l'adresse du sénat. » Le prince de Cobourg, voyant par ces lettres que, par l'inintelligence de l'avenir montrée dans cette affaire par la conférence de Londres, il n'aurait pas en Grèce la force d'adhésion qui lui était nécessaire, donna, le 21 mai 1830, sa démission.

Capo d'Istria, resté seul à la tête des affaires en attendant un nouveau choix de la conférence de Londres, craignit sans doute de voir éclater la guerre après la révolution de juillet, et se rattacha vivement à l'alliance russe et à la politique russe. Il se refusa à la convocation d'une assemblée nationale, restreignit la liberté de la presse et retint tous les pouvoirs en ses mains. Les hommes les plus éminents du pays se séparèrent de lui; le Magne se déclara indépendant; Hydra en fit autant; la guerre s'alluma entre le président et le parti de l'opposition, et les Russes marchèrent comme auxiliaires du président, tandis que les Français et les Anglais, qui cherchaient à ramener l'union, devinrent suspects au comte Capo d'Istria. L'incendie volontaire de la flotte grecque par les Grecs eux-mêmes, à la suite de l'attaque des Russes sur Poros, le 13 août, et sur Hydra, et l'assassinat du président, le 5 octobre, par les jeunes Mavromichali, à la suite de l'emprisonnement illégal de leur vieux père, tels furent les deux grands événements de l'année 1831. Le frère du président, le comte Augustin Capo d'Istria, fut choisi comme président à sa place, par le sénat, avec Colettis et Colocotroni, et un congrès national fut convoqué.

L'anarchie la plus violente déchira le pays pendant les premiers mois de l'année 1832. Il y eut deux assemblées nationales et deux gouvernements, Colettis d'un côté, Augustin Capo d'Istria d'un autre. Cependant la France, l'Angleterre et la Russie tenaient à Londres, par leurs délégués, M. de Talleyrand pour la France, lord Palmerston pour l'Angleterre et MM. Lieven et Matuszevics pour la Russie, des conférences dans lesquelles étaient examinées les mesures qui convenaient au nouvel État grec. A la suite de la démission du prince de Cobourg, les délégués des trois puissances avaient entamé des négociations avec le roi Louis de Bavière pour que son fils, le jeune Othon, encore mineur, devînt roi de la Grèce. La convention arrêtée entre eux et le roi de Bavière, représentée par son ministre le baron de Cetto, fut arrêtée par un protocole du 7 mai 1832. Il était stipulé :

Articles 1, 2, 3, 4. Que la Grèce formerait un État monarchique indépendant, et que le prince Frédéric Othon de Bavière en serait le souverain héréditaire.

5 et 6. Que les limites seraient fixées par les trois cours à la suite de négociations avec la Porte.

7. Que les trois cours se chargeraient de faire reconnaître le nouveau roi par leurs alliés.

8. Qu'en cas de mort sans issue, la couronne grecque passerait à ses frères et à leurs enfants, sans pouvoir être réunie à une autre couronne.

9. Que la majorité du prince serait fixée à 20 ans, qui tombaient le 1er juin 1835.

10. Que, pendant sa minorité, la régence serait confiée à trois conseillers choisis par le roi de Bavière.

11. Que le prince Othon conserverait son apanage en Bavière et recevrait des facilités du roi son père, jusqu'à ce que la dotation fût formée.

12. Qu'un emprunt de 60 millions serait garanti par les trois cours, chacune pour un tiers, mais que les recettes effectives de l'État grec devaient, *avant tout, et sans pouvoir être employées à aucun autre usage,* être employées au payement des intérêts et du fonds d'amortissement, sous l'autorité des ministres des trois cours en Grèce.

13. Que la compensation à payer à la Porte serait prise sur cet emprunt.

14. Qu'un corps de 3,500 hommes armés, soldés et équipés par l'État grec serait levé en Bavière pour aller remplacer les troupes laissées par les alliés en Grèce.

15. Que des officiers bavarois seraient autorisés par le

roi de Bavière à aller organiser une force militaire en Grèce.

16. Que les trois conseillers choisis pour former la régence devaient se hâter d'aller en Grèce, et que le jeune roi ne devait pas tarder à les suivre.

Par un article supplémentaire, les femmes de la famille de Bavière sont appelées à la succession de Grèce ; mais seulement en cas d'extinction des mâles des trois fils cadets du roi Louis de Bavière. Il n'y eut pas un mot de dit, dans cet acte, sur la forme de gouvernement à donner à la Grèce et rien qui promît, comme l'avait fait le protocole du 12 décembre 1828, une monarchie constitutionnelle. Une lettre du baron de Giese, ministre des affaires étrangères du roi Louis de Bavière, à M. Sp. Tricoupis, ministre des affaires étrangères du gouvernement grec, datée de Munich, 31 juillet 1832, annonce cependant l'intention d'établir un jour une constitution par le libre concours de la nation et du roi.

« Autant qu'il est parvenu à la connaissance de S. M., dit M. de Giese, les actes par lesquels la nation grecque a confié aux trois cours le choix d'un souverain n'ont pas fait mention d'une constitution définitive de l'État qui serait arrêtée avant l'élection et sans le concours de ce souverain. Ainsi, dans les circonstances actuelles, la confection et la publication d'une constitution définitive en Grèce se trouveraient en opposition directe avec les actes dont il s'agit. Ce sera un des premiers soins de la régence royale, nommée pour vaquer, pendant la minorité du roi, à l'administration du royaume, de convoquer une assemblée générale de la nation pour recevoir le monarque, lui offrir l'hommage du dévouement de la Grèce et cimenter son union avec le prince qui va travailler à ses destinées. Cette assemblée sera chargée de travailler avec la régence à préparer la constitution définitive de l'État, qui, réglée de la sorte avec le libre concours de la nation et de son roi, au milieu d'une tranquillité profonde, lorsque ses ressources seront mieux connues, répondra sans nul doute à ses besoins, à ses vœux et à ses intérêts. »

Une assemblée nationale de tous les partis réunis s'ouvrit cependant, le 14 (25) juillet, dans le faubourg de Pronia, près de Nauplie, reconnut, le 8 août, l'élection du roi Othon et s'occupa à poser les bases d'une constitution définitive de l'État et à régler tout ce qui touchait la distribution des terres nationales; mais les désordres commis par les chefs militaires Colocotroni, établi à Tripolizza, Tzavellas à Patras, Grivas à Missolonghi, par les partisans de la Russie, qui enlevaient l'imprimerie nationale de Nauplie pour la transporter à Spetzia et proclamer président l'amiral russe Ricord, et par les soldats du gouvernement lui-même, qui enlevaient les députés pour les mettre à rançon, obligèrent l'assemblée de Pronia de se dissoudre.

Le roi Othon, embarqué à Brindes le 14 janvier 1833, débarqua à Nauplie le 6 février, et le corps d'occupation français quitta la Grèce au mois d'août. La régence qui devait gouverner en son nom pendant sa minorité, et qui était composée de MM. d'Armansperg, Maurer et Heideck, publia le même jour à Nauplie, en allemand et en grec, une proclamation dans laquelle on trouve cette seule phrase sur la promesse d'une constitution politique.

« ... Consommer la régénération de la Grèce en lui donnant des institutions approfondies, stables, et qui répondent à la situation du pays et aux vœux de la nation, voilà, Hellènes, le but aussi glorieux que difficile de la mission que j'entreprends. »

La régence bavaroise montra d'abord une fort grande ignorance du caractère grec, dans l'introduction d'un code pénal qui aggravait encore celui emprunté par Capo d'Istria aux Vénitiens, et les finances furent dilapidées par elle sans aucune mesure et sans contrôle, car elle ne voulut jamais supporter celui d'une assemblée nationale; cependant un de ses membres les plus capables, M. Maurer, s'occupa avec soin de l'organisation religieuse et civile du pays. Par une décision du mois de juillet 1833, il fut déclaré qu'à l'avenir l'Église grecque ne serait plus soumise au patriarche de Constantinople, toujours dépendant du sultan et par conséquent de la Russie, mais à un synode de dix membres choisis par le gouvernement. L'organisation judiciaire se composa d'un aréopage ou cour de cassation, de deux éphètes ou cours d'appel, l'une à Athènes, l'autre à Nauplie; de dix protodica ou tribunaux de première instance, à Athènes, Chalkis, Syra, Nauplie, Sparte, Calamata, Tripolizza, Patras, Missolonghi et Lamia; de juges de paix et de trois tribunaux de commerce à Syra, Patras et Nauplie. L'organisation administrative se composa de sept ministères; d'un conseil d'État (épicratia), composé de vingt membres ordinaires et vingt membres extraordinaires, tous amovibles; d'une cour des comptes; de dix départements ou nomarchies (1. Argolide et Corinthie; 2. Achaye et Elide; 3. Messénie; 4. Arcadie; 5. Laconie; 6. Acarnanie et Etolie; 7. Phocide et Locride; 8. Béotie; 9. Eubée; 10. Cyclades) comprenant chacune un certain nombre d'arrondissements ou éparchies, et chaque arrondissement composé d'un certain nombre de communes ou dêmes. Une ordonnance du 27 décembre 1833, sur les communes, termina cet édifice. Cette ordonnance stipule entre autres, titre Ier, article 4, que tout village (chorio) ayant 300 habitants peut réclamer le droit de commune (dême). Les hameaux moins peuplés doivent faire partie de la commune la plus rapprochée. Art. 7. Il y aura trois sortes de dêmes, ceux d'au moins 10.000 habitants, ceux d'au moins 2,000 et ceux au dessous de 2,000. Titre II. Les enfants légitimes appartiennent à la commune du père, les bâtards à la commune de la mère, les enfants trouvés à la commune dans laquelle ils sont trouvés. 13. Tous les membres d'une commune, à l'exception des femmes ainsi que des détenus et des condamnés, prennent part aux élections à vingt-cinq ans. 23. Ce qui reste des revenus d'une commune, après les dépenses faites, est placé à intérêt ou employé à de nouveaux besoins sans pouvoir être partagé par les citoyens. Titre V, art. 3. Le conseil municipal se compose d'un maire (dimarque), d'un à six adjoints (paredros) et d'un conseil de six à dix-huit membres, selon les trois classes de la commune. 40. Les fonctions de dimarque sont gratuites; il reçoit seulement, selon l'importance du dême, une somme suffisante pour payer les frais de bureau. Les astynomes (commissaires de police) sont à la nomination du gouvernement sur la présentation du dimarque. 42. La durée des fonctions de dimarque est de trois ans. 44. Il peut être suspendu par le nomarque, et, dans les trois jours, le ministère doit confirmer ou annuler cet arrêt et peut même le destituer. 50. Le conseil municipal désigne trois candidats pour l'emploi de caissier communal et le gouvernement choisit un des trois. 56. Les délibérations du conseil municipal ont lieu à la majorité absolue, et les deux tiers des membres doivent être présents. 58. Les fonctions du conseil municipal durent neuf ans et il est renouvelé par tiers tous les trois ans. 59. Le gouvernement peut destituer un conseil municipal, mais il doit, dans les quatre semaines qui suivent, convoquer les électeurs pour le choix d'un nouveau conseil, etc. Quelques mesures furent prises aussi pour les dotations promises aux soldats et pour les terres, dont les assemblées nationales avaient interdit toute aliénation sauf de celles destinées aux militaires. Mais une ordonnance du 16 (28) janvier 1834 déclare que les lois prohibitives sur la vente des biens nationaux ne s'appliquaient qu'à une aliénation générale (réservée à une assemblée nationale) et non à une vente particulière. Quant aux dotations du soldat, lord Goderich ayant, en 1831, substitué dans les colonies australiennes, aux concessions gratuites une enchère dans laquelle les militaires avaient droit à une remise en proportion de leurs années de service, ce système fut introduit en Grèce. Il en résulta que les militaires ayant la libre disposition de leurs terres sans que, comme dans les colonies vénitiennes, ils fussent tenus de planter ou bâtir avant de pouvoir vendre, les terrains ainsi donnés ne restèrent pas entre leurs mains.

Ainsi en arrivant à sa majorité (20 ans) le 1er juin 1838, le roi Othon trouva les deux tiers de l'emprunt dissipé[1], un synode ecclésiastique et un conseil d'État placés sous son autorité, un système municipal fort libre, la liberté de la presse établie et consolidée par l'usage, la publicité introduite dans les débats judiciaires, ainsi que le jugement par jury, et une organisation administrative capable de se mouvoir avec facilité, tous les éléments, en un mot, d'une monarchie constitutionnelle, moins la constitution et l'assemblée nationale avec laquelle on eut à la discuter. Mais les Bavarois étaient encore implantés en Grèce, et ce ne fut qu'après avoir éliminé les ministres allemands et s'être entouré de ministres nationaux, en 1837, qu'il put être regardé comme un vrai roi national.

Quelques renseignements statistiques compléteront ce sérieux article.

ÉTAT DE LA POPULATION EN 1839

d'après les 30 provinces (diocèses) substituées en juin 1836 aux dix nomarchies.

1. Argolide.		27,324
2. Achaye.		29,196
3. Messénie.		30,792
4. Pylie (Navarin).		11,925
5. Gortyne (Caritena).		47,817
6. Corinthe.		29,370
7. Kinethe (Calavryta).		36,181
8. Élide.		34,283
9. Lacédémone.		39,095
10. Laconie.		35,148
11. Mantinée.		52,296
12. Triphylie.		35,593

[1] M. d'Armansperg, le président de la régence, recevait 135,000 par an, les deux régents 35,000 chacun, et on donna à la Turquie 12,000,000.

GRÈCE CONTINENTALE ET MORÉE.

13.	Étolie.	24,049
14.	Trichonie.	8,443
15.	Phthiotide.	22,566
16.	Locride.	9,522
17.	Euritanie.	21,533
18.	Acarnanie.	24.096
19.	Phocide.	30,117
20.	Eubée.	40,628
21.	Skiathos et îles adjacentes.	9,751
22.	Béotie.	30,944
23.	Attique.	21,627
24.	Mégaride.	11,589
25.	Hydra.	16,609
26.	Spetzia.	13,043
27.	Syra.	26,464
28.	Milo.	10,075
29.	Santorino.	18,769
30.	Tine.	32,228
31.	Naxos.	18,869
	Grecs non inscrits et étrangers.	29,324
	Total.	829,236

Voici un tableau de la population particulière de l'Attique et de ses dépenses locales en 1841.

	POPULATION.		REVENUS MUNICIPAUX.	
Athènes.	22,309	habitants.	150,000	drachmes.
Pirée.	2,099	—	27,000	—
Cécropia.	2,158	—	3,759	—
Marathon.	1,214	—	1,708	—
Phylé.	2,659	—	7,000	—
Calamo.	2,000	—	2,747	—
Laurium.	1,470	—	2,356	—
	33,909		194,573	

Voici aussi le budget de l'État, tel qu'il a été envoyé aux cabinets étrangers, pour 1842.

BUDGET.

RECETTES.		DÉPENSES.	
RECETTES ORDINAIRES.			
	drachmes.		drachmes.
Impôts directs.	10,214,000	Intérieur.	1,277,486
Impôts indirects.	4,500,000	Instruct. publique.	497,016
Propriétés.	1,716,000	Affaires étrangères.	422,192
Édifices publics.	390,000	Justice.	830,278
Ventes.	734,000	Guerre.	5,436,080
Propriét. ecclésiast.	270,000	Marine.	1,522,555
	17,970,000	Finances.	3,537,532
		Arriéré.	50,000
RECETTES EXTRAORDINAIRES.			13,788,186
De la France.	1,116,000	Emprunt et intérêts.	3,759,378
De l'Angleterre.	73,000	Dépôt de la banque.	1,000,000
	1,180,000	Troupes turques.	22,500
En tout.	17,159,000		18,570,064

Il est difficile, d'après un budget si imparfait, de se rendre compte des finances grecques. On voit que même la liste civile, qui est d'un million, est oubliée.

VI.

ENVIRONS D'ATHÈNES, COLONE, L'ACADÉMIE, DAPHNI, ELEUSIS.

L'Attique est un pays d'une extrême sécheresse. Dès les premiers jours de mai l'herbe des champs est jaune et brûlée. Aucune source d'eau voisine, aucune pluie bienfaisante ne viennent lui redonner la vie. L'Ilyssus et le Céphise, et la fontaine Calirrhoë n'ont pas une larme à répandre sur la désolation des campagnes dans lesquelles ils aimeraient à couler, et la triste feuille de l'olivier de Minerve offre la seule verdure qui puisse délasser l'œil.

Au mois de juin et au mois de juillet la chaleur s'élève assez souvent jusqu'à 33 degrés Réaumur et 40 centigrades. Il est difficile, à Athènes, d'échapper à cette grande chaleur. Les rues n'ont pas de portiques, et les maisons, construites à l'allemande avec des murs légers et beaucoup de croisées, n'offrent aucun abri un peu tempéré. L'Athènes moderne a de plus été si ingénieusement placée par ses premiers architectes allemands, que la brise de mer est interceptée avant de pouvoir y arriver; tandis qu'en la posant à quelques pas plus haut, où elle tend d'ailleurs à se transplanter maintenant, on y eût joui et de la vue de la mer et de la fraîcheur dont se tempère l'haleine des vents qui l'effleurent. Il faut donc, si l'on veut respirer un peu à l'aise dans la saison chaude, se hâter de sortir d'Athènes.

Les routes par lesquelles on peut diriger les roues d'une voiture quelconque ne sont pas nombreuses et elles s'étendent à une fort petite distance d'Athènes. L'une conduit au Pirée à deux lieues de là; l'autre, aussi de deux ou trois lieues, aux gracieux villages de Marousi et de Kephisia aux pieds du mont Pentélique, et la troisième, qui passe près de l'abbaye de Daphni déjà décrit plus haut comme le Saint-Denis des ducs français d'Athènes, près de la sainte Eleusis et au pied de la forteresse si bien conservée de l'antique Eleuthère, conduit jusqu'à Thèbes et parfois même, hors de la saison des pluies, jusqu'à Livadia. Partout ailleurs on ne peut aller qu'à cheval, mais on a souvent à un prix modéré des chevaux de Syrie d'une fort bonne qualité.

Combien de fois, tantôt seul, tantôt escorté de quelques amis, dont le souvenir m'est doux à conserver, n'ai-je pas parcouru dans tous les sens les plaines et les montagnes de l'Attique! Mais le lieu que j'ai le plus souvent visité dans mes courses quotidiennes c'est l'abbaye de Daphni, car pour moi tous les genres de plaisirs venaient s'y réunir. Une belle route sur laquelle on peut galoper avec aisance, les souvenirs de la glorieuse antiquité multipliés à chaque pas, çà et là quelques souvenirs de notre Gallo-Grèce, la vue de la rade de Phalère en partant, et la vue magnifique de la rade de Salamine à l'extrémité de ma promenade de Daphni ; tout me captivait dans ce court et fréquent pèlerinage.

La route carrossable d'Athènes à Daphni et à Eleusis passe devant les restes d'un aqueduc dans lequel les femmes d'Athènes viennent laver leur linge et se répéter, comme au bon temps d'Aristophane, tous les caquets de la plus bavarde des villes. Le jardin botanique actuel, qui, du temps des Turcs, était l'habitation de l'ancien vaivode, est à quelques pas de là sur la route ; mais le voyageur à cheval aime à s'écarter un peu sur la droite pour suivre un sentier un peu plus varié. De là on peut faire une rapide excursion sur l'emplacement de l'ancien village de Colone, dont on n'est éloigné que de quelques pas. Arrivé sur le lieu de la scène de la magnifique tragédie de Sophocle, je cherchais vainement le lieu qu'Antigone décrit à son père le vieil OEdipe, comme « parsemé de lauriers-roses, d'oliviers, de vignes abondantes » ainsi que les « nombreux rossignols, qui, sous le feuillage épais, faisaient entendre leurs chants mélodieux. » L'aspect de Colone est un peu changé depuis le jour où un chœur d'Athéniens répétait, en petits vers si élégants, au malheureux OEdipe qui venait expirer au milieu d'eux et les protéger par son tombeau :

« O étranger, tu es venu dans le séjour le plus délicieux de l'Attique, à Colone fertile en coursiers. Là, au fond des vallées couvertes de verdure, de nombreux rossignols font retentir l'air de leurs chants plaintifs, à l'ombre de lierres épais, dans un bois sacré inaccessible aux rayons du soleil, où les vents ne font point sentir leur brûlante haleine, où Bacchus, toujours riant, marche escorté des nymphes ses divines nourrices. Là, une éternelle rosée entretient le safran doré et le narcisse brillant, antique couronne des grandes déesses. La plaine est sans cesse arrosée par les eaux du Céphise, qui, dans son cours intarissable, féconde de ses eaux limpides le sein de la terre.

15

Ni les chœurs des Muses, ni Vénus aux rênes d'or ne dédaignent ces lieux. Là croît un arbre tel que ni l'Asie, ni l'île puissante de Pélops n'en produisirent jamais de semblable. Il ne fut pas planté par une main mortelle. Il vient sans culture et fleurit en abondance dans cette contrée; c'est la plante de l'olivier, effroi des ennemis et douce nourrice de l'enfance. Jamais en aucun temps une main étrangère ne pourra l'extirper du sol, car Jupiter et Minerve veillent sur elle d'un œil attentif [1]. »

Ces lieux sont bien loin d'être aussi séduisants aujourd'hui. On y voit bien encore quelques vignes, mais leur feuillage est brûlé par les rayons du soleil. Le bocage sacré a disparu avec les eaux limpides du Céphise qui devait ne tarir jamais, et qui n'offre plus qu'à regret une humidité cachée, suffisante à peine pour nourrir les lauriers-roses de ses bords. Avec les bosquets ont fui les mille rossignols pour aller chercher ailleurs un peu d'ombre et de fraîcheur. L'olivier seul, qui ne pouvait jamais être extirpé de son sol natal, car Jupiter et Minerve veillaient sur lui d'un œil attentif, se maintient encore dans les mêmes lieux; mais son feuillage sec et pâle ne fait plus honte aux magnifiques oliviers d'Asie, de la Laconie, et même du beau royaume de Naples, qui mérite si bien le nom de seconde Grèce. Sur l'emplacement même « consacré aux redoutables filles de la Terre et de l'Érèbe, aux vigilantes Euménides, » a été bâtie une petite chapelle, aujourd'hui ruinée, au pied de ce monticule de Colone, qui seul n'a pas changé d'aspect et qui est bien encore le dur rocher dont parle le vieil OEdipe.

Les jardins de l'Académie où Platon enseignait si poétiquement la sagesse étaient placés sur les deux rives du Céphise, et allaient de Colone à la voie Sacrée ou voie d'Éleusis. De ces collines légèrement ondulées on jouit d'une fort belle vue sur la rade de Phalère; mais les jardins ont disparu avec l'eau du Céphise qui en alimentait la

[1] Vers 668 à 693.

verdure, et à peine quelques rares broussailles portent-elles la trace d'une pénible végétation.

De là, traversant ces quelques oliviers épais qui s'arrogent fastueusement le nom de bois d'oliviers, on retrouve la route d'Athènes à Éleusis, que j'ai bien souvent parcourue. Sur toute la voie Sacrée, les deux côtés de la route étaient autrefois garnis de monuments religieux et de tombeaux dont on retrouve encore quelques débris dispersés sur le bord de la route et au milieu des champs. A l'endroit où l'étranger, arrivant de Corinthe à Athènes, avait franchi la dernière colline par laquelle est encore interceptée la vue de l'Acropolis, un beau monument, dont il n'existe plus que quelques pierres brisées, se présentait à ses regards. A qui donc était consacré ce religieux édifice placé sur le vestibule même de la ville de Minerve? Était-ce aux immortels fondateurs de la république, à ses grands législateurs, à ses braves guerriers, à ses poètes sublimes, à ses admirables artistes, à ses éloquents orateurs, à quelques-uns de ces hommes d'élite qui ont fait son nom glorieux à travers tous les âges? Non; c'était un monument élevé à une courtisane par son amant, ancien caissier de l'armée d'Alexandre, qui, après avoir volé sa caisse en Asie, était venu avec sa nouvelle opulence faire figure dans la brillante Athènes. Pausanias cite ce tombeau comme remarquable par sa beauté. « Sur cette route d'Éleusis à Athènes, dit-il (Attique, chap. 37), sont aussi des tombeaux dont deux se font remarquer pas leur grandeur et leur beauté. L'un a été érigé à un Rhodien établi à Athènes; l'autre a été construit par le Macédonien Harpalus, qui, ayant déserté du service d'Alexandre, s'embarqua et passa d'Asie en Europe. Les Athéniens, chez qui il s'était rendu, l'ayant fait arrêter, il corrompit avec de l'argent différentes personnes, entre autres les amis d'Alexandre, et parvint à s'évader. Il avait épousé précédemment Pythionice, dont l'origine m'est inconnue, mais qui avait été courtisane à Corinthe et à Athènes. Il en était si éperdument amoureux que, l'ayant perdue par la mort, il lui fit ériger un tombeau qui surpassa en beauté tous ceux qu'on avait bâtis anciennement dans la Grèce. »

Athénée, dans son livre XIII sur les courtisanes, parle aussi, d'après notre Gaulois Posidonius, de cette brillante Pythionice et de son tombeau. « Harpalus le Macédonien, dit-il [1], celui qui enleva une grosse somme d'argent à Alexandre et se retira chez les Athéniens, devint épris de la courtisane Pythionice, pour laquelle il fit de grandes dépenses. Lorsqu'elle fut morte, il lui éleva un monument des plus pompeux, et suivit lui-même son corps à la sépulture, accompagné d'un nombreux cortége des plus habiles artistes et de musiciens qui chantaient en accord au son de toutes sortes d'instruments; c'est ce que rapporte Posidonius, livre XXII de ses histoires. Dicéarque parle aussi de ce monument dans son ouvrage sur la *descente dans l'antre de Trophonius*. Voici, dit-il, ce qui doit arriver à quiconque entre dans Athènes par le chemin sacré qui va d'Éleusis à cette ville. S'il s'arrête à l'endroit d'où il peut déjà découvrir les temples et la citadelle, il verra à côté de ce chemin un monument qu'aucun autre n'égale en grandeur dans les environs. Il se dira probablement d'abord, et avec raison : Voilà sans doute le monument d'un Miltiade, d'un Périclès et d'un Cimon, ou enfin d'un des principaux personnages, et peut-être élevé aux dépens de la république, ou au moins par un décret des magistrats. Que devra-t-il penser en apprenant que c'est celui de la courtisane Pythionice ? » Théopompe, dans la lettre qu'il écrivit à Alexandre, censura ainsi l'incontinence de cet Harpalus. « Considère attentivement, lui dit-il, et informe-toi avec soin de ceux qui sont à Babylone, de quelle manière Harpalus a déposé Pythionice au tombeau. Elle avait été l'esclave de Bacchis, joueuse de flûte; et celle-ci l'était de Sinope, courtisane, née en Thrace, et qui

[1] P. 124, 2ᵉ vol. de la traduction de Lefebvre de Villebrune.

transporta d'Égine à Athènes son commerce de prostitution ; de sorte que Pythionice était une triple esclave et une triple prostituée. En effet, Harpalus a employé plus de deux cents talents pour lui élever deux monuments qui font l'admiration de tout le monde ; tandis que ceux qui sont morts en Cilicie pour affermir ton trône et assurer la liberté de la Grèce n'ont encore obtenu de monuments d'aucuns de tes gouverneurs de province. Quoi, l'on en verra deux, déjà élevés depuis long-temps, l'un près d'Athènes, l'autre à Babylone ; et celui qui se disait ton ami aura impunément osé consacrer un temple et un autel à celle qui devenait commune à tous ceux qui contribuaient à sa dépense, et le faire sous le nom de temple et d'autel de *Vénus Pythionice !* N'est-ce pas là mépriser ouvertement la vengeance des dieux et manquer aux honneurs qui te sont dus ! »

Le galop est facile sur cette belle route d'Éleusis, et, à moins qu'on ne rencontre quelque caravane de chameaux apportant les marchandises de Corinthe et de la Morée à Athènes, et causant toujours une certaine terreur aux chevaux, on est en quelques minutes arrivé à Daphni. Ce nom seul éveille le souvenir d'un lieu consacré à Apollon. Le lit du torrent desséché, qui est creusé à gauche de la route, est encore parsemé de lauriers-roses. Un puits est tout près, destiné probablement aux lustrations dans les temps antiques. Au-dessus de la margelle, formée du couvercle d'un tombeau hellénique, s'élevait, du temps des Turcs, un fort bel arbre, contemporain peut-être des Ville-Hardoin, des La Roche et des Brienne. La fraîcheur de son ombrage attirait ici les Turcs, qui venaient y fumer leur narguilhé en se perdant dans les béatitudes de la contemplation ; mais, comme ils ne se relevaient de là que pour préparer quelque déprédation contre le monastère et ses habitants, les moines prirent le parti de porter la hache dans cet arbre séculaire, sacrifiant ainsi d'un seul coup la gloire du monastère à son repos, le plaisir de tous à leur sécurité, car ce lieu, consacré jadis à Apollon, était devenu un monastère de moines grecs de Saint-Basile, puis de moines latins de Saint-Benoît, puis encore de moines grecs. Il est aujourd'hui abandonné. Une petite chapelle d'un style fort ancien subsiste de l'autre côté du ravin, à deux pas de l'abbaye. C'est peut-être un ancien tombeau de famille sur lequel on aura élevé une chapelle; car, en pénétrant dans la partie inférieure qui est en ruine, je trouvai deux tombeaux vides, qui annoncent le quatrième ou cinquième siècle. Le peuple s'imagine toujours trouver un trésor dans ces tombeaux, et aucun tombeau ne peut rester inviolé.

A l'extérieur, le couvent de Daphni, à l'imitation de plusieurs de nos anciennes églises de templiers en France, était entouré d'une muraille de défense; mais elle était si peu compacte qu'un seul coup de canon, bien ajusté, l'aurait percée de part en part. Les Turcs croient que, pour réparer un mur de forteresse, il suffit de le badigeonner; et ils trouvaient ces murailles fort imposantes. A cette époque, il y avait une de ces petites portes étroites et basses qu'on retrouve dans presque tous les couvents grecs. C'était là souvent un obstacle suffisant contre les violences des Turcs; car, pour pénétrer dans le couvent et rançonner les moines, les cavaliers turcs qui passaient sur la route auraient été obligés de descendre de cheval et de se baisser avec précaution : or tout délai, toute précaution, tout plan suivi, toute réflexion laborieuse étaient en dehors de leurs habitudes et de leur nature.

Du monastère il ne reste plus que l'église, encore debout, et quelques restes de murs helléniques, byzantins et latins. Écartez ces hautes et épaisses orties qui vous percent de leur dard envenimé comme la zagaie du Malgache, et vous trouverez, à trois pieds hors de terre, toute la suite des colonnes de l'ancien cloître des bénédictins; tournez autour d'un puits antique d'eau excellente, et vous vous trouverez devant une façade gothique avec portail et deux doubles fenêtres à arc pointu. Regardez ces murs latéraux et vous remarquerez, à côté d'une petite porte, une colonne cannelée engagée dans le mur avec les belles oves de sa corniche corinthienne. Dans l'église, tout appartient à l'antique style byzantin. Au milieu de l'abside est le bima avec la table sacrée, et des deux côtés du bima la prothésis et le diaconicon. En avant du bima, la solea était pavée d'une mosaïque de marbres de diverses couleurs taillés en losanges; mais presque tous ont été arrachés. Au-dessus de la solea s'élève un dôme élégant, revêtu d'une mosaïque à fond d'or, représentant, comme dans les églises normandes de Sicile, une tête colossale du Christ bénissant et autour les douze apôtres avec légendes bibliques. Ce dôme est soutenu par quatre grands arcs à plein cintre appuyés sur des piliers. Les deux côtés de la nef sont allongés sur toute la largeur de la solea, de manière à former la croix latine, et à l'extrémité de ces deux ailes sont deux chapelles particulières, dont le fond et les deux côtés sont recouverts sur toute la hauteur d'une fort belle mosaïque, composée, comme les mosaïques de Palerme et de Monreale, de petits cubes de pierre factice. Tout à côté d'une de ces deux grandes chapelles sont les deux petites chapelles latérales dans lesquelles sont déposés, comme je l'ai dit, les deux tombeaux des ducs français d'Athènes, que j'ai eu quelque peine à retrouver à Daphni, sous le nom défiguré de Delphina que lui donne l'acte des archives de Mons en Hainaut. Au reste, cette transformation des noms une fois découverte, ceux qui ont l'habitude, non-seulement des chroniques anciennes, mais des relations modernes des voyageurs, ne s'en étonnent pas trop. A quelque pays qu'appartienne un voyageur, il ne se fait jamais faute de défigurer impitoyablement les noms propres d'hommes et de lieux. Cela a bon air et sent son gentilhomme. Défigurer un nom propre, c'est comme dire « : Moi, je suis de trop bon lieu pour me rappeler un nom vulgaire. Je suis des grandes villes de Paris, de Londres, de Rome, de Berlin, de Vienne, de Munich; comment voulez-vous que je me soucie des noms de ces petites bourgades, noms nécessairement barbares, puisqu'ils ne sont ni français, ni anglais, ni allemands. »

En faisant quelques pas seulement au delà du monastère de Daphni, on jouit d'une fort belle vue qui faisait souvent le but de mes excursions à cheval dans les environs d'Athènes. Au moment où on est parvenu au sommet de la colline sur laquelle est assis le monastère, la mer apparaît comme un vaste lac clos par l'île de Salamine et les montagnes de Mégare. C'est ici que se tenait la flotte grecque au moment où la flotte du grand roi se présenta pour l'attaquer. Tous les souvenirs sont ici pleins de magie. Plus loin, à droite, voici la montagne de Karydi d'où le grand-sire d'Athènes, Guy de La Roche, fut défait en 1256 par le prince d'Achaïe, Guillaume de Ville-Hardoin, et envoyé à saint Louis de France, qui lui fit remise de toute peine, le réconcilia avec son suzerain et l'autorisa à reprendre, en 1260, le titre de duc d'Athènes. La colline rocheuse adossée à la route rappelle des souvenirs plus anciens. De tous côtés on aperçoit la trace des ex-voto placés sur la voie Sacrée. Un bac, placé un peu plus près de la route du Pirée, conduit de cette côte à l'île de Salamine. Plusieurs fois je l'ai traversée en une demi-heure pour visiter cette île, qui est assez bien cultivée, qui offre des points de vue assez gracieusement accidentés, et où l'on trouve, après une heure et demie de marche dans la direction de Mégare, l'ancienne abbaye de Phaneromeni.

Il y avait autrefois à Éleusis un môle où l'on pouvait débarquer. La jetée en vastes dalles de pierre existe encore, et il serait facile de la réparer; mais il y a trop de bas-fonds pour que le port puisse servir aujourd'hui. Il ne reste rien d'entier à Éleusis, mais on y trouve d'immenses restes de grandeur. Sur ses collines sont les soubassements de ses vastes temples, dont les colonnes de marbre gisent partout dispersées. On en trouve des fragments dans tous les murs des chaumières et dans toutes les clôtures de jardin. Près d'une basse-cour, je vis par terre une inscription en lettres anciennes d'une forme dont on s'accorde à fixer la date au sixième siècle avant notre ère. Un reste de mosaïque d'un ancien temple est exposé aux jeux des enfants, qui en détruisent une moitié tandis que l'autre moitié est engagée dans une maison de paysan dont elle forme le parquet. Quelques statues mutilées trouvées récemment sont disposées dans une vieille église.

Le moyen âge y a laissé aussi quelques traces. Sur une colline qui domine les routes de Mégare, de Corinthe et de Thèbes sont les ruines d'un château féodal, du haut duquel le possesseur franc mettait sans doute à contribution les voyageurs imprudents qui s'aventuraient sur cette route.

D'ici on se rend aujourd'hui par une fort belle route à Eleuthère et à Athènes.

VII.

ENVIRONS D'ATHÈNES. — MONT LYCABETTUS, MAROUSI, KEPHISIA, LE PENTÉLIQUE, L'HYMETTE.

Sur le haut du mont Lycabettus, près d'Athènes, est une petite chapelle dédiée à saint Georges. Le mardi 16 mai, je profitai de la beauté de la journée pour l'aller visiter. Le soleil dardait avec force et il faisait une véritable chaleur d'été. Il faut une heure pour arriver doucement par un fort beau sentier jusqu'au pied du rocher. Là tout chemin cesse, et il faut gravir à l'aide des pointes de rochers. Partout où se trouve un peu de terre on voit que plus d'un pied l'a foulée depuis long-temps sans y frayer un sentier certain. Enfin, après quelques tentatives prudentes, on arrive. Le plateau sur lequel la chapelle est assise est fort étroit et offre à peine un espace libre aussi grand que celui qu'occupe la chapelle dédiée à saint Georges ; mais de là la vue est grande et noble. Assis sur un rocher que la chapelle ombrageait en partie, pendant plus d'une heure je restai à admirer ce beau panorama. Devant moi s'ouvrait la mer avec les baies d'Eleusis, du Pirée, de Munichie et de Phalère, découpées sur la côte. A l'extrémité cette mer est resserrée par le cap Sunium et par les montagnes de Mégare, au delà desquelles apparaissent le mont Cithéron, l'Acrocorinthe et jusqu'aux montagnes de l'Acarnanie qui terminent le golfe de Lépante. Salamine se détache tout entière avec ses monts pittoresques, et Egine apparaît au delà comme placée sous la main. Plus près, à vos pieds, s'étend Athènes avec son bel Acropolis ; à gauche, le monument de Philopappus et les colonnes du temple de Jupiter ; à droite, isolé d'une manière toute gracieuse, le temple de Thésée. Toute la plaine d'Athènes s'ouvre devant vos yeux avec sa ceinture de montagnes, et au delà, derrière le Pentélique, s'aperçoit le pic neigeux du mont Daphni en Eubée. Les neiges de l'Hymette étaient presque toutes fondues, et il n'en restait plus que quelques bandes jetées gracieusement comme des banderoles blanches dans les pentes de la montagne. Le Parnès était encore revêtu d'un large chapiteau de neige éblouissante qui fondait à vue d'œil sous ce brûlant soleil, et ce souvenir des frimas donnait un charme de plus à la beauté de la journée. Pendant que j'étais ainsi seul à admirer cette vue, entre quatre et cinq heures, je fus frappé d'un effet de mirage vraiment extraordinaire. Deux soleils apparaissaient l'un près de l'autre sur la même ligne avec le même éclat et à une distance apparente assez grande pour ne pas confondre leurs rayons, à une distance d'environ quinze mètres du rayon visuel. Ce phénomène dura environ une demi-heure ; et j'appris en descendant que plusieurs autres personnes l'avaient remarqué en même temps que moi. La transparence de l'air produit ici des effets tout à fait merveilleux. Souvent en me levant je vois le nord d'un vert-tendre délicieux, tandis que l'orient est du rose le plus délicat; les montagnes de Salamine m'apparaissent aussi parfois d'un gros bleu, tandis que les deux pointes de l'île paraissent se relever au-dessus des flots et former un croissant. Un peintre ne pourrait ici copier exactement la nature sans se faire accuser d'une bizarre exagération dans notre pâle Occident.

La chaleur extrême, qui, dès le mois de mars, se fait sentir à Athènes, amène de bonne heure l'émigration forcée des habitants les plus riches, surtout des étrangers. Quelques-uns vont chercher un peu de fraîcheur dans leurs jardins peu ombragés de Patisia; d'autres vont respirer la brise de mer au Pirée, et quelques-uns ont bâti de jolies petites maisons dans les villages plus frais de Marousi et de Kephisia. Le temps est souvent si beau à Athènes que je me rappelle avoir fait, le lundi 25 janvier, à Kephisia, une partie de campagne pendant laquelle nous jouîmes de toute la douceur de la température du printemps. Dans une maison non habitée et qui devait par conséquent avoir ét refroidie par l'hiver, dans une chambre sans cheminée avec des fenêtres au nord-ouest, nous déjeunâmes sans nous apercevoir qu'on subissait les froids de janvier à Paris. Après déjeuner, nous allâmes visiter la grotte connue sous le nom de grotte des Nymphes, délicieuse retraite pendant les chaleurs de l'été. Cette grotte, autrefois consacrée aux Nymphes, est assez large, peu profonde, haute de quatre à cinq pieds seulement et tapissée de tous côtés d'herbes les plus délicates. Une eau fraîche et pure et d'un goût excellent descend comme goutte à goutte à travers des plantes gracieuses du fond de la grotte, et forme d'abord un petit bassin de douze à quinze pieds, protégé par des rochers, car tout est ici une agréable miniature. De ce bassin l'eau filtre à travers des cailloux et des herbes déjà en fleur au mois de janvier, dans un lit étroit et sinueux, et va se répandre dans la plaine qu'elle rend verdoyante.

Les deux pentes des rochers sur lesquels s'appuie la grotte étaient revêtus de plantes et d'arbustes fleuris dont les fruits colorés pendaient en grappes. Là nous eûmes plaisir à nous asseoir et à jouir de la fraîcheur de l'ombrage, car le soleil était chaud comme le soleil de juin dans les bons étés de France. Au mois de mars j'y retournai, mais déjà l'herbe qui tapissait la voûte était moins touffue et bien moins abondante. De là, à travers des prairies émaillées déjà de toutes les fleurs du printemps, de boutons d'or, de marguerites, de larges anémones semblables à des roses, aux fleurs de couleur rouge, pourpre et bleu, et d'anémones plus petites de toutes les couleurs, nous nous acheminâmes vers l'une des sources du Céphise appelée Kephalari, la tête du Céphise. A cent pas de là sont les restes d'un petit temple antique. Les deux colonnes du milieu et les deux stèles du fond ainsi que la porte antique sont intégralement conservées. Tout le mur d'enceinte est tel qu'il était, sans aucune altération. Seulement, pour indiquer son appropriation au culte chrétien, les Francs ont fait sculpter au-dessus de la porte une croix fleuronnée par le pied avec deux roses de Provins dans les cantons supérieurs de la croix. Un autre petit temple était élevé sur la source même, dont les eaux transparentes coulent sous un toit voûté, encore conservé en partie. Une colonne cannelée gît près des conduits antiques destinés à la distribution des eaux du Céphise et près des fondements de ce petit temple, qui surgissent encore à deux pieds de terre Tout dans ce frais paysage inspire et rappelle le respect religieux qu'avaient les anciens pour les fleurs, les arbres et les fontaines. De l'autre côté de la source est une petite chapelle chrétienne ; car les chrétiens n'ont jamais manqué de substituer les églises aux temples et de profiter du culte antique pour en faire un appui au culte nouveau, fondé ainsi d'une manière plus durable par la consécration des souvenirs et des traditions.

Le village de Kephisia avait été aussi choisi par les Turcs

pour y bâtir leurs maisons de plaisance aujourd'hui ruinées. Les étrangers et les habitants d'Athènes qui ont depuis adopté ce séjour pour le temps d'été, y font peu à peu construire quelques petites maisons plus soignées. C'est en effet un agréable séjour. Les eaux y sont abondantes; les arbres les plus divers y sont revêtus de la plus vive verdure, si agréable à retrouver ici pour se délasser de la pâle verdure des oliviers de l'Attique; les montagnes voisines l'abritent contre les tourbillons qui soulèvent si impétueusement la poussière de la plaine, et rafraîchissent l'haleine des vents, tandis que l'aspect de ces campagnes fleuries repose l'œil fatigué de l'aridité des sables des environs d'Athènes.

Un peu au delà du village de Kephisia, on m'avait indiqué près de Monomati un prétendu château d'origine franque, situé entre le Céphise et la route de Negrepont, au fond d'une gorge d'où sort une des sources du Céphise. Un dimanche, 17 janvier, je partis à cheval avec quelques amis grecs pour aller vérifier l'exactitude des renseignements qu'on m'avait donnés. La route passe près de Patissia et de Kephisia. A une demi-lieue de Kephisia, qu'on laisse sur la droite, on aperçoit un profond ravin dans lequel coulent les eaux rares mais vives du Céphise. A l'entrée de la gorge est un moulin, et à l'autre extrémité se présente le prétendu château gothique, qui n'est rien autre chose que l'habitation ruinée d'un aga turc. Au milieu de cette gorge sont les restes d'un aqueduc. La vue qu'avait l'aga de son pyrgos fortifié était charmante. Protégé contre les vents par deux lignes de montagnes abruptes d'une belle couleur, au fond de cette gorge qui conduit au fort hellénique de Dekelia, bâti par les Spartiates, il avait sous ses pieds un ravin si large qu'on doit plutôt l'appeler une vallée profonde fécondée par les eaux du Céphise. Les flancs des montagnes sont cultivés sur la rive droite du Céphise, et couverts, sur la rive gauche, d'arbres et d'arbrisseaux d'une belle couleur. Devant lui s'élevaient, au loin, le Corydalus et le Pentélique; au milieu de cette perspective se présentait l'Acropolis, et au delà la mer et les îles qui servaient de fond au tableau. Il faisait un temps très clair, et cette situation pittoresque se montrait tout à fait à son avantage. Les villages de Patissia, Marousi et Kephisia, distribués çà et là sur la route, indiquent le progrès que semble faire l'aisance, et la rapidité avec laquelle les Grecs se rapprochent des habitudes européennes. La maison de M. Tricoupi, bâtie par l'amiral anglais Malcolm à Patissia, serait partout une agréable habitation.

Je revins de Monomati par Menidi, par Acharnæ, patrie du mordant Aristophane, et par le grand village assez propre de Koukouvaonès. Les terrains environnants sont bien cultivés et les plaines couvertes d'oliviers dont la feuille est beaucoup plus verdoyante que celle des autres oliviers de l'Attique. Tout annonce ici plus de travail et aussi plus d'aisance. Les églises, comme partout, sont bâties de fragments antiques : aussi se parent elles assez souvent du nom de belle église, *omorphi ecclesia*. A deux pas de là est le village d'Herakli, la dernière subsistante des colonies bavaroises que le gouvernement avait cherché à implanter en Grèce. La race allemande est une race travailleuse et honnête, mais elle ne comprend pas aisément une bonté et une intelligence dont les formes diffèrent des siennes, et ses qualités comme ses défauts ne s'harmonisent d'aucune manière avec les qualités et les défauts des Grecs. Les Allemands vivent entre eux, conservent tous leurs usages, n'ont aucune influence sur la population grecque et n'en reçoivent eux-mêmes aucune des améliorations propres au climat. Ils marchent à côté des Grecs sans se fondre dans leurs rangs. Aussi regrettent-ils toujours leur patrie et y retournent-ils aussitôt que, soit par la faveur du gouvernement, soit par leurs propres économies, ils ont pu réaliser quelques petits bénéfices. Toutes les colonies allemandes ont dépéri ici, et celle d'Herakli n'est pas destinée peut-être à une longue vie. Elle n'est fondée que depuis trois ans, mais l'organisation semble en avoir été mal entendue. On a donné à quelques familles bavaroises, fort étrangères à l'agriculture, une petite maison, des chevaux pour la culture et du grain pour ensemencer ; mais les maisons étaient mal construites, trop petites pour un ménage, sans écurie, sans magasin pour la récolte ; les chevaux étaient des chevaux de réforme usés, qu'il eût fallu bien nourrir longtemps avant de les mettre en état de service, et que les colons, qui n'avaient à leur donner au moment de la récolte que l'herbe rare des champs, ont laissé dépérir ; les grains leur avaient été envoyés trop tard pour qu'il pussent servir dans l'année, de telle sorte qu'il a fallu recommencer sur nouveaux frais et distribuer de nouveaux secours. Ce qui a encore ajouté au mal, c'est que le Bavarois chargé par le gouvernement de la surintendance de la caisse l'a emportée tout entière en se sauvant en Allemagne. On a cette année substitué des bœufs aux chevaux. On a aussi cherché à trouver des agriculteurs intelligents et laborieux au lieu de prendre indistinctement, comme on l'avait fait d'abord, l'ouvrier paresseux de toute profession. La colonie a plutôt l'air d'un petit hameau d'un seul rang de maisons que d'une grande ferme, puisqu'il n'y a pas de granges ; mais il paraît toutefois que quelques ménages allemands commencent à s'établir ici avec un peu plus d'ordre. J'ai vu revenir plusieurs jougs de bœuf du travail de la journée, et les maisons, par leur propreté extérieure, annoncent un peu plus de bien-être.

Une autre construction franque m'avait été indiquée dans les environs d'Athènes, dans le village ou plutôt hameau de Khassagni, au delà de Traconès, sur la route de Vari et du cap Sunium. Je montai à cheval le mardi 19 janvier pour aller visiter de mes yeux ces prétendus restes francs ; car on est passé d'une extrémité à une autre ; à mon arrivée en Grèce, tout le monde me contestait l'existence d'une seule ruine franque, et peu de mois après on ne voyait plus partout que ruines franques. Nos bons amis les Grecs d'Athènes sont les vrais compatriotes des Français de Paris. Le temps continuait à être magnifique; c'était un véritable printemps avec déjà quelque peu de la chaleur de l'été. Dès six heures et demie les oiseaux faisaient retentir l'air de leurs chants, et au lever du soleil le mont Hymette se colorait dans tous ses contours de la plus gracieuse couleur rose, dont la répercussion allait en s'affaiblissant frapper l'occident. Ce que j'avais à voir était une tour, et à peu de distance de là les ruines de deux autres tours. La tour encore subsistante est en plaine et de construction tout à fait turque, ainsi que paraissent l'avoir été les deux autres tours, aujourd'hui ruinées, et dont l'une fait partie des fondements de la maison bâtie sur ce même tertre par M. Louriotis, qui a séjourné plusieurs années à Paris et à Londres, où il avait été envoyé pour négocier un emprunt. Les Francs construisaient peu en plaine, s'ils n'étaient vigoureusement protégés par de larges et profonds fossés, et encore ces tours en plaine étaient-elles rattachées à des villes plutôt qu'à des villages ou des habitations de particuliers. Les seigneurs francs préféraient placer leurs châteaux comme des nids d'aigle dans les hauts lieux, pour dominer de là les pays environnants et ne pas être surpris sans défense par l'ennemi.

En revenant de Khassagni à Traconès par le bord de la mer, je m'arrêtai au milieu d'un champ à examiner une statue de marbre blanc d'une grandeur au-dessus de la grandeur naturelle. La tête manque; un morceau du bras a été aussi brisé; le bras qui reste est assez beau. Elle est représentée en haut-relief, assise et tenant entre ses mains les plis de son manteau; c'était sans doute une statue placée sur un tombeau. Le style est tout romain et assez lourd. Elle est là, étendue dans une terre en culture, sans que personne songe à la relever. Les instruments de labourage passant et repassant alentour auront bientôt achevé d'en briser les membres, et le corps entier est destiné à disparaître dans le premier four à chaux construit pour le badigeon d'un hameau voisin. Dans les fouilles faites autrefois sur cette côte, on a retrouvé un grand nombre de tombeaux et de vases antiques.

Les deux grandes montagnes les plus rapprochées d'Athènes, le Pentélique, dont le nom a été long-temps corrompu en celui de Mendeli, et l'Hymette, dont le nom, estropié par les Vénitiens en celui de Monte-Matto, a fourni ensuite aux Grecs leur traduction souvent adoptée de Trelo-Vouno, offrent aussi d'agréables excursions.

La duchesse de Plaisance fait bâtir au pied du Pentélique un assez joli château pour sa résidence d'été. Sur la fin de janvier, par un temps des plus doux, elle m'invita à y venir faire une partie de campagne avec quelques amis. On peut aller en voiture jusque chez elle. La route passe par le petit oasis d'Ambelo-Kipos (le Jardin aux Vignes) et par Khalandri. Là, j'allai visiter une petite chapelle que j'apercevais à l'extrémité du village, du côté des champs et de la montagne. Dans l'intérieur, gît, négligé, le long du mur, un bas-relief ancien de deux pieds carrés, représentant une cérémonie d'expiation et destiné sans doute à un tombeau. Le principal personnage est assis; près de lui est une femme; deux autres personnages, debout de chaque côté, tiennent suspendus au-dessus de lui deux bâtons dont l'extrémité est cassée, ainsi que l'est une partie des figures; au-dessus du personnage assis se replie une courtine avec gros glands pendants à deux ou trois endroits. Ce bas-relief me semble des temps romains. Khalandri est à moitié chemin sur la route qui mène au château projeté de la duchesse de Plaisance. La situation choisie est belle, les collines bien revêtues de jeunes bois et de myrtes semblables à nos ormeaux, les eaux abondantes et la vallée si bien disposée qu'on n'a qu'à distribuer les allées pour en faire un joli parc; mais on n'y découvre pas assez de mer, de cette belle mer si resplendissante aux derniers feux du soleil. Nous déjeunâmes en plein air sur le gazon, comme nous l'eussions fait dans la vallée de Montmorency au mois de juin. La température était des plus douces. De là nous suivîmes le cours du ruisseau pour nous rendre au monastère du Pentélique, habité par quelques caloyers. Dans une première visite que j'avais faite à ce couvent, le 22 décembre, j'avais trouvé la culture des oliviers fort négligée de ce côté, car dans l'aride Attique les oliviers ont besoin d'irrigation. A cette visite je remarquai une culture qui donnait une nouvelle vie à cette campagne. Les moines avaient affermé leurs nombreux oliviers à un Français, et déjà nous trouvions toutes les racines entourées d'un léger rebord, destiné à contenir l'eau qu'allait leur apporter le ruisseau voisin. Le monastère est surmonté de la croix des Ville-Hardoin de Champagne, princes de Morée et seigneurs supérieurs du duché d'Athènes. C'était probablement alors un monastère latin; mais les moines me dirent avoir perdu toutes leurs archives, qui auraient pu me mettre sur la voie.

Plusieurs fois j'allai de là visiter les carrières antiques de ce beau marbre du Pentélique qui a servi au Parthénon, au temple de Thésée et à tous les plus beaux monuments d'Athènes. A mi-côte se trouve un catavothron ou espèce d'écroulement de terre au bas duquel existe un petit lac. Les carrières en exploitation sont un peu au-dessus. Les anciennes exploitations étaient admirablement conduites; le marbre était coupé avec le plus grand soin, de manière que rien ne fût perdu; on avait le morceau aussi petit ou aussi grand qu'on le voulait. Les travailleurs modernes, qui vont y chercher le marbre nécessaire à la construction du palais du roi, n'y mettent pas tant de soin. A l'aide de la poudre ils font sauter d'énormes quartiers de la carrière. Quand ils veulent de gros blocs, ils en obtiennent souvent un grand nombre de petits qui encombrent la carrière, de telle façon que dans peu d'années il faudra plus de dépenses pour la dégager qu'on n'en aurait fait pour la bien exploiter sans rien perdre. On m'a assuré que cette belle invention de la mine pour servir à l'exploitation des carrières du Pentélique était le fruit des conseils du maréchal de la cour de Grèce, dont les plans d'économie ont ainsi décidé à sacrifier un long avenir à un très-court présent.

Près de l'ancienne exploitation est une grotte dans laquelle on descend, à l'aide d'étroits escaliers taillés dans le roc et qui prouvent que les anciens la destinaient à quelque usage religieux. Au fond de la grotte est une fontaine où le peuple va encore puiser une eau fort renommée, surtout quand l'été a épuisé les sources voisines. A côté de l'entrée de la grotte est une petite chapelle, élevée sans doute sur l'emplacement d'un autel consacré aux nymphes. Sur les murs sont sculptés les aigles de Byzance. En s'élevant au-dessus de cette partie de la montagne se découvre la plaine glorieuse de Marathon.

L'Hymette a aussi sa gloire, et le miel de ses abeilles n'a rien perdu ni de sa réputation ni de sa douceur; aussi est-il l'objet de soins tout particuliers. Chaque année les ruches sont transportées plusieurs fois pendant la nuit dans les lieux où elles doivent trouver, selon la saison, les fleurs les mieux appropriées à leur nourriture. Les connaisseurs font surtout cas du pin appelé *peuka*, qui croît en abondance sur les flancs des montagnes et du Cythéron, par exemple, en particulier, et j'ai vu à la fin de septembre d'innombrables quantités de ruches garnir toutes ses pentes. Deux monastères, celui de Kaisariani et celui de Karea, sont placés au pied de l'Hymette.

Le couvent de Kaisariani est du nombre des monastères supprimés. Il est situé dans une gorge retirée et bien abritée de toutes parts; une fontaine antique l'approvisionne d'excellente eau; elle se fait jour à travers diverses parties de la montagne, et sert à l'irrigation de plus de mille pieds de beaux oliviers. Ce couvent est aujourd'hui une ferme dont la propriété a été concédée par le roi Othon à un Grec qui m'a semblé avoir les connaissances agricoles et les capitaux nécessaires à la bonne administration de sa ferme. En allant lui rendre visite un jour, le 14 janvier, je le trouvai occupé à faire encaisser sur les pentes de la montagne tous les pieds de ses oliviers. Le cloître a été tout à fait réparé et transformé en une bonne maison d'habitation.

C'est un lieu qu'affectionne le peuple d'Athènes ; souvent, dans les beaux jours, on s'y rend en partie de campagne et on vient y prendre ses repas à l'ombre des oliviers. Le roi y vient assez souvent en famille. La route d'Athènes à Kaisariani n'est pas encore bien entretenue, surtout près de la montagne ; mais on y fait quelques réparations et on se prépare à la rendre praticable, ce qui n'est jamais difficile ni coûteux en plaine sur un terrain aussi ferme que celui de l'Attique.

Sur un des mamelons de la montagne, au-dessus de Kaisariani, sont les ruines toute modernes d'une église vénitienne dédiée à saint Marc. La position est bien choisie ; on a de là une belle vue de l'Acropolis, de la baie de Phalère, de la mer et des îles. Il est probable que les moines de la Kaisariani auront eux-mêmes contribué à la destruction de cette église, trop voisine d'eux pour ne pas les gêner. Au-dessus de ce mamelon s'étend la chaîne de l'Hymette, si élevée que de là on suit presque toutes les sinuosités des côtes du Péloponnèse jusqu'au Taygète, et qu'on embrasse du même coup d'œil l'Eubée, Égine et le golfe de Lépante. A la première visite que j'y fis, au mois de janvier, le temps était un peu brumeux et je ne pouvais bien discerner les contours de ce vaste tableau ; mais j'y retournai le 22 mars et le temps était des plus beaux et des plus clairs. Je me dirigeai cette fois par le monastère de Karea, un des cent trente-deux monastères que l'on comptait autrefois en Grèce, mais qui a été supprimé comme l'ont été tant d'autres.

La porte d'entrée du monastère de Karea ouvre sur une vallée à l'extrémité de laquelle apparaît Athènes et son Acropolis. L'église n'est pas distribuée à la grecque, mais à la latine, avec un seul autel séparé par le voile. Au-dessus de la porte est une croix formée par quatre fleurs de lis réunies à la tige et dans un cercle, ainsi que j'en ai trouvé plusieurs parmi les marbres brisés de l'Acropolis. J'étais allé faire cette excursion avec un non moins rude marcheur que je le suis moi-même, M. de Prokesch, ministre d'Autriche à Athènes, homme du plus noble caractère, du cœur le plus affectueux, de l'intelligence la plus cultivée. Ancien officier d'état-major, il a vu l'Orient en savant, en politique, en militaire, en géographe, et sait aussi bien se démêler entre les décombres des institutions qu'entre celles des monuments antiques, entre les sinuosités de la politique orientale qu'entre les mille entrelacements de ses ravins et de ses montagnes ; son œil arrive aussi sûrement au but que la flèche d'un habile archer génois. Ce dernier talent nous fut particulièrement utile dans notre expédition de montagnes. Sa grande habitude des travaux d'état-major fait qu'il prévoit à l'instant, par la forme d'une montagne ou d'un ravin, la direction qu'ils doivent prendre et leur point exact de jonction. Au lieu de se jeter à la face des ravins, et souvent dans leur point le plus escarpé, il sait les tourner à propos, et arriver juste à leur point d'embranchement ; et quand on a à descendre au plus court, on est sûr de choisir avec lui le seul précipice praticable, tout à côté de vingt autres qui surplombent.

Nous renvoyâmes nos chevaux nous attendre au monastère de Kaisariani ou Kiriani, par lequel nous voulions descendre, et nous pénétrâmes à travers ce dédale de rochers qui composent le mont Hymette. Après trois heures d'ascension un peu fatigante par cet ardent soleil, nous arrivâmes enfin au sommet de la plus haute des deux crêtes, qui surmonte la seconde montagne. De ce point de vue on découvre parfaitement : au nord, la chaîne des Thermopyles et le mont OEta ; au nord-est et à l'est, l'île d'Eubée depuis ses plus hautes montagnes septentrionales jusqu'à sa dernière pointe méridionale ; puis bien loin, mais fort distinctement, l'île de Samos et les côtes d'Asie, et plus près de soi Andros, Tinos, Délos, Zéa, qui empêche de voir Syra; Thermia, Serphos et Milos; à l'ouest, le Parnès, le Cithéron, le Parnasse, l'Hélicon; enfin au sud, un peu à l'ouest, les montagnes du Péloponnèse et celles de l'Arcadie en particulier. C'est un immense et beau panorama.

Après une demi-heure d'admiration de cette belle vue, il ne nous restait plus qu'à descendre. L'affaire est un peu laborieuse : les rochers sont ardus et presque à pic, et on glisse fort aisément et fort loin sur cette pente unie; mais les herbes croissent à travers les fentes et offrent quelque résistance; les fentes sont multipliées et laissent ainsi un point d'arrêt pour les pieds, un point d'appui pour les mains. Cette lutte contre les difficultés de la nature, cet appel incessant à l'attention, à la prudence et à un peu d'adresse, dure plus de deux bonnes heures, rude métier pour le nerf flecteur; mais on est fort récompensé en arrivant de n'avoir pas perdu l'équilibre dans la descente, car après cinq heures de marche on peut faire, comme nous le fîmes, la plus délectable des collations, assis sur l'herbe auprès de la fontaine du bélier de Kaisariani, dont l'eau toujours si bonne nous parut encore plus fraîche et plus douce. Nos chevaux nous attendaient, paissant sans inquiétude. Ils étaient frais après leur repas, et en une heure nous revînmes à Athènes.

VIII.

DEKELIA. — MARATHON. — VARNAVAS. — GLIATHI.

Le mardi 26 janvier je partis d'Athènes avec quelques amis pour aller passer plusieurs jours dans la plaine de Marathon, chez le major anglais Finlay, notre ami commun, qui possède une maison agréablement située au pied des montagnes, à Liosia.

Après avoir traversé Patissia, nous nous dirigeâmes sur le beau et riche village de Menidi, fort près de l'antique Acharnæ. La plaine ici est fertile, et les oliviers y sont plus grands et plus verts que dans la plaine d'Athènes. De Menidi, toujours en suivant les pentes du Parnès, aujourd'hui Ozia, nous arrivâmes près de Varibobi que nous laissâmes sur notre droite, et nous continuâmes notre route en nous dirigeant sur la fontaine de Tatoi, située au pied d'une montagne escarpée, connue des paysans, dans leur langue figurative, sous le nom de Katsi-Myti (le nez de chat). Le Katsi-Myti est tout au-dessous du grand mont Beletsi, et il domine le défilé qui conduit de Chalkis à Athènes par Oropos. C'est sur le sommet du Katsi-Myti que sont placées les ruines de l'antique forteresse de Dekelia, bâtie par les Spartiates pour tenir Athènes en servage. Il ne reste plus que quelques vestiges des murailles qui enveloppaient toute l'extrémité supérieure du Katsi-Myti, du côté qui domine la fontaine de Tatoi et qui est complètement inabordable. C'est de sa retraite de Dekelia que Dekelos put apercevoir le premier enleveur d'Hélène, Thésée, dérobant dans Aphidné sa belle proie aux recherches de Castor et Pollux, et qu'il mit les deux frères sur la trace du ravisseur.

Toute cette gorge est fort belle, et la terre était couverte d'une verdure toute printanière. Nous tournâmes par la droite le revers septentrional du mont Maounia, et après un quart d'heure de marche nous arrivâmes en vue de la vallée de Tsiourka ou Liosia. Nous commandions, d'une hauteur de plus de cinq cents mètres, un ravin qui conduit dans cette vallée et qui est clos par les versants inférieurs de la chaîne du Parnès, à laquelle appartiennent et Katsi-Myti et Beletsi. La route à travers cette gorge est tracée au milieu d'arbousiers verdoyants et de pins d'un vert tendre. A nos pieds coulait, tout au fond de ce ravin précipiteux, une rivière encaissée par le versant opposé, moins abrupt de ce côté et déjà mis en culture. De ce ravin, qui va toujours en s'élargissant jusqu'à ce qu'il se perde dans la vallée, l'œil est conduit dans une belle plaine bien cultivée, à l'extrémité de laquelle était située l'antique Aphidné, dont il est question dans un décret rapporté par Démosthène, et qui fut la patrie d'un poète et de deux autres grands patriotes, Tyrtée, Armodius et Aristogiton.

Le fleuve qui arrose cette vallée, et qui coule entre une forêt de lauriers-roses, est le fleuve de Marathon. A Liosia la vallée est ouverte dans sa plus grande largeur; mais avant d'y descendre, nous nous arrêtâmes à visiter une petite chapelle bâtie sur le penchant du ravin et probablement sur l'emplacement d'un ancien temple. Elle est composée de deux corps de bâtiments qui forment comme deux voûtes égales, superposées et parallèles. On trouve dans cette partie de l'Attique un grand nombre de chapelles de cette espèce, qui rappellent la forme des anciens temples élevés aux frères inséparables et égaux sur la terre et dans le ciel, Castor et Pollux.

Dès le lendemain matin nous étions tous à cheval pour aller visiter et les restes de quelques tours qu'on m'avait indiquées comme étant de construction franque, et l'emplacement célèbre de la bataille de Marathon. Traversant à gué le torrent de Marathon, nous nous dirigeâmes par le bas de la colline sur laquelle était placée l'antique Aphidné[1], d'où l'on peut voir le Katsi-Myti et Dekelia. Un peu plus loin nous traversâmes un des affluents du Marathon et arrivâmes à la tour carrée de Kalentzi. Je voulais vérifier si ce n'était pas là le reste de l'ancien château du seigneur de Scalenges, qui reçut, en 1304, de Philippe de Savoie, mari d'Isabelle de Ville-Hardoin,

---

[1] Notre belle carte du dépôt de la guerre indique peut-être à tort Œnoë en cet endroit; Œnoë semble être plutôt près du village actuel de Marathon. Voyez l'essai de Finlay sur la topographie historique de l'Attique.

plusieurs domaines dans la principauté d'Achaye, comme le témoignent les diplômes originaux conservés dans les archives de Turin; mais c'est tout simplement une tour de vigie toute moderne et de construction turque. Il en est de même d'une autre tour toute voisine de celle-ci. Dans les temps antiques, les vigies étaient fort communes à cause de l'état habituel de piraterie dans lequel vivaient tous les habitants des îles, et leur usage s'en est conservé sous l'empire byzantin. Les débarquements des pirates qui ont presque toujours infesté les côtes entrecoupées de la Grèce, étaient surtout dangereux dans une plaine comme celle de Marathon. On pouvait les surveiller de ces tours de vigie et rassembler promptement des secours. Au temps des Francs ces mesures étaient moins nécessaires, parce que l'action du gouvernement féodal était plus forte; et quand ils bâtissaient des tours, c'étaient des masses capables de renfermer un nombre suffisant d'hommes d'armes.

De Kalentzi nous suivîmes le ravin tracé par le cours de la rivière entre deux haies de lauriers-roses qui se font voir à travers un petit bois de cèdres, et nous arrivâmes près de l'emplacement que M. Georges Finlay, dans son Mémoire sur la géographie de l'Attique, donne à la ville d'OEnoë, bâtie, comme la plupart des anciennes villes helléniques, sur le haut d'une colline abrupte. Au bas de ce rocher est une fontaine et un peu plus haut l'entrée d'une grotte. Nous nous trouvions alors sur la rive droite du Marathon. Nous laissâmes sur notre gauche le village actuel de Marathon, qui n'est pas même dans la plaine de Marathon, mais qui a été choisi par les habitants de l'ancien Marathon pour leur nouvelle résidence; et après avoir traversé le fleuve, nous tournâmes le versant méridional du mont Koraki, ayant toujours devant nous la célèbre plaine de Marathon, et au delà la mer et les montagnes de l'île d'Eubée. En remontant les rochers inférieurs du mont Koraki, nous parvînmes à un grand marais à travers lequel sont amoncelées de grosses pierres qui forment une route détestable; et après une demi-heure nous arrivâmes à la tour carrée de Kato-Souli, que je voulais examiner aussi. Une seigneurie franque, importante par sa position et par l'étendue de ses domaines, y avait été établie dans les derniers temps de la domination française.

Boniface dalle Carcere, un des seigneurs tierciers de l'île de Négrepont, avait été, suivant la relation de Ramon Muntaner, marié par son protecteur, Guy de La Roche, duc d'Athènes, à une jeune héritière dont il était le tuteur et qui possédait en Attique treize châteaux parmi lesquels était celui de Souli ou Soula. Boniface n'eut de son mariage qu'une fille qu'il donna en mariage à un seigneur nommé Thomas, en lui constituant en dot treize châteaux en Attique, ajoutés au comté de Soula qu'il possédait[1]. Thomas étant mort et les Catalans étant devenus maîtres à cette époque du duché d'Athènes, ils firent épouser cette riche veuve, en 1312, à un chevalier du Roussillon, nommé Roger des Laur, qu'ils avaient choisi pour leur chef, sur le refus de son beau-père Boniface dalle Carcere. Cette fille de Boniface de Vérone n'eut de ses deux mariages qu'une fille nommée Marulle, laquelle fut mariée à Alphonse Frédéric, fils naturel du roi Frédéric II et d'une dame aragonaise, avant le mariage de Frédéric II en Sicile. Du mariage de Marulle avec Alphonse Frédéric, naquit un fils nommé Louis, comte de Soula, dont tous les chroniqueurs byzantins et leurs traducteurs et éditeurs se sont plu à l'envi à estropier le nom. Au lieu de δὲ Λουῆ ἡγεμόνος τοῦ ντὲ Σουλᾶ[2], l'éditeur de Bonn dit *Delvis, Delphorum ducis, Trudelandæ*, assemblage de mots auxquels il ne comprend certainement rien lui-même, et il continue tout le temps à estro-

[1] Wadding, dans ses Annales des Fr. mineurs, parle, à l'an 1301, de ce Thomas comte de Soula. « Sub hoc tempore, dit-il, postquam Thessalonicam et Achaiam peragrarunt, obtinuerunt à quodam heroë, Thoma de Sola, parvam insulam pro ædificando ibi habitaculo. »

[2] L'éditeur allemand ne fait qu'un mot de ces trois mots et imprime Τουντεδουλᾶ! — (L. Chalc., liv. II, p. 67.)

pier Louis en Delves. Ce mot a passé ainsi dans le manuscrit de l'*Histoire d'Athènes* par M. Pittakis, dans Meletius et dans les chroniqueurs byzantins. Louis, comte de Soula, épousa Hélène ou Irène Cantacuzène, et en eut une fille unique mariée à un fils de Siniscian ou Siméon, crale de Servie. Voici cette généalogie des comtes de Soula :

Boniface dalle Carcere de Vérone,
seigneur tiercier de Négrepont,
est favorisé par le duc Guy de La Roche,
combat auprès de Gautier de Brienne, duc d'Athènes,
est fait prisonnier,
refuse de prendre le commandement des Catalans,
épouse
l'héritière de treize châteaux,
parmi lesquels Soula avec titre de comté.
|
Fille
épouse
a. Thomas, comte de Soula,
qui reçoit en dot d'autres châteaux en Attique;
b. Roger des Laur, chevalier roussillonnais,
un des chefs des Catalans.
|
Marulle
épouse
Alphonse-Frédéric,
fils naturel du roi Frédéric II° de Sicile,
gouverneur du duché d'Athènes.
|
Louis,
comte de Soula,
mentionné par L. Chalcocondyle et les autres
sous le nom de Delves,
épouse
Hélène Cantacuzène.
|
Fille
Mariée à
un fils de Siméon ou Sinisclan, crale de Servie.

Par une analogie assez curieuse, c'est encore une Cantacuzène qui possède Souli et l'a apporté en dot à M. Charles Soutzo; mais il n'était dans sa famille qu'en vertu d'un achat fait par son père.

La tour actuelle est située sur le penchant du rocher au-dessous du marais, au bas du village ruiné d'Apano-Souli (le haut Souli), et répond assez bien, par sa position géographique, à l'importance que devait avoir le fief de Soula, car de là on domine toute la plaine de Marathon, plaine assez riche, entourée de tous côtés de montagnes, à travers lesquelles s'ouvrent les trois routes qui, par les deux flancs opposés du Pentélique et par le bord de la mer, conduisent à Athènes. Le comte de Soula était ainsi le gardien naturel contre tout débarquement qui pouvait s'effectuer de ce côté, et contre toute tentative pour pénétrer du côté d'Athènes par le passage de Vranas, ancien Marathon. C'est ici que se trouve, par l'antique Rhamnus, le passage de mer le plus étroit en Eubée. Je trouvai dans la ferme de Kato-Souli plusieurs Grecs d'Eubée qui attendaient que le vent se fût un peu calmé pour profiter du bac situé sur cette côte et se rendre en Eubée. Il n'y a plus trace de l'ancienne habitation franque, et la tour de Soula est tout simplement une tour de vigie.

Après ce tribut payé à mon affection pour l'histoire occidentale, je pus me laisser librement aller à mon intérêt pour les faits héroïques de la Grèce antique, et personne ne pouvait être, sur le champ de bataille de Marathon, un aussi excellent guide que mon ami M. Georges Finlay, à qui la science doit un mémoire si judicieux sur ce sujet[1].

La bataille de Marathon fut livrée le 29 septembre de l'an 490 avant J.-C. La plaine de Marathon a six milles de longueur sur un mille et demi au moins de largeur dans sa moindre étendue. Au nord se trouve le marais de Kato-

---

[1] Page 363 à 395, t. III, part. II, de Transactions of the royal society of Litterature of the United Kingdom.

Souli, qui couvre environ un mille carré, mais dont le terrain va se raffermissant à mesure qu'on s'approche de la mer. Au sud de ce marais et à l'extrémité de cette plaine ornée des quatre villes d'OEnoë, Probalinthus, Tricorythus et Marathon, est adossé aux montagnes qui encadrent cette tétrapole et dans laquelle s'ouvre au nord du Pentélique la route la plus courte sur Athènes le village de Vranas que Leake, O. Muller et Finlay s'accordent pour désigner comme l'emplacement de l'ancien Marathon. De Vranas à Athènes, en passant par Kephisia, il y a vingt-deux milles, c'est-à-dire cinq lieues et demie de route.

Hérodote, qui lut son Histoire pendant les jeux olympiques en l'an 456 avant J.-C., c'est-à-dire seulement 34 ans après cette bataille [1], nous informe que les Perses débarquèrent sur 600 trirèmes, outre les bâtiments nécessaires au transport des chevaux. Si l'on évalue à 40 hommes le nombre des combattants transportés sur chaque trirème qui n'arrivait pas directement d'Asie, on aura un total de 24,000 hommes; à ce nombre il faut ajouter la cavalerie pesante et légère et les troupes légères formées par les rameurs surnuméraires: mais il faut en déduire les troupes qui avaient été engagées dans les premières affaires à Naxos ou à Carystos; et on aura ainsi, sur une armée montant en tout à 46,000 hommes, un total de 20,000 hommes seulement, d'après le calcul de M. Finlay, pour l'infanterie légère engagée seule dans la lutte. Hippias, fils de Pisistrate, qui guidait l'armée persane dans sa patrie, la fit débarquer de préférence à Marathon par souvenir du succès de son père, et aussi parce que c'était le point le plus voisin d'Eretrie en Eubée, qu'ils avaient occupée [2].

Les Athéniens, commandés entre autres par Miltiade, avaient environ 11,000 hommes pesamment armés et 11,000 hommes armés à la légère.

---

[1] Hérodote était né six ans après la bataille de Marathon.
[2] Hérodote, Erato.

Le général Church, qui a fréquemment examiné ce champ de bataille, pense que l'armée persane avait le dos appuyé sur sa flotte et le flanc droit sur le marais de Souli, et faisait face à la grande vallée qui débouche sur la petite vallée dans laquelle se trouve le village actuel de Marathon, afin de se tenir prête à marcher sur Athènes, soit par cette route, si elle restait libre, soit par la route de Vranas sur l'autre versant du Pentélique, soit par la troisième route qui se dirige sur Athènes, entre le Pentélique et la mer. Quant à l'armée grecque, il poste l'aile gauche, avec les Platéens, sur la colline de Bey afin de fermer la route par le village actuel de Marathon ; le centre, qui était le plus faible en nombre, sur la colline qui ferme la route de Vranas, et l'aile droite sur la pente du mont Argaliki afin de fermer la troisième route entre le Pentélique et la mer.

Au moment où les Perses commencèrent leur mouvement en avant, les Athéniens se portèrent à leur rencontre en descendant du mont Argaliki de manière à les resserrer sur le marais par un mouvement de l'aile droite, et de la gorge de Vranas (l'antique Marathon) par un mouvement du centre, et en se rejoignant au point marqué par un tumulus ou soros d'environ cinquante pieds de haut et de six cents pieds de circonférence. C'était alors une plaine unie ; mais, comme ce fut là que dut se déployer le plus grand effort de l'ennemi et que durent tomber le plus grand nombre de combattants, on éleva ce tertre après la bataille pour recouvrir les cadavres. C'est peut-être là que furent enterrés les 6,400 hommes qui périrent, dit Hérodote, du côté des Barbares, et, dans ce cas, ce tumulus serait celui qui fut élevé sous l'inspection d'Aristide, un des héros de cette bataille, laissé seul avec la tribu Antiochide, qu'il commandait, à la garde des prisonniers et des dépouilles, et retrouvé le lendemain occupé de ce pieux office par le corps des Spartiates arrivé trop tard. Çà et là, sur cette plaine, sont distribués quelques tumuli plus petits. On désigne l'un d'entre eux comme celui qui fut élevé plus tard pour couvrir les cendres de Miltiade, auquel les Athéniens accordèrent depuis un tombeau sur son champ de gloire. Quelques marbres brisés indiquent, en effet, que ce fut un monument, et l'herbe croît par-dessus plus forte et plus verdoyante. Aucun nom n'a été conservé sur ces fragments de marbre; mais la gloire du vainqueur de Marathon fleurit encore fraîche et jeune dans les pages simples, véridiques, éloquentes d'Hérodote. Près de ce tumulus on en voit un autre qui pourrait bien être celui qu'on éleva aux 192 Athéniens qui tombèrent glorieusement dans cette bataille et dont les noms, parmi lesquels se trouvait celui de Cynégire, fils du poète Eschyle, étaient gravés sur une colonne de marbre dont on ne trouve plus aucun reste. Un peu plus loin est un autre tumulus, plus petit, dans la direction du corps d'armée des mille Platéens, parmi lesquels quelques-uns succombèrent aussi en sauvant la liberté de la Grèce. Bien que remués souvent par les pieds des chevaux, ces tumuli s'élèvent encore verdoyants dans cette plaine sablonneuse; et, en les parcourant le 27 janvier, je les trouvai émaillés des plus belles anémones de toutes les couleurs, dont je cueillis quelques-unes comme un pieux souvenir. Sur le plus haut des tumuli on ramasse souvent de petits fragments de silex noir, aminci comme la pierre à fusil, taillé en pointe, et donnant du feu quand on le frappe. Les gens qui aiment à tout croire en font les fragments des pointes de flèches des Perses, et on les trouve conservés précieusement sous ce nom dans plusieurs cabinets d'antiquaires. Ce sont tout simplement des morceaux de silex mêlés au sable apporté par les soldats d'Aristide pour la construction du tumulus.

Les souvenirs de cette grande bataille sont encore comme vivants dans la mémoire des populations de cette vallée. Long-temps après la défaite des Perses, les habitants du pays assuraient entendre dans le voisinage de Marathon les hennissements des chevaux et le cliquetis des armes et voir apparaître des fantômes de guerriers qui se combattaient avec acharnement. Aujourd'hui encore les paysans de Souli et de Vranas ont conservé les mêmes idées et assurent entendre souvent des voix plaintives semblables à celles de femmes qu'on outragerait, et ils ajoutent que plus ils s'approchent au-devant de ces voix, plus les voix s'éloignent d'eux.

Nous reprîmes notre route vers Liosia par le village actuel de Marathon, situé dans une autre vallée plus petite. Tout ce village a une assez misérable apparence; sauf la maison du dimarque, qui est bien bâtie. Nous nous trouvions sur la rive gauche du fleuve d'Aphidné ou de Marathon, que nous avions traversé, et nous remontâmes tout le profond ravin le long de la montagne couverte de cèdres qui sépare cette vallée de celle d'Aphidné. Les premières heures de notre course à cheval avaient été assez froides; un vent du nord-ouest, qui arrivait à nous sans être intercepté par aucune montagne, annonçait vraiment la présence de l'hiver; mais, dans l'après-midi, le vent tomba, le soleil reprit sa vigueur, et, abrités contre un air trop vif par une montagne bien boisée et fort variée dans ses tours et détours, nous retrouvâmes tous les charmes du printemps. Assis sous de beaux cèdres, nous respirions avec bonheur une température plus douce; et, après huit heures de course à cheval, nous retrouvâmes avec plaisir l'hospitalité de Liosia.

Deux autres tours anciennes m'avaient été signalées par M. Finlay dans la montagne près de Varnavas. Dès le lendemain nous étions de bon matin à cheval pour aller les visiter. La nuit avait été des plus froides, et il avait même gelé avant le lever du soleil. La température de la vallée de Liosia est toujours d'au moins deux degrés plus froide que celle d'Athènes. La surface des citernes était glacée, ainsi que quelques flaques d'eau éparses dans la vallée. Les terres labourées que nous traversions offraient une terre difficile qui résistait au pied des chevaux, et, au moment de notre départ, le vent s'élevait et une neige rare et froide commençait à tomber. Laissant Aphidné à droite et Kapendriti à gauche, nous passâmes un dernier torrent et commençâmes à gravir un ravin bien protégé du vent par les collines les plus verdoyantes. Le changement de température était sensible. De l'hiver tel qu'il s'annonce dans nos climats, bien qu'avec une forme moins rude, puisque la campagne était toujours verdoyante, nous venions de passer tout à coup à un véritable printemps, au printemps embaumé des pays chauds. Cette chaude vallée me rappelait quelques-unes de nos étroites et gracieuses vallées des Pyrénées, avec leurs rochers d'un rouge brun revêtus çà et là de bouquets de verdure. Du haut de ce ravin on aperçoit le sommet neigeux du Parnasse et l'Hélicon d'un côté, tandis que de l'autre côté s'élève au-dessus de la mer le pic non moins neigeux du mont Delphi en Eubée.

Nous continuâmes ainsi jusqu'au village de Varnavas ; puis, affrontant de nouveau le vent du nord, nous nous dirigeâmes vers une large tour située à l'extrémité d'une grande plaine en pente légère de tous côtés, renfermée au milieu des montagnes, et portant des traces anciennes et modernes de culture. Cette tour ancienne, l'église voisine et le château annexé à la tour sont évidemment de construction byzantine. Les vents avaient depuis bien des siècles porté peu à peu de la terre sur le second étage de cette maison ruinée, et, sur cette terre nourrie par la pluie, d'autres vents avaient porté des semences que la chaleur avait fécondées, et un grand arbre y étend aujourd'hui en tout sens ses rameaux indépendants. Là était probablement le domaine de quelque grand propriétaire byzantin, qui aura été ruiné par l'occupation féodale des Francs, et dont les grands établissements n'auront pu se relever depuis. Une colline plus haute le clôt d'une manière plus calme comme au milieu des terres et lui interdit la vue de la mer toute rapprochée de lui.

Nous franchîmes cette montagne pour nous diriger sur l'autre tour nommée la tour de Gliathi ; elle est d'une antiquité beaucoup plus reculée. Elle est bâtie de vastes blocs de pierres non taillés à l'intérieur, plus réguliers au dehors. Sa forme est carrée; sa hauteur est d'environ trente pieds dans l'état présent; la porte, tournée à l'ouest, est d'une fort belle forme, non pas étroite et basse comme dans nos proportions modernes, mais haute et large, dans le genre de la porte de la pinacothèque d'Athènes. Sa hauteur m'a semblé d'environ huit pieds sur cinq, et sa profondeur de cinq pieds. On voit que cette sorte de passage était fermé par deux portes, l'une extérieure, l'autre intérieure. Deux fenêtres sont percées dans le mur, et on voit aussi dans le même mur deux espèces de meurtrières. C'était évidemment là une tour de vigie hellénique, et elle se rattachait à une ligne de tours semblables destinées à assurer la défense d'Athènes. A quelques pas de là gisent disséminés des restes antiques, des débris de temples et de maisons, des chapiteaux d'ordre dorique en marbre blanc, des bas-reliefs qui semblent avoir été d'une bonne exécution, mais trop mutilés pour qu'on puisse en conjecturer le sujet; témoignages d'une grandeur antique ensevelie aujourd'hui dans la poussière, les herbes et la boue, car l'eau coule encore d'une vaste fontaine de marbre au milieu de ces ruines. Si les villes de marbre sont ainsi anéanties sans avoir pu transmettre le nom qu'elles portaient, que deviendront nos villes modernes de chaux et de bois?

Nous retournâmes de Liosia à Athènes par une route différente de celle que nous avions prise pour venir, et nous tournâmes le Pentélique par le revers opposé. Le froid était devenu fort vif de ce côté de la montagne; mais à peine eûmes-nous franchi le passage de Kaliphari, sur la route d'Oropos à Athènes, que nous sentîmes la température s'adoucir. Les montagnes nous abritèrent contre les vents; le soleil reprit le dessus, et nous continuâmes notre excursion avec délices au milieu de bois d'où s'enlevaient à chaque instant de dessous nos pas des milliers de bécassines dont très-peu périrent victimes de nos coups. Nos exclamations de surprise, à la vue de tant de bécassines, faisaient retentir les bois, lorsque nous rencontrâmes un convoi de sept à huit mulets montés par autant de jeunes gens qui à nos exclamations françaises répondirent par des salutations en fort bon français. Nous étions assez surpris de nous rencontrer ainsi face à face avec des compatriotes occidentaux au milieu des forêts du Pentélique. Nous nous approchâmes et échangeâmes nos questions. C'étaient de jeunes ouvriers français qui s'en allaient près des Thermopyles pour y activer la construction et la mise en train d'une raffinerie de sucre de betteraves récemmment fondée à Kainourio-Chorio.

On s'enfonce ensuite dans un ravin fort sauvage. On y montre encore l'arbre où fut attaché pendant vingt-quatre heures notre compatriote le savant M. Petiet, par des Klephtes qui attendaient en cet endroit des marchands de troupeaux après la vente de leur bétail. Les routes sont devenues plus sûres aujourd'hui depuis la bonne organisation du corps de la gendarmerie par M. Graillard, et les Klephtes pourchassés partout dans l'intérieur du pays ont été forcés de se réfugier sur les frontières de l'Acarnanie et de la Thessalie. Un peu plus haut se présente une scène de montagnes qui produit un fort bel effet. Ce ravin et un autre ravin, après avoir pris quelque temps une direction presque parallèle, viennent se perdre dans un troisième par des replis profonds et verdoyants. Au fond de ces gorges mille petits ruisseaux coulent entre des haies de lauriers-roses, et les masses de verdure les plus différentes viennent de toutes parts se réunir et se fondre. C'est la dernière verdure qui puisse reposer l'œil de ce côté du Pentélique, car on approche d'Athènes et on n'a plus à voir que des arbrisseaux rabougris, des bruyères desséchées et des oliviers qui s'en vont pâlissant à mesure qu'on s'en approche.

IX.

MARCOPOULO. — OROPOS. — AULIS. — CHALKIS. — THÈBES.

Pendant près de quatre mois j'étais resté à Athènes à étudier la ville et les environs, la plaine et les montagnes, l'antique, le moyen âge et le moderne. Dès les premiers jours d'avril j'essayai une excursion aux Cyclades et visitai Délos et Tinos; mais les vents étaient encore si incertains que j'ajournai ma visite des îles et me décidai à visiter le nord de la Grèce. Le lundi 19 avril je quittai donc Athènes pour me rendre par Chalkis à Thèbes et à Livadia.

La route d'Athènes à Marathon m'était connue, ainsi que la plaine de Marathon et ses environs; je n'eus donc pas à m'y arrêter. Je revis Kapandriti et traversai Marcopoulo, grand bourg situé sur la pente d'une colline fort pittoresque du côté de l'Eubée. Un propriétaire du pays y a commencé la construction d'un khani ou auberge de campagne, qui doit avoir deux étages et sera le plus grand établissement de ce genre qu'il y ait en Grèce. Son projet est même d'y réserver deux ou trois chambres avec des lits pour les voyageurs; ce qui serait une bien grande amélioration, car la première couchée d'un Européen est fort rude quand il part d'Athènes pour voyager en Grèce et qu'il veut s'en reposer comme moi sur les chances du pays pour le mieux connaître.

En tournant la colline située au bas de Marcopoulo la vue s'ouvre sur l'Eubée, qui, avec sa belle chaîne de montagnes, se développe avec grâce. De là on suit le bord de la mer jusqu'au village d'Hagio-Apostoli, au pied de l'antique Oropos. C'est un village qui commence à se former, et les quatre ou cinq maisons dont il se compose sont encore toute neuves. Les anciens y avaient construit un môle dont on voit encore les débris au milieu des eaux et sur le rivage. Une colonne de beau marbre blanc, arrachée à quelque monument antique, sert aujourd'hui à amarrer les barques des pêcheurs. Une fontaine vient d'être construite sur le bord de la mer, mais l'eau ne m'en a pas paru excellente. Parmi ces cinq maisons je trouvai facilement une chambre. Quant à matelas, tables ou chaises, il ne pouvait en être question. Je fis donc étendre mon tapis sur le parquet, plaçai ma selle sous ma tête, m'enveloppai de mon manteau, et cherchai dans le sommeil le repos à ma course de la journée; mais on ne s'habitue pas sur-le-champ à ce rude lit de camp, et je me réveillai le lendemain matin plus brisé que la veille.

L'air frais du matin et un bain dans cette belle mer ont bientôt réparé les forces du voyageur, et l'aspect du pays fait oublier tout. Je suivis le bord de la mer en face d'Erétria que j'apercevais en Eubée, et m'arrêtai long-temps à causer avec des pêcheurs qui avaient étendu de longs filets sur cette côte, et venaient réunir les deux extrémités du filet sur le rivage, de manière à resserrer dans leur nasse tous les poissons qui avaient pu s'aventurer dans cette partie de la mer qu'ils affectionnent. La route d'Oropos à Chalkis suit toujours le bord de la mer. A Dilesi, comme le rivage est obstrué par d'énormes rochers, et que le chemin se détourne un peu pour passer dans la colline, nous coupâmes au plus court et entrâmes avec nos chevaux dans la mer. La grève n'est pas profonde, mais elle se compose surtout de gros cailloux roulés, jetés par les flots le long des flancs entrecoupés et escarpés de ces collines, ce qui rend cette route à travers les eaux et les cailloux, avec une mer qui atteint toujours jusqu'aux sangles des chevaux, un passage, sinon dangereux, au moins assez difficile. Nous allâmes ainsi jusqu'à la petite rivière qui se jette dans la mer au-dessous de Hagios-Georgios. Après Dramesi on cesse de suivre la côte et on pénètre en dedans du cap situé tout en face du fort Bourzi de Négrepont. Ce fort turc s'avance dans la mer à un endroit où le canal de l'Eubée est très-resserré, de manière qu'il commandait complétement le passage et assurait le payement du péage quand les Turcs l'occupaient.

Lorsque ce cap est franchi, on arrive aux bords de la baie de Laspi, que beaucoup d'auteurs pensent être le grand port d'Aulis, où se réunit toute la flotte grecque avant de marcher contre Troie. L'antique Aulis est placée sur la montagne qui surmonte Laspi. Quant au petit port d'Aulis, ou Mikro-Vathy, il était évidemment trop petit pour contenir autant de bâtiments, n'eussent-ils été grands que comme nos barques de pêcheurs; car, d'après l'énumération d'Homère, il s'y trouvait douze cent soixante-six vaisseaux fournis par trente-cinq principaux pays, dans lesquels il cite cent trente-cinq villes. Laspi est fort petit aussi sans doute, mais suffisant cependant pour des bâtiments aussi petits que l'étaient ceux des Grecs. C'est encore là que s'arrêtent les bateliers pour pouvoir jeter l'ancre; car la grande baie presque close par le pont de Chalkis et le passage non moins étroit par lequel elle s'ouvre sont beaucoup trop profonds pour que d'aussi petits bâtiments puissent y jeter l'ancre avec sécurité, agitée surtout comme est cette baie par le courant de l'Euripe. Aulis était située entre Laspi et Vathy, et on retrouve encore quelques ruines anciennes sur cet emplacement. De là on aperçoit de fort près Chalkis et son port; mais pendant près de deux heures il faut encore tourner sur les versants rocheux des montagnes qui forment cette baie pour arriver jusqu'à l'entrée de l'Euripe. Un pont jeté à l'ouverture de la baie épargnerait une grande fatigue. Vue de cette distance, avec ses mosquées et leurs minarets, la ville de Chalkis a un aspect tout à fait oriental. A trois heures, je franchis l'abominable pont jeté aujourd'hui sur l'Euripe, passai les portes de la tour et entrai dans la forteresse, puis dans les faubourgs de la ville de Chalkis. J'y restai cette fois quelques jours à bien la visiter; mais je parlerai des objets qui y attirèrent mon attention à l'occasion d'un second voyage que j'y fis après avoir visité le nord de l'Eubée, dans mon volume sur les îles.

Avant d'arriver à Chalkis, on aperçoit sur une hauteur qui domine la ville la forteresse turque de Kara-Baba. Elle est très-bien conservée, mais c'est un misérable ouvrage de fortification. J'allai la visiter en quittant Chalkis. Du haut des remparts et d'une petite tour, on a une vue fort étendue sur une scène peu variée de mer et de montagnes. La montagne qu'on a à franchir pour descendre dans les plaines de la Béotie a conservé le nom de Klephto-Vouni, des voleurs qui l'infestaient autrefois. En descendant le Klephto-Vouni on passe entre le site des villes antiques de Mycalessus et d'Harma, puis au pied de la montagne où se trouve, à deux lieues et demie environ, à Sagmata, le monastère de la Métamorphose, ou Transfiguration, fondé par le grand bâtisseur des couvents grecs, l'empereur Alexis Comnène. M. le professeur Ross a copié dans ce couvent un diplôme du mois de septembre 1110 par lequel cet empereur envoie aux moines un morceau de la vraie croix et leur fait don de l'étang situé près du village d'Houngara[1], qui conserve le même nom, ainsi que la montagne conserve celui de Sagmata[2]. La plaine de Thèbes, qui commence au bas de cette montagne, est triste, sans arbres et sans culture, et presque toute couverte de tourbières. En arrivant au village d'Hagios-Theodoros, la ville de Thèbes se présente assez bien. La Cadméa, sur laquelle elle est bâtie, est une colline de forme elliptique qui s'élève au milieu d'une grande vallée traversée par le Kanavari et l'Ismène sans eau, à sa sortie du lac Likeri.

La Chronique de Morée raconte[3] que Nicolas, châtelain de Saint-Omer, veuf de Marie d'Antioche, ayant épousé

---

[1] Τὴν λίμνην κατὰ τὴν Οὐγγρείαν κειμένην.
[2] Urkunden zur Geschichte Griechenlands im Mittelalter (p. 155 et 156).
[3] Pag. 189 de ma deuxième édition à deux colonnes.

Anne Comnène, veuve du prince d'Achaye Guillaume de Ville-Hardoin (en 1278) et sœur d'Hélène, qui avait épousé le roi Mainfroi, s'établit avec elle en Morée. Par ses grandes richesses et sa puissance nouvelle, dit-elle, il se vit en état de faire construire à Thèbes le château de Saint-Omer ; et il y fit bâtir une habitation si magnifique, et il l'orna de si belles peintures qu'un empereur eût pu s'y établir avec toute sa maison ; mais les Catalans, qui ne s'en étaient emparés qu'avec les plus grandes difficultés, détruisirent ce bel édifice, par la crainte qu'ils avaient de voir le grand-sire, messire Gautier de Brienne, duc d'Athènes, s'y établir lui-même.

De cette vaste et belle forteresse construite par notre compatriote Nicolas, châtelain de Saint-Omer, il ne reste plus qu'une tour carrée à l'extrémité de la Cadméa, du côté de Saint-Théodore. Les murs ont deux mètres soixante-dix centimètres d'épaisseur et chaque côté a quinze mètres de largeur, deux des côtés ont dix-huit mètres et demi ; l'intérieur est divisé en deux compartiments par une porte cintrée dont l'ouverture est de deux mètres trente-sept centimètres. Les chambres inférieures, qui sont voûtées, servaient fort probablement de prison, car une prison était alors l'annexe nécessaire d'un palais. Ainsi que dans toutes les anciennes tours, la porte était située à une hauteur telle qu'on ne pouvait y arriver qu'à l'aide d'un pont-levis jeté sur un escalier construit exprès à distance. Cet escalier, en forme de tourette carrée, de trois mètres de largeur, existe encore, fort ruiné, et l'ancienne porte cintrée, qui était alors la seule, est conservée aussi. Deux longues meurtrières la défendent des deux côtés. En dehors du mur, sur une des grosses pierres des assises, près de la corniche qui fait face à la plaine, je lus le mot Kalamata, surnom de Guillaume de Ville-Hardoin, prince d'Achaye.

Au bas de la Cadméa, le long de la double enceinte de murailles qui entourait la ville, subsistent aussi quelques restes d'une autre tour certainement de l'époque franque.

Thèbes avait été conquise dès les premières années de la prise de Constantinople par Othon de La Roche de Franche-Comté, un des grands vassaux du roi de Salonique, Boniface de Mont-Ferrat. Lorsque Boniface concéda à Guillaume de Champ-Litte et à Geoffroy de Ville-Hardoin la seigneurie princière de toutes les conquêtes qu'ils pourraient faire en Achaye, la seigneurie de Thèbes, réunie en ce moment à la seigneurie d'Athènes, fut placée par lui sous la suzeraineté des princes d'Achaye.

Le second seigneur français de Thèbes et d'Athènes fut Guy de La Roche, neveu d'Othon, qui, ayant fait venir de Franche-Comté sa sœur, Bonne, la maria d'abord avec le roi de Salonique, Démétrius de Montferrat, mineur, puis, à la mort de celui-ci, avec Nicolas, l'ancien châtelain de Saint-Omer, en donnant en dot à Bonne la seigneurie de Thèbes à titre de sous-inféodation. Le Nicolas qui fit bâtir la grande forteresse de Thèbes était le petit-fils de ce premier Nicolas, et il était fils d'Abel ou Belas, châtelain de Saint-Omer, et de Marie de Hongrie, veuve du roi de Bulgarie Asan. Ces Saint-Omer étaient aussi possessionnés dans le royaume de Naples.

Les seigneurs français, devenus depuis ducs d'Athènes, avaient établi leur atelier monétaire à Thèbes, et ils y firent frapper des deniers tournois en leur nom.

La Chronique d'Henry de Valenciennes raconte que, lorsque l'empereur Henry de Constantinople vint en personne forcer les Lombards du royaume de Salonique à lui rendre hommage, il trouva quelque résistance à Thèbes, de la part des Lombards qui en avaient pris possession temporaire.

« Li empereres, dit-il[1], chevauche tant que il est à Thèbes venus. Et Lombart font le castiel tenir contre lui. Mais li empereres dist bien que il les fera assaillir..........

---

[1] Pag. 294 et 295 de mon édition à deux colonnes, à la suite des *Éclaircissements sur la principauté française de Morée*.

Et il descendi à pié de son cheval, si que li archevesque et li clergiés le menèrent au moustier Nostre-Dame[1]. Là rendit graces à Nostre-Seigneur de l'ounor que il li avoit consentie à avoir en cest siecle ; puis ist hors du moustier et fait asseoir le castiel....... Dont fait drecier mangouniaus et arrenghier ses arbalestriers entour les fossés, et fait traire et jeter à la maistre fremeté ; mais chou est por noient, car trop est li castiaus fors......... Quant li empereres vit que par assaut ne povoit le castiel avoir, si fait sonner le retrait, puis fist querre carpentiers partout por faire esciele et bierfrois. Et chil dedens se deffendoient selonc lor pooir. Mais riens ne lor vaut deffense, si come je croi ; car les escieles sont faites hautes et grans et bien chevillies. Et quant Lombart les virent, s'il en furent esbahi che ne fu mie miervelle. Que vous conteroie-jou ? Il fisent parler de la paix... Li castiaus est rendus... Li empereres ala à la maistre eglise de Thebes en orison ; chou est une eglyse c'on dist de Nostre-Dame. Et Othes de La Roche, qui sires en estoit, à cui li marchis (Boniface) l'avoit donnée, l'i hounera de tout son pooir. »

On voit qu'il est fait mention ici de deux églises de Notre-Dame, une en dehors de la ville et l'autre à l'intérieur. Dès mon arrivée à Thèbes, mon premier soin fut de m'enquérir des églises hors la ville, pour aller les visiter. Il y en avait autrefois cinq : 1° cette église de Notre-Dame ; 2° la Sainte-Trinité ; 3° Saint-Fulgent ; 4° Saint-Nicolas ; 5° Saint-Luc. Cette dernière est la seule dont les ruines soient encore visitées. Elle a été bâtie à un quart de lieue de Thèbes, sur l'emplacement du temple d'Apollon Ismène, dont le pavé antique, en mosaïque de marbre, se retrouve presque en entier en dehors de l'église, à six pouces peut-être au-dessous du sol. Il suffit de creuser un peu la terre de ce côté pour en retrouver les traces. Près du chœur de cette église en ruines on retrouve un tombeau de marbre,

---

[1] Hors la ville.

especté par les croyants comme ayant été le vrai tombeau de saint Luc. L'opinion commune est qu'il suffit de gratter un peu du marbre de cette tombe, de le réduire en poussière et de boire cette poudre dans de l'eau fraîche pour chasser à l'instant la fièvre. Aussi, dans tous les cas de fièvre, ne manque-t-on pas de venir gratter le couvercle, dont une partie est déjà usée. Des traces récentes prouvent que la croyance dans l'efficacité du tombeau de saint Luc n'a pas diminué. En l'examinant avec attention, on voit que ce tombeau est évidemment du troisième siècle et de style tout à fait romain. Les deux côtés sont recouverts d'inscriptions dont Leake a publié une partie, et qui ne font aucune mention de saint Luc, mais se rapportent uniquement à un dignitaire provincial romain. En furetant partout à travers les débris, je retrouvai un écusson des Templiers, avec les fleurs de lis à l'extrémité de chaque bout de la croix. Il serait possible qu'en effet ce monastère, placé dans une bonne situation en face de Thèbes, eût été concédé aux Templiers, comme le furent beaucoup d'autres propriétés dans la Grèce continentale.

On a tracé, pour la nouvelle ville de Thèbes, un plan fort régulier sur la Cadméa, mais il n'y a encore de maisons construites que dans la grande rue qui traverse la Cadméa dans sa longueur et dans quelques rues transversales. Il y a cinq ou six bonnes maisons au milieu de beaucoup de ruines de maisons et d'églises, et le reste se compose, comme un bon gros village, de modestes habitations d'agriculteurs. Il existait à Thèbes un grand nombre d'églises. Quelques-unes avaient été ruinées avant la révolution ; telles étaient : Saint-Nicolas, Sainte-Catherine, Saint-André, Saint-Élie, le Catholicon, Sainte-Paraskevi, Saint-Jean, la Sainte-Charité, Saint-Étienne, la Présentation-de-la-Vierge-au-Temple, le Sauveur et Saint-Démétrius. Le Catholicon fut détruit par un incendie fortuit, en 1780. D'autres existaient encore au moment de la révolution et sont en ruines aujourd'hui. Telles sont : la grande Notre-

Dame, Saint-Nicolas, Saint-Georges, Saint-Athanase, Saint-Basile, la Naissance-de-la-Vierge. Deux existent encore : Notre-Dame-des-Loges et Saint-Démétrius, qui a été restaurée.

En parcourant la colline assez peu considérable de l'antique Cadméa, on retrouve quelques traces des sept portes et aussi, presque au bas et près de l'église de Saint-Georges, les restes du mur franc et les ruines d'une des tours carrées destinées à la défense de l'enceinte. On reconnaît évidemment que l'église de Saint-Georges, dont les ruines sont amoncelées en cet endroit, a été bâtie sur l'emplacement et avec les débris d'un ancien temple. En remuant les débris de marbre accumulés dans les ruines, je remarquai un bas-relief représentant le Christ bénissant avec ces lettres latines H-H-P (peut-être Hiesus hominum pater?); et une autre plaque de marbre de quatre pieds carrés, portant d'un côté une inscription grecque antique, et de l'autre un de ces bas-reliefs qu'on rencontre si souvent dans les villes antiques de l'Asie-Mineure, représentant un grand aigle saisissant une colombe entre ses serres et l'opprimant. Il y a dans la forme de ce bas-relief une exécution toute symbolique et de convention qui me paraît prouver que ces plaques étaient autant d'emblèmes exécutés par des corporations religieuses, et destinés à une place fixe. La main de l'artiste attesterait une exécution du moyen âge, si on n'en trouvait beaucoup de semblables dans les ruines antiques des grandes villes de Lycie. Plusieurs écussons fleurdelisés subsistent encore au milieu de ces ruines. Les ruines du Catholicon ou cathédrale, qui était à peu près au milieu de l'enceinte de la Cadméa, mais un peu plus rapprochée du côté du midi, sont encore plus bouleversées. J'y remarquai cependant de nombreuses traces d'un pavé en mosaïque de marbre et quelques fragments de diverses croix sculptées parmi les décombres.

L'eau était autrefois apportée des montagnes voisines dans la ville par un aqueduc dont on peut suivre les traces. Elle n'est fournie aujourd'hui que par deux fontaines : l'une est située un peu plus bas que le Catholicon, en descendant la Cadméa du côté de l'est, et au-dessus du cippe d'où l'eau coule on a placé un ancien écusson qui porte les quatre fleurs de lis dans les quatre cantons de la croix; l'autre est non loin des ruines de la tour carrée des murs francs.

X.

LAC COPAÏS. — KARDITZA. — LIVADIA.

J'avais une immense journée à faire. Je voulais voir les ruines de l'antique Akrephia, quelques restes francs autour du lac Copaïs, aller rejoindre la route de Thèbes à Livadia et coucher le même soir à Livadia, ce qui me faisait vingt-cinq bonnes lieues de poste au moins. Il me fallait donc me mettre en route de bonne heure, muni des gendarmes et guides nécessaires pour ne pas perdre un instant.

En sortant de Thèbes, je passai d'abord près d'une carrière d'écume de mer qui n'est plus en exploitation. J'en ai pris quelques échantillons, et les connaisseurs m'ont assuré que la qualité en est fort bonne et qu'on pourrait en tirer bon parti. La route traverse d'abord une plaine assez mal cultivée et quelques prairies du côté du Kanavari et de l'Ismène sans eau. En arrivant près du lac Likeri, le pays change d'aspect : ce ne sont plus que rochers et montagnes les plus âpres. A mesure que la route devenait plus mauvaise, la vue devenait plus grandiose. La scala de Papadia, qui descend vers le lac, est réputée difficile, même en Grèce. Le lac Likeri, dont le bassin entrecoupé de rochers se divise en apparence en plusieurs lacs, est encaissé de toutes parts entre des rochers dépourvus de toute végétation et presque blancs, qui descendent d'une manière abrupte jusqu'aux bords du lac. La route, qui débouche vers la partie la plus large du premier lac, suit continuellement ses contours en le tournant vers le dernier quart de son étendue. Cette route de rochers est des plus glissantes et des plus difficiles, et cependant sur ces rochers unis on distingue très-clairement les ornières des chars et les traces du passage fréquent des hommes et des chevaux ; ce qui annonce incontestablement une grande route antique. En arrivant au point de séparation presque entière formé par les rochers entre les deux parties du lac, une assez jolie vallée se présente tout à coup ; elle s'étend en pente presque jusqu'aux bords du lac. Là, au milieu de la complète solitude de cette retraite sauvage, j'aperçus des tentes de bergers vlaques réunies sur le flanc de la colline. Plusieurs centaines de chevaux et un nombreux troupeau de brebis paissaient dispersés sur les gazons environnants, tandis que des chiens féroces veillaient attentifs à la garde de ces tentes de chaume.

J'envoyai mon gendarme en avant du côté des tentes, pour que les bergers continssent leurs fiers molosses et je m'avançai pour visiter leur campement. Les hommes et femmes étaient occupés à divers travaux en dehors de chaque tente. Ici on étendait les laines sur le gazon ; plus loin des métiers de forme très-simple étaient fichés en terre, et les femmes tissaient une grosse toile de coton ; dans un autre endroit un grand feu faisait bouillir une large chaudière contenant la teinture des cotons et des laines ; car les Vlaques se suffisent à eux-mêmes pour tout, habitation, vêtement, aliment : les bruyères et les arbustes leur fournissent de quoi construire leurs tentes dans un endroit bien abrité contre les vents ; leurs moutons donnent la laine dont ils font leurs habits, les plantes des montagnes la couleur dont ils les teignent, les plaines voisines du coton pour les vêtements de leurs femmes ; et leur nourriture se compose du lait de leurs brebis, dont ils font un excellent fromage, et d'un de leurs agneaux au grand jour de la pâque. Lorsqu'au mois de mai la chaleur devient trop forte dans ces campements, ils partent pour retourner aux monts d'Agrapha et de Thessalie. Quand le froid devient vif dans leurs montagnes, ils reviennent à ces campements plus chauds, pour lesquels ils n'ont à payer qu'un droit fort modique; car, dans l'état peu avancé de l'agriculture, ce ne sont pas les terres, mais les bras qui se payent. Les hommes vlaques sont robustes et agiles; les femmes sont grandes et fortes. Leur tête est recouverte d'une espèce de turban. Tout ce spectacle de costumes tout asiatiques, ces tentes et ces campements au milieu d'une vallée solitaire, sur le bord d'un lac, au pied des montagnes qui l'enceignent de toutes parts, étaient d'un effet vraiment étrange pour moi.

Nous reprîmes sur les bords du lac les rochers nus et glissants sur lesquels sont conservées les traces de la route antique et nous arrivâmes à l'extrémité du lac, que nous doublâmes dans ses replis. Là on a à remonter une effroyable chaussée turque au-dessus du Sengena et dans la direction de Houngara. Nous arrivâmes enfin sur un plateau très-élevé d'où on a une fort belle vue du lac et des montagnes. De là on commence à descendre par des sentiers plus faciles et plus ombragés dans la direction du nord, et on aperçoit une vaste plaine fort bien cultivée, à l'extrémité de laquelle se présente la gorge de Perdiko Vrysi, la fontaine des perdrix. Un torrent coule dans les bas-fonds et la route est tracée à mi-côte au-dessus de son lit, au milieu des ombrages.

Après une heure de marche dans cette grotte pittoresque, m'apparut le village de Karditza, objet de mes recherches. Il est jeté négligemment à mi-côte, sur l'autre rive du torrent, dans un assez gracieux entourage de prairies et de forêts. Cette situation me rappela, comme plusieurs autres parties de la Grèce, quelques-uns de nos jolis paysages des Pyrénées. Calme parfait, végétation active, chaleur de l'atmosphère, fraîcheur des bosquets, tout y était.

Comme les heures de ma journée étaient strictement comptées, j'envoyai d'avance mon gendarme, qui s'empara sans hésitation de la meilleure maison du village, mit tous les habitants à la porte et se contenta de garder ceux qui lui étaient nécessaires pour le nettoyage préliminaire et le service. A mon arrivée je trouvai donc les chambres propres, les tapis et coussins étendus et le feu allumé pour les préparatifs du repas. Ce sont là des usages un peu arbitraires transmis par les maîtres turcs et non oubliés encore. Pendant que le cuisinier vaquait à ses fonctions, je sortis pour bien examiner les lieux.

A environ un quart d'heure du village, du côté opposé du ravin et sur une pente un peu plus haute, s'élève l'église de Saint-Georges de Karditza. Elle est bâtie sur l'emplacement d'un temple antique qui appartenait à la ville hellénique d'Akrephia, dont les ruines couvrent la montagne. Toute l'enceinte du temple en vastes pierres est parfaitement conservée et forme comme un mur de clôture autour de l'église et de son cimetière. Ces murailles ont encore au moins quinze pieds de hauteur, et on y reconnaît la construction belle et simple des Hellènes. De longues inscriptions grecques sont placées en tout sens dans toutes les parties des murs plus récents de l'église, tantôt fort ostensiblement sur les chambranles des portes, tantôt plus modestement dans les coins, et tantôt même cachées sous l'herbe et faisant partie des premières assises du mur de fondation de l'église.

A l'intérieur, je remarquai sur le parvis des pierres funéraires de toutes les époques avec inscriptions grecques antiques, avec formules sépulcrales de l'époque romaine, avec croix et armoiries de l'époque franque. Le pavé de la soléa est en losanges de marbre noir et blanc de deux pouces de longueur. A droite du chœur se trouve une petite chapelle, et sur la frise je lus l'inscription suivante, non gravée, mais peinte en grec francisé et avec l'orthographe la plus barbare, c'est-à-dire la plus franque :

ΑΝΗΓΕΡΘΗ Ο ΘΥΙΩΣ ΚΕ ΠΝΣΕΠ-
ΤΟΣ ΝΑΟΣ ΤΟΥ ΙΠΟΥ ΜΕΓΑΛΟΜ.
ΓΕΩΡΓΙΟΥ ΔΗΑ ΣΙΝΕΡΓΙΑΣ ΚΕ
ΠΟΘΟΥ ΠΟΛΛΟΥ ΤΟΥ ΘΕΩΣΕΒΕΣΤΑΤΟΥ
ΚΑΒΑΛΑΡΙ ΜΙΣΕΡ ΑΝΤΟΝΙ
ΤΕ ΦΛΑΜΑ
ΟΔΕ ΤΕΛΟΣ ΗΛΙΦΕΝ ΠΟΛΩΝ ΜΑΡΤΥΡΩΝ
ΟΔΕ ΤΕΛΟΣ ΕΥΡΕΝ ΗΣΤΟΡΗΑ ΑΥΤΑ
ΠΑΡΑ ΓΕΡΜΑΝΟΥ ΙΕ-
ΡΟΜΟΝΑΧΟΥ ΚΕ ΚΑΘΕΓΟΥΜΕΝΟΥ
ΚΑΙ ΝΙΚΟΔΕΜΟΥ ΙΕΡΟΜΟΝΑΧΟΥ
ΤΟΝ ΑΥΤΑΔΕΛΦΟΝ ΤΟΥ-
Σ ΑΝΑΚΕΝΕΣΑΝΤΑΣ ΤΟΝ
ΗΚΟΝ ΤΟΥΤΟΝ.
✣ ΕΤΙ. ϛωιϑ./✣

Ou, en rectifiant seulement l'orthographe sans rien changer au texte de cette curieuse inscription gallo-grecque :

Ἀνηγέρθη ὁ θεῖος καὶ πάνσεπτος ναὸς τοῦ ὑπεραγίου μεγαλομάρτυρος Γεωργίου, διὰ συνεργείας καὶ πόθου πολλοῦ τοῦ θεοσεβεστάτου καβαλάρι μισὲρ Ἀντώνι δὲ Φλάμα. Ὧδε τέλος εἴληφε πολλῶν μαρτύρων, ὧδε τέλος εὗρεν ἱστορία αὕτη παρὰ Γερμανοῦ ἱερομονάχου καὶ καθηγουμένου καὶ Νικοδήμου ἱερομονάχου τῶν αὐταδέλφων τοὺς (sic) ἀνακαινίσαντας (sic) τὸν οἶκον τοῦτον. — Ἔτει ϛωιϑ (6819 ou 1311 de J.-C.).

Ce qui veut dire : « Ce divin et respectable temple du très-saint et très-grand martyr saint Georges a été élevé par la coopération et le grand zèle de l'illustre chevalier messire Antoine de Flamme ; ainsi s'est terminée la peinture de tant de martyrs par les soins de Germanos, moine et abbé, et de Nicodème moine, tous deux frères, qui ont restauré ce temple en l'an 6819 de la création du monde (1311 de J.-C.). »

Ainsi sont réparties par tout le pays les traces de la domination féodale des Occidentaux : ici des tours de défense, là des églises en ruines, partout des armoiries et des inscriptions sur les murs extérieurs et intérieurs des monuments publics. Ce sont ces éléments épars que j'ai voulu réunir en un ensemble assez imposant pour servir de point d'appui aux documents que me présentaient les chroniques et les archives.

Un peu au-dessus de l'église gallo-grecque de Karditza commencent les ruines de l'antique Akrephium, qui couronnait le sommet de la montagne. Toute l'enceinte de la ville est fort bien conservée, et les murailles, composées de grandes pierres quadrilatères, s'élèvent souvent à douze et quinze pieds. Des portes longues, où veillaient sans doute des sentinelles, sont dispersées d'intervalle à autre. Çà et là, au milieu de cette enceinte de murs de fortifications, surgissent des ruines considérables de maisons. Les rues et l'emplacement de chaque maison sont fort bien indiqués; car les maisons particulières étaient, comme les édifices publics, construits de grosses pierres carrées. Pour les apporter dans de tels lieux et à une telle hauteur, il fallait une dépense considérable de force humaine en même temps qu'une puissance mécanique déjà fort avancée. On est souvent étonné en traversant ces pays où un rocher nu se refuse à toute culture d'y retrouver de si beaux restes de monuments publics; c'est que

> *Privatus illis census erat brevis*
> *Commune magnum.*

Les villes modernes d'Italie, Rome, Florence, Bologne, Gênes, Venise, pourraient seules, comme les villes anciennes, offrir, après des siècles, des ruines capables d'user la dent injurieuse du temps; mais des deux plus grandes villes de l'Occident, Paris et Londres, que resterait-il après plusieurs siècles si un tremblement de terre venait à les renverser aujourd'hui ? quelques ruines d'églises, car le vent aurait bientôt emporté en poussière les fragiles matériaux de nos maisons et de nos hôtels.

A mon retour au village je trouvai tout disposé pour le repas. Une petite table ronde d'un pied de hauteur supportait le dîner, et les tapis et coussins étaient distribués par terre alentour. Les Orientaux s'accommodent fort bien de cette manière de s'asseoir les jambes croisées ; mais c'est une véritable fatigue pour les peuples de l'Occident habitués à se poser sur une chaise, comme une statue de roi égyptien, de manière que la position de leur corps fasse trois angles droits avec le parquet. Les gens de la maison debout à la porte attendaient nos ordres avec un sentiment d'hospitalité délicate plutôt que de soumission. Pendant qu'on achevait de dîner je partis avec un guide pour visiter quelques autres restes francs sur les bords du lac Copaïs.

Nous laissâmes à notre droite Kokkino et la montagne où sont les ruines du temple d'Apollon Ptoüs, passâmes entre les deux crêtes de la montagne et descendîmes par la pente qui, à travers les bois, mène au lac Copaïs. La chaleur était extrême, mais l'envie de voir me soutenait. Je suivais la route qui conduit à Martini, où les femmes portent de si jolis costumes : robe, petites guêtres rouges, jambe nue et fine, tunique blanche fort courte, tchoubé plus court attaché avec une large ceinture; corset et manches courtes ornées de nombreux rangs de becs de perdrix, bras nus et ornés de bracelets de corail, bonnet composé de plusieurs rangs de monnaies avec deux brides de métal qui encadrent la tête, et une immense chevelure qui retombe presque à terre en se terminant par deux énormes glands de soie; tout cela compose un des plus gracieux costumes que j'aie vus en Grèce.

Après plus d'une grande heure et demie de marche, je m'arrêtai sur un tertre boisé qui domine un fort beau ravin dans le fond duquel coule entre des ombrages un torrent qui va se jeter dans le lac Copaïs. J'avais devant moi, sur le côté du lac, un château franc, entouré de larges fossés remplis d'eau ; près de la rive et très-près de là l'île de Gla avec un autre château franc ; en face de moi, de l'autre côté du lac, était Topolias, et plus à l'ouest Orchomène avec son château hellénique réparé par les Francs, et les marais situés entre le Céphise et l'Hercyne, où se livra, en 1310, entre les Catalans et les Français commandés par Gautier de Brienne, duc d'Athènes, la grande bataille qui décida de la possession de l'Attique. La vue était fort belle et la sérénité du temps ajoutait encore à sa beauté. Des armées innombrables de grenouilles règnent sans contrôle sur ces marais de plusieurs lieues, et forment un concert de jour et de nuit qui se fait entendre à plus de deux lieues au delà.

Je vins reprendre mes montures à Karditza, et, un peu fatigué de cette longue course en plein soleil, je descendis, pour rejoindre la route de Thèbes à Livadia, un sentier que trace le torrent qui de Karditza va se jeter dans le lac Copaïs, si célèbre par ses excellentes anguilles. Souvent, pour éviter les rochers trop pointus du rivage, il me fallut traverser les eaux du lac, qui, là où il ne pose pas sur un fond antédiluvien de boue, cache sous ses eaux épaisses un fond de tout petits fragments du roc qui en rendent le passage fort difficile, surtout dans l'endroit où ses eaux vont se perdre dans les abîmes connus sous le nom de Catavothra, près desquels il se continue une route. A ces routes de rochers succédèrent bientôt des routes de vrai marais, à mesure que nous approchions des plaines de la Béotie. Tous les champs-là sont de véritables *valthos* ou marécages dans lesquels nos chevaux enfoncèrent fort profondément, si profondément que j'étais étonné qu'ils trouvassent enfin un point d'arrêt. Tous les terrains à l'est du lac Copaïs, les champs de l'Haliarte au midi et ceux de Skripou à l'ouest ne sont que marécages. La route de

Skripou était toutefois celle que suivaient autrefois les grandes armées de conquête. Boniface de Montferrat arriva de Bodonitza à Thèbes en 1205, en suivant la vallée de Dadi et en prenant au-dessous de Drakhmani la route de Talente à Thèbes. Les Catalans prirent plus tard la même route, sans doute pour éviter le château-fort de Livadia qu'ils laissèrent à leur droite. Il leur fut facile, en s'avançant sur les bords du lac, d'opérer contre les manœuvres de la cavalerie française les saignées mentionnées par les chroniqueurs byzantins; car, dans cette saison de l'année, toute la plaine de Skripou, qui a l'air d'un tapis de verdure, recèle sous cette apparence trompeuse des fonds marécageux, impraticables à la grosse cavalerie de nos chevaliers bardés de fer.

Après mille tours et détours forcés entre les rochers pointus, où mon cheval, trébuchant à chaque pas, me faisait souvent entrer dans le lac plus avant qu'il ne m'était nécessaire pour l'observer, et les marais de Variko, où j'étais menacé à chaque pas de voir ma monture, prise dans un fond par trop doux, s'enfoncer et rester immobile avec moi ainsi qu'une statue équestre, absolument comme Nicéphore Grégoras le raconte des chevaliers nos ancêtres lors de leur bataille contre les Catalans, il me fut fort agréable, je l'avoue, de sentir mon cheval poser les pieds avec plus de fermeté et d'assurance sur le terre-plein de la Béotie. La vue avait changé. Elle n'était plus étroite et resserrée; mais de hautes montagnes bornaient encore l'horizon dans le lointain. Cette chaîne de montagnes encore couvertes de neiges, c'était l'Hélicon; ce fleuve qui en sortait, c'était le Permesse; et, dans le fond du tableau, au pied de l'Hélicon, il me semblait voir, je voyais par la pensée, les fontaines poétiques d'Aganippe et d'Hippocrène.

La route de Thèbes à Livadia sur laquelle j'étais parvenu est presque tout entière carrossable dans les beaux temps; mais dans la courte saison des pluies ces terres grasses n'ont aucune consistance, et les roues d'une voiture s'y enfonceraient de manière à n'en pouvoir pas aisément sortir. A moitié chemin, une colline se détache de la chaîne des montagnes et se porte gracieusement en avant jusqu'aux bords de la route, présentant les ruines assez vastes et imposantes d'un vieux château franc qui rendait autrefois ce passage assez redoutable et qui l'embellit aujourd'hui, surtout quand ses vieux murs se détachent, comme ils m'apparurent, au milieu des feux resplendissants du couchant.

La route que j'avais à faire était encore longue, mais facile ; la nuit était survenue, et les armées de grenouilles du Copaïs annonçaient seules par leur murmure assourdissant la vie autour de nous. Il était près de minuit quand j'entrai à Livadia. J'ignorais donc complétement la forme du nouveau pays dans lequel j'étais arrivé.

Au lever du soleil je m'éveillai au bruit des cascades de l'Hercyne, qui roulait précipitamment sous mes fenêtres au milieu de ses rochers. Je sortis et me trouvai en présence d'une nature sauvage et belle qui me rappelait la Suisse, ou plutôt l'approche de l'Hœllenthal entre Fribourg en Brisgau et Donaueschingen. Deux lignes de rochers âpres et élevés viennent se réunir pour fermer de ce côté le passage de la vallée.

Je franchis le torrent de l'Hercyne en me dirigeant du côté de la montagne, et après quelques minutes je me trouvai devant l'antre célèbre de Trophonius. Là étaient autrefois des temples, là étaient réunies peut-être quelques-unes des merveilles de l'art grec ; aujourd'hui, tout porte les traces d'une récente dévastation. Les deux fontaines de Mnémosyne et de Léthé ou de la Mémoire et de l'Oubli se confondent en une eau dormante, enfermée dans un étroit bassin de pierres maçonnées. Un riche Anglais, en faisant faire maladroitement d'irrespectueuses excavations, a, dit-on dans le pays, fait perdre ces sources, qui ont pris maintenant une autre voie et se dérobant aux regards continuent désormais leur cours sous terre. Au lieu des statues qui décoraient les rochers au temps de la visite de Pausanias, on n'aperçoit plus que quelques niches taillées çà et là, et tout à côté les trous par lesquels on pénétrait dans l'antre de Trophonius, l'un un peu plus grand qui est obstrué, l'autre plus étroit et par lequel on ne pouvait pénétrer que courbé et en rampant. C'est par là que pénétraient les pieds en avant ceux qui voulaient consulter l'oracle, et qu'après avoir été reçus par les prêtres ils étaient replacés aussi les pieds en avant. Au fond de la grotte est une sorte de puits naturel peu profond. Les retraites par où passaient les prêtres se dérobent encore à l'œil au milieu des roches. Quand les flancs de ces montagnes si sévères étaient revêtus de grands arbres, quand le torrent de l'Hercyne tombait en retentissant avec force au milieu de cette solitude qui semble clore le monde, quand on n'était entouré de tous côtés que de temples et de dieux dont la présence, révélée par le marbre ou le bronze, agissait sur l'imagination déjà préparée, la visite à l'antre de Trophonius devait être un moment important dans la vie. Il y avait tant de force dans ces souvenirs d'émotion et de terreur que, jusqu'à la fin du quatrième siècle, son oracle conserva tout le prestige de son autorité. Pausanias, qui était allé le visiter, a raconté en détail, dans son Voyage, tout ce qui lui était arrivé à lui-même au moment où il pénétra dans la grotte et où il en sortit.

Livadia, qui, à la sortie des montagnes de l'Attique, de l'OEta et du Parnasse, commande la plaine de Béotie jusqu'à l'Hélicon et jusqu'à l'extrémité de la plaine de Thèbes, était un point trop important pour que les croisés français le négligeassent. Dès les premiers temps de la conquête, ils y firent bâtir une de ces vieilles forteresses qui ont résisté aux injures du temps. Comme les Vénitiens ont été les derniers Francs établis dans le Péloponnèse de 1685 à 1715, et que leur souvenir est par conséquent tout récent, le peuple de Morée donne assez habituellement le nom de château vénitien à des ruines de forteresses construites par les Français plus de cinq siècles avant l'établissement des Vénitiens en Morée. Cette erreur est encore plus manifeste dans la Grèce continentale, où les Vénitiens n'ont jamais rien possédé. Lamia, Patradjak, Salona, Livadia n'ont jamais, à aucune époque, été conquises ni possédées par les Vénitiens. Toutefois le peuple grec, qui de tous les Occidentaux ne fait souvent qu'un seul peuple, donne fréquemment à ces ruines franques le nom de ruines vénitiennes. J'ai obtenu du moins que cette erreur ne fût pas commise dans les cartes récentes du dépôt de la guerre.

J'allai visiter ces ruines franques placées au-dessus de l'antre de Trophonius. Une bonne partie des murs et deux des tours se sont conservées en entier avec leur crénelure et font un fort bel effet au-dessus de ces rochers qui servaient de clôture à l'antique bois sacré placé autour de l'antre. Les Turcs, qui comprenaient l'avantage de cette situation, ont profité des anciens travaux des Français, et, pour les compléter à leur manière, ils ont fait élever une mauvaise petite tour sur la partie la plus élevée du rocher. De là on embrasse une fort belle vue du Parnasse, du Cithéron et de l'Hélicon. Le vieux château d'Orchomène, qu'on voit de très-près sur la montagne, anime encore le paysage. Des deux tours franques, l'une clôt le rocher sur la partie la plus redoutable d'un précipice au fond duquel bruit un torrent dont le cours tourne la montagne et suit une direction opposée au cours de l'Hercyne, l'autre ferme l'enceinte du côté de la haute plaine. Dans l'intérieur de la place, entre les deux tours, sont les ruines d'une petite église, bâtie probablement sur les ruines d'un temple de Castor et Pollux. Elle est divisée en deux parties parfaitement égales, avec deux autels égaux, comme on en trouve beaucoup dans l'Attique. Le château de Livadia tient sa place dans l'histoire moderne comme dans l'histoire du moyen âge, car dans la dernière guerre il a offert un abri à la population grecque contre les attaques des Turcs.

En sortant du château franc, en dehors de la porte de la tour carrée et un peu plus bas, se trouvent une fontaine et près de là, autour de la fontaine et dans le champ voisin, les ruines d'un temple antique. Parmi les pierres disséminées dans ce champ je remarquai une pierre portant une inscription grecque antique, avec le nom de la ville de Lebadea ou Livadia actuelle, et ceux d'un Ménandros et de sa femme Parisias, qui la consacrèrent à Junon.

Avant les ravages de la guerre Livadia possédait bon nombre de maisons élégantes, bâties au milieu de jardins biens entretenus sur les flancs de la colline. Elle jouissait en effet à cette époque d'une sorte de prospérité. Ali Pacha lui avait conféré de nombreux priviléges et elle était entièrement habitée par des Grecs qu'il protégeait alors contre les incessantes vexations des Turcs; mais au moment de la révolution les choses changèrent de face. Les troupes turques étaient cantonnées particulièrement dans ces provinces, et de tous les Grecs ceux de Roumélie prirent la part la plus active à la conquête d'une liberté qui avait été toujours chère aux habitants de ces montagnes. Les Turcs avaient alors pris position dans le château; mais les Turcs réparent mal et leur garde est peu attentive : ils furent surpris et le château pris d'assaut. Les Grecs vainqueurs avaient d'abord épargné leurs prisonniers, mais, à l'approche d'une armée turque, la crainte les rendit féroces et ils les égorgèrent tous; mais ils ne purent néanmoins se maintenir dans leur position, une armée turque s'avança et prit de nouveau possession de Livadia. Tout fut pillé, brûlé, saccagé, et les meilleures maisons ne sont plus aujourdhui qu'un monceau de décombres. Il reste encore quelques maisons sur le flanc de la colline du château et de celle qui lui fait face de l'autre côté de la route, mais elles sont toutes en terre séchée au soleil.

Une nouvelle ville se reconstruit dans la vallée et sur les rives de l'Hercyne, et tout annonce qu'elle ne tardera pas à renaître avec une prospérité nouvelle et plus durable. Sa situation, à l'extrémité d'une plaine féconde, lui est éminemment favorable, mais les capitaux, la bonne direction et les bras manquent. Dans cette vallée, où de féconds pâturages suffiraient pour nourrir tant de milliers de grands bestiaux, le paysan ne sait pas encore que le fumier recueilli en masse est un engrais utile, et que le lait de la vache peut être employé à donner de bon lait, du beurre, du fromage de toute espèce. Il n'y a ici aucune vacherie. Dans toutes les saisons les vaches errent nuit et jour, aussi bien que les autres bestiaux, dans les prés, les bois et les montagnes.

Je me trouvais à Livadia un jour de marché. Un grand terrain en pente sur la rive de l'Hercyne était couvert d'une nombreuse population, accourue de toutes les montagnes et vallées voisines pour venir y vendre des grains. Là se trouvaient les vigoureux montagnards du Parnasse et les belles filles d'Arachova. Les costumes des femmes étaient généralement riches et pittoresques. Des boucles d'oreilles larges, attachées ensemble par une chaîne légère qui pend au-dessous du menton et flotte en forme de collier, ou une grande lame d'argent ciselée qui passe sous le menton et remonte le long de la figure pour venir s'attacher dans les cheveux, sont l'ornement le plus à la mode parmi elles. Je vis de ces boucles d'oreilles et de ces plaques qui avaient une assez haute valeur ; ce sont des reliques de familles. Il y a aussi dans la ville un commencement d'industrie. Le cours rapide de l'Hercyne fait tourner de larges roues qui servent au battage et au lavage des laines du Parnasse. Un peu de temps, et surtout un peu d'activité dans le gouvernement, et un bon exemple de culture donné par quelques propriétaires plus riches amélioreraient rapidement l'état du pays.

XI.

CHÉRONÉE. — UN MARIAGE GREC. — LE MONASTÈRE DE SAINT-LUC.

J'avais quitté Livadia de bonne heure. Je suivais la route d'Orchomène à Chéronée, et j'allais faire un pèlerinage d'abord, en l'honneur du moyen âge, au monastère de Saint-Luc, et ensuite, en l'honneur de l'antiquité, à la fontaine de Castalie et à Delphes. J'avais pris avec moi à Livadia, pour me servir de guide et non d'escorte (car on n'en a plus besoin maintenant dans ces parages), un *chorophylakas* ou gendarme grec, garçon alerte et intelligent qui avait de bonne heure renoncé à la vie klephtique pour se soumettre à la vie régulière des lois. Le corps des gendarmes grecs, formé et discipliné par un Français, le colonel Graillard, est un corps excellent, qui a rendu sous lui beaucoup de services par son zèle et sa bravoure. Des temps plus calmes ajouteront à ces bonnes qualités, que leur a inspirées leur fondateur, le respect des droits de tous, si difficile, mais si nécessaire après tant de désordres.

Je cheminais doucement, causant avec mon jeune guide des aventures de sa vie klephtique, et lui faisant chanter de ces chants guerriers dont la mémoire de tout pallicare est abondamment remplie. La matinée du dimanche 25 avril était chaude et belle; j'aspirais avec bonheur cet air embaumé qui m'arrivait des montagnes dont l'horizon est ceint de toutes parts, et mes regards se portaient avec avidité sur cette plaine historique de Chéronée, resserrée par les dernières ondulations du Parnasse et du Knémis. C'est ici qu'expira l'indépendance de la Grèce sous les coups du roi Philippe de Macédoine. Que de révolutions dans le monde social depuis ces deux mille ans, sans qu'ait changé en rien l'aspect matériel du pays! Cette source où vient s'abreuver mon cheval coule aussi paisible qu'au temps de Phocion et de Démosthène ; la cavalerie macédonienne s'y est sans doute arrêtée en descendant d'Élatée et des Thermopyles. Ainsi, comme le dit Quevedo en parlant des ruines de Rome et du cours permanent du Tibre :

> Solo el Tibre quedò, cuya corriente
> Si ciudad la regò, ya sepultura
> La llora con funesto son doliente.
>
> O Roma! en tu grandeza, en tu hermosura,
> Huyò lo que era firme, y solamente
> Lo fugitivo permanece y dura [1]!

Ces fleurs qui émaillent les plaines, ces beaux lis bleus, ces anémones si variées, sont les mêmes qui y fleurissaient jadis; ces montagnes qui me charment par leur coupe, leurs couleurs et leurs ondulations si variées, sont les mêmes montagnes que franchissait l'armée envahissante de Philippe, qui venait combattre et vaincre les guerriers d'Athènes, de Corinthe et de Thèbes, dans les champs de Chéronée.

Pendant que mes regards se portaient sur ces montagnes, comme si j'eusse dû en voir descendre encore une fois les phalanges de Philippe, je vis tout à coup sur ma droite un groupe mouvant et animé descendre des pentes inférieures du Knémis vers la plaine de Kaprena, l'antique Chéronée, que je traversais en ce moment. Peu à peu ce groupe, en se rapprochant, se dessina plus nettement à mes yeux; je distinguai une cinquantaine d'hommes à

---

[1] « De toutes ces choses si renommées, le Tibre reste seul, le Tibre dont les eaux arrosaient Rome au moment de sa grandeur, et la pleurent par un murmure sourd et plaintif au moment où elle gît dans la tombe. O Rome! de ta grandeur, de ta beauté, tu as perdu tout ce qui semblait solide et durable, et n'as conservé que ce qui était fugitif! »

cheval, puis d'autres hommes à pied rangés autour d'une bannière flottante; un nombreux cortége de femmes terminait la marche. J'envoyai aussitôt mon gendarme à leur rencontre pour s'informer de l'objet d'un semblable pèlerinage, et bientôt il revint m'apprendre que c'était une noce, et qu'elle se dirigeait de mon côté. Le cortége animé ne tarda pas en effet à se déployer dans la prairie; tous s'avançaient en chantant, et les jeunes filles au pied infatigable suivaient, en chantant aussi, les évolutions souvent folâtres que les cavaliers faisaient faire à leurs chevaux. Les hommes et les femmes étaient parés de leurs plus beaux habits de fête; en tête de tous étaient plusieurs papas ou prêtres avec leurs longues barbes et leurs robes à larges manches. Les hommes du cortége étaient vêtus de jolies vestes blanches à gros boutons blancs bien arrondis et bien pressés, de la blanche fustanelle fortement serrée par la zone ou ceinture antique, et d'une longue toison qui flottait sur leurs épaules. Des cheveux abondants entouraient leur cou vigoureux. Une sorte de turban de couleur rouge ou bleue, qui venait se rattacher sous leur menton, les abritait mal contre le soleil, mais faisait ressortir à merveille leur figure brunie, leur épaisse moustache et leurs yeux ardents; de belles guêtres rouges ou bleues, semblables aux *knémides* antiques, recouvraient leurs jambes agiles. Les femmes, toutes fort jeunes, portaient des robes très-courtes, bariolées des couleurs les plus vives; leurs bas ou *tzourapia* étaient bariolés aussi d'une façon étrange. Leur tête était recouverte, soit de rubans d'une couleur éclatante, soit d'une espèce de mitre persique, composée de pièces d'or ou d'argent de toute date et de tout pays, percées et réunies de manière à se resserrer comme des écailles et à former des rangs pressés et réguliers depuis le sommet de la tête jusqu'à la naissance du front. Au dernier rang, les monnaies, disposées à quelque distance l'une de l'autre, s'agitent autour de la tête et retentissent comme des clochettes. Le bas de la figure est dessiné d'une manière pittoresque tantôt par deux larges boucles d'oreilles rattachées ensemble par le bas à l'aide d'une chaîne d'or qui pend sous le menton, à la façon antique, et sert de collier, tantôt par une grande lame d'argent ciselée qui s'applique sous le menton, comme la mentonnière d'un casque, et qui encadre gracieusement une figure brune et animée, en venant se rattacher aux tresses d'une noire et abondante chevelure.

Je m'avançai au milieu de cette joyeuse troupe, et leur demandai quel était l'heureux palicare dont on allait célébrer le mariage. Avant de répondre, on commença par m'offrir la communauté du vin de la *tzitza* ou *tzodra* de bois, gage d'hospitalité qu'on ne manque jamais de présenter et d'accepter mutuellement en voyage. Je pris une libation et leur offris ma tzitza à mon tour; puis, entrés ainsi en amitié, nous échangeâmes nos questions.

Ils me racontèrent qu'ils étaient des pasteurs dont les tentes étaient placées à une lieue de là, sur l'un des versans méridionaux du Knémis, et qu'ils conduisaient à sa future le berger que je voyais à côté de son *adelphopoiètos*[1], qui portait leur bannière. Le fiancé était un grand, svelte et vigoureux jeune homme de vingt-deux à vingt-trois ans; sa physionomie était douce, mais sa démarche et toute sa tenue annonçaient un homme habitué de bonne heure à compter sur lui seul pour se tirer d'un danger par sa force ou son adresse. Les pasteurs grecs ont un air fier

[1] *Adelphopoiètos*, ou frère-fait, espèce de frère d'armes. L'adelphopoiétie est, comme l'ancienne fraternité d'armes, un lien religieux. Quand deux jeunes Grecs veulent devenir frères-faits, ils se présentent à l'église devant le papas avec une jeune fille de dix ans, comme emblème de la pureté de leur attachement. Le prêtre célèbre pour eux une liturgie particulière, et, à la lecture de l'Évangile, les entoure tous trois d'une écharpe qui les unit, puis chacun promet sur l'Évangile d'être le bon frère de l'autre. A dater de ce jour, il existe entre eux une véritable fraternité. Quand l'un d'eux se marie, l'autre a le droit d'embrasser le premier sa femme, et, s'il meurt, il doit être le gardien de sa famille. Je n'ai pas entendu citer

et indépendant qui plaît. Ainsi que les bergers des temps homériques, ils portent la houlette recourbée en forme de crosse, ou *mangoura*, houlette adoptée aussi par les papes et les évêques pasteurs des peuples, et par les rois antiques, comme signe du commandement absolu du berger sur le troupeau. Cette houlette de bois d'olivier sauvage semble avoir été transmise sans altération depuis les bergers du roi Admète, Apollon compris, jusqu'aux bergers indépendants d'aujourd'hui. La future qu'allait chercher mon berger du Knémis avec sa joyeuse escorte demeurait dans un autre camp de bergers, le hameau de Méra, à une lieue et demie de Chéronée et à une demi-lieue du village d'Hagios-Blasis, situé sur ce revers du Liakoura, l'antique Parnasse.

Je demandai à mes bergers l'autorisation de me joindre à eux et d'assister à la fête du mariage, si cela n'était pas contraire à leurs usages, et tous vinrent me donner la bienvenue en me présentant la main. J'entrai donc dans le cortége au milieu de ce groupe de prêtres, de palicares et de jeunes filles qui dansaient et chantaient, et nous arrivâmes près des ruines de Chéronée. Là je demandai la permission à mes nouveaux amis de me détacher d'eux pour quelques instants afin de faire quelques investigations d'antiquaire, avec promesse réciproque de nous rejoindre avant l'entrée solennelle dans le hameau de Méra. Je m'arrêtai quelques instants pour voir ce qui restait de la patrie de mon ancien ami Plutarque.

Les fragments du célèbre lion colossal, élevé par les

---

d'exemple de trahison faite à un ami marié par son frère-fait. Les liens d'hospitalité entre familles sont aussi des liens fort respectés. J'ai rencontré dans l'île de Leucade, dans une pauvre famille, un Grec d'Épire avec les oreilles et le nez coupés par les Turcs. Les paysans leucadiens me dirent qu'il s'était réfugié chez eux, que sa famille avait été en rapports d'hospitalité avec la leur, et que, s'il trouvait bon de passer sa vie parmi eux, rien ne lui manquerait de ce qu'ils pourraient lui procurer.

Thébains à Chéronée en commémoration des leurs, gisent près de la route, et il ne m'a pas semblé qu'il manquât rien d'essentiel aux membres de ce colosse de pierre qu'il convient de laisser en ce lieu : c'est ainsi que le plus glorieux trophée d'Épaminondas, retrouvé à Leuctres par le professeur Ulrich, doit rester sur le champ de bataille de Leuctres. En s'avançant vers la colline, on rencontre de tous côtés, sous les bruyères, les ruines d'un grand amphithéâtre et plusieurs autres ruines antiques. Dans le village même de Kaprena sont deux églises construites au moyen âge sur l'emplacement de deux temples. Dans l'une de ces églises je copiai une inscription grecque. Le pavé de cette petite église est encore revêtu de la mosaïque de marbre qui faisait partie de l'ancien temple. L'autre église, située dans la plaine et près de la route, est composée tout entière de marbres antiques. La fontaine même, qui est tout à fait à côté de cette petite église, est entièrement construite avec des fragments antiques. Sur le bassin qui contient l'eau est gravée une inscription que je copiai ; elle mentionne un certain philosophe platonicien de la famille des Autobules, et un autre membre de cette même famille alors puissante à Chéronée ; c'est à cette famille qu'appartenait un Sextus Aurelius Autobule, mentionné dans une inscription que Meletius a trouvée à Chéronée et qui était allié à la famille de Plutarque.

Je m'arrêtai peu de temps à visiter les ruines de Chéronée ; j'étais impatient de rejoindre mes amis les bergers ; je craignais de perdre une seule des scènes de ce drame nuptial où tout devait me rappeler les antiques usages qui semblent tous conservés ici, depuis la première des cérémonies d'un mariage rouméliote jusqu'à la dernière. Voici comment les choses se passent dans cette fête, qui doit durer toute une semaine :

Un mariage est une solennité non-seulement de famille, mais de village et presque de tribu. C'est le mercredi soir que commencent les cérémonies. Parmi les parentes ou alliées du marié, on choisit trois jeunes filles, les plus belles du village. Toutes trois, vêtues de leurs robes de fête, la plus jeune et la plus belle au centre, doivent marcher de front et en silence, leurs longues amphores sur la tête, depuis la maison du marié jusqu'à la fontaine voisine. Arrivées là, elles jettent dans la fontaine quelques pièces de monnaie en l'honneur des nymphes de la source, remplissent leurs amphores et retournent dans le même ordre et avec le même silence rapporter l'eau à la maison. Une seule parole prononcée en allant ou en venant serait de mauvais augure. Cette eau doit servir à pétrir le levain (*prozymi*) destiné à faire le pain des noces. La sœur du futur, si elle n'a pas été mariée, ou, à son défaut, la jeune fille sa plus proche parente, est chargée de pétrir ce levain pendant que tous les parents et parentes du jeune homme, rangés sur deux lignes, chantent des chansons analogues à la circonstance ; après quoi on soupe, on chante et on danse jusqu'à minuit.

Le jeudi, on va en pompe choisir dans le troupeau le bœuf le plus gras ou la vache la meilleure, et les moutons destinés au repas de la noce ; on garnit leurs cornes et leur tête de guirlandes de fleurs ; puis, au son de tous les instruments, on les amène dans le village, on leur fait faire le tour de la paroisse en accompagnant leur marche de chants et de danses, et on vient les placer en grande pompe dans l'étable.

Le vendredi, dès le matin, les parents non mariés du futur partent du village, portant sur l'épaule une grosse corde toute neuve, tressée presque toujours avec les filaments de l'aloès ; ils vont dans la forêt voisine ramasser le bois nécessaire aux apprêts du repas. La corde neuve est destinée à retenir le bois en faisceau sur l'épaule. Souvent, dans les familles riches, on se contente de quelques branchages ramassés et rapportés au son de la musique et avec des chansons appropriées à la cérémonie. Dès qu'on est de retour à la maison, on dresse d'accord la liste des conviés et on expédie des messagers chargés de porter les invitations.

Le samedi, au moment où le soleil annonce midi, on se rend processionnellement à l'étable. On pare le bœuf destiné à la noce, on lui dore les cornes, on les entoure de guirlandes de fleurs; on lui fait faire de nouveau, au bruit de la musique, le tour du village, et on l'amène dans la cour de la maison du marié, au milieu de laquelle on a planté solidement un poteau. Le bœuf est attaché à ce poteau par une corde toute neuve, pendant que les assistants, hommes et femmes, se tiennent alentour chantant la chanson du jour; puis un homme, habillé de vêtements tout blancs, se présente, brandit son long couteau et le lui enfonce adroitement dans la nuque, à la jonction de la moelle épinière, aussi prestement que le ferait le plus habile matador des Castilles. Le bœuf tombe à l'instant au bruit des cris de joie; en un clin d'œil le cou est tranché, la peau enlevée, et le bœuf est dépecé en quatre parties, qui, placées sur un linge blanc, sont portées solennellement dans le lieu destiné aux provisions de la noce. Le même soir, on donne un grand repas dans la maison du futur à tous les invités, et la nuit se passe en chants et en danses.

Le dimanche, après un repas général du matin, on se dispose à partir en grande pompe pour conduire le futur à sa future, et ramener celle-ci dans la demeure de son époux. A la tête du cortége sont placés les papas aux longues barbes, montés sur de bons mulets; derrière eux s'avancent à cheval les archontes du village et les grands parents, moins le père du marié, qui reste à la maison et délègue pour ce jour-là ses fonctions au *nounos* ou compère; puis, après les notabilités, vient la masse des conviés, généralement vêtus de blanc en Roumélie, et presque tous montés sur des chevaux ou des ânes. En dernière ligne s'avance à pied le futur, la mangoura de berger en main, comme signe de son noble état de pasteur. A ses côtés marchent aussi ses deux assistants : à sa droite, le *nounos* ou parrain qui remplace son père ; à sa gauche, le frère-fait (*adelphopoïètos*), remplissant l'office du garçon de noces dans nos campagnes ; il porte et fait flotter au-dessus de la tête de son ami une bannière sur laquelle est brodée une vaste croix grecque, et qui est couverte de guirlandes de fleurs. La marche est fermée par toutes les jeunes filles non mariées du village, à pied, avec leurs plus beaux atours et chantant tout le long du chemin la chanson de la mariée. L'air, le mouvement et les paroles de cette simple et gracieuse chanson me rappelèrent nos chants populaires du Béarn et ceux de Bretagne dans les mêmes occasions ; car c'est à ce moment de la cérémonie nuptiale que j'avais rencontré mes pasteurs du Knémis près de Chéronée.

Ma rapide excursion d'antiquaire terminée, je me hâtai de rejoindre les pasteurs avant leur arrivée dans le hameau de Méra, afin de ne rien perdre de la fête. A notre approche de Méra, notre présence fut annoncée par les instruments de musique et les *polychronia*[1] des habitants de Méra, qui nous attendaient. Nous descendîmes tous de cheval devant la tente de la mariée. Ses compagnes nous accueillirent avec des chansons qui célébraient la bienvenue de tous ; mais la mariée, enfermée dans sa tente, ne se montra pas. Quand nous fûmes tous arrivés, le futur fut introduit avec ses deux acolytes, le nounos et l'adelphopoïètos, et nous le suivîmes tous processionnellement, faisant le tour de la tente à l'intérieur, et ressortant par la même porte, car la tente n'aurait pu, à beaucoup près, nous contenir tous à la fois. Un spectacle curieux s'offrit à moi dans l'intérieur. Des deux côtés, depuis la porte d'entrée jusqu'au fond, se tenaient debout deux haies de jeunes filles parées de leurs plus brillants atours, et chantant ensemble la chanson du jour, car chaque jour, chaque céré-

---

[1] Cri qui répond à nos vivats et signifie : *vivez beaucoup d'années.*

monie a sa chanson particulière. Tout à l'extrémité, sur un tabouret assez bas était assise la future, entourée de sa mère et de ses sœurs et amies. Sa tête et ses épaules étaient recouvertes d'un épais voile ou plutôt d'un châle, et sur sa tête était posée une large coupe d'argent. La chambre n'était éclairée que par quelques brandons allumés derrière la mariée. Nous défilâmes tour à tour entre ces deux haies de jeunes filles, et en arrivant devant la mariée, chacun de nous déposa dans la coupe placée sur sa tête, une petite pièce d'argent ou d'or, antique ou moderne, turque, grecque ou française. Les pièces d'or et d'argent recueillies ce jour-là sont ensuite percées, passées dans un fil d'argent et ajustées de manière à former un bonnet fort gracieux, composé parfois des monnaies antiques les plus rares.

Pendant ce temps, on préparait un repas en plein air pour les hommes. De grandes nattes de sparterie furent jetées sur l'herbe ; autour de ces nattes chacun déposa de petits tapis repliés ou sa *talagani* pour s'asseoir à l'orientale. Quant à moi, eu égard à mes habitudes franques, on m'apporta un bât de mulet qui fut recouvert de deux épaisses et longues talaganis. De grandes jattes remplies de morceaux de mouton bouilli, des œufs, du fromage, quelques fruits et du *yaourd* (espèce de lait caillé à la turque) composèrent le menu du repas, et les tzitza de bois remplies d'assez bon vin circulèrent à la ronde.

Comme ces cérémonies nuptiales devaient se prolonger encore pendant plusieurs jours, et que je voulais arriver ce soir-là même au monastère de Saint-Luc, je remerciai mes hôtes et leur annonçai mon départ ; mais je n'avais pas encore aperçu la figure de la fiancée, qu'on me disait être fort jolie, et je ne voulais pas partir sans l'avoir vue. Si j'eusse voulu attendre qu'on l'emmenât du village, ma curiosité sur ce point n'eût pas encore été satisfaite, car alors même elle devait porter son épais voile sur la figure. Je demandai donc, en faveur de ma qualité d'étranger et de ma curiosité de Français, à être admis à voir la figure de la fiancée avant mon départ. Le marié y consentit de bonne grâce, et le nounos ou compère me prit par la main pour m'introduire de nouveau avec lui dans la tente. Les jeunes filles chantaient, toujours rangées sur deux lignes, et la mariée était assise sur la même escabelle, recouverte de son voile. Le nounos et moi, nous pénétrâmes jusqu'à elle, et le nounos, après avoir prévenu la mère et les parentes de la mariée de ma demande et du consentement du marié, souleva le voile. La figure de la mariée offrait un bel ovale, de beaux traits fort purs et de grands yeux noirs dont l'ardeur était augmentée encore de la chaleur effroyable qu'elle avait à supporter, sous cet épais voile, à la lumière de ces brandons, au milieu de tant de jeunes filles pressées dans une seule chambre et la faisant sans interruption retentir de leurs voix vibrantes. Quant à son teint, il était impossible d'en juger, car elle était fardée comme la plus précieuse marquise de la cour de Louis XV. Au-dessus de ses deux sourcils étaient peints deux petits cercles d'or ; au-dessous des yeux était tracée une ligne bleuâtre qui les agrandissait encore ; sur ses joues étaient répandues d'épaisses couches de rouge, et çà et là de petites mouches noires à la Pompadour donnaient à cette tête de seize ans la mine la plus vive et la plus agaçante. Les mouches sont un ornement et un trait de beauté fort appréciés en Grèce, et on ne manque jamais, dans les chansons populaires, de décrire les mouches qui parent les joues, le cou, les épaules et le sein des belles qu'on veut louer. Celles de la jeune fiancée de Méra étaient fort habilement posées. Je la remerciai d'avoir bien voulu me permettre de la voir, et usai en même temps d'une liberté qui n'est accordée qu'à l'adelphopoïètos, celle de l'embrasser, et je choisis celle des parties de sa figure qui était le moins couvertes de peinture. Elle devint tout à fait incarnat, et ses amies applaudirent en riant à la familiarité de l'étranger. Je me fis d'ailleurs pardonner mon audace en demandant la permission d'ajouter une petite monnaie de France à celles qui allaient parer sa jeune tête, et je la priai de la placer la première sur son joli front entre les deux cercles d'or de ses épais sourcils. Puis je remerciai les jeunes chanteuses et je sortis. Avant mon départ, toutefois, je me fis conter le reste des cérémonies qui allaient suivre.

Ce même jour, lorsque le repas est terminé, la fiancée se lève de son escabelle, entourée de sa mère et de ses parentes, et s'avance jusqu'à la porte intérieure. Le fiancé l'attend en dehors, soulève la portière, saisit le bras de sa fiancée qui résiste mollement, et il l'arrache comme de force de la maison paternelle. Ses parentes, pendant ce temps, remplissent les fonctions du chœur antique et adressent, au nom de leur compagne, des adieux à sa mère, à son père, à ses frères et sœurs, parents et voisins, et elles demandent aussi en son nom la bénédiction de tous. Douze gardiens, choisis dans la famille de la mariée, sont chargés de l'accompagner et de la confier au mari, ainsi que l'eût fait la mère, aussitôt que la cérémonie religieuse qui suit l'arrivée du cortége est accomplie. Le cortége, déployant la même pompe qu'à son arrivée, emmène ainsi la fiancée et ses douze gardiens dans le village et à la demeure du marié. Le père et la mère de l'époux les attendent debout à la porte pour les recevoir. Devant eux sont placés par terre un essaim de miel, un panier de beurre et une petite corbeille de grains. La mère du fiancé porte de plus à ses bras, comme des bracelets, deux de ces petits pains en forme de couronne que l'on appelle *klouria*. La nouvelle belle-mère, à l'approche de la fiancée, lui tend la main, passe à son bras les deux klouria, et l'aide à sauter légèrement par-dessus le miel, le beurre et les grains déposés à ses pieds. C'est là aussi une sorte de mythe. Le miel signifie la douceur qui doit régner dans les relations domestiques; le grain et le beurre, l'abondance qu'offre à la mariée la maison de son mari, et les klouria passés à son bras signifient l'abondance qu'elle va y apporter elle même et qui est due à son mari. Placée entre sa belle-mère et son beau-père, elle s'incline trois fois devant chacun d'eux et leur baise respectueusement la main. Les jeunes filles, ses nouvelles parentes, entourent la belle-mère, et, à la façon du chœur antique, chantent pendant ce temps une chanson dont voici quelques lignes :

> Sortez, sortez, heureuse belle-mère,
> Pour recevoir cette jolie perdrix
> Qui s'avance avec pas léger et cœur léger,
> Et vient se placer dans une jolie cage
> Où elle chantera et chantera mélodieusement,
> De manière à vous donner longue joie
> Et à ce que vous vous félicitiez de votre bonheur, etc.

Ce même jour, la mariée et ses douze gardiens sont placés dans un appartement séparé pour la nuit. On passe la soirée en repas, en chants et en danses. Le lundi matin, tout le cortège des deux familles se réunit et se rend en pompe à l'église, où on célèbre la cérémonie religieuse, puis on donne un grand festin où le mari dîne pour la première fois avec sa fiancée et à côté d'elle ; mais les douze gardiens ne la quittent pas encore, et elle passe cette nuit seule sous leur protection.

Le mardi on donne un grand dîner aux douze gardiens, qui prennent congé des nouveaux époux. Les parents du marié restent à danser toute la soirée, puis vont en grande cérémonie préparer et parfumer la couche de la mariée, simple lit de camp recouvert de tapis.

Telles sont les cérémonies des derniers jours, que je me fis raconter minutieusement, et en faisant chanter par les jeunes filles, dont la mémoire est remplie des chansons du pays, tous les chants réservés à chacun des jours et à chacune des cérémonies. J'aurais bien voulu pouvoir assister à toutes ces fêtes, mais je désirais aller coucher ce même jour au monastère de Saint-Luc. Malgré ma répugnance à me séparer de mes nouveaux amis, je fis donc seller mes chevaux et me disposai à me mettre en route. Le marié vint prendre congé de moi entouré de tous ses amis; il porta sa main droite sur son cœur et sur son front, me prit la main, la baisa, puis la porta à son front incliné, et, dès que je fus monté à cheval, il m'apporta sa tzitza pour que je busse à la manière antique, ce que je fis, en portant leur santé à tous, au milieu de leurs cris de polychronia, renouvelés aussi des usages antiques [1]. Craignant de les blesser en voulant payer leur hospitalité, je fis venir le marié devant les siens et, après lui avoir fait une courte allocution, je le priai de vouloir bien me permettre de lui offrir à lui-même, comme nous avions tous offert à sa fiancée, un léger souvenir qui lui rappelât un jour la présence d'un ami français à son mariage et la reconnaissance que cet ami emporterait dans son pays de l'accueil cordial de ses hôtes les bergers du Parnasse et du Khlomos. De nombreux et bruyants polychronia m'escortèrent jusqu'à ce que j'eusse disparu aux regards des bergers, en dépassant l'épaisse haie de lauriers-roses qui bordait le ruisseau de leur village.

Je coupai court pour arriver à temps au monastère de Saint-Luc en franchissant quelques torrents et quelques ravins de plus. Jusque-là le temps avait été magnifique; mais une fois que je fus parvenu dans la profonde vallée de Stiri, si fameuse par l'impétuosité des vents qui la balayent continuellement, il me fallut soutenir une véritable lutte contre les ouragans. Un chemin pittoresque et excellent dans les temps ordinaires suit la pente de la montagne, dont les flancs rocailleux présentent comme un mur qui enclôt un précipice profond et tourne avec toutes les sinuosités du rocher. La variété des ombres projetées par ces milles dé-

---

[1] « Et quant li emperères entra en Thèbes, dont peussiés oïr un si grant polucrone de Palpas et d'Alcontes, et d'ommes et de fames, et si grant tumulte de tymbres, de tambours et de trombes, que la terre en trambloit. » (Henry de Valenciennes, Continuation de la Chronique de Geoffroi de Ville-Hardoin, p. 294 de mon édition.)

tours sur les flancs du précipice est d'un fort bel effet, mais je ne pus jouir long-temps de cette vue. Le vent était si violent que, bien que je me cramponnasse sur mon cheval en offrant à l'ouragan aussi peu de prise que possible, et que mon cheval se cramponnât lui-même de son mieux, plusieurs fois nous fûmes sur le point d'être renversés l'un et l'autre du haut de ce mur de rochers; et ce sort eût infailliblement été le nôtre au premier détour sinueux qui eût laissé plus d'action au vent, si je n'eusse pris le parti de tromper l'ennemi. Je tournai donc la colline orageuse pour qu'elle me servît elle-même d'abri, et j'arrivai sain et sauf au célèbre monastère de Saint-Luc.

L'hégoumène (abbé) était pour le moment en inspection dans une de ses *metochi* ou fermes, mais l'économe et le portier, deux dignitaires, m'accueillirent à merveille et se chargèrent de me faire les honneurs du couvent. Le portier est un grand et vigoureux moine qui a fait la guerre de l'indépendance, s'est fort bien servi du mousquet, et, pour faire une bonne œuvre de plus, a tué ses deux Turcs. Il ne faut pas toujours croire que tous les Turcs tués dans les récits des Grecs aient pour cela cessé de vivre. Tout Grec, brave et hâbleur comme un Gascon, veut avoir tué au moins sa dizaine d'ennemis dans chaque bataille, et le nombre des batailles, dans leurs récits, ne le cède pas au nombre des ennemis anéantis : de telle sorte que dans ces milliers de combats il serait tombé des millions de Turcs, beaucoup plus de millions qu'il n'y en a jamais eu dans tout l'empire. Mais mon moine était un vigoureux jouteur beaucoup plus capable d'en avoir tué dix que deux. Agenouillé devant ma table après mon dîner, son chapelet en main, pendant que je me reposais sur un lit de camp et fumais mon chibouk, il me faisait bonne compagnie et me racontait éloquemment l'histoire de son pays, celle de son couvent et la sienne. Dans toute sa conversation pleine de feu éclatait un vif amour pour l'indépendance et la liberté de sa patrie et une affection raisonnée pour les Français.

Les autres caloyers (moines) qui vinrent me rendre visite manifestèrent la même sympathie que mon belliqueux caloyer pour la gloire et la grandeur de la patrie grecque, et ils nourrissaient tous la même affection pour la France. Nos moines catholiques sont une milice qui ne prend part qu'aux intérêts et aux combats de Rome, leur vraie patrie; les moines grecs ne cessent jamais d'être citoyens ; ils partagent toutes les passions de leurs compatriotes, et leurs intérêts se marient et se confondent avec les intérêts du sol ; car, d'après l'institution de saint Basile, qui régit les monastères grecs, tous les moines doivent se vouer à la culture de la terre sans être soumis à la vie rigoureusement claustrale des nôtres. Répandus dans les diverses fermes de leur monastère, conduisant la charrue, maniant la bêche et dirigeant les sources autour du pied de leurs oliviers, ils ont souvent sans doute toute l'ignorance de véritables paysans, mais ils en ont aussi toute l'ardeur patriotique.

Le monastère de Saint-Luc fut, dit-on, fondé par l'empereur Romain Lacapène, qui régna de 918 à 944, et par sa femme Théodora. Il paraît que chacun des deux conjoints était aussi obstiné que divers dans son goût en matière d'architecture ecclésiastique ; car, au lieu de joindre au couvent une seule église, ils en joignirent deux, appliquées l'une à l'autre, et toutes deux sur un plan essentiellement différent. L'église bâtie par l'impératrice est un grand et élégant vaisseau, simple d'architecture, et rappelant les anciennes formes helléniques. Le dôme est soutenu par quelques belles colonnes antiques arrachées sans doute à un temple de Diane, qui était tout voisin de là. L'église bâtie par l'empereur, la seule vénérée aujourd'hui, car l'autre est complétement abandonnée, est construite d'après le plan de Sainte-Sophie de Constantinople. C'est une des plus grandes églises grecques que je connaisse ; elle a huit mètres de hauteur sur dix-huit de largeur et vingt-quatre et demi de longueur, en y comprenant le *béma* ou autel. La voûte est ornée d'un beau buste du Christ en mosaïque de pierre factice suivant l'usage d'alors, et ainsi qu'on en voit dans plusieurs des églises normandes de Sicile. Les murs sont revêtus de cette même mosaïque à fond d'or. L'exécution de ces tableaux en mosaïque à Saint-Luc doit être bien antérieure à celle des mosaïques du monastère de Daphni près d'Athènes, et elles sont d'un style plus purement byzantin. Le pavé de la *solea*, ainsi que celui des trois autels, est en mosaïque de marbre, et les colonnes sont aussi de fort beau marbre incrusté de gros morceaux de jaspe, de lapis-lazuli, d'agathe, et de beaucoup d'autres pierres dures, dont quelques fragments ont été parfois enlevés. Ces précieuses incrustations sont d'un goût détestable, mais on les retrouve partout dans les plus riches églises d'Italie. L'église de Saint-Luc est fort bien entretenue, de même que les autres bâtiments du couvent. Il est aisé de voir qu'une bonne administration économique et agricole maintient l'opulence ancienne de ce monastère.

Au-dessous de l'église bâtie par l'empereur est une belle église souterraine. Deux tombeaux de marbre placés des deux côtés de l'autel arrêtèrent mon attention. Le tombeau à droite est, suivant la tradition ancienne, le tombeau du fondateur de l'abbaye, l'empereur Romain Lacapène. Quant au tombeau à gauche, aucun des moines ne put m'en dire l'origine : tout ce qu'ils se rappellent par tradition, c'est qu'il renferme aussi le corps d'un empereur ; mais quel empereur, ils n'en savent rien. En l'examinant avec attention, je vis que les colonnes qui soutiennent ce tombeau diffèrent essentiellement de celles qui soutiennent celui de l'empereur grec ; et je remarquai, au-dessus de ces deux colonnes, deux croix sculptées qui ne se retrouvent pas sur l'autre. Or ces croix sont celles qui ont été adoptées par les empereurs français de la maison de Courtenay, Pierre de Courtenay, comte d'Auxerre, et ses deux fils, Robert et Baudoin II, la croix perlée et fleuronnée par le bas. De ces trois empereurs, le dernier, Baudoin II, mourut en 1273 dans le royaume de Naples, où, après la prise de

Constantinople par Michel Paléologue, il s'était réfugié près de son parent Charles d'Anjou, et son tombeau, construit par les ordres de Charles d'Anjou, est conservé à Barletta. On n'a pu découvrir jusqu'ici le lieu où avaient été enterrés Pierre de Courtenay et son fils Robert. On sait seulement que Pierre, après avoir été couronné empereur par le pape Honorius à Rome, en 1217, s'embarqua à Brindes pour Durazzo; que là, trompé par les paroles d'amitié du despote d'Arta, Théodore-Ange Comnène, il résolut de s'acheminer vers Constantinople par terre, qu'à trois journées de Durazzo il fut surpris pendant la nuit, fait prisonnier par Théodore, et qu'il mourut deux ans après en prison, tandis que sa femme, l'impératrice Yolande, qui était grosse et avait préféré s'en aller par mer, s'arrêta quelques instants dans la principauté d'Achaye, auprès du prince Geoffroi de Ville-Hardoin, auquel elle donna sa fille en mariage[1], et arriva saine et sauve à Constantinople. Où mourut Pierre de Courtenay et où il fut enterré, c'est ce que l'histoire ne nous apprend pas; mais il serait possible que Geoffroi de Ville-Hardoin, lié avec la famille Comnène, eût obtenu de faire transporter le corps de son beau-père dans le monastère de Saint-Luc, qui était dans sa principauté et n'était pas fort éloigné du despotat.

D'un autre côté, on sait que le fils de Pierre, l'empereur Robert de Courtenay, mourut dans la principauté de son beau-frère, le prince Geoffroi de Ville-Hardoin, à son retour de Rome, où il était allé se plaindre au pape d'un attentat de ses propres chevaliers. Voici à quelle occasion : Robert

[1] « Ains qu'ele venist à Constantinople, arriva elle en la terre Gieffroi de Vile-hardoin, qui grant honor li fist. L'emperris avoit une fille et Gieffroi de Vile-hardoin un fil qui avoit nom Gieffroi. L'emperris vit qu'il avoit grant terre et que sa fille i seroit bien mariée. Si li dona sa fille, et il la prist à fame; si l'espousa. Après s'en ala l'emperris à Constantinople. Ne demora après ce guaires qu'ele se délivra d'un fil dont ele estoit grosse. » (Bernard le Trésorier, Continuation de Guillaume de Tyr, édit. de M. Guizot, p. 330.)

était devenu amoureux d'une jeune Française, fille de Baudoin de Neuville, d'Arras, mort depuis quelques années, et il s'en était fait aimer. La mère et la fille avaient même consenti à venir habiter le palais impérial, où Robert passait sa vie aux pieds de sa belle maîtresse, sans se soucier beaucoup des affaires d'un empire que sa situation exposait pourtant à de si grands dangers, et qui avait besoin d'un bras puissant habitué à porter l'épée. Cette conduite indigna ses chevaliers, qui lui firent connaître leur désapprobation par un acte atroce de vengeance qui peint bien les mœurs du temps. Un jour ils pénétrèrent, l'épée à la main, dans la chambre où l'empereur était assis auprès de sa jeune maîtresse et de sa mère. Pendant que quelques-uns d'entre eux retenaient l'empereur, leurs complices s'emparèrent de la personne de la mère, la jetèrent dans un bateau et la noyèrent dans le port; d'autres saisirent en même temps la jeune fille et la défigurèrent d'une manière affreuse en lui coupant le nez et les lèvres. L'empereur désolé n'eut pas plutôt recouvré sa liberté, qu'il abandonna Constantinople et se rendit à Rome pour porter plainte au pape contre ses chevaliers. Le pape le consola de son mieux, lui fit de grands dons, et le décida à retourner dans son empire; mais, avant d'y arriver, s'étant arrêté près de son beau-frère, Geoffroi de Ville-Hardoin, en Achaye, il y tomba malade et mourut [1]. Ne serait-il pas possible que son beau-frère lui eût fait ériger un tombeau dans ce monastère, alors fort vénéré, bien que le corps de saint Luc en eût été déjà enlevé avec plusieurs des anciens diplômes pour être transportés à Rome? La croix ancrée de Champagne, blason des Ville-Hardoin, se voit encore sur les deux colonnes

---

[1] « Quant il vint là (à Rome) si se plainst à l'apostole de le honte que si home li avoient faite. Le pape le conforta durement et li dona du sien, et le pria tant et fist tant vers li qu'il retourna arrière en Constantinople. En ce qu'il se retornoit arrière, il ariva en la terre Gieffroi de Vile-hardoin. Là prist maladie, dont il fu mort. » (Bernard le Trésorier, édit. de M. Guizot, p. 334.)

du voile de l'église souterraine, ainsi que dans une petite chapelle située à droite dans l'enceinte supérieure qui domine la nef. Beaucoup d'autres armoiries de nos familles françaises sont distribuées dans les diverses parties du monastère : ici, sur l'extérieur d'une cellule, une croix ancrée avec quatre fleurs de lis renversées dans les quatre cantons de la croix, et deux paons pour support ; là, sur la marche d'un escalier fait depuis peu à l'aide d'anciens fragments, une croix perlée, et plus bas, sur une autre marche, la croix ancrée de Champagne. Ailleurs, dans la chapelle supérieure, et sur le revers même d'une plaque qui porte deux croix de Champagne sur lesquelles pose un aigle à ailes éployées, se trouve un fort mauvais bas-relief qui doit appartenir à ce temps d'orgueilleuse conquête. Un lion est représenté assis triomphalement et contemplant un autre lion qui tient dans sa gueule un cerf tremblant qu'il va déchirer. Ce cerf tremblant est près de mourir : est-ce l'image du pauvre peuple de la Grèce déchiré par le lion de Bourgogne et de Champagne, emblème des Champ-Litte et des Ville-Hardoin, sous l'œil dédaigneux du lion de Flandre, emblème des empereurs français de Constantinople ? Une allégorie du même genre se retrouve dans un bas-relief incrusté sur la muraille extérieure du catholicon ou église métropolitaine d'Athènes, bâtie par les Français en 1218, et dans un autre bas-relief que j'ai retrouvé parmi les ruines d'une église à Thèbes[1].

J'avais grand désir de m'assurer par mes propres yeux s'il ne restait rien des anciennes archives et manuscrits qu'avait dû posséder autrefois ce couvent. L'exact voyageur Leake, qui a visité Saint-Luc il y a une trentaine d'années, dit n'avoir rien vu et semble soupçonner les moines de lui avoir dissimulé leurs richesses littéraires. Les moines grecs sont souvent insouciants et négligents par ignorance ; mais

[1] On trouve aussi beaucoup d'autres bas-reliefs du même genre dans bon nombre de monuments byzantins, et même dans les monuments antiques de l'Asie mineure.

ils sont bonnes gens, et, pour peu qu'on soit sociable et familier avec eux, ils ne sont pas moins sociables et familiers de leur côté. Il ne faut avec eux ni pédantisme ni affectation et, si on veut les gagner tout-à-fait, on n'a qu'à leur parler des affaires publiques, car tous y prennent le plus chaud intérêt. Une fois leur affection gagnée, et on la gagne rapidement ainsi, rien ne vous sera plus caché. Je les ai toujours trouvés, pour ma part, disposés à faire tout ce qui pouvait m'être agréable, et avec la plus entière franchise. A mes questions sur leur bibliothèque, les moines de Saint-Luc me répondirent que leurs plus anciens diplômes et manuscrits avaient été transportés à Rome, au temps de la croisade de Constantinople, avec les reliques de saint Luc; que, depuis la conquête turque du quinzième siècle, leur monastère avait été souvent pris et pillé, et on connaît le respect des Turcs pour les choses d'art et de science. Enfin, dans l'année 1788, le Klephte Andruzzo, père du fameux Odyssée, précipité de l'Acropolis pour avoir voulu ramener les Turcs après les avoir vaillamment combattus, s'était emparé du monastère de Saint-Luc, avait forcé les moines à chercher un refuge dans les montagnes, et avait tout pillé ou brûlé. Depuis cette époque, les moines ont peu songé à se procurer une bibliothèque. Bien cultiver leurs fermes, vivre largement dans l'intervalle des quatre longs carêmes, des trois jeûnes et des trois vigiles observés si scrupuleusement par tous les Grecs[1], bien entretenir

---

[1] Les Grecs ont quatre carêmes : celui d'avant Pâques, qui dure huit semaines; celui des Saints-Apôtres, après la Pentecôte, qui dure trois semaines; celui de la sainte Vierge, pendant les quatorze premiers jours d'août; celui de Noël, qui dure quarante jours avant Noël. Ils ont trois jeûnes : l'un de vingt-six jours, avant la Saint-Démétrius; le second de quatre jours, pour l'exaltation de la Croix, et le troisième de huit jours, pour la Saint-Michel, sans compter le mercredi et vendredi de chaque semaine, et quelquefois le lundi. Ils ont enfin trois vigiles : la vigile de l'Épiphanie, celle de saint Jean-Baptiste et celle de la Croix, pendant lesquelles ils ne mangent non plus ni viande ni poisson.

leurs églises et célébrer leur liturgies, et, de temps en temps, au milieu des guerres contre les Turcs, bien manier le long mousquet contre les infidèles, voilà l'occupation de ceux qui remplissent le mieux leurs devoirs cléricaux. On voit que l'étude des livres n'a là aucune place. Pour satisfaire toutefois ma curiosité, ils se livrèrent avec moi aux plus minutieuses investigations. Toutes les chambres furent visitées, toutes les cellules explorées, tous les souvenirs invoqués, et nous parvînmes enfin à découvrir deux manuscrits grecs fort imparfaits; l'un était un livre de prières écrit au quinzième siècle sur papier de lin, de format in-8°, et l'autre un évangéliaire, de format in-8° aussi, écrit vers la fin du quatorzième siècle, sur papier de soie, d'une écriture cursive beaucoup plus lourde.

Le monastère de Saint-Luc a été bâti sur l'emplacement d'une ancienne ville hellénique. On voit encore, un peu en dehors du couvent, beaucoup de vestiges des fortifications helléniques, et sur les murs de l'église quelques anciennes inscriptions, entre autres la dédicace d'une fontaine qu'y fit creuser à ses dépens un nommé Xénocrate. Cette fontaine alimente encore le monastère, et ses eaux fraîches et pures sont aussi abondantes qu'elles l'étaient il y a plus de deux mille ans. Elle coule derrière l'église et devant un bon bâtiment d'économat avec des chambres bien éclairées que le couvent fait construire en ce moment.

Je pris congé de mes excellents hôtes les moines de Saint-Luc pour continuer mon voyage vers Delphes, Salona ou l'antique Amphysse, Bodonitza et les Thermopyles.

XII.

DELPHES. — SALONA. — LA CLISOURA. — BODONITZA.

La route du monastère de Saint-Luc à Delphes tourne le long des flancs du Kirphis ou Xero-Vouni, dans ses embranchements avec le Parnasse ou Liakoura. Une demi-heure après avoir monté, se rencontre une petite chapelle située, de la manière la plus délicieuse, tout auprès d'une fontaine d'eau vive ombragée de vastes platanes. Il y avait probablement là autrefois une station religieuse pour les pèlerins qui se rendaient à Delphes, car ce chemin semble suivre la route antique. Une fois qu'on a tourné ces ravins de la chaîne du Kirphis on aperçoit l'entrée de la gorge profonde qui dominait la vieille Delphes. Tout à l'entrée de cette gorge, bien haut dans les montagnes, sur les dernières limites du terrain cultivable et au pied de ces cônes de neige qui donnent une physionomie imposante au front sourcilleux du Liakoura, apparaît, comme une vigie attentive, le bourg d'Arachova. Quelques noires forêts de pins semblent posées auprès du rivage de cette sorte de glacier comme une digue destinée à arrêter l'invasion des neiges. A l'autre extrémité de cette gorge, bien haut aussi, au pied de rochers aux couleurs chaudes de porphyre, est le village de Castri, bâti sur les ruines de la célèbre Delphes.

Il faut encore deux heures d'une bonne marche de cheval d'agoïate pour tourner toutes les collines et les remonter jusqu'à Castri, que l'on conserve presque toujours en vue; mais à mesure qu'on s'en approche la vue devient à chaque pas plus belle. Dans les parties inférieures des collines on traverse de courtes vallées bien plantées et bien arrosées, en suivant de l'œil la fraîche vallée du Plistus. Dès qu'on est parvenu sur le haut des collines on aperçoit la baie de Salona, le golfe de Corinthe et, dans le lointain, les montagnes du Péloponnèse. En se rapprochant un peu plus la mer se dérobe derrière les cîmes du Kirphis et on se trouve dans une enceinte de hautes montagnes et comme isolé du reste du monde. Ce devait être un beau spectacle que d'apercevoir de là, aux jours solennels, les processions antiques se déployer à la fois des deux côtés opposés en arrivant par mer à Crissa et par terre du côté d'Arachova. Dès les premiers pas sur ce sol sacré on passe à travers des tombeaux. Les uns avaient été érigés sur cette partie de la route, comme un chrétien des anciens jours eût fait ériger le sien près de Jérusalem ou dans la vallée de Josaphat; les autres ont été entraînés dans la chute des rochers supérieurs, dont les énormes fragments gisent dispersés alentour : et parmi ces rochers l'antiquaire exact peut rechercher la place de la pierre qu'on donna à dévorer à Saturne, et que les anciens montraient au-dessus du tombeau de Néoptolème. Un peu plus haut, en se rapprochant toujours, est un immense tombeau relevé sur sa hauteur et tout ouvert, comme si le mort qu'il contenait venait d'en sortir en le brisant. L'intérieur représente comme une porte entourée de gros clous. Il n'a pas fallu moins qu'un des violents tremblements de terre si fréquents ici pour arracher et précipiter d'aussi énormes fragments de rochers que ceux dans lesquels étaient déposés ces tombeaux. C'est un tremblement de terre de ce genre qui épouvanta le Brenn gaulois, notre ancêtre, et ses plus fiers soldats, au moment où, l'an 279 avant J.-C., ils s'avancèrent par les Thermopyles pour piller les trésors du temple de Delphes. Les tombeaux vont toujours se continuant sans interruption jusqu'au monastère de Saint-Élie, mais tous ont été ouverts; de tous on a arraché les ossements qui devaient y reposer en paix. La soif de l'or chez les uns et pour les autres le désir de posséder quelques objets antiques, une bague, des boucles d'oreilles, un bracelet, ont amené la violation de tous les tombeaux antiques et continueront à amener la violation des tombeaux qui restent à fouiller. En vain a-t-on construit des monuments aussi nobles que le tombeau des Atrides à Mycènes, aussi imposants que les pyramides d'Égypte, pour recueillir les cendres de sa famille; en vain a-t-on creusé les rochers les plus âpres et les flancs les plus inabordables des torrents, détourné même les fleuves pour s'y creuser un asile inviolable : tout a été fouillé, la poussière des générations antiques a été jetée aux vents par les générations qui les ont suivies, et celles-ci éprouveront à leur tour le même sort de la part de leurs descendants.

A quelques pas au delà du monastère de Saint-Élie coule une petite rivière qui a une bien noble source. Elle sort de la fontaine de Castalie, placée un peu au-dessus à droite de la route. Un torrent descend du Parnasse par une fissure entre deux pics escarpés, le pic Nauplia et celui d'Hyampeia, d'où fut, dit-on, précipité le fabuliste Ésope par les habitants de Delphes. Parvenu à l'extrémité de cette fissure étroite le torrent est recueilli dans un court passage voûté et s'écoule dans un bassin carré, creusé par la nature même dans le rocher, mais agrandi un peu de main d'homme. Ce bassin, qui a environ trente pieds de longueur sur dix de largeur, renferme la célèbre fontaine de Castalie, dans laquelle se baignait la Pythie avant de rendre ses oracles. Elle est couverte aujourd'hui du plus beau et du meilleur des cressons, dont je ne manquai pas de me faire faire une salade en l'honneur d'Apollon et de la Pythie. Au-dessous de la fontaine de Castalie, sur le flanc d'un rocher d'une hauteur perpendiculaire de plus de cent pieds, sont creusées trois niches. Celle du milieu, qui est la plus grande, renfermait probablement une statue d'Apollon, et les deux autres les statues du dieu Pan et de la nymphe Castalie. Une quatrième niche placée à droite est fermée par une petite enceinte de murs et transformée en une chapelle dédiée à saint Jean, qui aura sans doute succédé à l'*Heroüm* consacré à Antinoüs. La religion chrétienne a par toute la Grèce établi ses autels sur les lieux mêmes sanctifiés par le respect antique, et le sentiment religieux du nouveau culte s'est trouvé fortifié du respect religieux long-temps porté au culte ancien. Assis sur un rocher au murmure de ce torrent, au bord de la fontaine de Castalie, que deux rochers formidables resserrent d'un côté tandis que l'autre s'ouvre sur une vallée profonde, véritable solitude fermée de tous côtés par des montagnes fort bien coupées, je pouvais concevoir sans peine l'impression de respect religieux qui devait saisir l'imagination des visiteurs et les disposer à recevoir avec plus d'autorité les décisions de l'oracle.

A quelques pas au-dessous de la fontaine de Castalie commence le village de Castri, qui pourrait bien avoir pris ce nom d'un château franc placé dans ce lieu pour défendre le passage. Il couvre l'emplacement du temple d'Apollon et de plusieurs autres temples. Un peu au-dessus, on aperçoit les degrés de marbre du stade, les restes de théâtres, du gymnase et les ruines de plusieurs monuments. De là on avait en vue Crissa et le golfe de Corinthe; c'était la partie sacrée et monumentale de Delphes. La partie profane et habitée était à mi-côte, et l'emplacement consacré aux jeux et aux luttes était plus bas vers la plaine et près de Crissa et de la mer. Tous les terrains, depuis le bas du ravin où coule le Plistus jusqu'en haut de la colline sur laquelle étaient construits les temples et les monuments publics, sont encore soutenus par des terrasses de construction antique, étagées avec soin et qui servent de terrassement aux excellentes vignes de Castri; car le coteau de Delphes n'est plus renommé que par son vin chaud et léger à la fois. A cette industrie légitime les habitants actuels de l'antique Delphes en joignent une autre beaucoup moins régulière, celle des fausses antiquités. Tout voyageur ou *milordi*, ainsi qu'on appelle ici tout étranger qui court pour le plaisir de courir, est sûr de trouver tout ce qu'il demande. Veut-il de vieux bronzes, de vieilles médailles, de vieilles lampes, de vieilles bagues, de vieilles pierres gravées, on lui fournira tout cela, fraîchement confectionné à Athènes, à Syra, ou à Corfou, à l'aide de vieux modèles pour les uns et de pâte factice pour les autres, et déposé quelque temps dans une bonne terre à fumier pour mieux imiter la rouille ou la couleur antique; on les découvrira même devant vous, si vous y tenez, et les objets d'art ainsi découverts iront ensuite, en Allemagne, en France et en Angleterre, enrichir les musées de province et les cabinets des amateurs départementaux et donneront matière aux plus savantes dissertations des académies locales. On voit cependant quelquefois à Delphes de véritables antiquités, bien que pour ma part je n'aie trouvé à acheter que des deniers tournois des Ville-Hardoin princes et princesses d'Achaye et des La Roche ducs d'Athènes; mais ce qu'on y voit surtout et partout c'est la trace des monuments antiques. On ne creuse pas une fois la terre pour jeter les fondations d'une nouvelle cabane à Castri qu'on ne rencontre quelque pan de muraille hellénique, quelques débris de colonnes ou même quelques fragments de bas-reliefs de marbre. Dans le jardin d'une cabane je vis gisant la métope d'un temple et de beaux restes de bas-reliefs; à quelques pas de là, des excavations récentes ont fait retrouver les murailles d'un temple, et un peu plus haut on vient tout récemment de mettre à nu un long pan de muraille composé de grandes pierres polygonales taillées avec soin et sur lequel sont transcrites de longues séries d'inscriptions de différents âges, en assez grande abondance pour remplir un volume, sans même les réflexions et explications des commentateurs allemands ou hollandais.

Le gouvernement grec avait eu une bonne pensée, c'était de réserver pour les fouilles les terrains sur lesquels sont placées les cabanes du village de Castri, et de donner en dédommagement aux habitants, des terrains dans la vallée inférieure pour y construire leurs maisons; mais malheureusement les projets restent là trop souvent à l'état de pensée. On avait bien interdit les constructions nouvelles avec promesse d'indemnité; mais comme l'indemnité n'arrivait pas et qu'en attendant on ne s'en mariait pas moins, on n'en avait pas moins des enfants, et que les enfants n'en grandissaient pas moins et qu'ils réclamaient de nouvelles maisons pour s'établir, on prit le parti de sauter à pieds joints par-dessus les prohibitions gouvernementales; mais, pour n'avoir pas à recommencer, on bâtit cette fois de bonnes maisons de pierre à l'aide des ruines qu'on avait sous la main. De sorte que si plus tard le gouvernement veut revenir sur son projet d'indemnité, il lui faudra payer dix fois plus pour les maisons de pierre qu'il n'eût payé pour des calyvia de chaume ou de bois. C'est ainsi qu'en ajournant à perpétuité les meilleures résolutions et en ne se décidant pas à prendre un parti rapide et tranché, on perd de nombreuses occasions de bien faire. Les nouvelles constructions faites à Delphes prouvent le fâcheux résultat que cela peut avoir sur les choses; les conséquences en ce qui concerne les hommes ne sont pas moins fâcheuses quelquefois. On m'a raconté, pendant que j'étais à Delphes, un fait qui servira d'exemple. Le roi Othon encore mineur était venu faire une course de ce côté de la Grèce avec le régent bavarois M. d'Armansperg. Le tumulte de la guerre avait cessé à peine et les habitants des montagnes, longtemps habitués à la vie klephtique qui offrait sous les Turcs la gloire d'une indépendance nationale, n'avaient pu tout à coup accepter la discipline régulière des sociétés occidentales. Les brigandages par terre avaient succédé aux pirateries des côtes, disparues devant la ferme volonté des amiraux européens, et aucune route n'était plus en sûreté. Tantôt par peur et tantôt par sympathie les villageois fournissaient des vivres et des munitions à ces ennemis de la société nouvelle, de telle sorte qu'il était devenu bien difficile de les atteindre. Le gouvernement eut alors recours à un moyen qui eut les plus heureux résultats. Il offrit une prime de mille et deux mille francs à celui qui lui apporterait la tête des bandits signalés comme ennemis publics, en même temps qu'il promit à ceux qui se rendraient dans un temps donné, des moyens réguliers et honnêtes d'employer leur activité. Beaucoup firent alors leur soumission, et sont devenus des hommes fort utiles. D'autres plus récalcitrants furent tués par les troupes envoyées à leur poursuite ou livrés par ceux même qu'ils avaient forcés à les recevoir. Quelques-uns retournèrent reprendre la vie de klephte et d'armatole dans les montagnes turques de la haute Thessalie. Peu survécurent à cette battue générale. Une redoutable bande composée des trois frères avait cependant déjoué toutes les poursuites et tenait bon dans la chaîne du Parnasse. Une prime plus haute fut offerte pour leurs têtes ; mais personne n'osait s'aventurer à la gagner. Un jour le jeune roi Othon, qui venait de visiter les environs de Delphes, était assis sur le gazon, à côté des membres de la régence, autour d'un repas homérique servi sur des amas de branches vertes, lorsque se présente devant lui un beau jeune homme vêtu et armé comme le sont les palicares. Une vaste moustache descendait sur ses lèvres, un large couteau de chasse et deux longs pistolets garnissaient sa ceinture. Il s'adressa au jeune roi avec assurance. « Vous avez promis, lui dit-il, une prime à qui vous livrerait ma tête : la voici. Jusqu'ici j'avais cru trouver dans la vie klephtique un emploi non ignoble de ma force, et mes frères l'avaient cru avec moi. Les miens me disent que d'autres temps réclament d'autres habitudes. Éclairez-moi sur le bien que me réserve votre nouvelle vie, et sur les services que je puis rendre à la Grèce ma patrie dans tout autre vocation ; mes frères attendent dans la montagne le résultat de mon expérience. » Le roi Othon était mineur. A ces fières paroles, il tourne ses regards vers le régent d'Armansperg pour réclamer une adhésion prompte, tendre la main au brave palicare et faire peut-être d'un ancien klephte un citoyen honorable et régulier. Un mot parti du cœur eût gagné le montagnard, et quelques heures après ses frères fussent rentrés sous la discipline des lois ; mais ce mot ne fut pas prononcé. M. d'Armansperg répondit qu'on examinerait son affaire, qu'on aviserait. En attendant, le palicare fut conduit en prison pour y attendre une décision qui se faisait tous les jours attendre. La captivité était insupportable à l'homme des montagnes. Il se sauva, regagna les gorges du Parnasse, annonça à ses frères ce qu'il avait vu, et tous trois recommencèrent une guerre longue et terrible contre la société qui les repoussait au lieu de leur tendre les bras ;

et ce ne fut qu'après avoir été long-temps la terreur du pays qu'ils succombèrent eux-mêmes. Leur jeunesse, leur beauté, leur bravoure leur ont mérité des ballades qui se chantent mélancoliquement dans les chaumières.

Je quittai Delphes par une route opposée à celle par laquelle j'y étais monté, et je descendis du côté de Khrysso. C'est un village fort joli avec de bonnes maisons et dont les habitants paraissent tout à fait à l'aise. Il est fort voisin de l'emplacement sur lequel était bâtie l'antique Crissa qui a donné son nom au golfe de Crissa ou de Salona ou de Galaxidi. La route suit cette baie le long d'une petite rivière qui féconde la vallée, bien qu'on la passe aisément à gué et qu'on puisse en suivre le lit à cheval. Sur la gauche on aperçoit le village de Ser-Ianni au nom franc, et après quatre heures de marche on arrive à Salona, l'antique Amphisse.

Dès les premières heures du jour, je commençai mes excursions dans Salona par la visite de l'ancienne forteresse, placée sur le haut d'une montagne au-dessus de la ville. Cette construction, qui est d'origine hellénique, fut augmentée sous l'empire de Byzance, et réparée par les comtes français de Salona. Les murailles helléniques sont fort considérables. La porte intérieure est complétement antique. Elle est haute de deux mètres soixante-dix centimètres sur deux mètres trente-cinq centimètres de largeur et deux mètres soixante-dix centimètres d'épaisseur. L'encadrement du bord est de deux mètres trente centimètres de hauteur sur un mètre soixante-dix centimètres de largeur. Ainsi que toutes les autres portes helléniques, elle est composée de deux hautes pierres sur lesquelles pose une troisième pierre. L'enceinte hellénique est presque partout fort bien conservée et on y remarque les deux genres de construction, la polygonale irrégulière et la quadrilatère réunies. Tous les angles des murs sont bâtis de grandes pierres quadrilatères, fort bien taillées, tandis que les pans intermédiaires sont composés tantôt de pierres polygonales irrégulières, bien ou mal taillées, et tantôt de pierres quadrilatères taillées ici fort soigneusement, et à côté fort grossièrement. Cette différence indique-t-elle deux ou trois époques, ou simplement deux modes contemporains de construction? L'inspection des murs de Salona rend cette dernière opinion plus probable. Les encoignures, qui devaient être plus fortes, sont bien taillées et composées d'assises régulières quadrilatères; les murs intermédiaires, exigeant moins de soin, sont composés de pierres irrégulières plus ou moins bien taillées. Ainsi voilà les trois espèces de constructions réunies sur un seul point. Deux tours rondes sont d'origine évidemment byzantine; deux tours carrées, à l'une desquelles on aperçoit les vestiges d'une porte-coulisse, sont d'origine et de construction franques. Dans l'intérieur des murs sont les ruines d'une église franque, au-dessous de laquelle est une petite église souterraine d'une forme tout à fait inusitée. Elle est double, mais non pas composée de deux corps qui se joignent longitudinalement : l'une vient tomber à angle droit sur l'extrémité de l'autre et n'a d'issue que par la première. Près de l'église franque sont les ruines d'une petite église byzantine, et tout à côté de cette dernière est un petit sacellum fort probablement romain. Sur la gauche en entrant est un degré creusé dans le roc tout le long du mur de côté, et tout le pavé est également creusé dans le roc. Ainsi sont venues s'accumuler sur cet étroit espace bien des générations d'hommes qui n'y ont laissé que poussière et ruines.

En descendant du château, je m'arrêtai à contempler une belle fontaine à arcades de construction turque. L'eau y est extrêmement abondante et d'une excellente qualité. Elle alimente tous les jardins de la ville, et permet à tous les habitants d'orner leurs maisons au moins de quelques arbres chacune. Salona est dispersée çà et là, sans aucune rue arrêtée, comme un village suisse, sur tous les flancs de la colline. L'effet en est charmant de loin; mais de près on pénètre bien difficilement à travers ce dédale de pierres, et il sera fort mal aisé de relier jamais tout cela en une petite ville.

Je parcourus tous ces décombres. Sur les pans de muraille encore debout d'une église ruinée de Saint-Jean-le-Théologien, bâtie sur les ruines d'un temple antique dont les bases subsistent, apparaît encore une longue fenêtre en ogive de l'époque franque. Une autre église, placée au bas de la ville sous l'invocation de saint Nicolas et sainte Paraskevi, offre sur les parois, au milieu du chœur, un bas-relief représentant l'aigle à deux têtes de l'Empire tenant une boule dans sa serre droite. Ce même blason se retrouve au-dessus de la porte d'une maison particulière. De l'époque turque il ne reste à Salona qu'une mosquée, et encore, aussitôt après la révolution grecque, par représaille contre les Turcs qui faisaient abattre les clochers des églises chrétiennes et défendaient d'en construire d'autres, les chrétiens ont-ils fait démolir le minaret de la mosquée. Deux autres églises subsistent au-dessus de la ville, celle de la Panagia, et une autre plus petite consacrée à la Panagia et au Sotiros (sauveur), et située plus haut dans les platanes, sur le versant de la montagne; mais je n'y ai rien retrouvé de curieux.

Les murailles de l'antique Amphisse, composées de grosses pierres quadrilatères, se continuent tout le long de la rivière, au pied de la nouvelle Salona. De l'autre côté de la rivière est un monument de la plus haute antiquité. C'est une grotte de six pieds carrés environ, taillée dans le roc vif. La porte est large et haute, et au fond est une tombe découverte. Suivant les traditions du pays, c'était le tombeau de l'Égyptien Phocas, qui a donné son nom à la Phocide. De cette grotte, un peu élevée au-dessus de la rivière, sur le penchant de la montagne, en face de Salona, on aperçoit toute la vallée, et on devait voir se développer l'antique Amphisse, dont les murailles, qui suivent le lit de la rivière, sont placées à une centaine de pieds plus bas.

A deux lieues de Salona, sur la montagne par laquelle se

dirige une seconde route pour se rendre à Delphes, es placé le monastère fort ancien et fort riche de Saint-Élie. J'espérais y rencontrer quelques manuscrits, mais les caloyers de Saint-Élie, qui soignent fort bien leurs terres, leurs vignes et leur église, n'eurent à me montrer aucun vestige de bibliothèque ou d'archives. Le monastère et l'église ont été entièrement rebâtis à neuf depuis peu d'années. Un ouvrier intelligent et sans étude a décoré le chœur de cette église d'un voile en bois sculpté, d'une vingtaine de pieds de hauteur sur trente de largeur, qui n'est pas sans mérite. La conception annonce beaucoup d'imagination dans un homme qui n'a rien vu ailleurs ni rien étudié. Les colonnes sont formées d'arabesques d'arbres, de fleurs, d'animaux, de personnages fantastiquement groupés. Le coup de ciseau annonce aussi une main habile, mais la correction du dessin ne répond nullement au talent de la mise en œuvre. On croit voir un bois sculpté chez nous au onzième siècle, tant le dessin en est rude et incorrect.

L'hégoumène, qui m'accueillit avec la plus parfaite prévenance, m'avait fait préparer dans sa chambre une collation et quelques flacons de son meilleur vin. Nous allâmes jouir ensuite de l'aspect de sa terrasse. La vue en est toute grandiose. A ses pieds on a le golfe de Corinthe, qu'on embrasse tout entier, depuis les montagnes de la Mégaride jusqu'à Patras et au mont de Santameri, forteresse de notre Nicolas châtelain de Saint-Omer. Au midi, la vue s'étend dans le Péloponnèse jusqu'aux montagnes du Taygète; au nord, on a le Parnasse; à l'est, l'Hélicon; et la vue se prolonge à l'ouest le long de la mer jusqu'aux îles Ioniennes et jusqu'aux dernières pointes des montagnes de la Calabre, vaste horizon qui s'étend ainsi des premières côtes de Turquie aux dernières côtes d'Italie, et qui comprend un ensemble de vallées, de montagnes, d'îles et de mers dont la beauté attirerait pendant de longues heures l'admiration la plus rebelle. Je fus pourtant forcé de m'y arracher pour songer au retour. Le chemin de montagne pour descendre dans la vallée d'Amphisse est âpre et rocailleux; et si l'on veut bien choisir entre ses roches pointues, il convient d'avoir à recueillir quelques rayons de soleil. Je pris donc congé avec regret de mes bons moines et de leur délicieux couvent où j'aimerais à mener une vie de bénédictin, partagée entre l'admiration d'une belle nature et les études les plus propres à améliorer les hommes.

Le temps était fort couvert à mon départ de Salona et l'aspect des nuages du matin annonçait une pluie prochaine. A peine étais-je monté au village de Topolias, à une lieue de Salona, que commença une de ces ondées terribles qu'on ne voit que dans les pays méridionaux. Pendant plus de trois heures la pluie continua sans interruption avec violence, et accompagnée d'un tel vent, que plusieurs fois je faillis être renversé de mon cheval. Toute cette route, le long du Parnasse, est composée de rochers et de montagnes sablonneuses. Lorsque les pluies viennent à délayer ce sable et que les torrents grossis s'étendent et débordent sur les sentiers, ces terres sablonneuses deviennent en peu d'heures parfaitement liquides; et partout où les rocs brisés qui forment la route laissent un peu de vide, les pieds des chevaux enfoncent sans aucune fin. Veut-on s'avancer au delà des bords du torrent et du sentier jusque dans la prairie non frayée, on court risque d'y rester plongé comme dans un marais de Hollande et de n'en plus sortir. Ce temps affreux donnait à ces grandes scènes de montagne une couleur âpre et sans teinte. Tous les bois de pins paraissaient d'un vert sombre, et les mille brisures de ces ravins accidentés, garnis de toutes sortes de pentes boisées, perdaient toute la grâce que le soleil donne à un beau paysage, et se montraient dans toute leur rudesse. Malgré la pluie battante qui m'avait transpercé, cette belle et forte nature me saisissait d'admiration; et je m'arrêtais parfois à étudier ces scènes imposantes qu'il m'était donné de voir à ce moment pour ne plus les retrouver jamais. Le temps s'adoucit toutefois un peu, et la pluie diminua de violence à mesure que nous descendions vers la vallée de la Doride. Ce qui rend les voyages souvent si pénibles en Grèce, c'est qu'après un temps comme celui qui venait de m'assaillir, ou après une grande fatigue, on ne peut trouver la plupart du temps un bon feu pour se sécher, un abri pour se délasser, un repas supportable pour réparer ses forces. Quand on a été bien mouillé, on attend qu'il cesse de pleuvoir pour se sécher ou changer, si on peut trouver quelques effets respectés, en allumant un grand feu en pleine air; quand on est trop fatigué, on se repose sous un arbre : heureux si, après une pluie d'orage comme celle que j'avais reçue en route, on peut rencontrer l'abri d'un khani. Une éclaircie me laissa voir à quelque distance le khani de Gravia, et j'éperonnai mon cheval pour y arriver promptement.

XIII.

KHANI DE GRAVIA.

Un khani, l'auberge orientale, est un vaste hangar composé d'une seule pièce. Sur les deux côtés se rangent les chevaux. Au milieu est une sorte de terre-plein carrelé un peu plus élevé, sur lequel les hommes viennent étendre leurs tapis pour le repos de la journée et le sommeil de la nuit. Si on a besoin de feu pour se sécher ou faire sa cuisine, c'est sur le même terre-plein qu'on l'allume à l'aide de rameaux séchés, et la fumée s'en va, se perdant dans le haut du hangar et s'échappant par la porte ou par toute issue qu'elle peut rencontrer. L'ameublement est des plus simples. Un baril de vin, un baril de vinaigre, quelques flacons et pots destinés aux provisions, des bottes d'oignons suspendues en l'air, parfois une boîte remplie d'œufs, une ou deux poêles pour le service du dîner, et quelques assiettes anglaises et fourchettes de fer allemandes ; voilà tout ce qu'on peut espérer rencontrer dans le khani le mieux pourvu. Tout le monde vit pêle-mêle au milieu de ses bêtes, de ses paquets et des apprêts de cuisine et de toilette de tous ses compagnons de voyage ; car là, il ne peut rien y avoir de mystérieux. Tout se fait en présence de tous.

Le khani de Gravia, situé à l'extrémité de la vallée de la Doride, au pied du revers septentrional de la chaîne du Parnasse, est un lieu de passage assez fréquenté. L'immense pluie de la journée avait fait refluer sur ce point tout ce qu'il y avait de voyageurs rapprochés de ces parages, et, au moment où j'arrivai, je trouvai une vingtaine de personnes déjà réunies ; les uns arrivés avant moi par la route des montagnes, les autres se disposant à reprendre la route que nous venions de quitter, aussitôt que la pluie aurait cessé de battre avec tant de violence. Les plus anciens arrivants, groupés par terre, terminaient cependant leurs modestes repas et causaient, pendant que les nouveaux venus se séchaient de leur mieux, ce qui n'est pas une opération facile ; car rien n'est bien protégé contre une telle pluie, et les effets de rechange sont souvent aussi maltraités que les vêtements qu'on a sur soi.

Pour moi personnellement j'étais sous l'action d'une métamorphose, et je devenais fontaine. Mon sac de nuit, ma carnassière, mes menus effets étaient transpercés, livres et cartes compris. Mes deux malles de cuir, qui se faisaient équilibre sur les deux flancs du sommier, s'étaient tellement imprégnées d'eau que toutes les premières couches intérieures s'en étaient ressenties. Je trouvai enfin à grand'peine une suite complète de nouveaux vêtements tout à fait respectés par l'orage. Mes compagnons du khani se réunirent à moi pour m'aider à faire sécher ce qui avait le plus souffert ; car tous sont ici de la complaisance la plus prévenante en faveur des étrangers. Je me mêlai ensuite aux conversations. Comme on avait été forcé de résider sous le toit du khani plus long-temps qu'on ne l'eût désiré, on cherchait à faire passer les heures en contant des histoires. Il y avait deux ou trois conteurs privilégiés sur lesquels s'en reposaient tous les autres. Il y eut là un renouvellement des *Mille et une Nuits;* et comme l'un des principaux conteurs était né à Lesbos, qu'un autre arrivait de la Thessalie, d'Élassona au pied de l'Olympe, et que nous avions parmi nous des bergers descendus des hauteurs du Liakoura, le plus neigeux des pics du Parnasse, la mythologie antique avec tous ses souvenirs traditionnels se trouva mêlée à leur insu avec leurs croyances modernes. L'une de ces histoires était le conte de *Rodia* que mademoiselle Sebastitza Soutzo, fille de la bonne et douce princesse Marie Soutzo, s'était fait conter autrefois par une de ses femmes chiotes, et qu'elle avait bien voulu me donner il y a quelques années[1]. Je la rapporterai ici, ainsi que deux autres, rédigées aussi de la même manière et par la même plume, et en suivant exactement le simple récit du conteur, sans rien y ajouter.

RODIA.

CONTE GREC.

Un vieillard était père de trois filles. La plus jeune d'entre elles joignait à une beauté rare toutes les perfections de l'esprit et de l'âme. Les deux aînées, extrêmement jalouses, et ne pouvant souffrir cette supériorité dont tout le monde parlait, se décidèrent à consulter le soleil. Un jour elles se mirent à la croisée, et dirent : « Soleil, brillant Soleil, toi qui parcours le monde, quelle est celle » de nous qui l'emporte par l'éclat de ses charmes? » Le Soleil leur répondit : « Je suis beau, vous êtes belles aussi; mais votre sœur ca- » dette nous surpasse en beauté » La réponse du Soleil les transporta d'un tel accès de fureur, qu'elles résolurent la mort de Rodiá : c'était le nom de leur sœur. Elles lui proposèrent donc d'aller cueillir des herbes pour préparer le souper de leur père. Rodia y consentit, et accompagna ses sœurs avec confiance. Celles-ci, après l'avoir menée

---

[1] Je l'ai communiqué à M. Népomucène Lemercier, qui l'a inséré dans un de ses volumes consacrés aux montagnards grecs.

assez loin de la maison paternelle pour qu'il lui fût impossible de la retrouver, l'abandonnèrent et s'en retournèrent seules. La bonne Rodia, s'étant aperçue de son isolement, ne s'en prit qu'à elle-même; elle crut s'être égarée par sa faute, et, sans accuser personne, elle pleurait amèrement.

La nuit, qui rend tout plus terrible, augmentait le désespoir de cette malheureuse. Enfin, elle vit de loin un brillant cortége qui se dirigeait de son côté : c'était Nyctéris, déesse de la nuit, qui, après avoir fait ses courses mystérieuses, retournait vers sa demeure. Tout à coup, frappée des accents plaintifs et des sanglots de la belle, Nyctéris s'arrêta pour en pénétrer la cause, et vit une jeune fille tout en larmes. La déesse alors lui demanda par quel hasard elle se trouvait seule dans ce lieu; et, d'après son récit naïf, elle lui proposa de l'adopter comme sa fille. La pauvre Rodia accepta l'offre et suivit la déesse. Nyctéris, à peine arrivée chez elle, lui donna l'inspection de son palais, et remit entre ses mains tout ce qu'elle avait de plus précieux; car la bonté naturelle et la douceur de Rodia charmèrent tellement la déesse, qu'elle conçut pour elle la plus vive tendresse, et ne songeait qu'à lui rendre la vie heureuse. Mais laissons Rodia pour un moment, et revenons aux deux méchantes sœurs.

Bien que persuadées de la mort de Rodia, elles voulurent néanmoins demander encore au soleil quelle était la plus belle. Il leur fit la même réponse. Alors elles lui déclarèrent que Rodia était morte depuis long-temps; mais le Soleil assura qu'elle vivait dans le palais de Nyctéris. Leur jalouse méchanceté n'eut pas de bornes à cette nouvelle. Sans perdre de temps, elles prirent une écharpe ensorcelée qui, par son pouvoir magique, devait faire mourir la personne qui la porterait, et elles allèrent l'offrir à leur sœur. La joie de l'innocente Rodia ne peut pas se décrire, lorsqu'elle vit ses sœurs qu'elle adorait et qu'elle croyait perdues pour elle : sa bonté les reçut avec un plaisir inexprimable, leur fit l'accueil le plus amical et leur offrit tout ce qu'elle possédait; elle ne pouvait plus s'en séparer. Elles, de leur côté, feignant le plus sincère contentement de son heureuse destinée, la prièrent de recevoir l'écharpe enchantée, comme un faible gage du souvenir de deux sœurs qui la chérissaient tendrement. Rodia accueillit ce don perfide comme une chose précieuse, et, aussitôt après leur départ, elle mit l'écharpe sur son cou, ce qui soudain causa sa mort. Nyctéris, de retour, s'empressa, à son ordinaire, d'aller dans la chambre de sa fille bien-aimée. O surprise! elle la retrouve sans vie. D'abord elle crut rêver; mais, reconnaissant que sa perte était trop réelle, elle mit tout en œuvre pour deviner la cause d'un si grand malheur : elle ne put y réussir, car personne n'en soupçonnait la moindre circonstance. Nyctéris, désespérée, s'approcha d'elle pour lui adresser le dernier adieu, et vit sur son sein un ornement qu'elle n'avait jamais porté; elle le lui ôta, et, subitement ranimée, Rodia reprit ses sens. Il est difficile de peindre la joie de la déesse, qui lui adressa mille questions pour apprendre d'où venait cette parure mystérieuse. Elle lui défendit à l'avenir de recevoir personne sans sa permission; car Nyctéris, aussi pénétrante que sage, devina, par les récits de sa protégée, le secret de cette triste aventure. Mais Rodia, n'attribuant son malheur qu'au hasard, non-seulement n'eut pas le moindre ressentiment contre ses sœurs, mais elle fut sincèrement affligée de l'expresse défense de les revoir. Ces méchantes créatures ne lui laissèrent pas un long repos; et, s'adressant de nouveau au Soleil, lui firent la même interrogation, et en reçurent la même réponse.

Elles imaginèrent alors de prendre une pastille de gomme enchantée pour l'offrir à leur sœur, puis se rendirent chez elle. Mais il ne leur était plus permis de l'approcher; elle parut seulement à la fenêtre, et, les larmes aux yeux, elle leur dit que sa mère lui avait défendu de recevoir personne. Les sœurs, feignant la plus grande douleur, la prièrent d'accepter une pastille parfumée qu'elle pouvait prendre à l'aide d'un fil qui la ferait monter jusqu'à elle. Elle reçut la pastille, la mit dans sa bouche et mourut. Nyctéris, de retour, demanda comment Rodia se portait; on lui répondit qu'elle était morte. La déesse parut d'abord inconsolable : cependant l'espoir de la faire revenir comme la première fois l'engagea à fouiller dans tous les replis de ses vêtements; mais ce fut en vain : comment deviner le charme qui la tenait évanouie? Ces recherches inutiles la réduisirent au désespoir. Il fallut qu'elle se séparât enfin de sa chère Rodia; mais elle ne put se résoudre à lui donner la sépulture, pensant que quelque autre parviendrait peut-être à dévoiler le mystère. Remplie de cette idée consolante, elle ordonne aussitôt que l'on construise un cercueil d'argent; et, après avoir paré Rodia de ses plus brillants atours, elle l'y enferme, met le cercueil sur un beau cheval, et le laisse aller au hasard. Le coursier, errant sans guide, l'emporta au travers des contrées voisines, où régnait un prince le plus beau jeune homme de son temps. Ce jeune roi, étant ce jour-là à la chasse, rencontra le cheval sur son passage. Étonné de sa légèreté et de l'aspect du fardeau brillant dont il était chargé, il s'en approche, et, le voyant sans maître, il ordonne qu'on s'en empare et qu'on le mène au palais. Là par ses ordres on ouvre la caisse. Quelle fut sa surprise de voir la plus belle femme du monde sans vie ! Ce qu'éprouva le jeune homme est au-dessus de toute expression : un trouble nouveau égara son âme émue par la singularité de ce spectacle ; la présence de tant de charmes, quoique inanimés, l'embrasa d'un tel amour, qu'il ne s'éloignait du cercueil ni jour ni nuit, qu'il fuyait toutes les distractions, tous les conseils, tous les objets qui pouvaient l'en séparer, qu'il ne prenait plus d'aliments, et qu'il était privé de tout sommeil. La reine, sa mère, témoin du dépérissement de son fils unique, ne savait à quelle passion attribuer ses chagrins.

Après mille perquisitions vaines, elle résolut un jour, pendant l'absence de son fils, d'entrer dans sa chambre pour voir ce qui le retenait enfermé. En y entrant, elle aperçoit le cercueil d'argent ; elle accourt, l'ouvre soudain et trouve le corps de la belle Rodia. D'abord elle en admira la rare beauté ; mais, supposant bientôt qu'elle était sans doute la cause du malheur de son fils, elle la tire avec colère par les cheveux, et, la soulevant avec force, fait heureusement tomber la pastille enchantée des lèvres de la belle. Aussitôt Rodia revient encore à la vie. On ne saurait donner une juste idée de tout l'étonnement de la reine à cette vue. Elle pleura d'allégresse, elle l'embrassa, et, dans son ravissement, lui jura qu'elle serait l'épouse de son fils. A peine instruit par un prompt message de cet heureux miracle, le jeune prince accourut, vit Rodia dans les bras de sa mère, la reçut d'elle et l'épousa. Ce bonheur ne fut pas de longue durée ; car la méchanceté des deux sœurs ne tarda pas à l'empoisonner. Elles interrogèrent pour la troisième fois le Soleil sur la beauté de leur sœur. Il leur répondit qu'elle était la plus belle reine du monde, et qu'elle portait dans son sein le fruit de son union. Ces méchantes filles n'avaient pu la souffrir seulement belle ; or on présume aisément qu'il leur fut plus impossible encore de la supporter reine. Elles imaginèrent de s'annoncer comme les plus habiles sages-femmes du royaume, et de parvenir ainsi à leur but : ce qui ne leur réussit que trop bien. Elles se présentèrent, furent admises et exigèrent que tout le monde sortît des appartements de la reine, sous prétexte qu'on pourrait jeter un sort sur son enfantement. Étant donc restées seules, elles enfoncèrent une épingle ensorcelée dans la tête de l'accouchée. Cette épingle la métamorphosa en un petit oiseau qui s'envola, et une des deux sœurs se mit au lit à sa place. Le prince, averti de la naissance d'un fils, courut dans les appartements de sa femme, et resta stupéfait de ce prompt changement. Elle, devinant sa pensée, prévint ses questions et lui dit : « Voyez-vous, sire, combien mes souffrances ont altéré » mes traits ? » Le roi feignit de n'en avoir pas fait l'observation ;

mais son cœur se refroidit après qu'il eut contemplé l'objet de cette fâcheuse métamorphose. Il avait l'usage de déjeuner toujours dans son jardin. Un jour qu'il y était, à rêver solitairement, il vit un joli petit oiseau qui, s'étant approché, lui dit : « Prince, la reine-mère, » le roi et le jeune prince ont-ils bien dormi la nuit passée? » Sur la réponse affimative du roi, l'oiseau répondit : « Que tous dorment du » sommeil le plus doux ; mais que la jeune reine dorme d'un som- » meil sans réveil, et que tous les arbres que je traverse se sèchent. » En achevant ces paroles, l'oiseau fendit les airs, et partout où il passa la verdure et les fleurs se flétrirent, et tout devint aride. Les jardiniers, affligés, demandèrent au prince s'il leur permettait de tuer l'oiseau malfaisant; mais il leur défendit, sous peine de mort, de lui faire le moindre mal. Durant une suite de jours, le petit oiseau revint; et la douce voix du prince l'apprivoisa tellement, qu'il restait sur ses genoux et déjeunait avec lui. Cette familiarité donna au jeune roi l'occasion d'observer mieux le reste de son plumage : il vit sur sa tête une épingle. Cette découverte le frappa vivement; il osa la lui arracher, et sa véritable femme reparut devant lui beaucoup plus belle encore qu'auparavant. Sa surprise et son trouble le retinrent pendant quelque temps immobile et muet; mais enfin, revenant à lui-même, il voulut s'instruire de la vérité, et se fit raconter jusqu'aux moindres circonstances de cet étrange événement. Dès qu'il fut bien informé de toutes les ruses des deux méchantes sœurs, il les fit saisir et les condamna l'une et l'autre à un supplice bien digne du crime dont elles s'étaient rendues coupables. En vain la sensible Rodia sollicita leur grâce par d'instantes prières, le roi ne se laissa pas fléchir; elle n'en essuya jamais que ce seul refus. Mais la déesse Nyctéris apparaissant à leurs yeux, et touchée de l'affliction de sa fille adoptive, commua l'arrêt que la vengeance dictait à son royal époux, en lui prescrivant d'offrir aux deux criminelles le choix de périr ou de vivre témoins du perpétuel bonheur de leur sœur cadette, sans jamais pouvoir lui nuire. Ces envieuses créatures ne tardèrent pas à mourir de jalousie.

LE DRACOPHAGE.

Il y avait une fois un roi qui avait trois fils et deux filles; voyant approcher sa fin, il fit venir auprès de lui ses enfants pour leur communiquer ses dernières volontés. Il ordonna à ses fils de venir prier sur sa tombe chacun en particulier trois nuits de suite après sa mort, et à ses filles d'accepter les premiers qui se présenteraient pour époux. Il expira bientôt après, et ses enfants s'empressèrent d'exécuter ses ordres. Aux approches de la nuit, l'aîné le premier, tenant en main des cierges, alla réciter de longues prières sur la tombe du roi son père. Revenu chez lui après avoir rempli ce devoir religieux, le premier objet qui frappa ses regards fut un homme malheureux, malpropre et infirme, qui, se présentant hardiment, lui demanda la main de sa sœur. Les deux plus âgés des frères, voyant sa misère, voulaient lui refuser la main de leur sœur, alléguant que si leur père vivait encore, il ne consentirait jamais à une pareille union; mais le troisième, qui était plus sage et plus généreux, prouva que c'était mépriser les dernières volontés du roi que de refuser le premier venu, et de cette manière il fut décidé, du consentement commun, de l'accorder à cet homme Le lendemain, à la nuit tombante, le cadet se rendit pareillement à la tombe, et, après y avoir rempli son devoir, il retourna à la maison, où il trouva un homme bien pire que le premier qui lui fit la même proposition pour la sœur cadette. Les deux frères hésitaient bien plus sur ce qu'ils avaient à faire; mais le plus jeune finit de nouveau par les persuader, et ils marièrent aussi la seconde. Alors le jeune prince, satisfait d'avoir été l'organe de l'exécution des ordres de son père, se fit donner à son tour des cierges, et s'empressa de se rendre à la tombe; mais la prière n'était point encore achevée qu'un vent violent étant survenu, ses lumières furent tout à coup éteintes. Réduit à l'obscurité la plus profonde, il promenait ses regards autour de lui avec inquiétude, lorsqu'il parvint à distinguer au loin une grande et vive lumière; il s'achemina avec empressement de ce côté, qui était beaucoup plus éloigné qu'il ne lui avait d'abord paru à cause de la nuit. Malgré ces difficultés, le prince, sans se déconcerter, avançait toujours. Bientôt il rencontra dans l'obscurité une femme qu'il pouvait à peine distinguer. Sur sa demande, par quel hasard elle se trouvait à cette heure-là dans un endroit aussi écarté, elle répondit que c'était là sa place, parce que c'était elle qui gouvernait le jour et la nuit, en tenant dans ses mains deux pelotons, l'un blanc et l'autre noir, qu'elle dévide successivement à mesure qu'elle veut produire l'obscurité ou la lumière. A cette annonce inattendue, le prince se mit à la supplier de dévider le fil noir un peu plus lentement, afin qu'il eût le temps nécessaire pour terminer ses prières avant le jour. La déesse lui objecta qu'elle ne pouvait agir contre les lois de la nature. Prenant alors le parti de la force, il la lia à un arbre, et, s'emparant de ses pelotons, il continua son chemin. Après une course bien pénible, il arriva enfin au lieu d'où partait la lumière. Là, à son grand étonnement, il trouva quarante dragons couchés sur la terre, et surveillant une chaudière d'une grandeur énorme qui bouillait sur un grand feu. A cette vue, sans perdre courage, il enlève d'une seule main la chaudière, allume ses cierges et la remet sur le feu. Les dragons, étonnés d'une pareille force, l'entourèrent aussitôt et lui dirent : « Toi qui as la force de lever une chaudière qu'à peine nous pouvons porter à nous tous, tu es le seul capable d'enlever une fille que nous tâchons depuis si long-temps d'avoir entre nos mains, et qu'il nous est impossible de saisir à cause de la grande hauteur de la tour où son père la tient enfermée. Suis-nous donc ! » Le prince vit l'impossibilité où il était d'échapper à ces monstres. Accompagné des quarante dragons, il se rendit près de la tour ; et, après l'avoir bien examinée, il se fit donner de grands clous qu'il enfonçait dans le mur en guise d'échelle, et qu'il retirait à mesure qu'il montait, afin que les dragons ne pussent le suivre. Parvenu à la plus grande hauteur, où se trouvait une petite fenêtre par laquelle il pouvait à peine entrer, il proposa aux dragons de monter de la même manière qu'il l'avait fait lui-même, chacun à part : ce qu'ils firent ; de telle sorte qu'il eut le temps de tuer le premier qui se présentait pendant que l'autre montait, et de le jeter de l'autre côté de la tour, où il y avait une très-grande cour, un jardin superbe et un château magnifique. S'étant ainsi défait de tous ses incommodes gardiens, il pénétra seul dans la tour pour voir si ce que les dragons lui avaient dit était vrai. En effet, à peine introduit dans les appartements, il vit dans un salon magnifique un lit très-riche sur lequel était couchée une jeune personne qu'on pouvait nommer plutôt une divinité qu'une mortelle. A sa vue il se sentit brûler d'un amour si ardent, qu'il s'approcha involontairement du lit, leva le voile qui la couvrait, lui donna un baiser sur le front, échangea sa bague contre la sienne, et sortit aussitôt de la même manière qu'il s'était introduit. La jeune fille, entendant du bruit autour d'elle, ouvrit les yeux ; mais elle eut à peine le temps d'apercevoir le jeune prince, qui se pressait d'arriver sur la tombe de son père, qu'il quitta après la fin de ses prières pour aller délivrer la déesse de la nuit et du jour qu'il avait liée, et lui remettre ses pelotons pour la continuation de son travail. Toutes ses affaires étant achevées, il retourna dans la maison paternelle, rêvant à ce qui lui était arrivé pendant cette nuit. Mais laissons pour le moment le prince se reposant de ses fatigues, et voyons ce qui arriva dans le château. La princesse à son réveil commença par demander à ses suivantes et aux gens de sa maison pourquoi ils avaient permis l'entrée de la tour à un inconnu pendant la nuit ; mais tous s'excusant leur mieux et prouvant qu'ils n'avaient pas la moindre connaissance de l'aventure, la princesse se rendit dans les appartements du roi son père, et lui raconta tout ce qui s'était passé, en le priant de faire les recherches nécessaires pour découvrir l'homme assez hardi pour oser s'introduire dans ses appartements. Le roi, irrité de ce qu'il venait d'entendre, fit venir le portier de la tour et lui demanda avec colère pourquoi il avait permis à l'étranger l'entrée du château, exigeant sous peine de mort que ce malheureux lui dévoilât tout ce qu'il savait là-dessus. Le portier jura qu'il n'en avait pas la moindre connaissance, et, se donnant pour otage si on venait à le reconnaître coupable, il ajouta qu'à sa grande surprise il avait aperçu le matin les quarante dragons, qui depuis si long-temps tâchaient d'enlever la princesse, étendus morts dans la cour. Le roi courut aussitôt pour voir ce prodige de ses propres yeux; et, persuadé du fait, il rendit grâce au ciel de cet événement aussi heureux qu'inattendu, et pria Dieu de lui découvrir celui qui l'avait délivré de tant d'ennemis, dans l'intention de lui donner en mariage sa fille, qui lui assurait pouvoir reconnaître le jeune homme dès qu'elle le verrait. Le roi, rassuré par les paroles de sa fille, résolut de donner de grandes réjouissances et des fêtes magnifiques avec tous les divertissements les plus dignes d'attirer la curiosité des étrangers. Il publia l'annonce de ces fêtes en disant qu'il priait ceux qui se rendraient chez lui, pour prendre part à ces réjouissances, de lui raconter pour toute récompense l'histoire de leur vie. Aussitôt que cette annonce se fut répandue, il y eut grande affluence tant des états voisins que des pays les plus éloignés. Les trois princes, informés de la magnificence de ces fêtes, se décidèrent aussi, comme les autres, soit comme voisins, soit pour les liaisons amicales que leur père avait eues avec le roi, de s'y rendre, et de raconter tout ce qui leur était arrivé durant leur vie. Après s'être amusés pendant quelques jours dans le château, au moment de partir ils eurent chacun une audience particulière du roi, qui, au récit du plus jeune des princes, reconnut bien vite les circonstances que sa fille lui avait racontées; mais il voulut, par précaution, la confronter avec le prince, qu'il invita à dîner avec ses deux frères. En effet, dès que sa fille le vit, elle le reconnut, et, s'approchant de son père, elle l'assura que c'était celui-là même qui était entré dans sa chambre pendant la nuit; mais le roi, pour s'en assurer davantage, demanda au jeune prince la bague qu'il portait, et reconnut l'échange. Il lui proposa aussitôt la main de sa fille et la succession au trône, ce qu'il fit en présence des deux frères aînés. Le bonheur des nouveaux mariés dura quelque temps; mais ensuite il fut troublé de la manière suivante. Un jour que la princesse était couchée à côté de son mari, celui-ci remarqua parmi les cheveux de son épouse une petite clef d'or. Excité par la curiosité, peut-être aussi par le soupçon jaloux que cette clef ne cachât quelque mystère, il la délia avec beaucoup d'adresse, et chercha à s'assurer si elle ne pouvait point s'ajuster à quelqu'une des différentes serrures des meubles de l'appartement; enfin, après avoir essayé partout, il remarqua une armoire dont la serrure était très-petite : il y mit la clef, et la porte s'ouvrit. D'abord il ne pouvait rien distinguer à cause de l'extrême obscurité; ensuite, ayant entendu des plaintes et des gémissements, il se mit à fouiller partout, persuadé qu'il était d'avoir attrapé son rival. A force de chercher, il trouva un anneau appliqué à une plaque de marbre. Il le tira et vit sortir un noir d'une figure hideuse qui, monté sur un cheval ailé, à peine hors de sa prison courut dans les appartements de la princesse, la fit monter sur son cheval, et s'échappa du château en un clin d'œil. Le prince, au désespoir du résultat de ses recherches, courut les larmes aux yeux chez son beau-père, et lui raconta l'événement, en le priant de trouver les moyens d'y remédier; mais le roi, désespérant de ravoir une autre fois sa fille, lui reprocha son imprudence en lui déclarant que ce noir était le plus habile des magiciens du siècle, et que par conséquent tout effort contre lui serait inutile. Le jeune prince, au lieu de perdre courage, résolut de faire l'impossible pour parvenir à ravoir une femme qu'il aimait plus que lui-même. Il mit sur ses épaules un sac qu'il remplit de pain pour unique provision, et partit sans savoir lui-même où il allait précisément. Après une longue course, la nuit l'ayant surpris près d'un grand château, il s'y arrêta. Près de là une esclave puisait de l'eau à une fontaine; il lui en demanda, et, après avoir apaisé sa soif, il la pria de demander de sa part à la maîtresse du château la permission d'y passer la nuit. Cette permission lui fut accordée; et l'esclave ayant ajouté que sa maîtresse le priait de monter pour souper avec elle, il accepta cette aimable invitation, et monta chez elle. Mais quelle fut sa surprise lorsqu'il reconnut sa sœur aînée! Il ne pouvait en croire ses yeux; il l'embrassa, lui demanda ce qui s'était passé depuis leur séparation, s'informa de l'heureuse situation dans laquelle il la trouvait, et, satisfait d'avoir été la première cause de sa bonne fortune, il se mit à lui raconter aussi son bonheur passé et son malheur actuel, et à lui demander des conseils sur ce qu'il avait à faire pour parvenir à son but. Sa sœur s'efforça par tous les moyens possibles de le détourner de son entreprise. Mais, voyant son entêtement, elle lui dit d'attendre au moins le retour de son mari, qui était le roi de tous les oiseaux, lui faisant entendre en même temps que ce puissant monarque pouvait, à la suite d'un conseil avec ses sujets, le tirer de l'embarras où il se trouvait. Le prince attendit donc avec impatience le retour de son beau-frère, qui, aussitôt sa rentrée au château, fit assembler tous les habitants ailés de l'air, et se mit à discourir sur le sort futur du jeune prince. Mais aucun oiseau ne sut lui dévoiler l'avenir, à l'exception d'un vieil aigle boiteux qui avait le don de prophétie, et qui s'approcha et dit à son roi que lui savait très-bien le lieu où se trouvait le noir avec la princesse, et qu'il pouvait même porter le jeune homme jusque-là, mais qu'il ne promettait pas de pouvoir l'atteindre en vitesse; car le cheval ailé avertirait sans faute le noir de l'enlèvement de la princesse. Au lieu de perdre courage, l'amoureux prince, enchanté de l'espoir qu'on lui donnait, n'attendit pas même le retour du jour. Il monta sur l'aigle, qui le porta à l'endroit où se trouvait sa femme. A l'entrée de la cour, il vit un magnifique château et un jardin superbe; et en entrant dans le parc, le premier objet qui frappa sa vue fut sa femme assise sous un berceau, tout en deuil, pâle, défaite et pleurant sur le sort cruel qui l'avait séparée de son bien-aimé. En le voyant, quoique hors d'elle-même à cette rencontre inattendue, elle s'empressa de le conjurer de fuir ce lieu funeste, parce qu'il risquait de perdre la vie. Mais celui-ci répondit qu'il préférait mille fois la mort à sa séparation. Il la fit monter précipitamment sur l'aigle, et partit en l'emmenant avec lui. Ils étaient à peine sortis du château que le noir, averti par son cheval de l'enlèvement de la princesse, vint comme un éclair, la reprit et mit en deux pièces son époux. Le bon aigle le porta alors chez son maître, qui unit les deux morceaux de son corps, lui versa de l'eau de l'immortalité et lui redonna la vie en lui recommandant de ne plus penser à sa femme, car il ne répondait pas de lui; mais, sans donner la moindre attention aux paroles de son beau-frère, il se mit en route pour trouver le moyen de parvenir de nouveau à son but. Après avoir marché toute la journée, il parvint, à la nuit tombante, auprès d'un château pareil au premier pour la magnificence; et, s'y étant arrêté, il demanda l'hospitalité à une esclave qui puisait aussi de l'eau à une fontaine. L'esclave demanda la permission de sa maîtresse, qui le reçut de très-bon cœur, et l'invita aussitôt à souper. A leur grand étonnement, ils se reconnurent encore pour frère et sœur, et se racontèrent mutuellement les événements de leur vie depuis leur séparation. Le voyageur confia alors à sa seconde sœur son projet, dont elle tâcha de le dissuader par tous les moyens en son pouvoir. Mais tout fut inutile, son parti était pris; elle lui conseilla alors d'attendre le retour de son mari, qui, étant le roi de tous les animaux, pouvait lui donner quelques secours. Son beau-frère revint bientôt et tâcha de lui démontrer à combien de dangers il allait s'exposer. Mais, le voyant ferme dans sa résolution, il lui promit de le tirer de cet embarras s'il persistait à avoir la même résignation et la même intrépidité. « Le seul moyen, lui dit-il, de reprendre votre femme est de vous procurer un cheval ailé tout pareil à celui du noir. » A cet effet, il lui indiqua une grande montagne qui n'était pas trop éloignée du château, et qui accouchait tous les ans d'un cheval de la même race que celui du magicien, lui conseillant de s'y rendre armé de courage, car cette montagne était surveillée par une quantité prodigieuse de bêtes féroces qui ne laissaient approcher personne. Il promit de lui procurer un soporatif à l'aide duquel il endormirait ces bêtes; mais cela encore ne suffisait point, sans une grande patience et de la force pour dompter le cheval qui naîtrait de la montagne. Le prince, muni de son soporatif et bien ferme dans sa résolution, partit enchanté de la maison de sa sœur et se dirigea vers la montagne, où, à peine arrivé, les bêtes féroces se précipitèrent sur lui pour le dévorer; mais la prévoyance de son beau-frère le sauva, par le moyen de la potion soporifique, qui frappa aussitôt d'assoupissement tous les animaux, et lui donna le temps nécessaire pour attendre l'accouchement de la montagne. Il eut la patience d'attendre quarante jours, pendant lesquels il y avait des tremblements terribles et des secousses auxquelles à peine il pouvait résister. Malgré toutes ces épreuves il attendit avec la plus grande intrépidité le moment des couches, qui n'eut lieu que le quarantième jour. Le cheval ailé parut enfin; le prince courut sur lui sans perdre de temps, lui mit un frein, et, finissant par le dompter, monta sur son dos. Le cheval essaya d'abord de se débarrasser de lui en sautant trois fois aussi haut que la hauteur de la montagne et s'abattant avec la plus grande rapidité; après cette épreuve, voyant que l'homme qu'il portait était un être surnaturel, puisqu'il savait résister à tous ses efforts, au lieu de s'irriter et de se roidir inutilement, hennissant d'orgueil, il se laissa conduire tout à fait par son courageux guide, qui le mena directement au château du noir, sous le berceau où était assise sa femme la première fois qu'il l'avait vue. Il la retrouva à la même place dans un état beaucoup plus déplorable, soit par le chagrin que lui causait la privation de son mari, soit par les importunités et les violences que lui faisait le noir; mais lorsqu'elle le vit sur un cheval pareil à celui de son ravisseur elle commença à espérer et à se préparer pour le départ, qui fut effectué aussitôt et sans aucun danger : car le noir, quoique averti de leur fuite, ne put les rattraper malgré tous ses efforts, la légèreté et la jeunesse du cheval de son adversaire surpassant la vitesse de sa propre monture.

LE PETIT ROUGET SORCIER.

Il y avait une fois un pauvre pêcheur qui n'avait d'autres ressources pour vivre que le menu produit de sa ligne. Tous les jours il allait sur un rocher au bord de la mer et s'efforçait d'attraper quelques poissons avec lesquels sa femme préparait leur frugal repas. Un jour qu'à son ordinaire il était à pêcher il ne put attraper, après bien des efforts, qu'un très-petit rouget qu'il jeta dans la mer par mépris pour son extrême petitesse : il le repêcha trois fois et le rejeta de même dans l'eau ; à la fin, le petit poisson s'attachant toujours à sa ligne, le pauvre pêcheur, désespéré de ne pouvoir apporter rien autre chose dans sa hutte, se décida à le garder et à le faire bouillir pour tromper au moins sa femme, en attendant mieux le jour suivant. Alors le rouget, sentant qu'il allait être décidément sacrifié aux besoins de la pauvre famille, dit au pêcheur de l'épargner encore pour cette fois, et qu'il lui promettait de le rendre heureux en récompense de ce bienfait, pourvu qu'il revînt le lendemain au bord de la mer et qu'il l'avertît de son arrivée. Le pêcheur frappé de ce miracle lui accorda la liberté, et le lendemain, à l'heure fixée, il se rendit au rivage et l'appela à haute voix. Le poisson se montra aussitôt à la surface de l'eau et lui dit de prendre un bateau, de le suivre et d'étendre ses filets à la place qu'il allait lui indiquer. Le pêcheur suivit exactement ses conseils, et jeta ses filets à l'endroit où le petit poisson s'arrêta ; au moment de les retirer, ils étaient tellement remplis des poissons les plus exquis qu'à peine il parvint à les charger dans le bateau. Rempli de joie de ce bonheur inattendu, il se mit à table avec sa femme et, après avoir mangé du poisson en abondance, il vendit le reste et gagna une somme considérable. Enchanté de sa bonne fortune, il remercia de bon cœur le rouget de tout le bien qu'il lui faisait. Celui-ci lui dit de venir tous les jours à la même heure, et qu'il lui promettait de le mener à des endroits où il ferait sa fortune en très-peu de temps ; et, effectivement, en suivant la même méthode pendant quelques jours, il parvint à acheter une maison, à la meubler convenablement et à recevoir une nombreuse société. Son bonheur dura pendant seulement quelque temps, jusqu'à ce que l'envie qui s'attache de préférence à la fortune qui vient rapidement, vint troubler cruellement leur repos. Parmi les femmes qui fréquentaient leur société, il s'en trouva plusieurs qui, jalouses du bonheur de cette famille, demandèrent un jour à leur nouvelle amie par quel hasard, étant auparavant la plus malheureuse de toute la ville, elle était parvenue à avoir tant de richesses en si peu de temps. Elle leur assura que sa fortune venait de la pêche extrêmement lucrative que faisait son mari depuis quelque temps. Ces méchantes créatures lui objectèrent que cela était impossible, attendu la nature des lieux et des choses, et qu'elles étaient certaines que son mari était sorcier, et que c'était à ses maléfices qu'il devait l'acquisition subite de ses richesses, lui conseillant aussi, en femme honnête qu'elle était, de rejeter des trésors acquis par le sortilége et l'impiété. La bonne femme, ajoutant foi à leurs paroles, se mit à importuner incessamment son mari et à le prier de lui confier la manière par laquelle il faisait sa fortune, en lui disant qu'elle serait sans cela bien malheureuse. Le pêcheur, voyant la faiblesse de sa femme, lui raconta de bonne foi toute son aventure, et lui fit entendre à la fin qu'un petit poisson était la seule cause de leur bonheur. Celle-ci, extrêmement contente d'avoir tout appris, courut aussitôt dévoiler ce secret à ses perfides amies pour prouver l'innocence de son mari; mais ces méchantes femmes, au lieu de la tranquilliser, après avoir satisfait leur curiosité, l'assurèrent que c'était précisément là qu'elles voyaient le sortilége, et que, pour s'en assurer elle-même, elle devait dire à son mari de lui apporter ce poisson, et, après l'avoir mangé, de voir si son bonheur continuerait. La femme du pêcheur, dans sa simplicité, crut de nouveau à leurs intrigues, et dit à son mari que le rouget n'était qu'un magicien déguisé sous la forme d'un petit poisson, et qu'elle ne souffrirait pas que leur fortune vînt d'une source aussi impure; qu'elle le priait donc de le prendre et de le faire servir à dîner, ou bien qu'elle mourrait de chagrin. Son mari fit tout son possible pour lui démontrer que sa demande n'avait pas le sens commun, et que c'était bien cruel à elle de vouloir la perte de son bienfaiteur; mais, voyant que sa femme, qu'il aimait plus que lui-même, pleurait et se lamentait, il se décida avec douleur à se rendre au bord de la mer pour confier au rouget les inquiétudes et les exigences de sa femme, à laquelle il serait forcé de céder si le rouget ne lui indiquait quelque remède. Le bon rouget, au lieu de le détourner de cette cruelle résolution, lui conseilla de le faire couper en trois morceaux égaux qu'il partagerait entre sa femme, sa jument et sa chienne, et de planter la queue dans le jardin. Le pêcheur sépara avec beaucoup de chagrin le poisson en trois, le partagea selon ses ordres, et, aussitôt, toutes les trois furent fécondées, et, dans le temps prescrit, elles accouchèrent chacune de deux jumeaux tout à fait ressemblants; en même temps la queue donna naissance à deux cyprès de la même grandeur. Les deux fils grandissaient dans la maison paternelle.

Bientôt l'aîné voulut voyager pour connaître un peu le monde; mais, craignant une opposition de la part de ses parents, il ne confia son dessein qu'à son frère, en lui disant que, tout le temps qu'il verrait l'un des deux cyprès fleuri, il serait bien portant, et que, lorsqu'il le verrait se faner et sécher, il serait près de sa perte. Après avoir pris congé de son frère, il monta sur l'un des deux chevaux de la maison et partit. Après un voyage de quelques jours, arrivé dans une grande ville, il descendit dans une auberge pour se donner le plaisir d'observer les curiosités que cette ville offrait aux étrangers. En s'informant de l'état du pays, il apprit que le roi était le meilleur homme du monde, et qu'il était très-aimé de ses sujets, mais que la ville était sujette à un très-grand malheur. La fille du roi, qui était son unique héritière, avait la manie de frapper de folie tous ceux que son esprit lui indiquait, par le moyen suivant : elle se montrait tous les soirs sur un balcon qu'elle s'était approprié à cet effet, et, en invoquant les étoiles, elle se faisait un jeu de la tranquillité de ses sujets, qui risquaient tous de s'attirer cette affreuse maladie sitôt qu'ils étaient remarqués de la princesse. A ce récit, le jeune homme étonné attendait avec impatience la nuit pour voir de ses propres yeux la princesse qui se faisait si fort redouter par sa puissance surnaturelle : à peine fit-il obscur qu'il courut du côté du château, et le premier objet qui frappa ses regards fut la princesse enthousiaste et faisant différents signes sur son balcon; aussitôt il y monta, et la prenant par les cheveux il lui dit : — « Jure-moi que dorénavant tu ne feras plus ce vilain métier, ou dans l'instant je vais te tuer. » Celle-ci terrifiée du danger qu'elle courait jura, dans sa frayeur, que pendant toute sa vie elle n'essaierait plus ses maléfices; et le jeune homme, après avoir fait cette bonne action, retourna précipitamment à l'auberge où il était logé. La princesse, de son côté, alla chez son père et lui raconta ce qui s'était passé, en l'assurant qu'elle était tout à fait guérie de sa passion, après le serment qu'elle avait fait devant l'homme menaçant qui l'avait surprise. En conséquence le roi, pour tranquilliser ses sujets, publia aussitôt le récit de la guérison de sa fille, en ordonnant que tous ses sujets aussi bien que les étrangers qui se seraient trouvés dans la ville depuis la veille eussent à passer sous ses fenêtres, voulant de cette manière reconnaître l'individu qui lui avait rendu un service aussi important. Il ordonna aussi à sa fille, qui assurait pouvoir le reconnaître dès qu'elle le verrait, de tenir dans ses mains une pomme, qu'elle laisserait tomber sur celui qu'elle croirait ressembler au jeune homme. Cet ordre ayant été publié, l'aubergiste avertit le voyageur de l'obligation où il se trouvait aussi de se rendre aux ordres du roi. Celui-ci tâcha d'abord de l'éviter; mais, voyant qu'il était forcé de le faire, il vint défiler comme les autres sous les croisées du palais. Mais la princesse, qui le remarqua dans la foule, lui jeta aussitôt la pomme, et le roi ordonna aussitôt à la garde de le saisir et de le faire monter au château. Arrivé en la présence du roi, et questionné sur sa naissance et sur le motif qui l'avait porté à la bonne action qu'il venait de faire, le jeune homme répondit simplement : qu'il était étranger, et, qu'ayant appris dans cette ville le malheur auquel elle se trouvait exposée, il avait aussitôt conçu et exécuté le projet de guérir la princesse du démon qui la possédait, au risque de sa propre vie. Le roi, charmé de la hardiesse du jeune homme, le remercia en lui rendant de grands honneurs, et lui proposa la main de sa fille; mais celui-ci la refusa nettement, alléguant pour motif le désir qu'il avait encore de courir le monde. Le roi sentit une vive douleur de la résolution du courageux voyageur; mais, ne voulant pas contraindre les goûts du bienfaiteur de son royaume, il lui permit de partir, après l'avoir comblé de présents. Le jeune homme, après un assez long voyage, arriva dans une ville plongée dans le deuil; il en apprit bientôt la cause. Cette ville était privée d'eau à cause d'un monstre qui en surveillait la source, et empêchait les habitants d'y puiser. Pressés par le besoin, les habitants étaient dans l'usage de désigner au sort tous les ans une fille parmi les plus jeunes de la ville et de l'abandonner à la voracité du monstre, qui, alors tout occupé de sa proie, donnait assez de temps aux habitants pour faire leur provision pour toute l'année. A cette nouvelle, le jeune homme, passionné pour les grandes et périlleuses entreprises, et mu par un sentiment de compassion pour ces victimes innocentes que le besoin général arrachait à la vie, à la fleur de l'âge et par les plus terribles tourments, résolut de rester près de la fontaine jusqu'au moment où le monstre sortirait de son repaire pour dévorer la jeune princesse; car c'était sur la fille unique du roi qu'était tombé ce sort malheureux. Il resta donc jusqu'au moment où la foule se dispersa; et lorsque la jeune fille fut tout à fait seule il s'approcha d'elle, et lui dit de se retirer pour qu'il la remplaçât : mais elle répondit que c'était impossible, car elle avait pitié de lui; et que d'ailleurs tout le monde dirait ensuite que pour les autres filles il ne s'était pas trouvé de défenseur, et que, pour elle qui était fille de roi, il s'en était présenté. Mais le jeune homme, épris de sa beauté et charmé des sentiments généreux qu'elle montrait dans un danger aussi imminent, fit tant qu'il finit par lui persuader de partir et de retourner chez son père. Quant à lui, il se mit à l'entrée de la fontaine, attendant l'arrivée du monstre, qui avait à peine montré sa tête hors de la source, que l'intrépide jeune homme fondit sur lui l'épée à la main et lui coupa la tête. Il ouvrit aussitôt la gueule du monstre, en détacha les sept langues qu'elle avait, les garda et jeta la tête au milieu de son chemin en rentrant dans la ville. Un malheureux charbonnier, passant près de là, trouva la tête et s'en empara; ayant rencontré aussi la princesse sur le chemin de la ville, et l'ayant reconnue, il la prit avec lui et la contraignit, sous peine de la mort la plus prompte, à lui jurer qu'elle assurerait que c'était lui qui était son libérateur, qu'il avait tué le monstre, et que, par reconnaissance, elle le voulait pour époux. La malheureuse princesse, forcée de faire ce triste serment, retourna chez son père, qui, à la vue de sa fille bien-aimée, rendit grâces à Dieu et demanda où était son libérateur pour le récompenser. Elle répondit que c'était le charbonnier qui tenait la tête du monstre, et pria son père de le lui accorder pour époux. Le roi, quoique bien fâché du choix de sa fille, ne put le lui refuser, car il lui avait sauvé la vie, et il commença à préparer les noces et à faire de grandes invitations. Le jeune homme, étonné de ce qui se passait, voulut voir de ses propres yeux l'imposteur qui trompait aussi impudemment tout un royaume. Il se procura donc entrée au palais, où il se fit présenter au futur de la princesse; mais, à sa grande surprise, il vit un homme grossier, noir, et tout à fait inconvenant pour la fille d'un roi. Plein d'indignation, il lui demanda où était la tête du monstre qu'il avait tué, disant qu'il était curieux de la voir: l'imposteur courut avec la plus grande effronterie dans un autre appartement et la lui montra comme en triomphe; mais le jeune homme sortit de son manteau les sept langues, et, les ajustant à la gueule du monstre, pria le roi lui-même de venir examiner cette tête et de se rendre juge dans cette affaire. Le roi étonné de cette contestation fit venir sa fille, et la menaça de sa malédiction si elle ne lui disait toute la vérité, et quel était en effet le véritable exterminateur. La princesse se vit alors forcée de convenir de tout, d'autant plus qu'elle craignait de se voir engagée à un homme tout à fait indigne de son amour. Le roi fit aussitôt exiler le charbonnier, ne voulant pas le punir plus sévèrement dans un jour de si grande réjouissance pour sa famille et pour tout son royaume; et il unit sa fille à son véritable libérateur, qui en était éperdument amoureux. Plusieurs jours se passèrent dans les réjouissances. La princesse, qui n'abandonnait pas un seul moment son époux, voulant un jour se baigner, lui proposa, pendant son absence, d'aller se promener dans les appartements du château qu'il n'avait pas encore vus; il y consentit, et, s'avançant dans l'intérieur, il remarqua un corridor à l'extrémité duquel était une porte : il l'ouvrit, et vit à son grand étonnement une plaine très-vaste, remplie de marbres, portant une forme humaine ; cette vue l'étonna sans qu'il pût découvrir ce que cela signifiait. Se trouvant dans cette perplexité, il vit arriver une vieille femme qui ressemblait à une fée. Il s'en approcha, la salua avec beaucoup de respect, et sur son invitation il s'assit à côté d'elle pour se délasser, dans l'espoir d'apprendre ce que signifiait cette multitude de statues de marbre. La vieille lui offrit une baguette qu'elle tenait, pour l'aider à s'asseoir; il la prit avec la plus grande confiance, et resta aussitôt pétrifié comme les autres. La princesse, de retour chez elle et ne trouvant pas son mari dans ses appartements, le fit en vain chercher dans tous les environs ; elle soupçonna, mais trop tard, qu'il était tombé dans le piége de la vieille fée, dont elle ne lui avait pas dévoilé les secrets. Mais laissons ici cette malheureuse princesse pleurer son époux victime de son imprudence, et voyons ce qui se passa pendant tout ce temps dans la maison du pêcheur. L'autre fils qui soignait tous les jours les deux cyprès vit tout d'un coup l'un d'eux se faner et incliner sa cime; il soupçonna aussitôt la mort de son frère, ou du moins quelque grand danger, et se décida à monter à cheval et à suivre les traces de son frère dans l'espoir d'arriver à temps pour le secourir. Arrivé dans la ville qui avait été témoin des premiers exploits de son frère, il y trouva le roi et le peuple reconnaissants de tout ce que son frère avait fait pour eux, et il s'informa bien de la route qu'il avait prise depuis. Ayant tout su en détail, il courut se présenter au palais de sa belle-sœur, où il apprit aussi l'accident qui était arrivé à son frère. Malgré toutes les objections que lui faisait le roi, il se rendit aussitôt dans le palais de la vieille fée, et parvint, à force de rechercher dans la foule des marbres à trouver celui qui avait la forme de son frère. Tandis qu'il s'occupait à chercher les moyens de le faire ressusciter, s'il était possible, la vieille vint à sa rencontre, et s'assit en lui offrant sa baguette magique pour l'aider à s'asseoir aussi ; mais celui-ci, qui s'était bien informé d'avance de sa supercherie, au lieu de prendre la baguette fit signe à son chien de mettre la vieille en morceaux, et de cette manière il se sauva et en sauva aussi beaucoup d'autres. S'étant ainsi défait de la vieille sorcière, il entra dans son château et trouva heureusement, parmi les autres choses qui avaient rapport à l'art de la magie, une bouteille dans laquelle il y avait de l'eau de l'immortalité. S'en étant rendu maître, il alla d'abord faire ressusciter son frère, et puis tous les autres, dont le nombre était tellement considérable qu'il s'en forma une nation entière qui le choisit aussitôt pour roi, puisqu'il était leur libérateur à tous. Son frère retourna chez sa femme, dont le père était déjà mort, et il succéda paisiblement au trône. Ainsi, les deux frères furent les hommes les plus heureux du monde; et ils envoyèrent aussitôt chercher leurs parents pour passer le reste de leur vie avec eux. Voilà de combien de bonheur fut cause le petit rouget sorcier.

XIV.

LA CLISOURA. — BODONITZA.

Dès que la pluie eut cessé et que je me fus un peu séché, je quittai le khani de Gravia et remontai à cheval. Le soleil avait reparu plus brillant que jamais et toute cette belle vallée de la Doride, qui se développait sous mes yeux avec son beau Céphise, m'apparaissait plus verte et plus féconde que jamais. Les flancs du Parnasse et du Callidrome qui encadrent cette riche vallée sont revêtus de toutes parts de ruines de châteaux antiques et de châteaux du moyen âge. La position de Gravia, au débouché d'un passage de montagnes et sur les bords de la Gravia, était trop importante pour avoir été négligée par les Hellènes ni par les Francs; aussi trouve-t-on près de Gravia, d'un côté les ruines d'un château hellénique, et de l'autre côté, plus bas, sur la montagne, les ruines d'un château franc qui était peut-être celui du seigneur de Gravia qu'on trouve mentionné dans les lettres d'Innocent III [1]. Un peu plus loin en montant vers Dadi on aperçoit, près du village d'Agoriani, les ruines de deux châteaux francs qui commandent les deux sources du Céphise, et plus loin les ruines de l'antique ville de Liléa. Le charme que j'éprouvais à parcourir au galop cette belle vallée m'avait fait

---

[1] Voyez liv. xv, p. 610, lettre 27, une lettre écrite au seigneur de Gravia par Innocent III.

complétement oublier agoiate et guide, que j'avais laissés cheminants avec d'autres voyageurs vers le Callidrome. Près du pont de pierre jeté sur le Céphise, je me retournai pour les chercher et ne vis plus personne ; ils avaient disparu à travers les replis des collines éloignées. Un paysan qui labourait un champ voisin me dit que je m'étais égaré de beaucoup et que je ne pouvais aller coucher ce soir-là même à Bodonitza, qui est de l'autre côté du Callidrome, et il m'engagea à aller coucher à Dernitza, dans la montagne, au pied des plus hautes cimes, sur ce côté de la Doride. Je suivis son conseil et reçus ses instructions. J'avais à traverser cette vallée dans sa longueur, mais les prairies sont verdoyantes et la beauté du temps avait donné de l'ardeur à mon cheval. Je laissai donc derrière moi les villages pittoresques de Mariolates et de Soubala, le Platanos avec les ruines de son vieux château et le neigeux Parnasse, et me dirigeai vers Dernitza. Le Callidrome, entre les escarpements duquel est placé Dernitza, est d'une physionomie toute différente de la chaîne du Parnasse. Dans le Parnasse tout est rocher, dans les chaînes du Callidrome tout est terre végétale, belles forêts de pins, gracieuses pelouses jusqu'aux sommets les plus élevés. C'est à cette composition de son sol que le Saromata doit son nom de Callidrome ou montagne aux beaux chemins. A moitié chemin, entre Glounista et Dernitza, à une demi-heure avant d'arriver à ce dernier village, j'aperçus quelques ruines près du chemin. Une petite église chrétienne avait été élevée sur les débris d'un temple païen ; mais, église et temple, tout est en ruines aujourd'hui, avec la différence que les grandes pierres helléniques subsistent encore pleines de jeunesse, tandis que les murailles modernes ne laissent plus que quelques traces chétives et de la poussière.

Il était temps que j'arrivasse à Dernitza, le temps s'assombrissait avec vitesse ; et à peine étais-je entré pour prendre mon gîte du soir dans la maison qui me parut la plus propre, tout en haut du village, qu'une pluie violente recommença et dura pendant une bonne partie de la nuit. La maison que j'avais choisie était bien abritée. Au-dessus de la bergerie, quelques marches conduisaient à la partie habitable, divisée en deux compartiments; le compartiment des hommes et le compartiment des grains et fruits. Je pris place au milieu de la famille dans le compartiment des hommes, femmes et enfants; je fis étendre mon tapis, me fis servir d'excellent lait et quelques fruits, et, au bruit de l'orage qui battait mon toit hospitalier sans s'y frayer passage, je m'endormis du meilleur des sommeils.

Les luttes de la tempête contre la sérénité du ciel durent peu en Grèce. C'est le soleil qui règne en maître; c'est le beau temps qui est l'état normal. Au moment où les moutons, placés au-dessous de moi, s'échappaient avec empressement pour aller prendre leur repas parfumé dans les herbages rafraîchis par l'orage de la veille, je sortis à leur suite pour respirer aussi l'air embaumé du matin. Je voulais revoir d'une vue de mi-côte cette opulente vallée de la Doride que j'avais traversée la veille. Je tournai en descendant les deux ravins verdoyants que côtoie le sentier et me dirigeai vers Glounista. Devant moi se développait avec majesté la chaîne du Parnasse avec ses sommets couverts de neige et dont les flancs accidentés présentent tantôt les villages blancs de Soubala, de Mariolates et de Platanos, tantôt les ruines helléniques de Liléa, et tantôt le vieux château franc placé derrière Platanos et les deux vieux châteaux d'Agoriani aux deux sources du Céphise. Des réservoirs secrets où s'infiltrent les eaux du Parnasse descend doucement le Céphise, qui traverse cette vaste plaine dans toute sa longueur, de l'ouest à l'est, pour aller ensuite du nord au sud chercher le lac Copaïs près des marais situés au pied d'Orchomène. La chaîne du Saromata, qui encadre cette vallée sur l'autre rive du Céphise, a aussi son intérêt historique et sa beauté. A une lieue derrière le village de Glounista j'apercevais, sur un monticule qui se détache des hautes montagnes du Callidrome, un château franc fort bien conservé et du plus heureux effet dans le paysage. A l'ouest de ce château, et à l'extrémité de la vallée, s'ouvre la route qui conduit de Gravia aux Thermopyles ou plutôt un peu au delà des Thermopyles en passant entre Elevterokhori et Nevropolis et entre les ruines d'Heraclea et de Damasta pour aboutir, près de la caserne, au khani et au pont ancien d'Alamana. C'est par cette route que passèrent, en remontant jusqu'à Elevterokhori et à Nevropolis et en redescendant de là par Drakospilia et près de Palœo-Yani, le corps d'armée perse qui, sous Hydrastes, tourna les Thermopyles et vint attaquer par derrière les 5,000 Grecs échelonnés derrière les 300 Spartiates qui succombaient si glorieusement aux Thermopyles en faisant face au corps d'armée principal des Perses. C'est par cette même route aussi que passa le Brenn gaulois avec les siens lorsque, tout fier du butin de l'Italie, de l'Illyrie et de la Macédoine, et ne pouvant forcer les Thermopyles avec les 120,000 hommes d'infanterie et 15,000 de cavalerie qu'il traînait, suivant Justin, après lui, il tourna le Callidrome et, traversant la vallée de la Doride, se dirigea le long de la rivière de Gravia jusqu'à Topolias et de là jusqu'à Delphes. Un intérêt historique plus moderne me prescrivait de prendre une autre route pour arriver aux Thermopyles. Je voulais arriver par Dernitza à Bodonitza et suivre la route qu'avait prise l'empereur Henri de Constantinople et que suivit probablement aussi, un siècle plus tard, la Grande-Compagnie catalane en allant des Thermopyles à Thèbes.

« Li empereres, dit Henry de Valenciennes continuateur de Ville-Hardoin (en parlant de l'empereur Henry de Flandres à l'année 1208), vint jesir à la Bondenice un mercredi au soir. Dont passa la Closure, et Griphon le vinrent encliner. Li empereres chevaucha tant que il est à Thèbes venus[1]. »

[1] Pag. 294 de mon édition, à la suite de mes *Éclaircissements*

Ce mot de Closure m'avait semblé devoir être la reproduction du mot grec κλεισοῦρα, défilé ; mais où était cette Clisoura ? c'est ce qu'aucune carte ne m'apprenait. Arrivé sur les lieux qui devaient en être voisins, j'interrogeai les habitants de Dernitza et là j'appris d'eux que, pour aller de Dernitza à Bodonitza, on passe entre deux montagnes une gorge qui n'est en effet connue dans le pays que sous son nom de Clisoura. Je fus tout à fait charmé de pouvoir à mon tour passer la Closure comme mes compatriotes croisés, et montai à cheval avec bonheur pour aller la reconnaître.

En partant de Dernitza, on continue à monter jusqu'à ce que s'ouvre devant vous ce qu'on appelle ici un diaselo, ou un port dans les Pyrénées, c'est-à-dire une ouverture étroite entre deux pics de montagne, d'où on puisse redescendre dans les vallées. Les pics qui forment le diaselo de Dernitza sont des plus gracieux et des mieux ombragés du Callidrome, et on ne l'a pas plutôt franchi pour pénétrer dans la Clisoura, que se présente un spectacle vraiment magique. Je m'étais imaginé trouver une gorge obstruée par des rochers et des précipices, et je voyais une route serpentant élégamment, bien qu'un peu rapidement, le long d'un ravin creusé par un torrent, à travers une forêt de pins majestueux, qui remontaient des deux côtés, du bord du ravin jusqu'au sommet des hauteurs qui enserrent le défilé. Dès les premiers pas, la vue, guidée par les deux flancs de la montagne, se prolonge bien au delà des limites du défilé. Là s'étend la jolie vallée de Bodonitza ; et tout au milieu, surgissait, comme pour m'être plus agréable, un plateau surmonté du vieux château français des marquis de Bodonitza. Mais ce plateau et ce château, qui sont jetés dans la vallée inférieure, n'arrêtent pas la vue, qui se porte bien au delà, et découvre la mer, la belle mer azurée de Grèce, enfermée comme un lac entre le golfe Malliaque et le golfe

historiques, généalogiques et numismatiques sur la principauté française d'Achaye.

de Talente, par la chaîne de l'Othrys d'une part et par les monts de l'Eubée de l'autre, et enfin, comme pour ajouter un dernier trait de perfection au tableau, le gracieux canal d'Eubée s'ouvrant entre ces deux golfes et ces montagnes, et conduisant l'œil jusqu'aux îles de Skiathos, Skopelos et Skyros, et à la haute mer.

Je restai long-temps en admiration devant ce beau tableau, auquel ne manquait pas l'effet du soleil, et je m'engageai dans la Clisoura. La vue y est restreinte par les courbures du ravin et par l'épaisseur de la forêt qu'on a à traverser; mais, pour être plus rapprochée, la perspective n'en est pas moins fertile en beautés de toute nature, tant sont féconds les flancs de ces montagnes où la végétation se montre avec la même puissance depuis les collines inférieures jusqu'aux croupes les plus élevées. En sortant de la Clisoura, la vallée s'ouvre enfin dans toute sa grandeur. Les Thermopyles continuent à gauche, les monts de Carya à droite, le Callidrome en arrière, et en face est la vallée de Bodonitza ondulée de collines verdoyantes, avec son château gothique siégeant fièrement au centre, et au delà la mer, et un horizon de montagnes. Je conçus alors tout ce que pouvait avoir d'importance le possesseur d'une pareille seigneurie, placé à la marche ou frontière de la principauté française d'Achaye, ainsi que l'indique son nom de marquis de Bodonitza, sous lequel il figure au nombre des hauts barons jusqu'aux derniers jours de l'existence de la principauté [1]. C'était à lui qu'était confiée la garde des Thermopyles, et son fief s'étendait le long de la mer, depuis ce passage jusqu'au delà de Sideroporta, au delà de Palœochori sur le golfe de l'antique Daphnuse. Le marquis de Bodonitza se trouvait ainsi le seigneur des deux Locrides, et

---

[1] Il est désigné encore dans le dénombrement de 1391 parmi les hommages des barons sous le nom de *marquis de Bondenice* (p. 298 de mes *Éclaircissements historiques, généalogiques et numismatiques sur la principauté française d'Achaye*, t. 1).

le successeur naturel d'Ajax, fils d'Oïlée, et de Ménétius père de Patrocle.

Le château est aujourd'hui ruiné; mais ses ruines sont grandes, et elles couvrent tout le plateau. Les murs d'enceinte et deux tours restent complétement debout, et dans ces murs on reconnaît aisément les traces des diverses espèces de construction hellénique, romaine, byzantine et franque. La partie inférieure est tout hellénique alentour du plateau, et celles de ces grandes pierres qui avaient été renversées ont été relevées par les Francs et distribuées où ils ont pu dans leurs murailles et leurs tours carrées. La porte intérieure est hellénique aussi et me rappela la porte antique, dite cyclopéenne, que j'avais vue à Arpino, patrie de Cicéron, dans le royaume de Naples. Elle est composée de six pierres dont chacune a deux mètres de hauteur sur un mètre soixante-dix centimètres de largeur et soixante centimètres d'épaisseur. Les deux pierres du haut se rencontrent à angle aigu. A l'intérieur de la forteresse sont deux citernes et les restes d'un conduit en briques; peut-être du temps de Justinien, qui, suivant Procope, fit rétablir beaucoup de forteresses de ce côté de l'empire. A l'aide de ce conduit, on pouvait profiter dans le château des eaux de la fontaine placée de l'autre côté du ravin, sur le penchant d'une petite colline qui vient expirer au pied de celle-ci. Les eaux de cette fontaine sont des plus pures et des meilleures du pays, ainsi que je m'en convainquis en vidant avec bonheur trois coupes à la source même. Une petite église de construction franque, avec une fenêtre en ogive au milieu des murs du monument, atteste qu'ici ont passé d'autres hommes, d'autres mœurs, un autre culte. Suivant Meletius le géographe, Bodonitza serait l'antique Opus, capitale des Locriens Opuntiens; mais cette opinion me paraît tout à fait sans fondement. Strabon décrit fort exactement la situation d'Opus et celle de la baie opuntienne, et il paraît évident qu'Opus, patrie de Patrocle, se trouvait près de Talente, vis-à-vis de Gaidouro-Nisi, et sur l'emplacement du village actuel de Gardinitza.

J'allai me reposer quelques instants chez le dimarque, vieillard de fort bonne mine, qui demeure dans le bas de la ville. Sa maison serait d'assez bonne apparence s'il y avait en dehors pour y monter une échelle moins délabrée que celle qui sert d'escalier ; mais les Grecs ne savent encore où ni comment placer un escalier. On construit d'abord la maison sans s'en occuper, puis, quand tout est fini, on le place en dehors comme on peut. La famille du dimarque était réunie dans une seule chambre, tous et toutes étendus à l'orientale sur des tapis. Ils se levèrent à mon approche, et, sachant que les Francs ont l'habitude de s'asseoir un peu haut, ils m'apportèrent, pour tenir lieu de chaises qui manquent encore, trois bons coussins que l'on disposa l'un sur l'autre près du mur, de manière à me former un siége fort commode. Puis la jeune et belle fille du dimarque me servit elle-même le glyko, l'eau fraîche et le café, et me présenta ensuite gracieusement la longue pipe, et je me trouvai aussi à mon aise que parmi les miens, tant l'hospitalité se montre partout en Grèce avec aisance et bonne grâce, et semble plutôt la satisfaction d'un plaisir que d'un devoir. Pendant que j'étais assis à causer avec ces bonnes gens, j'avais envoyé des explorateurs dans le village pour s'enquérir des antiquités, pierres gravées, médailles et gazettes (petites monnaies de cuivre) que l'on pourrait avoir à vendre. On m'apporta quelques pierres gravées, mais d'une médiocre exécution et de l'époque romaine ; des monnaies byzantines en grand nombre, que je ne recherchais pas ; quelques médailles des anciens Opuntiens, dont l'une me plut, et bon nombre de deniers tournois des princes français de Morée et des ducs français d'Athènes, parmi lesquels je choisis les mieux conservés. Leurs demandes ne me parurent pas trop déraisonnables et nous nous séparâmes fort satisfaits les uns des autres. Je remerciai ensuite le dimarque et sa famille de leur bienveillante hospitalité, me fis amener mes chevaux et quittai Bodonitza. Plusieurs fois j'y suis revenu depuis, et toujours avec un grand plaisir, même lorsqu'égaré pendant la nuit, en tournant la pente des coteaux, je me retrouvais arrêté, tantôt par un rocher sur le bord d'un torrent que j'avais quelque temps auparavant traversé à gué, tantôt par un précipice inattendu placé sur un revers de collines que j'avais gravi à grand'peine ; mais alors la vue de la mer et des montagnes d'Eubée éclairées par un éclatant clair de lune me remettait bientôt sur la voie, et je rentrais sans encombre, heureux du souvenir de mes longues courses.

XV.

UNE SUCRERIE FRANÇAISE EN GRÈCE. — THRONIUM ET LA LOCRIDE.

La route de Bodonitza à la mer traverse un pays magnifique. Les vallées sont arrosées par des cours d'eau et les pentes des montagnes offrent comme une délicieuse forêt où toutes les herbes et tous les arbres sont en fleurs, et où je respirais tous les parfums du printemps. L'arbre de Judée avec ses bouquets de lilas y croît à l'égal des plus beaux arbres de nos climats ; le genêt d'Espagne couvre tous les rochers de ses immenses buissons diaprés de fleurs jaunes et s'entremêle aux sauges colossales et aux plantes les plus odorantes. En présence de cette variété de fleurs qui embaument l'air, on se croirait transporté dans le plus riche de nos vergers français au mois de mai ; mais les vergers ici sont des forêts gracieusement jetées sur le penchant rapide de la montagne, et les cours d'eau qui les traversent serpentent et retombent partout en mille cascatelles. La colline qui descend dans la vallée après le village de Kalyvia offre surtout le pays le plus fécond, le mieux boisé que je connaisse. Il n'y a pas un pouce de la montagne et de la vallée qui ne soit recouvert de bonne et profonde terre végétale et de la plus épaisse verdure. Les catzopia, ou arbres de Judée, sont là sur leur sol maternel. Dans plusieurs parties de cette riche vallée la verdure de ces grands et beaux arbres et de ces jolis arbrisseaux se maintient toute l'année, et le chêne lui-même y conserve ses feuilles pendant des hivers doux comme l'est notre plus doux printemps. Et toutes ces terres fécondes, et tous ces beaux ombrages, et ces délicieux parcs et vergers naturels sont pour ainsi dire sans maître! Au milieu de cet abandon de tout bien, ce n'est que bien rarement que se fait sentir la présence de l'homme, par l'aspect de quelques terres ensemencées de blé ou par quelques kalyvia de chaume distribuées çà et là et défendues par des chiens de Thessalie à l'humeur redoutable, contre lesquels un bon pistolet n'est jamais hors de saison. Les prairies y sont toutes épaisses et fécondes, mais d'une fécondité spontanée qui ne doit rien aux irrigations artificielles ou aux coupes opportunes; car personne n'y travaille, n'y sème et n'y recueille. Cette partie de la Grèce se distingue entre toutes les autres par la sève active de végétation dont jouissent ces pays, plus riches et plus pittoresques en même temps.

À mi-chemin vers le golfe de Lamia, s'embranchent deux routes qui, de Bodonitza et des versants du Kallidrome, conduisent vers la Thessalie et vers la Locride: l'une à gauche mène au glorieux passage des Thermopyles; l'autre, à droite, mène à un lieu qui n'a de nom ni dans l'histoire ancienne ni dans l'histoire du moyen âge, mais qui a aussi son avenir peut-être, et qui, dans les fastes pacifiques de nos nations modernes, pourra mériter d'être mentionné un jour parmi les éléments de richesse et d'amélioration de ce pays nouveau. Ce lieu, désigné sous le nom de Kainourio-Khorio ou le Nouveau-Village, est celui où vient d'être fondée par des spéculateurs français une sucrerie de sucre de betteraves. J'avais là à satisfaire un intérêt plus récent, mais plus national aussi. L'ancien fief français qui dominait tout le littoral des Thermopyles et de la Locride a disparu, et une nouvelle puissance, celle de l'industrie, portée sur une partie de ce même littoral par des compatriotes des anciens feudataires de Bodonitza, cherche dans ce moment à faire succéder son utile domination à la domination violente qui soumettait tout à l'utilité d'un seul. Aux tours de vigie, où veillaient des soldats toujours armés, ont succédé de hautes cheminées en forme de tours carrées, destinées à alimenter perpétuellement une grande usine de sucre de betteraves. La betterave, si ridiculisée à sa naissance, si contrariée aujourd'hui dans sa marche après avoir été si démesurément encouragée, veut étendre maintenant ses conquêtes en dehors du pays de sa naissance, et, de la France, veut aller s'implanter dans le reste de l'Europe et donner à la fois, si elle peut réussir, un nouveau débouché à la richesse industrielle, à la richesse agricole et à la richesse commerciale. J'avais appris, en allant de Malte à Syra, que plusieurs ouvriers français se rendaient en Grèce sur le même bâtiment que moi pour aller s'employer dans une raffinerie dont l'existence m'était ainsi révélée, et mon attention en avait été vivement éveillée; j'avais rencontré dans les bois du Pentélique, en revenant de Marathon à Athènes, d'autres ouvriers français se rendant par Oropos à ce même établissement, et j'avais promis au fondateur, M. Roberty, qui m'avait beaucoup parlé de ses projets à Athènes, de m'arrêter quelques jours dans sa manufacture à mon passage en Locride. Je laissai donc la route qui mène aux Thermopyles de Léonidas et m'acheminai vers la sucrerie française de sucre de betteraves de Kainourio-Khorio.

Des dernières parties de la chaîne du Kallidrome, on voit se développer devant soi une vaste plaine de près de deux lieues de profondeur jusqu'à la mer, et d'environ six lieues de longueur entre le Sperchius et le Boagrius, qui tous deux viennent se jeter dans le golfe de Lamia. Les eaux torrentueuses du Boagrius formaient dans cette saison un lit vaste, mais assez profond; je les passai à gué au-dessous de Thronium. Ces passages sont parfois assez dangereux en Grèce; les lits des torrents sont larges et encombrés de fragments de rochers; leur cours est rapide, et si un cheval faisait une chute il serait assez difficile de lutter contre la rapidité des flots au milieu de ces pointes aiguës de rochers. Quelquefois aussi, quand on n'a pas la tête ferme et qu'on ne prend pas le parti de fixer ses yeux sur la rive sans regarder l'eau, ce torrent qui coule rapidement vous laisse croire qu'au lieu de le couper vous êtes entraîné par lui; on est pris alors d'une espèce de vertige qui pourrait amener une chute dangereuse. C'est ainsi qu'un jour, dans les eaux de l'Alphée, près d'Olympie, un de mes guides perdit la tête, tomba de cheval, et ne fut sauvé que par un berger que j'avais eu la précaution de faire marcher avec nous dans l'eau pour indiquer le gué. Je tins bon contre le Boagrius, qui luttait pour m'entraîner, comme autrefois le fleuve Scamandre s'élançait pour engloutir Achille « en mugissant et soulevant ses flots couverts d'écume, de sang et de cadavres[1]. » Le Boagrius n'entraînait que les débris des asphodèles, des lauriers-roses et des autres plantes de la montagne, et je n'eus pas besoin du secours de Vulcain et de ses feux pour arriver à l'autre rive. De là on aperçoit, de loin, et sur le bord de la mer, une longue ligne de murs blancs avec des toits en tuile rouge, et au milieu, hautes et puissantes comme des tours crénelées des temps féodaux, les cheminées de la sucrerie de Kainourio. Ce fut comme un phare qui me montrait ma route. Je me mis au galop dans cette belle plaine, et au bout d'une heure au plus j'arrivai parmi des compatriotes parlant la langue de France, dans la sucrerie de betteraves de Kainourio-Khorio.

[1] *Iliade*, chant XXI, vers 324.

M. Roberty me fit le plus cordial accueil, et me montra tout son établissement en détail. Cette vaste entreprise doit son origine à une société d'actionnaires parisiens auxquels sont venus depuis s'ajouter des actionnaires grecs et moldaves. Le gouvernement grec a concédé à cette société, pour vingt ans, moyennant 7,000 francs de loyer annuel, huit cents hectares de terre dans cette belle plaine de la Locride. Là, tout en face du canal de Trikeri, dans une situation aussi belle que bien appropriée au commerce, non loin de la baie de Palœo-Khori, où peuvent s'arrêter les bâtiments arrivant d'Asie par le canal d'Eubée, près de la chaîne du Knémis, qui forme un rempart contre les vents et porte de vastes forêts, près aussi de la riche plaine du Sperchius, qui ouvre une route facile vers la Thessalie, on a choisi à cent pas de la mer l'emplacement où devait être bâtie la future manufacture. La première pierre de l'usine avait été posée le 24 décembre 1840, et, grâce à l'activité extrême mise dans les travaux, ces bâtiments étaient presque complétement terminés au moment où j'y arrivai, le 1er mai 1841, et les machines étaient déjà presque toutes placées et prêtes à fonctionner. Il y avait d'énormes obstacles à vaincre pour fonder un semblable établissement; mais M. Roberty est doué d'une rare activité et d'une grande persévérance, et il est enfin parvenu à triompher des difficultés que lui opposaient les hommes et les choses. Tout était à créer à la fois dans un pays si neuf. Quelques ouvriers français se multiplièrent pour guider et former les ouvriers grecs, avant même qu'aucun des chefs et de leurs co-travailleurs comprît encore la langue que parlait l'autre. Les rochers du Knémis et les ruines de Thronium fournirent la pierre; les forêts de Palœo-Khori et de Bodonitza donnèrent le bois de construction. Les tuiles furent confectionnées sur les lieux, ainsi que les planches et les poutres. Des maçons albanais arrivèrent en bandes de la Turquie, et en quatre mois les bâtiments de la manufacture et deux lignes de bâtiments placés des deux côtés pour le logement des maîtres et ouvriers s'élevèrent comme par enchantement. On me donna une de ces chambres, dans l'aile située en vue de la mer, et je m'y trouvai aussi commodément logé que je l'aurais été en France. On m'avait dit à Athènes que je ne trouverais rien encore de commencé, et qu'il n'y aurait pas même de chambre pour me loger; cependant je trouvai deux lignes de maisons de vingt chambres chacune, entre deux jardins, et des bâtiments élevés et couverts, aussi étendus que ceux d'une des plus vastes exploitations de nos domaines normands. Les communications sont encore très-difficiles entre les provinces grecques. De Livadia à Kainourio, il faut franchir le Parnasse et le Knémis, semés de rochers et de précipices, et tout voyage à travers ces montagnes est non-seulement fatigant, mais souvent dangereux. Il n'est donc pas étonnant, même sans parler de l'envie que l'on porte en général à tout grand établissement naissant, qu'on ait nié l'existence de ce que je voyais alors debout devant moi. M. Roberty et moi, nous parcourûmes à cheval les terres concédées à la manufacture, et là m'apparurent d'autres obstacles dont une grande énergie peut seule triompher.

A peu de distance de la manufacture est un marais formé par les cours d'eau qui descendent du Knémis à la mer, et qui, faute de pente suffisante, se perdent dans les prairies. Le vent qui sort de la gorge de Thronium et passe sur ce marais s'imprègne à la chute du jour d'exhalaisons dangereuses. Il est facile sans doute d'assainir ce marais, en pratiquant des saignées à la prairie et en faisant couler les eaux jusqu'à la mer, qui est voisine; mais, pour avoir négligé cet assainissement, on s'est exposé à une épidémie qui a moissonné beaucoup de monde, et il a fallu l'énergie de M. Roberty pour résister à ces nouveaux fléaux et pour s'occuper, quoique malade, du prompt assainissement de ces lieux, assainissement assuré aujourd'hui. Des terres avaient été concédées par le gouvernement; mais, par suite de l'organisation défectueuse d'une société politique aussi nouvelle que l'est la société grecque, les terres étaient souvent possédées ou cultivées par le premier occupant. Une juste mesure de conciliation et de fermeté de la part de M. Roberty, soutenu qu'il était par l'appui bienveillant des autorités locales, n'a pas tardé à aplanir les voies vers le bien. Les gens du pays ont d'ailleurs compris tous les avantages que devait apporter à leur agriculture l'existence d'un établissement considérable bien dirigé et occupé par des ouvriers français, qui, s'ils travaillent beaucoup, aiment aussi à bien vivre et dépensent largement. Déjà un peu de mieux se fait sentir dans les environs, et on remarque une grande différence entre les habitations grecques du village voisin et celles des villages plus éloignés. Les chambres sont plus propres et mieux aérées; l'usage des chaises, des tables, des matelas, inconnu à quelques lieues de là, s'y répand de jour en jour. La nourriture y est plus saine et plus abondante. Si cet établissement prospère, ce bien-être s'étendra rapidement à tous les environs; car ce pays est merveilleusement situé pour y appeler les étrangers. Tous les versants inférieurs du Knémis sont couverts de forêts, et des sources d'eau minérale qui jaillissent du pied des rochers, près de Palœo-Chori, permettent d'y établir des bains d'eau thermale. Un bateau à vapeur qui irait de là à Porto-Raphti, à cinq lieues d'Athènes, en passant sous le pont un peu étroit de l'Euripe, à Chalkis, transformerait complétement ces riches campagnes de la Locride, et, en peu d'années, elles pourraient être couvertes de petites maisons d'été. J'ai rencontré là des sites charmants. Ces améliorations réagiraient bien vite sur une population aussi active et aussi intelligente que la population grecque. J'ai vu moi-même qu'au moment de mon arrivée l'esprit de jalousie avait déjà disparu pour faire place à l'esprit d'union. J'en eus une preuve frappante à l'occasion d'une fête curieuse à laquelle j'assistai le lendemain dimanche 2 mai.

M. Roberty avait annoncé que, pour célébrer l'anniversaire de la Saint-Philippe, il invitait ce jour-là tous les employés de sa manufacture, maîtres et ouvriers, Français, Italiens, Allemands, Anglais, Grecs, Albanais et Bulgares, à une partie de campagne dans une belle forêt située au delà de Thronium. Je fus invité aussi et fus charmé de cette occasion qui s'offrait à moi de satisfaire amplement ma curiosité.

Nous partîmes tous à pied, au nombre de plus de soixante. Nous traversâmes le Boagrius, ou Platania, à l'aide d'arbres morts jetés sur les rochers du torrent, et nous remontâmes son cours en laissant Thronium à notre gauche. Plusieurs fois nous eûmes à traverser au milieu des bois la Platania et ses affluents à l'aide de ponts improvisés. Ces torrents au cours si incertain sont un des grands obstacles qui empêchent les voyages à pied en Grèce, qu'il est si aisé pour tout le monde de faire en Suisse; il faut des chevaux pour traverser sans cesse les torrents et les bords des *valtos*, ou terres marécageuses. Nous continuâmes à cheminer à travers des bosquets remplis de fort beaux arbres jusqu'au pied de la montagne de Basilissa, qui sépare cette vallée de la belle et vaste vallée de Livadie. Pouqueville a cru à tort que la montagne appelée Basilissa était placée dans les Thermopyles mêmes, et qu'elle devait ce nom au souvenir de l'invasion armée du grand roi. La Basilissa est fort en avant des Thermopyles et très-éloignée de la route qu'a suivie l'armée persane. Nous nous arrêtâmes enfin dans une situation charmante, que nous indiqua un berger, près d'un village qui a conservé, dans son nom de Komnina, le souvenir de la domination des Comnène. Une source d'eau excellente jaillissait de terre, et, à peine née, elle allait, à quelques pas de là, confondre ses eaux avec celles d'un torrent, qui se repliaient autour d'un tertre frais et en faisaient comme une petite île de verdure. De beaux arbres aux formes les plus pittoresques ombrageaient de toutes parts cette pelouse. En peu d'instants un campement fut dressé. Les branches feuillues tombèrent sous les yatagans et les haches. Nous avions été accompagnés dans notre marche de deux pavillons, le pavillon français et le pavillon grec, qu'un Français et un Grec faisaient flotter au-dessus de nos têtes. Arrivés à notre station, ils s'élancèrent au plus haut d'un grand chêne, et sur la plus belle branche ils les déployèrent gracieusement. On s'occupait pendant ce temps des préparatifs du repas, et, en vérité, je crus assister à un repas homérique. Des moutons composaient le fond de ce dîner de campagne. Pendant que quelques pallikares, habitués à des festins de montagne, faisaient tomber des arbres propres à alimenter un grand feu, amenaient quelques troncs ou gros rameaux desséchés par l'âge, taillaient les petites branches émincées en broches, et allumaient des branches pour préparer d'avance des charbons ardents, leurs compagnons saisissaient les moutons amenés vivants, les égorgeaient près des eaux du torrent, les attachaient à un arbre, les dépouillaient en un instant de la peau, comme le Faune dont on voit la statue au musée de Naples, nettoyaient leurs entrailles, et frottaient les moutons de graisse et de sel, en appliquant sur leurs flancs les deux rognons. Ainsi préparés, les moutons étaient embrochés dans un long pieu que tournait un pallikare devant un énorme feu qui flamboyait en plein air, tandis qu'un autre les frottait avec la graisse appliquée à une longue branche de myrte. Les entrailles, enveloppées autour d'une baguette de fusil et bien nettoyées et épicées, sont braisées plus promptement et forment un mets véritablement excellent appelé *koukouretze*. Il faut environ une heure pour cuire le mouton entier, et plusieurs moutons rôtissaient à la fois sur les trois côtés de chacun des grands feux qu'on venait d'allumer. Un coup de doigt appliqué fortement au défaut de la cuisse et séparant les chairs, et le refroidissement, au milieu du feu le plus ardent, de l'os qui sort de l'estomac, prouvent que la cuisson est à point. Un Européen s'imaginerait que, cuit sitôt après être tué, un mouton doit faire un fort mauvais mets et que la chair doit être fort dure; il n'en est rien, et ce mouton, préparé ainsi à la manière homérique, est tendre et succulent.

La table est tout aussi champêtre que le repas. On abat un énorme amas de feuillage, que dans ces lieux frais et inhabités n'a jamais souillés la poussière. On en fait une sorte de lit de deux ou trois pieds de hauteur, et ce lit de feuillage, c'est la table; chacun s'assied alentour sur un autre lit de feuillage recouvert de sa talagani. Des oignons verts, des œufs durs et du pain sont placés devant chacun des assistants; puis un pallikare saisit le mouton, et de son yatagan sépare les membres et les jette sur la table de feuillage. La tzitza de bois circulait pendant ce temps à la ronde pour humecter ce repas avec d'excellent vin d'Eubée.

Autour de cette table rustique étaient assis des hommes de toute nation, Grecs, Turcs et Francs; c'était un mélange curieux de toutes les langues et de toutes les races, et les notables du village voisin étaient venus se joindre en amis à notre fête. Les Grecs pauvres sont peu habitués à sortir de leur vie régulière d'abstinence; ils ne peuvent jamais, ainsi que nos ouvriers, compter sur un travail extraordinaire pour compenser une dépense extraordinaire qu'ils auraient faite, ils sont donc toujours fort réservés dans leurs plaisirs. Les Albanais sont plus insouciants de l'avenir et plus expansifs, plus bruyants aussi dans leurs moments de gaieté. Nous fîmes chanter des chansons françaises, grecques, albanaises et bulgares. Un jeune garçon albanais de treize à quatorze ans, à la voix de fausset extrêmement élevée et qu'il forçait de son mieux, entonna la chanson albanaise, tandis que ses compatriotes, assis en cercle autour de lui, répétaient le refrain en chœur. Les airs bulgares sont plus vifs et plus saccadés que les airs grecs; les airs grecs sont toujours dits par les beaux chanteurs avec un accent nasillard qui en détruit outrageusement la mélodie. Cinq ou six de ces airs auraient mérité d'être recueillis; c'est une mélodie simple et sans accord parfait, mais parfois une idée musicale assez gracieuse s'y fait jour. Après les chants on porta les toasts: celui du roi de France, pour la fête duquel nous étions tous réunis, et celui du roi de Grèce, sur le territoire duquel était venue s'implanter cette nouvelle colonie industrielle, et de nombreux polychronia firent retentir les bois à la suite d'une petite allocution que je crus devoir adresser à mes compatriotes à cette occasion.

« Deux fois déjà, leur dis-je, et dans des temps bien éloignés et bien différents des nôtres, nos compatriotes de la terre de France ont porté leurs pas en ces mêmes lieux. Ils s'y présentèrent alors l'épée à la main et franchirent les montagnes qui nous apparaissent d'ici, et les Thermopyles au nom si héroïque. 279 ans avant notre ère, un chef d'aventuriers gaulois, que les auteurs anciens désignent avec son seul titre de Brennus ou chef de guerre, après avoir ravagé l'Italie, l'Illyrie, la Pannonie, la Thrace, la Macédoine, arriva dans ces montagnes pour se frayer un passage jusqu'au trésor du temple de Delphes. Arrêté un instant au passage des Thermopyles, de ce côté de la montagne, le Brennus s'avança avec 40,000 hommes de pied et de cheval par un chemin plus hardi encore, et, s'élevant par les ravins à la droite du Kallidrome ou Saromata, dont les derniers versants viennent expirer ici, il déboucha dans la plantureuse vallée du Céphise, et arriva avec les siens sur les flancs élevés du Parnasse, où se trouvaient le temple vénéré de Delphes et ses trésors, et ils pillèrent tout. C'était là d'odieux triomphes de l'audace et de la barbarie, de ces triomphes qui ne laissent après eux que des larmes pour les opprimés, des malédictions pour les oppresseurs.

» Quinze cents ans plus tard, le zèle des croisades avait armé des milliers de Français et les poussait à la délivrance du Saint-Sépulcre. Le malaise qu'on éprouvait chez soi, et le désir pour les aînés ambitieux d'augmenter leur nom et leur puissance, pour les cadets pauvres de se faire un domaine à eux, pour le peuple imitateur des villes de marcher selon l'esprit du temps, pour le peuple des serfs d'échapper par la licence des camps à l'oppression domestique des maîtres, toutes ces causes, plus encore que l'ardeur religieuse, surtout à l'époque de la croisade de Constantinople, appelaient les Français sous les drapeaux de la guerre sainte. En allant à Jérusalem, ils s'étaient arrêtés devant Constantinople, qu'ils conquirent en 1204, et ils firent ici un empire français avec des chefs français, des coutumes françaises, des mœurs françaises. Toutes les provinces de l'empire grec furent partagées entre les nôtres. A l'Hémus, où finissait l'empire, commença le royaume de Macédoine ou de Salonique. Là où finissait le royaume de Salonique, à la chaîne supérieure de l'Œta, que vous voyez devant vous blanchi de neiges, commença la principauté française de Morée ou d'Achaye, qui comprenait, avec tout le territoire de la Grèce actuelle, les Cyclades, les Sporades et les îles Ioniennes moins Corfou. La partie de l'armée française qui se détacha pour opérer cette conquête passa par ce même détroit des Thermopyles, placé à deux pas de nous. Au delà de cette colline où nous sommes est la colline et le château-fort de Bodonitza, que vous connaissez tous, et où ils fondèrent un marquisat pour l'un d'eux en le chargeant de la défense de la frontière. Au delà de ce détroit qui se développe si gracieusement sous vos yeux apparaît la pointe de cette féconde et belle île d'Eubée, ornement principal de votre vallée; et un peu plus loin est le port d'Orèos, où ils fondèrent pour un autre des leurs une baronnie dont une forteresse en ruines indique l'emplacement. Ils occupèrent ainsi tous les lieux forts et dominèrent ce pays pendant trois siècles. Mais l'esprit de rivalité mit bientôt la désunion entre les chefs, qui ne voulaient obéir à aucun, et les divisions intestines leur firent perdre ce que leur courage leur avait gagné. Contemplez ces ruines de tourelles, de portes-coulisses, de créneaux du château de Bodonitza, et demandez-vous ce qui reste de tant d'actes généreux, de tant de sacrifices héroïques de toute nature : quelques tourelles à moitié démolies où l'herbe croît au milieu des ruines dans tous les endroits où nos croisés ont vécu, quelques monnaies grossières que dédaignent les paysans, quelques noms français conservés à des villages, des ruines de châteaux, d'églises, de couvents et de tombeaux, et quelques souvenirs de générosité et de dévouement ou d'audace de nos compatriotes et de leurs femmes ou de leurs filles préservés par la tradition ou par les chants populaires, voilà tout ce qui a survécu d'une domination de trois cents ans. Un grand service fut toutefois rendu à la Grèce par cette conquête des nôtres. La force unit entre elles des provinces habituées à vivre dans la division, et, quand s'éteignit la principauté française de Morée, elle laissa du moins le souvenir d'un État grec qui pouvait vivre et se maintenir uni par ses seules forces. Ainsi les idées morales, les idées nationales sont les seules qui aient vie.

» Les temps modernes nous ont montrés à la Grèce sous un aspect bien différent. Depuis le jour où, pour la première fois, l'évêque de Patras Germanos fit appel, du couvent de Calavryta, aux sentiments chrétiens, aux sentiments moraux, aux sentiments nationaux de l'Europe, la France n'a cessé de se montrer amie puissante et généreuse. Le peuple de France tendit la main au peuple de Grèce qui demandait à renaître ; le gouvernement envoya ses armées et ses flottes libératrices pour assurer l'œuvre de la civilisation, et les armées et les flottes ont rempli leur œuvre avec dévouement. Le peuple grec exista. Il ne s'agit plus que de compléter l'œuvre de civilisation si heureusement commencée.

» C'est là ce que vous allez contribuer pour votre part à faire ici, vous qui, dans ce pays inculte, abandonné, apportez la vie de l'industrie, du travail, de l'ordre. Soyez-en fiers, car il y a dans vos succès bien au delà des succès de présent ; il y a de nobles avantages encore à recueillir à la suite des avantages matériels. Qu'un établissement industriel comme le vôtre prospère, et la marche de la civilisation est rapidement accélérée ici. En peu de temps cette vallée, où la végétation est si puissante, va se couvrir des plus riches produits; ces misérables kalyvia vont être remplacées par de petites maisons propres et élégantes; ce canal d'Eubée, aujourd'hui désert, peut s'animer par la présence des vaisseaux à vapeur et à voiles; ce port de Palœo-Khori, si sûr et si vaste, peut se couvrir de mâts de vaisseaux marchands; ces coteaux si boisés, si odorants, couverts de grenadiers, de myrtes, de figuiers, d'oliviers, de mûriers, de platanes auxquels vient s'enlacer de toutes parts la vigne en festons, ces bords de la source d'eau thermale placée au bas d'un si gracieux coteau, peuvent devenir, grâce aux brises qui modèrent ici les chaleurs de l'été, le rendez-vous de toute la Grèce, qui viendra admirer ici ce que des Français ont su faire les premiers au milieu de tant d'obstacles des hommes, des temps et des lieux; et cet exemple d'un pays heureux par le travail et l'esprit d'union portera ses fruits dans les autres parties de la Grèce. Cet avenir est certain, si vous savez à la fois rester actifs et unis; et le temps est peu éloigné peut-être où le bruit des machines à vapeur éveillera les échos endormis du mont Karya. Il m'est agréable de pouvoir vous manifester mes espérances du bonheur destiné à cette vallée, à la Grèce et à vous, au jour même où sur notre sol de France on se livre aussi à la joie. C'est à l'occasion de la fête de notre souverain que nous sommes réunis ici. Pour des Français qui se rencontrent à l'étranger, il n'existe pas de partis; ils ne reconnaissent qu'un drapeau, celui de la France et de son souverain confondus. Le voici qui flotte au-dessus de notre tête, ce drapeau national, uni sur le haut de ce chêne séculaire au pavillon de la Grèce et de son souverain. Réunissons donc tous ici, Français et Grecs, nos acclamations en l'honneur de la France et du roi de France, et joignons-y nos vœux et nos sympathies en faveur de la Grèce et du roi de Grèce. »

Aux chants succédèrent les danses de toute espèce. Les Bulgares, qui vivent presque toute l'année dans la plus grande abstinence, se livraient avec bonheur aux plaisirs d'une fête si nouvelle pour eux, et formaient des rondes fort animées. La danse des Grecs ne manque pas d'une certaine grâce, mais elle est lente et froide, et les beaux danseurs se dandinent beaucoup trop. La ronde des Turcs est beaucoup moins gracieuse, mais plus vive et plus gaie, et on y retrouve fréquemment les germes de la mazourque des Hongrois, leurs compatriotes antiques, et parfois de la valse allemande. La danse terminée, on se livra à l'exercice du tir; un prix fut promis au meilleur tireur, et ce fut un ancien klephte qui le remporta avec sa longue carabine. Son adresse a dû être fatale à plus d'un Turc dans les désordres de sa vie klephtique; c'est aujourd'hui un garde-chasse habile et régulier.

Tout se passa dans l'ordre le plus parfait et la meilleure harmonie, et il n'y eut pas une parole, pas un geste blessant pour aucun des convives. Nous nous étions assuré des montures pour le retour; une musique improvisée, cors-de-chasse, clarinettes, flûtes de France, guitares grecques et tambours turcs, nous précédait avec les deux bannières déployées de France et de Grèce. Tous à cheval, nous fîmes une halte sur les ruines de l'homérique cité de Thronium, qui peut se relever à Kainourio-Khorio, et nous rentrâmes sans encombre, fort satisfaits d'une fête dont on n'eût pu rêver la possibilité en Grèce dix ans auparavant.

J'avais été dès le premier jour charmé de l'aspect du pays. En m'éveillant à Kainourio-Khorio, mes premiers regards avaient été caressés par le lever du soleil qui teignait de rose et le ciel et les belles eaux du canal de Trikeri, entre l'Eubée et la pointe de l'ancienne Thessalie phthiotique, patrie d'Achille. Deux petits bâtiments voguaient à pleine voile dans ces flots de rose et d'azur. Ce n'est qu'en Grèce que l'on comprend bien toute la vérité de cette expression des poètes anciens, l'azur des flots, l'aurore aux doigts de rose ; expressions que nous traduisons comme si elles s'appliquaient à notre mer et à notre ciel, tandis que dans notre climat tempéré de France les flots de la mer sont vert-bouteille et l'aurore est rouge-orange. Ici, au contraire, et partout en allant vers l'orient, depuis Naples surtout, et parfois depuis Nice, les flots sont du plus bel azur, et, en Grèce en particulier, le ciel, au lever du soleil, est d'un rose si tendre, qu'aucun peintre n'oserait rendre cet effet, de peur de nous paraître un coloriste faux ou exagéré. Les monts de l'Eubée me dérobaient ici la première apparition des rayons du soleil comme l'Hymette me les dérobait à Athènes ; mais ici, comme à Athènes, ces rayons s'élançaient dans toute l'étendue du ciel et le coloraient du rose le plus fin. Je sortis pour aller sur la grève, située à cinquante pas de ma chambre. Les flots ne faisaient pas entendre le plus léger murmure, et, sur cette glace du canal de l'Eubée, ouvert devant moi, je voyais se détacher çà et là quelques villages sur les deux rives, tandis qu'à l'entrée les îles Lichades brillaient comme une émeraude.

La plaine qui s'étend de la grève au Knémis, ceinture hardie jetée autour de la Locride, a çà et là une apparence marécageuse par suite des infiltrations de l'eau qui, en descendant de la montagne, a pénétré dans les terres grasses sans que qui que ce soit prît la peine de lui frayer une facile issue jusqu'à la mer ; mais des saignées d'assainissement se feront aussitôt que le pays commencera à se peupler. A mesure qu'on s'élève vers la montagne, le pays change complétement d'aspect.

Tous les versants septentrionaux du Knémis et ceux du Kallidrome, depuis la baie de Talante jusqu'à la baie de Lamia, au delà des Thermopyles, sont gracieusement ondulés à la base et couverts de la plus opulente végétation, tandis que la partie supérieure s'élève comme un mur impénétrable de rochers aux belles couleurs. Sur ces mille collines croissent majestueusement les figuiers sauvages, les platanes et les chênes les plus magnifiques et toujours verts ; ici les arbres de Judée, les hauts genêts, les lauriers, les myrtes et les grenadiers charment tour à tour l'œil et l'odorat, là les vignes sauvages et les chèvrefeuilles s'entrelacent autour du tronc des grands arbres pour les transformer en haies de verdure comme la liane dans les forêts du Brésil. Tantôt, sortant en bouillonnant du flanc des rochers, une source d'eau thermale fume et bruit à vos pieds, et tantôt surgit mollement du milieu des gazons une source d'eau fraîche et pure qui va coulant doucement en mourant presque sans bruit sous les racines d'un vieil arbre. Les rossignols, charmés d'une solitude si bien faite pour eux, emplissent toute la forêt de leur suave harmonie. C'est le long de la pente inférieure du Knémis, au milieu de ces bosquets, à l'ombre de ces arbres parfumés, le long de ces ruisseaux aux bords émaillés d'anémones aux corolles roses, pourpres et bleues, que serpente la route qui conduit de la Locride en Thessalie.

Au moment où j'approchais de la montagne, un spectacle tout à fait original et plein d'intérêt s'offrit à ma vue. Cette route était ce jour-là couverte de nombreuses caravanes de Grands-Vlaques, qui, tous les ans, à l'approche de la saison froide, descendent la chaîne du Pinde et des monts d'Agrapha, pour aller poser leurs tentes et faire paître leurs troupeaux dans les régions plus chaudes de la Béotie, et qui, à l'approche des grandes chaleurs, au jour consacré à saint Georges, vers la fin d'avril, partent de leurs campements d'hiver pour aller reprendre, dans la chaîne ombragée du Pinde, leurs frais campements d'été. Les femmes marchent les premières, à pied, filant leur coton ou tricotant l'espèce de chaussettes ornées et bariolées qu'on appelle ici *tzourapia*. Elles portent souvent en même temps sur le dos le dernier né de leurs nombreux enfants et le long fusil de leurs maris. Les hommes s'avancent gravement et solennellement par derrière, assis la plupart sur leurs ânes ou mulets, sans rien faire ni rien porter. Les troupeaux de moutons et de mulets se pressent sur les pas de leurs maîtres. La marche est fermée à distance par les vieillards, qui suivent lentement à pied avec les enfants les plus jeunes, s'arrêtant avec eux au bord des fontaines pour leur distribuer leur pain et une eau salutaire, et, s'il se fait tard, rester chaque soir à dormir avec eux sous les grands arbres, tandis qu'à peu de distance en avant le reste de la famille vlaque a disposé aussi ses tentes ou ses toits de verdure pour le repos du soir, prête à recommencer le lendemain avec ses bestiaux son pèlerinage habituel vers ses chères montagnes.

Je m'arrêtai quelques instants à causer avec les Vlaques; j'étais bien aise de contrôler par leur témoignage l'exactitude de certains renseignements topographiques. Leurs exactes notions du pays me satisfirent complétement, et, après que nous eûmes bu tour à tour, en signe d'affection mutuelle, quelques gorgées de vin des *tzitzas*, ou dames-jeannes de bois, que portait chacun de nous, je repris ma route, décidé à aller jusqu'aux ruines de l'homérique Thronium[1]. On n'a pas à passer le Boagrius pour arriver de ce côté sur l'emplacement de Thronium; on laisse ce fleuve un peu à sa droite, et on remonte vers la chaîne du Knémis, au point où elle s'abaisse pour laisser apercevoir à distance les sommets neigeux du Parnasse. Strabon décrit avec beaucoup d'exactitude la situation de Thronium dans la Locride épiknémide, et ce qu'il dit du Boagrius s'applique de la manière la plus juste au fleuve ou plutôt au torrent de la Platania, qui coule au pied de cette colline. Meletius, dans sa description de la Locride, donne fort exactement aussi l'emplacement de Thronium, parmi les ruines de laquelle il dit avoir trouvé une inscription mentionnant le nom de cette ville. La colline sur laquelle elle est placée descend d'un côté dans la vallée de la Platania vers la mer; l'autre versant s'étend

---

[1] Et Thronium, non loin des rapides eaux du Boagrius. (*Iliade*, chant XI, vers 533.)

sur une petite vallée qui s'enchaîne au groupe de montagnes dans lesquelles s'ouvre la route par Drakhmana jusqu'à Livadia. De ce côté on aperçoit toute la chaîne des montagnes qui ceignent la vallée intérieure de la Doride, derrière laquelle s'élève le fier Parnasse tout blanchi de neige ; de l'autre côté s'étendent la vallée de la Platania, la mer, le golfe Malliaque, le canal de Trikeri, les îles Lichades formées, dit la fable antique, des membres du malheureux Lichas, et l'Eubée avec ses belles montagnes. Les murs d'enceinte de la ville de Thronium sont reconnaissables sur les deux flancs du coteau, et les habitants du pays, en cherchant des pierres pour leurs moulins et leurs maisons, les ont mis à découvert en plusieurs endroits, ainsi que les murs de quelques maisons de l'intérieur de la ville, car les murailles des maisons particulières étaient construites en vastes pierres quadrilatères presque aussi grosses que celles des murs d'enceinte. Cette ville devait être peu considérable, puisqu'elle semble ne s'être pas étendue au delà des deux versants de la colline ; mais sa situation était délicieuse, et elle paraît avoir été assez opulente. En suivant la croupe du coteau jusqu'au sommet sur lequel était placée l'Acropolis, je retrouvai, un peu au-dessous de l'Acropolis, les ruines d'un temple. Un fût de colonne cannelée en marbre blanc, et quelques autres fragments de marbre presque informes répandus çà et là alentour, montrent assez que ce temple a dû être remarquable en son temps.

Je renouvelai plusieurs fois mes visites dans cette ville intéressante et j'y essayai même un jour quelques fouilles. C'était un jour de fête du pays, et les travaux vaquaient à la raffinerie. Je pris avec moi le maître maçon de la fabrique de sucre de betteraves de Kainourio-Khorio, laborieux, économe et patient Albanais de Castoria en Pélagonie, et deux de ses ouvriers, Albanais-Turcs comme lui, l'un venu de Velestino, presque à égale distance de Pharsale et de Larisse, l'autre d'Elassona (Thalassinum), au pied du mont Olympe. Les ouvriers albanais de la Macédoine et de la Thessalie ont coutume d'émigrer tous les ans de leurs villages au mois de septembre, pour y rentrer à la fin de mai. Pendant ce temps, leurs femmes et enfants restent comme otages, sous la main des autorités turques, et les émigrants laissent même une certaine somme pour caution. Malgré l'amour de la patrie, si vif dans le cœur de tout habitant de montagnes, ils pourraient bien, sans cette précaution de leurs maîtres, ne plus vouloir rentrer dans un pays où tout ordre, toute activité, toute énergie ancienne, tout gouvernement, toute nationalité même s'en vont mourant en même temps.

J'avais eu beaucoup de peine à décider mes Albanais à me suivre avec leurs pioches un jour de fête. Voyant cependant que je ne voulais qu'un essai, et non un travail suivi, et que le péché était moindre, ils se décidèrent, et nous nous dirigeâmes ensemble à travers les champs et les prés vers les bords du Boagrius.

J'essayai d'abord, sur les ruines de l'ancien temple, si, en soulevant quelques-uns de ces marbres et en les mettant à découvert, je pourrais retrouver soit des fragments de bas-reliefs ou de statues, soit une inscription antique. Je dis donc à mes Albanais de me déchausser un peu quelques-uns de ces marbres avec leurs pioches. Ils se montrèrent épouvantés de l'énormité de ma demande : c'était le jour de l'Ascension, jour de fête solennelle, et je voulais que ce jour-là ils travaillassent, à quoi? à profaner le terrain religieux sur lequel avait existé une église! Tout temple, de quelque date qu'il soit et à quelque culte qu'il ait appartenu, est pour eux une église; et toute église en ruines, tout terrain où a été bâtie une église, est un terrain sacré qu'on ne viole pas sans crime. J'ai vu près de Chalkis, le long des rochers qui précèdent la petite vallée qu'arrose l'Aréthuse, terre natale du papyrus, comme Syracuse elle-même, au milieu des nombreux tombeaux antiques creusés sur tous leurs flancs, un reste de voûte taillée dans le roc, et qui avait probablement fait partie d'un *héroüm* antique, d'un tombeau consacré à quelque héros ou demi-dieu des temps fabuleux. La tradition populaire du respect voué à ce tombeau s'est conservée de génération en génération, et sous cette voûte est placée une lampe toujours allumée. Le berger qui fait paître ses brebis sur le coteau voisin, le pêcheur qui vient étendre ses filets sur cette côte, se chargent religieusement d'en renouveler l'huile à leurs frais, et les voyageurs qui passent à côté ne manquent pas de placer sur la pierre de la tombe l'offrande de quelques monnaies auxquelles personne n'oserait toucher, et que vient ensuite recueillir avec solennité un prêtre du voisinage, pour pouvoir un jour relever l'*héroüm* et le transformer en chapelle, consacrée à quelque saint vénéré dans le pays, à quelque successeur chrétien des demi-dieux antiques. Ainsi l'idée religieuse protége encore le culte qui a cessé d'être, et le respect des choses sacrées forme une chaîne non interrompue jusqu'à nous.

Il me fallut de longs arguments pour bien établir, aux yeux de mes Albanais, la différence du respect dû à un temple païen et à une église chrétienne, et pour bien leur démontrer que c'étaient là les ruines d'un temple, et non d'une église. Ils se rendirent enfin, et l'un d'eux, bien qu'avec répugnance, commença à donner un coup de pioche et à soulever un marbre à demi enterré; mais qu'on juge de son effroi quand il vit, du milieu des marbres, sortir un gros serpent, qui alla tout doucement se perdre au milieu des broussailles. Mon homme crut voir en lui le vengeur des dieux offensés et le protecteur du temple[1], et, sans dire un mot, il déposa sa pioche en faisant vingt signes de croix. Je m'adressai alors à son compagnon, qui me semblait plus hardi, et je me servis moi-même de la pioche

---

[1] At gemini lapsu delubra ad summa dracones,
   Effugiunt, sævæque petunt Tritonidis arcem,
   Sub pedibusque deæ clipeique sub orbe teguntur.
   (*Æneidos* lib. ii.)

pour lui donner l'exemple et dissiper ses terreurs. Il se laissa persuader, et donna, les yeux à demi fermés, un vigoureux coup de pioche, à un endroit que je lui désignai, près d'un autre fragment de marbre. Cette fois, ce ne fut pas un seul serpent, mais un nombreux nid de petits serpents verts, qui se découvrit à nos regards. En vain je cherchai à lui prouver que ces petits serpents étaient inoffensifs, la terreur religieuse avait pris le dessus. Je ne voulais pas d'ailleurs blesser si vivement leur conscience, et je renonçai à mon temple pour utiliser leur travail dans un autre lieu. Je me contentai de suivre l'enceinte extérieure de la ville et de l'Acropolis, et d'en bien déterminer l'étendue, et je quittai les ruines de Thronium.

Un autre jour je me dirigeai d'un autre côté sur les mêmes flancs du Knémis pour visiter la jolie baie de Palœo-Khori et tâcher de retrouver un point géographique intéressant pour moi, la situation de la ville de Sidéro-porta (la porte de fer). La Chronique de Morée raconte [1] que, dans la guerre portée en 1259 en Macédoine par le prince d'Achaye, Guillaume de Ville-Hardoin, et par son parent Michel Comnène, despote d'Arta, les troupes de Guillaume s'embarquèrent à Pyrgos, en Morée, traversèrent le golfe de Lépante, se joignirent à Arta aux troupes du despote, passèrent de là à Janina, puis en Vlachie, et attendirent dans la plaine de Thalassino en Thessalie les troupes des feudataires de l'Attique et de l'Eubée, qui arrivaient d'un autre côté. Ces troupes, composées des contingents des feudataires d'Athènes, de Thèbes, de Salona, de l'Eubée et des îles de Skiathos et Skopelos, étaient, dit la Chronique, venues tout droit par Sidéro-porta, et les deux corps d'armée opérèrent leur jonction à Thalassino, désignée comme rendez-vous général.

Malgré les recherches les plus minutieuses je n'avais pu sur aucune carte découvrir ce lieu de Sidéro-porta. Tout

---

[1] P. 85 de mon édition.

ce que je pouvais voir, c'est qu'il devait être placé sur la côte orientale de la Grèce; mais rien ne m'indiquait son emplacement exact. Une épreuve de la nouvelle et excellente carte de la Grèce continentale, par les officiers de l'état-major français détachés en Grèce, était entre mes mains. Je vis qu'elle indiquait un Sidéro-porta à l'extrémité de la baie de Daphnus, au pied du mont Knémis, en face de la baie d'Aidipsos en Eubée, et je résolus d'aller vérifier par moi même si c'était bien là la situation du Sidéro-porta de la Chronique, et ce qui en restait. Je partis à cheval, voulant visiter en même temps toutes les gracieuses pentes du Knémis jusqu'à la baie de Palœo-Khori et au couvent de la Transfiguration. Après mille sinueux détours à travers un véritable parc, tout disposé par la nature avec la grandeur qu'elle met dans ses œuvres, j'arrivai près d'une source d'eau thermale qui découle d'un rocher. L'eau, assez abondante pour faire tourner un moulin, est d'une température peu élevée et d'un goût fort salin. A un quart de lieue de là je rencontrai une seconde source d'eau thermale. Déjà à quelque distance une odeur sulfureuse se répand tout autour. La température de cette seconde source est de 22 à 24 degrés Réaumur et ses eaux ont aussi un léger goût salin. Un bassin de forme carrée, construit solidement en pierres, annonce qu'elle a été autrefois connue et employée, fort probablement au temps des Romains. Les anciens faisaient grand cas des eaux thermales, et cette source, qui est si abondante et si puissante, placée dans un si beau pays et avec de si facile accès par mer, ne pouvait être dédaignée d'eux. La vallée de Palœo-Khori, terminée par une baie aussi belle que sûre en forme de demi-cercle, s'étend au delà, resserrée entre la mer et le Knémis. Vallée, montagne et baie, tout cela appartenait autrefois à un Turc puissant, qui, au pied de la montagne et près d'une source d'eau fraîche, avait fait bâtir un pyrgos et de grandes maisons d'exploitation rurale, et, chose tout à fait exceptionnelle pour un Turc, gérait de là avec intelligence son domaine bien entretenu, qui lui rapportait un revenu considérable et régulier. Ce pyrgos, ruiné par la guerre, est aujourd'hui une maison de ferme faisant partie des concessions de terres faite par le gouvernement grec à la société commerciale de Kainourio-Khorio.

Il faut une heure pour monter de là au monastère de la Métamorphose ou Transfiguration. La route est âpre et rocailleuse, mais continuellement tracée à travers des bois odorants, et elle offre une suite non interrompue des points de vue les plus variés. Dès le premier quart d'heure on arrive à l'*avlon* (coude) d'un ravin profond formé de rochers à pic. Un torrent s'y précipite à grand bruit et va se perdre au milieu des myrtes, des ombrages et des fleurs dans les sables de la baie de Palœo-Khori. A quelques pas plus haut, l'œil fatigué peut se reposer sur de vastes pelouses arrosées par l'eau paisible d'un ruisseau. Partout des vignes sauvages, enlacées aux plus beaux arbres, dérobent leur tronc à la vue dans un berceau de larges feuilles, du milieu desquelles s'élancent déjà en petites grappes les fleurs de la vigne. Partout des arbres et du gazon parsemé de fleurs; partout une nature élégante et gracieuse.

Le couvent de la Transfiguration est situé sur un plateau bien cultivé qui domine tout le pays, mais qui est dominé lui-même par la chaîne supérieure du Knémis. On ne peut l'apercevoir ni du rivage ni même de la mer, parce qu'il est caché au milieu des arbres et dérobé à la vue par une sorte de coude de la montagne; mais quand on est parvenu au-dessus de la plate-forme découverte sur laquelle il est bâti, on aperçoit de là la vallée tout entière. Tout était à l'abandon à l'intérieur du monastère désert. Les cellules humides des moines étaient sans portes, les escaliers pourris et brisés, l'église en ruines; le pupitre était couvert d'un manuscrit grec de prières, resté ouvert; l'autel revêtu de son linge, mais souillé; quelques icones à cadres dorés mais noircis par le temps et la poussière étaient appendues aux murs ou renversées sur l'autel, des fragments d'encensoirs gisaient dispersés sur le pavé avec les restes du dernier encens, et, en présence de ce spectacle de ruines et de mort, trois lampes continuaient à brûler, allumées et alimentées d'huile tour à tour par la piété reconnaissante du meunier placé au bas du torrent et du berger qui garde ses chèvres sur la montagne. C'était une vue mélancolique et solennelle. Autour des ruines du couvent fleurissent et prospèrent encore les arbres fruitiers que les moines ont plantés. Une vigne assez étendue continue à fournir d'excellent raisin; les arbres du verger, disposés sur une pelouse bien verte qui couvre le flanc arrondi de la colline voisine, poussent avec luxe leurs branches fécondes couvertes de fruits naissants, et partout les grenadiers déjà en fleurs, les mûriers, les figuiers aux larges feuilles promettent, à quiconque viendra la leur demander, la récolte la plus abondante. Je m'arrêtai quelques instants à admirer ce qui m'entourait. La situation du pays, cette belle baie de Palœo-Khori, cette longue et étroite île de Lichade, semblable à un corps étendu sur les flots, ces monts de l'Eubée, cette colline boisée qui descend à la mer, tout me rappelait des lieux dont le souvenir m'est bien cher et bien triste, Arenenberg sur le lac de Constance; Arenenberg, où, près de cette excellente reine Hortense et de son fils le prince Louis, j'avais passé quelques heures si douces. La baie de Palœo-Khori me représentait la baie d'Ermatingen; l'île Lichade s'étendait en longueur comme l'île de Reichnau, mais sans les villages et les clochers d'une abbaye semblable à celle où vint reposer Louis-le-Gros; le canal de l'Eubée, fermé d'un côté par le golfe de Zeitoun (Lamia) et de l'autre par le golfe de Talante, qui vient se clore au pont de Chalkis, me représentait en grand le lac inférieur de Constance, que le Rhin traverse sans y mêler ses eaux; l'Œta, le Velouchi et la chaîne neigeuse de l'Othrys, qui viennent se joindre de si près aux monts de l'Eubée pour encadrer cette gracieuse mer, me rappelaient les montagnes de la Souabe, du Vorarlberg et du canton de Saint-Gall, et les idées morales éveillées par la présence de ce monastère en ruines me reportaient avec plus de force encore que les images physiques des lieux aux mélancoliques souvenirs d'Arenenberg. Qu'était devenu aujourd'hui cet élégant pavillon d'Arenenberg? La reine Hortense est morte, morte avant le temps, et son corps, transporté, loin des bosquets où s'était abrité son exil, dans cette patrie qu'il ne lui a été donné d'habiter qu'après sa mort, repose près de celui de l'imperatrice Joséphine sa mère, dans la petite église de Ruelle, tout près de la Malmaison détruite. Son fils, le prince Louis, contraint peu de temps après de quitter ces lieux tout pleins du souvenir des bienfaits de sa mère et de chercher un refuge en Angleterre, est aujourd'hui renfermé en France dans une prison d'État. Dans cette dispersion profonde de toute sa fortune avait-il pu conserver cette petite propriété maternelle à laquelle il tenait par des pensées si douces, et avait-il pu maintenir ce legs pieux entre ses mains? Malgré moi ces tristes idées retombèrent sur mon cœur de tout leur poids, et en quittant la vieille abbaye pour descendre sur le rivage de Palœo-Khori, à mesure que se représentait à moi, à chaque tournant de la montagne, l'image de cette jolie baie d'Ermatingen placée sous les fenêtres de la chambre que j'ai habitée quelques mois dans le pavillon d'Arenemberg, la tristesse me resserrait le cœur et je me sentais heureux que les larmes me vinssent aux yeux.

Restait ma recherche de Sidéro-Porta à mettre à fin. Arrivé à la baie de Palœo-Khori, je suivis le bord de la mer jusqu'au cap Vromo-Limni (l'étang puant); là je pénétrai dans la montagne, guidé par l'intendant anglais de Kainourio-Khorio, qui connaît à merveille tout ce pays. Je longeai le rivage à quelque distance de la route qui mène à Vorlovos. A un petit nombre de pas de là, en montant dans le bois, je rencontrai près d'un sentier les débris d'une tour hellénique, qui ne s'élève plus qu'à trois pieds au-dessus de terre, sur le penchant d'un coteau au milieu des arbres et qui était fort bien disposée pour servir de vigie. Sur le revers opposé, à vingt minutes en descendant vers le rivage, je remarquai près d'une fontaine des ruines fort modernes. Autour de la fontaine et des murs en ruines, quelques traces de défrichement et quelques vergers annonçaient qu'à une époque assez peu éloignée ce lieu avait été habité. La position de ce village ruiné, désigné dans la grande carte française sous le nom de Néo-Khori, était bien choisie. Il dominait une vallée qui s'étend entre des collines jusqu'à la mer, à peu de distance de l'antique baie de Daphnus. Ce ne pouvait être dans cette partie de la colline que je trouverais Sidéro-Porta. Tout ce pays était bien boisé et sans rochers, et rien alentour ne me semblait rappeler son nom de Porte-de-Fer. Je regardai si dans la montagne vis-à-vis il n'y aurait pas quelque passage, quelque défilé étroit qui pût mériter ce nom. La montagne semblait tout à fait à pic au-dessus de ma tête; mais souvent, dans ces montagnes inaccessibles en apparence, une fente de rocher ouvre la voie à un torrent et le torrent trace la voie au pied de l'homme. Je résolus donc de tourner les coteaux en remontant et de visiter tout avec soin jusqu'au bas du pic. A peine avais-je erré une demi-heure en cherchant dans tous les sens, que, sur un vaste plateau qui va toujours en s'élevant dans une très-belle situation, j'aperçus des pierres et des briques amoncelées. Partout sur le terrain sont éparses les ruines d'anciens murs de construction non helléniques, mais romains, puis byzantins. Je suivis leur trace jusqu'à la partie la plus élevée de cette colline, rattachée aux terrains inférieurs de cette pente si âpre du Knémis. Là aussi étaient répandus de nombreux débris. Parmi les pierres et les herbes épaisses un berger était assis, tenant en main sa houlette classique : je m'approchai et lui demandai le nom de ces ruines. Suivant lui, ce lieu, depuis long-temps ruiné, était connu dans le pays sous le nom de Nicoria (Néo-Khori). Ce n'était pas encore mon affaire.

Je m'enquis ensuite de mon berger, qui semblait l'hôte familier de ces montagnes, s'il ne connaîtrait pas une fente praticable ou un ravin aux détours cachés pour pénétrer à travers le pic du mont Karya, et s'il ne se trouvait pas près de quelque pyrgos en ruine, un passage étroit qui portât ou pût porter le nom de Sidéro-Porta. Il me répondit en me montrant, dans une fente de rocher, une voie étroite et difficile, mais possible, et qu'il avait suivie lui-même ; et il ajouta qu'en montant par ce sentier rapide pendant une demi-heure, on arrivait à un défilé de rochers pendus au-dessus d'un précipice, et qu'à travers ces rochers était ouvert un passage étroit, droit et élevé, connu en effet dans le pays sous le nom de Sidéro-Porta, et que le vieux pyrgos mentionné par moi était placé au-dessus sur la montagne.

Je le pris pour guide dans ma recherche. Je fis attacher les chevaux aux arbrisseaux qui croissent au milieu des ruines de Nicoria, et nous commençâmes à monter le ravin. Arrivés à un endroit où le sentier vient rencontrer un ravin fort précipiteux et fort étroit, nous fûmes arrêtés par un mur de pierre infranchissable ; mais le sentier tourne le long des rochers, et, en suivant cette chaîne de pics ardus, on arrive à deux roches au milieu desquelles s'ouvre une voie étroite. Ces roches se lient à d'autres plus élevées, dont l'une des deux se sépare pour donner passage comme si elle eût été arrachée par une convulsion soudaine et jetée sur le bord du ravin, où elle surplombe en s'élevant d'une vingtaine de pieds seulement au-dessus du sentier. A une quarantaine de pas au-dessus, se présente une nouvelle barrière de rochers qui s'ouvrent, de manière à laisser passage à quatre hommes de front, et tout à côté est un précipice d'environ cinq à six cents pieds de profondeur. Cette barrière de rochers, appuyée comme une sorte de forteresse sur une troisième barrière de rochers taillés en quelques endroits de main d'homme, est ce qu'on appelle encore aujourd'hui Sidéro-Porta. Le vieux pyrgos est placé un peu plus haut dans la montagne et domine tous les points de débarquement de la baie de Daphnus.

Il est assez probable que le passage aura donné son nom à la ville qu'il commandait, et qui était fort probablement celle dont je venais de voir les ruines sur le plateau couvert de débris et d'arbustes où était assis mon berger. Ce passage est un point excellent d'observation. De là on découvre au loin tout ce qui se passe sur la route de Talante à Lamia, sans pouvoir être découvert derrière les rochers qui vous abritent. Aussi, dans les derniers temps de la domination turque, les klephtes qui abondaient dans ces parages en avaient-ils fait leur repaire habituel. Ils épiaient de loin l'arrivée des voyageurs, savaient s'ils étaient seuls ou comment ils étaient accompagnés, et, à l'aide de signaux convenus, pouvaient indiquer aux leurs, distribués dans d'autres parties du pays, le meilleur point d'attaque, le nombre d'hommes nécessaire au succès, et ce qu'ils avaient à craindre ou à oser; mais les klephtes sont rares aujourd'hui par toute la Grèce. De là un chemin fort âpre conduit au village élevé de Karya, d'où on peut gagner Drakhmana et la vallée du Céphise. Le rendez-vous de Sidéro-Porta était donc assez bien choisi pour la réunion des divers contingents féodaux du comte de Salona, qui pouvait arriver par Karya ou rejoindre les troupes au débouché de la route qui conduit à Bodonitza. Dans la baie de Daphnus pouvaient débarquer le contingent envoyé par le duc d'Athènes et ceux des seigneurs de Chalkis et de Carystos. Quant au troisième baron d'Eubée, le seigneur d'Oréos et des îles de Skiathos, Skopelos et Skyros, il n'avait qu'une bien courte traversée pour se rendre, soit d'Oréos, soit d'Aidipsos, à la même baie de Daphnus. Le chemin de Sidéro-Porta jusqu'au pied de l'Olympe à la ville d'Elassona ou Thalassinum, fixée pour le rendez-vous général du corps d'armée du prince Guillaume de Morée, arrivé de Lépante et d'Arta avec son allié le despote, et du corps d'armée de ses feudataires, pour marcher ensuite sur Castoria était ensuite très-facile. Parmi les ouvriers de la manufacture de Kainourio-Khorio il se trouvait plusieurs habitants de la Thessalie et de la Macédoine; le chef des maçons albanais habitait ordinairement la ville même de Castoria, près de laquelle s'est donnée la bataille de 1259. Plusieurs fois je l'avais interrogé sur son itinéraire de Kainourio-Khorio à Castoria. « En cinq jours, m'avait-il dit, j'arrive à Castoria sans fatigue. Je passe les défilés de l'Othrys entre Zeitoun (Lamia) et Patradjik, puis je pénètre dans la grande plaine de Thessalie; je suis les bords du lac Nezeros que j'ai à ma droite, et j'arrive à Domocos (Thaumacos), où se trouvent les ruines d'une ancienne tour fort considérable, construite en murs de ciment (c'est-à-dire d'origine franque), et dominant la route de Domocos. Je me dirige sur Pharsale, et de là sur Larisse, laissant à ma droite Armyros et Velestino. A Pharsale, qui est en plaine, ainsi qu'à Velestino, sont aussi deux vieux châteaux à murs de ciment; Larisse, qui est aussi en plaine, est fortifiée. De Larisse je me rends à Tournovo, de Tournovo à Elassona; puis je m'enfonce dans l'Olympe, traverse Servia et suis à Castoria, ma patrie, située sur le bord d'un lac et contenant 10,000 habitants, dont 8,000 Grecs et 2,000 Turcs, le cinquième jour après mon départ. » Toutes ces villes de Thaumacos, Armyros, Pharsale, Larisse, Armyros, Velestino, ainsi que celles de Platamona et de Kitros, placées sur la côte, sont souvent mentionnées dans les lettres d'Innocent III, aussi bien que les seigneurs francs qui y tenaient forteresse.

Fort charmé des renseignements que j'avais obtenus dans la journée, je retournai dans la baie de Palœo-Khori, où m'attendait un caïque qu'on m'avait envoyé de la manufacture. La mer était douce et le ciel resplendissait des feux du soleil couchant. Je laissai loin de moi la baie d'Aidipsos, les ruines de ses bains et de son temple d'Hercule; et, après deux heures d'une délicieuse navigation, je rentrai à Kainourio-Khorio.

XVI.

LES THERMOPYLES. — LAMIA. — NÉO-PATRAS.

Quelques renseignements que j'avais puisés à Thèbes m'avaient fait penser que dans le monastère de Poursos, près de Vrac, au pied de l'Arakynthe, dans les monts d'Acarnanie, je retrouverais quelques manuscrits relatifs à notre occupation féodale du pays. Un officier de stratiotes m'avait même dit y avoir vu un manuscrit dans lequel il présumait qu'étaient inscrites les distributions de terres. Je m'imaginai que ce pourrait être le fameux *Livre de la conquête*[1], mentionné par la chronique de Morée, et qui était soit une chronique de la conquête, soit un registre des fiefs. Un tel ouvrage avait trop d'intérêt à mes yeux pour que je ne bravasse pas les fatigues du plus long voyage pour le trouver. Je décidai donc, qu'après avoir visité les Thermopyles, je me rendrais par Néo-Patras à Poursos.

Je partis de Kainourio le 5 mai, accompagné d'un ancien klephte qui avait autrefois fait partie de la bande du célèbre Calamata, cantonnée dans la montagne de Greveno, près Hypate ou Néo-Patras, là même où on montre encore l'endroit où était placé le bûcher au milieu duquel se jeta Hercule. Hâbleur comme un Gascon, il se vantait d'avoir tué le klephte Manolaki, dont la tête avait été mise à prix, mais il fallait que Manolaki eût beaucoup de têtes, car j'ai entendu plus de vingt pallicares se vanter de lui en avoir coupé

---

[1] «Le roi Haymeris, de qui nous trouvons au *Livre dou conquest* (Assises de Jérusalem, ch. 213, f. 174 du manuscrit de Venise). E si andò (Baudoin II) in ponente siccome in lo *Libro della conquista* apertemente se declara (Assises de Romani, préambule, p. 146 de ma Chr. de Morée) καθὼς ἐγγράφως ηὕραμεν λεπτῶς εἰς τὸ βιβλίον τῆς κουγγέστας (Chr. de Morée).

une. Costa, après avoir fait la guerre de montagnes aux Turcs et un peu aux voyageurs grecs, et surtout anglais et français, s'était peu à peu façonné à une vie plus régulière, et c'était un garde-chasse fort adroit; mais je crois qu'il n'eût pas été bien sûr de trop l'exposer à la tentation. Le souvenir de cette indépendance des montagnes avec ses misères, mais avec sa fierté, les touche encore plus que l'aisance dépendante des villes. Avec moi et chacun de nous bien armé, c'était un guide dont je pouvais tirer bon parti. Je traversai de nouveau le Boagrius et dépassai le moulin de Thronium et le triste village de Molo, et les ouvertures des vallées qui mènent à Bodonitza, et je me hâtai d'arriver avec désir vers ces célèbres Thermopyles, lieux que mon ami Pichot m'avait faits si terribles par la puissance de ses beaux grands vers, et que le peintre David m'avait fait voir si âpres et si redoutables.

Je m'approche; je longe de délicieuses vallées qui tantôt remontent en pentes arrondies sur les flancs opposés de deux montagnes, et tantôt se resserrent un peu et suivent les ondulations de la montagne, en présentant à la vue une suite de collines verdoyantes qui, comme les flots de l'Océan, se fondent en se rapprochant. L'arbre de Judée y prodigue ses fleurs lilas, et l'anémone de toutes couleurs émaille la verdure. Je m'avance sous l'ombrage des plus beaux arbres; je m'attendais à trouver un passage bien étroit et bien rocailleux suspendu au-dessus d'un marais profond; la vigne sauvage forme au-dessus de ma tête d'impénétrables berceaux et me dérobe les troncs d'arbres les plus noueux; tout est verdure, tout est fleurs, et mille et mille rossignols luttent d'harmonie sous ces bosquets délicieux. Je demande si je suis bien sur la route des Thermopyles? — Vous êtes aux Thermopyles, me répond-on. Je regarde avec étonnement autour de moi. L'épaisseur des ombrages me dérobait la vue des montagnes qui se jettent en avant pour resserrer la route, et les marais à fleur de terre sont déguisés par les joncs qui les couvrent.

Même parvenu à ce point où la chaussée est le plus resserrée, entre la montagne et un marais qui s'avance au pied de la route, j'interrogeais cette montagne si charmante de verdure, pour savoir si elle était en effet aussi infranchissable. Le fait est que, dans cet endroit où Léonidas combattit avec ses trois cents Spartiates, avant-garde puissante des cinq mille Grecs échelonnés dans la vallée voisine, et dans une position vigoureuse, il n'y a aucun autre moyen de passer que de suivre l'étroite chaussée entre la montagne et le marais. Bien que vertes et belles dans leurs pentes inférieures, ces montagnes sont absolument insurmontables de ce côté. Notre gaulois Brenn se vit arrêté dans le même endroit, et fut obligé de rebrousser chemin, bien au delà de la source d'eau chaude qui découle en torrent des rochers, et Hydarnès, le Perse, fut obligé de tourner aussi par le même chemin pour redescendre ensuite et surprendre les Grecs.

Il est facile de reconnaître encore le point désigné par Hérodote comme celui où combattirent et tombèrent Léonidas et ses trois cents Spartiates. A cet endroit la montagne, bien que belle encore de verdure, se termine d'une manière abrupte et vient expirer, sans adoucir sa pente, tout à fait au pied de la route, qui n'a que quelques pas de largeur, et est bordée de l'autre côté par un marais qui s'étend jusqu'à la mer, et à travers lequel il est impossible de pénétrer. A quelques pas plus loin sont les restes d'un mur de fortification par lequel Justinien, à défaut de poitrines de braves, avait voulu fermer le passage.

Un peu au delà plusieurs sources abondantes d'eaux chaudes se répandent jusqu'au marais et forment une croûte saline et blanche d'une longue étendue. On conçoit parfaitement qu'à ce passage trois cents hommes décidés à mourir, et servant d'avant-garde à cinq mille braves postés entre la montagne et le marais, aient pu arrêter de fort nombreuses armées. Mais tandis que les Spartiates se faisaient tuer pour sauver leur pays, un berger enseignait à une partie de l'armée persane le moyen de tourner le défilé, en remontant au-dessus d'Alamani par l'endroit où est la caserne actuelle jusqu'à Élevterochori, et redescendant de là près de Nevropolis le long du sommet du Kallidrome jusqu'à Palœo-Iania, et là prenant par derrière l'armée grecque occupée à combattre le reste de l'armée persane. Ces lieux sont encore pleins de poésie; et, au milieu de ces beaux ombrages, le long de ces sources bouillonnantes, on s'imagine voir encore les Spartiates, si décidés à mourir, jouer, se parer et admirer la beauté du lieu en attendant le moment terrible de leur dernière lutte.

Les sources d'eau chaude qui ont donné leur nom aux Thermopyles sont à quelques pas plus loin et au delà des restes du mur de Justinien. Cette croûte blanche qui retentit sous les pieds comme une voûte est formée par la déperdition des eaux sur le rivage pendant plusieurs siècles. Rien n'est plus triste et plus disgracieux. Je suivis jusqu'à la colline ces dépôts salins, sillonnés d'espace à autre par des filets d'eau chaude fort transparente et fort rapide, et j'allai jusqu'à la plus forte des sources, qui s'élance avec impétuosité du flanc d'un rocher. L'eau, qui me parut avoir de 36 à 40 degrés Réaumur, est extrêmement rapide et abondante. Il y aurait là de quoi alimenter des bains sans nombre. Un établissement de bains et un canal par lequel ces cours d'eau pourraient se diriger vers la mer voisine, sans se perdre dans les terres, donneraient une toute nouvelle vie à cette langue de terre, dont l'apparence de désolation contraste d'une manière si pénible avec l'aspect gracieux du reste des Thermopyles. C'était aux eaux chaudes et au mur de Justinien que finissait la Locride et que commençait la Thessalie.

Des eaux chaudes jusqu'à Lamia, la route est fort monotone. Un pont de pierre jeté sur le Sperchius à Alamani aboutit à d'abominables chaussées, qui conduisent lentement à travers des marais jusqu'au pied de Zeitoun, l'ancienne Lamia ou Mallia, dont le nom a été donné au golfe

Malliaque[1]. Cette ville, frontière du royaume grec, a conservé toute l'apparence d'une ville turque. Deux mosquées abandonnées y ont leurs minarets intacts avec leurs galeries et leurs flèches. Quelques grandes maisons turques sont aussi conservées. Les deux seules qui méritent attention sont celles qui appartenaient à Kiamil Bey, un de ces riches possesseurs de timars ou fiefs turcs entre lesquels les sultans avaient partagé toutes les terres depuis Salonique jusqu'à la Morée, c'est-à-dire tous les pays qui étaient restés le plus long-temps sous la domination des Francs et où leurs usages s'étaient le mieux conservés. Ainsi les anciens fiefs francs furent remplacés par des timars, et les paysans restèrent colons comme sous les Francs. On retrouve pendant tout le temps de la domination turque le colon maintenu sous le nom presque franc de coroni, et l'usage du cheptel maintenu aussi sous un nom turc, mais avec le même effet. Ali-Pacha, qui n'aimait pas les grands seigneurs turcs, mais qui aimait beaucoup leurs propriétés, confisqua toutes leurs terres dans ces provinces et les mit entre ses mains. À la mort d'Ali-Pacha, le sultan Mahmoud profita de ces confiscations, et ne voulut plus reconstituer de timars. Il garda tout pour lui et se contenta de distribuer çà et là quelques gros lots à ses favoris du moment, tel qu'était ce Kiamil-Bey. Lorsque le gouvernement ottoman fut remplacé par le gouvernement grec, toutes les terres du domaine du sultan devinrent propriétés nationales du nouvel État; et jusqu'ici aucune mesure n'a été prise pour répartir ces immenses propriétés entre des travailleurs intéressés à en tirer le meilleur fruit possible. Dans les premières années de la révolution, chaque parti prétendait les distribuer entre les siens. L'assemblée d'Épidaure prit un parti extrême ; et, pour empêcher la dispersion folle des

[1] C'est à tort que quelques auteurs ont transporté Lamia jusqu'à Domocos, et ont placé la Thèbes phthiotique sur l'emplacement actuel de Lamia. La position de Zeitoun sur les ruines de l'antique Lamia est un fait constaté par la science archéologique.

biens nationaux, elle défendit au gouvernement d'en disposer d'une quantité plus grande que celle qui représentait l'indemnité due aux soldats de l'armée grecque, laissant le règlement du reste à une autre assemblée, qui n'a jamais été convoquée. A l'arrivée du roi, qui fut accepté sans condition ni constitution, les terres nationales devinrent une hypothèque de l'emprunt, et aucune mesure n'a été prise pour les distribuer ou les vendre à bon marché, de manière à multiplier la classe des propriétaires. On se contente de les affermer à qui veut les prendre, année par année, en payant au gouvernement 25 pour 100 du produit. Ainsi chacun choisit la terre qui lui convient, puis l'abandonne pour passer à une autre, sans qu'aucun effort soit fait pour planter ou bâtir, comme on le ferait sur une terre à long bail, et encore mieux sur une terre qu'on posséderait en toute propriété.

Je rencontrai à Lamia plusieurs personnages intéressants, tels que le colonel Perrhebos, du corps des Phalangistes, le docteur Georgiadès, le procureur du roi Stanoff, au nom russe et au cœur français, le conseiller d'État Drosos Mansoulas. M. Perrhebos a servi avec honneur dans notre corps d'armée de Corfou au temps du général Donzelot, et il a conservé un vif attachement pour la France, où il est fort connu par un excellent morceau historique, l'Histoire de Souli, écrit en grec avec une naïveté pleine de charme et de grandeur. Il a aussi, depuis, écrit ses souvenirs sur les guerres de la révolution grecque; mais cet ouvrage est bien loin d'avoir l'intérêt de l'autre. Perrhebos était pour moi comme un reflet du temps et des mœurs antiques. Le docteur Georgiadès a fait ses études avec succès à notre École de Médecine, et ses talents font honneur à l'instruction française. Les sentiments de M. Georgiadès, ainsi que ses affections, ont continué à se tourner vers la France. Ce n'est pas là une exception dans cette partie de la Grèce, car, dans tous les cœurs, j'ai trouvé des sympathies françaises; mais la constance des opinions de M. Georgiadès, constance que la France n'a pas trouvée toujours dans ceux de qui elle avait droit de l'attendre, mérite plus particulièrement notre estime à tous. M. Drosos Mansoulas, conseiller d'État et homme fort éclairé, s'est retiré des affaires pour cultiver ses terres à Hagia-Marina, près de Stillida, dans l'ancienne Phthiotide d'Achille; et j'ai été charmé de pouvoir passer avec lui quelques jours à Lamia.

Mes nouveaux amis me firent avec beaucoup de bienveillance les honneurs de leur ville; et, malgré l'extrême chaleur des premiers jours de mai, m'accompagnèrent tour à tour dans mes excursions d'antiquaire et de curieux. Lamia, placée sur les limites de la Grèce et de la Turquie, est une des villes les plus florissantes de la Grèce. La garnison qui y est cantonnée a amené la création d'établissements publics qui n'existent nulle part ailleurs en Grèce, si ce n'est à Athènes. Ainsi il y a un café assez grand, où on peut lire les journaux grecs et les journaux de Paris, et même le *Corsaire*, le *Charivari* et quelques revues. Il est assez piquant de se retrouver ainsi parmi les siens au pied des montagnes de Thessalie. Il y a aussi un billard et même un restaurateur à la carte en vérité fort supportable et à fort bon marché, deux choses également extraordinaires en Grèce. On n'est pas cependant allé encore au luxe d'une auberge, n'eût-on à y trouver qu'une chambre nue et un seul matelas; il se passera encore quelque temps avant qu'on en arrive là.

Une place publique se forme, et des deux côtés sont déjà bâties en bonnes pierres une vingtaine de maisons à deux étages assez bien distribuées. L'une des deux grandes maisons anciennes de Kiamil-Bey donne sur cette place. Elles sont revêtues de haut en bas de peintures extérieures. L'une d'elles est destinée à recevoir l'hôpital militaire. L'une de ces deux maisons était pour lui, l'autre pour ses femmes. Dans celle où il demeurait lui-même, une partie de la distribution intérieure subsiste encore. Les chambres sont spacieuses; les croisées fermées par des verres de différentes couleurs, et les murs peints de toutes sortes d'arabesques. L'une des chambres ressemble entièrement à une salle à manger de vieux château noble de troisième classe du temps de Louis XV, avec ses deux armoires arrondies de côté sur toute la hauteur et la grande armoire du centre formant un demi-cercle et de plus grande dimension. Les parquets et les cloisons sont en mauvaises planches fort mal assorties et réunies. Cette maison, et surtout celle où se tenaient les femmes, était entourée d'une muraille qui s'élevait à la hauteur du second étage au-dessus du rez-de-chaussée. C'est probablement pour cette raison que le rez-de-chaussée et le premier étage étaient consacrés au service, et qu'au deuxième étage, où il y avait plus de clarté, étaient placés les appartements d'honneur. Le mur est aujourd'hui démoli, ainsi que les bains destinés aux femmes, et rien n'arrête plus la vue, qui s'étend sur le golfe Malliaque et les Thermopyles. Le reste de la ville a tout à fait l'apparence d'une ville turque ; particulièrement les bazars, où, sur une estrade élevée, trônent paisiblement les marchands assis sur leurs jambes croisées. Les boutiques de pipes y sont surtout nombreuses. On y vend presque pour rien de longs tuyaux de chiboukis que les bergers s'amusent à sculpter dans leurs montagnes, d'une manière quelquefois fort originale.

Malgré l'extrême chaleur, je me mis en route pour monter à la citadelle de Zeitoun mentionnée dans la *Chronique de Morée*[1]. Sur le chemin, un peu en dehors de la ville actuelle, on aperçoit les murs d'enceinte de la Lamia hellénique, composés, comme d'usage, de larges pierres quadrilatères. L'Acropolis était située sur l'emplacement même de la citadelle actuelle. En montant cette colline, on aperçoit dans les murs modernes, beaucoup de restes des anciennes constructions helléniques. Les murs d'enceinte de la forteresse portent la trace des divers peu-

---

[1] P. 85 de mon édition à deux colonnes.

ples qui l'ont occupée : les premières assises sont des anciens temps helléniques ; la partie supérieure et les remparts intérieurs sont francs ou catalans ; la tour carrée est tout à fait franque ; le fort intérieur, qui coupe une partie du mur d'enceinte, et quelques adjonctions faites aux murs crénelés sont tout à fait turcs. Du haut de la tour carrée, reste de la domination franque ou catalane, la vue s'étend sur un vaste horizon qui embrasse tout le golfe Malliaque et l'Eubée, et, tout en face, les sommets du Parnasse, de l'Hélicon et de l'OEta.

A l'époque de la conquête française, Zeitoun resta comprise dans les limites du royaume de Thessalie ou de Macédoine, conféré au roi-marquis Boniface de Montferrat, la principauté d'Achaye ne commençant alors qu'aux Thermopyles et au marquisat de Bodonitza. L'évêque latin de Zeitoun était un des dix suffragants de l'archevêque de Larisse[1]. Innocent III lui adressa plusieurs lettres sous le titre de *sidoniensis episcopus*[2], tout en donnant aussi quelquefois à l'évêque de Thèbes en Phthiotide le titre d'évêque de Zeitoun, suivant en cela l'erreur commune. La mort prématurée de Boniface de Montferrat, la jeunesse de son fils et héritier Démétrius, l'ambition des despotes d'Épire de la maison Comnène empêchèrent le royaume de Salonique de se maintenir long-temps avec autorité. Guillaume dalle Carcere, baron de Négrepont, qui avait épousé une parente de Démétrius, chercha bien en 1243 à reprendre une possession réelle de ce royaume[3]; mais on voit par la Chronique de Morée[4] que les villes de cette partie de la Thessalie vivaient dans une sorte d'indépendance des em-

---

[1] Ces dix suffragants étaient les évêques de : 1° Gardiki, 2° Domocos, 3° Dimitriade, 4° Zeitoun, 5° Ezeri ou Nazoi, 6° Kolydros, 7° Lidoriki, 8° la Thèbes phthiotique, 9° Macri, l'ancienne Stagyre, et 10° Pharsale.

[2] Baluze, t. II, p. 618, 619, 625, 626, 627, 630, 636.

[3] Rinaldi, t. XXI, p. 298, à l'an 1243.

[4] P. 85.

pereurs de Nicée comme des despotes d'Épire et des Francs d'Achaye.

A quelques années de là Zeitoun fut annexée au duché d'Athènes, qui s'étendit même au delà de l'Othrys jusqu'au port d'Armyros inclus du temps de Ramon Muntaner dans les domaines de Guy de La Roche, duc d'Athènes[1]. Lorsque, après la mort de Guy de La Roche, la Grande-Compagnie catalane s'empara sur Gautier de Brienne, duc d'Athènes, de tout son duché, elle étendit aussi ses possessions jusqu'à Zeitoun et jusqu'à Néopatras ou Patradjik. Cette prise de possession est constatée de la manière la plus indubitable par le titre de duc d'Athènes et de Néopatras conféré par les Catalans de la Grande-Compagnie au roi Frédéric de Sicile, leur seigneur, et à ses descendants, qui ont toujours continué à le porter. Pendant tout le quatorzième siècle nous trouvons les bandes catalanes et navarraises établies de ce côté, et résistant toujours aux Grecs; jusqu'à ce que les Turcs vinrent les mettre d'accord en s'emparant de tout, dans la dernière moitié du quinzième siècle.

En redescendant de la forteresse je me rendis un peu hors de la ville pour voir un grand marché aux chevaux qui avait commencé la veille. C'est une foire assez considérable pour le pays. Malgré les frais énormes de la quarantaine il s'y était rendu un grand nombre de fermiers de Thessalie qui venaient vendre par troupeaux de petits chevaux fort bien membrés, mais fort mal tenus. Si la Thessalie appartenait à la Grèce, ainsi que cela serait raisonnable, la richesse de cette belle province et la richesse de la Grèce en recevraient un accroissement notable; mais dans l'état actuel des choses et avec les entraves de la quarantaine il n'y a rien à espérer.

Le lazaret est à une demi-lieue de la ville, au pied des monts Othrys et à deux lieues de la frontière turque. Ce

---

[1] R. Muntaner, ch. 230, p. 467 de mon édit. à deux colonnes.

serait un fort médiocre établissement pour un poste de gendarmerie ; c'est un détestable gîte pour une quarantaine. Les chambres n'ont pas de fenêtres, et si on veut y voir clair il faut sortir et rester à l'air. J'aperçus plusieurs femmes, arrivées des frontières turques, obligées de se tenir en dehors pour travailler. Au dedans il n'y a pas un meuble et tout est tenu avec une fort grande malpropreté. C'est là pourtant qu'il faut passer sa quarantaine en arrivant de la Macédoine et de la Thessalie en Grèce ! En faisant quelques pas au delà dans la montagne on est fort dédommagé de ses fatigues, car on voit s'étendre devant soi cette magnifique et opulente plaine de la Thessalie jusqu'à la vallée de Tempé et au majestueux Olympe ; royaume de Jupiter, qui, après avoir conquis la Grèce, s'y fit respecter comme un dieu.

De Lamia à Patradjik ou Néopatras, la route est courte et facile ; il y a deux chemins pour s'y rendre, et je les ai successivement parcourus tous les deux : l'un, par le pont de Frantzi et la rive droite du Sperchius ; l'autre, par les eaux thermales et la rive gauche en passant le Sperchius à gué. Je revins par cette dernière route ; mais en partant de Lamia les eaux du Sperchius étaient trop enflées par des pluies de montagnes pour que je pusse le passer à gué, et je pris le pont de Frantzi. Les environs de Combatadès qu'on traverse en suivant cette route sont fort bien ombragés, et c'est fort justement que les poètes latins ont célébré les charmes des rives du Sperchius. La distance n'est que de trois à quatre lieues pour aller de Lamia à Néopatras ou Patradjik, l'ancienne Hypate, pays des Enians.

Néopatras est située tout en haut d'un plateau fort élevé que domine un plateau plus élevé encore sur lequel est bâtie une vieille forteresse, et tous deux sont couronnés d'une enceinte de hautes montagnes. Elle est resserrée entre deux ravins profonds dans lesquels s'engouffrent deux torrents qui en défendent l'abord. Il faut monter pendant près d'une heure par un sentier fort rapide pour arriver en haut de la gorge d'où s'échappe le torrent, qui va se perdre dans la grande et belle vallée développée au pied de la colline. J'avais une lettre d'introduction du général Church pour le dimarque d'Hypate, Hadji Petraki, qui habite tout en haut de la ville. Je trouvai un grand et bel homme, fort élégamment mis à la grecque, mais sans dorure sur ses vêtements de soie; il était assis à la turque sur un coussin posé sur un tapis, sous les beaux arbres en fleurs de son jardin, près d'une fontaine d'eau vive, à côté d'une petite table à manger turque d'un pied de haut, autour de laquelle étaient groupés une jeune et jolie femme fort élégamment mise aussi à la grecque, sa belle-mère et son beau-frère vêtus avec toute aussi l'élégance du costume national. On ne rencontre ici personne portant le costume franc; et, comme il n'y a pas de garnison, on n'y rencontre pas non plus l'uniforme bavarois, adopté pour toutes les troupes grecques, comme si elles faisaient partie du contingent de la Confédération. L'aspect de ces festins de famille, dans un jardin, au murmure d'une fontaine où l'on peut puiser sans se déranger, et en vue d'une profonde vallée thessalique coupée par le Sperchius et terminée par la longue chaîne des montagnes turques, me fit le plus grand plaisir. La belle figure martiale et le beau costume militaire d'Hadji Petraki, la figure animée et modeste de sa jeune femme paraissaient tout à leur avantage dans cet encadrement, et j'aurais voulu être peintre pour pouvoir donner tout son effet à ce charmant tableau de la vie patriarcale.

La réception d'Hadji Petraki et de sa famille fut tout à fait cordiale. Pendant que mes chevaux étaient allégés et qu'on transportait mes effets dans la chambre réservée, on fit descendre d'un salon meublé à l'européenne une chaise pour que je pusse m'asseoir à la franque; puis le pallicare de service m'apporta un chibouki, et, conformément aux rits de la plus délicate hospitalité, madame Hadji Petros me présenta elle-même, avec la grâce la plus parfaite, le glyko, le verre d'eau fraîche et le café, le meilleur café que j'aie certainement pris en Grèce, où il est toujours si bon. On a conservé dans la Roumélie, plus que dans les autres provinces grecques, tous les usages antiques. Il y a peu de maisons où les femmes se mettent, comme chez Hadji Petros, à table avec les étrangers; mais lui a passé plusieurs années de sa jeunesse à Vienne, et il est familier avec les bons usages francs. Il n'en a pas moins repris avec aisance le mode de vie rouméliote. Sa femme fait apparaître ce genre de vie sous son côté le plus poétique. Assise à l'extrémité d'une longue galerie ouverte sur son jardin, à une exposition qui assure un peu de fraîcheur, et placée sur un siége élevé, comme une reine sur son trône, elle tisse sa toile, ainsi que le faisaient les princesses antiques, tandis qu'autour d'elle ses femmes, placées çà et là sur des siéges plus bas, lui présentent la navette, rectifient les fils et facilitent ses travaux. Cet intérieur de famille offre une suite de scènes agréables.

Il faut monter encore une demi-heure au-dessus de la ville pour arriver aux ruines de l'ancienne forteresse, qui semble un château aérien, une création de fée. Sur trois des côtés il est entouré de précipices ouverts entre des rochers à coupe perpendiculaire; du quatrième côté il se termine en une pente de verdure assez rapide pour mériter aussi partout ailleurs le nom de précipice. Une source, qui fournit de l'eau à la ville, s'échappe d'un de ces rochers: un peu avant d'y arriver, on trouve les ruines d'une tour ronde de construction franque; puis, un peu au-dessus, l'une des portes de l'ancienne forteresse, dont il ne reste plus que les assises inférieures. En arrivant au sommet du plateau on aperçoit d'abord des ruines helléniques, parmi lesquelles on distingue les fondements d'un temple. Tout autour sont dispersés les murs et les tours carrées de la fortification du moyen âge; mais la nature a pris soin de fortifier le plateau avec plus de puissance que ne peut le faire l'art des ingénieurs. Qu'est-ce que quelques murs de plus en comparaison d'un roc de huit cents pieds d'élévation au-dessus d'un ravin dans lequel se précipite un torrent! A la vérité une colline plus haute, séparée par le précipice, menace cette colline, et le canon pourrait aujourd'hui y arriver; mais au moyen âge aucune machine de guerre n'atteignait à de telles distances. Néopatras avait été comprise dans le despotat d'Hellade ou d'Étolie que s'étaient acquis les Comnène après la prise de Constantinople par les Francs. Nicéphore, fils de Michel Comnène et beau-frère du prince de Morée, Guillaume de Ville-Hardoin, fit, dit-on, bâtir cette forteresse[1]. Les Catalans s'en emparèrent un peu après l'année 1310, et la possédèrent jusqu'à la fin du quatorzième siècle.

Je passai la soirée chez Hadji Petros avec quelques capitanis rouméliotes, qui aimaient à me prouver par leur visite l'affection qu'ils avaient pour la France. L'existence de ces capitanis retrace au vif cette époque si différente de l'époque actuelle, où deux religions et deux races, celles des maîtres et celles des rayas opprimés, étaient en présence sur ce même sol. Alors les montagnes étaient devenues le refuge de tous les hommes fiers et indépendants. Autour de quelques chefs, dont la supériorité était consacrée par d'antiques traditions de famille ou par d'éclatants services personnels, venaient se grouper tous ceux qui se trouvaient mal à l'aise sous l'arbitraire humiliant de la domination turque, qui redoutaient des persécutions, qui avaient des injures à venger. A un signal donné tous les klephtes venaient se ranger sous la bannière de leur chef, l'assistaient dans quelque grand acte de vengeance et, rentrés dans leurs montagnes, se dispersaient jusqu'à nouvelle occasion et échappaient ainsi aux poursuites de leurs tyrans, qui n'osaient s'aventurer dans ces positions difficiles. Si la force

---

[1] Λοιπὸν τοῦτος ὁ Νικηφόρος ἔκτισε τὴν Νέαν Πάτραν, καὶ κάστρον ἔκαμε διὰ φύλαξιν (Dorothée : voyez ce fragment de sa Chronique dans ma préface de la Chron. de Morée, p. xxxv).

de ces bandes prenait une consistance réelle, alors les Turcs, habitués à compter avec la puissance, prenaient des arrangements avec eux, et les pachas leur confiaient, en qualité d'armatoles, la garde des défilés qu'ils avaient su conquérir. Pendant les guerres longues et obstinées qui amenèrent l'indépendance de la Grèce, les capitanis de la Roumélie furent ceux qui se distinguèrent le plus par leur bravoure et par leur dévouement : et il fallait là des sacrifices de tous les instants; car les Turcs étaient en force dans ces provinces, et il n'y avait à attendre aucun secours de personne.

Toutes les montagnes d'Épire, d'Étolie, d'Acarnanie et de Thessalie, jusqu'aux gorges de l'Olympe, se remplirent alors de généreux combattants qui espéraient bien se conquérir promptement une patrie nationale et libre. Ils réussirent à faire une Grèce; mais cette Grèce n'était pas pour eux. Le traité de Londres déclara qu'elle ne s'étendrait que jusqu'à la chaîne de l'Othrys. Ainsi tous les montagnards d'Agrapha, du Mezzovo et de l'Olympe, si braves, si patriotes, furent rejetés sous la main des Turcs. Ceux qui s'étaient le plus signalés dans cette guerre refusèrent d'abord de retourner dans leurs foyers; et c'est ainsi qu'un grand nombre, classés dans le corps des phalangistes, ont dit adieu à leur lieu natal et sont restés attachés à la patrie grecque, espérant à chaque instant entendre sonner l'heure où il leur serait permis de reprendre sur leurs ennemis les Turcs des provinces que ceux-ci ne pourraient plus défendre. D'autres, impatients de cette vie d'oisive attente, ont regagné leurs montagnes, y ont repris les chances de la vie klephtique, et ont fini, selon l'antique usage, par se faire reconnaître par les Turcs et devenir chefs de l'armée régulière; mais leurs yeux sont toujours tournés vers la patrie chrétienne : comme aux premiers, il leur suffirait d'un léger encouragement pour redevenir Grecs et pour tourner contre la domination turque les armes destinées à la défendre.

Les anciens rapports qui unissaient entre eux les capitanis retournés en Turquie et les capitanis restés en Grèce ont continué depuis à subsister, par suite de la facilité que leur donnent toutes les chaînes de montagnes. L'espoir de reconquérir à la Grèce le terrain perdu se maintient vivant dans le cœur de tous, et cet espoir entretient la suprématie des capitanis et le dévouement des anciens soldats. A un signal toutes ces bandes se recomposeraient en un instant. Pendant que j'étais dans cette partie de la Thessalie j'ai rencontré un de ces capitanis qui venait de faire au roi Othon une réponse qui n'était point une forfanterie, mais la simple expression d'un fait. Le roi lui demandait pourquoi il se tenait toujours dans ses montagnes et ne venait pas à Athènes et il lui offrait même un logement dans son palais pendant son séjour. Le Rouméliote objectait son attachement à ses montagnes, ses habitudes de la vie patriarcale, puis même le charme de se sentir important parmi les siens au lieu d'être annulé au milieu des autres. « Important! lui dit le roi; mais vous êtes dimarque d'un village. —Dimarque! dit le Rouméliote en se redressant, je suis roi dans la montagne, plus que roi. Votre Majesté veut-elle un exemple de mon autorité; qu'elle dise un mot, et après-demain, dans cette vallée qui se déroule sous vos yeux, j'aurai réuni sous ma bannière six mille hommes armés et disposés à marcher, à ma voix, pour ou contre Votre Majesté. » Le roi préféra ne pas tenter l'expérience. Pendant les événements de 1840, tous attendaient un mot de la France; et il a fallu plus de peine pour les engager à la patience qu'on n'en eût eu à les faire courir peut-être jusqu'à Salonique. L'homme qui a conservé le plus d'influence sur tous ces capitanis est un Épirote qui n'a lui-même jamais été qu'homme politique et non pas soldat, Colettis. Il n'aurait qu'à vouloir, pour réunir à l'instant toutes les volontés éparses. Mais Colettis est un homme sage et un véritable patriote. Il désire dans son pays l'établissement de l'ordre et des lois, et il saura ne rien hasarder qui compromette le durable avenir promis à la Grèce. Je n'ai pas vu en Roumélie un seul chef qui ne fût disposé à se soumettre complétement à lui pour le repos comme pour l'action. Tel était autrefois près de lui le brave Palasca, assassiné par Odyssée, tels ils sont tous ; et son séjour en France n'a fait que donner plus de puissance encore aux conseils de son bon et sain jugement. Mon excellent hôte Hadji Petraki est un des amis de Colettis et des Français, et il est un de ceux qui aiment à ne pas quitter leurs montagnes. Où trouverait-il ailleurs le spectacle d'une famille plus agréable, une maison mieux située, une fontaine qui murmure plus doucement, un jardin d'où il puisse jouir d'une aussi belle vue de montagnes et de vallées ? Où trouverait-il, hors de chez lui, une plus belle chasse aux chamois, aux chevreuils et aux ours, que dans la forêt de Greveno, l'Œta d'Hercule ; une plus abondante chasse aux faisans que dans la plaine du Sperchius ; de meilleurs bains thermaux que ceux de Patradjik ; plus d'affection, un plus fier patronage que parmi les anciens pallicares des deux revers des montagnes thessaliques, toujours tout prêts à recommencer avec une nouvelle valeur de nouvelles entreprises pour l'agrandissement de leur pays ? Où trouverait-il des cœurs plus chauds, plus fidèles que dans les monts d'Agrapha ? Comme on conçoit bien, à la vue de cette riche plaine du Sperchius, de ces montagnes et de ces torrents qui se déroulent de tous côtés, la passion de la patrie locale qui vous fixe dans ce coin isolé du vaste monde dont les vains bruits expirent avant de pouvoir dépasser cette barrière de montagnes !

Le lendemain de mon arrivée, j'allai explorer les restes antiques que je pouvais découvrir çà et là. Quelques débris ont été réunis par Hadji-Petros dans sa dimarchie. Tels sont : une tête de marbre faisant partie d'un sujet funéraire, d'un travail plutôt romain que grec ; le corps d'une autre statue de marbre, d'environ trois pieds de hauteur ; la tête et les bras manquent, mais le corps est fort bien conservé et d'une fort bonne exécution, apparemment romaine; trois petites statuettes en terre cuite, l'une, de Minerve, fort jolie et fort bien conservée, les autres d'un travail moins bon. Le tout a été découvert dans des fouilles récemment faites sur les rives escarpées du torrent de Xerio, tout voisin. Près de la dimarchie est l'ancienne mosquée, bâtie dans un fort bel emplacement, sur les ruines d'un temple antique, plus tard transformé en église latine et récemment en église grecque. Les colonnes, dérobées au temple antique sont encore debout, et les murs d'enceinte sont composés de grands morceaux de marbre dont plusieurs portent des inscriptions grecques. En faisant faire les réparations nécessaires autour de cette église et près de la porte, on a retrouvé quelques fragments de sculpture du moyen âge. Telle est une longue frise à plusieurs compartiments. Les deux derniers compartiments sont seuls conservés et portent l'un une fleur de lis, l'autre la croix ancrée de Champagne. Un autre morceau provient sans doute d'une pierre funéraire. On y voit une croix latine élevée sur trois degrés ; dans les cantons supérieurs de la croix sont deux fleurs de lis renversées et dans les deux cantons inférieurs deux cyprès, sorte de blason funéraire que j'ai souvent retrouvé en Eubée.

M. Enian, frère du conseiller d'État Georges Énian, possède aussi quelques antiquités trouvées sur les lieux. Il me montra une fort belle pierre gravée, des pendants d'oreilles en or et quelques belles médailles d'argent dus à des fouilles faites aux mêmes lieux qui avaient fourni les jolies statuettes de terre cuite de la dimarchie, les deux rives du Xerio. Je voulus tenter aussi des fouilles sur le bord du torrent, avec la permission des autorités locales. J'amenai trois hommes armés de pioches et nous descendîmes sur la rive du Xerio, que nous franchîmes dans une des parties les plus rapides de son cours en sautant de rochers en rochers au milieu des cascades ; car le pont a été entraîné il y a quelques années, et les revenus de la ville ne suffisent pas pour en faire un autre.

Il faut donc traverser comme on peut le torrent rocailleux; et chaque année, entre les rochers glissants du passage, des hommes, femmes et enfants tombent dans le torrent, dont le cours est trop rapide et trop convulsif pour qu'on puisse résister, et ils sont brisés par les rochers quand ils ne sont pas ensevelis sous les eaux. Les rives escarpées des deux branches du Xerio laissent apercevoir çà et là de nombreuses couches de briques, restes des tombeaux qui bordaient son cours et qui ont été entraînés par ses débordements. Les anciens avaient coutume de placer ainsi leurs tombeaux sur le bord des torrents et quelquefois même dans leur lit. La série des tombeaux à travers lesquels je dirigeai mes fouilles ne me semble pas remonter au delà du second siècle de l'ère chrétienne. Cette portion ne contenait, à ce qu'il semble, que les tombeaux des gens obscurs, et presque tous ont été emportés en bonne partie par le travail des eaux qui avait fait ébouler les terres et les avait entraînées. A chaque couche je rencontrais des centaines de petites monnaies frustes de cuivre de l'époque romaine. Au fond d'un tombeau je trouvai un grand morceau de marbre grossièrement creusé en forme de mortier et sans trace de sculpture. Je voyais bien que pour rencontrer quelque objet d'art un peu remarquable il fallait porter mes fouilles vers le terrain destiné aux personnages plus considérables; mais, depuis le peu d'heures que je faisais fouiller, le nombre des curieux qui affluaient autour de moi s'était considérablement augmenté malgré la pluie, qui n'avait pas cessé depuis la matinée. Les gens ignorants, dans tous les pays du monde, en Turquie comme en France et en Grèce, s'imaginent toujours que, quand on fait des fouilles, c'est parce qu'on cherche un trésor caché, et ils suivent tous vos regards et tous vos gestes avec anxiété. Le concours des curieux et le redoublement de la pluie mirent fin à mes fouilles.

Hadji Petros voulait m'emmener avec lui passer quelques jours à chasser le chamois et le chevreuil en compagnie de quelques amis dans les forêts du Greveno, le plus haut des sommets de l'OEta. L'excursion était fort tentante; le sommet du Greveno était encore couvert de neiges, et de là on embrasse une vue magnifique qui s'étend, d'un côté, à travers toute la Thessalie et le golfe de Salonique, jusqu'aux Dardanelles, et de l'autre côté au-dessus de tout le Péloponnèse. J'aurais aimé aussi à visiter les restes d'un héroüm que me disait y avoir vu M. Enian; héroüm consacré à Hercule à l'endroit même où avait été placé son bûcher, et non pas dans le Callidrome, à Héracléa, qui ne fut bâti que plus tard en son honneur : mais j'avais une autre excursion à faire pour mes recherches du moyen âge dans l'abbaye de Poursos en Acarnanie; j'étais impatient de lire les chroniques de notre principauté franque, que l'on me disait y avoir vues. Je ne suis pas d'ailleurs un ardent chasseur et craignais d'être un embarras pour ces chasseurs aux jambes aussi alertes que l'étaient celles d'Achille, leur voisin. Je me décidai donc à partir pour l'Acarnanie pendant que mes amis iraient chasser dans l'OEta; et je donnai à ma cavalerie et à mon infanterie l'ordre du départ pour le lendemain.

XVII.

CARPENISI—POURSOS.

Il est assez périlleux de s'aventurer, même aujourd'hui, dans les montagnes limitrophes de la Turquie, dont le voisinage offre un prompt refuge à tous ceux qui ont conservé quelque prédilection pour la vie klephtique. Les forêts montueuses situées entre Hagi Janni et Carpenisi sont surtout tout à fait favorables à leurs expéditions, car ils peuvent découvrir de loin les voyageurs, dérober leur projet d'attaque dans les épais taillis, et échapper ensuite à toutes les recherches par des sentiers connus d'eux qui vont rejoindre les chaînes des montagnes limitrophes des deux pays. Mes amis m'avaient donc imposé une escorte fort respectable de quatre gendarmes ou chorophylakas et de quatre stratiotes bien armés, qui, réunis à mon palicare, l'ancien klephte Costa, très-bien armé aussi, me constituaient un petit corps d'armée assez propre à la défense. Quant aux agoïates, ils ne font que grossir le cortége et ont grand soin, pour ne pas se mettre mal avec messieurs les klephtes, dont ils sont exposés de ce côté à recevoir les trop fréquentes visites, de ne jamais porter aucune arme, afin de mieux constater leur neutralité. La classe des agoïates de Grèce, des vetturini d'Italie et des muletiers d'Espagne est une classe à part dans chacun des pays. Les agoïates de la Grèce sont presque tous de race albanaise ; race laborieuse, sobre et avide.

En quittant Hypate nous traversâmes sans difficulté les eaux du torrent, à la faveur de ses rochers brisés, et entrâmes dans une jolie vallée d'où l'on aperçoit déjà le Velouchi, l'ancien Tymphrestus, tout couvert de neiges. Trois heures de marche à travers cet agréable paysage nous amenèrent sur les bords d'un torrent beaucoup plus redoutable, la Vistritza. Son large lit est tout hérissé de rochers pointus, à travers lesquels son cours rapide se fait jour en bouillonnant d'impatience. La Vistritza est en cet endroit au moins aussi large dans une de ses branches principales et bien plus rapide que ne l'est le Rhône lui-même, et, au lieu de rouler sur un lit de sable, c'est à travers des rocs arrachés aux montagnes qu'elle se précipite des ravins dans la plaine. Les autres branches, fort rapprochées de la branche principale, s'y réunissent parfois après les grandes pluies et présentent une telle étendue d'eau à profondeurs variées, que force est aux voyageurs d'attendre sur une de ses rives que les branches se soient de nouveau séparées et que le cours du torrent soit moins étendu, moins profond et moins rapide. Deux des quatre branches étaient réunies au moment de mon passage; mais un agoïate de Patradjik nous indiqua avec confiance un endroit qu'il était possible de franchir à cheval. Un fond de cailloux plus petits, recouvert seulement de deux pieds d'eau, indiquait le point de séparation des deux branches du fleuve, et c'était sur ce point qu'il fallait se diriger pour trouver chacune des deux branches plus traitable séparément que toutes deux ne l'étaient après leur réunion. Tout alla fort bien, malgré mon peu d'habitude de franchir de vastes torrents à gué. Je traversai sans encombre la branche principale et le fond de cailloux moins profond qui servait comme d'isthme entre les deux lits; et j'entrai dans la seconde branche, que je traversais avec la même assurance, lorsque, parvenu aux trois quarts de ma route et me croyant libre désormais de toute précaution, je voulus tourner la tête en arrière pour mesurer la distance que j'avais franchie. Mes regards s'arrêtèrent sur les eaux rapides que je fendais. A ce moment, voyant le cours du torrent se précipiter autour de moi avec une grande rapidité, pendant que mon cheval frappait les vagues de sa poitrine avec plus de lenteur, je crus, par une véritable illusion d'optique, que mon cheval et moi nous suivions le mouvement des eaux et étions entraînés avec elles. Peut-être un instant de plus de doute eût amené le vertige et une chute assurée; mais je me dis à l'instant que, puisque la poitrine de mon cheval était dirigée vers la terre et qu'il continuait à se tenir sans lutte dans la même direction, c'est qu'il avait la force suffisante pour résister au torrent, qui autrement l'eût fait tourner avec violence. Je regardai le rivage, qui n'était plus qu'à une vingtaine de pieds de moi; mon œil triompha de cette illusion, et mon cheval arriva en effet avec assurance jusqu'au but. Les deux autres branches étaient beaucoup moins périlleuses à traverser; et j'étais d'ailleurs bien instruit maintenant qu'en franchissant un fleuve il ne faut pas s'amuser à regarder couler l'eau sous soi, mais fixer son regard sur le rivage. Une chute au milieu de ces courants et de ces rochers serait une assez rude affaire, même pour un grand nageur, car le cours est bien rapide et les rochers bien aigus, mais malgré les hasards il faudra continuer long-temps encore à traverser la Vistritza à gué. Il y a trop peu de voyageurs sur la route et trop peu d'argent dans la province pour qu'on songe aux frais d'un pont.

A peu de distance des rives du fleuve, nous rencontrâmes un campement de Grands-Vlaques au nombre d'une cinquantaine d'hommes et de femmes réunis sous l'ombre d'un grand frêne. J'envoyai un de mes gendarmes leur demander s'ils avaient du lait frais à me vendre. A l'instant même arriva près de moi un homme à cheveux blancs, mais plein de vigueur. Il apportait une immense jatte de lait, et était suivi d'un berger, plus jeune, portant une autre jatte non moins énorme de yaourd récemment fait. Je bus avec le plus grand plaisir, sans descendre de cheval, une large quantité de lait, et fis distribuer le yaourt et une autre jatte de lait à mes gendarmes, pallicares et agoïates. Quand toutes les jattes furent vides, je voulus donner quelques drachmes au Vlaque si complaisant; mais il me répondit, sans affectation de fierté : que le lait était une chose que l'on donnait avec plaisir à l'étranger mais qu'on ne lui vendait pas sans que cela ne portât malheur; que si moi ou les miens nous désirions encore lait et yaourd il y en avait dans leurs tentes à notre disposition, mais qu'il me priait de ne pas les blesser en leur offrant de l'argent. Tout cela fut dit fort modestement, fort poliment, mais fort nettement. Les Grands-Vlaques sont presque toujours de bonnes gens, et, malgré leur existence nomade, ils ne se mêlent guère à la vie klephtique et vivent tout à fait de la vie de famille. Je m'approchai alors des tentes près desquelles ils étaient réunis, les priai d'accepter mes remercîments de leur gracieuse hospitalité, si honorable pour le caractère du berger vlaque, leur serrai les mains avec amitié, leur fis faire une large distribution de tabac et de papier à cigarettes, et, charmé de ce petit épisode de ma journée, je me remis en route vers Palœo-Vracha, où j'arrivai vers trois heures de l'après-midi.

Le lieu me plut, et je résolus de m'y arrêter jusqu'au lendemain matin. J'avais été tenté par l'ombre d'un vaste platane, admirablement planté près de l'église du village, et je mis pied à terre pour me reposer sous son abri et y passer la nuit. Mais l'aspect et la situation d'une cabane voisine lui assurèrent bientôt la préférence; et, moitié du gré du propriétaire, moitié de force, j'y établis mes pénates, ou, comme on dit ici, mon konaki (logement militaire). Elle est bâtie au milieu d'un jardin le long duquel coule, à quelques pas au-dessus de la maison, un petit ruisseau retenu par des bords élevés de gazon qui le renferment comme un canal. Au-dessus de son cours tranquille, des arbres fruitiers de toutes sortes versent leur ombre épaisse sur ses rives; et ce verger s'étend sur tout le terrain qui sépare le ruisseau de la maison. De l'autre côté la maison s'appuie sur un ravin profond dans lequel coule un torrent, et l'étroit sentier qui borde le ravin va se perdre au milieu de prairies en pente couvertes de moutons, de chèvres et de toutes sortes de bestiaux. Au delà la vue s'étend sur un vaste horizon terminé par de belles montagnes boisées et par quelques pics neigeux. Je fis placer une petite table appuyée sur les deux rives élevées du ruisseau et me mis à lire, à rédiger mes notes et à rêver à mes amis sous l'inspiration de ce délicieux paysage.

Il avait fait une très-grande chaleur dans la journée, et en examinant l'horizon j'aperçus les signes précurseurs d'un orage. Bientôt le tonnerre se fit entendre de la manière la plus harmonieuse, répété par tous les échos des montagnes; puis de larges gouttes de pluie tombèrent par intervalle. Je me vis forcé de quitter mon petit établissement le long du ruisseau. Devant la maison, sur le bord du ravin, à la lisière des prairies, était une sorte de petit parc ombragé d'un grand arbre et entouré d'un treillage de claies à l'abri duquel les troupeaux venaient se réfugier pendant la nuit. Je le fis nettoyer fort proprement, et j'en fis enlever la porte. Le grand arbre qui l'ombrageait me servit de point d'appui pour disposer partout, au-dessus de ma tête, des claies qui venaient s'appuyer sur de longues perches plantées le long de la clôture, et que je fis recouvrir d'une épaisse couche de feuillage comme d'un toit. A l'intérieur je fis étendre des tapis. Un bât de mulet, recouvert de mon manteau, me servit de sofa; de forts rameaux plantés en terre soutinrent une claie plus petite qui me servit de table. En peu d'instants, mon installation fort commode fut terminée. Les arbres étaient touffus dans le voisinage, et mes gendarmes étaient habiles à faire tomber les branches et à écarrir les épieux avec leur courte épée. Je pus donc reprendre presque sans intervalle mes rêveries et ma lecture au bruit d'une bonne chaude pluie qui reverdissait les champs. L'orage dura peu, et le ciel reprit sa sérénité.

Pendant ce temps mes pallicares préparaient le repas du soir. Le berger du hameau voisin m'avait vendu d'excellents agneaux : le feu s'alluma en plein air. Pendant que les uns égorgeaient les agneaux, les lavaient dans le torrent, et les préparaient en artistes habiles, d'autres taillaient les broches et se disposaient à les garnir. Une heure après, deux excellents agneaux étaient rôtis et servis. Je ne fus privé ni du luxe d'un fort bon café fort chaud, ni d'une parfaite boisson au citron contre l'humidité du soir, ni de la longue pipe qui fait passer les heures. Assis jusqu'à dix heures du soir à quelque distance d'un pittoresque brasier pétillant, et entouré d'hommes aux divers costumes, respirant comme moi avec délices la fraîcheur du soir, les heures s'écoulaient rêveuses et rapides.

Pour la nuit mon établissement ne fut ni moins facile ni moins délicieux. J'avais rendu aux moutons, qui rentraient de toutes parts au bercail, la propriété de leur parc de claies et je m'étais établi sous un grand arbre, fumant, assis sur une couche épaisse de feuillage. Mes gendarmes et stratiotes doublèrent cette couche pour la nuit, et étendirent par-dessus bon nombre d'épais cabans et de talaganis de manière à me représenter le plus moelleux des matelas. Mon porte-manteau, bien enveloppé d'une talagani, représentait le coussin. De longs pieux plantés aux quatre coins soutenaient une claie de laquelle pendait à demi-hauteur mon large manteau et mon mackintosh, en forme de demi-rideau, pour détruire le mauvais effet de la rosée de la nuit, tandis qu'un large feu, bien entretenu à quelque distance, éloignait de moi les mousquites et autres animaux malfaisants. Mon établissement eût fait envie au plus délicat de nos épicuriens. Aussi en profité-je avec délices et y passé-je la plus douce des nuits.

Dès quatre heures du matin, pendant qu'on donnait de l'orge à mes chevaux, je contemplais le berger qui, comme un autre Polyphème, faisait sortir une à une ses brebis du bercail, afin de traire leur lait, et je croyais relire une page de l'Odyssée. Peu d'instants après j'étais à cheval. Huit lieues de montagnes boisées séparent Palœo-Vraca de Laspi; c'était là dans d'autres temps le repaire d'affection des klephtes, qui de loin pouvaient, sans être vus, suivre la marche et le nombre des voyageurs et, après une attaque fructueuse, gagner les hautes montagnes. L'année précédente encore leur audace avait été telle, qu'ils avaient, dans cette même forêt, attaqué une caserne de gendarmerie qu'on venait d'y établir, l'avaient incendiée, et avaient tué les dix gendarmes qui la défendaient vaillamment. A un quart de lieue de là, ils avaient aussi brûlé un village entier. Les chasses obstinées faites aux klephtes ont réussi à les faire disparaître presque tous, même dans ces parages; ils ne s'y montrent plus que de temps à autre et par surprise. Mon escorte me prémunissait contre le danger d'être enlevé ainsi, et d'être mis par eux à rançon comme au temps du moyen âge. Ils savent bien que, bon gré, mal gré, les ministres étrangers payeraient pour leurs compatriotes dont la vie serait en suspens. Ils en ont agi ainsi pour un officier de mérite de notre état-major, M. Peliet, surpris dans une des gorges du Pentélique, et il ne leur aurait pas été désagréable sans doute d'essayer s'ils ne pourraient pas obtenir quelque légère rançon pour moi. Ces huit lieues de bois offrent les sites les plus magnifiques; souvent de vastes pièces de terre recouvertes d'une herbe épaisse sont semées comme des prairies au milieu d'une lisière de grands arbres; tantôt on descend dans une vallée calme et bien arrosée par des eaux tranquilles; puis on monte le long d'un torrent par une rive escarpée, au-dessus d'un plateau qui domine au loin. Tous ces bois et toutes ces prairies sont d'excellentes terres qui payeraient largement les travaux du cultivateur, mais les habitants y manquent partout; et, comme ce sont des terres du domaine national et non des propriétés privées, personne ne songe à y défricher et à y bâtir, et jusqu'ici le gouvernement n'a rien fait pour y attirer de nouveaux habitants. Partout où mon œil pouvait s'étendre je n'apercevais pas trace du séjour de l'homme, pas un hameau, pas la fumée d'une seule cabane. De temps à autre seulement j'entrevoyais dans les bois quelques vides occasionnés par les incendies des klephtes. Malgré l'épaisseur de l'ombrage de ces grands arbres, la chaleur était extrême. Je m'arrêtai pour donner aux chevaux un repos de deux heures, et les laisser paître librement dans un grand pré bien vert, arrosé par les eaux d'une claire fontaine : ils sont habitués à passer les nuits à l'air et à n'avoir parfois d'autre nourriture que l'herbe qu'ils rencontrent. Je m'assis sous un grand arbre auprès de la fontaine, sur un beau gazon, et nous fîmes une fort agréable collation d'agneau froid, d'œufs durs et d'oignons crus arrosés d'un vin raisiné un peu chaud mais tempéré par l'eau fraîche de la fontaine. Non loin de nous, sous les arbres de la route, étaient placés d'autres voyageurs qui arrivaient de Laspi avec leurs mules chargées de marchandises qu'ils allaient vendre dans les villages plus éloignés. Notre campement était fort voisin de la caserne ruinée qui avait été attaquée et prise par les klephtes en 1839.

Dès que la chaleur fut un peu amortie, nous nous remîmes en route. A quelques pas plus loin que notre lieu de halte, j'aperçus quelques arbres fruitiers en fleurs. Les pommiers entre autres étaient couverts de belles et larges fleurs, aussi bien que s'ils eussent été soignés par un propriétaire attentif; mais il n'y a plus ici de propriétaires : tous ont pris la fuite ou péri dans l'incendie de leur village, dont les ruines gisent dispersées au milieu de ces champs autrefois défrichés et de ces vergers abondants encore sans qu'il se présente personne pour en recueillir les fruits.

Nous arrivâmes enfin à l'extrémité de cette longue et belle solitude de forêts, auprès d'une caserne destinée à protéger la route, et nous vîmes de l'autre côté du ravin, à mi-côte, apparaître le village de Laspi, que nous laissâmes à notre gauche. L'aspect du pays avait bien changé : au lieu de ces vallées et de ces montagnes si verdoyantes, du milieu desquelles surgissaient d'intervalle à autre les neiges du Kravari et celles de Velouchi; au lieu de ces ravins où se précipitaient les torrents, je ne rencontrai plus pendant les trois heures qui me séparaient de Carpenisi qu'un terrain brun et jaspeux. On est au pied même du mont Velouchi, qui semble un mont de jaspe à la tête de neige. Il n'y a aucune beauté, aucune variété dans cette route, et Carpenisi ne s'aperçoit qu'au moment où on tourne la montagne pour entrer dans la ville.

Carpenisi, chef-lieu de la province d'Eurytanie, est un bourg ruiné, bâti sur les rives d'un torrent qui est déjà à sec dès les premiers jours de mai. C'était, dit-on, il y a une vingtaine d'années, une ville assez riche; mais, pendant la dernière guerre, les Turcs et les Grecs l'ont successivement prise les uns sur les autres, et elle a été dans ces diverses reprises incendiée et pillée. Toutes les grandes maisons un peu considérables ont donc disparu, car ces maisons n'étaient pas de pierre. Les Turcs les plus riches bâtissaient de misérables constructions de bois et de pisé, et croyaient, en les blanchissant bien en dehors et en couvrant au dedans les murs de quelques arabesques à couleurs tranchées, avoir un palais. Il reste à peine trace aujourd'hui de ces maisons turques. Je trouvai le gouverneur de l'Eurytanie logé dans une véritable cabane de paysan, avec un abominable escalier qui mériterait mieux le nom d'échelle, et avec des chambres où les parquets, les plafonds, les portes et les fenêtres ont l'air de vouloir faire un éclatant divorce. J'eus beaucoup de peine à rencontrer dans la ville une maison, ou plutôt une chambre composant la maison entière, sans autre clôture de fenêtres qu'un volet à planches mal jointes, et sans meubles, pour m'y étendre sur mon manteau jusqu'au lendemain matin. Ce qu'il y a de plus pénible pour le voyageur en Grèce, c'est d'avoir à prendre un gîte dans une ville. A la campagne on se campe sous un arbre, près d'une fontaine, on s'abrite d'un rocher contre le vent, et on dort solitaire et paisible sous ce ciel pur. Si le temps est mauvais on entre dans une calyvia de paysan, qui s'empresse, lui et sa famille, de vous rendre tous les devoirs de l'hospitalité; et cette hospitalité, que vous pouvez reconnaître le lendemain par quelque légère rémunétion, n'a rien de gênant pour vous. Mais, dans une ville, vous ne pouvez vous arrêter en plein air sans être assailli d'une multitude de curieux bien intentionnés; et, quoique dans l'été la plupart des Grecs pauvres dorment sur un tapis dans la rue pour être plus au frais, vous ne pouvez, entouré de vos malles de voyage, imiter leur exemple, et il vous faut chercher l'abri d'une maison. Vous pouvez là sans doute compter sur la plus cordiale hospitalité; mais on sent que l'on gêne les gens de la maison s'ils sont riches, et on est souvent gêné, s'ils sont pauvres, par la nécessité de ne pas repousser leurs politesses: bien que ces politesses ne leur doivent pas être matériellement onéreuses, mais plutôt profitables; car il y a dans les Grecs les plus pauvres un sentiment de fierté et d'égalité qui les rendrait fort sensibles à la moindre marque, non pas seulement d'impolitesse, mais de négligence.

Je fis ouvrir l'unique volet de ma fenêtre, et me trouvai en présence d'une très belle vue de montagnes verdoyantes qui s'appuyaient sur d'autres monts aux sommets neigeux. J'envoyai par toute la ville mes gendarmes en quête d'une chaise et d'une table quelconques, qu'ils furent assez adroits pour obtenir. Quant au lit, il ne pouvait en être question; je doute que le gouverneur lui-même soit pourvu de l'opulence d'un matelas. Charmé de la découverte de ma table de sapin, je la fis approcher de la fenêtre et passai le reste de cette belle soirée à lire et à méditer en face de cette scène de montagnes qui me rappelait un peu la délicieuse situation de la maison du célèbre Tschokke à Arau en Suisse; car l'air y était aussi assez vif et très-frais.

Au lever du soleil j'étais à cheval avec ma nouvelle recrue de gendarmes, car ceux de la veille restaient à la caserne de Carpenisi et ils étaient remplacés par de nouveaux. Dès les premiers pas je fus témoin d'une reconnaissance entre mon pallicare Costa et un des soldats de mon escorte; je m'enquis du gendarme et il m'apprit, comme la chose la plus simple du monde, que Costa et lui se connaissaient de longue date pour avoir été klephtes ensemble et avoir fait partie de la bande du fameux Calamata, stationnée long-temps dans le Greveno ou Œta et dans les montagnes que j'allais parcourir. Je fus charmé d'avoir un guide aussi bien informé et me mis en marche vers Poursos.

De Carpenisi à Mikro-Khorio la route suit pendant deux heures les rives de l'une des branches diverses de l'Aspro-Potamos, l'Achéloüs, dont la branche principale sort des monts d'Agrapha et de la chaîne du Pinde; c'est encore un ruisseau paisible qui coule entre des rives fleuries. De toutes parts surgissent pour le grossir de nombreux petits cours d'eau que l'on franchit sur les ponts les plus pittoresques: tantôt c'est un vieux saule dont le tronc creusé par le temps sert d'appui à des planches qui vont atteindre l'autre rive avec une pente rapide ; tantôt quelques arbres noueux jetés à travers des ruisseaux offrent au pied un appui un peu incertain, et à la main le secours de leurs rameaux verdoyants encore au milieu des eaux. On passe constamment à travers des haies formées de roses odorantes blanches et roses, de lilas, de chèvrefeuilles, de coings et de pommiers en fleurs, car les terres sont presque toutes cultivées.

Mikro-Khorio ou le Petit-Village est situé à trois lieues de Carpenisi, sur le flanc d'une montagne, et tout en face de Megalo-Khorio ou le Grand-Village, qui est bâti de l'autre côté du ravin. Le dimarque me fit à l'instant préparer un logement fort propre, afin d'y prendre quelques instants de repos; car de là au monastère de Poursos que j'allais visiter il n'y a plus ni villages ni maisons.

A peine a-t-on quitté Mikro-Khorio que commence une véritable scène alpine. La petite rivière est devenue torrent, la plaine s'abaisse en ravins ; aux champs en culture succèdent des rochers, et devant vous s'ouvre une descente rapide qui aboutit à une montagne plus rocailleuse encore : vestibule approprié à la grande chaîne de montagnes qui vont se succéder pendant tout le reste de la route. On laisse l'Aspro-Potamos devenu fougueux et bruyant pour passer dans l'étroit bassin d'un torrent plus fougueux et plus bruyant encore. Il serait de toute impossibilité de le traverser de ce côté sans le secours d'un pont : aussi, depuis les temps les plus anciens, a-t-on jeté deux ponts de pierre sur ce torrent ; mais leur courbure les rend aussi pénibles à monter que périlleux à descendre. L'arche de l'un et les deux arches de l'autre sont des demi-cercles surhaussés qui s'élèvent sans qu'on ait pris soin d'en adoucir la pente ni de combler l'intervalle entre les deux convexités; ni même d'y fabriquer des degrés pour en faciliter l'ascension ou la descente, comme cela se pratique à Venise. Ajoutez à cela qu'ils sont fort étroits et ne portent pas de parapets. Les chevaux des Grecs sont habitués à tout cela et ne se font pas prier pour passer. Un peu plus loin dans la même montagne, on a imaginé un moyen de transport tout particulier : une ouverture naturelle, à une certaine hauteur d'une roche surbaissée, sert de passage ; pour y arriver on se sert d'une corde attachée solidement par de hardis chasseurs à une courbure supérieure du rocher ; le voyageur saisit cette corde ; on la balance jusqu'à ce qu'il ait saisi le bon point, comme le fait un saumon qui remonte une cascade, et quand il arrive juste dans l'ouverture du trou il laisse la corde à d'autres et continue paisiblement sa route. Voilà tout ce qu'ont pu imaginer de mieux les anciens ingénieurs d'Eurytanie. Il y a là à travers les torrents, au-dessous des précipices, au milieu des rochers dentelés ou fendus en longues lames, une série d'émotions suffisantes pour occuper long-temps l'ami le plus chaud des sites pittoresques. Les neiges du Chelidonia brillent au soleil dans le lointain.

Le zèle religieux seul pouvait dans des temps de désordre ouvrir une voie à travers ces montagnes. Dans les temps antiques, la route pour pénétrer de la Dolopie dans l'Etolie et l'Acarnanie passait sur l'autre revers du mont Arakynthe. C'est aujourd'hui à travers ses flancs les plus escarpés, à travers sa gorge la plus profonde et la plus difficile qu'on s'est ouvert une nouvelle route pour aller de Carpenisi par Vrachori, l'ancien Agrinium, jusqu'à Missolonghi. Du côté de Carpenisi elle a été percée de la manière la plus laborieuse afin d'amener les pèlerins à la Panagia (Madone) de Poursos, le plus célèbre des *icons* de la Madone qui existe de ce côté de la Grèce. Si l'on en croit les traditions du pays recueillies par le moine Germanos, voici comment cet icon de la Panagia a été transporté de Pruse en Bithynie au lieu qu'elle occupe aujourd'hui et qui a pris de là le nom de Poursos ou Prousos ou Pyrsos. J'extrais ces renseignements d'un livre publié par le couvent même. Les habitants du pays n'ont pas manqué de me certifier presque toutes ces traditions par leur témoignage, ce qui n'a pu décider toutefois quelques-uns des moines les plus éclairés de ce couvent à leur donner une foi entière.

A l'ouest de Delouchi ou Velouchi, l'ancien Tymphrestus, aussi bien que vers le midi, s'élèvent des montagnes moins hautes que le Velouchi, mais fort considérables aussi, telles que le Kallidrome ou Oxia, le Chelidon, le Malaos ou Aninos, l'Arakinthe ou Kallikion, etc., entre lesquelles les chemins sont presque impraticables. L'Achéloüs a sa source au milieu de ces gorges, et c'est au sein de ces mêmes montagnes, dans la partie la plus profonde et la plus impénétrable, que se trouve le monastère de Poursos, célèbre par son église bâtie non dans le roc, mais autour du roc, par son icon de la Vierge et aussi par une partie des reliques de saint Clément, évêque d'Ancyre, et par quelques fragments du bois de la vraie croix. L'icon de la Vierge est, dit-on, une des images que peignit l'apôtre et évangéliste saint Luc. « Lors même, dit l'auteur de la chronique imprimée par le couvent, qu'elle ne serait pas une des trois que saint Luc présenta à la Vierge avant son assomption, elle peut fort bien être une de celles que ce saint peignit après l'assomption. On sait, ajoute-t-il, que pendant la vie terrestre de la Vierge saint Luc ne fit que trois portraits d'elle, portraits qu'il lui fit voir tous et pour lesquels il obtint son suffrage, tandis que les autres portraits ne furent peints par lui que plus tard et d'après le désir qui lui fut manifesté par la Vierge d'avoir plusieurs copies des premiers. » Voici, du reste, comment cette image a été transportée à Poursos.

Au temps où régnait Théophile l'Iconomaque et l'Iconoclaste (de 829 à 842), un décret impérial enjoignit, sous les peines les plus graves aux contrevenants et sous la promesse de fortes récompenses aux obéissants, de brûler toutes les images. L'icon fait par saint Luc se trouvait en ce moment dans la grande église de la célèbre ville de Pruse en Bithynie. Aussitôt que le décret fut publié, un jeune iconolâtre d'une famille archontale de la cour impériale s'empara de l'image et se sauva avec elle dans la province d'Hellade, qui était encore pure de cette hérésie, et où il pensait pouvoir rester tranquille au milieu des montagnes. Arrivé avec son image à Callipolis, il la perdit sans qu'il pût savoir comment elle lui avait été ravie. Ne voulant plus cependant retourner ni dans son pays, où on brûlait les saintes images, ni dans le lieu où il avait perdu son icon, il alla s'établir en Thessalie à Néopatras, où il bâtit une église dédiée à sainte Sophie. Le lieu où est maintenant le monastère de Poursos était alors le lieu le plus impénétrable et n'avait pas même de nom qui fît connaître son existence, attendu que, par la difficulté des lieux, il n'y avait aucun sentier qui pût y conduire. La route pour aller de la province d'Hellade dans celle d'Etolie passait alors par le village de Saint-Demetrius, aujourd'hui Castania et derrière le mont Arakinthe ou Kallikion; mais il n'y avait même là aucun village, et il n'y existait que quelques cabanes de bergers à l'est et quelques autres cabanes non moins misérables à l'ouest sous le nom de Platania et sous celui de Patricada. Il n'était pas possible, en effet, d'y établir un village, et non-seulement les hommes mais les animaux eux-mêmes avaient peine à y subsister. Si quelques pauvres gens s'y étaient réfugiés c'était pour s'y cacher plus sûrement au milieu des montagnes, et pour y fuir les empereurs ou les hérésies. L'enfant d'un des pasteurs de ces lieux sauvages, qui gardait là les chèvres de son père, était pendant une nuit couché en face de l'endroit où est maintenant situé le cimetière du couvent, et dormait paisiblement. Pendant son sommeil, il crut entendre sortir d'une caverne, à laquelle ne conduisait aucun sentier, des voix douces et mélodieuses. La crainte le réveilla, et, au lieu même d'où les voix lui avaient semblé sortir, il aperçut une colonne de feu qui de la grotte s'élevait jusqu'au ciel. Il pensa d'abord que c'était l'iris ou arc-en-ciel; mais, comme il n'y avait pas eu de pluie, et que le soleil d'ailleurs n'avait pas encore paru, il comprit bien qu'il devait y avoir là quelque chose d'extraordinaire. Il courut donc tout tremblant à son père et lui raconta ce qu'il avait vu. Le père crut que son fils lui disait un mensonge ; mais, sur les assurances répétées de l'enfant, il prit le parti de l'accompagner la nuit suivante. Là il vit tout ce que son fils avait vu avant lui. Il entendit les voix et aperçut la colonne de feu. A son tour il alla raconter cette merveille aux bergers ses amis et les amena au même lieu, où ils entendirent aussi les voix et virent la colonne de feu. Impatients de découvrir la cause de ce phénomène, ils parvinrent enfin, à travers mille périls, jusqu'à l'entrée de la grotte et y pénétrèrent. Au fond de la caverne était l'icon tout étincelant de lumière. Afin de rendre praticable un lieu clos auparavant à tous et venir y faire leurs offrandes, tous se mirent à l'œuvre et parvinrent à tracer un sentier. De ce feu (πὺρ) que lançait l'icon vient, dit-on, le nom de Πυρσὸς donné à l'abbaye. Le nom de Προύσος, qu'elle porte aussi, lui vient de la ville de Pruse en Bithynie, d'où fut apportée l'image.

Le bruit de ce miracle se répandit bientôt dans les environs et parvint aux oreilles du fils de l'archonte, qui s'était fixé à Néopatras après la perte de son icon. Sans attendre un instant, il part avec ses gens pour se rendre au lieu indiqué. Après deux longues journées de voyage, il arrive, voit l'image, la reconnaît, se prosterne pour l'adorer ; puis, après avoir expliqué aux bergers comment l'icon lui appartenait et les avoir bien récompensés de leur découverte, il s'empare de son trésor et reprend sa route vers Néopatras. « Arrivé à l'endroit du chemin où est maintenant, dit la chronique, une petite église de la Vierge, église qui n'existe plus aujourd'hui, mais qui était placée en face de la partie du rocher où on aperçoit une échancrure (τρύπη) par où l'icon prit son vol à travers le rocher, il se sentit fatigué et s'arrêta avec tous ses gens pour prendre un peu de repos. Il déposa l'image avec respect près du rocher, et s'assit pour dormir quelque peu. Mais, à son réveil, quel fut son désespoir en ne retrouvant plus son image à l'endroit où elle avait été déposée! Sa première pensée fut que les bergers avaient pu venir la lui enlever. Il retourna donc sur ses pas pour la chercher ; mais, arrivé dans une gorge étroite, il entendit une voix qui lui disait : « Jeune homme, tranquillise-toi sur mon compte. Je me trouve beaucoup mieux dans ces ravins déserts où je reste en paix que si j'étais au milieu des querelles politiques et des hérésies. Si tu veux rester avec moi, viens et tu me trouveras et cela te sera bon. » Lui seul entendit cette voix. Il rendit la liberté à ses serviteurs, n'en conserva qu'un seul, retourna à la caverne de Pyrsos, y retrouva l'image et se fixa dans ce lieu avec son seul serviteur nommé Timothée. Tous deux s'y bâtirent des cellules, et moururent dans ce même lieu où sont encore conservés leurs tombeaux placés l'un près de l'autre. Un monastère ne tarda pas à se former et à s'enrichir par la piété des fidèles ; et telle est l'origine du monastère de Poursos.

Après avoir raconté l'origine de son monastère, le chroniqueur ecclésiastique rapporte un grand nombre de miracles faits par l'icon et aussi par l'image même de l'icon empreinte sur un rocher et que l'on montre encore aujourd'hui sous le nom de τύπωμα τῆς Προυσιωτίσσης. Une fois, par exemple, par la négligence de celui qui allumait les lampes, le feu prit au couvent sans que les caloyers en fussent informés à temps. Il fut absolument impossible de rien sauver : meubles, bibliothèque, archives, tout périt ; mais l'image resta intacte au milieu d'un cercle de feu. Une autre fois, la chute d'un rocher énorme menaçait d'anéantir et la grotte et l'église ; les moines se mirent en prières : et le rocher, prenant une autre direction, tomba à distance et vint se placer comme une sentinelle chargée de la garde du couvent. Une autre fois, une femme qui tenait son enfant fit un faux pas et tomba avec l'enfant du haut d'un de ces énormes précipices qui entourent le couvent; mais, dans sa chute, elle avait invoqué la Panagia de Poursos, et on la retrouva en bas du précipice, assise paisiblement sur une pierre et berçant son enfant sur ses genoux. Ces miracles paraissent s'être continués presque jusqu'à nos jours; car ce livre raconte qu'en 1764, les moines faisant creuser le rocher pour avoir une citerne, un enfant indiqua l'endroit du rocher où il fallait frapper, et qu'il en jaillit du premier choc une source miraculeuse dont l'eau fort abondante arrose maintenant le jardin du couvent et fournit une boisson excellente.

Un des gendarmes de mon escorte était un fervent croyant à la Panagia de Poursos. En passant devant deux pics de rochers dentelés, du milieu desquels semble s'être séparé un immense fragment, il appela mon attention sur ce point. « C'est par là, me dit-il, que la Panagia s'est frayé une route pour aller à Poursos, et c'est elle qui, en frôlant le rocher, en a enlevé cet énorme pan : aussi l'appelons-nous le trou par excellence (τρύπη). » A quelques pas de là il s'arrêta en faisant vingt signes de croix avec vivacité. Nous étions au pied d'un rocher de quelques centaines de pieds d'élévation, et dont la muraille droite semblait taillée de main d'homme et polie avec soin. Seulement, dans un endroit placé à une assez grande élévation, une partie du rocher était dépolie et n'offrait qu'une surface brute. Devant cette muraille de rochers, mon gendarme dévot se mit en prières. Il croyait y voir l'empreinte faite par l'image de la Panagia au moment où elle quitta le jeune archonte pour retourner à Poursos, et son imagination était tellement excitée qu'il voyait en effet le τυπῶμα τῆς Προυσιωτίσσης et nous montrait du doigt chacune des figures : ici, la Vierge contemplant son fils avec amour; là l'enfant sur les genoux de sa mère, et tout autour de lui les anges ailés qui lui souriaient. Comme j'alléguais la faiblesse de ma vue, qui ne me permettait pas de voir tout cela distinctement de si loin, il appela en témoignage les autres gendarmes et les agoïates. Un des agoïates fut le seul à voir aussi nettement que le pieux gendarme; mais tout le reste demeura dans un doute respectueux.

Deux tours placées sur les crêtes de deux rochers, en avant et en arrière, annoncent la retraite où se cache le monastère, car des deux côtés il est protégé contre tout regard par les flancs de ces deux rochers qui s'avancent comme une muraille arrondie tout alentour; et le chemin passe comme il peut le long de la tour et bien haut au-dessus du couvent, que l'on n'aperçoit qu'à ses pieds, sous le rocher, au moment seulement où on en passe le seuil. Les Turcs n'ont jamais osé s'aventurer dans ces gorges étroites. Les moines étaient sur leurs gardes, et quelques hommes peuvent, en cet endroit, résister à une armée. L'établissement d'un monastère dans des lieux si impraticables a été un véritable service pour tous les pays environnants, car un chemin s'est ouvert par là de Carpenisi à Vrachori; et un village entouré de terres fort bien cultivées est venu se placer au-dessus du couvent, à l'abri de sa protection. C'est un lieu très-pittoresque, qui me rappela un peu le village situé au-dessus du beau monastère de la Cava près de Salerne; mais le site de la Cava est riant et délicieux, et celui-ci est rude et sauvage.

Je fus fort bien accueilli dans le couvent. Mes gendarmes m'avaient annoncé comme Français, et le nom seul de Français est un gage de bon accueil en Roumélie. Au lieu de me placer dans le logement des étrangers, les moines, pour me montrer plus d'affection, me donnèrent, dans l'intérieur, la chambre de l'un d'eux. Elle était éclairée par trois fenêtres qui ouvraient sur une fort belle vue du ravin. L'ameublement en était simple, mais propre et confortable; le sofa était large et doux et le lit fort bon. Pour me prouver tout leur désir de bien traiter les Français, ils me contèrent que, quelques semaines auparavant, un de mes compatriotes était venu les voir et avait passé plusieurs jours avec eux; qu'ils l'avaient traité de leur mieux et lui avaient donné de leur meilleur vin, et qu'il l'avait trouvé si bon, si bon qu'il en était devenu d'une gaieté à les étonner. Je m'enquis du nom de ce mien compatriote, si disposé à faire accueil à la dive bouteille. Ce nom était celui d'un employé bavarois en Grèce, qui, craignant d'être laissé dans le logement extérieur avec son nom de Bavarois, s'était dit Français pour gagner le cœur des moines. Quand je les éclairai sur ce point, ils me manifestèrent les plus vifs regrets de toutes leurs politesses. « Comment, s'écriaient-ils, il était Bavarois, et nous lui avons donné notre meilleure chambre, notre meilleur lit, notre meilleure chère, notre meilleur vin, notre meilleur accueil ! Et tout cela parce qu'il se disait Français !... » Le naïf regret de mes moines prouve jusqu'à quel point l'antipathie pour les Bavarois a pénétré toutes les classes de la population grecque. Le roi seul est aimé, parce qu'on le regarde comme devenu tout à fait national. Mais tous les efforts faits pour imposer à la Grèce une régence bavaroise, une armée bavaroise, des employés bavarois, des costumes militaires, civils et judiciaires bavarois, tout ce qui semblerait transformer la Grèce en une province bavaroise, ont excité dans tous les cœurs la plus vive animosité contre les Bavarois. Le peuple grec est un peuple vif, intelligent, jaloux, national, qui veut être gouverné à sa manière et marcher, s'arrêter ou courir à son allure ; et le roi Othon est trop attaché au nouveau pays dont l'avenir a été remis en ses mains, pour ne pas voir quels ménagements il doit à cette honorable susceptibilité et ne pas être le premier à sentir tout le parti qu'on peut tirer d'un tel caractère national.

Ma première enquête dans le monastère de Poursos fut une enquête respectueuse pour l'icon de la Panagia. La prétendue peinture de saint Luc me parut être un fort médiocre tableau du quatorzième siècle au plus tard, et le moine qui me la montrait ne me sembla nullement convaincu de sa transmission depuis le temps de saint Luc. L'église, bâtie dans le rocher tel qu'il existait et sans qu'il fût taillé, est fort pittoresque. On aperçoit partout à l'intérieur les pointes de ce rocher toujours parfaitement à sec. En montant quelques degrés dans l'église on arrive à une autre retraite du rocher éclairée par le haut et formant une grande chambre. C'est là qu'est la bibliothèque. Un des moines, homme de beaucoup d'esprit, eut la complaisance de me permettre d'examiner tout avec l'attention la plus minutieuse.

La bibliothèque se compose de deux ou trois cents ouvrages imprimés et d'une quarantaine de manuscrits. C'était pour visiter les manuscrits que j'étais venu à Poursos. On m'avait assuré que j'y trouverais beaucoup de documents sur le moyen âge, et, en particulier, sur notre établissement féodal en Grèce. Je priai donc les moines de me laisser parcourir un à un tous leurs manuscrits, même les moins importants à leurs yeux, pour m'assurer par moi-même que rien ne m'était échappé. Ils se prêtèrent avec la plus grande bienveillance à ma demande, et je commençai à faire sortir de leur poussière une trentaine de manuscrits entassés sur des tablettes encastrées dans les inégalités du rocher. Voici de quoi se compose cette collection dans son état présent :

Un évangéliaire grec, écrit sur papier au quinzième siècle.

Une vingtaine de volumes de leçons dictées par des professeurs, il y a une cinquantaine d'années, sur la philosophie naturelle et les mathématiques.

Six volumes écrits, comme les précédents, en langue grecque et sur papier, mais d'une écriture du treizième et du quatorzième siècle, contenant des traités de chant ecclésiastique, avec la musique notée en petits caractères particuliers, ressemblant à des notes tachygraphiques. Ces volumes peuvent offrir quelque intérêt pour les études archéologiques relatives à la musique ecclésiastique en Grèce.

Enfin un manuscrit de l'histoire composée par Georges Phrantzi, à la demande de quelques-uns de ses amis de Corfou, sur la fin du quinzième siècle, pour conserver le souvenir des événements de cette époque auxquels lui-même avait souvent pris part dans des emplois importants. L'écriture de ce manuscrit m'a semblé être de la fin du dix-septième siècle. Il est fort complet, et j'aurais aimé à le collationner avec l'édition publiée à Bonn en 1838. Georges Phrantzi, dans ses premiers chapitres, parle, en forme d'introduction, de la conquête de Constantinople par les Francs. En lisant ces deux pages quelques curieux auront cru sans doute que la même matière était développée dans le reste de l'ouvrage. De là peut-être le bruit arrivé jusqu'à moi, que l'on possédait dans le monastère de Poursos des manuscrits relatifs à la conquête franque. Phrantzi, traduit en partie en latin par Pontanus en 1614 et publié depuis par Alter, à Vienne, et par Emmanuel Bekker à Bonn, est aujourd'hui un historien fort connu.

Parmi les livres imprimés, le plus curieux pour moi était une édition vénitienne du poëme grec sur le Vaivode.

L'hégoumène et le père Germanos, qui me firent les honneurs du couvent, sont deux hommes fort intelligents et très-supérieurs à ce que j'ai trouvé dans la plupart des couvents grecs. Les cellules des moines sont beaucoup mieux éclairées et mieux tenues que celles du couvent de Saint-Luc, du couvent de Saint-Élie près de Salona, et de tous les autres couvents que j'ai visités. Le soir, le père Germanos venait souper avec moi dans ma chambre et nous passions de bonnes heures à causer de tout ce qui pouvait améliorer le sort du pays. L'hégoumène et lui sentent parfaitement les devoirs imposés aux riches couvents dans ce nouvel ordre de société dans lequel la Grèce est entrée. Il faut autre chose aujourd'hui que des prières, que l'aumône de l'hospitalité, que même le travail manuel du moine consacré à la terre. Les couvents sont les seuls grands propriétaires de la Grèce et ils doivent se conduire avec l'intelligence et le zèle éclairé d'un grand propriétaire patriote. Leur devoir est d'essayer la grande culture et les nouvelles méthodes et de répandre autour d'eux le travail et l'aisance. Les moines de Poursos sont tout disposés à bien remplir des devoirs qu'ils comprennent; ils ont ouvert des écoles et appellent les lumières agricoles autant qu'il est en eux.

Le monastère de Poursos possède de bonnes propriétés du côté de Missolonghi. L'hégoumène devait aller les inpecter; il me proposa de l'accompagner, se chargeant de bien me montrer le pays. Ce voyage me plaisait beaucoup, car je voulais voir, pour mes études, Vrachori et le lac Trichonis, et la chaîne du Xeromeros, et tout l'ancien pays de Carlelie, qui doit son nom à un feudataire français d'origine napolitaine, Charles Tocco, despote d'Étolie et comte palatin de Céphalonie à la fin du quatorzième siècle. Je désirais aussi, en pèlerin littéraire, rapporter à mes amis de Paris une pierre de la maison où mourut lord Byron; mais, malgré tant de tentatives réunies, je résistai pour ne pas perdre un voyage dans l'île d'Eubée, par laquelle je voulais revenir à Athènes.

XVIII.

RETOUR DE POURSOS A ATHÈNES.

Je quittai les moines de Poursos avec quelques regrets et me remis en route à pied jusqu'à Mikro-Khorio pour ne perdre aucun des beaux points de vue de cette route pénible et dangereuse. De temps à autre je faisais tirer quelques coups de fusil pour jouir du retentissement prolongé des échos. Le son était répété par moments plus de dix fois, toujours s'agrandissant et s'amplifiant de manière à produire l'effet du roulement du tonnerre. Après m'être reposé quelque temps au bord d'une fontaine pour laisser paître les montures, je remontai à cheval; et après onze heures de temps, mais seulement huit heures de route, je rentrai à Carpenisi. La pluie s'annonçait violente dès le lendemain matin. Je n'en fus pas moins ferme dans mon projet de hâter le pas des chevaux et de rentrer le soir même à Patradjik. La pluie, d'abord légère, tomba par torrents dès que nous eûmes atteint le pied du Velouchi, et les chemins près de Laspi devinrent presque impraticables; je n'en persistai pas moins, et après deux heures et demie j'étais arrivé à la caserne des stratiotes. Là j'entrai et fis allumer un grand feu pour sécher tous mes vêtements trempés, sans exception. Les stratiotes m'aidèrent avec une parfaite complaisance et se distribuèrent entre eux toutes les pièces de mon ajustement pour que l'opération fût plus promptement terminée. La solde des officiers et soldats est si minime que tous boivent habituellement de l'eau. Je fus donc le très-bienvenu en faisant une bonne distribution de vin et de tabac. Je laissai de plus quelques drachmes pour continuer l'approvisionnement général, et, en dépit de l'affreux temps qu'il faisait, je me remis en route. Les chemins sont promptement gâtés dans un pays rempli de torrents et où la terre est partout fort grasse; mais aussi quelques rayons de soleil suffisent pour ramener tout en bon ordre. Le ciel se dégagea enfin, et quand nous arrivâmes à Hagi-Janni l'air était redevenu serein. A un quart de lieue environ de la route, entre Hagi-Janni et le chemin de Palœo-Vracha, on m'indiqua les ruines d'un temple antique remplacé par une église aussi en ruines. J'allai les visiter. Elles sont situées sur une belle pelouse au-dessus de la rivière, dans un de ces emplacements que les anciens savaient si bien choisir pour y bâtir leurs monuments publics. J'y retrouvai en effet les ruines d'un temple antique, des colonnes crénelées en marbre et des fragments d'un mur d'enceinte.

Mes gens auraient fort désiré s'arrêter à Palœo-Vraca et ils eurent recours à toutes sortes de petites ruses grecques pour m'y décider; mais bien résolu de me rendre le soir à Patradjik, je poussai mon cheval au galop, leur prescrivant de me suivre comme bon leur semblerait, et je les devançai de beaucoup. Je m'égarai de plus d'une bonne lieue ; mais, deux heures avant le coucher du soleil, mon escorte, qui avait couru de différents côtés à ma suite, m'avait rejoint sur les bords de la Vistritza dont les eaux avaient crû un peu par la pluie du matin, et qui charriait d'énormes pierres ; mais cette fois, au lieu de contempler les eaux en passant, je me dirigeai avec fermeté sur l'autre bord, et, sans encombre pour moi ni pour mon cheval ni pour aucun des gens de ma suite, nous arrivâmes sur l'autre rive. Une heure après je passai le Xerio, torrent moins large mais non moins dangereux, et, peu après la chute de la nuit, j'entrai dans la maison hospitalière d'Hadji-Petros. Il était revenu de sa chasse aux chevreuils dans l'OEta ; et nous passâmes une bonne journée de causeries intimes avec quelques-uns des nombreux amis de Colettis, si populaire dans cette partie de la Grèce, où il a des propriétés.

Le jeudi suivant, qui était le 1er mai selon le calendrier grec, je fis mes adieux à Hadji-Petros et à sa charmante famille, et me remis en route. Il y a sans doute une suite d'émotions bien douces à recevoir de ce penchant de notre caractère national à la sociabilité. Par là, nous ne vivons en quelque sorte étrangers nulle part ; mais si les sympathies qui nous rattachent à des hommes dont l'affection s'éveille aussi pour nous, ou dont les sentiments et l'intelligence morale sont d'accord avec ce que nous sentons nous-mêmes, nous procurent de véritables plaisirs et donnent un intérêt nouveau à chaque lieu, il faut dire aussi qu'elles nous préparent de longs regrets. Il est si triste de dire qu'on ne retrouvera plus dans sa vie aucun jour d'intimité avec ceux qu'on s'était habitué à aimer. Pour moi, j'éprouve toujours une peine réelle à m'arracher d'un pays où j'ai passé quelque temps ; et j'ai besoin que le temps, le mouvement du cheval, le changement de lieu viennent déplacer un peu mes idées. J'avais été invité ce jour-là par M. Tolmidis et par le colonel Gouras Mamouris à un déjeuner de pallicares au milieu des ombrages de la colline de Platania, à une demi-lieue de la montagne d'Hypate. Je laissai mes chevaux au bas de la colline et montai au lieu du rendez-vous, situé un peu au-dessus de la plaine, mais bien au-dessous des collines d'Hypate et en face de la chaîne de l'Othrys. C'était en l'honneur du 1ᵉʳ mai grec, fête universelle depuis les temps antiques, que le colonel Gouras nous donnait ce déjeuner. Nous étions une trentaine de convives, parmi lesquels se trouvaient cinq ou six officiers de Gouras, un capitaine de l'ancien corps régulier formé par Fabvier, qui avait quitté Corfou pour venir en Grèce chercher la liberté et la nationalité, l'hégoumène d'un couvent voisin, le protopapas de Patradjik, et un Turc nommé Hadji-Baba, qui, après le départ des Turcs, ses compatriotes, est revenu s'établir dans ce pays qu'il avait toujours habité et où il est fort aimé de tout le monde.

Le déjeuner consistait comme d'ordinaire en agneaux rôtis tout entiers sur le lieu et servis sur une table de feuillage avec des oignons verts, des œufs durs et du yaourd. Les agneaux furent découpés avec prestesse par des pallicares et les morceaux distribués sur le lit de feuillage devant chaque convive, dont l'appétit avait été plus aiguisé que satisfait par les excellents koukouretzes servis comme préliminaire. Le vin, et un fort bon vin, quoiqu'un peu doux comme le vin d'Italie, circulait à la ronde. Notre ami turc fut le seul à s'en abstenir malgré les provocations amicales du protopapas et de l'hégoumène (abbé), entre lesquels il était assis. Hadji-Baba a fait trois fois le voyage de La Mecque, a pieusement accompli toutes les cérémonies au tombeau du saint prophète, et suit régulièrement, mais sans ostentation, les principes de sa religion. Le papas et l'abbé le plaisantèrent un peu sur sa rigidité religieuse; il répliqua en les plaisantant à son tour, mais avec mesure, et il tint bon. Ayant appris mes fouilles précédentes dans le torrent du Xerio, il me reprocha de n'être pas venu le chercher pour me servir de guide comme il en avait servi à M. Enian; m'assurant que, si je voulais recommencer, il me désignerait un endroit où je trouverais certainement des tombeaux non explorés, avec statuettes de terre cuite, pierres gravées et médailles. Il me raconta qu'au temps de la domination turque il connaissait déjà ces tombeaux, mais que, bien qu'il lui fût loisible alors de les fouiller comme bon lui semblait, il n'avait pas moins dédaigné ces explorations scientifiques que ses autres frères musulmans. Depuis, voyant les Grecs attacher de l'importance à ces fouilles, il avait compris qu'ils avaient raison; mais maintenant il était obligé à de grands ménagements avec des chrétiens qui l'accueillaient avec amitié parmi eux, et il craignait, en fouillant lui-même, de passer pour un accapareur de trésors et de risquer ainsi la tranquillité de sa vie. Je lui demandai si ce ne serait pas à l'aide de la science cabalistique qu'il avait appris l'endroit précis où étaient les tombeaux, car beaucoup de Turcs pratiquent encore la cabale et y croient. Hadji-Baba m'assura qu'il n'était pas un adepte, mais qu'il avait eu un ami turc très-fort dans cette science et qui même en avait donné des preuves à un étranger fort distingué que j'avais certainement connu à Paris et à Athènes. Ce Turc, qui est mort aujourd'hui, était d'une fortune aisée et d'un caractère fort honorable; il avait beaucoup pratiqué la cabale, et prétendait, à l'aide de certaines formules, se mettre en communication avec des créatures inaperçues et insubstantielles, intermédiaires entre Dieu et l'homme, et, par l'effet de la ferveur de ses prières à Dieu, les forcer à se plier à ses volontés honnêtes. A mon retour à Athènes je demandai en effet au personnage mentionné par Hadji-Baba s'il avait consulté le Turc cabaliste, et il me raconta un de ces événements que les magnétiseurs fervents aiment à attribuer aussi au magnétisme. Le Turc fit venir devant lui une femme qui lui fut désignée par son interprète, la fit placer devant un miroir et commença ses formules cabalistiques. Au bout de quelques instants la femme fut saisie d'une sorte de sommeil magnétique, et, sur les interrogations du Turc, déclara voir le miroir se troubler d'abord puis s'éclaircir. C'était le moment des questions, et le Turc demanda ce qu'on désirait que la femme examinât dans le miroir. L'investigateur demanda ce que faisait en ce moment le ministre des affaires étrangères à Berlin. La femme le décrivit assis dans son fauteuil, enveloppé dans une robe bleue et gardant la chambre parce qu'il venait de se démettre le bras, accident confirmé par la *Gazette d'Augsbourg* qui arriva à Athènes quinze jours après. M. R... voulut savoir ce que faisait sa fiancée : la femme la décrivit couchée dans son lit avec un drap placé sur sa tête et privée de la vie; et M. R... apprit, en effet, par une lettre reçue quinze jours après, que sa fiancée était morte au jour désigné par le miroir. M. Th. demanda une question sur le cabinet du roi Othon, et la femme le décrivit de la manière la plus exacte. Enfin M. de Saint-S... voulut que la femme vît une solennité d'Athènes du temps de Périclès, en se plaçant devant l'Acropolis, et qu'elle décrivît le retour des théories de Délos avec toute leur pompe; et la femme lui décrivit le tout de la manière la plus circonstanciée, et les longs murs avec leur suite de tours, et l'aspect de la ville, et les cérémonies, et les costumes, et la beauté de tout. C'était une véritable séance archéologique, comme on voit. Avec un pareil miroir on pourrait se passer de bien des recherches historiques. Fort malheureusement je ne l'ai pas retrouvé. L'investigateur charmé demanda au Turc s'il y avait possibilité d'acquérir une telle science, et le Turc voulut bien lui enseigner et lui traduire ses formules; mais lui ne put jamais parvenir à faire voir à la femme autre chose que du brouillard et des nuages dans son miroir, et tout au plus quelques-uns des traits confus des personnes qu'il lui désignait, et même assez étrangement amalgamées les unes avec les autres. Le vieux Turc est mort; mais ceux qui sont curieux de devenir professeurs en cabale peuvent aller l'apprendre en Arabie, où on la pratique encore aujourd'hui avec non moins de succès que le magnétisme dans nos salons.

Je n'avais pas le temps de retourner à Hypate pour profiter des lumières et de la complaisance d'Hadji-Baba et faire des fouilles plus heureuses ; mais je le priai de me conserver sa bonne volonté pour mes amis. Le déjeuner fut gai et cordial. On porta des toasts aux Français et au général Fabvier en particulier : car le nom de Fabvier est toujours vivant en Grèce, et prend chaque jour une plus grande autorité à mesure que s'éloignent les causes des petites jalousies qui ont souvent arrêté ses succès. Je ne connais pas de nom qui soit populaire ici à l'égal du sien. C'est un titre d'honneur d'avoir fait partie de son corps régulier, et ceux mêmes qui ont montré le moins de bonnes dispositions pour le seconder ne sont pas les derniers à le préconiser. Quant à ceux qui peuvent dire : j'étais un officier de Fabvier ; j'étais avec Fabvier dans telle ou telle affaire ; j'ai partagé les fatigues de Fabvier ; il n'est pas de croix, de décoration, de marque d'honneur qui soit évaluée aussi haut à leurs yeux et aux yeux de tous. Il m'était bien doux de trouver dans les Grecs une mémoire aussi reconnaissante en faveur d'un compatriote et d'un ami.

Mes hôtes m'accompagnèrent jusqu'à mes chevaux qui m'attendaient au milieu des arbrisseaux, et je redescendis dans la plaine pour aller visiter les eaux thermales de Patradjik. Elles apparaissent de loin comme un lac au milieu d'une plaine de sel blanc et sans une seule habitation sur les bords. La ville de Patradjik avait offert, il y a plusieurs années, de faire construire à ses frais un établissement de bains afin d'y attirer les étrangers ; mais le gouvernement, qui veut se réserver le privilége de l'exploitation des eaux, a répondu qu'il s'en chargerait lui-même. Jusqu'ici rien n'a été fait. Seulement, pendant la saison, on construit quelques cabanes à la hâte. Et cependant les eaux thermales de Patradjik sont réputées fort bienfaisantes.

Elles sont d'une nature sulfureuse, ferrugineuse et saline, et m'ont paru avoir sur les bords une chaleur de 32° Réaumur. Au milieu du lac l'eau doit être bien plus chaude, car on voit la source sortir en bouillonnant. Ces bains étaient connus des anciens, car tout autour on aperçoit des restes de marches par lesquelles on descendait dans les bains. Alors sans doute des précautions étaient prises pour que les baigneurs ne glissassent pas malgré eux de ces marches jusque dans le gouffre d'où sort la source; aujourd'hui rien n'a été fait pour prévenir le danger, et il est arrivé quelquefois que des baigneurs qui ne savaient pas nager ont glissé, ont été entraînés et ont disparu.

Du lac d'eau thermale je me dirigeai par le *vattos* sur le Sperchius afin d'abréger la route en passant le fleuve à gué. Un berger nous indiqua un endroit qu'il assura être guéable. Les eaux limoneuses du Sperchius empêchent de voir le fond de son lit; il faut donc bien se fier aux bergers d'alentour, qui sont des guides presque toujours bien informés. Après la saison des grandes pluies, il est impossible de passer à gué ce large fleuve; mais il était alors rentré dans son lit ordinaire, et nous le franchîmes sans encombre. Presque dans tout son cours ce beau fleuve est navigable, et il serait très-facile d'en tirer parti pour l'avantage de cette riche plaine de plus de dix-huit lieues de longueur; mais rien n'est fait.

J'arrivai de fort bonne heure à Lamia et je descendis chez un des hommes les plus éclairés du pays, M. Stanoff, procureur du roi, homme au cœur tout français malgré son nom russe. Quelques amis avec lesquels je devais visiter la Phthiotide d'Achille jusqu'à Ptelia, où se trouvent encore de fort belles ruines antiques, avaient profité des fêtes pour se rendre à la campagne. Les fêtes se succèdent sans fin ici. Chaque jour a son saint, et ce saint est parfois un si grand saint qu'on ne peut manquer de faire une fête du jour qui lui est consacré. Hier c'était le premier mai, la fête des fêtes; aujourd'hui c'est Saint-Athanase, demain c'est Saint-Timothée, après-demain ce sera dimanche. Voilà donc plus d'une moitié de la semaine pendant laquelle aucun travail ne se fait. Je parlais de cet inconvénient à un paysan grec, qui défendit vivement ses saints et ajouta que, si le gouvernement trouvait qu'il y eût trop de fêtes, il était convenable qu'il n'en créât pas de nouvelles par de nombreux anniversaires d'événements politiques : tels que l'arrivée du roi à Nauplie, son entrée à Athènes et tant d'autres; qu'il aimait particulièrement le roi et beaucoup aussi la jeune et belle reine, et trouvait fort naturel que l'on donnât une fête pour chacun, mais qu'il aimait et estimait beaucoup aussi saint Athanase et n'entendait pas lui refuser l'hommage que sa famille lui avait toujours accordé. Chacun a d'aussi bons arguments pour le saint de son choix. Et si l'on considère combien le défaut de bras réduit la masse du travail, on verra combien il est désastreux de voir cette masse de travail si réduite encore par le repos des bras qui pourraient travailler.

Dans l'absence de mes amis, je renonçai à l'excursion dont ils devaient être les guides, et me hâtai de retourner à Athènes en allant par mer à Oréos en Eubée. D'Oréos j'étendis mes excursions dans toute l'île d'Eubée, si intéressante à voir et si peu connue. Je réserve cette partie de mes investigations pour un volume relatif aux îles.

De l'Eubée je regagnai par mer les côtes de la Béotie, près d'Oropos. A une lieue de cette ville antique se trouve le château franc de Sykaminon, indiqué dans notre belle carte de l'état-major; c'était là qu'habitait Marguerite veuve de Franco Acciaiuoli, fils de ce Donato qui avait obtenu, en 1394, la survivance du duché d'Athènes. J'ai publié un acte rédigé par ses ordres en 1421, dans ce château[1], en faveur de ses enfants mineurs, Neri et Antoine Acciaiuoli, dont l'un, Neri, fut depuis duc d'Athènes. D'Oropos je rentrai à Athènes par Léosia et le Pentélique.

[1] In salà castri sucaminisü apud insulam Nigropontis (t. II, p 192).

MORÉE.

XIX.

ÉPIDAURE. — LIGOURIO.

J'avais long-temps été retenu à Athènes et dans les environs par les chaleurs excessives qui rendent tout voyage en Grèce très-fatigant en été, et aussi par le désir de me mêler à cette société nouvelle et de bien l'étudier dans sa vie politique et sociale de tous les jours. Sans cette étude préliminaire, je courais risque de ne voir en Grèce que les lieux et j'aime aussi à voir les hommes. Je me décidai enfin, après avoir bien visité les environs d'Athènes et achevé une course au cap Sunium et à Trézène, à me mettre en route, malgré l'extrême chaleur, pour visiter l'intérieur de la Morée. Je louai pour une somme assez modique un petit bâtiment ponté au Pirée, et, comptant sur la brise de nuit, je m'embarquai le vendredi 2 juillet, à dix heures du soir, pour Epidaure ; mais la brise ne vint pas à minuit, elle ne vint pas avec le lever du soleil, et je n'étais encore parvenu à midi qu'à la pointe de Salamine. Mais cette brise si impatiemment attendue se fit enfin sentir et nos voiles s'enflèrent. Nous longeâmes toute la côte pierreuse d'Egine, dépassâmes Ankistri, l'ancienne Pityonnesus, et Kyra, l'antique Cecryphalia, laissâmes bien à gauche la presqu'île de Methana, et entrâmes à six heures du soir dans le petit port d'Epidaure clos par une langue de terre montagneuse fort étroite. C'est un pauvre petit hameau composé d'une quinzaine de maisons. Cinq à six petits bâtiments stationnaient dans son port, qui sert de communication habituelle entre la Morée et Athènes. Un détestable khani, décoré du titre fastueux de locanda, est destiné aux milordi ou voyageurs étrangers, tous transformés ici en milordi à quelque nation qu'ils appartiennent. Hôte et hôtesse, tout est à l'avenant du khani, peu agréable pour le fond et fort malpropre pour la forme. Le mari est une espèce de gros cuisinier dont les habits blancs, veste blanche et fustanelle blanche, portent partout la trace du nettoyage de ses instruments culinaires. Sa haute taille et l'ampleur de tout son corps rendent plus remarquable encore la gracilité de sa voix et la docilité parfaite de son caractère, en présence d'une petite femme noire et maigre, qui l'assouplit comme un gant en sa présence, et le fait à son gré se taire devant elle et grommeler devant l'étranger. Quelques œufs cuits dans une huile échauffée dérobée à la lampe, voilà l'unique souper qu'on put me présenter ; une planche près d'une ouverture large et sans volets, tel fut mon lit de camp pour la nuit. Heureusement je parvins à découvrir d'excellent lait dans le village, et je fis un souper parfait. Quant à la nuit, l'air était pur et doux, mon manteau était étoffé et mon caban épais, et la satisfaction de coucher sur la terre où avait commandé Diomède me promettait d'heureux songes.

J'avais, dès mon arrivée, ordonné des chevaux pour aller le lendemain faire une excursion dans les environs. A quatre heures du matin je me réveillai et me mis aussitôt à ma fenêtre. Le long des maisons du hameau, sur le rivage, étaient étendus, couchés sur une natte et sans autre couverture, quelques matelots, revêtus de leurs habits de la journée et dormant profondément ; plus loin d'autres hommes reposaient couchés avec insouciance sur la terre sans même la mollesse d'une natte ou d'un tapis. La nuit est si belle, l'air si pur, que chacun dort sans crainte en plein air. De l'autre côté du port, en face de moi, était la petite colline sur laquelle se voient, tout à côté les unes des autres, les ruines des constructions grecque, romaine, byzantine et française destinées, à différentes époques, à la défense de ce petit port.

A six heures j'étais à cheval et me dirigeais sur Angelo-Castro par Piada. La route d'Epidaure à Piada est fort jolie. Elle est tracée sur les sinuosités d'une montagne couverte d'arbustes, et on a perpétuellement sous les yeux, en tournant ces sinuosités, la presqu'île de Methana, puis l'île de Poros, qui se démasque derrière l'isthme Saronique, et plus près de soi Kyra, Ankistri et Egine. Quand on a atteint la hauteur de la vallée dont le versant opposé est occupé par Piada on jouit d'une vue toute semblable à celle de la belle plaine de Sorrento en y arrivant de Castellamare, moins les nombreux villages qui l'animent. La plage de Piada est resserrée entre deux montagnes qui descendent en pente adoucie du côté de la vallée seulement, et qui forment de gracieux et fertiles vallons couverts de jardins et de vergers. Les orangers et citronniers au riant feuillage vert y abondent, tous les légumes y croissent à l'envi; c'est là le potager d'Athènes, et tous les jours des barques viennent s'y approvisionner de légumes et de fruits que l'on va vendre aux marchés du Pirée et d'Athènes. Du côté de la terre cette vallée est fermée par une montagne peu élevée mais fort pointue et que domine un château-fort, d'origine française, mentionné dans les actes émanés de Catherine de Valois et de Marie de Bourbon, qui furent successivement princesses de Morée, comme ayant appartenu à Nicolas de Guise le Maigre, connétable de Morée, et à Nicolas Acciaiuoli, seigneur de Corinthe[1]. A droite de cette montagne est une gorge âpre et infranchissable; à gauche, la montagne s'incline et se courbe assez près de sa cime pour aller s'unir à une montagne plus élevée. C'est par cette courbure, espèce de port suivant l'expression des Pyrénées, ou de diaselo suivant l'expression moraïte, que passe

---

[1] Et totam aliam terram quæ fuit quondam Nicolai Guisii Magri, comestabuli principatus Achaye, sitam in castellaniam Corinthii, cum quodam fortellicio quod dicitur la Piada (t. II de mes *Nouv. Rech.*, p. 111; et t. I, p. 66).

la route ; et là est assise la ville de Piada, défendue aussi de ce côté par une autre tour carrée d'origine franque.

Piada est un bourg assez important renfermant environ huit cents habitants. C'était un jour de dimanche, et tous les hommes étaient réunis dans la rue principale et dans les cafés. Les Grecs sont toujours pleins de politesse pour les voyageurs étrangers. On m'entoura, on me questionna, et il fallut que, pour répondre à leurs politesses, je descendisse de cheval et entrasse dans un café pour accepter d'eux l'offre de la tasse de café et du chibouk. En causant avec eux, je m'informai des antiquités du pays. Un des habitants m'emmena chez lui pour me montrer une petite statuette en terre cuite représentant un Silène nu, d'environ six pouces de hauteur. En travaillant à ses vignes il avait trouvé un tombeau, et dans ce tombeau deux petits vases longs et étroits sans peinture, une ardoise, et un style en ambre jaune-clair, aminci en forme de crayon, de quatre pouces de longueur. C'était peut-être là l'emblème de l'écrivain inconnu enseveli dans ce tombeau. Le tout paraissait être de l'époque romaine. Un papas m'indiqua une petite église en ruines, au-dessus du café, où je pourrais voir quelques objets antiques, et en m'attendant il fit nettoyer et laver un bas-relief qu'il désirait me montrer. C'était une plaque de marbre, d'un pied et demi de largeur sur un pied de hauteur, reproduisant une cérémonie funéraire, et destinée à être placée sur un tombeau. Un homme et une femme étaient représentés assis sur une couche, et deux Amours jetaient devant eux quelques objets de sacrifice sur un trépied. Ce bas-relief, qui n'est pas de la grande époque, est fort endommagé.

J'allai ensuite visiter les deux châteaux-forts accompagné du papas et de quelques notables du pays. Le château situé sur la crête de la montagne aiguë est une vraie forteresse dont il ne reste plus que les murailles d'enceinte, qui sont construites avec du mortier. La partie inférieure semble de construction byzantine, mais la partie supérieure est évidemment franque. A l'intérieur on trouve les ruines d'une petite église, en face de laquelle est incrustée une grande pierre portant l'écusson suivant : croix latine sur deux gradins ; dans chacun des deux cantons supérieurs de la croix une rose de Provins surmontée d'un oiseau qui becquette une grappe de raisin, dans chacun des deux cantons inférieurs un cyprès. Le pyrgos ou la tour carrée située sur l'arête qui sépare les deux montagnes, un peu au-dessus de la ville, est complétement franque, et subsiste en son entier. Les habitants actuels ont seulement ajouté un escalier grossier, pour remplacer la petite tourelle sur laquelle on jetait sur le seuil de la porte, élevée d'une vingtaine de pieds, le pont-levis qui devait en faciliter l'accès. La meurtrière, placée au-dessus de la porte d'entrée, est très-bien conservée, ainsi que les deux tourillons crénelés qui la flanquaient par le haut, et qui étaient destinés sans doute à recevoir des vedettes.

La charmante vallée de Piada me fit paraître plus arides encore les montagnes pierreuses par lesquelles, après plus de trois heures d'un voyage monotone, j'arrivai au village et au château d'Angelo-Castro.

Le village est fort bien placé sur le penchant de la montagne ; mais tout est sec et désolé alentour, et à peine pus-je trouver un arbre assez épais pour m'y abriter pendant quelques instants de repos. La population d'Angelo-Castro est toute albanaise, les vieillards y entendent à peine le grec ; mais la jeune génération est plus avancée, et leurs enfants iront plus loin qu'eux. Tous vont à l'école et apprennent le grec. Pendant que j'étais assis sous mon arbre à faire préparer mon repas du jour, les habitants du village, hommes, femmes et enfants, se distribuaient autour de moi assis sur leurs jambes croisées, et ils cherchaient à me témoigner leur politesse par leurs questions sur ma personne et ma famille ; c'est moins chez eux une preuve de curiosité qu'une manière de vous témoigner leur intérêt. J'offris le café et la cigarette à mes voisines et voisins, et m'enquis de leurs traditions anciennes et modernes et de leurs antiquités. On me vendit quelques médailles de cuivre assez médiocres, et d'autres en argent assez belles, trouvées dans les champs au bas d'Angelo-Castro. Suivant leurs traditions, ils ne sont venus s'établir dans ce village que depuis une centaine d'années au plus; ce qui reporte à l'invasion albanaise qui suivit l'expédition russe de 1770. Un vieil Albanais, marchant avec la vigueur d'un jeune homme, fut tout fier d'avoir été choisi par moi pour m'accompagner aux ruines du castro, situées au-dessus du village. Tout le long du chemin, il s'arrêtait pour expliquer aux habitants des maisons établis à leur porte qui j'étais, et ce que je voulais, et comment j'avais passé la mer tout exprès pour voir les ruines de leur castro. Nous arrivâmes enfin au haut de la montagne, et je pénétrai dans les ruines du castro. Les murailles sont composées de petites pierres sèches qui ne sont unies avec le mortier qu'à l'intérieur. Il me semble assez probable que ce château aura été bâti sur la fin du douzième siècle, par un membre de la famille des Ange Comnène, au moment où tous les chefs impériaux se séparaient autant qu'ils le pouvaient de l'empire, et affectaient une petite indépendance. Ces murs indiquent une construction faite à la hâte. Mon vieil Albanais avait aussi sa tradition sur ce château. Il me raconta qu'autrefois ce pays avait été donné en dot par un roi ou baron d'Épidaure à une de ses filles. Celle-ci, qui était habituée aux délices de la belle vallée de Piada, trouva le pays bien triste et bien désolé et elle s'en plaignit à son père, qui, pour la consoler quelque peu, fit bâtir ce château, d'où elle pouvait du moins voir et la mer et la presqu'île de Methana, et les îles et le pays dont la vue la charmait. Toutefois elle ne put supporter cette triste vie : elle mourut de chagrin, et après elle le castro fut abandonné.

Ce château, situé au milieu d'un pays abordable de tous côtés, et qui ne garde aucun grand passage, n'a pu être que l'asile temporaire de quelque mécontent, et il a dû être assez promptement abandonné. Une petite église était construite sur le flanc de la même colline : elle est aussi en ruines.

Près de là, dans la vallée, existait, à ce qu'il semble, une ville hellénique. Je descendis le long d'un puits qui fournit de l'eau au village d'Angelo-Castro, pénétrai jusqu'au fond du ravin à environ un quart de lieue, et retrouvai quelques grandes ruines, entre autres les fortes murailles d'une tour et d'un temple en grandes pierres quadrilatères. L'herbe croît au milieu de ces débris dont aucun souvenir ni aucune inscription n'ont préservé le nom.

Je rentrai à Piada par une autre route, jusqu'au ravin qui précède son monticule, et m'acheminai de là vers Épidaure, d'où j'étais parti le matin. La lune se levait derrière la montagne belle et chaude comme le soleil de nos climats. C'était un spectacle charmant de voir de toutes parts ses rayons se répercuter sur cette mer tranquille qui s'étendait sous mes pieds. De temps à autre je m'enfonçais dans l'obscurité silencieuse de ces coteaux boisés, puis j'en ressortais pour jouir de cette vue si calme et si mystérieuse. J'aimais à prolonger mon voyage en m'avançant seulement au petit pas au milieu de cette belle et calme nature; et je n'arrivai à Épidaure qu'après deux heures de marche depuis Piada, à onze heures du soir. Le lendemain au matin je me mis en route pour l'Hiéron d'Apollon esculapien.

La route d'Épidaure à l'Hiéron d'Esculape est délicieuse. Elle serpente le long d'une petite rivière à travers un bosquet de myrtes en fleurs et de lauriers-roses, et devient plus romantique à mesure qu'on s'approche davantage de l'Hiéron. Les pieds des chevaux souffrent de ces pointes de roches à demi brisées à travers lesquelles on monte et descend sans cesse; mais la vue du voyageur et son odorat sont constamment charmés. D'énormes sauges exhalent la plus douce odeur, et les ravins sont entièrement garnis d'arbres et de fleurs. Deux routes partent de ce ravin : l'une pour l'Hiéron, l'autre pour Ligourio. Je laissai cette dernière, qui passe au bas d'une montagne à laquelle le peuple a donné le nom de mont du Pilari, probablement à cause d'une colonne de marbre noir qui se trouve en bas, tout auprès d'une source fort renommée, dont la vertu rappelle celle de nos Eaux-Bonnes dans les Pyrénées. Les gens du pays m'assurèrent qu'il y avait quelque chose de prophétique dans les eaux de cette fontaine. Tout malade qui boit de ses eaux connaît à l'instant même son sort. Si sa maladie est incurable, l'eau fait sentir promptement ses effets médicaux et pronostique une mort prochaine : si la maladie peut se guérir, le malade se sent à l'instant soulagé; et, en continuant à en boire, il ne peut manquer de s'assurer une longue vieillesse. On voit que la puissance d'Esculape continue à s'exercer dans les lieux que l'antiquité lui avait consacrés. Ses statues sont tombées, mais les traditions subsistent.

Je suivis la première route qui continue à travers le ravin et conduit à l'Hiéron. Au sortir de cette gorge boisée s'ouvre une belle plaine onduleuse, entourée de toutes parts de hautes montagnes et de monticules qui s'avancent sur le premier plan pour leur enlever ce qu'elles auraient de trop âpre. Toute cette plaine et tous ces monticules adossés aux montagnes, d'où sort la route de Trézène et de Poros, sont couverts de fragments antiques. Un ruisseau et un torrent traversent la plaine, et le ruisseau offre une eau excellente. Au fond du bassin dans lequel est tracée la route qui conduit de Poros à Nauplie est une petite église byzantine bâtie sur les ruines d'un temple païen. Placée au milieu des arbres et des rochers, elle produit de loin un fort gracieux effet et serait très bien placée dans un tableau. Le monticule situé au-dessus de cette petite église, de l'autre côté du ruisseau, est couvert des débris de temples antiques dont il ne reste plus que les soubassements. En redescendant de là sur la route de Ligourio, les ruines se multiplient partout sous vos pas : ici, de vastes décombres de temples ; là, des colonnes brisées ; ailleurs, des restes de bains. Tout le sol est recouvert de débris qui prouvent que cette plaine, si belle de ses beautés naturelles, était encore embellie par toutes les merveilles de l'art. Ce qui reste du théâtre suffit pour en faire apprécier toute la beauté ; c'était l'œuvre de Polyclète vers la quatre-vingt-dixième olympiade, et il surpassait tous les autres par ses proportions élégantes et vastes et par la beauté des matériaux. Les gradins, qui étaient fort habilement disposés, existent encore en grande partie. Le beau marbre blanc dont ils étaient composés garnit le flanc de la colline et se détache au milieu de la verdure des broussailles. Ici l'air est pur et doux, et la brise qui souffle à travers la gorge qui conduit à Poros gémit harmonieusement en agitant le feuillage et apporte avec elle les parfums de la forêt et la fraîcheur de la mer.

De l'Hiéron à Nauplie par Ligourio, la route est monotone et sans beautés. C'est une suite de montagnes sans grandeur et de vallées sans grâce. La seule végétation qui couvre ces vallées est une bruyère aride. Seulement, de temps à autre, des lavandes en foule pressée vous apportent leur suave odeur. Ligourio, qui est en plaine, est célèbre par son tabac rival des meilleurs tabacs du Levant. Il est estimé au-dessus des tabacs d'Argos et d'Armyros.

Environ trois heures avant d'arriver à Nauplie, j'aperçus sur ma droite une suite de châteaux en ruines qui revêtent les crêtes des collines. L'un d'eux fixa particulièrement mon attention par l'étendue de ses ruines. Il est placé sur une colline qui domine la route à environ une demi-heure en montant. Toute la colline est parsemée de fragments de tuiles antiques. Un peu au delà est une vieille église chrétienne bâtie avec les fragments d'un ancien temple dont deux colonnes sont encore debout. Tout au pied du mur de la forteresse est un autre petit temple antique, et au-dessous une niche votive creusée dans le roc. Il faut grimper par d'assez rudes fragments de rochers pour parvenir du bas de la montagne dans l'enceinte de la forteresse ; mais on est fort dédommagé en arrivant, car on retrouve là les restes considérables et fort bien conservés d'une forteresse hellénique de l'époque la plus ancienne. Elle est construite sur le rocher même, au-dessus d'un profond ravin, et ses murs se composent de vastes blocs de pierres non taillées et formant des polygones irréguliers, dont les vides sont comblés par de toutes petites pierres, comme dans les murs dits de construction pélasgique ou cyclopéenne. Les murs d'enceinte, à quinze ou vingt pieds de hauteur, sont très-bien conservés, ainsi qu'une des petites tours de l'enceinte. Dans l'encoignure des murailles, dont un pan ressort sur l'autre, se trouve une porte de forme pyramidale de huit pieds de hauteur sur trois de largeur, tout à fait semblable à celle d'Arpino dans le royaume de Naples. On ne pouvait y entrer qu'en présentant le côté droit dégarni de bouclier. Dans l'intérieur de cette citadelle hellénique, dont le plan se montre en entier le long des rochers, est un vaste souterrain voûté, bâti de ces mêmes larges pierres, et destiné à servir de magasin à blé ou de citerne. C'était là évidemment une forteresse importante. Au temps de l'empire byzantin, elle fut aussi employée à la défense du pays. Deux tours rondes de cette époque, élevées sur les débris des constructions antiques, se maintiennent encore, et on voit partout au-dessus des restes des anciens murs un exhaussement de fabrication byzantine. Des fragments de tuiles des temps les plus antiques couvrent tous les champs environnants et remplissent tous les interstices des rochers. Il y avait évidemment là une grande ville hellénique dont le nom est inconnu. Ce château est désigné par les habitants du pays sous le nom tout moderne de Xero-Castelli, à cause de sa situation dans un lieu sec. Quant aux souvenirs byzantins, ils sont nuls là comme partout ailleurs en Grèce.

Il y a quelque chose qui frappe beaucoup l'étranger dans ses relations avec les Grecs de toutes les classes. Les souvenirs antiques, bien que très-confus, ont conservé sur eux tout leur prestige. Les divinités mythologiques du dernier ordre, les Néréides, les Parques, Caron, ont pris place au milieu des croyances chrétiennes, et les cérémonies de l'ancien culte se sont souvent fondues dans le nouveau culte. Les grands hommes antiques ont aussi laissé une tradition de respect, ainsi que la nation qu'ils ont glorifiée. Quand un paysan veut faire admirer une ruine, une monnaie, un fragment de marbre, il vous dit que cela vient des Hellènes. Les Hellènes, ses ancêtres, sont pour lui ce qu'étaient les Géants et les Cyclopes aux yeux des peuples antiques, la personnification d'une puissance surnaturelle bien supérieure à celle des hommes de nos jours. Les Grecs instruits s'en tiennent aussi par système à l'histoire des temps helléniques. La Grèce, pour eux, semble avoir sommeillé dans ses ruines depuis le jour de la destruction de Corinthe et de l'asservissement de la Grèce aux Romains, et ne s'être réveillée qu'avec l'insurrection qui vient de lui rendre sa nationalité. Ne demandez donc à personne ce que devinrent les provinces grecques sous la domination romaine, ce qu'elles devinrent pendant la frêle existence de l'empire byzantin, ce qu'elles devinrent enfin de 1204 jusqu'à la dernière moitié du quinzième siècle, sous les Francs; puis de cette époque jusqu'en 1685, sous les Turcs; puis de 1685 à 1715; ils ne veulent ni l'enseigner ni l'apprendre. La seule histoire qu'ils veulent savoir est l'histoire hellénique. On a beau leur dire que les enseignements de l'adversité ne sont pas à dédaigner pour un peuple et qu'on peut y puiser des moyens pour ne pas retomber à l'avenir dans les mêmes fautes et les mêmes malheurs : ceux qui se piquent de science ne veulent pas vous comprendre, et ceux qui n'ont aucune connaissance des lettres ne le peuvent pas. Byzance a passé comme une ombre, sans laisser de trace ; mais la gloire des républiques helléniques est encore jeune et vivante comme au jour où elles ont triomphé des Perses à Marathon. On peut appliquer à cette brillante époque ces vers de Chénier sur Homère :

Trois mille ans ont passé sur la cendre d'Homère,

Et depuis trois mille ans Homère respecté
Est jeune encor de gloire et d'immortalité.

La route, en quittant Xero-Castelli pour se rendre à Nauplie, passe devant quelques ruines helléniques situées sur la gauche et se continue de la manière la plus triste à travers des vallées et des montagnes sans culture et sans grandeur. De temps à autre quelques voyageurs venaient l'animer : tantôt une femme de Sparte allant, au milieu d'un assez nombreux cortége d'amis et de parents, prendre la scala d'Épidaure pour se rendre à Athènes ; tantôt une famille de Nauplie, hommes et femmes, revenant de Ligourio et rentrant dans ses foyers. Les femmes étaient assises sur des sommiers que relevaient encore un amas de tapis et de couvertures, et portaient de grands parapluies pour protéger leur teint contre le soleil ; les hommes chevauchaient autour d'elles, tantôt assis de la même manière et tantôt à cheval sur des sommiers, et nouant la longe du cheval ou mulet de manière à la transformer en étrier. Il est bien rare qu'une route en Grèce s'anime ainsi d'une succession de voyageurs.

A mesure qu'on approche de Nauplie et de Pronia, qui lui sert de faubourg après avoir servi de rendez-vous à l'assemblée nationale, la route s'agrandit et s'améliore. On reconnaît là un système européen ; c'est qu'en effet cette partie de la route a été faite par les Français. Depuis Aria, où se trouve une très-belle fontaine de laquelle les Vénitiens ont fait venir l'eau qu'on boit à Nauplie, jusqu'au faubourg de Pronia, je rencontrai un grand nombre d'hommes et de femmes à pied et à cheval. En m'approchant de Pronia je vis un mouvement inusité se manifester partout. Le lendemain était un des nombreux jours de fêtes grecques, et dans tous les jardins de la colline et tout le long de la mer des feux étaient allumés et donnaient à Nauplie tout le mouvement et tout l'aspect d'une grande ville. Nauplie n'a cependant que six mille habitants et ne peut guère en avoir davantage, resserrée qu'elle est entre la montagne et la mer, et Pronia, qui lui sert de faubourg et n'en est séparée que par la montagne sur laquelle est bâtie la forteresse de Palamède, n'en a que trois mille, et je ne vois que cinq ou six bâtiments dans le port ; mais dans un jour de fête chacun se multiplie par le mouvement, et la population paraît décuple de sa population réelle.

XX.

NAUPLIE. — TIRYNTHE. — MYCÈNES. — ARGOS.

Nauplie est une petite ville régulièrement et proprement bâtie entre le pied du mont fortifié qui porte encore le nom de l'infortuné Palamède, fils du roi Nauplius, et la mer. Elle a toute l'apparence d'une de nos villes d'Occident, le bon comme le mauvais côté, l'ordre, mais aussi quelquefois la gêne. Ses rues sont droites et assez bien pavées et dallées ; ses maisons sont d'une hauteur convenable ; ses deux places publiques sont plantées d'arbres ; les grands magasins, bâtis autrefois par les Vénitiens au pied de la citadelle, et l'hôtel du gouvernement, construit par Capo d'Istria au moment de sa résidence à Nauplie, rappellent les meilleurs sinon les plus élégants édifices de nos grandes villes ; et pour dernière et complète preuve de civilisation occidentale, il s'y trouve ce qu'on ne rencontre qu'à Athènes d'une manière convenable, à Patras d'une manière suffisante, et à Corinthe en raccourci : une auberge, c'est-à-dire la plus utile peut-être des importations européennes à introduire en Orient ; une auberge, c'est-à-dire un asile où tout individu, forcé, par ses affaires, ses goûts ou ses passions, de courir le monde, peut espérer trouver un reflet de son bien-être domestique : de la lumière, du feu, une table, des chaises, les nécessités de la toilette pour rafraîchir son corps brisé, un lit pour s'y reposer, un dîner tel quel pour réparer ses forces, et par-dessus tout une retraite où, seul en présence de lui-même, il peut se rendre compte de ce qu'il a vu et senti, songer à ses amis absents sans courir risque d'offenser ses hôtes, et s'entretenir avec eux dans la douce familiarité du commerce épistolaire. Nous autres, hommes blasés de l'Occident, nous jouissons de tous ces biens sans nous douter de ce qu'ils valent, comme un homme bien portant jouit de la santé, comme un homme alerte jouit de l'exercice de ses jambes, sans réfléchir à toutes les combinaisons qui ont été nécessaires pour garantir l'équilibre et donner le mouvement à la machine humaine. On ne sait bien apprécier le prix de tous ces trésors que lorsqu'on en a été privé quelques instants; et malheureusement, pour peu qu'on voyage en Orient, on est toujours destiné à être privé de tout, moins la pureté de l'air, la beauté du ciel, l'éclat du soleil, le charme des nuits, la splendeur de la nature.

Nauplie fut, jusqu'à la fin de l'année 1834, la résidence du gouvernement central du nouvel État grec. Cette possession momentanée de tous les avantages d'une capitale a suffi pour modifier une population aussi apte à la civilisation la plus délicate que l'est la population grecque. Les femmes ont adopté les modes de France; beaucoup parlent notre langue avec élégance, et plusieurs seraient remarquées dans nos plus brillantes réunions, non pas seulement par ce type de beauté vive et pure qu'elles ont reçu de leur aïeule Hélène, mais par l'aisance et la bonne grâce parfaite de leurs manières, qui semblent aussi naturelles ici qu'elles le sont parmi nos femmes de France. J'ai passé à Nauplie quelques soirées de causerie facile pendant lesquelles j'aurais pu me croire encore dans les rues d'Anjou, Ville-l'Évêque et d'Astorg.

A côté de ces avantages de la civilisation, il faut en subir aussi quelques inconvénients. Nauplie est une place forte.

Elle a ses glacis, ses ponts-levis, ses remparts, sa garnison, son gouverneur militaire, ses portes qui ferment et ses consignes. Au coucher du soleil, les portes de la ville sont closes et les clefs remises au commandant ; tant pis pour vous si vous êtes resté trop long-temps à admirer les vieilles murailles homériques de Tirynthe la bien fortifiée [1], le lieu où fut Argos, et les magnifiques restes de la vieille Mycènes, Mycènes la bien bâtie [2], Mycènes aux larges rues [3], Mycènes aimée de Junon [4] : le soleil est couché, vous n'entrerez plus dans Nauplie ; et il vous faudra expier les plaisirs de votre excursion de la journée en allant chercher un gîte dans un malpropre khani ou caravansérail du faubourg de Pronia, à moins que vous ne préfériez, comme je l'ai bien souvent fait en voyage, dormir étendu en plein air le long des champs fertiles de la plaine d'Argos. C'est ce qui faillit m'arriver à moi-même à Nauplie ; mais j'avais heureusement un excellent cabriolet, et, dans la prévision d'un retard, je m'étais pourvu près du général Almeïda, commandant de Nauplie, qui avait bien voulu en ma faveur adoucir quelque peu la consigne. Les délices du khani de Pronia n'avaient aucun charme pour moi en présence de la flatteuse perspective d'une auberge. Au reste, l'excursion à Tirynthe, à Argos et à Mycènes mérite bien qu'on risque plusieurs fois de suite de coucher en plein air ; c'est une habitude qu'on ne saurait contracter trop tôt en Grèce.

Dans les temps antiques Nauplie était le port de la grande ville d'Argos, comme le Pirée était le port de la grande ville d'Athènes. Ma première pensée fut donc d'aller avant tout visiter Tirynthe, Argos et Mycènes en même temps. Une route carrossable conduit de Nauplie jusqu'au pied des collines sur lesquelles était bâtie Mycènes, en pas-

---

[1] Homère, *Iliade*, chant II, vers 559.
[2] Id., *ibid.*, vers 369.
[3] Id., chant IV, vers 52.
[4] Id., chant VII, vers 180.

sant par Tirynthe et Argos. Les cabriolets sont naturalisés à Nauplie ; j'en fis venir un et me mis en route. Je me fis arrêter un instant dans l'intérieur de la ville pour visiter l'église de Saint-Spiridion où fut assassiné Jean Capo d'Istria, que j'avais connu et aimé ; et, un peu en dehors de la ville, hors du faubourg de Pronia, j'allai aussi visiter le rocher sur lequel les Bavarois font tailler, à l'imitation du lion de Lucerne consacré au souvenir des Suisses tués en France au 10 août, un lion couché en l'honneur des Bavarois morts en servant en Grèce. Ce monument, commencé depuis trois ans, est peu avancé encore. A quelques pas de là est la ferme expérimentale commencée au temps de Capo-d'Istria et fort négligée aujourd'hui.

Tirynthe est à une demi-lieue à peine de Nauplie. Elle était bâtie sur une petite colline à l'extrémité de la baie de Nauplie, et de là on pouvait surveiller la plaine d'Argos et les terrains bas qui entourent le golfe des deux côtés presque jusqu'au marais de Lerne et voir de loin s'avancer les barques et les vaisseaux qui se dirigeaient vers le port de Nauplie. Ses murailles helléniques, déjà anciennes au temps d'Homère, sont composées d'énormes blocs de pierres non taillées unis parfois par des pierres fort petites, mais sans secours du ciment. Elles entourent toute la colline et sont d'une construction imposante. A cette époque d'imperfection des grandes machines de guerre ces murs étaient en état de résister non-seulement à toute attaque de pirates arrivés par le golfe, mais à toute surprise d'une armée plus considérable. Quant à un siége régulier, sa population intérieure était trop peu considérable et la pente de sa colline était trop courte et trop humble pour qu'elle se fît craindre d'un ennemi un peu puissant. L'intérieur de l'acropolis de Tirynthe est aujourd'hui un champ d'excellent tabac, et sur les coteaux, et même dans la plaine, croissent des vignes qui produisent, dit-on, de fort bon vin.

En une autre demi-heure du trot régulier d'un bon

cheval de cabriolet on arrive des ruines de Tirynthe à la ville moderne d'Argos. C'est une sorte de grand bourg bâti en plaine et contenant environ 6,000 habitants. Deux ou trois des maisons sont assez bien bâties et presque toutes possèdent un petit jardin. L'école publique et la caserne sont aussi de bons bâtiments. Toutes les maisons ont un air d'aisance dû à la culture du tabac, dont la qualité supérieure est reconnue partout en Grèce. Quelques débris de marbres antiques apparaissent de temps à autre au milieu des murs et au-dessus des portes extérieures des maisons. Dans une rue qui va vers la montagne, je m'arrêtai devant un fort beau bas-relief en marbre, haut de six pieds, et représentant Vénus et l'Amour. La coiffure de Vénus est d'une forme heureuse. Ce bas-relief forme un des deux piliers qui soutiennent le linteau d'une porte de jardin placée sur la rue. En allant de la ville nouvelle à la montagne au-dessus de laquelle étaient placés l'acropolis d'Argos et la forteresse du moyen âge, on trouve d'abord des restes de constructions romaines, puis, un peu au delà, les restes d'un vaste théâtre taillé, comme il était d'usage, dans les flancs mêmes de la montagne. Les gradins sont assez bien conservés jusque dans la partie la plus haute. Il faut encore monter pendant une heure pour arriver au sommet de la montagne sur laquelle étaient bâties l'acropolis et la forteresse franque. Sur toute l'étendue de la montagne on trouve des masses de briques qui prouvent que tout ce terrain était couvert d'habitations. Arrivé sur le milieu on trouve une première enceinte de la forteresse, composée d'un mur crénelé de construction franque. Au delà de ce premier mur d'enceinte on voit apparaître çà et là, presque partout dans l'enceinte intérieure, quelques vestiges des murs helléniques en larges pierres quadrilatères régulièrement taillées et posées les unes au-dessus des autres sans être unies par le ciment. On voit que les Francs se sont contentés d'adapter leurs constructions aux constructions anciennes et d'élever des murailles plus hautes au-dessus de celles qui existaient déjà en partie conservées. Trop souvent même ils se sont servis d'autres débris antiques que ceux des murailles, car sur le mur extérieur on aperçoit une colonne cannelée enchâssée d'une manière prétentieuse pour former un côté de fenêtre tandis que près de là, sur la même muraille, un grand nombre d'autres colonnes sont couchées sur la profondeur du mur comme si elles étaient emmagasinées. Le château franc est parfaitement conservé; tours rondes, tours carrées, créneaux, tout s'y trouve. Vu du côté du couchant il produit un fort bel effet.

Au temps de la guerre de Troie les troupes d'Argos et de la presqu'île de Methana étaient conduites au combat par Diomède grand vassal du roi Agamemnon, souverain de l'Argolide. Après la conquête franque de la Morée, la seigneurie de ce même pays fut donnée à un Français qui était vassal des princes d'Achaye de la famille Ville-Hardouin. Dans le quatorzième siècle Guy d'Enghien, ne pouvant reconquérir Athènes, qu'avait possédée son grand-père Gautier de Brienne, duc d'Athènes, devint seigneur d'Argos; mais, n'ayant laissé qu'une héritière, les Vénitiens, qui guettaient cette succession, parvinrent à faire épouser Marie, sa fille, à un des leurs de la famille Cornaro : puis ils lui rachetèrent ses droits, et, à la mort de Marie d'Enghien et de Pierre Cornaro, ils héritèrent des fiefs d'Argos et de Nauplie[1]; mais ils ne purent en prendre possession. Charles de Tocco, despote de Romanie et d'Arta, duc de Leucade, comte palatin de Céphalonie et beau-fils de Neri Acciaiuoli, duc d'Athènes, s'en étant emparé les armes à la main, il leur fallut des années pour terminer ces débats à leur avantage.

On va d'Argos à Kharvati, au pied des collines de Mycènes, en une heure. Là je laissai mon cabriolet, car toute route cesse, et je montai à pied ces coteaux arides. Le pré-

[1] Voyez dans la Chronique d'André Dandolo, p. 482, le chapitre intitulé : *Acquisitio Argos et Neapolis*. (Collection de Muratori, t. XII.)

mier monument antique que l'on rencontre est le trésor des Atrides, connu aussi sous le nom de tombeau d'Agamemnon. Un vaste vestibule de larges pierres quadrilatères conduit à une large et belle porte de dix-huit pieds de hauteur ; trois immenses pierres forment les deux pilastres d'appui et le linteau de la porte pyramidale qui conduit à une chambre d'environ quarante-huit pieds de diamètre et de hauteur, construite en dôme de forme conique. Dans le passage qui conduit à l'intérieur, on aperçoit encore de bas en haut deux rangs de clous destinés à soutenir une double porte. Cette chambre est toute bâtie en pierres quadrilatères jusqu'au haut du cône ou de la clef de voûte, qui atteint la partie supérieure de la colline presque à fleur de terre. La pierre placée au plus haut point de ce cône a été soulevée, dit-on, par l'ordre de Veli-Pacha, sur le bruit répandu qu'il y trouverait d'immenses trésors. Toutes les dalles sont couvertes de larges clous destinés sans doute à soutenir des plaques de bronze ciselées semblable au revêtement de la colonne de la place Vendôme. De cette chambre ronde on passe, par une porte et un passage plus petits, dans une autre chambre de forme carrée, taillée dans le roc. C'est, dit-on, là que les Atrides conservaient leurs armes précieuses, les coupes reçues en don, et autres objets curieux qui formaient leur héritage de famille. Couvrez la Halle aux blés de Paris d'un dôme en grandes pierres au lieu d'un dôme de fer, et vous aurez une représentation assez fidèle de l'imposant trésor des Atrides. Ce monument paraît avoir été en dehors de l'enceinte de la ville, et des tombeaux apparaissent hors du sol à quelques pas de là et conduisent jusqu'aux murailles de Mycènes formées en grandes pierres polygonales taillées qui couvrent toute les pentes de la montagne. Dans la partie la plus basse se trouve la fameuse porte des Lions, qui est d'une si haute antiquité. Elle est de forme demi-pyramidale, et les lions placés de chaque côté ont l'air de supporter l'écusson colossal d'une porte du moyen âge.

plus haut, du côté des montagnes et de la source, est une autre porte plus petite, et plus loin on remarque à l'extrémité d'un mur une tour quadrangulaire. Au milieu de ces vastes ruines il n'existe plus une seule habitation, et le tabac y croît à hauteur d'homme dans les meilleurs terrains. Malgré l'aridité présente de ces montagnes rocheuses, l'eau ne devait pas manquer dans l'antique Mycènes. Les sources excellentes qu'on y voit encore étaient utilisées à l'aide de conduits et elles alimentent encore les puits de Kharvati. Mycènes, bâtie sur des montagnes escarpées, entourée d'un rempart de montagnes plus âpres encore, est le type le plus parfait d'une grande et forte ville des temps demi-fabuleux, sans qu'aucun mélange avec les annales des temps historiques et des siècles du moyen âge soit venu en altérer la physionomie; c'est encore la Mycènes la bien bâtie, la Mycènes aux larges rues, l'opulente Mycènes, aimée de Junon, que décrit Homère, mais qui depuis lui n'a plus eu de vie pour ainsi dire que dans ses poèmes immortels.

Je revins à Nauplie charmé de mon excursion dans les états du roi Agamemnon, et me mis à parcourir la ville pour y étudier, les unes après les autres, les traces des diverses antiquités qui s'y trouvent réunies. Je ne retrouvai plus trace de la fameuse fontaine dans les eaux de laquelle Junon recouvrait annuellement sa virginité. Il n'y a guère non plus de restes du moyen âge. Ce ne fut qu'en l'an 1247, sous Guillaume de Ville-Hardouin, que les princes français de Morée s'emparèrent de la ville de Nauplie à l'aide de leurs alliés les Vénitiens, qui bloquaient cette place par mer, tandis que le prince Guillaume de Ville-Hardouin la cernait par terre. Cette ville était alors défendue par deux châteaux-forts : le château de Palamidi, placé au-dessus de la montagne qui domine Nauplie, et un second château dans la ville même, sur le rocher, qui surveille l'entrée du port. Les Français prirent possession du premier, qui prit le nom de Château-Franc (Frankikon), et laissèrent aux Grecs la possession de l'autre, qui prit le nom de Château-Romaïque. Ce dernier château a été bâti sur l'emplacement d'une antique forteresse hellénique. On retrouve dans le mur, à une assez grande hauteur, les vastes assises de pierres quadrilatères qui portent avec elles leur certificat d'origine. On monte à la Palamidi par un chemin long, mais facile, du côté de la campagne, ou par un escalier rapide du côté de la ville. L'escalier a été reconstruit nouvellement par les travaux des prisonniers détenus dans la forteresse.

Pendant tout le treizième siècle et les premières années du quatorzième siècle, Nauplie et Argos restèrent entre les mains des Ville-Hardouin ; mais, après la mort de Louis de Bourgogne, prince d'Achaye et mari de Mathilde de Hainaut, petite-fille de Guillaume de Ville-Hardouin, l'anarchie s'étendit par toute la Morée, et chacun chercha à s'emparer des seigneuries qui étaient le mieux à sa convenance. Quatre ans environ avant la mort de Louis de Bourgogne, le plus puissant de ses feudataires, Gautier de Brienne, duc d'Athènes, avait succombé en 1310 dans la bataille livrée aux Catalans ; son fils, nommé Gautier ainsi que lui, chercha, en 1336, à reprendre possession de son duché de famille, mais sans succès, et désira plus tard s'en dédommager en s'emparant de la seigneurie de Florence, et il mourut à Poitiers sans issue. Isabelle, sa sœur, laissa au contraire six enfants de son mari Gautier d'Enghien. L'un prit le titre de duc d'Athènes, un autre alla prendre possession du comté de Lecce en Italie ; le dernier, nommé Guy d'Enghien, alla chercher fortune en Grèce, et parvint à s'établir dans la seigneurie d'Argos et de Nauplie. Guy d'Enghien n'eut qu'une fille, nommée Marie, qu'il laissa, comme je l'ai dit plus haut, héritière de ces deux puissantes seigneuries. Marie épousa un noble vénitien, nommé Pierre Cornaro, qui mourut avant d'avoir eu des enfants. Les Vénitiens convoitaient depuis long-temps Nauplie. En l'an 1388, le 2 septembre, pour empêcher, disaient-ils, que les seigneuries ne tombassent soit entre les mains des Turcs, soit en celles des Grecs, qui les convoitaient, au grand détriment de Marie d'Enghien, ils les lui achetèrent moyennant une pension annuelle de cinq cents ducats d'or. Marie d'Enghien, de son côté, s'engagea à ne jamais se remarier, soit à un noble vénitien, soit à tout autre [1]. Mais Nerio Acciaiuoli, seigneur de Corinthe, s'opposa avec succès à la prise de possession des Vénitiens [2], et mit Argos et Nauplie entre ses mains. Fait duc d'Athènes en 1394, il rédigea son testament à la fin de cette année ; on y trouve quelques clauses relatives à Argos et à Nauplie :

« Nous voulons, dit-il, que la croix d'or garnie d'émeraudes et autres pierres précieuses soit, pour le salut de notre âme, donnée à l'évêque d'Argos.

» Nous voulons qu'on donne à messire l'évêque d'Argos les deux cent cinquante ducats que nous avons retenus sur les revenus de l'église d'Athènes dans l'année où ledit évêque était vicaire de l'église d'Athènes.

» Nous voulons et ordonnons qu'à Napoli de Romanie on construise un hôpital pour les pauvres, et nous léguons à cet hôpital tous nos meubles et immeubles d'Argos pour la construction dudit hôpital ; à l'exception de 100... par an qui devront être donnés à l'église d'Argos afin qu'on dise tous les lundis une messe de *Requiem* pour notre âme. Nous voulons que cet hôpital soit construit et administré par nos héritiers, par les officiers d'Argos et de Nauplie et par messire l'évêque d'Argos, et ce que trois de ces quatre administrateurs décideront sera fait.

» Nous voulons que le susdit évêque d'Argos soit investi de l'administration de notre monastère de religieuses de Nauplie et qu'il puisse placer et déplacer l'abbesse et les autres dignitaires de ce couvent, selon que meilleur lui

---

[1] Voy. la Chronique d'And. Dandolo, Collection de Muratori, t. XII, p. 842.

[2] T. I, p. 141, de mes *Nouvelles Recherches*.

semblera ; seulement tout ce qu'a à payer ledit couvent sera payé au susdit hôpital et non à d'autres. »

Pendant que Nerio Acciaiuoli était, en 1394, prisonnier des Gascons et Catalans d'Athènes [1], un de ses gendres, Charles Tocco, comte de Céphalonie et despote d'Arta, s'empara de ces deux seigneuries réclamées inutilement par les Vénitiens [2].

Venise entra cependant en possession de Nauplie dans les premières années du quinzième siècle, mais elle la perdit après la guerre de 1538.

Morosini la reconquit avec toute la Morée en 1686. Les Vénitiens la reperdirent en juillet 1714.

Pendant qu'ils l'occupaient, ils firent construire sur un rocher isolé au milieu des flots, en face du port de Nauplie, une troisième forteresse, destinée à protéger la ville à laquelle elle se rattachait par une jetée, et ils lui donnèrent le nom de fort du Passage. C'est sur ce rocher et sur les restes de ce fort que les Turcs ont fait bâtir le fort de Bourzi pour la levée des péages. On voit encore, sur la partie la moins profonde de la mer, les restes des pilotis qui rattachaient autrefois cette forteresse à la ville. Sur la porte de la ville la plus rapprochée de la forteresse s'élève aussi le lion de saint Marc, sculpté sur un écusson, et à côté sont deux écussons de familles vénitiennes, avec le bonnet ducal pour armes.

On y lit encore l'inscription suivante :

POST URBES ARCESQUE EXPUGNATAS VALIDEQUE MUNITAS
POST SEXIES FUGATOS HOSTES, HOC REGNUM PATRIÆ RESTITUIT
FRANCISCUS MAURECENUS C. SUP^{us} ARM^{um} MODERATOR,
ET ALEXANDER BONO, MAXIMÆ TRIREMIS GUBERNATOR,
HOC ÆTERNITATIS MONUMENTUM POSUIT.
A. D. MDCLXXXVII.

[1] Voyez son article dans mes *Nouvelles Recherches*.
[2] La citta d'Argho fu assediata e presa dal dispoto di Romania, e lui la tiene, e contro el volere di messer Neri. E perche il detto dispoto è suo genero, etc., p. 243, t. II de mes *Nouv. Rech.*

Sur les fragments des murailles qui conduisaient de là à la Palamidi on voit d'autres blasons sculptés sur le marbre avec des armoiries franques. Deux autres monuments de la dernière époque de l'occupation vénitienne sont encore debout. L'un est un vaste et beau bâtiment qui sert aujourd'hui de caserne, et est placé au bas du vieux château hellénique ; il contenait autrefois tous les bureaux et magasins du gouvernement vénitien. L'autre est l'église de Saint-Georges, qui est tout à fait vénitienne pour l'architecture et les ornements. Les voûtes des dômes sont couvertes de peintures à fresque dans le style italien de la fin du dix-septième siècle, et quelques-unes de ces peintures sont assez passables. Au-dessus de l'entrée de la nef, sur une large bande de mur qui règne entre les deux colonnes, est une copie assez bonne, aussi à fresque, de la Cène de Léonard de Vinci. Dans le grand dôme du milieu est peint Jésus-Christ ; dans les quatre angles sont les quatre évangélistes avec les animaux qui leur servent d'emblèmes, tout cela peint d'une manière assez large et non avec les poncifs employés depuis plusieurs siècles par les peintres grecs pour leurs tableaux d'église. Les peintures des voûtes sont mystiques. Les ailes des chérubins y abondent et on les voit rassemblés en foule autour du chandelier mystique.

Près de l'église de Saint-Nikitas, démolie au temps de Capo-d'Istria pour ouvrir la grande rue, se trouvait sur un degré l'inscription suivante :

FRANCISCO GRIMANO,
SUPREMO CLASSIS MODERATORI,
QUI URBEM
EXTRA MUNIMENTIS FIRMAVIT,
INTUS HAC CONSILII ÆDE EXORNAVIT,
ANNONA PROVIDIT,
LEGIBUS ORDINAVIT,
NAUPLIA VOVET.
ANNO DOMINI MDCCVIII.

De Nauplie, j'allai faire une excursion à cheval au port Tolon, où les Vénitiens avaient établi leur arsenal et leur chantier de construction. Beaucoup de leurs vaisseaux y furent coulés à fond par les Turcs lorsqu'ils reprirent la Morée sur eux en 1715. Il ne reste plus en ce lieu aucun vestige d'ancienne construction, si ce n'est les ruines d'un palais hellénique sur la montagne en face du port Tolon. Le gouvernement grec a concédé les terrains cultivables à quelques émigrés crétois, en leur donnant quelque argent pour bâtir et quelques grains pour ensemencer. Une cinquantaine de familles s'y sont établies, et leurs maisons, entourées de toutes parts de beaux bois de citronniers, forment un petit village placé sur le bord de la mer en remontant la côte. Au moment où je le visitai il n'était plus habité que par des femmes; tous les hommes étaient partis secrètement pour aller combattre en Crète. Je restai pendant les moments de la grande chaleur assis sous les citronniers à jouir de la fraîcheur de l'embat ou vent de mer, et rentrai à Nauplie avant la chute du jour; car le gouverneur Almeïda a soin de faire fermer les portes à huit heures du soir, comme dans une ville qui redoute des attaques de l'ennemi : précaution militaire fort inutile, et fort désagréable pour tous les habitants et pour le petit nombre d'étrangers qui y arrivent.

XXI.

ASTROS. — MONEMBASIE. — CHATEAU DE LA BELLE.

J'avais amplement profité de mon séjour à Nauplie pour voir la ville et les environs, et l'église de Saint-Spiridion où fut frappé à mort le président Jean Capo-d'Istria, et les murs helléniques de la tour intérieure, qui me reportait au temps de Diomède, et les restes des fortifications franques de la Palamidi, qui me reportaient à l'époque de mon compatriote Guy d'Enghien, successeur, au temps des croisades, de la baronnie de Diomède, et le lion colossal sculpté dans le rocher, en souvenir des Bavarois morts en Grèce, à l'imitation du lion de Lucerne, et le faubourg de Pronia, où siégea le congrès national, et les quelques salons où j'aimais à recueillir les bons souvenirs conservés à nos compatriotes. Avant de continuer de là mes courses équestres à Tripolitza, à Sparte et dans tout le Péloponnèse, je voulus profiter de ma résidence à Nauplie pour mettre à fin quelques excursions maritimes nécessaires à mes recherches. Mon ami Canaris le brûlotier, dont le nom et l'héroïsme sont si connus en Europe, est préfet maritime ou navarque de Nauplie. Il alla au-devant de mes vœux, et avec une complaisance parfaite mit à ma disposition un joli bâtiment armé de trois canons et pourvu d'un excellent équipage et d'un capitaine expérimenté. Je fis porter à bord quelques provisions, du bon vin de Ténédos, quelques livres et cartes, et me disposai à faire voile dès la première brise du matin.

A peine sentîmes-nous le premier souffle d'air frais de l'embat qui ride mollement l'eau à la première apparition du soleil sur notre hémisphère, que nous levâmes l'ancre pour nous diriger vers Astros et Monembasie.

Aussitôt qu'on est sorti du port de Nauplie, et qu'après avoir passé entre la ville et le fort Bourzi, bâti sur les fondements d'une forteresse vénitienne, on s'avance dans le golfe de Nauplie, la vue s'agrandit et s'embellit à chaque instant. Au-dessus des terrains bas qui terminent le golfe surgissent la vieille Tirynthe et la montagne plus imposante surmontée des ruines de Larissa, forteresse d'Argos; au-dessus de Nauplie s'élève le mont Palamidi avec les ruines de sa forteresse franque; et tout vis-à-vis, de l'autre côté du golfe, au-dessus des marais où se tenait l'hydre de Lerne, apparaissent d'autres ruines franques, celles du château de Lerne, vastes encore et d'un grand caractère. J'eus tout le temps d'admirer dans leur ensemble et dans leurs détails chacun des tableaux qui se déroulaient devant moi ; car, quoique nous eussions déployé toutes nos voiles, à peine pouvions-nous recueillir assez de vent pour nous avancer lentement vers la haute mer. Je naviguais déjà depuis près de cinq heures, et je n'apercevais que de bien loin l'île de Spetzia à l'extrémité de l'horizon, et étais menacé d'une bonace qui pouvait me retenir jusqu'au coucher du soleil à la hauteur de l'île d'Haliousa ou Makro-Nisi, sans me laisser parvenir jusqu'à Astros, que je voyais m'ouvrant sa petite baie à deux ou trois milles de distance. Je me décidai à faire mettre en mer la yole de la canonnière pour aller, avec quatre bons rameurs, jusqu'à Astros, pendant que la canonnière s'avancerait lentement et viendrait me rejoindre, soit dans la nuit, soit le lendemain, au port d'Astros, ou en vue du port, si le vent ne lui permettait pas d'entrer.

Le temps était superbe et la mer légèrement ondulée de vagues unies et régulières qui me berçaient doucement et annonçaient un calme prochain. Ma navigation fut des plus délicieuses. En avant d'Astros est un petit monticule surmonté d'une tour et des ruines d'un château du moyen âge, du haut duquel on pouvait surveiller tout ce qui entrait dans le golfe. Aussitôt qu'on a doublé ce monticule, vous apparaît la ville d'Astros au fond d'une jolie petite baie. Les maisons, assez grandes, sont isolées les unes des autres comme autant de pyrgos ou tours de défense, et se prolongent jusque sur la pente du monticule. Au delà de cette petite ville est une fertile vallée plantée de vignes, d'oliviers, de mûriers et de citronniers, et arrosée par le Tanus, qui descend des montagnes environnantes et se jette dans le golfe au-dessus d'Astros. C'est dans ce vallon, à l'ombre des orangers et des citronniers à défaut de maisons et en présence d'une population animée, qui affluait de toutes parts, que se réunit, en 1823, le congrès national d'Astros, présidé par le vieux bey du Magne Pierre

Mavromichalis. En se séparant, le 18 (30) avril, le congrès d'Astros, en dépit du refus des grandes puissances réunies à Vérone, déclara de nouveau l'existence et l'indépendance politiques de la nation grecque, s'en reposant sur le dévouement de ses compatriotes et les sentiments d'humanité de l'Europe éclairée pour ajouter le fait au droit, et compléter son œuvre. Le temps, qui trompe tant d'espérances, a du moins réalisé celle-là.

Mon but, en me faisant débarquer à Astros, était d'aller visiter les ruines d'un château situé à quatre ou cinq lieues de là, et connu dans les traditions du pays sous le nom de Château de La Belle (*Castro tis Oraias*). Je fis demander des mulets à Astros. Il fallut les envoyer chercher dans les champs, car on était alors occupé des travaux de la moisson : c'était le jeudi 8 juillet. Chacun mit le plus grand empressement à m'obliger; les mulets arrivèrent, et je me mis en route. La chaleur était extrême à midi, heure à laquelle je partis; cependant quelques brises adoucissantes descendaient de temps à autre de la montagne, agitaient légèrement l'air et me procuraient un peu de fraîcheur.

Il faut une bonne heure pour franchir la plaine d'Astros de ce côté. Il y avait beaucoup de vie autour de moi, et partout on était occupé à battre le blé à l'aide de six chevaux qui pivotent sur un point et foulent les épis de manière à en détacher le grain. Cette méthode de battage, usitée dans toute l'Asie, s'est conservée depuis les temps les plus anciens et a long-temps été employée en Europe, ainsi qu'on peut le voir par ces aires pavées et circulaires que l'on rencontre parfois dans les villages abandonnés et au milieu des champs. La méthode de vendange usitée dans les vignes de la plaine d'Astros rappelle aussi tout à fait les usages antiques. Le savant Tournefort la décrit de la manière la plus exacte en parlant de Milos.

« Chaque particulier, dit-il[1], a toujours dans sa vigne

---

[1] *Voyage du Levant*, t. I, lettre IV, p. 191.

un réservoir de la grandeur qu'il juge à propos, carré, bien maçonné, revêtu de ciment, mais tout découvert. On foule les raisins dans ce réservoir. Après les y avoir laissés sécher pendant deux ou trois jours et à mesure que le moût coule par un trou de communication dans un bassin qui est au bas du réservoir, on remplit de ce moût des outres que l'on porte à la ville. On les vide dans des futailles et dans de grandes cruches de terre cuite enterrées jusqu'à l'ouverture, dans lesquelles le vin nouveau bout tout à son aise sans marc, et on y jette trois ou quatre poignées de plâtre, suivant la grandeur des pièces. »

Pour conserver quelques mois un vin aussi grossièrement fabriqué, les Grecs y ajoutent de la poix-résine tirée des pins appelés *pevka* : ce qui lui donne un goût détestable. M. Bory de Saint-Vincent pense que c'est à cause de cet usage antique que le pin était regardé comme l'arbre de Bacchus, et que son fruit ornait le thyrse du dieu. « Le nombre de tels pressoirs ou cuves en plein air, ajoute-t-il, bien tenus et pareils à des citernes sans couverture, m'étonna. J'en vis une douzaine non loin les uns des autres, et l'on me dit que l'on engageait des *tragodes* et joueurs de violon ou de mandoline pour l'époque où l'on foulerait la récolte; les vendangeurs voulant être divertis, et se fatigant moins, à ce qu'ils prétendent, quand ils écrasent le raisin en cadence : comme au temps de Thespis[1]. »

Cette plaine abonde aussi en fort beaux figuiers qui couvrent toutes les pentes de la montagne. Le hameau de Sikia en a pris son nom. Leurs belles et larges feuilles vertes rafraîchissent et reposent la vue. Au pied de ces bosquets de figuiers s'étend un hameau gracieux renfermant les bâtiments d'exploitation des habitants du village de Meligou, placé plus haut dans la montagne. Ces bâtiments sont des cabanes ou calyvia, mais des cabanes propres, bâties de pierres, recouvertes de tuiles, et ayant souvent deux éta-

---

[1] *Expédition scientifique de Morée*, t. ii, p. 41.

ges. Il y a ici un air d'aisance et d'activité qui charme. Une fois entré dans la montagne, on ne la quitte plus ; on est sur les dernières limites de l'Argolide et de la Laconie.

En arrivant sur un de ces plateaux élevés près du *dervend* ou défilé de Mélingou, mes guides m'indiquèrent quelques ruines au-dessus d'un des pics voisins; et je me hâtai de m'y rendre. Ce lieu, connu sous le nom d'Helléniko, offre les restes d'une ancienne citadelle hellénique. Le sommet est couvert de murailles composées d'immenses pierres brutes d'inégale grandeur, mais de manière à indiquer cependant une ligne régulière d'assises. Ces premières assises, composées de pierres de forme généralement pentagonale, comme le sont les murailles dites cyclopéennes suivant M. Petit-Radel, sont recouvertes par d'autres assises composées d'énormes pierres quadrilatères taillées rudement. Près des murailles est une vaste citerne. Le passage défendu par cette forteresse conduit en Tzaconie, et était à toutes les époques important à garder. Pendant l'occupation du Péloponnèse par les croisés français, du treizième au quinzième siècle, la turbulence inquiète des Tzacons qui arrivaient d'Arakhova et d'Hagios-Petros avait fait multiplier les châteaux francs de ce côté, et le Château de La Belle, que j'allais visiter et qui était placé sur le versant opposé d'une autre montagne, du côté de Xero-Campi, était une de ces fortes positions des Francs.

Le plateau de Xero-Campi, ou le champ sec, semble le rendez-vous général des perdrix, qui y abondent en aussi grand nombre peut-être que dans les îles de Thermia et de Zéa, où je les ai vu chasser d'une manière tout à fait particulière. On applique sur deux bâtons croisés une large bande carrée d'étoffe fond gris à bandes noirâtres ; sur cette bande on pratique deux petites ouvertures, comme deux yeux, bordées d'un liséré rouge, et une autre ouverture un peu plus grande, bordée aussi d'un liséré rouge, au-dessus du point où se croisent les deux bâtons. Armé de cette espèce de bannière, derrière laquelle il se dérobe, le chasseur s'avance doucement vers l'endroit où sont posées les couvées de perdrix, regardant par les deux trous creusés pour les yeux et appliquant son fusil à la troisième ouverture. A l'approche de cet épouvantail, les perdrix les plus éloignées prennent la fuite; mais les plus rapprochées sont comme terrifiées et se blottissent sans mouvement à l'endroit même où elles sont arrêtées. Les gens du pays disent qu'elles croient voir planer un aigle aux ailes déployées. Le large panneau gris produit sur elles l'effet de l'œil du faucon. J'ai assisté à cette chasse, et j'ai été témoin de cet effet. Le chasseur peut ainsi s'avancer près des perdrix, les viser à coup sûr, et quelquefois même les prendre à la main et les tuer avec le bâton.

Le plateau de Xero-Campi est terminé par un ravin arrosé par la rivière Lepida, qui le suit en le fécondant depuis Hagios-Joannis jusqu'à Platanos. Cette partie de la route offre un joli paysage : le ravin est verdoyant, la rivière est vive et murmurante, la chaîne de montagnes est rudement taillée à pic; et au fond de la gorge, au point où elle s'ouvre pour s'élargir en une vaste plaine, se voit tout en haut de la montagne, assis d'une manière fière et pittoresque, le Château de La Belle. Pour gravir des bords du torrent au sommet de la colline, il me fallut trois quarts d'heure. Les pentes, quoique rudes, sont recouvertes d'une bonne terre végétale jusque fort près du sommet, qui se termine en un rocher d'un difficile accès dont les interstices sont couverts d'arbrisseaux de toute espèce. Au-dessus de ce rocher s'élèvent les ruines du Château de La Belle. On conçoit à merveille toute l'importance d'une semblable position. A l'aide de ce château, on pouvait arrêter les excursions que les habitants de la Laconie faisaient d'Arakhova et d'Hagios-Petros jusqu'en Argolide; et sans la permission du seigneur de ce château, dont la garde était sans doute confiée à quelque chef puissant parmi les Francs, il était impossible de s'aventurer dans les défilés des Mélinges[1]. Du haut de ces ruines on embrasse une fort belle vue. Toute la chaîne de l'antique Parnon, le Malevo actuel, se développe sous vos yeux avec tous ses embranchements ; au delà se dérobe derrière les montagnes, entre la chaîne du Parnon et celle du Taygète, la belle vallée de l'Eurotas, tandis que, du côté d'Astros, la mer s'ouvre devant vous et vous laisse voir l'île de Spetzia, et au delà, très-rapprochée à cause de la pureté de l'atmosphère, l'île d'Hydra aux nobles souvenirs. Çà et là dans ces vallées et sur ces collines sont semés de jolis villages et hameaux parmi lesquels je reconnus avec joie Dragalivos en Tzaconie, mentionné plusieurs fois dans la Chronique de Morée sans qu'il soit indiqué sur aucune carte. Chaque village ici possède de jolies calyvia bâties au milieu de terres en culture. Aujourd'hui que le pays est plus sûr les habitants des villages bâtis sur des hauteurs faciles à défendre descendent pendant l'hiver sous le climat plus doux de leurs gracieuses calyvia, auprès de leurs oliviers, de leurs mûriers et de leurs figuiers ; puis, pendant les grandes chaleurs, ils quittent leurs calyvia de la plaine pour la température plus salubre de leurs villages des montagnes.

Les ruines du Château de La Belle (*Castro tis Oraias*) sont encore assez considérables. Les murailles de la double enceinte qui ferme le haut de la montagne partout où le rocher n'élevait pas un mur naturel impénétrable, sont en grande partie conservées. La porte d'entrée n'est écroulée que dans le haut, et une fenêtre de la seconde enceinte subsiste tout entière. Tout à fait sur le sommet s'élevait une vaste tour carrée qui se tient encore debout en ne conservant guère que le quart de sa hauteur ancienne. Le reste est un amas de décombres sur lesquels poussent des arbres et arbrisseaux dont le vent a transporté les germes au milieu de ces rochers. Assis au milieu de ces ruines franque aux derniers rayons du soleil qui illuminaient à l'occident les

---

[1] Ancienne population slave.

pointes du Taygète tandis qu'à l'orient l'île d'Hydra brillait encore par ses masses rocheuses au milieu d'une mer éclatante, tous les temps, toutes les gloires, toutes les infortunes se présentaient en foule à ma pensée. La gloire antique avait disparu, mais les malheurs qu'avaient amenés les invasions étrangères du moyen âge avaient cessé de peser sur la Grèce; et l'île d'Hydra, qui s'était signalée d'une manière si brillante dans cette rénovation politique, m'apparaissait pour me rappeler à la confiance du présent et à l'espoir de l'avenir. Le lieu où je me trouvais, les ruines sur lesquelles j'étais assis me reportaient aussi à une des époques les plus dramatiques de notre histoire nationale. Quelques Français aventureux étaient venus au treizième siècle s'implanter dans ce pays avec leur religion, leurs coutumes guerrières, leur langue et leurs mœurs. Le flot des âges avait poussé sur ces mêmes rives, du fond de l'Asie, une race nouvelle, la race turque, qui avait succédé à la domination de la race franque, déjà fort affaiblie par l'anarchie féodale. N'était-il rien resté des souvenirs du passage des seigneurs francs, mes compatriotes, que ces décombres amoncelés autour de moi? leur bravoure si chaleureuse, éprouvée dans tant de luttes, comme leurs mœurs si diverses, n'avaient-elles laissé aucune trace dans la mémoire des habitants et dans les traditions du pays? J'avais amené avec moi sur la montagne le pasteur d'un troupeau des vallées de la Tzaconie. J'interrogeai ses souvenirs, je fis appel aux traditions, si vivaces dans les pays de montagnes isolés du mouvement du reste du monde, et il me chanta une vieille ballade que j'écrivis sous sa dictée : c'était la naïve histoire de la dernière lutte soutenue par les seigneurs francs possesseurs de ce château-fort, et cette lutte était celle qui avait fait connaître ce château aux âges suivants sous le nom de Château de La Belle ; car le défenseur de la forteresse était une belle Française *aux belles robes franques et au cœur tendre*. Je rapporterai ici cette simple ballade d'après le chant de mon berger.

LE CHATEAU DE LA BELLE.

J'ai vu tous les châteaux,
Tous je les ai parcourus;
Mais comme le château de La Belle
Je n'ai vu aucun château.

Une belle fille de France aux belles robes franques
Défendait ce fort château :
Elle combattit les Turcs pour le défendre;
Pendant douze ans elle les combattit.

Pendant douze ans elle les vainquit tous :
Elle vainquit, cette belle Franque aux robes franques ;
Et ils virent qu'ils ne pourraient la vaincre
S'ils ne recouraient à la trahison.

Sans la ruse et la trahison,
Étrangères au cœur de la belle Franque,
De la belle fille aux belles robes franques,
Ils ne pouvaient vaincre ni elle ni son château.

Et un jeune seigneur turc,
Un Turc fils d'une Grecque,
Imagine une trahison
Afin de tromper la généreuse Franque.

Il prend des vêtements de femme,
Des vêtements de femme pauvre ;
Il passe un oreiller sous sa robe
Et se donne l'air d'une femme grosse.

Il a pris des vêtements tout noirs
Pour mieux éveiller la pitié,
Et il fait le tour du château-fort,
Et il vient à la porte, et il appelle.

« Ouvrez-moi, pauvre malheureuse que je suis ;
» Ouvrez-moi, pauvre orpheline que je suis :
» Je suis grosse, et mon fardeau me pèse;
» Car je suis dans le mois de mon enfantement.

» Belle Franque aux belles robes franques,
» Belle Franque au grand cœur,
» Écoutez la prière d'une orpheline,
» Et donnez repos à une femme grosse. »

La belle Franque, la bonne princesse
Aux belles robes franques et au grand cœur,
Du haut de ses créneaux la vit ;
Elle la vit, et ses entrailles s'en émurent.

Elle appelle aussitôt son portier :
« Bon portier de mon bon château,
» Apporte-moi tes bonnes clefs,
» Tes clefs d'argent et tes clefs d'or. »

Il apporte ses clefs, le fidèle portier;
Ses clefs d'argent et ses clefs d'or ;
Et la belle Franque descend de ses créneaux,
Et elle fait ouvrir la porte de son château.

Mais aussitôt que la porte fut ouverte,
Voilà des milliers d'hommes qui entrent;
Et le château qu'ils n'avaient pu prendre par la force,
Ils le prennent ainsi par la ruse.

Et la fausse femme grosse tire de dessous sa robe
Des armes qu'elle y tenait cachées
Et tue par surprise la belle Franque,
La fille franque aux belles robes et au grand cœur.

J'ai retrouvé depuis plusieurs autres châteaux connus sous le même nom de Château de La Belle, dans l'île de Thermia et dans le Magne au midi de Mezapo, sur la côte occidentale, et la même ballade s'y est conservée avec quelques variantes. Peut-être est-ce la commémoration d'un fait qui s'est perpétué dans la tradition sans avoir laissé de trace dans l'histoire? Peut-être aussi n'est-ce qu'un souvenir confus d'un autre événement à peu près du même genre arrivé dans les montagnes de la Morée centrale, et qui est mentionné dans la Chronique grecque anonyme de la conquête de Morée par les Francs.

« Dans le temps, dit le chroniqueur, de l'administration du vieux messire Nicolas de Saint-Omer, seigneur de Thèbes et bail de Morée au nom de la princesse Isabelle de Ville-Hardouin (vers 1291), un certain noble français domicilié en Champagne, appelé messire Geoffroi de Brière, et cousin du seigneur de Caritena en Morée, ayant appris que ce seigneur venait de passer dans l'autre monde sans laisser d'héritier, conçut l'idée de se rendre en Morée pour réclamer, comme son héritage de famille, la seigneurie de Caritena. Il mit ses domaines de Champagne en gage, emprunta de l'argent pour entretenir huit sergents qu'il voulait emmener avec lui pour paraître avec plus d'honneur; prit des certificats des prélats et des seigneurs de Champagne qui attestèrent, par leurs témoignages et leurs sceaux, qu'il était bien le cousin légitime et de sang de messire Geoffroi, seigneur de Caritena; fit des préparatifs dignes de sa naissance; se mit à la tête de ses huit sergents à cheval, et partit de la Champagne afin de s'embarquer dans le royaume de Naples pour la Morée. »

Le chroniqueur décrit l'arrivée de Geoffroi de Brière à la cour supérieure de Naples, où se trouvait alors la princesse de Morée, Isabelle de Ville-Hardouin, et sa comparution devant la cour féodale de Clarentza en Morée, qui rejette ses prétentions à l'héritage de son cousin, se fondant sur la déchéance prononcée contre la famille du seigneur de Caritena à la suite d'une révolte contre son oncle Guillaume de Ville-Hardoin, prince de Morée.

« Quand messire Geoffroi de Brière, continue le chroniqueur, entendit la décision que rendait contre lui la cour féodale, en opposition à toutes ses espérances, il revint dans son logis et s'assit tout seul, pleurant et se lamentant comme s'il eût perdu tout le royaume de France qui eût été sien. Après deux jours il se mit à agiter dans son esprit et à considérer quelle serait sa position s'il retournait en France sans avoir réussi dans son projet; il vit que tout le monde se rirait de lui et le blâmerait d'être revenu sans aucun autre résultat que d'avoir dépensé son argent. Il se dit donc en lui-même : Plutôt mourir que de revenir sans rien faire et sans profit. Il fit alors amitié avec un certain homme du pays, et prit de lui les renseignements les plus exacts sur les places du pays de Gortys : telles que Araclavon et Caritena ; sur leur situation, sur la nature de leurs fortifications, sur la force de chacune, et sur les troupes qui les gardaient. Cet homme, qui connaissait fort bien ces deux places, lui donna les renseignements les plus circonstanciés, et messire Geoffroi de Brière bâtit là-dessus son projet. Il s'avança dans l'intérieur de la Morée et arriva à Xenochori ; à son arrivée en cet endroit il feignit de tomber dangereusement malade, dit à tout le monde qu'il était attaqué de la dyssenterie, et s'informa où il pourrait trouver à boire de l'eau de citerne, qui est astringente. Un homme du pays lui apprit qu'il y avait d'excellentes citernes dans le fort d'Araclavon, et que c'était là qu'il devait envoyer demander de l'eau.... Un sergent de messire Geoffroi se rendit donc au château, où il trouva le châtelain. Il le salua très-humblement de la part de son maître, et le pria de lui faire donner de l'eau de la citerne : ce que le châtelain ordonna aussitôt. Le sergent entra dans l'intérieur de la forteresse et l'examina bien. A son retour il rapporta à messire Geoffroi ce qu'il avait vu. Dix jours s'écoulèrent et messire Geoffroi continuait toujours à dire qu'il était fort malade, et son sergent se rendait tous les jours dans la forteresse pour lui en rapporter de l'eau fraîche. Il fit dire ensuite au châtelain qu'il le priait instamment de venir lui parler. Le châtelain se rendit aussitôt auprès du chevalier, qui l'accueillit avec reconnaissance, lui expliqua sa maladie et le pria de le recevoir dans la place, avec un de ses chambellans, et de lui donner une chambre pour y jouir de quelque repos et se procurer aisément de l'eau toute fraîche de la citerne ; le reste de sa suite devait rester hors du fort. Le châtelain, qui ne se doutait d'aucune ruse, promit aussitôt de le recevoir dans son fort. Le lendemain, messire Geoffroi de Brière y entra amenant seulement quelques effets. On dressa un lit, et il se reposa dans sa chambre n'ayant avec lui qu'un seul de ses sergents ; ses autres sergents étaient restés en dehors de la forteresse. Le chevalier se fit ensuite apporter peu à peu le reste de ses effets, parmi lesquels étaient cachées ses armes, et il continuait toujours à garder le lit. De temps en temps il invitait le châtelain à dîner avec lui et lui faisait les plus grandes démonstrations d'estime et d'amitié, dans l'intention de lui inspirer une sécurité plus aveugle et de parvenir plus aisément à le tromper. Dès qu'il pensa lui avoir inspiré assez de confiance et qu'il crut le moment favorable, il invita auprès de lui tous ses sergents sous prétexte qu'il voulait faire son testament par la crainte de voir la mort terminer la maladie qui le tourmentait. Il leur fit alors jurer dans sa chambre de garder le secret sur ce qu'il allait leur communiquer. Après avoir obtenu leur serment, il leur expliqua le projet qu'il avait formé de s'emparer de la forteresse d'Araclavon et du confiant châtelain.

» A cette proposition, les sergents se concertèrent avec lui et examinèrent les moyens d'exécution les plus propres à atteindre leur but. Messire Geoffroi régla tout. « J'ai ap-
» pris, leur dit-il, qu'en dehors de la forteresse il y a une
» taverne où on vend du vin, que le châtelain y va lui-
» même, et que souvent il y prend place et boit avec les
» autres. Voici donc ce qu'il me paraît convenable de
» faire. Nous avons dans le fort une provision de pain et
» de biscuit, et de plus une bonne quantité d'eau et au-
» tant d'armes qu'il nous est nécessaire. Allez vous pro-
» mener autour de cette taverne, et que deux ou trois
» d'entre vous, les plus adroits, invitent à boire avec eux
» le châtelain, le connétable et leurs meilleurs hommes
» d'armes. Vous avez de l'argent en suffisance, donnez-en
» au tavernier; achetez beaucoup de vin et buvez avec eux
» tant et tant que vous les enivriez. Mais, vous, faites bien

» attention de ne pas boire autant de vin qu'eux, car nous
» perdrions ainsi ce que nous espérons gagner. Dès que
» vous vous serez aperçus qu'ils sont ivres, que l'un d'entre
» vous sorte et vienne me trouver ici ; un autre le suivra,
» et successivement tous ses compagnons. Prenez alors le
» portier et jetez-le hors du fort. Emparez-vous des clefs,
» fermez les portes, montez sur les murs au-dessus de la
» porte pour la garder et veillez à ce qu'on ne la brûle
» pas, de peur qu'on entre et qu'on nous fasse prison-
» niers. »

» Tout réussit ainsi que l'avait conçu Geoffroi de Brière. Il resta maître du fort ; et les Français de Morée, témoins de son audace et de son adresse, s'empressèrent de se l'adjoindre en lui conférant un fief héréditaire et en le mariant à une Française, Marguerite de Rozières, fille du seigneur d'Akhova, qui eut de lui une fille appelée Hélène, mariée à un sire Vilain d'Aunoy, seigneur d'Arcadia : car tous les seigneurs français de Morée se mariaient seulement entre eux. »

N'est-il pas possible que ce récit de l'occupation d'une forteresse franque, à l'aide d'une ruse où l'on faisait appel à la pitié du châtelain, ait été ensuite altéré dans les souvenirs du pays et lié à quelque autre événement dont une fille de Français était l'héroïne ?

Pendant que je me faisais chanter ces ballades et raconter les traditions du pays, la nuit était survenue, nuit embaumée, nuit douce à passer en plein air au milieu de ces ruines.

Dès le matin je remontai sur mon mulet et repris ma route vers Astros par un sentier moins bien tracé, mais qui traversait un pays plus gracieux que celui par lequel j'avais passé depuis Helléniko. Je me dirigeai par le haut village de Mélingou, qui domine une vallée profonde et fertile. Il se compose de plus de cent maisons, fort bien bâties et assez grandes, isolées l'une de l'autre, et chacune entourée d'un jardin bien ombragé. Au bas du village s'étendent de vastes vergers de mûriers et de figuiers. Tout ici a un air d'aisance, car la population est active et le sol fécond. De Mélingou jusqu'au hameau de Sikia, je rencontrai des bandes de vingt, de trente, de quarante chevaux que l'on conduisait du village de la montagne aux calyvia de la prairie pour y battre le blé de la ferme. Le hameau de Sikia a un air d'aisance plus remarquable encore. La culture y est bien entendue et active. Sikia (les Figuiers), au milieu de ses berceaux de vignes et de ses beaux figuiers, et au-dessus du ravin verdoyant sur lequel il se développe avec grâce, semble tout à fait un hameau de plaisance à la disposition et l'entretien duquel aurait présidé une volonté intelligente. En descendant de Sikia on entre dans la plaine d'Astros, animée par le travail des moissonneurs. Je la traversai avec rapidité au bruit du coup de canon qui m'annonçait l'entrée de mon bâtiment dans le port. Les quatre matelots de la yole m'attendaient; le vent de terre paraissait vouloir fraîchir et devenir tout à fait favorable après le coucher du soleil; je m'arrachai non sans peine à l'empressement curieux des habitants d'Astros, qui me demandaient détails sur détails au sujet de mes investigations du Château de La Belle et de leur résultat; je me jetai dans ma yole, accompagné de leurs souhaits bienveillants, et, appuyant vigoureusement sur les rames, nous glissâmes comme un cygne sur une eau limpide, et en quelques minutes nous fûmes à bord de notre canonnière.

L'ancre fut promptement levée au commandement du capitaine, donné en langue albanaise; elle est la langue d'Hydra et de presque toute la marine grecque. Un souffle léger enfla doucement nos voiles; puis ce souffle fraîchissant peu à peu les arrondit avec puissance, et nous nous éloignâmes rapidement de la côte. La nuit survint; en me promenant sur le pont et en rêvant à ma course de la journée, je jouissais avec délices de cette belle mer et de cette splendide nuit. La lune se leva dans son plein vers dix heures et argenta la mer d'une longue lumière éclatante. Les flots immobiles étaient à peine plissés par les quelques rides nées du calme sillage de notre navire, rides aussitôt effacées que formées. En face de moi était Astros avec les lumières de ses habitations scintillant çà et là jusqu'au haut de la colline; et de l'autre côté, Spetzia et Hydra dans le lointain. En présence de cette belle nuit si calme et si chaude, au milieu de ce profond silence, on conçoit tout ce que cet imposant spectacle devait inspirer d'idées poétiques à des hommes aussi heureusement organisés que les anciens Grecs. Ne pouvaient-ils pas penser à chaque instant qu'à ces doux reflets de lumière Diane allait descendre avec ses nymphes pour se baigner dans ces eaux d'azur, et qu'Amphitrite et Vénus allaient en sortir avec tout leur cortége pour se promener sur cette mer unie et jouir comme eux de la pureté des cieux!

Le vent ne réalisa pas, pendant que je dormais, les espérances qu'il m'avait données, et il tomba tout à fait après le lever du soleil. C'est une chose curieuse à voir pour un voyageur que l'état profond d'abattement dans lequel le calme jette les matelots de tous les pays. Le silence le plus complet règne à bord, le narrateur le plus intrépide s'arrête anéanti ; le plaisant le plus déterminé ne peut faire entendre que le cri sourd de *distychia* (malheur)! on dirait que vaisseau et équipage ont été frappés par la baguette d'une fée, et privés du même coup du mouvement et de la parole. L'homme sent que sa force ne peut agir contre le néant et devient impuissante contre le vide. Mais que le vent commence à s'annoncer de bien loin par une longue bande noire qu'il trace sur les flots, à l'instant tout s'anime, tout se met en mouvement, les cordages et les voiles s'apprêtent : l'enchantement a cessé; la vie, le mouvement et la parole sont revenus en même temps. Le vent contraire même n'abat pas les matelots, il les anime; car chacun fait alors appel à sa force et à son adresse, et le danger même devient un stimulant de plus.

Le vent contraire succéda, en effet, au calme et nous

poussa à un jet d'arbalète du rocher plat et aride de Spetzia, puis dans la direction d'Hydra.

Pendant la nuit suivante il nous fut enfin plus propice, et nous pûmes reprendre notre route vers Monembasie. Nous longeâmes les côtes rocheuses de la Tzaconie jusqu'aux ruines de l'antique Zarex, aujourd'hui port Hiéraka ; nous doublâmes le port Hiéraka et vîmes pointer, à l'extrémité de l'horizon, les rochers du cap Malée : nous n'étions plus qu'à peu de distance de la montagne sur laquelle s'élève le fort de Monembasie, qu'il fallait tourner pour entrer dans la ville bâtie sur le côté du sud ; le seul qui ne soit pas complétement à pic. Nous laissâmes sur notre droite les ruines de l'antique Épidaure-Limeri, nous doublâmes la montagne et jetâmes l'ancre dans le port de Monembasie, dont le nom, par corruption, est devenu Malvoisie. D'après ce nom, qui désigne un vin d'une si excellente qualité[1], je m'étais attendu à voir autour de Monembasie des champs fertiles et de riches vignobles ; mais Monembasie n'est qu'un rocher nu et stérile, et les terres environnantes sont sèches et dépourvues de toute végétation. La montagne sur laquelle est bâtie la ville, d'étage en étage, entre deux murailles qui la resserrent en se rétrécissant depuis la mer jusqu'au sommet, est un îlot rattaché à la terre par un pont de pierre de plus de cinq cents pieds de long et défendu à son entrée par une tour carrée vénitienne. Monembasie fut une des dernières places de Morée qui tombèrent entre les mains des croisés français à la suite de la prise de Constantinople. Le prince Guillaume de Ville-Hardoin, troisième prince français de Morée, s'en empara vers 1250 après un siége de trois ans, dans lequel les Vénitiens lui avaient donné l'appui de quatre bâtiments pour opérer le blocus par mer en même temps que les troupes françaises bloquaient la ville par terre. La

---

[1] Le vin de Malvoisie ne se trouve plus que dans l'île de Santorin.

Chronique grecque de Morée donne l'histoire de ce siége, pendant lequel le prince les tint resserrés « comme un rossignol dans sa cage [1]; » et elle cite les conditions honorables qu'il leur accorda en leur permettant de ne servir que sur mer, et en leur concédant des terres dans le pays plus fertile de Vatica, vers la pointe du cap Malée.

Monembasie ne resta pas long-temps entre les mains des princes français de Morée. Le prince Guillaume de Ville-Hardouin, ayant été fait prisonnier en 1259 dans une bataille livrée en Thessalie contre l'empereur grec de Nicée, fut obligé, après trois ans de captivité et après la perte de Constantinople par Baudouin, de donner pour sa rançon, en 1263 : la forteresse de Mistra, qui commandait la vallée de Sparte ; une forteresse dans le Magne, qui donnait aux Grecs la facilité de se faire un appui des Maïnotes ; et la ville de Monembasie, qui était un point facile à défendre par mer et propre à alimenter l'indiscipline des montagnards de la Tzaconie. L'historien grec George Phrantzi, dont le beau-frère Grégoire Paléologue-Mamonas administrait cette ville en 1406 au nom de l'empereur grec, raconte avec exactitude les phases historiques de cette cité, dont il fait le plus grand éloge : « Je ne dois pas, dit-il [2], oublier de dire de combien d'honneurs et de quels grands priviléges, grâce à la bonté de la ville et aux vertus des citoyens, les empereurs comblèrent successivement et l'église de Monembasie et les habitants de cette excellente forteresse. Cette ville mérite bien en effet son nom de Mon-Embasie (entrée unique), car on ne peut y pénétrer que par un côté ; et sa force n'est due ni à l'œuvre ni à l'art des hommes mais à la nature, et il est impossible de trouver sous le soleil une autre forteresse aussi inexpugnable contre toute machine de guerre... Les habitants sont aussi propres aux choses de mer qu'aux choses de terre. Habiles

[1] P. 71 et 72.
[2] P. 397.

marins, non-seulement ils possèdent un grand nombre de navires de commerce avec des pilotes et matelots exercés; mais ils fournissent encore des chefs et des matelots habiles à la flotte impériale. Sur terre ils sont cavaliers et archers adroits, et fantassins braves et expérimentés..... Leur église, déjà honorée de grandes faveurs par les empereurs qui précédèrent les empereurs latins, fut comblée de nouveaux biens en 1292 par un chrysobulle de l'empereur Andronic. » Le despote Thomas Paléologue, se voyant hors d'état de la défendre, en fit don en 1460 au pape; mais les Vénitiens, profitant du découragement des habitants à l'aspect des victoires des Turcs dans le Péloponnèse, s'en emparèrent en 1464.

Les Vénitiens regardèrent Monembasie comme un autre Gibraltar, et sa possession leur fut très-utile sans leur être onéreuse. Il n'y a pas, il est vrai, de port capable d'abriter une barque, et on n'a de refuge que dans la baie de Vatica et dans l'île d'Élaphonisi ; mais c'était un moyen de menacer toujours les Turcs sans redouter de représailles. Les Vénitiens furent cependant forcés de céder Monembasie aux Turcs par les stipulations de la paix de 1538. Ceux-ci s'y maintinrent jusqu'à l'année 1689, où François Morosini, maître du Péloponnèse, força Monembasie à capituler. Les Vénitiens ne conservèrent Monembasie que pendant leur courte occupation du Péloponnèse, et elle fut obligée de se rendre au grand-vizir en juillet 1714.

Depuis cette année 1714 jusqu'au moment de la révolution grecque Monembasie resta entre les mains des Turcs, mais fort diminuée d'importance. Après l'invasion russe de 1770 dans le Magne, les Grecs qui avaient été compromis dans ce mouvement se hâtèrent de prendre la fuite; et cent cinquante des familles grecques qui habitaient Monembasie, redoutant l'approche des troupes albanaises indisciplinées, se réfugièrent à Spetzia, à Hydra et à Smyrne, sans revenir après les troubles. Au moment de la révolution grecque il n'existait plus que trois cents familles turques dans la ville, et cinquante dans la forteresse. Après une longue résistance les Turcs furent enfin forcés de capituler au mois d'août 1822, et, à dater de ce jour, Monembasie a suivi le sort du nouvel État grec.

Au moment où j'y arrivai, Monembasie était une ville presque déserte et qui ne semblait guère avoir chance de se relever de long-temps. La ville n'est occupée que par quarante familles d'anciens habitants et quarante familles de Crétois émigrés, et le château ou ville haute n'a d'autre garnison que soixante invalides commandés par un *phrourarque* (commandant de place). L'abandon presque complet de cette ville me paraît fort prochain : car les champs voisins sont stériles, et les habitants doivent aller jusqu'à Vilia pour cultiver avec avantage; en outre, le port est si peu sûr que le seul caïque que j'y vis était obligé de se chercher une petite crique au milieu des rochers. Je montai dans la ville au milieu des décombres, car Monembasie n'est qu'un amas de décombres. La plus grande église de la ville inférieure est de construction franque. Le portique extérieur est un cintre brisé selon l'ancienne forme grecque, et sur le linteau qui soutient l'architrave sont sculptées des deux côtés les armoiries des Ville-Hardoin : la croix ancrée de Champagne. L'église se compose d'une nef, de deux rangs d'arcades sur les trois quarts de la profondeur, et d'un dôme. Dans la partie intérieure sont deux colonnes antiques : l'une en marbre noir uni, l'autre en marbre blanc et cannelée. Sur les deux côtés de la nef, le long des arcades à pilastres, on aperçoit les places laissées par des pierres tumulaires qui auront été enlevées. Quant aux peintures byzantines de la voûte, elles ont été badigeonnées par les Turcs et on n'a pu, en les lavant récemment, retrouver que quelques lambeaux imparfaits en haut de la voûte et dans la galerie de gauche en allant au chœur. Sur le voile de l'église, sont trois tableaux qui m'ont paru assez bons; ils sont à fond d'or et dans le style byzantin, mais ils ont fort probablement été exécutés par un peintre vénitien. L'un représente la Vierge et porte des armoiries au bas, une fasce rouge sur fond d'azur avec une étoile rouge et or dans les deux cantons ; sur l'autre est peint un Christ, à la tête noble et résignée, vêtu d'une sorte de pelisse vénitienne du quinzième siècle, ouverte sur la poitrine : le troisième tableau est un saint Jean-Baptiste.

A quelque distance est une autre église beaucoup moins grande, mais assez jolie. Sur la façade on lit une inscription grecque qui annonce qu'elle a été construite en l'année 1703, c'est-à-dire sous la domination vénitienne, par André Licinios, patricien de Monembasie. Le nom de ce même André Licinios, avec la date du 9 juillet, se lit également sur la porte d'une maison toute voisine, qui tombe en ruines comme toutes les maisons de Monembasie.

De la ville je montai à la citadelle, dans l'intérieur de laquelle se trouvait un grand couvent fondé par l'empereur Andronic quelques années après la cession faite par Guillaume de Ville-Hardoin. La dimarchie (mairie) de Monembasie possédait autrefois dans ses archives quelques chartes de cet empereur, et de ce nombre était le chrysobulle de 1292 dont G. Phrantzi fait mention. Ces actes ont été depuis envoyés à Athènes, où j'avais pris copie de la charte d'Andronic fort intéressante pour l'histoire ecclésiastique et civile de cette époque. Le monastère d'Andronic, placé sous l'invocation de sainte Sophie, est aujourd'hui sans moines. Une petite chapelle latérale a été creusée dans le roc même. L'église du monastère est bien bâtie, mais elle a été fort maltraitée par les Turcs ; et, malgré la solidité de sa construction, la ruine d'une partie du mur entraînera promptement la ruine du reste de l'édifice. Le phrourarque a fait tout ce qui était en lui pour en protéger la conservation. Maintenant qu'on a déblayé par son ordre beaucoup de décombres, on distingue parfaitement l'endroit où finissait le palais du gouverneur impérial et où l'église a été élevée. En enlevant sous les arcades du cloître deux ou trois pieds de terre qui couvraient le pavé, on a mis aussi à découvert une pierre funéraire fort curieuse. Au milieu est sculptée en bas-relief une épée romaine appuyée sur sa pointe arrondie. Au bas sont deux lions couchés dans un sens opposé, avec la tête relevée du côté des bords de la pierre. Du corps de chacun des lions sort un cyprès, et au-dessus des deux cyprès sont deux paons avec la tête tournée vers le pommeau de l'épée. Je laisse à l'ingénieux interprète des monuments symboliques, M. Lajard, l'explication de ce bas-relief, qui remonte à l'époque romaine. Les Turcs avaient aussi badigeonné l'intérieur de cette église, et, en la faisant laver, on a mis à découvert quelques fragments de l'ancienne peinture byzantine. Les têtes sont meilleures et plus expressives que celles qu'on rencontre dans les églises grecques, mais d'un style fort inférieur à celui des tableaux que j'ai déjà décrits.

La forteresse se compose de deux parties bien distinctes : la partie inférieure, tournée du côté de la ville et au midi, qui est vénitienne, et la partie supérieure, placée du côté du pont et du continent de Morée, qui me semble remonter à l'époque de Guillaume de Ville-Hardoin. Le mur d'enceinte intérieur est conservé en entier à plus ou moins de hauteur, depuis une tour ronde de l'esplanade, abattue en entier et remplacée au temps des Turcs par un moulin à vent, jusqu'aux ruines de plusieurs tours carrées qui dominent la partie la plus haute du précipice.

La chaleur de la journée était extrême : j'avais vu à Monembasie tout ce que je voulais y voir des restes francs, grecs, vénitiens et turcs, et j'avais copie de ses chartes importantes ; j'espérais trouver plus de comfort et plus de fraîcheur à bord de mon bâtiment, j'allai donc reprendre ma yole, qui m'attendait près du pont, et regagnai ma canonnière. A peine avions-nous tourné la montagne rocheuse de Monembasie que le vent du nord commença à souffler avec force et à menacer de nous repousser vers le cap Malée. Nous n'eûmes que le temps de chercher un abri dans le port d'Épidavros-Limeri, que je voulais visiter aussi. J'avais même pris la précaution d'amener avec moi un guide de Monembasie. Je me fis débarquer près d'une source placée au milieu des rochers, et le bâtiment alla s'abriter contre ce terrible vent du nord derrière un petit cap surmonté d'une tour carrée vénitienne à créneaux et opposé à la montagne de Monembasie. Entre ce petit cap et le grand cap Limenaria on trouve une quantité de grottes et de cavernes.

Les ruines de l'antique Épidavros-Limeri se trouvent au-dessus du port fermé par ces deux caps. En montant de la source à l'emplacement de la ville antique, on rencontre au milieu des rochers une sorte d'étang désigné par Pausanias sous le nom d'étang d'Ino. Mon guide monembasiote me dit que l'opinion des gens du pays est qu'on n'en peut trouver le fond. La ville antique, placée en amphithéâtre au-dessus, est connue sous le nom d'ancienne Monembasie. L'emplacement en était certainement mieux choisi que celui de la nouvelle ; elle recevait le vent de la haute mer par l'ouverture des montagnes où se trouve le pont de la Malvoisie actuelle, et n'était pas, comme la Malvoisie moderne, exposée à tous les feux du soleil du midi. Son port était parfaitement abrité contre les vents du nord, ainsi que je pus m'en convaincre : car jamais ce vent ne se déchaîna avec une telle fureur, et mon bâtiment resta fort paisible ; les eaux du port n'en furent même pas violemment agitées. Les murs d'enceinte de la ville antique sont, comme ceux de Tirynthe, distribués en assises régulières composées de blocs irréguliers joints aux rochers. Çà et là, le long des murs, étaient distribuées de petites tours carrées ; dans deux ou trois parties de la montagne on remarque des degrés taillés dans le roc et conduisant à plusieurs plateaux sur lesquels existaient probablement des temples. D'autres degrés, assez bien conservés, étaient taillés dans une partie de l'acropolis qui conduit à un rocher. On trouve aussi dans cette enceinte des citernes qui semblent de construction romaine, et les restes des conduits qui distribuaient dans différentes parties de la ville l'eau de ces citernes.

Le vent s'étant un peu abattu au coucher du soleil, nous pensâmes qu'il nous serait possible d'entrer dans le golfe de Nauplie et nous levâmes l'ancre; mais nos espérances furent déçues : pendant deux jours et deux nuits nous fûmes ballottés par un vent furieux et assaillis ensuite près de Spetzia par une violente tempête. Mais le capitaine était expérimenté, le bâtiment était bon; malgré la lourdeur de nos canons nous tînmes la mer, et, sur la fin du troisième jour, je rentrai à Nauplie charmé de mon excursion, de mes ballades, de mes vieilles chartes et de mes souvenirs.

XXII.

MYLI. — LERNE. — MOUKHLI. — TRIPOLITZA. — NICLI.

Il ne faut pas croire, comme on le lit dans les rapports officiels du gouvernement grec, qu'il y ait une route carrossable de Nauplie à Tripolitza. D'abord, de Nauplie à Myli il n'y a pas de route du tout; et, en tournant le long de la pointe du golfe de Nauplie, on est presque constamment obligé de se faire voie dans la mer. Ces rives sablonneuses sont extrêmement basses, et le flot s'étend de manière à former çà et là de petits marais; de telle sorte que le chemin le plus uni à suivre est celui qui est constamment recouvert d'eau. Myli est un petit village bâti à une lieue et demie de Nauplie près des anciens marais de Lerne. Ce village est dominé par une colline sur laquelle se trouvent les ruines d'un vieux château franc, qui n'est connu dans le pays que sous le nom de Castro de Lerne;

il faut environ trois quarts d'heure pour y monter : on jouit de là d'une belle vue du golfe de Nauplie, de sa plaine et de son enceinte de montagnes. Ce château avait une triple enceinte dont on retrouve encore de nombreux vestiges, car partout ses murs sont conservés hors de terre. La seconde enceinte était défendue par six tours carrées distribuées autour des murailles, et en bonne partie conservées. Au milieu de ces six tours se trouvait une vaste tour carrée à plusieurs étages; dans cette dernière enceinte intérieure était une grande citerne bien conservée : quant à l'enceinte extérieure, qui était fort considérable, on en retrouve de nombreux vestiges entre les rochers dont elle suivait la crête. Au bas de ce château est le célèbre marais de Lerne. Une source qui sort des rochers entre avec vivacité dans ce marais couvert d'herbes hautes et très-épaisses; c'est là que se tenait l'hydre de Lerne, et, à quelques pas de là, on vous montre le trou laissé par Pluton au moment où il entra dans les enfers avec Proserpine. Tous les monticules sont ici couverts de restes de constructions franques. A dix minutes d'une tour de vigie vénitienne près du rivage et sur une colline fort rocailleuse, sont les ruines d'un château franc dont les murs de circonvallation suivaient les courbures du rocher; les tours sont toutes renversées. Quoique peu considérable, ce château était assez fort par sa position.

Mais bientôt les ruines byzantines succèdent aux ruines franques; quand on a franchi la plaine d'Akhlado-Campo on se trouve en présence d'une des plus grandes villes de la Morée sous la domination grecque, la ville de Palœo-Moukhli. Cette ville était encore importante au temps de la domination franque. G. Phrantzi raconte qu'en l'an 1458 elle fut livrée par son commandant, Matthieu Asan, beau-frère de Démétrius Comnène, à Mahomet II ; et l'occupation de Moukhli cette même année est attestée par la petite Chronique, à la suite de J. Ducas. La route de Nauplie à Tripolitza passe au pied de la montagne sur le penchant de laquelle était bâtie Moukhli du côté de la gorge qui est le plus adouci et non du côté de la vallée d'Akhlado-Campo, où la montagne se termine en pente abrupte. Je descendis de cheval auprès d'une fontaine abondante et m'avançai à travers les terrains cultivés de ces revers de montagne jusqu'aux ruines de la ville. Elles sont considérables. Les Grecs du pays, quand ils veulent donner l'idée d'une grande ville, disent qu'elle possédait trois cent soixante-dix églises. Ce nombre est fort exagéré sans doute quand on parle de Moukhli, mais on y retrouve encore des ruines qui donnent l'idée d'une ville de vingt à vingt-cinq mille habitants et les églises sont en proportion avec cette population supposée. Une de ces églises est conservée de la manière la plus pittoresque, le toit seul et la partie des murs de côté qui soutiennent le toit sont écroulés ; mais les larges portiques, les arcades élevées, sans parler du grand dôme et les deux petits dômes de côté, se tiennent encore debout. Son style diffère de celui des autres bâtiments de Palœo-Moukhli, elle est toute bâtie de briques et la forme en est parfaitement byzantine; tandis que les murailles des autres bâtiments, églises et tours, sont en pierre noire, et que les murailles de la forteresse ont été, comme celles d'Angelo-Castro, bâties en petites pierres sèches et comme à la hâte. Cette forteresse, qui était très-considérable, domine tout le haut de la montagne. La ville s'étendait depuis le milieu de la montagne jusqu'à la crête. On peut encore suivre sur le versant les traces des murs d'enceinte et à l'intérieur de ces murs on rencontre d'étage en étage une nombreuse suite de rues, de maisons et d'églises avec une grande quantité de citernes distribuées partout. Au bas de cette enceinte les terres sont cultivées; mais partout la terre est recouverte de fragments considérables de tuiles qui montrent que là existaient aussi des habitations : Moukhli était un point fort important, puisqu'il commandait le passage étroit de la route de Nauplie en Laconie, en Arcadie et en Messénie.

En sortant de la gorge du mont Parthénius, à peu de distance de Palœo-Moukhli, on débouche dans une belle et vaste plaine, la plaine de Tripolitza. Cette ville, formée vers 1770 des débris des trois cités antiques de Pallantium, Tégée et Mantinée, était devenue le centre de l'administration turque en Morée. Une forteresse importante la protégeait, et tous les défilés ou dervends qui conduisent à cette belle plaine sont étroits et faciles à défendre. Tripolitza n'offre plus aujourd'hui qu'un amas confus de ruines d'où sortent çà et là quelques maisons toutes neuves. Prise le 5 octobre 1821 par les Grecs, elle fut reprise par Ibrahim, et complétement détruite dans ces deux attaques. Depuis qu'un gouvernement régulier a été établi dans le pays, Tripolitza cherche à reprendre peu à peu sa place. Les habitants de Tripolitza sont actifs et laborieux : semblables au Lucquois, aux habitants de Ceno-Valli dans le Tésin, aux Auvergnats, ils quittent leur pays pour se porter à Athènes et dans d'autres parties de la Grèce, afin d'y utiliser leur travail, et reviennent ensuite, quand ils ont amassé quelques économies, s'établir dans leur ville natale. Le bazar de Tripolitza offre un grand mouvement. On y voit surtout beaucoup d'ouvrages en fer-blanc et en quincaillerie à l'usage grec.

Je ne restai qu'un jour à Tripolitza et me hâtai dès le lendemain de m'acheminer vers l'antique Tégée, que je désirais surtout voir parce que j'étais convaincu que c'était sur ce même emplacement qu'existait une des villes les plus importantes de la Morée au moyen âge : la ville de Nicli, dont il est fait si fréquente mention dans la Chronique grecque de la conquête de la Morée par les Francs. En une heure et demie d'un trot facile en plaine, j'arrivai à Palœo-Épiscopi ; l'antique Tégée, et la Nicli de la Chronique. Ses murs d'enceinte, fabriqués de petites pierres unies avec du ciment, s'élèvent presque partout à une dizaine de pieds de hauteur sur six d'épaisseur, et tout le long on voit encore des restes de tours et de fortifications. La route de Nauplie à Sparte par Palœo-Moukhli passait à côté des murs de Nicli sans toucher à Tripolitza, qui n'existait pas encore. Cette ville, qui a été fort considérable, devait être très-agréable à habiter. Une église, probablement la cathédrale, subsiste encore, et elle m'a paru fort différente des autres églises grecques. Elle est composée d'un dôme central et de quatre petits dômes placés autour de ce grand dôme. Les murs sont bâtis en briques. Je crois qu'elle a été bâtie sur les ruines d'un temple antique; car les assises inférieures, surtout sur le derrière de l'église, sont tout à fait antiques, et partout les fragments de bas-reliefs et de colonnes de marbre sont mêlés dans les constructions supérieures à celles des grandes pierres helléniques qu'on a relevées. En dehors de l'église je vis, gisant par terre, un grand fragment de bas-relief qui représentait une tête fort endommagée et une moitié de corps drapée de grandeur naturelle. Ce bas-relief provenait sans doute d'un ancien tombeau. En visitant d'autres églises des environs, comme celles d'Hagios-Sostis et de Piali, par exemple, je vis qu'elles étaient toutes composées de fragments de marbres antiques.

La route qui mène de Palœo-Épiscopi à Sparte suit, jusqu'au village de Kryo-Vrysi, le lit du Saranda-Potamos, souvent desséché, et elle est encaissée entre deux rangs de rochers. Kryo-Vrysi a pris son nom d'une fontaine dont les eaux excellentes, qui ont toujours conservé la même abondance, découlent d'un petit monument composé de fragments anciens. C'est dans ce lieu, appelé Symbolia, que se réunissent divers courants qui tombent dans le Saranda-Potamos. Le voyageur anglais Leake pense que cette fontaine est la source que Pausanias appelle celle de l'Alphée. Tout en face la fontaine sont dispersées sur la montagne les ruines d'une forteresse du moyen âge qui était fort bien placée pour dominer tout le pays.

En sortant de Kryo-Vrysi la route suit la pente d'une montagne. Parvenu au sommet on découvre un pays d'un tout autre aspect; c'es une longue plaine très-fertile, très-bien plantée et très-bien cultivée, nommée la plaine d'Arachova. Ces belles campagnes de la Laconie étaient animées par quelques villages semés çà et là et par un grand nombre de cultivateurs qui se livraient dans tous les champs aux travaux de la saison. J'avais un plaisir extrême à parcourir cette riche vallée ceinte de montagnes verdoyantes. Je laissai bien loin derrière moi mon guide et me mis à galoper avec un véritable enivrement de bonheur. Après quatre heures de cette course rapide j'arrivai à la montagne et entrai dans de jolis bois qui en revêtent les flancs. Le murmure d'une fontaine nous attira moi et mon cheval. Deux pallicares parés plutôt qu'armés de couteaux et de pistolets, comme le sont tous les paysans grecs, étaient arrivés avant moi dans cette place étroite à travers le bosquet. En attendant qu'ils eussent abreuvés leurs chevaux, je descendis, attachai mon cheval à l'ombre et cherchai à côté un endroit bien abrité pour m'y reposer au frais. En écartant les rameaux pour me frayer une voie dans un endroit qui me paraissait excellent, j'aperçus un homme assis sur le gazon avec une expression d'attention et tenant son fusil debout entre ses jambes et tout armé. Je lui demandai ce qu'il faisait ainsi caché; il me répondit qu'il était un des gardes municipaux de la caserne voisine, qu'il était là en service comme l'étaient deux autres de ses camarades dans d'autres endroits du fourré, et qu'ils guettaient deux voleurs cachés dans les bois entre ce lieu et Vourlia. Peu de jours auparavant un dimarque avait été arrêté à ce même endroit isolé par les deux bandits, qui lui avaient enlevé une dizaine de colonnades. L'idée me vint que les deux pallicares que j'avais rencontrés pourraient bien être les deux klephtes qu'il cherchait et je lui montrai leur figure et leur tournure, qu'il reconnut en effet comme celle de ses hommes; il se mit sur-le-champ en marche de ce côté, mais déjà ils avaient disparu. Ce que me disait le garde municipal éveilla fort ma curiosité. Je n'avais pas encore rencontré de voleurs en Grèce, car ma découverte des deux pallicares inoffensifs ne pouvait compter. J'étais d'ailleurs préparé au mieux pour une rencontre de ce genre. J'étais monté sur ma selle anglaise et ne portais par conséquent aucun effet de voyage avec moi ; tout était resté, ainsi que mes chevaux de suite, avec mes agoïates, qui étaient à plusieurs lieues de distance et qui, informés sans doute de la présence des voleurs, avaient eu soin de se joindre à une caravane de marchands de Mistra trop prudents pour s'aventurer sans escorte. Il aurait été difficile de me prendre autre chose que quelques écus, et encore n'étaient-ils pas très-faciles à prendre ; car les Orientaux, qui ne tirent jamais qu'en appuyant leurs armes sur un objet en repos, sont fort peu rassurés en présence d'un pistolet entre les mains d'un Franc, qui, comme ils le savent, tire sur un objet en mouvement sans avoir besoin d'appuyer son arme. La chance d'une scène aussi nouvelle pour moi méritait bien que je voulusse la braver. Je rafraîchis donc mon cheval à la fontaine, le sellai bien et me hâtai de me jeter dans ces sentiers boisés et montagneux. J'eus le désappointement de ne rencontrer personne, et j'arrivai sans encombre au khani de Vourlia situé sur le versant d'une montagne au-dessus de laquelle sont les ruines de l'ancienne forteresse de Sellasia transformée au moyen âge en forteresse gothique. C'est un passage fort important à garder. De là se découvrent toute la riche vallée de l'Eurotas et toute la chaîne imposante du Taygète. La chaîne du Taygète ou Malevo est d'un effet admirable par sa continuité et le rapprochement de ses pics aux formes les plus variées. Je restai là plusieurs heures dans une véritable admiration, seul mets dont j'étais destiné à me repaître ; car, lorsque mes guides arrivèrent, je trouvai mes provisions gâtées par la chaleur de la journée, mon pain durci de manière à être immangeable sans le tremper dans l'eau, et mon vin tourné et aigri. Le khani de Vourlia n'avait à m'offrir que les oignons crus de son jardin. A quatre heures je montai à cheval pour descendre la montagne de Vourlia. La vue est véritablement fort belle. De ce côté la campagne est d'une richesse extrême ; les figuiers, les mûriers, les citronniers, les orangers, les oliviers y abondent. L'olivier de la Lacédémonie paraît un arbre tout différent de l'olivier de l'Attique : ses feuilles sont vertes et luisantes et sa hauteur comme son ampleur sont plus considérables. Je m'arrêtais de temps en temps en extase contemplant cette belle vallée de l'Eurotas et ces belles montagnes. Devant moi, sur une chaîne appelée le Pentedactyli, apparaissait le château de Mistra, bâti par mon compatriote Guillaume de Ville-Hardoin ; sous mes yeux se développait la place où était autrefois Sparte, et ce fleuve que je voyais c'était l'Eurotas. Je traversai l'Eurotas sur un pont fort élevé et descendis au bas de cette rive, gracieusement revêtue d'herbes épaisses, de fleurs et d'arbrisseaux, pour boire dans mes mains les eaux de l'Eurotas, qui coule paisiblement entre des haies touffues de lauriers-roses, de narcisses et de lis bleus. Quand on est arrivé au pied des premiers contreforts du Taygète, la route se divise. D'un côté on va à Mistra, forteresse franque devenue forteresse turque, sur la montagne ; de l'autre on va à l'antique Sparte, située dans la plaine et que j'apercevais de loin : car une petite ville nouvelle a récemment commencé près de l'emplacement antique. Je passai donc au pied d'une tour carrée placée sur le penchant d'une colline, traversai des champs d'oliviers, des vergers, des cours d'eau et de véritables jardins ; passai au pied de la Lacédémone byzantine, qui avait remplacé l'acropolis de Sparte ; longeai les restes du théâtre ; remarquai en passant des débris de colonnes des temps antiques, et arrivai dans la Sparte nouvelle.

XXIII.

SPARTE. — LACÉDÉMONIA. — MISTRA. — AMYCLÉE.

Il y a en réalité trois villes de Sparte : la Sparte antique, la Lacédémonia du moyen âge et la Mistra de Ville-Hardoin ; fort distinctes l'une de l'autre par leur existence historique comme par leur emplacement, mais qui ont souvent été confondues dans un même nom. La Sparte antique était placée dans la plaine où sont les quelques maisons qui composent la Sparte moderne, et s'étendait jusqu'aux collines auxquelles sont adossés les restes de l'amphithéâtre. La Lacédémonia du moyen âge comprenait les quatre collines seulement de l'Eurotas réunies et closes par un mur d'enceinte. La Mistra des Francs était à une lieue de là, adossée au Taygète ; et, comme dans ces temps de trouble toute la population abandonnait les plaines pour se réfugier dans les montagnes sous la garde des forteresses, le nouveau fort de Mistra fut connu à son tour sous le nom de Sparte et est souvent désigné ainsi par l'historien Georges Phrantzi.

La Sparte actuelle est une création qui ne date que de fort peu d'années. Il n'existait plus qu'une seule masure sur ce terrain consacré lorsqu'on ordonna une ville. Quelques maisons sont déjà élevées, mais il n'y a pas encore de rues. Cependant c'est la capitale de la province et je descendis chez le gouverneur M. Latris, homme fort lettré. La température était d'une chaleur excessive, 33 degrés de Réaumur. Dès cinq heures du matin on a déjà la température la plus haute de la journée ; et cependant cette riche plaine est si bien arrosée par l'Eurotas et par deux petites rivières que l'herbe y était parfaitement verte. Les maïs, les vignes étaient aussi verdoyants que le sont les prairies de Normandie au printemps. Les mûriers qui couvrent cette plaine avaient déjà pris leur seconde feuille. Les hommes sont les seuls êtres vivants dans cette belle plaine qui semblent souffrir de la chaleur, et ils n'ont aucune prévoyance pour s'en garantir. Leurs maisons, construites à l'allemande, avec beaucoup de fentes et des murs très-légers, sont de véritables étuves; il n'y a pas de portiques sous lesquels on puisse se mettre à couvert : et, bien qu'une neige abondante blanchisse les pics du Taygète et revête tous ses flancs et qu'il suffise de huit heures pour arriver à cette glace, on n'en envoie pas chercher, et le conseil de la ville n'a pas songé à avoir une glacière.

Malgré cette extrême chaleur, j'allai visiter la magnanerie et la filature de soie que l'on vient de fonder. La filature pourrait contenir trois cents ouvriers, mais je n'ai aperçu qu'une trentaine d'hommes et quelques femmes; tous ouvriers italiens, venus pour redonner les leçons qu'au douzième siècle l'Italie reçut elle-même de la Grèce lorsque le Normand Roger transporta les vers à soie et les manufactures de soie de Corinthe en Sicile. La magnanerie ne peut guère produire qu'une trentaine de livres de soie, mais chaque paysan a l'habitude d'élever des vers à soie. Les femmes les font éclore en les laissant sur leur poitrine. Les nombreux mûriers du pays servent à leur alimentation; et les propriétaires viennent ensuite vendre leurs cocons à la magnanerie, qui les fait filer. La production de la soie a fait depuis quelques années beaucoup de progrès dans ce pays; on fait plus et mieux, et le prix de la soie de Lacédémone a presque doublé sur le marché de Lyon.

Un vandale français, M. de Fourmont, se vante, dans ses lettres à M. de Maurepas, d'avoir complétement anéanti la Sparte antique : « Je l'ai fait non pas abattre, écrivait-il
» au ministre, mais raser de fond en comble; il n'y a plus
» de cette grande ville une pierre sur une autre. Depuis
» plus de trente jours, trente et quelquefois soixante
» ouvriers abattent, détruisent, exterminent la ville de
» Sparte... Si, en renversant ses murs et ses temples; si,

» en ne laissant pas une pierre sur une autre au plus petit
» de ses *sacellum* son lieu sera dans la suite ignoré, j'ai
» au moins de quoi le faire reconnaître, et c'est quelque
» chose. Je n'avais que ce moyen de rendre mon voyage
» illustre ! »

Cette exclamation est assurément digne d'un autre Érostrate. Mais le mépris et le dégoût succèdent à la haine contre un tel homme quand on voit que ce vandalisme n'était qu'une fanfaronnade de barbarie. Fourmont n'avait pas soixante ouvriers pendant trente jours, et ses soixante ouvriers, qui ne connaissaient ni le pic ni la pioche, avaient fait peu contre des murs helléniques dont un attelage de chevaux ne pourrait remuer une assise. Aussi retrouve-t-on encore sur place plusieurs de ces monuments que le temps seul ne suffit pas pour détruire.

Je me dirigeai d'abord vers les collines situées près de l'Eurotas et le long desquelles en arrivant j'avais aperçu quelques restes de constructions. De ces quatre collines qui se joignent, la plus élevée est celle qui s'avance par une pente abrupte jusqu'à la route actuelle de Tripolitza. Le long de la troisième et de la quatrième, du côté de l'Eurotas et sous les soubassements de la muraille byzantine qui enceint ces quatre collines, sont les fondements de quatre temples antiques, dont trois sur la troisième colline. Ce sont, comme presque toujours, de vastes pierres quadrilatères. A quelques pas au-dessous de ces temples, sur lesquels était appuyée la muraille byzantine, je remarquai une inscription grecque en belles lettres un peu cassées sur une pierre de six pieds sur huit. Les dix lignes, que je copiai, étaient gravées d'une manière fort lisible. Une autre pierre, située quelques pas plus haut, près des soubassements d'un autre temple, porte aussi une inscription de la même époque; mais les lettres en sont si effacées qu'il m'a été impossible de la lire. Dans l'intérieur de ce mur d'enceinte, on aperçoit les ruines de plusieurs églises; et sur les murs de ces églises, comme sur ceux des fortifications, des colonnes antiques coupées en morceaux ou détachées par assises de quelque édifice voisin apparaissent en tout sens, tantôt dans la largeur du mur et tantôt dans sa profondeur. Au bas de la plus haute colline sont les restes d'un ancien édifice public et d'une église qui offrent un grand nombre de traces de semblables mutilations. L'amphithéâtre de l'antique Sparte est adossé à cette même montagne, la concavité de l'hémicycle tournée vers la ville. Les grands murs d'appui des deux côtés sont conservés jusque sur le haut ainsi que les gradins du théâtre.

J'étendis mon excursion au delà de l'amphithéâtre, partout où il me semblait pouvoir retrouver des restes antiques. Une petite église d'apparence fort ancienne contient quelques débris, réunis dans les champs voisins à mesure qu'on les retrouve ; car les Grecs actuels montrent partout un grand respect pour les restes helléniques, et, une fois qu'ils sont réunis dans l'église la plus ruinée, ils sont là, sous la foi de la piété publique, plus en sûreté qu'ils ne seraient chez nous dans le musée le mieux gardé. Parmi ces débris, un grand fragment de statue drapée de grandeur naturelle, mais sans tête et sans pieds, m'a semblé d'un assez beau style. On a fait placer, dans une grande pièce de la maison du gouverneur Latris, quelques autres fragments de têtes, bustes, inscriptions, pour commencer un musée. Une statuette de Mercure, en marbre blanc, de deux pieds de haut, est un fort joli morceau ; il n'y manque qu'une main et les deux pieds. De nombreux fragments ont été sans doute employés à la construction des ponts et peut-être à celle du théâtre ; mais, comme aucune ville moderne n'avait été construite dans cette plaine avant la Sparte nouvelle, on doit retrouver encore beaucoup de restes dans ses atterrissements : c'est encore là une terre vierge à exploiter. Entre les collines et la ville moderne est un monument en pierres quadrilatères. Les traditions populaires le donnent comme étant le tombeau de Léonidas, dont le corps fut apporté à Sparte après sa mort aux Thermopyles. C'est une sorte d'héroüm. Il n'en existe plus que les murailles tout unies, qui n'annoncent pas la forme d'un temple. De là je traversai des champs d'oliviers et de mûriers pour redescendre vers les bords de l'Eurotas, afin d'y voir un tombeau que les mêmes traditions populaires donnent comme celui du roi Agis. C'est là une promenade délicieuse. L'Eurotas coulait sans doute autrefois le long d'une sorte de circonvallation naturelle dont il est éloigné aujourd'hui de quelques centaines de pas, et les terrains qu'il a abandonnés ont formé des terres grasses fort bien cultivées. A l'extrémité de ce tertre, près d'une plantation de beaux peupliers qui s'étend jusqu'à l'Eurotas dans l'endroit où il se rapproche de la rivière de Magoula, qui arrive de son côté pour se réunir à lui, on aperçoit un tombeau creusé dans une sorte de pierre rougeâtre. Le couvercle en a été enlevé, brisé et jeté à quelques pas; c'est peut-être là un des exploits dont se vante Fourmont. On y voit une statue en haut-relief drapée et un peu plus forte que la grandeur naturelle. On n'aperçoit plus que le pied, la jambe et le tour du corps de celui qu'on dit être le roi Agis, le haut-relief a été creusé ou brisé dans sa partie saillante. Le tout paraît plutôt des temps romains.

Ce lieu, gracieusement planté de peupliers s'avançant en angle arrondi à l'extrémité jusqu'au confluent des deux rivières, m'a semblé répondre tout à fait à la situation du célèbre Platanistas, où luttaient ensemble les jeunes gens et les jeunes filles de Sparte.

Dans la soirée M. Latris, gouverneur de Sparte, et moi nous allâmes visiter, au sud de la ville actuelle, une colline sur laquelle se trouvent aussi des restes antiques. On a de là une fort belle vue de la vallée de l'Eurotas. Elle n'est qu'à un quart de lieue de la ville, et en la plantant on pourrait faire un lieu de promenade agréable pour une ville où il serait nécessaire de pouvoir trouver quelques lieux un peu ombragés.

Dans le cours de mes excursions à la poursuite de l'antique, je me rendis, à cheval, jusqu'à l'antique Amyclée, aujourd'hui Sclavo-Chorio, le village des Slaves, à une lieue de Sparte, dans la plaine. Malgré toutes mes recherches, je ne pus trouver que quelques colonnes brisées et deux restes de temples antiques servant de soubassement à des églises. Là, ainsi qu'à Sparte, je me fis apporter toutes les vieilles monnaies que possédaient les paysans. Elles sont en général de l'époque byzantine. J'en trouvai cependant plusieurs en cuivre des temps helléniques et de Sparte même et plusieurs autres des princes français de la famille Ville-Hardoin, qu'on ne dédaignera plus désormais, je l'espère, comme on les avait dédaignées jusqu'ici faute de les connaître.

La Lacédémonia byzantine occupait les quatre collines que j'ai mentionnées plus haut, à une lieue de la Sparte actuelle et près de l'Eurotas. « Lacédémonia, dit la Chronique de Morée[1], était une grande ville bien garnie de tours et de murailles[2] fabriquées de chaux. Les habitants s'étaient vigoureusement fortifiés, avec la ferme résolution de ne pas se rendre. Pendant cinq jours les Français tournèrent jour et nuit en combattant sans interruption autour de la place, et ils dressèrent les trébuchets qu'ils avaient amenés de Nicli. Enfin, après un grand carnage et la destruction des tours, la ville, cédant à la force, capitula et obtint, par une convention garantie sous serment, que les habitants conserveraient leurs propriétés et leurs priviléges. »

L'emplacement de Lacédémonia est fort reconnaissable. Les murs de cette ville forte, construits de ciment, se continuent sans interruption autour des quatre collines; quelques tours en ruines s'y remarquent d'espace à autre. Dans l'intérieur, des débris de plusieurs églises annoncent son ancienne splendeur; et l'espace marqué par les murs d'enceinte indique qu'une population de vingt à vingt-cinq

---

[1] P. 51 de mon édit. à deux colonnes.

[2] C'était une des douze places fortes de la Morée.

mille habitants pouvait y trouver place. Elle ne paraît pas s'être jamais bien relevée depuis la conquête franque.

C'est de cette dernière époque que date la construction d'une troisième ville qui est mentionnée, par G. Phrantzi, sous le nom de Sparte[1], et dont le véritable nom est Mezithra[2] suivant les Grecs, et Mistra suivant les Francs; et, sur ce point, je suis assez de l'avis des Francs, qui en étaient les fondateurs. Le chroniqueur grec de la principauté française de Morée raconte[3] que, pendant le séjour du prince Guillaume de Ville-Hardoin dans ces parages, il trouva, à une lieue de Lacédémonia, un petit monticule situé d'une manière pittoresque au-dessous d'une plus haute montagne. Cette situation, ajoute-t-il, lui parut convenable pour y placer un fort. Il en fit en effet construire un sur cette montagne, et lui donna le nom de Mezithra, qu'il porte encore aujourd'hui. Il en fit une belle place et un fort des plus imprenables.

Le sentier qui conduit de Sparte à Mistra conduit à travers des vergers de mûriers et d'oliviers, et traverse plusieurs cours d'eau. Au village de Magoula, placé sur la route, je visitai en passant, près d'un moulin, une vieille église dont une partie a été entraînée par la rivière de Ma-

[1] Lorsque G. Phrantzi mentionne la cession que fit Guillaume de Ville-Hardoin, en 1263, à Michel Paléologue des trois places de Monembasie, de Maina et de Mistra pour sa rançon, il donne à cette dernière le nom de Sparte, καὶ τὴν Λακωνικὴν Σπάρτην (p. 17). Lorsqu'il mentionne la vente faite à Rhodes par le despote Théodose, en 1408, de son despotat de Mistra à l'ordre de Saint-Jean-de-Jérusalem, il l'appelle la seigneurie de Sparte, Περάσας ἐν τῇ Ῥόδῳ μετὰ τριήρεως τὴν τῆς Σπάρτης ἀρχὴν ἐπεπωλήκει τῇ ἀδελφότητι τοῦ προφήτου καὶ βαπτιστοῦ Ἰωάννου. (Pag. 63.)

[2] Mezithra est une espèce de fromage caillé en Turquie. Mistra, en patois de France, signifie la maîtresse ville. Εἰς τὸ παρόντα τόπον ὅπου εἶναι ἡ χώρα προονομασθεῖσα Μεζυθρᾶς, ὁ νῦν καλούμενος Μιστρᾶς. (Manuscrit de l'archevêque de Lacédémone.)

[3] Page 73.

goula, qui quelquefois devient un torrent fougueux, mais qui, au moment de ma visite, était si humble que je laissai là le pont et la passai à gué. Cette petite église, connue sous le nom de κοίμησις τῆς Θεοτόκου (Assomption de la Vierge), avait un pavé en mosaïque, et le nartex extérieur était ouvert et orné de colonnes.

Depuis le départ des Turcs un faubourg assez considérable ou plutôt une nouvelle ville de Mistra s'est formée au pied de l'ancienne ville, dont elle est séparée par la rivière. Avec la sécurité est revenu le goût d'habiter dans les plaines. Le nouveau bourg, appelé Parori ou Exo-Chori, forme aujourd'hui une sorte de concurrence avec la nouvelle Sparte.

Je traversai la rivière et arrivai dans la Mistra de Guillaume de Ville-Hardoin. Le monticule sur lequel elle est bâtie est en effet placé au pied de la chaîne du Taygète. Une gorge fort étroite, en pente fort rapide dans le fond, et tout à fait abrupte du côté du mamelon de Mistra, la sépare d'un autre mamelon. La ville se continue depuis la rivière jusqu'en haut, divisée en trois parties : Kato-Chori, le bourg d'en bas; Meso-Chori, le bourg du milieu, et le Castro, tout à fait au-dessus de la montagne : mais la partie inférieure de la ville est la seule habitée, le reste ayant été abandonné après la révolte des Maïnotes et les ravages des Albanais. Ce ne sont partout que maisons et églises en ruines.

A une assez grande hauteur est situé le monastère de Ζωοδόχου πήγη (Mère du Sauveur), que j'avais si vainement recherché à Sparte même; trompé par G. Phrantzi, qui nomme ainsi Mistra par affection pour l'antiquité classique. Je tenais à visiter le tombeau de Théodora Tocco, nièce du comte Charles Tocco de Céphalonie et femme de Constantin Paléologue depuis empereur et le dernier des empereurs, et celui de Cléophas Malatesta, femme du despote Théodore son frère, qui toutes deux y avaient été enterrées. G. Phrantzi raconte que, la belle Théodora Tocco étant morte à Saint-Omer (Santameri) en Morée, près de Patras, en novembre 1430, au grand regret de son mari et de toute sa maison, qui admirait sa parfaite beauté, son corps fut d'abord transporté dans une des églises de Clarentza, puis de là dans le monastère de Zoodocou à Sparte[1]; et que Cléophas Malatesta y fut inhumée aussi[2] en 1433.

Le monastère mentionné ici a été en partie ruiné; mais les tombeaux subsistent encore au milieu des ruines du cloître, et sont connus comme tels dans les traditions du pays. L'église, appelée Pantanasie, dont l'architecture est toute latine, est conservée en entier. Au-dessus du portique s'élève une colonnade ouverte comme les Loggie de Florence, et à l'extrémité de la colonnade une tour de forme byzantine. Le tout me paraît de trop bon goût pour avoir pu être construit à l'époque franque; cela paraît plutôt de l'époque vénitienne, c'est-à-dire de la fin du dix-septième siècle. Un peu au-dessous est la métropole, à laquelle est adossée le palais archiépiscopal, qui sert aujourd'hui d'habitation au curé, frère de l'archevêque actuel; ce dernier était en visite chez son frère, et ils me firent, avec la plus parfaite politesse, les honneurs de la métropole. Sur la porte d'entrée on lit que cette église a été bâtie par l'archevêque Nicéphore, le premier des archevêques du rit grec, qui prit possession de Mistra après l'abandon qui en fut fait, en 1263, par Guillaume de Ville-Hardoin à Nicolas Paléologue pour prix de sa rançon. Suivant les Annales des frères-mineurs de Wadding, le dernier des évêques latins de Mistra s'appelait Haymon et fut transporté à l'évêché de Coron[3]. La série des arche-

---

[1] Καὶ μετὰ ταῦτα ἀνεκόμισαν αὐτὴν εἰς τὴν ἐν τῇ Σπάρτῃ τοῦ Ζωοδότου μόνην. (P. 154.)

[2] Καὶ ἐτάφη ἐν τῇ Ζωοδότου μόνῃ. (P. 158.)

[3] Wadding rapporte (t. 2 de ses Annales) une lettre de Nicolas III, en date du 18 août 1292, qui recommande à l'évêque d'Olène, au prieur des frères-prêcheurs et au gardien des frères-mineurs de Clarentza, *ut Haymonem, episcopum Lacedæmoniæ* in Peloponneso,

vêques du rit grec, depuis cette époque, est donnée, avec quelques extraits de la vie de chacun, dans un volume manuscrit que possède l'archevêque de Lacédémone Mélétius. Il voulut bien me le confier, ainsi qu'un autre manuscrit sur parchemin in-folio qui contenait un évangéliaire du quinzième siècle, et il m'invita à prendre copie de son Κόνδιξ ἱερὸς, contenant les vies de quelques-uns des métropolitains, ses prédécesseurs : ce que je fis. Ce sont d'abord Nicéphore, le premier après l'abandon de Mistra par les Français en 1263, puis Matthieu et Luc, puis, après une longue lacune, Nilus, Théodoret, Gennadius, Kyprianos, Joseph, Gabriel et Ananias. Cet ouvrage trouvera sa place dans la seconde partie de mes Nouvelles recherches.

L'église métropolitaine est assez vaste. Sur le mur extérieur, à droite de l'église, sous une sorte de petit porche ruiné, est une autre inscription gravée sur le marbre vers la même époque que celle dont je viens de parler. A l'intérieur, sur cinq des colonnes de marbre, des deux côtés de l'église, je remarquai également des inscriptions gravées en caractères ecclésiastiques du haut en bas de l'église. Sur l'une d'elles je lus la date de 6847 du monde ou 1341 de J.-C., et toutes me semblèrent contenir le dénombrement des biens de toute nature possédés par l'archevêché de Mistra ou Lacédémonia en différents lieux. L'évêque, à ma demande, voulut bien donner des ordres pour que l'on décalquât ces diverses inscriptions sur gros papier, d'après les moyens usités aujourd'hui et que je lui enseignai, et promit de me les faire passer à Athènes; ce sera un monument authentique curieux de plus pour l'histoire de cette époque à ajouter à ceux que fournit son manuscrit.

Je laissai mes chevaux parmi les ruines du couvent et marchai vers le castro. On arrive à une grande place qui a dû être assez belle, et qui est connue dans le pays sous le

a Græcis occupato, ad ecclesiam Coronensem, etiam in Peloponneso et Messeniâ sitam, à capitularibus postulatum, in eâdem auctoritate apostolicâ admitti et à prioris ecclesiæ vinculo absolvi curent.

nom de palais de la Basilissapoula (de la Princesse). Peut-être était-ce là en effet le palais des despotes de Mistra, qui étaient toujours de la famille impériale. Il faut encore une demi-heure pour arriver de là à la cime de la montagne sur laquelle est construit le castro, à 634 mètres au-dessus du niveau de la mer. Les fortifications se composaient de plusieurs lignes de murailles flanquées de tours. Une des tours carrées se voit encore dans la partie la plus basse, sur le versant à droite, et on retrouve d'intervalle à autre en montant de grands restes de murailles de la construction franque primitive, qui a dû être modifiée ensuite par les despotes grecs de Mistra, par les Turcs et par les Vénitiens. La partie supérieure, telle qu'elle existe aujourd'hui, ne conserve plus que quelques restes du mur ancien et des chemins de ronde; le reste est de construction assez récente. En faisant des travaux de ce côté, en l'an 1827, on trouva tout en haut, auprès de la porte, une cuirasse et des jambards de fer, et, dans le même endroit, un tombeau dans lequel étaient un casque à visière et une cotte de mailles. La cotte de mailles était tout à fait brisée, et on en donna quelques morceaux au roi Othon à son passage à Sparte. Quant à la cuirasse, au casque à visière, aux jambards et au reste de l'armure, je n'ai pu apprendre ce qu'on en avait fait.

En revenant de Mistra à Sparte, je m'arrêtai quelques instants à examiner un rocher perpendiculaire situé à un quart d'heure de Mistra, et qu'on donne comme étant le célèbre rocher des Apothètes, d'où on précipitait, suivant Plutarque[1], les enfants spartiates contrefaits.

Le soleil se couche une heure plus tôt à Sparte à cause de la hauteur presque perpendiculaire du Taygète; mais, malgré l'absence du soleil, il faisait une chaleur insupportable. Les rochers voisins, échauffés par le soleil du jour, rejettent pendant la nuit la chaleur qu'ils recellent, et les

---

[1] Vie de Lycurgue.

nuits sont ainsi chaudes que les jours. A mon retour chez mon hôte, le gouverneur Latris, j'y rencontrai un colonel turc, Achmet-Bey, qui arrivait de Calamata par la route du Taygète. Achmet-Bey jouissait de la faveur du sultan Mahmoud. Il m'a raconté qu'il avait même été employé trois fois dans des missions de confiance, l'exécution d'un pacha redoutable, et il s'en était tiré tout à fait à la satisfaction de son maître. L'un de ces pachas était ami d'Achmet-Bey, ce qui lui donna pour le frapper une facilité dont il s'applaudissait en me le racontant. J'ai souvent entendu les ennemis des Grecs parler de la franchise des Turcs ; mais qu'ils étudient les ruses auxquelles on est obligé d'avoir recours pour obtenir justice contre le fort, et ils apprécieront plus exactement l'absence de franchise que le despotisme traîne à sa suite. Un seul des faits qu'Achmet-Bey me raconta révélera toute l'étendue du mal. Il était le chef de la police de Smyrne. Quelques affaires l'ayant appelé à Constantinople, il apprend, à son retour à Smyrne, que sa garde même s'était portée aux plus criminels excès contre les chrétiens et qu'on en avait assassiné un grand nombre. Achmet-Bey croit toujours que les intrigues du sérail sont au fond de tous ces meurtres commis contre les chrétiens; il ne voulut donc pas faire appel à la justice du divan, mais il chercha à se venger lui-même. Il assemble donc sa garde ; il leur parle des meurtres commis contre les chrétiens; il les en félicite en bon musulman ; leur donne des récompenses à tous pour y avoir pris part, et annonce une plus haute récompense aux mieux méritants quand il les connaîtra. Ceux-là, par forfanterie, se désignent. Il les récompense largement, les invite à un grand dîner, et quand ils sortent de sa table il les fait égorger tous un à un. Achmet était charmé de la manière dont il avait eu justice des siens, et il n'entrevoyait pas qu'il y eût rien à dire contre cela, et c'est un bon et excellent Turc à sa manière. Nommé colonel des troupes envoyées en Crète, il s'était opposé aux mesures atroces qu'on avait voulu prendre contre les populations chrétiennes; car Achmet veut qu'on traite les rayas avec justice, et se déclare partisan du grand justicier Mahmoud, dont il vénère la mémoire. Ses collègues s'étant prononcés pour une extermination, et, ayant été forcés de céder à ses remontrances, il pensa qu'ils ne tarderaient pas à se venger sur lui. Aussi, dès qu'il vit la guerre prendre fin, au lieu de retourner à Constantinople il s'embarqua secrètement, après avoir fait dire à sa famille de quitter la Turquie pour venir le rejoindre, et il s'était décidé à se faire citoyen grec. Il m'assura que beaucoup de Turcs de ses amis étaient si convaincus de l'impossibilité actuelle de reconstituer un peu d'ordre dans la partie européenne de la monarchie turque en particulier, qu'ils n'hésiteraient pas à reconnaître le gouvernement grec si ce gouvernement paraissait prendre un peu de fermeté, de puissance et de durée ; ce qui aura certainement lieu si jamais une bonne organisation politique répond aux vœux de ses intelligents habitants.

XXIV.

TRYPI. — CHAÎNE DU TAYGÈTE. — CALAMATA. — MESSÈNE.

Après quelques jours passés à Sparte, je me décidai à me rendre à Calamata par la route du Taygète, qu'Achmet-Bey m'avait décrite comme fort supportable, au lieu de m'y rendre par Leondari, route beaucoup plus facile, mais aussi beaucoup plus longue. M. Latris voulut bien m'accompagner dans cette excursion. A quatre heures du soir nous quittâmes Sparte, accompagnés de gendarmes et de guides fort au courant des lieux, et nous nous dirigeâmes d'abord sur Parori (village limitrophe des montagnes) près de Mistra. A mesure qu'on s'en approche la verdure devient plus vive, les champs se couvrent de mûriers, les montagnes se revêtent d'oliviers, et dans les nombreux jardins des habitants la verdure des orangers et des citronniers est variée par la couleur des fruits encore suspendus aux branches. Le village de Parori, situé un peu au delà du rocher des Apothètes, remonte en pente douce au pied de ces monticules qui annoncent l'approche de la grande chaîne du Taygète. Une belle fontaine d'eau abondante coule avec vivacité du rocher par plusieurs ouvertures, et forme, à quelques pas de là, une rivière employée ensuite par les habitants à l'irrigation de leurs jardins. Plusieurs beaux arbres forment, à quelques pas de là, une petite place qui d'un côté s'étend jusqu'au bord d'un ravin par une sorte de petit plateau où autrefois venaient s'asseoir les Turcs de Parori pour y fumer leur narguilhé, y prendre leur café et s'y livrer aux charmes d'un long kieff. Cette eau qui murmure vivement et entretient la fraîcheur des arbres et du gazon, cette vue du ravin et de la campagne de Sparte et des montagnes les jetaient dans cette indolente rêverie qu'ils recherchent. Je me reposai un instant sous ces ombrages, je bus de la bonne eau de Parori et remontai à cheval. Parori est, ainsi que je l'ai dit, comme un faubourg de Mistra; j'étais bien aise de revoir encore la cathédrale et les inscriptions gravées de ses colonnes et la jolie église de Pantanasia, qui se détache si bien au-dessus de cette partie de la ville. Je m'arrêtai aussi à visiter l'école de Mistra : c'est un bâtiment assez vaste, dans une partie un peu élevée de la ville. L'école est régie par deux maîtres et fréquentée par quatre-vingts externes. Ceux des jeunes enfants qui désirent demeurer dans l'établissement peuvent profiter gratis de ses nombreuses chambres, mais doivent s'arranger comme ils le peuvent pour la nourriture. La vie matérielle du jeune Grec est dure : un tapis pour lit; à dîner du pain, des olives, quelques fruits et légumes; pour boisson l'eau fraîche de Parori, qui ne leur manque jamais; voilà tout ce qu'ils espèrent et ce qu'ils obtiennent de leurs parents.

37.

Au lieu de redescendre de la haute ville pour aller rejoindre la route de Trypi, nous continuâmes, sous la conduite d'un moine que l'archevêque Mélétius nous avait donné pour guide, de longer la montagne; nous laissâmes l'archevêque prendre le frais sur sa magnifique terrasse qui commande la vue de toute la vallée de l'Eurotas, et nous suivîmes son caloyer. La route est difficile, mais elle offre constamment de beaux points de vue sur ces ravins profonds. Le torrent qui descend de la montagne doit ajouter encore à l'effet du paysage quand il y a de l'eau; mais aujourd'hui il est arrêté en chemin pour servir à l'irrigation des jardins. La vue devient plus belle encore en s'approchant de Trypi : un torrent plus considérable, le Knakion, se précipite du fond de cette profonde vallée et l'enveloppe. Je n'ai rien vu de plus frais que cette petite vallée resserrée avec amour entre les montagnes et le Knakion. Un grand nombre de cyprès élèvent leurs pointes au milieu de ces masses de verdure et donnent au paysage un aspect tout oriental. Par le chemin le plus difficile et le plus entrecoupé en tout sens par mille et mille canaux d'irrigation, nous descendîmes chez le papas, qui prenait le frais dans son jardin. Avec ce beau temps et ce beau ciel notre appartement fut bientôt prêt : une sorte de longue terrasse couverte en bois (*chaïati*) règne tout le long de la maison, et de là on a une vue de Suisse avec un soleil de Grèce. Nous fîmes étendre des tapis et placer des oreillers, et nous y passâmes la soirée et la nuit. L'air était doux et calme, toute la nature verte et jeune; il y avait un véritable plaisir à s'endormir sous ce ciel embaumé.

Un plaisir nouveau m'attendait à mon réveil; mille oiseaux chantaient dans la verdure, et le torrent accompagnait leurs chants en tombant avec harmonie. Devant moi se soulevait cette rose aurore si bien décrite par les poètes anciens et si mal comprise des hommes d'Occident. Avant que le soleil n'émergeât trop chaudement au-dessus des monts de Tzaconie, nous nous remîmes en route. Nous nous éloignâmes du couvent de Saint-Jean le précurseur, dont une colonne, ainsi que l'annonce le manuscrit de l'archevêque Mélétius, porte une inscription relative, comme celle de la métropole, aux propriétés de l'archevêché de Lacédémonia. Le torrent, qui a déjà renversé une partie de ce monastère, ne tardera pas à entraîner le reste dans sa course. Nous remontâmes jusqu'à la source du Knakion, qui du haut de la montagne se fraie voie sous le rocher par plusieurs ouvertures et jette une eau rapide et abondante qui, au lieu d'aller se perdre au hasard en se précipitant dans les jardins placés au-dessous, est retenue et divisée par deux parties, et réglée dans son cours par une digue de pierre. Ici toute vue gracieuse disparaît; on entre dans la chaîne du Taygète.

Le chemin est rude, quoi que m'en eût dit Achmet-bey, entre Trypi et Lada-Coutzava; ou plutôt ce n'est pas un chemin, mais un sentier, à peine tracé entre les rochers les plus bouleversés. Partout on voit que les couches de rochers ont été abaissées par de grandes révolutions du globe. Au milieu de ces rochers se retrouvent de temps en temps quelques terrains profonds et unis; mais ces sortes de vallées sont trop hautes pour être bien fertiles. Fréquemment nous fûmes obligés de nous arrêter pour nous reposer et surtout faire reposer nos chevaux, qui n'avaient jamais franchi des chemins si terribles. Ils glissaient sur le marbre uni des rochers en montant et en descendant. La meilleure partie de la route ici était devenue le lit desséché des torrents, parsemé d'énormes blocs qui ailleurs auraient semblé un obstacle. Dans une partie de ce ravin, mon agoïate arrêta mon attention sur une ouverture du rocher : « C'est par là, me dit-il, qu'Aristomène de Messénie suivit le renard qui lui enseigna le moyen de sortir de sa prison. » Je regardai mon cicérone : c'était un ancien pallicare qui m'avait tout l'air d'avoir eu souvent besoin de pratiquer lui-même tous les moyens possibles d'échapper aux Turcs dans les guerres klephtiques, à travers les montagnes et les fissures des rochers. Toute cette route est d'une horrible difficulté d'un bout à l'autre. Aucun cheval ne pouvait tenir pied ; les agoïates en pleuraient de désespoir, tant ils redoutaient pour leurs bêtes soit la fracture de quelques membres, soit même des chutes faciles à travers les précipices. Ces chutes furent en effet fréquentes, mais elles furent faites à propos, et il n'y eut de brisé et de bouleversé que mes malles et tout ce qui m'appartenait. Il n'y avait pas là de quoi les préoccuper beaucoup, et, quant à moi, j'y étais fort préparé ; plus d'une fois mes malles, livres et cartes avaient subi ces chutes et même avaient soutenu fort commodément la bête qui les portait au beau milieu des rochers d'un torrent un peu jauni par le superflu des irrigations. Enfin, après cinq grandes heures de marche, sans compter nos points de repos, nous arrivâmes en vue de Lada-Coutzava et de Coutzava-Karveli, situés chacun sur un versant opposé. C'est près de là, du côté du mont Saint-Élie, qu'on trouva, en 1834, un grand morceau de marbre avec cette inscription antique en langue grecque gravée des deux côtés :

MONTAGNE DE LA LACÉDÉMONIE, LIMITE DE LA MESSÉNIE.
MONTAGNE DE LA MESSÉNIE, LIMITE DE LA LACÉDÉMONIE.

Nous prîmes le chemin de Lada-Coutzava, situé tout au milieu de la chaîne du Taygète. Une belle eau, dans laquelle nos chevaux aimaient à rafraîchir leurs pieds fatigués, descend en pente rapide de toutes les rues, et cette eau entretient de beaux arbres qui lèvent leur tête gracieuse au milieu de ces pauvres maisons. J'aperçus de loin, par-dessus les toits, un beau bouquet d'arbres planté sur une petite place. Impatient de savourer leur ombrage et de faire étendre mon tapis sous leur couvert, j'éperonne mon cheval à travers ces rues si rapides et ces eaux courantes, et j'arrive. Mais quel est mon étonnement ! La place ressemblait à un camp. Mes quatre gendarmes, que j'avais envoyés d'avance, y avaient trouvé quatre autres gendarmes d'une autre escorte déjà établis. La rue était comme encombrée de chevaux. Je m'approche, franchis un petit mur de clôture pour aller prendre possession d'un arbre : son ombre était occupée. M. Piscatory, que j'avais rencontré quelques semaines auparavant à Athènes, et qui en était parti avec M. de Roujoux, qui connaît si bien la Grèce, les Grecs et la langue grecque, pour aller jusqu'aux monts d'Agrapha, avait passé d'Acarnanie à Patras, et, après avoir traversé la partie occidentale de la Morée par les routes de montagne les plus difficiles, se rendait en ce moment de Calamata en Messénie, à Sparte par cette même route si rude du Taygète que j'avais traversée dans le sens opposé. Il avait été, comme moi, tenté par cette ombre épaisse et la fraîcheur des eaux, et il était étendu sur son tapis au milieu de la place, dormant paisiblement pendant que Roujoux fumait avec bonheur son chibouki. J'éprouvai un vif plaisir à rencontrer ainsi mes compatriotes. Nous restâmes quelques instants à nous raconter les incidents de nos mutuelles odyssées, et nous remontâmes à cheval chacun de notre côté, laissant Lada-Koutzava tout étonné de ce grand déploiement de milordis et de leurs escortes, qui ne s'étaient certainement jamais rencontrés en pareil nombre dans un tel endroit depuis les temps historiques. M. Piscatory, qui brave la fatigue comme le plus obstiné chasseur, et à qui les rudesses de la vie grecque, malgré leur contraste avec la vie des plus agréables salons de Paris qu'il aime et où il est aimé, semblent chose toute familière, et Roujoux, qu'on dirait un véritable pallicare rouméliote, s'enfoncèrent avec empressement dans le Taygète, dont je ne leur avais pas dissimulé les aspérités, résolus à passer la nuit au milieu des bois, campés auprès de la fontaine et de l'échappée du renard d'Aristomène ; et moi je résolus de descendre, sans démonter une seule fois, le rude, long et tournoyant escalier de rochers brisés qui mène, après trois heures de route, de Lada à Calamata, et qu'ils avaient cru devoir monter à pied, les rudesses du voyage devenant ainsi pour chacun de nous, moins les gendarmes, les agoiates et les chevaux, un charme de plus. Aussitôt qu'on a franchi cette pente du Taygète, un tout nouveau pays se présente à vos yeux. La vaste plaine de Messénie apparaît tout entière avec son beau golfe qui s'étend en nappe longue et unie entre le Magne et Coron. Il était sept heures du soir quand j'arrivai à Calamata.

Cette ville avait pour moi un intérêt tout particulier. C'était là qu'était né le prince Guillaume de Ville-Hardoin, le premier des princes français d'Achaye qui naquit sur le sol grec ; aussi le nom de Guillaume de Calamata lui en était-il resté. Il affectionnait cette ville, il l'habitait souvent, et je pensais que bien que près de six siècles me séparassent de lui, puisqu'il était mort en 1278, je trouverais cependant dans sa ville natale quelque chose qui indiquât sa présence et celle de ses Français. Je ne me trompais pas. A la première vue, Calamata a plutôt l'air d'une petite ville du Bourbonnais, du Berry ou de la Champagne que d'une ville de Messénie rapprochée d'une journée de Sparte. Elle me rappela, je ne sais trop pourquoi précisément, Moulins en Bourbonnais. Les portes de beaucoup de maisons ont encore conservé les deux colonnes surmontées de l'architrave brisée que l'on rencontre dans nos vieilles villes ; et, pour lui donner une ressemblance de plus, une fleur de lis est parfois sculptée dans la brisure.

Je descendis chez le receveur général de l'éparchie de Messénie, M. Nicolaïdi. Il y avait là un véritable cercle de petite ville ; c'étaient le dimarque, M. Benaki, un des plus opulents propriétaires du pays, descendant d'une des vieilles familles grecques ; le mirarque (colonel de gendarmerie), M. Barboglou, homme éclairé, président de la cour d'appel; M. Morandi, que j'avais déjà eu le plaisir de rencontrer à Nauplie, et plusieurs fort jolies femmes, mises, ainsi que les hommes, complétement à la française. La maison de M. Nicolaïdi et celles des plus riches habitants sont presque en entier meublées à la française, comme si nos compatriotes croisés et leurs successeurs eussent toujours continué depuis les Ville-Hardoin à avoir l'œil sur la France. Nous passâmes la soirée dans d'agréables causeries; puis chacun, comme on l'eût fait à Moulins, fit appeler son domestique, qui à Calamata était un pallicare à grosses moustaches et à longs cheveux, et, se faisant précéder du falot nécessaire, rentra chez lui en médisant probablement, comme en Bourbonnais, en Berry ou en Champagne, de ses amis de la journée. Moi, grâce aux soins délicats de l'attentive madame Nicolaïdi, je pus comrpendre tout le bonheur de s'étendre entre deux draps frais, dans un lit de France, après une course de onze heures dans les ravins du Taygète.

Je me réveillai toutefois de bien bonne heure, car la chaleur était effroyable à Calamata. Dès cinq heures du matin, le thermomètre marquait 32 degrés de Réaumur, plus de 38 centigrades, et cette température continuait depuis dix jours. Aussi la mortalité s'était-elle mise parmi les enfants, et il en mourait jusqu'à cinq et six par jour. C'était réellement une véritable souffrance. Il me fallut toute ma curiosité historique pour me décider à braver, même sous un large parapluie, ce soleil dévorant. Après quelques pas j'éprouvais comme un point de côté qui m'arrêtait dans ma marche; mais j'avais à visiter et le château-fort de Guillaume de Ville-Hardoin et les églises bâties peut-être par lui, et je reprenais ma marche lente. En allant à la citadelle je passai devant une petite église en ruines et je demandai son nom. On me répondit qu'elle s'appelait Sainte-Anne. C'est là un nom peu commun dans le calendrier grec. Je me rappelai que la femme de Ville-Hardoin, qui était fille du despote d'Arta, et belle-sœur du roi Mainfroi de Naples, s'appelait Anne, et je pensai que cette église pourrait bien avoir été consacrée par lui à la patronne de sa femme. Il ne reste plus que la porte qui ait pu appartenir à la primitive église, et l'architecture en est certainement du treizième siècle. Tout au-dessus de cette petite porte est sculpté l'écusson des Templiers, la croix dont les quatre extrémités se terminent par des fleurs de lis, et des deux côtés de cet écusson sont deux grandes fleurs de lis rattachées par une sorte de boucle. Plusieurs autres églises de Calamata offrent des vestiges du moyen âge. Dans la cathédrale, dans Saint-Athanase, dans l'église des Saints-Apôtres existent encore soit des peintures anciennes, soit les clochers de pierre des architectes normands, soit quelques portes à colonnes surmontées d'un cintre brisé. Quelques autres églises hors de la ville offrent aussi des réminiscences du moyen âge, et çà et là quelques écussons, un aigle avec deux lions pour support, des fleurs de lis, rappellent que là ont passé des hommes appartenant à un ordre de civilisation différent.

Le château de Calamata est aussi de la même époque : seulement, dans les dernières années du dix-septième siècle ou les premières années du dix-huitième, les Vénitiens y ont ajouté une enceinte plus considérable du côté de la ville, à commencer par la porte qui est encore surmontée du lion de Saint-Marc. Tous les anciens murs et remparts se reconnaissent fort aisément du côté du torrent, qui est aujourd'hui à sec, et du côté des jardins d'orangers. La vue dont on jouit de cette esplanade est fort belle : on a devant soi le golfe de Messénie tout entier et des deux côtés les montagnes du Magne et de Coron.

M. Benaki, qui possède à Calamata une excellente maison dont l'apparence est celle de nos grandes maisons bourgeoises à la campagne, avait voulu me faire les honneurs de sa prodigue hospitalité. Après un excellent dîner servi à l'européenne, nous allâmes visiter le bazar, qui est fort bien approvisionné d'étoffes de Tunis et de menues marchandises d'Allemagne et d'Angleterre. Toute la petite mercerie y arrive de Trieste, et la poterie et vaisselle commune arrive d'Angleterre. La France n'y envoie que peu de chose, l'Allemagne ayant seule un traité de commerce à droits avantageux avec la Grèce. Nous montâmes à cheval au coucher du soleil et suivîmes le lit de la rivière jusqu'à la mer, qui n'est qu'à une demi-heure de Calamata. Sur le rivage est un petit hameau dans lequel les habitants des principales familles viennent respirer un air plus frais et jouir des avantages des bains de mer; mais on n'a encore songé à y établir aucune facilité pour les baigneurs. Telle qu'elle est, Calamata est encore, comme au temps des Ville-Hardoin, la principale ville de Morée et celle qui rappelle le plus les habitudes européennes.

Pendant le peu de jours que je passai à Calamata, je fis connaissance avec un homme qui m'intéressa vivement, M. Pierakos, de la famille des Mavromichalis du Magne, pour lequel le jeune Mavromichalis m'avait donné une lettre d'introduction. Déjà à Sparte j'avais rencontré un des hommes les plus importants du Magne, M. Poulos, un des primats de Zarnata, qui m'avait parlé avec affection du colonel Bory de Saint-Vincent, dont il était charmé d'avoir été l'hôte lorsque le colonel fit deux fois l'ascension du Taygète. L'intensité de la chaleur, qui devenait surtout insupportable au milieu des rochers pelés du Magne, qu'on ne peut parcourir qu'avec de lents mulets, m'empêchant alors de visiter cette curieuse pointe de la Morée, je profitai auprès de MM. Poulos et Pierakos de leur connaissance profonde du pays pour acquérir des notions exactes sur les forteresses franques qui s'y étaient conservées. Depuis l'invasion russe de 1770, cette province, gouvernée par un bey, avait vécu dans une sauvage indépendance; elle ne paye pas encore la dîme, mais ses exportations sont surchargées d'un droit plus élevé. Ses 40,000 habitants, tous armés, tous guerriers, étaient une force sur laquelle s'appuyaient les Mavromichalis. Capo-d'Istrias avait voulu soumettre le Magne à la loi commune; mais il révolta les esprits par l'arrestation illégale du vieux bey Pierre Mavromichalis, et il périt frappé par ses fils. Depuis ce temps des efforts heureux ont été entrepris pour ramener les habitants du Magne à l'unité grecque. L'entreprise n'était pas sans difficulté; car, si les habitants étaient d'une seule volonté quand il s'agissait de résister aux autres, ils étaient divisés entre eux par des haines de famille qui rendaient toute administration intérieure fort agitée. Chacun, retranché dans son pyrgos, était en guerre avec ses voisins, et les guerres se transmettaient de père en fils. On retrouvait là toutes ces vendette si communes jusqu'à ces derniers temps dans la Corse, où avaient émigré dans d'autres temps les familles maïnotes de Vitylo. Un Allemand, nommé le colonel Feder, a contribué à calmer ces esprits turbulents; il a été efficacement secondé par M. Pierakos, et le progrès de l'esprit public a fait plus encore. M. Pierakos pensa qu'une des causes principales des révoltes du Magne était la pauvreté forcée de ses habitants au milieu de ces rochers. Il chercha donc à procurer aux hommes les plus actifs des moyens d'existence. Ce n'était pas là le désir de quelques-uns des membres de sa famille, qui pensaient que leur autorité se conserverait d'autant mieux qu'ils seraient les seuls riches au milieu d'un pays pauvre. Pierakos chercha dans la proximité du Magne des terres propres à la culture pour y fonder une colonie, et les trouva à Petalidi, de l'autre côté du golfe de Messénie, tout en face de Vitylo. Il obtint ces terres du gouvernement grec, et cent cinquante familles maïnotes allèrent y transporter leurs foyers. Ils ne perdaient pas leur patrie de vue; car, de Petalidi, ils voyaient encore leurs côtes blanchir dans le lointain.

Au milieu de ces rochers du Magne, se conservent, presque dans leur état primitif, quelques forteresses bâties au temps féodal des Ville-Hardoin: Passava, qui était une des hautes baronnies de la principauté; la grande forteresse de Kelepha, près de Vitylo; le Château de la Belle, sur le cap Grosso; celui de Tigani, près de Maïna; le fort situé près de Porto-Quaglio et de Kisternès, et les ruines du fort de Spitacoulis, dont le nom conserve la trace de ses anciens seigneurs, les chevaliers hospitaliers de Saint-Jean. Les deux principaux de ces châteaux francs, Passava et Kelepha, sont encore fort bien conservés. Un poëme grec moderne sur le Magne, qui sera publié en entier dans la seconde partie de mes Recherches, donne sur ce pays des détails fort circonstanciés. Toutes les villes, châteaux et villages y sont énumérés, et on y trouve une esquisse historique fort exacte des événements politiques qui ont précédé la révolution grecque.

La chaleur était si ardente pendant le jour, que je remis mon départ de Calamata pour le mont Vulcano jusqu'à la nuit. Le receveur général, M. Nicolaïdi, et quelques-uns de nos amis communs, le président Barboglou et des conseillers de la cour de Calamata voulurent bien m'accompagner jusqu'aux ruines de l'antique Messène. Nous partîmes à six heures du soir par la route de Fourtzala. A onze heures du soir nous étions arrivés à Gaïdouro-Gephyri, où nous prîmes congé du gouverneur Latris et nous arrêtâmes jusqu'à deux heures du matin. Malgré la profondeur de l'obscurité, nous continuâmes notre route à travers les prairies arrosées par le Pamisus. Nos guides connaissaient tous les mille détours de ces petits sentiers, et, grâce à leur expérience, nous rencontrâmes toujours le seul sentier ferme à côté de petits cours d'eau et de marais qui l'étaient moins. A quatre heures et demie, avec les premiers rayons du soleil, nous entrions dans le couvent de Vulcano, placé dans une fort belle situation, près du mont Ithome. Il est souvent fait mention de la seigneurie de Vulcano dans les diplômes des princes français d'Achaye, à la fin du quatorzième siècle. Le chambellan de Catherine de Valois, Nicolas Acciaiuoli, grand-sénéchal de Naples et seigneur de Corinthe, possédait beaucoup de propriétés de ce côté. Peut-être aussi le monastère actuel était-il une succursale des chevaliers hospitaliers de Saint-Jean-de-Jérusalem, car la porte est surmontée d'un écusson portant la croix de Saint-Jean-de-Jérusalem. On y voit même une inscription; mais la faiblesse de ma vue ne m'a pas permis de la déchiffrer. L'église et la porte sont les seules parties du monastère qui aient conservé quelques traces d'antiquité;

le reste ne date pas de plus de cent ans. Quant aux archives, il me fut impossible d'en retrouver trace. Toute l'abbaye est ombragée de fort beaux cyprès, et partout alentour la verdure et la forme des cyprès forment une agréable variété au milieu des arbres qui garnissent les deux rives du Pamisus.

En quittant le monastère et en continuant toujours à s'élever sur l'Ithome, on aperçoit un monceau de fragments de colonnes de marbre et de larges assises accumulées sur les côtés de la route. C'était là qu'était une des portes de la grande ville de Messène. Cette sorte de col une fois traversé, on est dans Messène même. Le village de Mavromati avec la fontaine Arsinoë, qui donne une abondante et excellente eau, est placé au delà, presque au centre de la ville antique, qui comprenait toute la vallée et s'étendait sur toutes les collines qui l'enceignent : c'était une bien vaste enceinte, dans laquelle devait être comprise, non-seulement la ville mais les faubourgs et les jardins. Je voulus d'abord aller jusqu'à l'autre extrémité de la ville, à plus d'une demi-lieue de la première entrée. Là se trouve une fort belle double porte de ville très-bien conservée ; et on y arrive par le chemin antique qui, tout près de là, subsiste en entier avec ses vastes dalles. La pierre qui servait de linteau à la porte d'entrée gît à ses pieds abattue obliquement. Au dedans, entre cette double porte, est une enceinte ronde, d'une soixantaine de pieds de diamètre, bâtie en vastes pierres quadrilatères, avec une niche de chaque côté, destinée probablement, d'après ses dimensions, à recevoir les statues des dieux protecteurs. Sur les deux côtés de cette porte s'appuie le mur d'enceinte de la ville, qui suit toutes les courbures des collines et redescend ou monte avec elles. Sur toute son étendue il est flanqué de tours antiques, dont quelques-unes sont fort bien conservées et dont l'ensemble est d'un effet surprenant. De même que l'enceinte des fortifications de Paris comprendra dans son circuit non-seulement la ville, qui est au centre, mais quelques-unes des communes attenantes, et des champs, et des jardins, et des maisons de campagne; de même l'enceinte fortifiée de Messène devait embrasser non-seulement la ville centrale, près du village actuel de Mavromati, mais encore des hameaux et des champs et des jardins; car l'étendue en est considérable, aussi considérable, je pense, que le mur actuel d'octroi de Paris. On s'en ferait une assez exacte idée en se représentant la vallée de Paris close sans interruption par les collines de Montmartre, de Belleville, de Sainte-Geneviève, de Meudon et du Calvaire rapprochées et contiguës; Messène est, comme Paris, au fond d'une sorte d'entonnoir.

De l'enceinte, que je tournai dans une bonne partie de son étendue, je descendis dans la ville. Ici se voient les ruines d'un stade, là de plusieurs temples, ailleurs du théâtre, partout d'immenses colonnes, jetées par terre au milieu des champs, ou s'élevant mutilées sur leur ancien fût au milieu des épis de maïs jusqu'au quart de leur hauteur. Près du stade surtout les colonnes debout et les colonnes renversées abondent. Une église byzantine, bâtie sur les débris d'un temple antique, a partagé son sort et est en ruines aussi. Les grands monuments sont ainsi fort rapprochés sur plus d'une lieue de terrain. Près de Mavromati sont les restes d'un palais bâti, non en assises carrées, mais en longues et épaisses dalles arrondies sur toutes les faces. C'est surtout en se rapprochant de Mavromati, et surtout de la fontaine Arsinoë, qui semblent avoir été le centre du mouvement de cette ville importante, que ses grandes ruines se multiplient. Un grand nombre de femmes de Mavromati affluaient autour de la fontaine Arsinoë, où elles venaient puiser leur eau. C'était là un souvenir vivant de la belle antiquité, car les vases qu'elles portent sur leurs têtes ont encore les mêmes formes. Leur taille haute et dégagée, leur front uni, leur profil droit, leur grand œil noir ne démentent pas les éloges des poètes. Leur costume est encore une parfaite réminiscence de l'antique, et c'est le plus simple comme le plus joli costume que j'aie vu en Grèce. Un jupon fort court laissant voir une jambe fine et nue, un véritable peplum avec son ancienne forme non altérée venant se poser comme une basquine sur ce court jupon, et un bonnet bien blanc formant comme un triangle ouvert aplati par le haut et bien ouvert sur les deux côtés, assez semblable à la coiffure des femmes d'Albano, me rappelèrent tout à fait les bas-reliefs antiques. Toutes semblent d'humeur vive et bienveillante, et presque toutes avec leurs vêtements blancs sont d'une propreté exceptionnelle ici. Les paysans me vendirent quelques médailles d'argent assez bien conservées. Ils en trouvent fréquemment en labourant leurs champs, et rencontrent aussi parfois quelques fragments de sculpture. Mais dans quelles ruines ne trouverait-on pas en Grèce de débris qui attestent l'incontestable supériorité de ce peuple dans les arts!

Les moines hospitaliers du mont Vulcano nous avaient préparé pour notre retour une amicale réception qui nous fut très-agréable après les fatigues d'une longue journée.

La chaleur était tempérée par une brise assez douce lorsque je quittai le monastère de Vulcano pour continuer ma route vers Coron par Nisi. Arrivés au village d'Anasyri, quelques-uns de mes compagnons furent rencontrés par un des propriétaires de leur connaissance, qui exigea que nous nous arrêtassions un instant chez lui pour nous rafraîchir par un peu de repos et par une légère collation. Ses fruits étaient fort beaux. Là, pour la première fois, je fis connaissance avec la grappe fraîche du raisin de Corinthe ou passoline appelé ici *staphida*. Le goût en est délicat et agréable ; sa grappe a beaucoup d'analogie pour le goût et la forme avec ce petit raisin qu'on appelle dans le Berry du sauvignon ; mais les grains n'en sont pas serrés comme ceux du sauvignon et ils n'ont pas de pepins. On ne le cultive en Messénie que dans les jardins, mais sur les côtes occidentale et méridionale on en a de nombreuses vignes qui font la richesse du pays.

En continuant notre course le long du Pamisus, parmi

des terres mal plantées et assez mal cultivées, nous arrivâmes à Nisi. Mes compagnons de voyage prirent congé de moi pour retourner à Calamata, qui n'est qu'à deux heures de route de là, et moi je restai à passer le reste de la journée à Nisi. Je visitai son église, qui est de construction byzantine ; elle est du douzième siècle, mais n'offre rien de curieux. Près de Nisi est la ville d'Androusa, où siégeait, au temps des Francs, un des principaux délégués judiciaires du prince. Il s'y trouvera dans quelques années la bibliothèque dont a fait don à sa ville natale M. Niccolo-Poulos, sous-bibliothécaire de l'Institut de France, qui est originaire de cette ville.

De Nisi à Petalidi, où débarqua la flotte française portant le corps d'occupation du maréchal Maison, la route suit constamment le sable de la mer, et comme la grève est douce et peu profonde les chevaux peuvent avoir constamment les pieds dans la mer. A Petalidi je rencontrai M. Pierakos en visite chez son frère le dimarque, et fus charmé de pouvoir puiser à la véritable source tout ce que je pouvais avoir à demander de renseignements sur cette colonie fondée par lui sur l'emplacement de la ville antique de Coroni. Les maisons des nouveaux colons sont propres et l'établissement paraît être en prospérité. Le vent y souffle plus frais qu'à Calamata et le port peut à peu de frais être rendu excellent. Les reste du môle antique destiné à abriter les vaisseaux contre le vent d'Afrique s'y projettent vigoureusement dans la mer. Cinquante mille francs suffiraient peut-être pour le réparer de manière à faire un utile service. La ville antique de Coroni s'étendait de la plage jusqu'au haut de la colline. Des fouilles récentes faites dans le bas de la ville, à peu de distance de la dimarchie, ont fait retrouver deux tombeaux fort bien conservés. L'un d'eux offre une série de combats contre les Centaures. C'est un fort beau bas-relief de la plus belle époque, mais malheureusement un seul côté est bien conservé ; et encore des enfants ont-ils récemment, en jouant, brisé quelques têtes. L'un des petits côtés offre aussi de beaux détails, mais il est fort mutilé. Ce sarcophage mériterait d'être placé dans un musée et il serait un des plus beaux ornements du musée d'Athènes. Le dimarque m'a promis de le faire au moins déposer dans sa cour, pour le protéger contre les enfants. Deux autres tombeaux récemment excavés sont encore en place, mais les bas-reliefs sont loin d'être aussi beaux.

Au-dessus de la ville s'élevait l'acropolis. Les murs d'enceinte subsistent presque partout, mais sortent à peine hors de terre. Plusieurs assises plus considérables apparaissent le long des rochers, et on voit parfaitement, du côté d'un ravin qui va se réunir à un ravin plus profond dans lequel coule un torrent, l'endroit où étaient placées deux des portes. A l'intérieur je retrouvai des traces d'un aqueduc et les ruines de plusieurs temples. Près des fondements de l'un des temples est encore gisante une statue fort mutilée, en pierre rouge, qui semble avoir été jadis la statue du héros, précipitée de son piédestal probablement par les chrétiens au moment où ils abattirent le temple consacré à sa divinité. Non loin de là sont les ruines d'un troisième temple, et au milieu des champs gît une large pierre sur laquelle est gravée une inscription en une dizaine de lignes dont je ne pus lire bien distinctement que la première et la quatrième :

ΠΟΛΙΣ ΕΠΙΧΑΡΕΟΣ
. . . .
. . . .
ΕΥΕΡΓΕΤΗΣ

Dans la cour du dimarque se trouve une autre pierre portant aussi une inscription antique. Partout, en effet, les restes de l'antique abondent en bas comme en haut de la colline, et il serait d'autant plus intéressant d'y faire des fouilles que presque tout ce qu'on y retrouve est d'une belle époque.

De Petalidi, l'ancienne Coroni, à la ville actuelle de Coron, l'ancienne Colonis, la route suit continuellement la mer en descendant et remontant les coteaux ; mais, jusqu'à Castellia, ces coteaux ne sont pas bien boisés, et la route est peu agréable. A Castellia elle devient plus belle, et la campagne se couvre de magnifiques oliviers. Castellia prend son nom de deux châteaux du moyen âge, l'un assez vaste, l'autre plus petit, qui couronnent les deux petites montagnes situées entre le village et la mer. Après Castellia, la route redevient moins variée encore. Les ruines d'un autre château franc, portant le nom de Kastro-Frankiko, se font voir dans les montagnes, tout à côté du chemin.

Coron est située sur une hauteur dominée par un château-fort d'origine vénitienne. Dès la conquête de 1205, les Français s'en étaient emparés. Ils avaient trouvé, dit la Chronique de Morée [1], cette forteresse dans le plus mauvais état, aussi bien sous le rapport de ses murailles que de ses tours ; c'était comme une espèce de caverne profondément enfoncée dans l'intérieur d'un rocher. Les vaisseaux cernèrent la place par mer, tandis que les cavaliers et les fantassins commençaient la bataille par terre. Les trébuchets furent dressés et approchés, et ne permirent pas à un seul habitant de se montrer à la défense des murs. Les habitants de Coron qui s'étaient réfugiés dans la forteresse, voyant le nombre des attaquants et la fermeté de l'attaque, demandèrent à capituler, et rendirent la place. » Un évêché latin fut établi dès la première année de la conquête à Coron, et il continua, comme l'avait été dans tous les temps l'évêque grec, à être un des suffragants de l'archevêché de Patras. Coron fut cédée avec Modon, en l'an 1248, par le prince de Morée, Guillaume de Ville-Hardoin, aux Vénitiens pour prix de l'assistance qu'ils lui avaient donnée avec leur flotte. Les Vénitiens la

---

[1] Page 42 de mon édition à deux colonnes.

conservèrent jusqu'en 1538, où ils cédèrent aux Turcs non-seulement Monembasie et Nauplie, mais Coron et Modon. En 1686, Coron leur fut reprise par François Morosini; mais ils la reconquirent de nouveau en 1785, et les Vénitiens la leur abandonnèrent, ainsi que toute la Morée et les îles, par le traité de Passarovitz, le 21 juin 1718, et ne conservèrent, avec les îles Ioniennes, que Prevesa, Vonitza, Butrinte et Parga sur le continent.

Il n'y a à Coron qu'un petit nombre de maisons en dehors de la place; le reste des maisons et quelques églises sont renfermées dans l'intérieur de la citadelle. Les ruines de l'une des tours semblent d'origine franque, mais tout le reste est vénitien. Le château est de la première époque de leur occupation, et le lion de Saint-Marc en surmonta toutes les portes. On lit cette inscription de la première époque vénitienne sur une des tours :

> HOC OPUS FIERI FECERUNT
> MAGNIFICI
> ET CLARISSIMI DOMINI
> BERNARDUS DONATO
> CASTELLANUS
> ET
> LUDOVICUS CONTARENO
> CAPITANEUS
> ET PROVISORES CORONI.
> M. CCCC. LXXIII.

A peine quelques barques viennent-elles aujourd'hui chercher un abri dans son port. Les habitants paraissent sans agriculture et sans industrie.

De Coron à Modon on a à suivre un chemin de montagnes très-âpre et très-difficile; on a toujours à marcher sur des pointes de rochers ou dans des sentiers profondément encaissés comme s'ils étaient fabriqués de fonte. Après avoir franchi toutes ces montagnes noires et désertes, j'arrivai dans une plaine découverte et assez bien cultivée, près de la mer; mais de nouvelles montagnes, d'une pente plus douce vers la terre, ferment brusquement le rivage et forcent à rester dans une route de ravins. Là, près du rivage, apparaît à gauche une tour franque qui domine la vallée, et à droite s'aperçoivent quelques ruines byzantines. Quand on a remonté ces nouvelles montagnes, la vue redevient belle dans le lointain ; c'est une autre mer qui vous apparaît, avec les deux îles de Sapienza et de Cabrera, appelée ici Esquiza.

J'arrivai à Modon à travers champs, et me logeai dans la nouvelle ville. Au moment de l'arrivée des Français en 1824, Modon était un misérable bourg. Notre corps d'armée y a jeté de l'argent ; les soldats n'étaient pas moins philhellènes que les chefs, et tous cherchaient à l'envi à prêter secours à une nation qui demandait à renaître. Les ruines furent déblayées, un plan régulier fut tracé, et une petite ville fut commencée. Dans toute la Messénie, les hommes de tous les rangs ne parlent aujourd'hui qu'avec reconnaissance du corps d'armée commandé par le maréchal Maison. Tandis que la France garantissait à la Grèce la jouissance de la nationalité sans la lui faire payer, ses soldats étaient comme des instructeurs qui lui enseignaient les premiers éléments de tout métier utile. C'est un service que la Messénie en particulier n'a pas oublié. De pauvre et ruinée qu'elle était au moment de notre arrivée, nous l'avons laissée, au moment de notre départ, florissante et laborieuse. Depuis, le mauvais système, ou plutôt le défaut de tout système de l'administration grecque, ont entravé au lieu d'aider l'accroissement de cette prospérité. La loi des dîmes en nature est appliquée d'une manière onéreuse et arbitraire et produit le plus profond mécontentement dans les esprits en même temps qu'elle met entre les mains des fermiers du fisc les moyens constants de dominer le gouvernement lui-même. D'un autre côté, le gouvernement, au lieu d'affermer les terres nationales à long bail, ou de les vendre au prix de deux ou trois années de revenu, a regardé faussement comme un signe de prospérité d'obtenir le prix le plus élevé possible pour ses terres. Le paysan les achetait cependant, tantôt pour les enlever à un voisin dont on était jaloux, tantôt parce qu'il espérait en payer le prix à l'aide d'anciennes réclamations qu'il avait lui-même à faire sur le trésor, et tantôt parce qu'il espérait qu'une bonne année de récolte lui fournirait les moyens d'acquitter ce haut prix dans les trente-six années fixées; mais la récolte était toujours inférieure aux espérances; le moment du payement arrivait; les anciennes réclamations n'étaient pas reconnues; il fallait payer, et on se trouvait après l'achat plus pauvre qu'on était auparavant. J'ai vu dans presque toute la Messénie plus de la moitié du corps des gendarmes cantonnés dans la province, employés comme garnisaires dans les villages pour forcer les habitants à acquitter le prix d'achat des terres nationales. Leur séjour chez les habitants ne faisait que rendre plus impossible encore l'acquittement de l'arriéré.

Modon est le point où débarqua, en 1205, Geoffroy de Ville-Hardoin, neveu du maréchal de Champagne et de Romanie. Sa forteresse était alors en ruine; elle avait été démantelée dans le siècle précédent par le doge Domenico Michieli et les Vénitiens, pour se venger du tort que les bâtiments grecs faisaient à leur marine. Les Français fortifièrent alors cette ville, à laquelle les chroniqueurs donnent le nom de Michon, dont ils font le nom de tout le Péloponnèse. C'est de Modon que partit Geoffroy de Ville-Hardoin pour conquérir, avec son ami Guillaume de Champ-Litte, toute la principauté d'Achaye, qui devint pour lui une souveraineté de famille. Son neveu, Guillaume de Ville-Hardoin, prince d'Achaye, céda ensuite, en 1248, la ville de Modon aux Vénitiens avec celle de Coron; et ces deux villes continuèrent à éprouver le même sort politique. La nouvelle ville de Modon s'étend jusqu'à la forteresse qui s'avance sur la mer, ayant l'île de Sapienza en face. A l'exception d'une moitié de tour engagée dans le rempart, cette forteresse me semble toute vénitienne. Sur la place en entrant est une sorte de colonne rostrale de granit rouge, surmontée d'une sorte d'architrave. Au-dessus était placé quelque objet sculpté qui a disparu; peut-être un buste de François Morosini? Autour de cet architrave, au bas de la plinthe du haut, on lit une inscription latine gravée sur les quatre faces, mais si mutilée qu'à cette hauteur il m'a été très-difficile de la déchiffrer. Toutefois, voici ce que j'ai cru y lire; d'autres pourront peut-être me rectifier.

Sur la première face :

RECTORI : FRCISCI MOROS (IM)
RESPICIAT ALTA MARIS

Sur l'autre face :

CEPETES : ... EPO

Sur la troisième face la moisissure de la pierre m'a empêché de distinguer aucun caractère.

Sur la quatrième face :

COL.... MCCCCLXXXIII
VICER. LEO SUPER....

Cette colonne, qui avait probablement été élevée à la première époque de l'occupation de Modon par les Vénitiens, comme le témoigne la date 1483, aura sans doute été relevée par François Morosini, après 1686, ainsi que le témoigne son nom qu'on lit sur la première face.

Notre corps d'armée sous le maréchal Maison avait fait aussi de grands travaux à la forteresse de Modon. Plusieurs des bâtiments furent réparés et un ouvrage avancé fut ajouté aux fortifications pour protéger la place contre une montagne qui la domine. Ces ouvrages subsistent encore, mais dans un état d'abandon tel que, dans la semaine où j'ai passé à Modon, le gouvernement venait d'enlever deux des canons de bronze pour en faire des gros sous.

La campagne de Modon à Navarin était autrefois couverte d'oliviers; mais Ibrahim a brûlé presque tous les arbres, et non-seulement on ne les remplace pas par de nouvelles plantations, mais on arrache même les arbres existants, par crainte de se voir surtaxé par les appréciateurs de la dîme, qui ne ménagent un peu que les dimarques. Le défaut de publicité et de contrôle se fait sentir à chaque instant en Grèce. Le mouvement, intelligent et rapide aux extrémités, est comme arrêté au centre. Chacun se plaint de ces lenteurs; mais le peuple est patient et attend : il attendra tant qu'il espérera; quand il cessera d'espérer qu'on lui donne volontairement, il prendra d'autorité, et peut-être plus qu'il n'eût désiré d'abord.

Pendant notre dernière occupation, notre armée avait fait une route carrossable de Modon à Navarin. La plus grande négligence a été mise par le gouvernement grec à son entretien, et on a laissé les ruisseaux et torrents s'y frayer une nouvelle voie. Pendant les deux tiers de cette route, qui sont en plaine, elle est encore assez bien conservée; mais, quand on arrive à la montagne rocheuse, comme on n'a pris aucun soin de renouveler la couche de petites pierres qui la couvrait, les pointes de rochers qui en formaient le fond sont tellement déchaussées, qu'il est totalement impossible de la suivre à cheval, et il faut prendre des sentiers à travers champs.

En m'approchant de Navarin, j'aperçus à ma gauche plusieurs pierres tumulaires près d'une fontaine; je m'approchai : c'était un simple monument funéraire élevé en l'honneur de M. Gazan et de plusieurs autres de mes compatriotes. On a employé pour la construction de ce monument des pierres poriques, et, comme on n'a pas eu le soin de graver l'inscription sur le côté opposé au vent de mer, les lettres en sont déjà presque entièrement effacées. Du point où est situé ce tombeau, on commande une vue magnifique de la rade de Navarin, où se livra la grande bataille navale qui sauva la Grèce.

XXV.

NAVARIN. — ARCADIA. — CHRISTIANO.

Navarin est le nom sous lequel les Français désignent cette ville. Elle n'est connue en Grèce que sous le nom de Neo-Castro, peut-être à cause du château qu'y firent bâtir les Vénitiens; cependant Neo-Castro est désigné par G. Phranzti parmi les villes de Messénie. L'ancien Avarinos était de l'autre côté du port. Probablement qu'en transportant ici les habitants, les Grecs d'abord, puis les Vénitiens, l'auront appelée Neo-Abarinos, le Nouvel-Avarinos, transformé par contraction en Navarin. De bon matin le liménarque (capitaine du port) de Neo-Castro vint me prendre avec son bateau pour me conduire à Palœo-Avarinos. Je voulais visiter cette rade dans toute son étendue. Nous passâmes au-dessous du château, qui est d'origine vénitienne, mais qui a été complétement réparé il y a quelques années par les Français. Il est situé sur une esplanade qui domine la ville et la rade et est fort bien défendu. De là nous avançâmes vers la passe par où pénétrèrent les flottes française, anglaise et russe réunies, pour aller attaquer la flotte d'Ibrahim, stationnée au fond de la rade du côté de Palœo-Abarinos, puis nous arrivâmes à la pointe de Sphactérie. Sur le rocher, à une cinquantaine de pieds du bord, est le tombeau du capitaine Mallet, composé de trois pierres placées pyramidalement. Les paysans les avaient renversées pour prendre le plomb qui les attachait; mais le gouverneur et le commandant du fort les ont fait replacer. Je me remis en bateau, longeai l'île, et arrivai à un endroit où elle est creusée en forme de grotte. En face de cette grotte est un rocher bas qui la défend, et sur ce rocher, dans la situation la plus pittoresque, sont trois pierres carrées, dont deux formant degrés, et la troisième une sorte de piédestal.

Cette pierre cubique recouvre le tombeau de l'excellent Santa-Rosa. Je m'approchai et je lus :

AU
COMTE SANTORRE
SANTA-ROSA
TUÉ
LE 5 AVRIL 1825.

Ce bon Santa-Rosa fut une des premières victimes de la guerre. Ce simple tombeau est placé dans un endroit où du moins il sera respecté. La grotte est d'un aspect fort pittoresque, et le rocher, difficile à aborder, ne porte que cette simple tombe.

En suivant toujours l'île de Sphactérie, j'aperçus sous les eaux plusieurs frégates égyptiennes coulées bas pendant le combat de Navarin ; elles se voient très-distinctement à travers cette mer azurée et limpide. Les pêcheurs ont enlevé tout ce qu'elles renfermaient de bon ; il n'en reste plus que les carcasses. A l'extrémité est une seconde passe, celle de Sika : c'était de ce côté que mouillait la flotte d'Ibrahim. Je débarquai à la passe de Sika pour monter à Palœo-Avarinos. La Chronique de Morée raconte [1] que Nicolas de Saint-Omer, après avoir fait bâtir dans le pays du Magne un petit fort, que je crois être Tigani, près de Castrotis-Oraïas, fit bâtir le château d'Avarinos, Ἔκτισε τὸ κάστρον τοῦ Ἀβαρίνου, dans l'intention d'en faire un fief pour son neveu le grand-maréchal Nicolas de Saint-Omer, vers 1278. Ce château, bâti par le seigneur Nicolas de Saint-Omer après la mort de Guillaume de Ville-Hardoin, est placé au sommet d'une montagne fort escarpée qui s'avance entre la passe de Sika et un petit port arrondi qui se réunit presque au lac saumâtre qu'on voit à la base de

[1] Pag. 189.

la montagne. Je fus environ trois quarts d'heure à monter. Ce château crénelé a une double enceinte. Deux tours rondes de construction turque terminent les deux pointes de l'enceinte du côté de la grande mer et du côté de la passe. Sur la porte qui est debout était placée une vaste tour carrée dont un des côtés est écroulé. Au-dessus de la porte on voit encore les meurtrières qui se trouvent dans tous nos vieux châteaux. L'intérieur de l'enceinte est très-vaste, et on y trouve de grandes citernes. L'enceinte extérieure forme le véritable château : il est tout entier en ruines ; mais on y retrouve d'immenses citernes et un puits. L'ensemble intérieur a beaucoup de ressemblance avec le palazzo Capuano à Naples, excepté que les murs vont en s'arrondissant le long de la pente de la montagne.

Toute cette enceinte extérieure conserve encore ses créneaux d'un côté. Près du rocher, qui s'avance le long du petit port, on retrouve plusieurs assises de pierre helléniques qui semblent appartenir à l'acropolis de l'ancienne Pylos, et au milieu de l'enceinte intérieure est une ouverture qui donne sur la grotte connue dans le pays sous le nom de grotte de Nestor.

Je restai long-temps à faire le tour du chemin de ronde, qui est encore, ainsi que plusieurs tours carrées de l'intérieur, un reste de la fortification de Nicolas de Saint-Omer ; puis, par un véritable chemin de chèvres, conduit par un matelot du liménarque, j'arrivai du côté de la grotte de Nestor. Elle est placée très-haut sur le rocher vis-à-vis le petit port et comme en face de l'île de Proti, que l'on découvre à merveille du haut du château franc réparé par les Turcs et complétement abandonné maintenant. Cette grotte est dans le rocher même et ressemble beaucoup au trésor d'Agamemnon à Mycènes. Elle est arrondie en cône vers le haut, et tout en haut on aperçoit le jour par cette ouverture qui communique avec le château. La dimension m'a semblé à peu près celle de la grotte d'azur à Capri. Beaucoup de palombes y ont fait leur nid, et s'enfuyaient à notre approche. La ville de Nestor, si c'est bien là Pylos, se trouvait en face de la haute mer et de la passe, et on retrouve encore, au milieu des broussailles et des champs, des traces considérables de bâtiments et de tuiles antiques. Elle était placée sur le versant qui descend du côté de la hauteur et non du côté de la rade. La petite passe de Sika devait suffire en effet à la marine d'alors. Elle est assez étroite pour avoir pu être aisément défendue. Aujourd'hui que la grande passe peut servir, il convenait mieux de bâtir dans l'intérieur et au fond de la rade, ainsi que l'ont fait les Vénitiens à Neo-Castro.

J'allai à mon retour visiter leur château. Les Français y ont fait des travaux considérables, une grande caserne, une vaste prison pour les détenus, et on en a fait une place très-forte. Au moment où tout était terminé, une poudrière en sautant ayant entraîné les murs des prisons, la veille même du départ arrêté, et ayant blessé plusieurs soldats, le départ fut contremandé ; les Français restèrent et reçurent ordre de mettre la citadelle en état. Ils y dépensèrent beaucoup d'argent ; mais jamais argent ne fut mieux placé que celui que nous avons dépensé pour la Grèce : nous avons laissé là de nobles souvenirs. La citadelle, la route et la ville entière sont notre ouvrage ; et par-dessus tout, le pays nous doit, avec sa liberté, les facilités données à son premier établissement par l'argent que dépensait notre armée et par le bon exemple qu'elle donnait. Quand les Français arrivèrent il n'y avait que deux ou trois maisons : aujourd'hui Navarin est une petite ville. Les Français ont fait une place publique et une fontaine, et assigné un plan aux rues. Ce qu'on a conservé d'eux depuis leur départ, c'est une grande propreté qui distingue Neo-Castro parmi les villes de la Grèce. Il y avait alors des restaurateurs. J'eus grand'peine à en trouver un, nommé Kléber, qui est devenu amoureux ici, et y est resté après l'expiration de son temps de service de pontonnier. Il a dans le ort un petit établissement où il donne à dîner aux officiers;

et s'il était un peu encouragé, il pourrait tenir une auberge telle quelle, et avoir un ou deux lits que les étrangers seraient trop heureux de trouver, dans l'impossibilité complète où on est de se loger en Grèce sans incommoder les amis de ses amis.

Après mon dîner chez Kléber, j'allai voir quelques-uns des travaux faits par les Français à la place, et rentrai pour monter à cheval avec le colonel Oikonomi jusqu'à Meso-Khori. C'est un village situé dans la montagne, à une lieu de Neo-Castro. On quitte la route de Modon à moitié chemin, et en montant à gauche on arrive dans une vaste plaine très-élevée, mais très-bien cultivée. Il y existe plusieurs ruines d'églises qui prouvent que là a été autrefois une ville considérable. La vue y est fort belle. La montagne placée en face se présente d'une manière fort pittoresque. On aperçoit toute la rade de Navarin, l'île de Sphactérie, et au delà la haute mer et l'île de Proti. Le spectacle du combat de Navarin devait être fort imposant vu de cet endroit.

Ce plateau est très-fertile et très-bien défendu par sa situation sur la montagne. En haut de ce rocher la plaine s'étend au loin, et les villageois en ont pris le plus grand soin. Je les trouvai occupés à battre le blé, et ils me dirent qu'ils trouvaient très-fréquemment dans les champs des monnaies légères, larges comme deux lepta, mais plus minces, avec une croix d'un côté et une sorte de clocher de l'autre, ce qui répond parfaitement aux deniers tournois des princes de Morée. Je visitai deux des églises. L'une est byzantine et fort ancienne; l'autre, byzantine aussi, a été construite sur l'emplacement d'un ancien temple, et on y reconnaît beaucoup de pierres helléniques. Je rentrai à sept heures et demie, et allai me reposer sur une chaise longue chez le gouverneur de la province, M. Capsali de Missolonghi.

Dès quatre heures du matin j'étais à cheval pour arriver à Arcadia, qui est à onze heures de Neo-Castro. La route tourne autour de la rade. Jusqu'à Gargaliano le pays n'est pas fort beau; mais une lieue avant d'arriver à Gargaliano, c'est-à-dire à trois heures de Neo-Castro, le pays devient magnifique; la culture est superbe; on voyage entre deux belles haies de myrtes en fleurs et toute la campagne est un véritable bois d'oliviers. En s'approchant de Philiatra, le pays devient encore magnifique; les oliviers sont verts, immenses, et rapportent de 6 à 12 drachmes; les mûriers, les citronniers forment une véritable forêt; les raisins de Corinthe commencent à mûrir. Je fus trop heureux pendant neuf heures de route à jeun de trouver un raisin noir dans une vigne de deux ans de pousse; il était doux et fort bon. A quelques pas de là, un homme du pays, apprenant que j'étais Français, vint poliment m'offrir une belle grappe de raisin de Corinthe. La politesse des Grecs envers tout autre qu'un Bavarois est ici dans les mœurs de tous; on vous accueille avec bonne grâce, et les Grecs cherchent à vous rendre service. Après avoir passé le petit port d'Hagi-Kiriaki, où on construit des embarcations, mais où il n'y a pas encore de village, j'arrivai à Philiatra, petite ville fort propre, placée au milieu de bois ravissants d'arbres de toute espèce. Là, un marchand de faïence m'offrit sa maison; et on alla complaisamment me chercher tout ce dont j'avais besoin, et sans vouloir autre chose que le prix modique que ces objets auraient coûté à un homme du pays qui se fit un plaisir de faire mes approvisionnements.

Les Grecs du peuple ont une honnêteté et une politesse naturelle dont le gouvernement eût pu tirer le plus grand parti, ainsi que de toutes leurs habitudes locales. Conçoit-on que, dès son premier établissement en Grèce, la régence, composée de Bavarois qui ne connaissaient ni la langue ni les usages du pays que les hautes puissances lui avaient livré à gouverner, ne se soient pas fait un devoir de recueillir les coutumes locales relatives à l'irrigation, aux forêts, aux pâtures, et à tous les détails de la vie agricole et municipale, coutumes si bien connues de tous les Grecs, si bien jugées par leurs assemblées locales, et qui peut-être se sont conservées depuis les temps les plus anciens des républiques grecques? La Grèce et les Grecs, voilà ce dont les régents bavarois semblent s'être souciés le moins. Le jeune roi, qui leur a succédé à sa majorité, a montré les dispositions les plus bienveillantes en faveur d'un peuple qu'il aime et dont il a toujours été aimé; mais jusqu'ici, malgré son zèle à étudier toutes les affaires dans leurs moindres détails, malgré la patiente résignation avec laquelle les Grecs, que l'on prétendait si turbulents, attendent sans se plaindre, mais non sans oublier ce qui leur est dû, tout est encore à faire, et une organisation politique conforme aux vœux du pays, à ses usages et à son intelligence tardera peut-être jusqu'à lasser leur patience.

La route de Philiatra à Arcadia continue à être magnifique; ici il n'y a pas de terres du gouvernement, et tout appartient aux particuliers. Comme c'était un pays de plaines, ils ont pu moins aisément se mêler aux révoltes contre les Turcs, et ils avaient été frappés de moins de confiscations. Aussi tout est-il couvert d'arbres de la végétation la plus belle, entre la mer et la montagne. On a toujours la mer en présence, et de loin on aperçoit les îles de Zante et de Céphalonie. Près de la mer apparaît dans la situation la plus pittoresque le castro d'Arcadia, et séparé du castro, sur la droite en s'approchant des montagnes, et sur leur versant, la jolie ville d'Arcadia. Je m'arrêtai en y montant pour voir les ruines de deux églises anciennes : l'une byzantine et l'autre certainement franque, avec des arcades et une porte ouverte sur la mer et sur l'occident. Le temps était superbe : une douce brise apportait de la fraîcheur, et je n'ai pas senti un instant l'incommodité de cette longue route. J'arrivai à Arcadia à sept heures et allai me loger chez M. Panagioti Papa-Athanasopoulos, pour lequel j'avais une lettre de M. Delyanni.

La maison de M. Athanasopoulos, gendre du dimarque, est située en haut de la ville et commande une fort belle vue sur la mer. En ouvrant ma fenêtre le matin je pus jouir de cette vue et de celle du castro situé au-dessous de moi, car la ville actuelle est plus haute que le château; c'est une ville tout nouvellement bâtie, les Turcs ayant tout brûlé. J'allai voir une église ancienne au centre de la ville. Elle est aussi du temps des Francs, à en juger par son architecture; mais les Turcs en ayant brûlé une partie, qui est celle du côté de la porte, on n'y trouve plus aucune trace de la construction primitive de ce côté. De là j'allai au castro, où je reconnus quatre époques bien marquées :

1° Des assises helléniques encore conservées, du côté d'un petit village derrière la montagne, et à la porte d'entrée, où était une tour carrée ; on en découvre également des fragments à l'extérieur, çà et là, surtout dans une tour carrée qui est évidemment de l'époque franque.

2° Une tour octogonale byzantine ancienne, à fenêtres carrées de forme antique et à assises beaucoup moins considérables, mais assez bien posées pour être anciennes; il n'y a pas de tuiles mêlées à la pierre. Elle est placée du côté de la ville, et est la dernière des tours du château.

3° Une tour carrée de l'époque franque : on y retrouve beaucoup de pierres helléniques, et dans un des coins plusieurs assises qui appartiennent probablement à l'ancienne tour hellénique, sur la base de laquelle les Francs avaient construit la leur. La porte est, comme d'ordinaire, en l'air, parce qu'on y parvenait par un pont-levis qu'on retirait ensuite.

4° Deux tours de construction turque et des murs crénelés par eux.

Arcadia était une des douze places fortes de Morée en 1205. Elle fut donnée avec Calamata à Geoffroi de Ville-Hardoin par Guillaume de Champ-Litte [1]. L'armée franque, en passant de Patras à Modon, s'empara de force de la ville ; mais elle attendait, pour attaquer le château, les navires vénitiens qui sans doute transportaient les ma-

[1] Voy. *Chron. de Morée,* p. 31 et 46.

chines de guerre; car ils ne pouvaient les aider autrement, attendu que le château est à un quart de lieue de la mer, qu'au bas est une plaine qui s'étend jusqu'à la mer, et que les vaisseaux ne pouvaient lui porter dommage autrement qu'en transportant les machines. Il n'y a pas de grand port, mais un fort petit port s'étend au delà de la ville sur la route de Pyrgos. Arcadia fut ensuite donnée à Vilain d'Aunoy, sans doute par Guillaume de Ville-Hardoin, lorsque Vilain d'Aunoy quitta Constantinople en 1261 et se réfugia en Morée. C'était un Centurion de Gênes qui, en 1391, était seigneur d'Arcadia et un des plus puissants seigneurs de Morée.

Arcadia était l'ancienne Kyparissia en Messénie. Au quinzième siècle la Messénie appartenait aux Stratégopule, Mélissène. Nicéphore Mélissène avait nommé Théodore Paléologue tuteur de son fils Nicolas. Celui-ci donna à son frère la Messénie, qui appartenait à son pupille, comme si c'eût été sa propriété[1].

A sept heures nous montâmes à cheval, M. Athanasopoulos, M. Zaphiropoulos, dasonome (inspecteur des forêts) de la province, et moi, pour aller à Christiano, où je voulais voir une église dont on m'avait beaucoup parlé. La route traverse des sentiers boisés qu'on a peine à franchir, tant le bois croît avec vigueur. Christiano est à trois heures d'Arcadia. L'église de Christiano est véritablement fort considérable et fort ancienne. On reconnaît un grand nombre de pierres helléniques dans la construction, ce qui montrerait qu'il y avait là autrefois un temple païen. Près de l'église sont par terre deux colonnes de vert antique fort beau. L'église elle-même est byzantine, du onzième siècle probablement; et le palais épiscopal semble avoir été annexé à l'église et avoir eu une chapelle adjointe à l'église. J'ai compté trente-deux pas de long sur vingt-deux de large, et cinquante-deux pas de long en allant jusqu'au

---

[1] Voyez Pharantzi, p. 132 et 133

souterrain obscur qui formait partie d'une église adjointe au palais; c'est une des plus vastes églises que j'aie vues en Grèce. Il est probable que c'était là le séjour des anciens évêques de Christianopolis, dont le séjour fut depuis transporté à Arcadia et qui continuèrent à porter le titre d'évêques de Christianopolis. Nous prîmes notre conaki chez le parédros du pays, car le chef-lieu de la commune est à Philiatra, et nous l'invitâmes à dîner avec nous. Les femmes sont comptées pour rien dans la classe du peuple. Les femmes se tenaient là dans une autre partie de la chambre, prêtes à faire le service. L'une d'elles était grande, svelte et bien faite, et elle marchait avec la distinction des personnes les plus qualifiées. On retrouve encore parfois en Grèce de ces formes qui vous révèlent la statue antique. A Messène, près de la fontaine Arsinoé, j'ai vu une paysanne de Mavromati qui portait une large coiffure blanche et qui, par sa tenue, sa coiffure et son peplum, semblait une belle statue de déesse descendue de son piédestal. En revenant de Christiano à Arcadia, nous nous égarâmes quelques instants dans le fourré. Pour nous tirer d'affaire, M. Zaphiropoulos, qui est un des cinq dasonomes grecs sur les trente ou trente-cinq de la Grèce, car les autres sont bavarois, monta sur un tertre que son cheval, bien qu'habitué à cet exercice, eut grand'peine à franchir. Il y avait un trou que mon cheval et moi ne vîmes pas; mon cheval tomba sur le côté et moi dans le fourré, mais sans blessure. En voulant se relever il trébucha encore, et, cette fois, tomba sur mes jambes. Fort heureusement il y avait là des branches qui amortirent le coup, et je pus le repousser avec une jambe que je dégageai; j'en fus quitte pour une légère foulure qui m'empêcha de marcher quelques jours. Ce serait une chose assez fâcheuse que d'avoir les jambes cassées au milieu des forêts grecques, et surtout dans cette pauvre contrée de Morée destituée de tout secours médical. Remontés à cheval nous pressâmes le pas de nos chevaux, et en deux heures nous arrivâmes à Arcadia. La situation de cette ville me plaît beaucoup; ses maisons sont toutes nouvelles. En brûlant partout, les Turcs ont, par hasard, oublié de brûler les oliviers et les jardins qui sont un des ornements du pays. La plupart sont plantés sur des terrains nationaux et loués si cher qu'il y en a quelques-uns complétement abandonnés; le gouvernement n'a pas voulu les vendre à un prix modéré, mais seulement les affermer pour dix ans: déplorable calcul qui entretient ce pays dans la misère et l'abandon!

XXVI.

SIDERO-CASTRO. — PAVLITZA. — PHIGALÉE. — BASSÆ. — ANDRITZENA. — LAVDA.

A cinq heures du matin je quittai Arcadia pour Sidero-Castro. La route tourne autour du château, au bas d'un petit village situé sur l'autre versant d'Arcadia qui est privé de soleil la plus grande partie de la journée. J'avais pris un gendarme pour guide, et nous arrivâmes après trois heures de fort mauvais chemins à Sidero-Castro. Le village est situé tout en haut de la montagne et les maisons sont dispersées çà et là autour des rochers. Ma chute de la veille m'empêcha de monter sur le haut de la montagne qui domine le village et sur la cime de laquelle sont les ruines d'un château-fort à petites pierres sèches, comme celui d'Angelo-Castro. Ce genre de construction a devancé l'occupation des Francs. Je pris quelques heures de repos à Sidero-Castro et m'acheminai, par une route rocailleuse, vers le village de Pavlitza, qui est placé au milieu des ruines de l'antique Phigalée.

Depuis le village de Kara-Moustapha, situé sur une montagne, jusqu'à Callitzena, on descend par un magnifique ravin revêtu des plus grands chênes, et qui va toujours en se resserrant ; c'est dans ce ravin et le long de ces montagnes que beaucoup de Grecs cherchèrent un asile contre les cruautés d'Ibrahim. Les montagnes sont partout revêtues des plus beaux chênes et platanes, et au fond d'un vaste précipice coule, entre deux bords profonds, le torrent de la Neda. Les deux immenses escarpements de ses deux rives sont à peine praticables, et cependant, sur toutes les pentes, des champs de maïs entrecoupent les forêts et les rochers ; là où on ne croirait pas que l'homme puisse arriver, on aperçoit des champs récemment moissonnés. Cette gorge étroite est d'un fort bel effet dans sa sauvagerie ; en arrivant près de Pavlitza la montagne devient plus aride. L'effet de la vallée profonde de Phigalée et de ses vieilles ruines au clair de lune est tout à fait majestueux.

Je passai ce qui me restait de jour et une partie de la soirée à parcourir à cheval au clair de lune une partie des ruines de cette grande ville. Il y avait pour moi quelque chose de solennel dans cette première visite faite pendant le silence de la nuit à une ruine glorieuse. Ce sont partout de vastes pierres à peine taillées, et les murs sont d'une épaisseur de six à sept pieds. Ils se prolongent sur toutes les crêtes de la montagne jusqu'au-dessus du village de Garditza et tout en haut d'un ravin profond où coule un torrent.

De bonne heure, me sentant un peu mieux de ma jambe, je montai de Pavlitza à l'enceinte des murs de Phigalée. Je ne pus trouver aucune des portes anciennes, qui sont toutes ruinées ; mais je retrouvai une sorte de poterne en pierres helléniques ressemblant beaucoup à la porte d'Arpino. Les murailles antiques se prolongent pendant plus de deux heures le long des crêtes de la montagne. L'acropolis est tout à fait sur le haut et contient deux petites chapelles construites sur des fondements d'anciens temples : l'une, dédiée à saint Éloi ; l'autre à la Panagia. Une tour ronde était sur l'acropolis ; elle a été conservée en partie et en partie reconstruite au moyen âge des fragments de pierre trouvés sur le lieu, et sans mortier, sans doute pour faire une tour de signaux. Le long des murs on aperçoit quelques restes de tours carrées qui forment un demi-cercle extérieur appuyé sur le mur.

En voyant ces vastes ruines on se demande comment les peuples anciens pouvaient faire d'aussi énormes frais que ceux qu'exigeait la construction de villes semblables. Ces pierres ont été apportés d'ailleurs, car elles ne sont pas de la même nature que les rochers de Pavlitza, et partout en Grèce dans les lieux les plus âpres, au sommet quelquefois des plus hautes montagnes, on trouve d'immenses constructions de temples bâtis avec des marbres et de vastes assises de pierres apportés souvent de lieux fort éloignés. Tous semblaient lutter à l'envi pour orner leur ville. Chaque Grec avait un attachement profond non-seulement pour sa patrie politique, mais pour sa patrie municipale, qui est comme une extension de la famille. On était toujours prêt à des sacrifices personnels pour la défendre et l'embellir ; et souvent les dieux locaux étaient plus respectés que les grands dieux. Ce même attachement à la patrie locale est aussi le caractère distinctif des Grecs actuels : c'est là peut-être ce qui, avec la religion, a protégé si efficacement leur nationalité contre les Turcs, chez lesquels ce sentiment de patrie n'existe nulle part. Chez les Grecs anciens c'est le dévouement de tous au bien et à la défense de la cité qui permettait d'élever de telles villes et de tels monuments, car Phigalée avait aussi ses temples. On retrouve çà et là des tronçons de colonnes cannelées près des ruines de ces édifices. La vue de là est véritablement imposante ; dans le fond du ravin coule sans être vu le torrent de la Neda, et on aperçoit au loin Ithome et la mer du golfe d'Arcadie. De là on voit aussi l'emplacement du temple d'Apollon Épicurien à Bassæ. J'achetai quelques monnaies trouvées sur les lieux et montai à cheval pour me rendre à Bassæ.

La route de Phigalée à Bassæ passe par le village de Tragoï. C'est une véritable route de montagne, aride et pierreuse. Tragoï, située sur le penchant d'un ravin, offre des points de vue plus agréables; on y parle albanais, ainsi que dans les villages voisins de Pougicadès, Mavromati, Soulima, Couvala, Vlacha, Ripesa, Psari, Petza, Lapi, Agvilea, Steano, Cotzangra, Bouga, Bodia, Badisova, Diata, Varibobi, Materi, Palomera, etc., comme aussi à Phigalée. La population slave, beaucoup moins intelligente que la population grecque, semble s'être réfugiée dans ces montagnes à une époque fort ancienne et y avoir passé de la vie de pasteur à la vie d'agriculteur.

De Tragoï à la montagne où se trouve le temple d'Apollon Épicurien, il n'y a qu'une demi-lieue. On traverse une belle forêt de vieux chênes, consacrés sans doute dans l'antiquité par des autels aux nymphes, et on rencontre deux fontaines; puis, quand on est arrivé presque au sommet de la montagne, tout à coup apparaît un temple antique parfaitement conservé. Les quatorze colonnes cannelées de chaque côté et les six des deux extrémités sont encore debout; seulement deux des six qui formaient l'entrée du côté d'Arcadia et en face de la mer sont tombées à côté, ce sont celles des deux extrémités. L'intérieur du temple est aussi parfaitement conservé. Il se composait de trois parties : la partie du milieu a encore ses murs inférieurs de clôture; les bases des colonnes intérieures sont debout; l'une d'elles est tout entière, mais fort ébranlée; sans doute par quelque tremblement de terre qui aura agité tout le temple.

La seconde assise était taillée de manière à former le mur de l'intérieur et à présenter dans le vestibule un commencement de colonne engagée. Les autres assises supérieures avaient aussi une double destination : la clôture plate du mur et la continuation à l'extérieur de la colonne engagée. Ces colonnes sont composées du plus beau marbre de Paros. Des fouilles opérées il y a peu d'années ont fait découvrir la frise, qui est à Londres; elle offre le combat des Centaures et des Lapithes. Il serait facile de rétablir ce temple avec tous ses morceaux, car tous sont encore là, et il n'y manque que ce qui est à Londres. C'est une dilapidation véritable que d'arracher ainsi aux monuments anciens les morceaux que le temps avait respectés. Le temple d'Apollon Épicurien avait survécu à toutes les invasions des barbares, et sa situation isolée, au faîte d'une haute montagne éloignée de toute habitation, l'avait préservé des mains des maçons. Les Turcs, qui étaient de grands destructeurs, n'ayant pas de mosquée à construire dans les environs, avaient passé à côté sans le voir et le détruire, et voilà que des amis de la science font ce que n'ont pas fait les barbares. Placés à Londres dans une espèce de cave en briques, au bas du Musée Britannique, comme un feston d'architecture, ces bas-reliefs ne peuvent rien produire pour l'art ; ici ils auraient peut-être déterminé le gouvernement grec, non à restituer, ce qui est aussi une barbarie, mais à mettre sur place et debout toutes les pierres accumulées ici et qui en eussent fait le monument le plus complet de l'ancienne Grèce. Le toit, qui était en marbre, dans le genre de celui du temple de Thésée, gît encore à terre, et on y retrouve, de plus qu'au temple de Thésée, l'intérieur et la nef dans leur intégrité. De la plate-forme de ce temple on a une vue fort étendue sur l'isthme et le golfe d'Arcadia. Il est encore entouré comme autrefois du bois sacré de vieux chênes, et ses deux fontaines l'abreuvent avec leur eau fraîche et pure.

Je restai pendant trois heures en admiration devant ce temple, puis montai le sommet de la montagne qui en dérobe la vue du côté d'Andritzena. De là à Andritzena, c'est une descente rapide et une succession de collines arides fort différentes de ces deux belles vallées qui précèdent l'arrivée à Phigalée et qu'on voit près de Callitzena. En approchant d'Andritzena le paysage devient plus gracieux ; toutes les montagnes sont couvertes d'arbres et les vallées sont remplies de jardins bien cultivés, entrecoupés par des

40.

champs nouvellement moissonnés, dont la couleur jaune est variée par la verdure de quelques beaux arbres. A une lieue et demie d'Andritzena est le vieux château franc de Zarkoula, près de Phanari. De là on a une vue magnifique sur les deux mers, sur la mer Égée d'un côté et la mer Ionienne de l'autre. Il est en ruines, mais en ruines grandes et vastes. Ce qu'il y a de curieux à observer, c'est que des siècles si différents que les premiers temps de la Grèce et le temps des croisés aient amené la construction de monuments imposants. Sans doute les premiers temps grecs avaient un goût plus pur, mais la force s'y fait plus sentir que la grâce. Les rois d'Homère étaient en effet les grands barons francs de Morée. Nestor possédait la Messénie, Agamemnon l'Argolide; mais leurs domaines étaient moins étendus que ceux des ducs d'Athènes et de Naxos, et le baron de Caritèna pouvait lutter de bravoure avec Ajax.

Andritzena est gracieusement assise sur le penchant d'une colline qui s'élève entre deux montagnes plus hautes, de l'une desquelles elle est séparée par de profonds ravins où coule le torrent de Rhovia : mais les torrents et les cascades diminuent beaucoup de grandeur en Grèce au mois de juillet; les torrents n'ont qu'un filet d'eau et les cascades sont à sec. En voyant cependant cette succession de rochers droits au milieu de belles forêts et de profonds ravins, on comprend tout l'effet imposant qu'ils doivent produire au mois de mai, lorsque les pluies d'hiver sont encore grossies par la fonte des neiges.

Andritzena se compose de plusieurs jolis hameaux distribués çà et là sur divers versants de la montagne; les vignes ont une verdure de feuillage qu'elles n'ont pas en France, et tous ces hameaux sont situés au milieu des vignes. Je voulus acheter quelques monnaies, et me vis entouré de toute la ville. En Grèce, un étranger est obligé d'avoir une vie publique comme un roi : s'il fait une question, tous s'approchent pour l'entendre; s'il veut acheter une médaille, tous veulent l'examiner. La route d'Andritzena à Lavda est fort belle. Là je m'arrêtai afin d'aller voir dès le matin les ruines d'une ville antique, connues sous le nom de Castro de Sainte-Hélène.

Couché en plein air sur un tapis, sur une de ces terrasses en bois qu'on a fréquemment dans les maisons grecques, je m'éveillai avec les premiers rayons de l'aurore, et montai la montagne placée au-dessus du haut Lavda. Après une demi-heure j'arrivai à une ville antique : toute l'enceinte est parfaitement conservée; il y a deux terrepleins l'un au-dessus de l'autre, puis un acropolis. Les pentes des montagnes ne sont pas là aussi rudes que dans beaucoup d'autres villes antiques. Dans l'enceinte je trouvai plusieurs fragments de colonnes cannelées, et j'en trouvai d'autres dans une petite chapelle près de la fontaine qui est à quelques pas des murs de la ville. Dans l'acropolis est une tour ronde qui servait aussi sans doute de vigie au moyen âge ; car de là on voit devant soi, comme à deux pas, le Diaforti, ancien Lycée, sur le sommet duquel sont les ruines d'une autre tour hellénique dont il n'existe que les premières assises. Le long des murs de Lavda on retrouve encore plusieurs tours carrées, et d'autres arrondies du côté extérieur, comme j'en ai vu à Phigalée. Il faut une demi-heure ou trois quarts d'heure pour faire le tour de cette ville aux murs à larges pierres, parmi lesquels on en trouve plusieurs polygonales irrégulières. L'emplacement des deux portes près des deux tours est parfaitement marqué et les murs s'y conservent entiers. Il y a aussi plusieurs restes de temples avec leurs soubassements et les ruines de plusieurs petites églises.

XXVII.

CARITENA. — MÉGALOPOLIS. — LEONDARI. — VELIGOSTI. — MAKRY-PLAGI. — LAKOS. — GARDIKI.

De Lavda à Caritena il n'y a que trois fortes heures. Le chemin est assez âpre et les montagnes arides jusqu'à une lieue de Lavda. On aperçoit de loin l'Alphée qui coule au fond de la vallée; et de Lavda même on voit le château de Caritena, fief du chevaleresque baron de Caritena, assis sur la montagne comme une couronne de comte, avec ses créneaux pour fleurons. La route qui longe l'autre côté du torrent semble tourner autour du château de Caritena et permet de l'envisager sous toutes ses faces. Je traversai un pont jeté au temps des croisés sur l'Alphée, pont à plusieurs arches dont la vue serait fort belle dans un paysage, et montai, par une pente des plus rapides à cette célèbre ville de Caritena, placée au pied du château d'un de ces barons si renommés dans l'histoire du treizième siècle, et s'étendant sur la croupe du mont et sur ses deux versants. Il faisait une chaleur extrême et il était midi. Je pris mon logement dans une maison de fort bonnes gens, mais peu habitués à la visite d'un étranger, et d'un étranger franc. J'eus grand'peine à persuader à la maîtresse de la maison qu'il ne pouvait m'être commode qu'elle restât assise sur le seuil de ma porte tout ouverte sur la rue. Je conquis enfin la solitude de ma chambre sur la bonne femme et sur de nombreux poulets qui la remplissaient. J'ouvris mes malles, et, dès que je me fus changé, j'établis mon nécessaire pour écrire et rédiger quelques notes; mais à peine étais-je assis que voilà l'un des poulets que j'avais chassés qui montre sa tête sous la porte, glisse légèrement son corps pressé entre la porte et le seuil, et pénètre dans la chambre ; un autre suit bientôt son camarade, puis un autre, puis la foule : les voilà tournant, voletant, becquetant partout, passant sous mes jambes, montant sur mon pupitre. Je recommence une nouvelle expédition ; je les mets à la porte à grand'peine et à grande chaleur, et rentrant avec inquiétude je me rassieds pour reprendre mes papiers. Mais il y avait une petite fenêtre dans la chambre : les poulets obstinés avaient tourné la maison et voletaient un par un pour rentrer par cette seule fenêtre. Nouvelle chasse, fort pénible par l'extrême chaleur ; et comme pour fermer ma fenêtre il n'y avait qu'un petit volet, et que, ce volet fermé, je n'avais plus de jour, je dus me résigner à rester sans lumière pour rester sans poulets.

Je sortis pour aller voir le château. Vu de ce côté de la ville, il a un aspect encore plus fier et plus féodal. Il a conservé jusqu'à ces derniers temps la renommée de sa force ; car Ibrahim n'a pas osé entreprendre d'y attaquer Colocotroni, qui s'y était réfugié. Colocotroni l'a fait réparer, et on y a trouvé alors des casques, des cuirasses et des cottes de mailles à deux fois différentes. Tout cela a été disséminé, et il n'en reste rien. Quant au château, il porte encore des traces visibles de sa création. Par le chemin le plus difficile, on arrive à la porte, qui est la vraie porte féodale ; au-dessous sont les meurtrières avec leurs trois corniches de soutien, et en dedans l'ouverture par où on faisait descendre la herse : un écusson de pierre était placé au-dessus de la porte, avec le blason du chef féodal d'alors, mais il a été arraché et on n'en voit plus que la place. Deux tours carrées, placées à peu de distance l'une au-dessus de l'autre, subsistent encore, et on n'a fait que réparer un peu le haut. Presque tous les murs d'enceinte sont conservés ; seulement le haut est réparé : la couleur du mur indique assez la différence d'âge. En dedans, les chemins de ronde existent et on voit les fenêtres d'une ancienne église du même temps. Les murs du palais seigneurial sont encore debout çà et là, mais ruinés. Des citernes magnifiques fournissent encore de l'eau; et dans plusieurs endroits, surtout près de la porte, on trouve des pierres aussi grosses que l'étaient les pierres helléniques : deux ou trois paraissent même avoir été apportées toute taillées de quelque ville hellénique voisine, peut-être de l'ancienne Brenthès. Au bas de la ville sont plusieurs églises anciennes : celle de Saint-Nicolas, qui n'offre rien de remarquable, et celle de la Panagia, qui est accompagnée d'une tour de pierre servant de campanile et est extérieurement de l'époque franque. Cette tour est isolée de l'église actuelle, qui est peut-être plus ancienne, et son clocher aura sans doute été ajouté par les Francs dès leur prise de possession. Au-dessus de la porte de cette église est une inscription en lettres grecques ecclésiastiques qui me paraît indiquer l'époque de sa fondation. On voit aussi dans l'église de la Panagia trois tableaux peints sur bois et à l'huile, consacrés, comme tous les icons de la Vierge, de Notre-Seigneur et de saint Jean, par le miracle d'avoir été jetés au milieu des flammes sans en être endommagés.

Avant de m'avancer de Caritena vers le nord de la Morée, j'avais quelques investigations historiques qu'il m'importait de faire. Je voulais visiter Mégalopolis et rechercher la situation de deux points géographiques très-essentiels, mais complétement inconnus : l'un était l'emplacement de la ville de Veligosti, célèbre au temps de l'occupation française; l'autre, celui de Gardiki et de la vallée de Lacos, près du défilé de Makry-Plagi qui mène de Leondari à Sparte. Je partis de bonne heure pour Sinano, en passant près des villages aux noms français de Florio et de Vidoni, l'un venant d'un Florent, l'autre d'un sire de Vidoine, connus par les diplômes de cette époque. Mégalopolis était située dans une vaste plaine, sur le fleuve Hélisson, près de son embouchure dans l'Alphée. Elle fut fondée par Épaminondas, qui voulut y réunir une grande population tirée des autres villes de l'Arcadie, et en fit la capitale de cette province. Ses ruines se manifestent déjà sur la route par des fragments de colonnes dispersés dans les champs. Il n'existe plus rien debout ; mais sur les bords de l'Hélisson, on voit les restes d'un pont, un grand espace entouré d'un mur, de vastes pierres, et, au milieu, plusieurs colonnes encore en place, probablement celles de l'agora. Je cherchai inutilement quelques restes du cippe [1] élevé par derrière en l'honneur du grand historien Polybe, fils de Lycortas, et sur lequel étaient inscrits des vers élégiaques où il était dit : que Polybe de Mégalopolis avait parcouru toutes les terres et toutes les mers ; qu'il avait combattu contre les Romains et avait adouci leur colère contre les Grecs. En vingt places diverses on retrouve au milieu des champs, tantôt des colonnes de marbre renversées, tantôt d'autres colonnes debout, avec le pavé de mosaïque en marbre varié qui faisait partie de l'ancien temple, et tantôt, sur les bords de l'Hélisson, de grandes, hautes et larges murailles en forme de quai. Le théâtre est situé de l'autre côté de l'Hélisson, sur un tertre naturel qui a été égalisé par de nouvelles terres ajoutées et qui fait face à la rivière. Tout le sol qui portait autrefois Mégalopolis est cultivé en blé de Turquie et autres grains. L'emplacement seul du théâtre, qui s'élève en pente rapide dans sa concavité là où étaient les gradins de marbre, a été abandonné à la nature. Les pierres seulement ont été enlevées presque partout, excepté sur les côtés où elles soutiennent des tertres. C'est aujourd'hui un immense amphithéâtre de verdure. J'eus beaucoup de peine à pénétrer à travers le dédale d'arbrisseaux qui le revêtent en entier. Là, sur le haut, je trouvai un berger avec son troupeau : il ne savait pas qu'il était sur une ruine, que son troupeau paissait sur un théâtre, le plus vaste de la Grèce peut-être ; il n'avait jamais entendu parler de Mégalopolis, ne connaissait que le nom de Sinano, et se croyait sur un tertre ordinaire. O gloires de ce monde ! Outre le fleuve d'Hélisson qui tra-

[1] Ἐπὶ στήλῃ (Pausan., *Arcad.*).

versait la ville, il y avait encore quelques fontaines : l'eau de l'une d'elles m'a paru excellente. Aujourd'hui on traverse l'Hélisson avec facilité sans pont, et je l'ai passé sur de petits cailloux; ses bords sont élevés, ses deux côtés sont garnis d'arbrisseaux. Le terrain de Mégalopolis, quoiqu'en plaine, offre quelques pentes légères et adoucies, et c'était un emplacement excellent de grande ville. Elle était de tous côtés entourée de belles montagnes, et la plaine, depuis Caritena, est riche et féconde. Après mon excursion, j'allai voir au village de Sinano un morceau de marbre trouvé dans un terrain près du fleuve. Un paysan, nommé Liakos, que j'avais trouvé cultivant ses *angouria* (concombres) sur le terrain de Mégalopolis, m'avait proposé de me le vendre : c'est une colonne de quatre pieds de hauteur portant sur sa base un homme debout, de deux pieds et demi de hauteur, avec son costume romain, se détachant en haut relief de son cheval dont le corps se dessine autour de la colonne et ressort sur les deux côtés du personnage. Il n'y avait aucune inscription. Ce personnage en costume de chevalier romain n'était-il pas Polybe lui-même dans sa ville natale? Mais Pausanias indique une inscription sur la colonne de Polybe, qu'il nomme στήλη, et il donne toujours ce nom aux colonnes carrées. Je n'achetai pas ce morceau, trop difficile à emporter, et me contentai de quelques monnaies trouvées sur les lieux par des paysans.

J'avais à cœur de visiter aussi l'emplacement de la ville de Veligosti dont la Chronique de Morée parle comme étant avec Nicli une des plus grandes villes de Morée, et comme étant aussi en plaine :

Εἰς κάμπον κόπονται (43).

Lors de la conquête de 1205, Veligosti fut donnée comme fief de banneret à Mathieu Raimond[1]. De Cala-

---

[1] P. 48 de la *Chron. de Morée*.

mata la Chronique fait arriver Geoffroi de Ville-Hardoin à midi à Veligosti [1]. Il y avait une forteresse et un marché : ἔκαψαν τό ἐμπόριον, τὸ καστρὸν μόνο ἀφῆσαν [2]. Elle était située près de Makry-Plagi [3]. M. Boblaie l'avait placée, ainsi que Bory de Saint-Vincent, à Leondari, ce qui ne pouvait être. Enfin, à force de courir le pays et d'interroger tous les paysans, je parvins à savoir que, sur les bords du Xerillo-potamos, près d'un moulin, étaient des ruines, et que l'espace compris entre ce moulin et le bas de la plaine, sur une demi-lieue d'étendue, était connu sous le nom de Veligosti. Je pris pour guide, à Sinano, un cultivateur qui me disait posséder des biens de ce côté, et après une heure et demie de marche en allant du côté de Samara et dans la direction du Xerillo-potamos il me dit que tout cet espace était ce qu'on appelait Veligosti. J'appelai deux autres hommes qui travaillaient dans les champs voisins; ils me confirmèrent le nom donné à cet endroit. Je leur demandai ensuite s'il y avait quelques vestiges d'ancienne ville ou d'ancienne église près de là : ils me dirent qu'au delà du fleuve et de la fontaine, à environ une demi-lieue en se rapprochant du moulin, étaient des ruines dans les champs, et qu'on disait que là étaient les restes d'une grande ville placée autrefois dans ce pays et appelée Veligosti. J'y allai, et trouvai en effet dans les champs un grand nombre de briques. Un petit berger m'indiqua d'autres ruines un peu plus loin, dans l'endroit où finit la plaine et où le terrain va s'élevant un peu, et j'y vis les restes d'une église élevée sur les ruines d'un temple ancien. On retrouve encore sur ce terrain un grand nombre de belles colonnes de marbre, ou debout ou renversées. En comparant tous les détails donnés par la Chronique, je ne puis douter que ce ne soit là le véritable empla-

[1] P. 56.
[2] P. 109.
[3] P. 123.

cement de Veligosti, qui s'étendait peut-être du moulin à la rivière, en y comprenant les vignes situées sur l'autre rive avec le même nom, et qui formaient sans doute les faubourgs du côté de Sinano. Comme on m'avait indiqué aussi un château en ruines à Samara, à une demi-lieue de là, je me dirigeai de ce côté en traversant à gué le Koutouphari.

Le village de Samara est situé sur une colline opposée à Leondari, à une demi-lieue, et le château était bâti sur une autre colline à dix minutes de la ville. Leake place en cet endroit l'ancienne Cromi. Quant à moi, qui ai visité avec soin et la colline où est situé le village actuel, et celle où est le château, je n'ai trouvé aucun vestige d'antiquités. Le château est certainement d'origine franque : la forme en est un peu différente des châteaux ordinaires. Entre deux des tours, dont le carré s'avançait en angle aigu, était une grande tour elliptique. Outre cette construction centrale, il y avait une double enceinte qui suivait les mouvements du rocher jusqu'à l'endroit où la colline est coupée brusquement du côté du fleuve. Cette forteresse n'a jamais dû être fort redoutable. La position ne l'est pas et les constructions ne sont pas considérables.

Arrivé à Samara, je choisis l'ombre d'un grand arbre sur une colline pour m'y reposer. C'était l'époque de la moisson et, à la même heure, les moissonneurs quittaient aussi leur ouvrage pour goûter quelque repos. Me voyant étranger, ils voulurent me faire politesse : ils se rangèrent donc autour de moi, assis à l'orientale sur leurs jambes croisées, et multiplièrent les questions qu'ils croyaient les plus propres à me montrer leur intérêt pour moi : comment se portaient mon père, ma mère, ma femme, mes enfants; si je n'en avais perdu aucun; depuis combien de temps j'avais quitté la France; si la Grèce me plaisait; et qu'est-ce qui m'y plaisait à moi, né dans un pays où on possédait depuis long-temps ce qui garantit une vie tranquille. Ils parlèrent ensuite de ce qui les concernait eux-mêmes, de la guerre de Crète : car tous ici regardent la Crète comme détenue injustement par la Turquie et devant être grecque. On ne saurait croire quel intérêt ils prennent tous aux choses publiques et avec quel bon sens ils en parlent. Le pâtre le plus isolé sur sa montagne forme les mêmes vœux que l'homme le plus éclairé des villes et énonce ses idées avec une remarquable intelligence. Je les interrogeai à mon tour et m'enquis des objets qui m'intéressaient moi-même. Je leur demandai s'ils connaissaient un château appelé, par un voyageur anglais, Κούριος κάστρο. Deux d'entre eux me dirent que oui, qu'ils habitaient tout près d'un château à peu près nommé ainsi et où ils étaient allés souvent. Ils en rectifièrent le nom qui était σ'Ουριας, c'est-à-dire εἰς Ὀραιας τὸ κάστρο, dans le Château de la Belle, nom donné ici à beaucoup de châteaux francs, en souvenir de leurs belles châtelaines françaises, comme dans l'île de Zea, en Tzaconie près d'Astros, et dans le Magne. Près de ce château, ils me décrivirent un endroit appelé Κόκκαλα, ce qui signifie ossements, parce qu'on y avait enterré les os des chevaliers morts en ce temps dans quelque grande bataille. Je résolus d'aller m'éclairer sur les lieux mêmes ; Leake, qui en parle sous le nom de Kokhla au lieu de Coccala, dit qu'il n'y est pas allé.

Je partis donc pour Leondari, situé à une demi-heure seulement de Samara. Leondari ne saurait être Veligosti, parce que Veligosti est en plaine et que Leondari est tout à fait sur le haut d'une montagne à l'entrée du Makry-Plagi. Je n'avais pas de lettre d'introduction et il n'y a pas d'auberge. Je m'adressai à un papas qui était assis à causer et lui demandai où je pourrais trouver une chaïati (balcon de bois à la turque) pour coucher. Un jeune homme, qui causait avec lui, m'offrit fort obligeamment sa maison, que j'acceptai. Avant d'y monter j'allai voir l'église, qui est une des plus anciennes et certainement une des plus jolies de Grèce. Je la crois du dixième ou du onzième siècle et antérieure à Andronic, qui fut le grand bâtisseur d'églises de ce pays.

Il y a deux dômes, et le premier, qui est en avant, est d'une forme très-rapprochée de l'antique et me rappela un peu la tour des vents à Athènes. Dans l'intérieur, au-dessus de l'église, est une double galerie, comme à Saint-Luc. Quelques restes de marbres épars çà et là et un grand nombre de colonnes de marbre dispersées alentour prouvent que cette église a dû être célèbre autrefois. Je crois qu'elle appartenait à un monastère. Les Turcs l'ont complétement gâtée en faisant construire en face une sorte de portique, à droite un gros mur portant le minaret et à gauche une école. En abattant tout cela on aurait certainement la plus jolie petite église que j'aie vue en Grèce.

En prenant possession de mon logement, je fus émerveillé de la prévenance de mon hôte. C'était un jeune ménage et je craignais qu'on ne se gênât pour moi, car on m'offrait café et tout. Je me contentai de demander de la limonade, en recommandant à mon agoïate d'aller acheter des citrons : mais il revint en me disant que, sur ma première demande, le maître de la maison était allé prendre les seuls citrons qu'il y eût dans la ville. Je lui dis d'acheter un poulet : l'hôte ordonna, sans me laisser le temps de refuser, qu'on sacrifiât un des siens, et il me fit servir avant tout d'excellent café. Je craignais d'émettre un désir, lorsqu'heureusement j'appris qu'il était propriétaire d'un petit café sur la place de Leondari et qu'ainsi sa politesse ne lui serait pas onéreuse puisque j'étais autorisé à payer. Je n'en fus pas moins reconnaissant de ses bons soins.

Nous montâmes ensemble au château de Leondari ; d'un côté, c'est un précipice assez formidable : et cependant ce fut par là et à l'aide des pointes de rochers que nous parvînmes à monter ; ce qui me prouve une fois de plus qu'il n'y avait pas de château si fort que l'on ne pût escalader ou surprendre par l'endroit même qu'on croyait le plus imprenable. De loin tout énorme rocher paraît uni, mais en se rapprochant on aperçoit des fissures et des vides qui aident à s'élever jusqu'en haut. Je l'avais essayé en Eubée, dans le vaste château près d'Achmet-Aga, et j'y parvins bien plus aisément ici puisque le rocher est fort peu élevé. Dans l'intérieur du château sont quelques citernes, quelques restes d'églises, des ruines de murailles et de tours. C'est une construction franque, mais qui ne paraît pas avoir été fort redoutable.

A quatre heures et demie du matin, je me mis en route pour trouver mon château. Au lieu d'aller par un chemin de montagne que l'on m'indiquait, je préférai suivre le dervend jusqu'au khani. Par là je pouvais voir le Makry-Plagi (longue côte), position importante pour moi, et j'avais un chemin moins rude pour les chevaux. En nous arrêtant à la fontaine, près de l'embranchement qui conduit à Court-Aga, un paysan se joignit à nous et je le questionnai sur mon château. Il me répondit : qu'il le connaissait fort bien, qu'il fallait aller jusqu'au khani et que là je trouverais un guide, parce que le chemin est tout proche. Il ajouta des renseignements nouveaux à ceux de la veille, et me dit que ce château était connu sous le nom de Gardiki. C'était précisément la position que je cherchais. A six heures, j'étais arrivé au khani. Un gendarme de la station me trouva un homme de Charidis qui connaissait fort bien ce lieu, et je partis. Après une heure, nous arrivâmes à une petite colline qui domine un ravin fort pittoresque. Nous avions traversé plusieurs torrents sans eau et avions vu se dérouler devant nous toute la longue côte jusqu'à Sakona. Là le spectacle devenait beaucoup plus beau : nous étions près d'une fontaine et avions devant nous une vallée étroite qui va s'élargissant peu à peu jusqu'à ce qu'elle finisse dans la grande plaine de *Lacos :* car Lacos est cette vaste plaine où sont les villages de Meligala, Malta, Bouga, etc., et une vingtaine d'autres villages où on parle grec et non albanais. Cette position de *Lacos*, qui n'est nullement la Laconie, était un renseignement précieux pour moi et j'en vérifiai l'exactitude. La profonde vallée dans laquelle j'entrais est entourée d'une enceinte de montagnes à pic, mais dont tous les

41.

flancs sont revêtus d'arbres qui en cachent l'âpreté. La plus haute de toutes ces montagnes est l'Hellenitza. En avant de l'Hellenitza se détache une montagne fort pittoresque : son sommet porte le château de Gardiki, Gardikion-Castro, comme me le répéta souvent mon guide ainsi que plusieurs hommes du pays. Le village de Gardiki était autrefois une ville importante. Chalcocondyle l'écrit Καρδικία et dit qu'elle fut prise par Mahomet II en 1460. Sur la droite de ce sommet, un peu plus bas, se détache de la montagne un énorme rocher arrondi, comme une tour gigantesque qui surveille l'abîme voisin. Ce rocher, si pittoresque dans sa forme, l'est aussi par sa couleur, car les arbres le revêtent comme le lierre revêt les vieux châteaux, en laissant voir de temps à autre une partie de ses flancs rougeâtres. Pour arriver à la montagne de Gardiki, on tourne un ravin d'où sort un torrent qui tomberait en magnifiques cascades s'il y avait de l'eau : car les rochers sont placés de manière à faire comprendre toute la beauté de ces cascades au jour où l'eau arrive. Près du point où ce rocher va rencontrer l'autre, ses flancs s'ouvrent et s'arrondissent en une grotte qui est masquée par les avancements du rocher. C'est là que les Grecs se retirèrent pour éviter Ibrahim ; c'est là que la Chronique de Morée représente le grand-domestique se cachant pour ne pas être pris. Le passage de la chronique de Morée ne laisse pas de doute sur la situation de Gardiki.

>Ἐδιέβηκεν ἄνω εἰς σπήλαιον ἕνα
>Ποῦ ἦτον ἔσω εἰς δύο βουνά, ἔσω εἰς μίαν λαγκάδα.
>Ἐκεῖ ὅπου ἔνι σήμερον τὸ κάστρον τὸ Γαρδίκιν (p. 125).

Comme cette grande bataille eut lieu en venant de Calami vers la Longue Côte :

>Ἐκ τὸ Καλάμι ἀνήβηκεν, ὑπάγει 'ς τὸ Μακρὺ πλάγι (p. 123).

Ce ne peut être évidemment que là. Je montai au sommet de la montagne par le chemin le plus rocailleux et le plus difficile. Il est impossible que jamais les chevaux aient pu pénétrer jusque-là. Arrivé à une assez grande hauteur, à une heure environ, on rencontre déjà les murailles de la première enceinte; mais il faut marcher plus d'une demi-heure pour arriver au sommet. Un peu plus haut que cette première enceinte, je trouvai des ruines d'anciennes maisons; puis, un peu plus haut, les ruines d'une église. En dedans sont encore de nombreux morceaux de marbre, sur l'un desquels je vis la croix ancrée des Ville-Hardoin. A côté, le long de la muraille, était un grand morceau de marbre de trois pieds de largeur sur deux et demi de hauteur; c'est un morceau antique, probablement d'un tombeau; le travail m'a paru romain; les figures sont fort maltraitées. Le bas-relief représente trois personnages debout; les deux derniers tiennent à la main un masque de forme plus grande. J'aurais désiré pouvoir l'emporter à Athènes, mais il est si lourd qu'il eût fallu un mulet pour le charger. Il y a aussi çà et là, au dedans et au dehors de cette petite chapelle, qui n'a pas un seul autel de forme latine, plusieurs autres fragments de marbre sculptés vers le treizième siècle. La forteresse s'élève jusqu'à la cime la plus élevée, où on trouve encore des ruines de pans de murailles. De là le seigneur de Gardiki [1] pouvait surveiller très-exactement ce qui se passait, car on voit d'une part la mer de Calamata et de l'autre la mer d'Arcadia, et au-dessous de soi le mont Ithome et la plaine de Lakos. Cette église de 'ς τὰ Κόκκαλα est certainement le couvent de Phaneromeni de la Chronique. Les Francs arrivent de Calami vers Makry-Plagi et la montent à revers.

Τὸ ἀνήβα τοῦ Μαχρυπλαγιοῦν ἦλθαν 'ς τὴν Φανερομένην
Καὶ πρόκυψαν, καὶ ἔσωσαν ἀπάνω εἰς τὴν ῥάχην,
Ἐπήδησαν τὰ ἐγκρύμματα ἐκείνων τῶν Ῥωμαίων (p. 124).

[1] Phrantzi mentionne (p. 405) qu'en 6968 (1460) l'approche de

Cette position de la petite église convient à merveille avec celle-ci. Elle est au pied du fort Gardiki, où se fit l'attaque, et c'est probablement en mémoire des morts enterrés dans ce caveau ou cette église, car le texte ne dit pas si c'était un caveau ou une église, que le nom des 'στα Κόκκαλα lui a été conservé. Les traditions du pays sont presque toujours fondées sur un fait historique que le temps obscurcit, mais dont la source est réelle. Le Coccala est un petit emplacement situé en bas, au delà de la rivière. Il y a une petite église en ruines où on a enterré probablement les hommes morts dans cette grande bataille dont la tradition a été défigurée. Tantôt on y substitue le même récit que dans la chanson du Château de la Belle; tantôt on suppose que ces chevaliers, trahis après dix ans, furent précipités du haut du rocher; tantôt ce sont des guerriers qui ont combattu avec les Grecs du château, et leurs os ont été déposés à l'endroit où ils avaient péri. De là le nom de Coccala, que Leake défigure en Kokhla.

Je restai une demi-heure à bien me rendre compte de cette position, et j'allai rejoindre mes chevaux; je les avais laissés près de la fontaine, car ils ne pouvaient pénétrer au delà.

Charmé de ma visite au château de Gardiki et de mon inspection du Makry-Plagi, je revins au khani où je restai jusqu'à quatre heures à causer avec les habitants du pays; puis je montai à cheval et allai jusqu'à la fontaine de Court-Aga. Comme la lune se levait de bonne heure, je pensai qu'au lieu d'aller à Leondari je pourrais aller à Caritena par Court-Aga et j'eus raison. La route

---

Mahomet II força les habitants de Leondari à quitter la ville et à se réfugier à Gardiki, dont il fit le siége et qu'il prit : ἐν δὲ τῷ Γαρδίκῃ ὡς ἰσχυρότερον αὐτοῦ (Leondari) εἰσῆλθων ὑλαχ- θῆναι. Il parle aussi d'un petit champ qui était placé au-dessous, ἐν τίνι πεδίῳ μικρῷ, et où Mahomet, malgré sa promesse, fit égorger les habitants, femmes et enfants (p. 406).

de Court-Aga est fort bonne et surtout extrêmement belle, c'est un véritable paysage arcadien du plus gracieux style. Des champs de maïs du plus beau vert et des vignes d'une belle verdure aussi sont placés près de champs cultivés de toute manière. Des deux côtés deux petites collines boisées les entourent, et tout cet horizon est ceint de belles montagnes boisées. Le temps était superbe, les cigales moins bruyantes du côté de la forêt laissaient entendre le chant des rossignols : chose rare cette année, car les cigales avaient tellement multiplié qu'on n'entendait qu'elles, et que les oiseaux paraissaient muets, humiliés de cette rivalité. Je traversai la rivière d'Alphée à gué presqu'au hasard; mais il faut, dans un voyage en Grèce, livrer beaucoup à la fortune. Pendant une heure environ nous marchâmes dans l'obscurité, car le soleil finissant et la lune commençant étaient cachés à la fois par les montagnes. Enfin une lune bien claire s'éleva au-dessus de l'horizon; et, par une température délicieuse, nous fîmes route jusqu'à Caritena, où j'arrivai à neuf heures un quart. Pendant que j'étais au khani, j'eus une preuve de l'activité de la gendarmerie et de sa surveillance. Mon garde me dit qu'il était obligé de retourner au khani sans m'amener par Charidis, car la gendarmerie lui demanderait compte de moi. Cette sévérité était nécessaire après tant d'années de désordres et une habitude incarnée de la vie klephtique.

XXVIII.

GORTYS. — PALOMBA. — ACHOVA. — LIODORA.

Je voulais consacrer encore une journée à mon cher Caritena et n'en partir qu'à trois heures. J'avais pris un caporal de gendarmerie à cheval et un agoïate du pays pour m'indiquer la route, que mon agoïate ne connaissait pas. Je descendis de Caritena par un autre ravin de la montagne. En bas est une situation fort pittoresque : le chemin passe entre deux hauts rochers droits et rapprochés à dix pieds l'un de l'autre, et on arrive à une branche de l'Alphée qui va rejoindre le cours principal à travers un lit de rochers. De là jusqu'à un pont sur le Gortynos la route offre peu de variétés ; en regardant du côté de Caritena elle est plus belle, car son château se présente alors sous sa forme la plus élégante.

Une demi-heure après avoir passé le Gortynos, et toujours en montant, j'arrivai aux murailles de l'antique Gortys, située au-dessus d'un ravin fort escarpé dans lequel coule le Gortynos. Les murailles conservées appartiennent à l'acropolis ; ce sont des pierres énormes de six à sept pieds de longueur. La porte a une forme particulière : les murs d'enceinte se terminent en un angle qui s'ouvre, de manière à joindre les deux côtés de la porte qui forment les deux prolongements de l'angle. Elle est placée sur le côté opposé de la route de Caritena entre Atzicolo et la rivière. Le mur se continue au-dessus du fleuve, qui, de l'autre côté du ravin, est bordé par un précipice considérable. Je restai une demi-heure au milieu des ruines de Gortys et remontai à cheval après une petite chute au milieu des grosses pierres de Gortys. Comme je prévoyais bien qu'il serait nuit au moment de notre arrivée à Dimitzana, et que les chemins sont détestables, je me décidai à passer la nuit au village de Marcou. Au-dessus des montagnes de ce pays sont de vastes plaines dans lesquelles croissent des raisins en abondance. Les vignes, au milieu desquelles sont de petites bastides assez élégantes, appartiennent presque en totalité à des habitants de Zatouna ou de Dimitzana, et les habitants du village de Marcou n'en possèdent que fort peu. Au-dessus de cette haute plaine s'élèvent encore les sommets supérieurs des montagnes, qui ne semblent plus que des monts fort ordinaires, quand on ne voit pas au fond les immenses ravins qui les séparent de la haute plaine à laquelle de loin ils paraissent joints. Marcou est situé sur le sommet le plus élevé d'une de ces montagnes; et on y monte par un sentier étroit et presque à pic, dans une colline de terre friable et productive. Une fontaine annonce l'approche du village, auquel on n'arrive qu'après avoir tourné deux ou trois fois autour de ravins profonds et rapides, assez dangereux par le peu de consistance de la terre. Je pris gîte dans la maison qui me sembla la meilleure, et, comme l'air était assez vif à cette hauteur de la montagne, je pris le parti de dormir dans l'intérieur de la maison; mais je me levai plus fatigué que si j'eusse dormi en plein air sur un terrain uni. Le parquet sur lequel j'étais couché formait toutes sortes de renflements qui me blessaient partout et m'empêchaient de trouver ni un bon endroit ni une bonne position. Je me remis en route de bon matin. On descend de Marcou pour aller à Dimitzana par une pente de terre fort rapide. Mon cheval trébucha à l'endroit le plus étroit et le plus périlleux; mais je me méfiais de lui et le relevai avec assez de bonheur pour qu'il échappât à un second mauvais pas, situé à l'endroit même où il devait porter ses pieds en se relevant. Il s'en fallut peu qu'il ne roulât dans le précipice, et moi-même avec lui. En tournant la montagne Dimitzana apparaît sur la hauteur dans une fort belle situation, et la profonde vallée située au bas est tout à fait belle de verdure et d'accidents de rivières et de montagnes. Le fleuve Gortynos coule dans un ravin profond, bien boisé de haut en bas, et des vignes et des kalambokki revêtent tous les tertres et toutes les petites vallées intermédiaires. L'ascension est fort rude du pont de Dimitzana jusqu'à la ville. Dimitzana est une assez grande ville pour ce pays-ci. Je trouvai dans les rues des preuves d'une grande activité de travail. Tout le monde semblait artisan. Je restai quelque temps sur la place à attendre mon conaki, qu'on me désigna chez le secrétaire de la municipalité. C'est là que j'eus l'occasion de bien apprécier le sort malheureux des gens obligés malgré eux d'être en représentation quand le corps demande un repos complet. L'excellent secrétaire de la dimarchie me donnait l'hospitalité ; j'étais donc forcé de l'écouter et de faire fort bonne mine, au lieu de me reposer, car après tout c'était en lui acte de bon cœur et d'hospitalité. Colocotroni venait d'arriver en même temps dans la ville pour passer un mois des grandes chaleurs, car dans ce lieu élevé la chaleur d'août est plus supportable. C'était un événement pour le pays dont il désire conserver l'inféodation. Après le déjeuner je me mis en marche pour voir les restes des murs de l'antique ville hellénique. On les retrouve en plusieurs endroits dans la partie la plus haute de la ville. On croit que c'est l'ancienne Theisoa. Les grosses pierres helléniques du mur antique forment là plusieurs assises bien marquées : on en remarque aussi dans plusieurs autres endroits de la ville, employées dans la construction des maisons. On retrouve aussi dans les champs un grand nombre de monnaies antiques, d'argent et de cuivre, et j'en ai acheté une trentaine ; de toutes les boutiques et de toutes les maisons on m'en apportait. J'allai de là voir l'école : elle avait une grande réputation du temps des Turcs et existait, dit-on, avant la conquête turque. Elle a fort décliné sans doute, car il n'y a plus qu'un professeur. Il me reçut avec le dimarque et plusieurs papas dans la salle de la bibliothèque. J'examinai les 800 ou 1000 volumes qui la composent, il y a beaucoup de bonnes éditions ; c'est le don d'un monastère voisin. Il y a dans les environs deux monastères assez riches, mais ils n'ont plus ni livres ni manuscrits. Il reste deux manuscrits pieux à Dimitzana, un évangéliaire et un livre de prières qui me semblent être du quinzième siècle. Un manuscrit de l'Évangile sur vélin, qu'ils possédaient et qu'ils disent fort ancien, a été envoyé à la bibliothèque publique d'Athènes. De Dimitzana je me rendis à Arachova, l'Arachova de la Chronique. Là je trouvai bien la bonne eau de source ou de citerne dont parle le chroniqueur grec; mais je ne pus trouver le château, qui, suivant ce qu'il dit, était fort petit. La vallée d'Arachova est fort jolie et devait être un fort bon fief quoique petit; et le château pouvait être dangereux, puisqu'il commande une route fréquentée. Tout à côté de lui, à une lieue, à Vlongos, existent les ruines d'un château franc. Tout le pays, au reste, et la partie située au nord d'Arachova portent les plus nombreux vestiges du moyen âge. On y retrouve le pays d'Akhovæs avec le château ruiné appelé encore aujourd'hui Galatas; puis sur le Ladon, au-dessus d'un autre château, à Glanitza, le pont de la Dame (γεφύρη τῆς Κῦρας), et une tour tout près de là : à l'ouest de Galatas, dans le même pays d'Akhovæs, est la montagne de Vretembouga (*fre-Templou*, frères du temple), sur laquelle sont les ruines d'un vieux château; c'était l'un des établissements des Templiers, qui, dès le commencement de la conquête franque, furent dotés de quatre fiefs [1], ainsi que l'Hôpital Saint-Jean de Jérusalem et l'ordre des Allemands ou Teutonique. Près d'Androusa, dans le pays de Calamata, est un lieu appelé encore aujourd'hui Spitali, qui faisait sans doute partie de la dotation de l'Hôpital Saint-Jean. C'est surtout dans la Messénie et dans l'Arcadie que les châteaux francs étaient multipliés.

Je quittai Arachova pour aller prendre gîte à Palomba à deux lieues de là, où l'on trouve une caserne de gendarmerie et un petit village situé sur un tertre allongé, au-dessus d'une plaine qui descend en partie jusqu'à la mer, qu'on aperçoit de loin bordée par le cap Katakolo et le château de Ponticos. Palomba, malheureusement, manque d'eau, il faut en aller chercher dans une vallée profonde et boisée qui descend d'Arachova. Là se trouve une fontaine fournissant une eau assez rare, mais fort bonne et fort constante; la vallée est délicieuse. Je fus reçus à Palomba

---

[1] *Chron. de Morée*, p. 48.

chez le dimarque, homme riche en propriétés et homme intelligent, qui vit là occupé de ses champs, dans une maison bien fournie d'où on aperçoit la mer dans le lointain, avec sa jeune femme, grande et belle, sa mère, et une sœur de sa femme, d'un type de beauté remarquable aussi. Toute cette gracieuse famille me combla de marques de prévenances et chercha à me retenir plusieurs jours au delà de ce que j'avais fixé. Mais, depuis la mauvaise nuit de montagne passée à Marcou et les fatigues de Dimitzana, je me sentais menacé de la fièvre. Craignant, en m'arrêtant, de me laisser subjuguer par la maladie, je me gardai bien de laisser entrevoir mes prédispositions à une attaque de fièvre ; car cette excellente famille ne m'aurait certainement pas laissé partir. Un hôte, en Grèce, est presque un parent et devient promptement un ami, et cette amitié se transmet comme un legs. Je dissimulai donc mes souffrances du mieux qu'il me fut possible et soutins avec assez de suite de longues conversations politiques avec le dimarque, qui, bien qu'appartenant au parti nappiste ou russe, ou capodistrien, savait rendre justice à la France et aspirait au moment où son pays aurait une constitution politique vraiment grecque, et non imitée, qui lui permît de prendre part à ses affaires à sa manière. Il convenait que la France seule avait servi la Grèce avec désintéressement et que seule aussi elle désirait sans arrière-pensée personnelle l'affranchissement de la Grèce ; mais il déplorait les perpétuelles oscillations de notre politique, qui empêchaient les hommes prudents de s'exposer au risque de trop se montrer nos amis. Son opinion est l'opinion de la plupart des hommes éclairés du parti nappiste, c'est-à-dire des adversaires de la France. On voit donc combien il nous serait facile de réunir tous les partis en un. La conversation du mari et le gracieux accueil de la famille me faisaient aisément oublier les heures et les souffrances qu'adoucit un peu aussi, il faut l'avouer, l'heureuse surprise de pouvoir dormir sur un matelas.

Je quittai Palomba à onze heures et demie et m'acheminai vers Hagios-Joannis, à deux heures de là, près de l'Alphée. Tout ce pays de Liodora est fort beau mais inculte. Les deux rives de l'Alphée sont bordées de montagnes boisées fort élevées et en pentes assez douces, mais la main de l'homme n'a rien fait. Hagios-Joannis est un misérable et pauvre village où on ne trouve ni pain, ni vin, ni quoi que ce soit. Les habitants mangent du pain de maïs et du fromage. Je m'y reposai une heure, et allai voir à dix minutes de là, en descendant vers le Ladon près de sa jonction avec l'Alphée, un pan de murailles en grandes pierres helléniques, seul reste de l'antique ville d'Herœa. Les paysans trouvent souvent des monnaies d'argent et de cuivre dans ce terrain, et j'en achetai deux de cuivre. J'eus quelque peine à découvrir les deux fragments de murailles. Herœa était dans une fort belle situation, un peu élevée au-dessus de la rivière, mais aussi n'ayant rien à craindre de ses débordements.

Un peu en descendant des murs helléniques vers la rivière, on trouve quelques restes romains, appuyés sur la colline et faisant face à la rivière; ce sont trois ou quatre pans de murailles d'un bâtiment qui devait se trouver à l'entrée de la ville. En tournant la montagne j'avais perdu de vue la jonction de l'Alphée et du Ladon, et me trouvai sur les bords du Ladon, que je traversai à l'endroit où se trouvait un bac qui est maintenant détruit; il faut le traverser à gué. Dans l'été la chose est assez facile. Je fis appeler un berger pour nous montrer le gué; il entra dans l'eau devant nous pour nous l'indiquer mieux. Nos chevaux avaient de l'eau jusqu'aux sangles; je baignai mes pieds dans le Ladon avec plaisir en m'arrêtant sur l'autre rive. Je m'imaginais avoir traversé l'Alphée au lieu du Ladon et j'avançai quelque temps sans méfiance; mais enfin, ne voyant pas s'approcher Bisbardi, qui devait être au fond d'une vallée boisée, j'appelai, et j'appris que ce n'était pas de Bisbardi que je m'approchais, mais de Belesi. Je fus dans une véritable colère contre mon guide: le fait est que mon agoïate avait peur, si j'allais d'abord à Bisbardi, que j'allasse coucher à Aspro-spitia, où il avait appris que l'avant-veille on avait assassiné un homme, sans doute à la suite d'une querelle particulière. Il savait que j'avais l'esprit peu ouvert à ses folles inquiétudes d'agoïate, et il avait espéré me tromper sur la direction du chemin au moins pour la nuit. J'étais d'autant plus contrarié que cela me donnait deux lieues de plus à faire pour visiter un emplacement où je présumais que devaient se trouver les ruines du couvent latin d'Isova mentionné dans la Chronique, et que je voyais la fièvre disposée à jeter sur moi ses serres déchirantes. Je me décidai donc malgré moi à suivre la route jusqu'à Belesi. Mais là, après un repos de trois heures, je remontai à cheval pour aller à Bisbardi[1]. Je commençais à éprouver un léger mouvement de fièvre; cependant je tenais à voir Bisbardi et les ruines d'un couvent que je pensais être celles mentionnées par Leake sous le nom de Palati, et je partis. Il fallut cette fois traverser l'Alphée, plus large et plus profond que le Ladon; mes deux guides me le firent passer dans un endroit assez large, mais peu profond, et en levant mes jambes jusqu'à la croupière je ne me mouillai que fort peu.

XXIX.

ISOVA. — OLYMPIE.

Après avoir passé l'Alphée, je tournai la pente d'une montagne et arrivai dans une plaine plantée de maïs et qui

[1] A peu d'heures de Bisbardi prend sa source le Chalkis, qui baignait autrefois les murs de Skyllunte, où Xénophon écrivit la *Cyropédie*, la *Retraite des dix mille* et ses autres ouvrages.

va toujours s'élevant en pente depuis un mauvais pont de pierre jusqu'à un bois qui garnit tous les flancs des montagnes. Une heure et demie de marche depuis Belesi me conduisit enfin en présence des ruines que je désirais voir. Elles sont fort étendues : d'abord à ras de terre sont des restes de fondations d'une vaste maison qui appartenait sans doute au village qui précédait le couvent; et un peu au-dessus d'une fontaine d'eau excellente, de vastes ruines de deux bâtiments. L'un était une grande et vaste église latine ; les murs extérieurs sont conservés presque en entier, et on y retrouve toutes les formes des églises gothiques avec les vastes fenêtres en ogives. Une des faces, sur le côté le plus étroit et occidental, offre une porte gothique surmontée de deux fenêtres longues.

A cette église était annexé sans doute le palais abbatial, car on aperçoit des restes de murs en saillie qui doivent appartenir à ce palais ; et à côté, un peu à gauche en montant, est une petite chapelle du même style, qui était probablement le dernier prolongement du palais abbatial. Je ne puis douter que ce ne soit là le monastère de Notre-Dame d'Isova, mentionné dans la Chronique de Morée avec le village de ce nom près de l'Alphée :

'Σ τὸ παραπόταμον τοῦ Ἀλφειοῦ ἐκεῖ γὰρ ἀπέσωσαν
Τὸ λέγουν εἰς τὴν Ἔισοβαν οἱ κιβιτάνοι ὅλοι[1].

Ailleurs le chroniqueur précise encore davantage la situation de ce lieu en indiquant son voisinage de l'Alphée et de Liodora :

Τὴν αὔριον ἐκίνησαν, ἦλθαν 'ς τὴν Λιδωρίαν
Τὸ παραπόταμον Ἀλφεῶς ὁλόρθα ἐκαθέβη[2].

Si on a donné à cette ruine le nom de Palais, c'est peut-

[1] P. 154.
[2] P. 109.

être par réminiscence du palais abbatial; car il n'y a pas le moindre doute que ce ne soit là une belle église latine. Elle est toute bâtie en grandes pierres bien taillées; ses fenêtres sont ogivées avec soin et fort grandes et larges, et sur un des côtés ou aperçoit une des gouttières sculptées suivant la forme gothique et représentant un animal idéal ou peut-être un lion mal exécuté.

Deux fenêtres gothiques, l'une très-grande et l'autre petite, subsistent encore; une autre est à moitié écroulée, parce que les fils d'Agar (Ἀγαρενοί), les Turcs, suivant le récit d'un berger qui m'accompagnait, avaient cherché à la détruire. L'emplacement était délicieusement choisi au milieu des bois, sur un terrain à pente douce jusqu'à l'Alphée et jusqu'à une autre petite rivière, le Tzemberogou ou Dragon. Cette situation m'a rappelé celle du monastère des Bénédictins de la Cava. Les Bénédictins choisissaient toujours admirablement l'emplacement de leurs monastères, et en examinant ces ruines mes souvenirs se reportaient sur quelques vieux couvents de France et d'Angleterre. Les terres sont excellentes, de belles montagnes boisées s'arrondissent en cercle alentour; une abondante fontaine est tout près, et deux rivières presque navigables se dessinent dans le lointain : c'était une charmante situation; et je ne puis douter que ce ne soit celle du monastère de bénédictins d'Isova, que les Grecs, en 1262, brûlèrent par jalousie. Aussi, lorsqu'ils furent battus par les Francs, crurent-ils voir, les uns saint Georges combattre à la tête des Francs sur un cheval blanc, les autres Notre-Dame d'Isova les poursuivre de sa colère.

Ἄλλοι εἶπαν ὅτι ὠργίσθη τούς ἡ πάναγνος Θεοτόκος
Ὁποῦ 'τον εἰς τὴν Εἴσοβαν 'ς τὸ μοναστῆρι ἐκεῖνο
Τὸ ἔκαψαν τότε οἱ Ῥωμαῖοι εἰς τὸ ταξεῖδι ἐκείνων[1].

Les Grecs venaient de Mistra dans la direction de Chel-

---

[1] Page 111.

mos; puis ils s'avancèrent sur Veligosti, que j'ai retrouvée à une lieue de Leondari et où ils brûlèrent le marché et ne laissèrent que le castro; le lendemain ils traversèrent la plaine de Caritena (ils n'attaquèrent certainement pas le château, que les Turcs n'ont pas osé attaquer sous Ibrahim quand Colocotroni l'occupait); le troisième jour ils arrivèrent de la plaine de Caritena dans le pays de Liodora entre l'Alphée et le Ladon, qui en font la limite par leur jonction; puis ils attendirent une division de Turcs à Isova, dont ils brûlèrent le monastère; puis ils se dirigèrent sur Prinitza [1].

Jean de Catava avec ses trois cent douze Français marcha sur des milliers de Turcs réunis à Prinitza. Il était sur la rive gauche de l'Alphée; il s'avança dans la direction de Krestena (au sud d'Olympie sur l'autre rive de l'Alphée), suivit les bords de l'Alphée en le remontant, et aperçut de loin sur l'autre rive l'armée impériale campée à Prinitza, que je crois être Vileza, à deux lieues et demie au sud de Lala.

La Chronique de Morée raconte fort éloquemment la victoire remportée par les trois cent douze Français et le chevalier paralytique Jean de Catava, qui déclarait l'ennemi du Christ tout homme qui le verrait reculer ou trembler et ne l'égorgerait pas [2].

Pour retourner à Belesi j'avais deux rivières à traverser, le Dragon et l'Alphée. La première était peu profonde; mais nous passâmes l'Alphée dans un endroit différent et beaucoup plus profond que ne l'était le premier passage. Mon gendarme, qui n'était pas habitué sans doute à traverser les torrents, faillit tomber dans l'Alphée, qu'il regardait couler; ce qui lui donna le vertige: mais heu-

---

[1] Pag. 109.
[2] Καὶ οἷος ἰδῇ τοῦ νὰ τραπῶ ἢ καὶ νὰ δελιάδω
Ἐχθρὸν τὸν ἔχω τοῦ Χριστοῦ ἐὰν οὐδὲν μὲσφάξῃ.
Pag. 111.

reusement pour lui qu'un des guides que j'avais pris se tenait à côté de lui, conduisant le cheval; il vit comme moi le gendarme chanceler de son côté, et il le retint. Moi, j'en fus quitte pour être trempé jusqu'à la ceinture; ce qui ne contribua pas peu sans doute, avec la nuit dure que je passai à Belesi, à rappeler la fièvre, qui depuis quelques jours frappait à la porte. Je tins bon toutefois, j'avais à voir Olympie.

En partant de Belesi je traversai l'Érimanthe et suivis tout le cours de l'Alphée en me dirigeant sur Olympie. Cette vallée de l'Alphée est magnifique. Les montagnes, bien boisées, n'y sont pas très-élevées et se groupent de toutes parts avec grâce. Le bas des coteaux est couvert de kalambokki, dont la verdure tendre est agréable à l'œil. Si j'eusse été bien portant, ç'aurait été pour moi une journée délicieuse que de suivre cette belle vallée; malgré mon état de souffrance, je ne pouvais m'empêcher de m'arrêter de temps en temps pour admirer la grâce de ce paysage. Olympie était dans une superbe situation. Bâtie sur une pente douce, encadrée entre deux petites chaînes de montagnes, et s'élevant graduellement en amphithéâtre au milieu d'elles, elle avait, au delà de l'Alphée, une vue délicieuse de collines onduleuses et verdoyantes. Les grandes fêtes grecques qui se célébraient à Olympie recevaient un nouveau lustre de la beauté du pays. Ce devait être vraiment un spectacle enchanteur que de voir arriver ces immenses populations accourues de tous côtés, et de les contempler réunies sous un si beau ciel et dans un si beau pays. Il ne reste plus rien de toutes ces grandeurs; un meunier seul a placé sa maison au milieu de l'antique Olympie. En allant à cette maison on rencontre des restes de constructions romaines qui sortent de terre, parce qu'elles sont dans un endroit plus élevé. Olympie aujourd'hui est complétement déserte; car la verdure des plaines et des collines n'est que la verdure spontanée des forêts et des plantes sauvages, et l'homme ne paraît en rien dans cette œuvre. De temps à autre seulement, quelques champs de maïs rappellent que près de là existent quelques descendants du peuple dont le goût et la richesse se manifestent par tant de nobles constructions. Les montagnes voisines sont toutes de terre friable, et les torrents, en détachant peu à peu la terre de ces montagnes, l'ont entraînée dans leur cours et ont recouvert peu à peu, avec le cours des siècles, la surface de la ville antique de plusieurs pieds de terre. Pour retrouver les monuments de l'antique Olympie, il faudrait mettre à nu le sol ancien. La commission scientifique envoyée par M. de Martignac a fait des fouilles et a mis à découvert le temple de Jupiter Olympien avec ses immenses colonnes de pierre porique [1], et, à quelques pas de là, une petite église du moyen âge, dont quatre colonnes de marbre, placées en forme de cintre, sont assez jolies. On aperçoit aussi à côté quelques-unes des pierres helléniques de l'antique Olympie.

D'Olympie je repris ma route vers Pyrgos. A quelques minutes d'Olympie se termine la chaîne de montagnes qui l'enveloppe dans son sein, et on entre dans une nouvelle vallée moins belle et moins cultivée encore; puis vient une troisième vallée, où la culture devient active; les raisins de Corinthe y abondent, et on aperçoit de nombreux signes de travail; la vue est encore belle et la culture va en augmentant jusqu'à ce qu'on arrive dans la plaine de Pyrgos.

XXX.

PYRGOS. — ELIS. — ANDRAVIDA. — BLACHERNES. — CLARENTZA.

Pyrgos est une jolie petite ville, l'une des plus grandes de la Morée après Calamata. Ses maisons sont bâties de

---

[1] Voyez cette description dans l'ouvrage de la commission.

pierres formées de terre, coupées en tranches quadrilatères allongées, assez épaisses; on les laisse sécher au soleil, et cela devient une espèce de pierre. Ils font aussi de la même manière une tuile longue et convexe en faisant sécher cette terre au soleil; sa surface est rude et grossière dans la concavité mais polie dans la convexité, et, en la frappant, elle rend un son clair. C'est ainsi qu'on fait aussi les tuiles et briques en Egypte.

Je descendis à Pyrgos dans la maison du gouverneur, M. Kriezi, homme plein de bienveillance, fort instruit des affaires de son pays, qu'il a servi militairement, et plein de sentiments honorables et patriotiques. Il a épousé une femme turque du caractère le plus parfait.

J'avais décidé de partir dès le lendemain pour aller visiter Pondico-Castro; mais, au moment de me mettre en route, à onze heures du matin, je fus saisi d'un tremblement fiévreux irrésistible. Je voulus dompter mon malaise et le déguiser et partir; mais la bienveillance de l'excellente madame Kriezi triompha de mes scrupules. La fièvre me prit immédiatement avec une telle force que je fus forcé de mettre au lit. J'eus, pendant trois heures, un accès d'une sorte de fièvre ardente. Je redoutais au delà de tout de tomber malade de manière à être alité chez des amis aussi nouveaux pour moi. La certitude que j'avais qu'ils auraient pour moi tous les soins qu'on a pour un frère me rendait plus insupportable encore l'idée de la gêne que je pouvais leur apporter. Aussi, dès le même jour, pris-je des moyens héroïques; le soir, un médecin me prescrivit (M. le docteur Anino, jeune médecin de Céphalonie établi ici), pour le lendemain et le surlendemain, de larges doses de quinine que j'avais apportée avec moi de Paris. Grâce à ma volonté obstinée, je triomphai du mal et pus, après deux jours seulement d'arrêts forcés, remonter à cheval.

Le matin du troisième jour je sortis de bonne heure à cheval pour aller voir les ruines de l'ancienne ville de Leteri près d'Hagios-Joannis. Je retrouvai là, sur les terrains de M. Papa-Stasopoulos, plusieurs fragments de colonnes en pierre porique et les ruines d'un temple en pierres carrées helléniques, revêtues encore d'un stuc solide et poli de toutes parts. Dans un terrain voisin sont plusieurs puits et aqueducs, et, en creusant de quelques pieds ce terrain recouvert par les alluvions des fleuves, on reconnaît les restes des murailles helléniques de la ville. Ce lieu aura sans doute continué à être habité pendant le temps des Romains et sous le Bas-Empire; car on y trouve une grande quantité de ces vastes tuiles qu'on ne sait plus faire en Grèce depuis bien des siècles, et qui diffèrent des petites tuiles des Francs. Tout ce terrain est aujourd'hui couvert de raisins ordinaires et de raisins de Corinthe et de Smyrne plantés seulement depuis quatre ans; car les Turcs avaient tout brûlé, tout anéanti. Le raisin de Corinthe était en pleine récolte. Aussitôt cueilli, on le dépose sur un terrain sec préparé avec de l'eau et de la bouse de vache. Là il reste huit jours ou même six jours au soleil. Ce temps suffit pour que le grain se sèche et se détache. On le met ensuite en caisse pour l'envoyer en Europe. Pour le raisin de Smyrne, qui est blanc et dont le grain est beaucoup plus gros, il faut qu'il soit passé dans l'eau chaude pour amollir l'enveloppe, après quoi on le met sécher de la même manière. La chaleur du soleil et celle de la terre produisent rapidement leur effet. Les particuliers ont acheté ce terrain du gouvernement à raison de quarante drachmes le strème. C'est beaucoup; mais ils comptent sur l'augmentation de la consommation en Europe et en Amérique, et cela est difficile à croire. Je rentrai de là à Pyrgos, qui se présente fort bien à la vue avec ses maisons blanches au milieu de jardins. Les alentours de la ville ont quelques jardins de citronniers, de mûriers et d'oliviers. L'olivier rapporte annuellement ici jusqu'à deux thalari, car la terre est féconde.

Très-décidément l'ancien évêché d'Olène, mentionné

dans la Chronique de Morée, se trouvait à Olena, village au nord-est de Pyrgos et à quelques lieues de cette ville. Il s'y rencontre encore quelques restes d'église. Le siége en fut depuis transporté à Andravida, mais avec le même nom d'évêque d'Olène; et ensuite à Pyrgos même, et toujours avec le même nom d'évêque d'Olène. Aujourd'hui l'évêque de Pyrgos s'appelle évêque d'Olène et d'Élide. Ainsi, quand il est question dans la Chronique de Morée de l'évêque d'Olène, il ne faut pas confondre cette ville avec l'Olène que la carte de M. de Boblaye et celle de la commission placent à Kato-Achaia.

Le Pondico-Castro est appelé aujourd'hui Katakolo-Castro, parce que ses ruines dominent le port de Katakolo et le cap du même nom.

Mon projet était d'y aller le même soir; mais je ne pus partir qu'à cinq heures de Pyrgos, en prenant congé avec serrement de cœur du bon M. Kriezi et de son excellente femme, qui ont été pour moi de véritables amis pendant la fièvre qui m'a saisi si désagréablement, et que j'étais parvenu à dompter. M. Papa-Stasopoulos, aide-de-camp du général Church, voulut absolument m'accompagner jusqu'à Clarentza.

Nous passâmes le long du lac de Mouria, laissant à notre droite Skouro-Khori, qui a peut-être reçu son nom du Gilbert de Score de la Chronique de Morée, et, laissant le fort ruiné de Pondico-Castro, nous nous dirigeâmes vers le couvent de Skaphidia pour voir la tour et les monuments latins dont on m'avait parlé. Cette tour est tout simplement une tour carrée, flanquée de quatre petites tours rondes, et construite au dix-huitième siècle. Comme le couvent est situé au-dessus de la mer, et que les Algériens venaient de temps en temps faire des incursions sur la côte, on a fait construire cette tour à l'extrémité des bâtiments du couvent, devant l'église et du côté de la mer, pour protéger le monastère contre un coup de main. Au reste, tout le couvent est fort moderne : les Vénitiens, en 1686, le trouvèrent institué depuis peu et lui firent quelques largesses. Des actes, qui datent du commencement de 1700, sont les seuls diplômes que possèdent ces moines. Quand je leur demandai leur bibliothèque, ils me répondirent que les Turcs l'avaient brûlée. J'ai cependant, en furetant, trouvé sur les planches de la grande chambre où on m'avait logé quelques manuscrits ecclésiastiques du quinzième ou seizième siècle, évangéliaires et livres de prières, et un beau manuscrit sur papier in-folio des sermons de saint Jean-Chrysostome du treizième ou quatorzième siècle. Les moines voulurent à toute force nous faire souper; le sous-hégoumène insistait surtout, sans doute pour avoir une occasion de manger une sixième fois gras dans la journée : car il me confessa que, comme le jeûne de quinze jours commençait le lendemain, il s'était prémuni en mangeant déjà cinq fois de la viande ce jour-là. Il en mangea copieusement une sixième fois avec nous, et fit de nombreuses libations de vin. J'ai peu vu, même les grands mangeurs parmi les moines, boire et manger autant que le sous-hégoumène du monastère de Skaphidia, qui a une aversion particulière pour les Bavarois, aversion partagée à l'unanimité par tous les moines de son couvent.

Je passai une nuit horrible dans ce couvent. Les counoupia (cousins) se sont établis maîtres souverains et y règnent de la manière la plus cruelle.

L'abbaye de Skaphidia est bâtie dans une fort jolie situation, au milieu des bois et avec un assez beau jardin de citronniers et de figuiers. De là à la mer, on descend un fourré d'arbres au milieu desquels se trouvent, près de la mer, les restes de murs romains : c'était probablement une tour de garde. Il n'existe plus que des pans de murs assez considérables. Nous suivîmes ensuite le bord de la mer, en laissant à notre droite les monastères de Francavilla et Francopidima; nous nous reposâmes quelques instants à Kalitza près de Dervi-tchelebi, et arrivâmes vers midi à Elis. Toute cette route est une vaste plaine presque entièrement dépourvue de culture : seulement, à quelques pas autour des villages, on aperçoit quelques vignes et quelques arbres qui interrompent un peu l'aridité de ce désert, qui serait si riche s'il était cultivé; car tous les terrains y sont bons, l'homme seul manque à la terre. C'est surtout en Elide que se conserve presque entièrement encore la langue de la Chronique de Morée : tous les mots dont elle se sert, même les mots francisés, y sont restés dans la langue familière. C'est la province où les Français restèrent le plus long-temps.

Pendant que nos agoïates préparaient notre konaki, nous allâmes visiter les ruines de l'antique Elis, distribuées sur un vaste espace de terrain au pied de la montagne qui servait d'acropolis, et qui porte les ruines de l'antique forteresse renouvelée par les Francs. Cette montagne, appelée encore Caloscopi, est celle que les Francs, les Latins et les Italiens ont tour à tour appelée Beauvoir, Belveder et Pulchrum-Videre. Les Vénitiens avaient même donné le nom de Belveder à toute la province d'Elide. Plusieurs lettres des princes de Morée sont datées de leur château de Beauvoir, et on la trouve mentionnée jusqu'à la fin du quatorzième siècle sous ce même nom.

Près de cette montagne, à quatre lieues de là, est la belle montagne isolée de Saint-Omer (Santameri), qui se voit de toute cette plaine d'Elide. Au bas de la montagne sont les deux villages de Portes et de Santameri : deux noms français, comme celui de la montagne. C'est le sire Nicolas de Saint-Omer qui fit bâtir, vers 1273, le fort château dont les ruines se voient encore sur la montagne qui a conservé son nom. Bientôt une ville considérable se groupa autour du château. Jean Leunclavius, dans sa traduction latine de Chalcocondyle, reproduite sans correction dans l'édition de Bonn, commet une erreur en supposant que, par Σανταμέριον πόλιν, Chalcocondyle a voulu désigner l'île de Sainte-Maure. Le texte de Chalcocondyle est au contraire fort clair, et désigne bien nettement Saint-Omer (Santameri) en Elide. Il n'y a aucun doute possible. Le lieutenant du sultan se dirige d'Achaye en Elide ; il prend Calavryta, puis marche sur Greveno, qui lui résiste par la force de sa situation, et il se dirige sur Santameri, dont les habitants lui ouvrent la citadelle. Calavryta, Greveno et Santameri conservent aujourd'hui les mêmes noms, bien que la dernière ne soit plus qu'un amas de ruines, et Greveno se trouve en effet entre Santameri et Calavryta. L'historien grec Phrantzi en parle plusieurs fois. Ce fut là que mourut en 1430 l'impératrice Théodora femme de Constantin non encore empereur, nièce de Charles Tocco comte palatin de Céphalonie. Son tombeau, transporté, comme le dit Phrantzi, à Mistra dans le monastère de Zoodotou-Pigi (Mère du Sauveur), s'y trouve encore. Le même Phrantzi mentionne également l'occupation de Santameri, l'une des places les plus fortes du Péloponnèse, par Mahomet II, qui arrivait du côté d'Arcadia pendant que son lieutenant marchait sur le centre du Péloponnèse en venant par l'Achaye. Les béglier-beys[1] qui, suivant lui, occupaient les places fortes de Khlomoutzi et de Santameri, et qui, à l'approche de Mahomet II, se réfugièrent à Corfou, occupé par les Vénitiens depuis 1386, ne me semblent pouvoir être que les restes des feudataires francs. Santameri ne s'est jamais relevée depuis sa prise par les Turcs, et on retrouve aujourd'hui des ruines considérables d'églises et de maisons sur les revers de la montagne, ainsi que sur la cime où était la citadelle.

La ville d'Elis, qui est dans la plaine qu'entourent ces deux montagnes, et qui a reçu le nom de Beauvoir parce qu'au milieu de cette large plaine de Pyrgos elle est la seule partie qui offre une vue assez agréable, n'est non plus qu'un amas de ruines. On ne rencontre pas là, comme dans les autres parties de la Grèce, de grosses pierres quadrangulaires, mais des constructions tout à fait semblables aux constructions romaines, mélange de pierres et de bri-

---

[1] Μπεγλερμπείδες. Pag. 409.

ques; ce sont des édifices entiers avec des portes en arcade, mais dont la destination ne se fait pas bien sentir. Ces ruines assez vastes sont distribuées sur plus d'une demi-lieue de terrain. Je me reposai deux heures au village, après avoir couru au milieu des champs de maïs, en plein soleil, pour voir les ruines d'Elis et de Beauvoir. A deux heures et demie je remontai à cheval, et avant quatre heures j'étais arrivé à Andravida.

Andravida est aujourd'hui un grand village qui n'est pas même le chef-lieu de son dême; c'est Lekhœna qui a cet honneur; mais on reconnaît que là fut autrefois une ville considérable. La Chronique de Morée la représente comme une grande ville ouverte et en plaine.

> Ἡ χώρα ἡ λαμπρότερη εἰς τὸν κάμπον τοῦ Μορέως.
> Ὡς χώρα γὰρ ἀπολυτὴ κοίτεται εἰς τὸν κάμπον·
> Οὔτε πύργος, οὔτε τειχιὰ εἶναι ποσῶς εἰς αὔτην.
> (P. 34.)

J'allai voir trois ruines qui m'intéressaient : l'église Sainte-Sophie, où se rassembla la haute cour féodale convoquée en 1270 par le prince Guillaume de Ville-Hardoin pour prononcer sur les réclamations de la dame d'Akhova et du sire de Saint-Omer [1]; l'église Saint-Étienne, qui appartenait à l'ordre Teutonique; l'église Saint-Jacques, que Guillaume de Ville-Hardoin fit bâtir et donna au Temple [2], et où lui et ses deux fils, Geoffroi II et Guil-

---

[1] Ὁρίζει εὐθὺς ὁ πρίγκιπας, ἦλθαν οἱ φλαμπουριάροι,
Καὶ ὅλοι οἱ καβαλαροὶ ὁποῦ ἦσαν τοῦ Μορέως,
Ὅλοί ἐκάθισαν ὁμοῦ εἰς τὴν Ἁγίαν Σοφίαν.
Ὅπου ἔμενεν ὁ πρίγκιπας ἐκεῖ εἰς τὴν Ἀνδραβίδαν.
(P. 173.)

[2] Σ τὸν Ἅγιον Ἰάκωβον ἐκεῖ εἰς τὴν Ἀνδραβίδαν.
Σ τὴν ἐκκλησίαν τὴν ἔπηξε, καὶ ἔδωκε 'ς τὸ Τέμπλος.
(P. 182.)

laume I*er*, furent enterrés par l'ordre de Guillaume II¹. Une quatrième église, toute nouvelle, l'église Saint-Constantin, contient deux des cinq colonnes de granit égyptien que les Français rapportèrent alors de Jérusalem. Quatre de ces colonnes ont été récemment brisées et employées à divers usages; une seule colonne de granit reste couchée près de l'église, à quelques pas d'une autre colonne en marbre blanc.

L'église Sainte-Sophie a une partie parfaitement conservée, et est une fort jolie église gothique. En dedans de l'arcade du milieu sont des arceaux gothiques réunis fort bien faits. Toute l'église est en larges pierres et fort bien bâtie : il ne reste plus que quinze pas de profondeur ; mais on suit le mur jusqu'à cinquante pas au delà des limites du mur conservé, et il est facile de voir, par quelques fragments d'arceaux, que tout le reste a existé et a été démoli. On trouve difficilement des pierres de ce côté, et les habitants ont profité des ruines pour bâtir à mesure de leurs besoins. A côté de la grande nef se trouve, sur la gauche, une petite nef du même temps que l'église et avec des arceaux gothiques du même genre; tandis que la nef à droite a une porte un peu plus petite, et qu'elle n'a point d'arceaux gothiques à l'intérieur. Elle aura sans doute été bâtie un peu plus tard. Sur le côté de l'église sont des fenêtres gothiques longues et étroites ; et, sur le derrière, des piliers carrés gothiques comme on en voit dans toutes nos églises soutenaient les arceaux extérieurs.

De l'église Saint-Étienne, qui est plus rapprochée de la ville, il ne reste qu'un pan de muraille et la base des murs d'enceinte, qui ont quatre-vingt-deux pas de longueur. Il me semble que ce devait être là une des limites de la ville de

---

¹ Τὸ κηδοῦρι ὁποῦ ἔπηχεν ὅπου ἦτον ὁ πατὴρ του
Εἰς τὴν δεξιάν του τὴν μεριὰν ἔνει ὁ ἀδελφός του.
Καὶ αὐτὸν νὰ θέσωσι ζερϐὰ καὶ ὁ πατήρ του ἔσω.
(P. 182.)

ce côté. Tout auprès est un puits de fort bonne eau, la seule vraiment bonne d'Andravida. Les Ordres militaires s'établissaient assez souvent dans les faubourgs et hors de la ville, et fortifiaient leurs églises. Les églises du Temple étaient surtout fortifiées ; nous en avons encore un exemple à Luce, près de Barèges, dans les Pyrénées. Quant à l'église Saint-Jacques, il n'en reste rien que quelques pierres des murailles et les bases de l'enceinte extérieure du côté de l'autel, mais à ras de terre. Mon projet était de faire des fouilles en cet endroit pour retrouver les tombeaux des princes Geoffroi II et Guillaume et celui de leur père, Geoffroi Ier; mais tout le monde travaillait alors aux champs, et je n'ai pu trouver personne dans le village. Si on ne veut pas rester quinze jours à Andravida, il faut employer à la fois une vingtaine d'ouvriers à cette œuvre. Au reste, le lieu est bien celui que je viens de désigner ; le souvenir du nom de cette église est consacré dans la mémoire de tous les gens du pays auxquels j'en ai parlé, et on sait comment les Grecs sont attachés aux vieux souvenirs de leurs anciennes églises. En fouillant du côté où était l'autel, qui est le plus éloigné de la route, on doit retrouver le tombeau des trois princes français d'Achaye de la famille Ville-Hardoin.

Je retournai le lendemain matin de bonne heure faire une nouvelle visite à l'église Sainte-Sophie pour rectifier le croquis que j'avais fait la veille des deux façades, afin de pouvoir en retrouver un souvenir plus certain. J'allai aussi jeter un dernier coup d'œil sur le terrain de l'église Saint-Jacques, qui était plus éloignée de la ville que ne l'était Saint-Étienne, et je pris ma route vers Khlemoutzi pour aller de là à Clarentza. Après avoir quitté le chemin de Clarentza, on entre dans une chaîne de petits monticules secs et sans culture ni sur les pentes ni dans les ravins. La forteresse de Khlemoutzi vous apparaît dès les premiers pas; mais il faut trois heures environ pour y arriver d'Andravida. La Chronique de Morée raconte qu'après leur conquête, en 1205, les Français se distribuèrent le pays en fiefs, et en réservèrent une partie qu'ils donnèrent au clergé sous obligation de service militaire personnel. Le clergé ayant plus tard refusé ce service, tout en retenant ses fiefs de cavaliers et d'écuyers, Geoffroi de Ville-Hardoin prit le parti de séquestrer leurs revenus; et il en employa le produit à faire bâtir une forteresse où les hommes de la conquête pussent se retirer, et sur laquelle ils pussent s'appuyer pour résister à la fois aux attaques des ennemis du dehors et de ceux du dedans. Il fut trois ans à faire bâtir cette forteresse, qui est celle de Khlemoutzi[1]; et ce château, bâti à l'aide de trois années des revenus du clergé, était, dit le chroniqueur, d'une telle force que, si les Français étaient à plusieurs reprises chassés de la Morée, la possession de ce seul point devait suffire pour leur faire regagner le reste du pays. Les Francs, en souvenir de la destination de cette forteresse qui devait contenir les Grecs, lui donnèrent le nom de Mata-Grifon (Matte-Grecs), puis celui de Clermont (Clarus-Mons), et ce château devint un fief de famille donné sous le premier nom à la cadette des filles du prince Guillaume de Ville-Hardoin, qu'on trouve désignée dans plusieurs actes et chroniques sous le nom de dame de Mata-Grifon, tandis que l'aînée avait pour apanage la seigneurie de Clarentza, transformée en duché[2]. Les Grecs, de leur côté, en souvenir de la séquestration des revenus du clergé, à l'aide de laquelle put s'achever cette construction, donnèrent à ce fort le nom de Château-Tournois, Castro-Tornese, nom conservé plus tard par les Vénitiens sous celui de Castel-Tornese. On ne le connaît aujourd'hui que sous son nom grec de Khlemoutzi.

[1] Τρεῖς χρόνους, τοὺς ἐκράτησεν ὁ πρίγκιπας τοὺς τόπους
Τοῦ πριγκιπάτου σὲ λαλῶ ὅλων τῶν ἐκκλησίων
Ἕως οὗ καὶ ἀπόκτισε τὸ κάστρον τὸ Χλουμοῦτζι.
(Pag. 65.)

[2] La quarta parte è Chiarenza da Italiani detta ducato di Chiarenza (l'Arcipelago di Marco Boschini. P. 7. Venezia, 1658.)

La forteresse est située au-dessus du village de Khlemoutzi, tout au sommet d'un monticule qui s'élève au-dessus de tous les monticules du pays, et qui étend ses branches jusqu'au cap Tornèse, l'ancien promontoire Chelonites. Lorsque le canon n'était pas inventé, cet emplacement était parfaitement choisi ; car on y arrive facilement de Naples, et de Zante et Céphalonie. Ces deux dernières îles paraissent de là comme sous la main. Les Grecs, s'ils s'étaient révoltés, n'auraient pu s'emparer de Khlemoutzi du côté de la terre, parce qu'on peut défendre aisément toutes les gorges des montagnes qui conduisent jusqu'au pied de ce monticule à pente rapide.

Elle est construite de la manière la plus solide, avec de hautes et vastes galeries couvertes bâties sur le roc vif et qui pouvaient contenir une nombreuse garnison. En dedans était une église, et les galeries du fort comme les voûtes de l'église sont toutes en ogives allongées. Au-dessus des galeries étaient de vastes plates-formes d'où l'on pouvait combattre l'ennemi. Mais tous ces moyens de défense si bien et si splendidement construits pour l'époque ont été inutiles devant le canon. Ibrahim a attaqué Khlemoutzi, a troué avec le canon ses vieilles murailles en divers endroits, et s'en est emparé. Ce fort était si bien construit, qu'il reste debout et qu'il faudrait peu de frais pour le transformer en belle caserne ou en château-fort de discipline.

De Khlemoutzi à Clarentza il n'y a qu'une heure ; de telle sorte que souvent on donne à Khlemoutzi le nom de Château de Clarentza. Nous traversâmes de nouveaux ravins pour nous rendre d'abord dans l'abbaye de Blachernes, à une demi-lieue de Clarentza. Elle est située tout à fait à l'extrémité de ravins inféconds, et, lorsque l'on sort de là comme d'un antre pour entrer dans la vallée, elle apparaît à mi-côte au milieu d'oliviers et autres arbres à fruits. C'est un petit couvent fort bien bâti, sans doute en souvenir du palais de Blachernes à Constantinople. Sur tous les murs je retrouvai des fragments de marbre sculptés représentant la croix ancrée des Ville-Hardoin. Près de la porte de l'église, en dedans, sur le pavé est une pierre sépulcrale sur laquelle je lus ces mots :

> ANNO DNI. M. CCC. LVIII. DIE XX.
> MENSIS SEPTEMBRIS. HIC JACET SEME-
> NILIUS S^{TI} VIRIDI-MILETI DE LUCINIA
> QUI HABITAT IN VENECHS.

Au-dessous est sculpté un écusson français portant un lion debout avec deux bandes. Dans la partie latérale de l'église est un autre tombeau vide, et sans inscription ni sculpture ; l'une et l'autre étaient sans doute placées sur le couvercle du tombeau, qui a été enlevé. J'interrogeai les moines pour savoir s'il existait parmi eux quelques traditions à ce sujet : ils me répondirent qu'ils avaient toujours pensé que c'était là le tombeau d'un des princes de Morée, mais que tous leurs registres avaient été brûlés par Ibrahim ; que l'église seule, qui est en pierres solides, avait résisté à l'incendie du reste du couvent ; que la plupart des moines avaient été tués, et les autres emmenés en captivité en Égypte, et délivrés seulement par l'intervention française ; et qu'il n'existait parmi eux que des traditions et aucun document et acte public ou privé. Il est probable que ce couvent aura été construit après l'expulsion de 1261, qui força Baudoin à quitter Constantinople et à se réfugier en Morée ; c'était un souvenir donné à Constantinople et peut-être en faveur des ecclésiastiques qui desservaient le palais de Blachernes et qui avaient suivi Baudoin dans sa fuite.

En sortant du monastère de Blachernes on n'a qu'à tourner la montagne et on aperçoit Clarentza et son port : c'était, au temps de la domination française et jusqu'à l'invasion turque, une des villes les plus importantes de la Morée. D'après l'article 177 des Assises de Romanie, on voit qu'il y avait alors deux cours ordinaires de justice pour la principauté ; l'une siégeant à Androusa, l'autre à Clarentza. C'était aussi à Clarentza qu'était l'hôtel des monnaies, et le nom de cette ville se trouve sur tous les deniers tournois des princes français d'Achaye. Sa proximité des côtes de Naples l'avait mise en rapports fréquents de commerce avec Brindes, et aussi avec Alexandrie, Chypre et les côtes d'Asie ; ses poids et mesures étaient connus partout, et les voyageurs du quatorzième siècle attestent son importance. Francesco Balducci Pegalotti, envoyé de la compagnie commerciale des Bardi, consacre, dans son traité *Della mercatura*, composé au quatorzième siècle, plusieurs chapitres aux poids, mesures et monnaies de Clarentza, comparés à ceux d'Alexandrie, de Chypre, de Thèbes ; et enfin le titre de duc de Clarentza devint un apanage des fils aînés des princes d'Achaye, et passa, par Mathilde de Hainaut, petite-fille de Guillaume de Ville-Hardoin, à sa parente, Philippine de Hainaut, femme d'Édouard III, et par là à Lyonel, fils de Philippine et d'Édouard III, et le titre de duc de Clarence a continué depuis à être un des titres des princes de la famille royale d'Angleterre. Clarentza est aujourd'hui une pauvre ville, rendue malsaine par l'eau qui s'écoule des hauteurs et qu'on a laissée séjourner de manière à former des marais. Le gouvernement grec s'est imaginé d'y fonder une colonie de Zantiotes, en leur donnant des terres, des grains et des fonds pour bâtir des maisons. Les maisons ont été bâties, mais les terres ne sont pas cultivées ; car ceux des Zantiotes qui s'étaient expatriés pour jouir des avantages de cette colonie étaient la partie la plus désordonnée de la population de Zante, et ils ont continué à mener à Clarentza leur vie irrégulière.

Clarentza a été bâtie sur l'emplacement de l'antique Kyllène. Il ne reste plus de la ville hellénique que des ruines de murailles. Elle était placée en haut de la ville, du côté du petit port séparé du port actuel par une sorte de cap sur lequel était l'acropolis. Tout l'espace marqué par l'acropolis est couvert de ruines antiques dans le genre de celles d'Élis et sans mélange de grandes pierres helléniques, qui ne pouvaient se trouver que fort loin de ces terrains sablonneux. Presque partout on aperçoit le mur d'enceinte et de grands pans de muraille qui, comme à Élis, semblent avoir été précipités de leur base par quelques-uns de ces violents tremblements de terre si fréquents dans cette partie du Péloponnèse. Pendant mon séjour à Pyrgos j'en avais éprouvé un, Patras a été renversée il y a peu de temps par un autre; et l'île de Zante, si voisine du continent grec, en éprouve très-souvent les plus grands dommages, et a été ravagée l'année dernière par un choc si violent qu'il a fait crouler une partie de la citadelle, renversé un grand nombre de maisons et ébranlé presque toutes les autres. Dans toute l'enceinte de la ville antique de Kyllènè et dans les terrains environnants on rencontre fréquemment des monnaies antiques en remuant les champs avec la charrue.

La ville de Clarentza du moyen âge s'étendait depuis le nouveau port jusqu'aux limites marquées par les murs d'enceinte de la ville antique. A côté des ruines des murs helléniques on voit en effet les restes de tours construites au moyen âge. La masse des fortifications s'étendait cependant plutôt dans la direction du port actuel, qui est beaucoup plus grand que le port antique. Il me paraît probable qu'en remontant vers la ville antique et en suivant les bords escarpés du rocher tel qu'il se présente de ce côté, on se sera borné à quelques tours de vigie de manière à surveiller le petit port. Quant au cap qui sépare le port ancien du port nouveau et qui s'avance dans la mer en forme d'éperon, je crois que ce pourrait bien être là le lieu désigné sous le nom de l'Espero dans la relation latine de la mort de Fernand de Majorque[1].

Au bas de la ville on aperçoit d'autres ruines, évidemment d'origine française. Tout près du bazar sont les restes

---

[1] Et sic exivit de Clarentiâ... et venit ad locum vocatum l'*Espero*. Voy. p. 518 de ma Chron. de R. Muntaner, note 1. On voit, dans cette pièce, que le lieu qu'il appelle *Clarus-Mons*, Clairmont ou Clermont, « *et dum irent sic loquendo versus Clarum-Montem*, » doit être la forteresse de Khlemoutzi, bâtie sur la montagne.

d'une grande porte qui était sans doute une des portes de
de la ville; assez près de là de grands pans de murailles
qui appartenaient à une église : une des grandes fenêtres
de cette même église franque se conserve encore au milieu
des ruines.

XXXI.

PATRAS.— VOSTITZA.

L'intensité des fièvres qui dévastaient l'Élide et Clarentza en particulier au moment de mon passage, les rudes attaques que j'en avais éprouvées en passant de Caritena à Olympie me décidèrent à aller respirer, pendant quelques semaines, l'air plus vif et plus salubre des îles Ioniennes. Je m'embarquai à Clarentza sur un bâtiment que je nolisai pour Zante. Je parcourus successivement cette gracieuse île, nommée la Fleur du Levant, Céphalonie, Ithaque, Sainte-Maure et Corfou, et, complétement ranimé par mon voyage dans ces îles si gracieuses et au milieu d'une société beaucoup plus avancée dans la jouissance du bien-être matériel, je repartis de Corfou pour continuer mon excursion en Morée en me faisant débarquer à Patras.

Les côtes d'Acarnanie, fort rapprochées de Corfou, paraissent bien sèches et bien incultes à côté des vallées délicieusement ondulées de cette île. Quand on a dépassé le cap Leukimo, ou cap Blanc de Corfou, la première île qu'on aperçoit est Paxos, renommée par ses huiles; et presque en face de Paxos, apparaît Parga. Parga! que de souvenirs de force et de nationalité dans ce seul mot! L'Autriche redoutait que l'Angleterre possédât un seul point sur le continent épiro-dalmate; et non-seulement elle lui refusa l'ancien lot vénético-ionien, Vostitza, Prevesa, Buthrinte, mais aussi la protection de Parga, qui seule peut-être, par ses anciennes habitudes d'indépendance, aurait pu enseigner aux Ioniens comment on forçait de prétendus protecteurs à limiter leur protection à la défense du sol contre autrui. Parga était située au bas des montagnes, et n'existe plus. On n'aperçoit au loin que des rochers blanchis et des maisons en ruine. Notre bâtiment à vapeur, s'éloignant des côtes basses de Nicopolis, Prevesa et Actium, se rapprocha peu à peu de Leucade, vers le Saut-de-Sapho et le cap Ducato. De là nous passâmes entre Ithaque et la terre-ferme; nous nous arrêtâmes un instant devant Argostoli dans l'île de Céphalonie, et après une nuit fort tempétueuse, pendant laquelle de magnifiques éclairs venaient de temps à autre faire étinceler les vagues, la mer se calma avec le lever du soleil et en même temps qu'on apercevait encore Céphalonie on voyait apparaître du côté de Khlemoutzi les côtes de Morée. Nous approchâmes des îles Courzolaires et Oxia et des côtes d'Étolie; puis, dans le lointain, sur le continent rapproché de ces îles en face du cap Papa, qui est une des entrées du golfe de Lépante, nous vîmes se dessiner très-distinctement au pied des montagnes la glorieuse et infortunée Missolonghi. Elle est aujourd'hui ruinée, abandonnée, et la maison où mourut lord Byron a été vendue et démolie. Missolonghi! golfe de Lépante! quels glorieux noms! La victoire de Lépante fut rendue inutile par la jalousie des princes qui l'avaient préparée; la prise de Missolonghi fut une défaite féconde pour le peuple de Grèce.

Les rives de Morée, entre Khlemoutzi et le cap Papa, sont basses et souvent marécageuses. Nous doublâmes ce cap; nous nous dirigeâmes vers les côtes de l'Étolie et entrâmes tout droit dans le golfe de Lépante. Au delà du cap Papa, la rive continue à être basse et presque inaperçue; mais le second plan s'élève un peu. C'est sur cette côte, entre le cap Papa et Patras, que débarquèrent nos croisés français, le 1er mai 1205 :

Εἰς τὸν Μορέαν ἔφθασαν 'ς τὴν πρώτην τοῦ Μαΐου.
Ἐκεῖσε ἀπεσκάλωσαν 'ς τὴν Ἀχαΐαν τὸ λέγουν,
Ποῦ ἕν' ἐδῶθεν τῆς Πατροῦ κἂν δεκαπέντε μίλια.
Εὐθὺς καστέλλι ἔκτησαν ὅλον μὲ τὸ πλιθάρι.

(P. 33.)

C'est à Kato-Achaia, près de l'ancien Mélas, aujourd'hui fleuve de Gomenitza, que dut s'opérer le débarquement mentionné ici par le chroniqueur, et on y montre encore les murailles du château de briques qu'y construisirent les Français.

En continuant à naviguer dans les eaux du golfe, la vue va s'embellissant à chaque instant. Sur la droite on distingue dans le lointain les pittoresques montagnes de la Morée, les monts de Calavryta, le pic de Santameri, le rocher de Khlemoutzi; et sur la gauche, en Étolie, deux monts rocheux d'une coupe fort pittoresque et fort diverse, le Varasova et le Khlokova.

En face de ces deux montagnes aux belles pentes rapides et aux belles couleurs, dont les aspects varient à chaque heure de la journée et qui servent d'ornement à toute cette partie du golfe, apparaît la nouvelle ville de Patras.

L'antique ville de Patras était située sur la colline, et elle y resta même jusqu'à la fin de la domination turque. Mais quand tout eut été brûlé et détruit, et qu'après le départ d'Ibrahim il ne resta plus que des débris de murs incendiés, les habitants de Patras, qu'attiraient en ce lieu les avantages d'un port de mer, de belles fontaines qu'on n'avait pu tarir, un sol fécond qu'on n'avait pu rendre improductif que pour peu de temps en en arrachant de force les vignes et raisins de Corinthe, choisirent un emplacement plus conforme aux besoins nouveaux de la société et à la sécurité dont elle allait jouir; ils descendirent dans la plaine et sur le bord de la mer. Patras n'est encore qu'un tracé de grande ville plutôt qu'une ville; mais çà et là il y a de bonnes maisons et toujours de belles rues, non pavées encore, mais bien tracées, bien larges et abritées des deux côtés par des portiques d'une hauteur et largeur convenables, fort utiles dans ce pays si chaud. Le cadre de la ville est disposé et arrangé, et chaque jour une pièce vient régulièrement s'ajouter à une autre pièce. Si Athènes eût suivi le même système, et qu'on eût, à travers ces champs inhabités, au milieu de ce dédale de maisons de chaume, tracé une ville avec larges rues, portiques, places, fontaines, promenades, ce serait aujourd'hui une belle ville, tandis qu'elle ne peut jamais être qu'un grand bourg fort sale et fort incommode à habiter, car il n'y a pas de portiques dans les rues, et les maisons ressemblent plutôt à de petites maisonnettes de Carlsruhe qu'aux belles maisons de Malte ou même de Zante, si bien appropriées au climat. Non contents d'avoir déjà gâté Athènes, les ingénieurs et architectes du gouvernement gâtent aussi Patras. Dans le premier plan, on avait vendu à bon prix des terrains destinés à recevoir un seul rang de maisons qui ne devaient avoir devant elles que de beaux quais et la mer. C'était la condition de leur achat, et cette condition était tout entière dans l'intérêt de l'embellissement de la ville. Qu'a fait le gouvernement? Au mépris des droits des propriétaires, au mépris de ses engagements, il a vendu à de nouveaux acheteurs le terrain consacré aux quais, et aujourd'hui un nouveau rang de maisons s'y construit, détruisant la vue des anciennes, auxquelles elles opposent façade à façade, et, au lieu d'un beau quai, on n'aperçoit plus de la mer que les cours malpropres de ces nouvelles maisons. Beaucoup de ces nouveaux acheteurs ne pouvant payer ce qu'ils ont acheté fort cher, on veut maintenant les forcer à construire à leurs dépens un petit môle au lieu de l'excellent qu'on avait et qui avait de plus l'avantage de rendre la garde du port très-facile contre les contrebandiers. Ce qui prouve encore plus le peu d'intelligence des besoins du climat, l'on a donné l'autorisation de continuer sans portiques des rues commencées avec portiques ; irrégularité qui gâte complétement le plan primitif tracé par un ingénieur habile, M. Boulgari, Grec d'origine, élève de l'Ecole polytechnique de France.

Depuis le lever du soleil, nous avions eu le vent contraire ; mais cela ne nous avait pas empêchés de sillonner rapidement les eaux. Nous débarquâmes devant Patras. La douane et la police sont ici beaucoup moins vétilleuses et tourmentantes que dans les îles Ioniennes. Cinq minutes après être arrivé en vue de Patras, je m'étais fait transporter en bateau sur la plage, j'avais comparu devant la santé, la police et la douane, moi et mes effets, et j'étais installé dans une auberge, car il y a une auberge à Patras, l'Hôtel Britannique, sur le bord de la mer, en face des monts Varasova et Khlokova.

Je commençai mes excursions par la citadelle. La Chronique de Morée rapporte [1] que, trois jours après leur arrivée à Kato-Achaïa, les Français s'avancèrent sur Patras, cernèrent la ville et le fort, établirent leurs machines de guerre, pénétrèrent dans l'intérieur de la ville et obtinrent des habitants la reddition de la forteresse. On voit par ce récit que la ville était alors sur le penchant même du monticule, où se trouve la citadelle. Patras était alors une des douze places fortes de Morée. Lors du partage des fiefs entre les premiers conquérants français, Patras fut donnée à Guillaume Alamani. Cette famille languedocienne se retrouve au treizième siècle en Catalogne, en Provence, à Naples et en Chypre. Après Guillaume Alamani et son fils, la baronnie de Patras rentra par déchéance, à défaut peut-être d'héritier mâle, dans le domaine princier, et fut donnée par le prince Guillaume de Ville-Hardoin à sa fille cadette, Marguerite.

Marie de Bourbon, veuve de l'empereur titulaire Robert, et princesse d'Achaïe par la donation de son mari, résida long-temps à Patras avant de se réfugier à Naples.

---

[1] Page 34.

Il y avait à cette époque un archevêque latin institué dès le commencement de la conquête avec cinq suffragants, qui étaient les évêques d'Amyclée, de Modon, de Coron, d'Andravida et d'Olène près de Pyrgos. Ce fut dans la ville de Patras, et probablement dans l'église Saint-André, qui était la métropole, que se célébra en 1258 le mariage entre Guillaume de Ville-Hardoin et Anne Comnène, fille de Michel, despote d'Arta, et sœur d'Hélène qui avait épousé le roi Mainfroi de Naples. Anne reçut du despote une dot de soixante mille hyperpères, sans y comprendre les dons de mariage [1].

L'église Saint-André est située en dehors de la ville, sur le bord de la mer, près de l'endroit où on veut actuellement construire un port. Saint André l'apôtre avait été crucifié à Patras, et son corps y avait été long-temps conservé. Grégoire de Tours dit (livre I) qu'il faisait beaucoup de miracles en Achaye. En l'an 353, le 26 mai, sous les règnes de Constant et Constance, fils de Constantin, le corps de saint André ainsi que ceux de saint Luc et de saint Timothée furent transportés de Patras à Constantinople : ils y furent déposés dans l'église des Apôtres ; mais, lors de la conquête de 1204, Pierre de Capuano, cardinal du titre de Saint-Marcel et patriarche d'Amalfi, trouva le moyen d'en enrichir l'église d'Amalfi. Il s'était rendu de Syrie à Constantinople en qualité de légat d'Innocent III ; là, pendant que les croisés s'emparaient des étoffes précieuses de Byzance, il déroba secrètement le corps de saint André, ainsi que d'autres reliques [2], les emporta très-mystérieusement avec lui à Gaëte, et de là les expédia non moins secrètement à Amalfi, à son oncle Mathieu Capuano, alors archevêque de cette ville, sans lui rien révéler au sujet de son envoi. Ce ne fut qu'à son arrivée à Amalfi qu'il lui découvrit tout le mystère, et, le 8 mai

---

[1] *Chron. de Morée,* p. 76.
[2] Voy. Camera, *Histoire d'Amalfi,* p. 15.

1208, le corps de saint André, enveloppé dans une caisse d'argent, fut déposé dans l'église cathédrale d'Amalfi avec la plus grande pompe.

L'église Saint-André de Patras a, dit-on, été bâtie sur l'emplacement d'un temple de Cérès. Je ne sais si c'est à ce temple, ou bien plutôt à l'église du moyen âge composée d'un grand nombre de ruines diverses et aujourd'hui entièrement disparue pour faire place à une église toute neuve, qu'appartient une fort belle colonne qui gît inutile le long du mur de l'église reconstruite. J'ai recherché avec soin toutes les traces du temple antique et de l'église du moyen âge; mais, dans les reconstructions faites l'année dernière, on a employé probablement ce qui restait. Les murs nouveaux sont élevés sur les anciens murs, et la forme indique que c'était plutôt là primitivement un temple ou une église latine qu'une église grecque. Au milieu de l'église, sur le parvis, a été conservé l'aigle à deux têtes couronnées; tout autour je lus une inscription en caractères ecclésiastiques en quatre lignes, en l'honneur de saint André, venant sans doute de l'ancienne église. Près de là est un puits antique.

Le port que l'on se propose de construire de ce côté sera fort utile et ajoutera un nouveau développement au commerce des raisins de Corinthe. Depuis peu d'années, les vignes de raisins de Corinthe ont été replantées : et déjà les espérances sont devenues des réalités.

De l'église je remontai à la citadelle, mais je n'y trouvai rien qui me rappelât les constructions du moyen âge; si ce n'est une grande fenêtre en ogive qui subsiste encore à l'intérieur, près du chemin de ronde. Tout le reste est de l'époque vénitienne et de l'époque turque.

Le coucher du soleil est fort beau à Patras. Le soleil se pose dans la mer, qu'il fait reluire de mille feux. Les terres occidentales les plus rapprochées étant les îles Ioniennes, n'empêchent pas de voir le couchant se déployer sur un vaste horizon ; tandis que, au lever du soleil, à Patras comme dans la Grèce intérieure, vous ne voyez le soleil que quand il a dépassé le sommet des montagnes et qu'il est déjà dans sa force.

J'avais le dessein d'aller par mer de Patras à Lépante et de visiter le couvent de Varnakova; mais le vent était contraire, et il me fut impossible d'aller même à Missolonghi. Je pris donc le parti de m'en aller par terre le long du golfe, et je partis de bonne heure pour Vostitza. Le chemin suit le bord de la mer, et on a constamment sous les yeux les deux belles montagnes de Varasova et de Khlokova de l'autre côté de la mer ou plutôt sur l'autre rive de ce beau lac. Pendant l'hiver on a à passer quelques torrents, tels que le Charadrus; mais, au moment de mon passage, tous étaient à sec, et leur lit était couvert de cailloux roulés, embarrassant la route, mais ne la rendant pas dangereuse. Après une heure et demie de marche on arrive près du cap Rhéum, sur lequel est bâti le château de Morée; et tout en face, de l'autre côté, à deux mille mètres de distance, le château de Roumélie : tous deux fermeraient au besoin ce Bogaz ou ces petites Dardanelles. Quelques débris d'un arc de triomphe sont encore visibles sur la plage de Morée. A une heure de marche au delà on passe près du village de Drepano, au delà duquel s'avance, avec son ancien nom, le cap Drepanum. Cette ville est mentionnée par la Chronique de Morée à propos de l'arrivée du despote d'Arta près de Guillaume de Ville-Hardoin, qui s'était rendu à Patras.

Εἰς τὸν Ἔπακτον ἀπέσωσεν ἐτότες ὁ δεσπότης·
Ἀπαὶ τὸ Δρέπανον περνᾷ καὶ ἦλθεν εἰς τὴν Πάτραν.

(Pag. 84.)

On aperçoit en effet, tout en face, Lépante et son château en ruines dans une situation fort pittoresque.

Le khani de Xantho-Pyrgos, que j'ai entendu prononcer Psatho-Pyrgo, est à une demi-lieue de là. Je m'y arrêtai une heure pour faire reposer les chevaux et m'assis sur le bord de la mer. Le temps était un peu sombre, et les montagnes ne se détachaient pas avec vigueur ; mais l'air était calme et la mer tranquille et d'une couleur uniforme. On aperçoit d'un côté les montagnes situées devant Patras et de l'autre celles situées devant Corinthe, et l'œil se prolonge sur toute l'étendue du golfe. Deux ou trois petites barques à voiles erraient çà et là sans troubler cette solitude ; c'étaient, de loin, comme des cygnes qui se promenaient avec calme sur les eaux. Si ce golfe était animé par la présence de quelques bateaux à vapeur, tout y recevrait une nouvelle vie. Les Autrichiens ont offert d'aller jusqu'à Loutraki, si le gouvernement grec voulait envoyer un bateau à vapeur prendre la correspondance à Calamaki : et le gouvernement grec n'a pu avoir un bateau à vapeur.

Du khani de Xantho-Pyrgos à Vostitza la route s'embellit à chaque instant. Les montagnes se couvrent de verdure, les champs se cultivent peu à peu ; et la route, au lieu de suivre tout à fait le bord de la mer, se perd le long des derniers versants des montagnes, qui s'étendent jusqu'au golfe. De cette hauteur la vue devient charmante, car en bas est la mer et à l'horizon la chaîne des montagnes qui s'étendent du Parnasse au Cythéron. Cette vue ne m'apparut qu'un moment, car la pluie, qui s'annonçait dès le matin, commença à tomber, et je me trouvai heureux de trouver un refuge dans un moulin abandonné. Ce ne fut que deux heures après que le temps reprit une nouvelle sérénité, et je me remis en route. En redescendant on se retrouve près de l'ancien Portus-Enius, qui conserve aujourd'hui le nom d'un de nos chevaliers français du moyen âge : les Vignes de Lambri. Le sire de Lambri possédait en effet cette partie de la côte, et son nom se trouve fréquemment mentionné parmi ceux des grands feudataires dans les diplômes du quatorzième siècle.

Un peu plus loin, on aperçoit au milieu des champs de grands pans de murailles antiques. Ce sont les restes de l'antique ville de Rhypes. De là on découvre un port assez vaste sur lequel se balancent quelques barques pontées, et au-dessus de ce port une ville aux maisons blanches : c'est Vostitza.

Vostitza est l'antique Ægium, où Agamemnon convoqua les chefs grecs pour les décider à marcher contre Troie ; et où, au temps de la splendeur de la Grèce, se rassemblaient les représentants de la ligue achéenne. Ce n'est plus aujourd'hui qu'un grand bourg aspirant à devenir ville. Un fruit qui n'est pas même, je crois, mentionné par les anciens, et qui, au moyen âge, semble surtout avoir été employé à la teinture [1], le raisin de Corinthe, passoline ou uva passa, grâce à l'attachement héréditaire des Anglais et des peuples de race germaine pour le plum-pudding rend ces prétentions raisonnables.

A l'antique Ægium d'Agamemnon succéda le fief de Vostitza de la famille Charpigny. Aux Francs succédèrent les Turcs ; puis enfin les Grecs ont ressaisi leurs domaines. Ces quatre occupations ont laissé leurs traces dans les emplacements divers successivement occupés par la ville de Vostitza.

Le site de l'antique Ægium est facile à reconnaître. Il s'étendait sur le côté oriental, du bas de la colline en remontant jusque sur le promontoire de la montagne sur lequel on voit les ruines de quelques temples ; et à l'occident, du côté où est la fontaine saline située presque au pied du grand platane qui semble avoir été le contemporain de toutes ces populations. Dans les flancs du coteau situé au-dessus du port on retrouve quelques traces rares des anciens murs, car la pierre n'est point originaire du sol sablonneux de Vostitza ; et toutes les fois que, pendant le cours des siècles, on a eu besoin de quelques larges assises, les murs antiques étaient la carrière où on allait les prendre. On rencontre de temps à autre dans les champs

---

[1] *Uvas passas parvas per quas fit tinctura.* Lettre citée dans Wadding, *Annales des Frères-mineurs*, à l'an 1259.

et près de la fontaine quelques monnaies antiques et des fragments de colonnes. Le célèbre platane, situé auprès de la fontaine saline, a été fort maltraité par les éclats de la foudre et par le feu des Arabes; mais il se conserve encore fort beau. Je l'ai mesuré : le tour de son tronc est de dix-huit de mes pas. Sa tête s'élève au niveau du sommet de la colline, mais ses branches sont bien loin de s'étendre sur un aussi vaste espace que le font les branches du platane que j'ai vu en Eubée près d'Achmet-Aga. Il n'en a ni la jeunesse, ni la fraîcheur, ni l'ampleur. Le platane de l'Eubée n'a pas une gerçure sur la jeune écorce de son tronc. Un passage creusé dans le roc, d'apparence antique, conduisait, en remontant rapidement, de la fontaine à la ville, et abrégeait ainsi le chemin des jeunes filles qui, de toutes les parties de la ville, allaient et vont encore dans leurs grandes urnes chercher de l'eau à la fontaine saline.

Un pan assez considérable de muraille existe en entier près de la maison de M. Georges Meletopoulos. La partie la mieux conservée est un mur en grosses pierres de taille bien cimentées, maintenu sur deux de ses angles, et s'élevant encore à une dizaine de pieds au-dessus du sol, reste d'une tour carrée antique qui s'avançait du côté de la ville. Ce château était dans une très-belle et très-forte situation. De là on suit de l'œil tout le golfe de Lépante, depuis Patras jusqu'à Corinthe.

En remontant au dehors de la ville actuelle du côté de Corinthe, on retrouve les restes de deux murs romains avec des fragments de mosaïque au milieu de la rue. L'un de ces pavés de mosaïque a été et continue à être peu à peu entraîné par les eaux d'une branche de la rivière de Vostitza, détournée souvent en entier pour servir à l'irrigation des jardins et des vignes de raisin de Corinthe. Un peu plus haut, près d'une des quatre églises que l'on vient de construire, dans le jardin d'une maison particulière, sont les ruines fort visibles d'un ancien temple grec. Les vastes assises de grande pierre porique ont été déchaussées ou enlevées par le propriétaire actuel pour bâtir sa maison et lui faire des escaliers, mais j'en retrouvai encore une grande quantité dans le jardin. Deux des côtés des assises inférieures du temple sont conservées, mais pour peu de temps sans doute. Sous ce temple était un souterrain assez vaste, dans lequel je pénétrai à travers les broussailles. Les escaliers existent encore couchés sous la terre et sous les herbes. On descend environ de quinze pieds sous le sol actuel du jardin et on trouve un passage souterrain de trois pieds de largeur au plus et de six de hauteur, construit d'abord en grandes pierres, puis taillé, non dans le roc, mais dans cette terre sablonneuse dont se compose la montagne de Vostitza. Pour lui donner plus de consistance on a revêtu les deux côtés de la voûte d'une couche de stuc si solide, qu'il subsiste aujourd'hui malgré l'humidité.

À l'entrée du souterrain croît cette jolie pariétaire qui tapisse la grotte des Nymphes à Kephisia. On descend le long d'un corridor, et on trouve à droite deux retraites destinées sans doute à des tombeaux. Les éboulements de la terre supérieure gênent un peu la marche et obstruent les côtés et le bas du souterrain. Mais on peut cependant pénétrer au delà d'une soixantaine de pieds de l'ouverture. Là s'est conservée une sorte de cheminée arrondie en cône et revêtue de stuc, qui remonte au niveau du souterrain de la terre et va toujours se rétrécissant à mesure qu'elle s'élève. En examinant la partie à laquelle correspondait cette étroite ouverture, je remarquai qu'elle se trouvait placée dans l'intérieur du temple et à un endroit assez rapproché des murs. Était-ce là une invention sacerdotale pour faire entendre au besoin des voix prophétiques? Il paraîtrait qu'un piédestal était posé au-dessus de l'ouverture du cône; peut-être était-il creusé aussi, pour laisser passer la voix du dieu placé sur sa base. Je ne sais si une de ces tombes ne serait pas celle du héraut Talthybius et si le temple ne serait pas celui de Lucine ou celui d'Esculape, qui tous deux étaient fréquentés pour leurs oracles et qui, selon Pausanias, devaient être placés de ce côté. Dans une des maisons de la nouvelle ville, je vis une petite pierre antique représentant Pallas casquée, assise sur un trône, et tenant un petit palladium dans sa main droite; mais le travail m'en a paru plus romain que grec. Quelques personnes m'apportèrent aussi des monnaies antiques; mais la plupart étaient romaines ou byzantines, et les autres étaient communes ou frustes.

Suivant la Chronique de Morée [1] les Français, au moment de leur débarquement à Kato-Achaïa près de Patras en 1205, se dirigèrent par le rivage sur Vostitza et s'en emparèrent. Lors de la répartition qu'ils firent des fiefs entre leurs principaux barons, Vostitza fut donnée avec huit fiefs de cavaliers à Hugues de Charpigny [2]. Les Charpigny, plus connus ensuite sous le nom de sires de La Voustice (Vostitza), restèrent fort long-temps en possession de leur fief. J'ai retrouvé leur nom de sires de Charpigny et de La Voustice dans bon nombre d'actes et de faits des treizième et quatorzième siècles. Un Gui de Charpigny (Guido de Charpini) est mentionné dans un rescrit de Charles Ier d'Anjou du 25 mai 1280, dans les registres angevins du Palazzo Capuano de Naples [3]. Vers l'an 1355, Guillemette de Charpigny, dame de La Voustice, vendit sa seigneurie de Vostitza à Marie de Bourbon femme de l'empereur Robert de Tarente. En mars 1364, Marie de Bourbon, princesse d'Achaye et impératrice de Constantinople, aliéna, un peu avant la mort de son mari Robert, cette seigneurie de Vostitza en faveur de Nicolas Acciaiuoli. En l'an 1391, suivant le recensement que j'ai publié [4], La Voustice avait deux cents feux et était entre les mains d'Azan Zaccaria Centurione, seigneur d'Arcadia, qui prenait le titre de vicaire de la principauté d'Achaye. Le château féodal des Charpigny était bâti sur le promontoire même qui domine le port; mais, de même que

[1] Page 35.
[2] Page 48.
[3] Voyez t. 1 de mes *Recherches*, p. 223.
[4] Page 296 de mes *Éclaircissements*.

les Francs, pour bâtir leur forteresse sur ces terrains dénués de grandes pierres, avaient arraché les assises des temples antiques; les Grecs et les Turcs, qui ont succédé aux Francs, ont détruit leurs châteaux et leurs forteresses féodales pour construire leurs maisons. Il ne reste donc presque rien de la Voustice des Francs, seulement l'emplacement du château féodal est marqué par quelques ruines de muraille près de la partie conservée du mur antique et tout le long de l'escarpement qui s'avance vers la mer.

La Vostitza turque était située sur le penchant du côté oriental, près du ruisseau de la Vostitza, à mi-côte. En suivant le petit nombre de masures qui subsistent encore et qui sont placées au-dessous de la nouvelle ville grecque, on se demande, ainsi qu'on le fait à Patras, ainsi qu'on le fait dans vingt villes de Morée, ce qu'est devenue l'ancienne ville : elle a été brûlée tout entière dans la dernière guerre ; les maisons turques comme les maisons grecques, selon que chaque parti triomphait tour à tour.

Depuis que la Grèce a commencé à renaître indépendante, de grands efforts sont devenus nécessaires pour réparer les désastres passés. Il a fallu que ceux qui avaient survécu à cette guerre d'extermination s'armassent d'un courage et d'une persévérance qu'on ne saurait trop admirer. Après avoir donné la sépulture à leurs parents les plus chers égorgés sans pitié, et après les avoir souvent aussi vengés sans pitié; au lieu de désespérer de leur avenir, sur cette terre partout incendiée et désolée ils se sont mis à rebâtir des maisons meilleures, à planter des vignes et des oliviers. Les nouvelles villes se sont rapidement formées et agrandies, refaites à neuf et en toute hâte, souvent sans trop d'égards pour la symétrie, ainsi que le font des gens trop pressés ; et il n'en est peut-être pas aujourd'hui une seule qui ne soit plus florissante qu'elle ne l'était avant sa destruction, tant la liberté peut enfanter des prodiges. Vostitza a été rebâtie en entier et en deux lieux différents. D'abord on avait construit la nouvelle ville sur le bord de la mer et autour du fameux platane et de la fontaine; mais bientôt, s'apercevant que les marais, situés à une demi-lieue de la ville, rendaient ce lieu fort insalubre, les habitants remontèrent, pour retrouver la Vostitza du moyen âge, sur la colline où étaient dispersées les ruines de son vieux château. A l'aide de ces ruines on bâtit quelques maisons de pierre; les autres maisons furent confectionnées avec une sorte de pisé fait de terre argileuse durcie au soleil, en forme de tuiles, liées ensemble par un peu de foin détrempé, et recouvertes ensuite de plâtre très-blanc. Ces espèces de constructions résistent fort bien aux tremblements de terre et durent très-long-temps. Quelques belles maisons ont été bâties sur un plan dressé primitivement pour la nouvelle ville et altéré depuis, mais ce dernier plan a fini par prévaloir : le plus grand nombre des maisons, soit grandes, soit moyennes, soit petites, sont placées conformément au dernier plan. Des rues droites et fort larges, mais malheureusement sans portiques, imprévoyance impardonnable dans ce pays chaud, et surtout si près de Patras, où on avait commencé à les introduire, s'étendent sur toute la colline. Les plus belles maisons sont celles possédées par les frères Mélétopoulos, qui disputent à la famille Londos la suprématie municipale et qui ont succédé à l'influence des Delyani. Le trône de dimarque est ici un grand objet d'ambition pour toutes les familles des anciens kodja-baschi; aussi chaque parti ménage-t-il beaucoup les électeurs futurs pour se perpétuer dans un pouvoir qui confère à la fois l'autorité légale, un petit revenu et des moyens faciles d'accroître régulièrement l'un et l'autre. Les étrangers à la dimarchie ont souvent à souffrir de ce besoin du dimarque de caresser son peuple, car pour ne pas blesser ses électeurs futurs il se montre fort tolérant envers leurs prétentions les plus ridicules et envers leurs exigences les plus déraisonnables. Cet inconvénient disparaîtrait bientôt si l'excellent système municipal qui régit la Grèce était complété par le système des éparchies (arrondissements) et des nomarchies (départements), et si à son tour ce système était complété par une régulière organisation du pouvoir public ou représentatif; mais tout a été promis et rien encore n'a été fait.

Outre les grandes familles que je viens de mentionner, il y en a à Vostitza une dizaine d'autres qui jouissent d'une trentaine de mille livres de rente obtenues par la culture du raisin de Corinthe. Le vin de Vostitza est aussi de bonne qualité; mais, bien qu'on ait fabriqué des caves sous toutes les maisons nouvelles, on ne sait pas encore bien conserver le vin, et on ne le confectionne pas avec assez de soin pour le vendre au dehors. La ville a un revenu de 40 à 60,000 drachmes : avec cela on a déjà bâti une fort belle école pour les jeunes garçons. De nouveaux fonds de souscription sont réunis pour en bâtir une autre pour les jeunes filles, et un gymnase ou école secondaire ne tardera pas à être organisé; une promenade a aussi été préparée, et on y jouira d'une fort belle vue sur le ravin situé du côté de la campagne et sur la mer. En visitant cette partie de la ville, je poussai ma promenade jusqu'en face de la montagne au bas de laquelle est situé le riche couvent de Taxiarchis ou l'archange Michel. Les Turcs ayant brûlé l'ancien couvent, situé sur la montagne, je dus renoncer à l'espoir de retrouver une seule charte, un seul manuscrit. Avec leur revenu fort considérable de 90,000 drachmes, ces moines ont fait rebâtir leur nouveau couvent tout au bas de la montagne; mais la position nouvelle est si malsaine qu'ils vont la quitter et rebâtir un second monastère plus haut sur la montagne, au milieu d'une pelouse verdoyante entourée de bois de toutes parts. L'air y est excellent, les eaux sont pures et abondantes, et la vue, qui s'étend sur le golfe de Corinthe, sur l'Hélicon, le Cythéron et le Parnasse, est une des plus belles du pays.

De ma chambre à Vostitza chez M. Georges Métopoulos j'avais aussi une vue délicieuse sur le golfe et la petite île de Tritonia, et, de l'autre côté du golfe, sur la montagne où est situé le monastère de Varnacova. Grâce aux avantages de sa position et au raisin de Corinthe, que l'on a replanté partout et en plus grande quantité, Vostitza peut espérer une prompte renaissance. Son port est sûr quoique peu spacieux et peut-être un peu trop profond sur les bords pour que les bâtiments marchands puissent aisément y jeter l'ancre. Sa proximité de Salona, de Galaxidi, de Lépante et de Missolonghi par mer la met en rapport avec la Rumelie; sa proximité de Corinthe, avec Athènes, l'Attique et l'Orient; enfin sa proximité de Patras, avec l'Europe.

XXXII.

MEGA-SPILEON. — CALAVRYTA. — TREMOULA. — VLONGOKA. — ÆGIRE.

Mes diverses visites dans les couvents grecs m'avaient assez appris le peu de fonds que l'on peut faire sur leurs archives et bibliothèques pour qu'il me restât encore quelques espérances à cet égard; mais la réputation du couvent de Mega-spileon est si grande dans toute la Grèce, que je ne pouvais me dispenser d'aller le visiter : d'ailleurs j'avais à voir, tout près de là, la ville de Calavryta, où avait été établi un fief et un château-fort donné à la maison de Tournay au temps de notre principauté. Je quittai donc Vostitza pour rentrer dans l'intérieur de la Morée.

Après avoir suivi le rivage pendant deux heures on arrive au pied d'une montagne couverte de pins au milieu desquels se trouvent les fondations d'un temple et d'une caverne sépulcrale; et un peu au delà une grotte d'Hercule, célèbre par les oracles qui s'y rendaient avec des dés. En continuant à monter, on aperçoit les restes de l'antique ville de Buro. Toute cette côte était peuplée de grandes villes dont la plupart ont été abîmées dans des tremblements de terre. Jusqu'en haut de cette montagne la vue est fort belle : les montagnes sont bien boisées et la mer est au-dessous de vous, terminée par les montagnes de Roumélie; mais quand on a franchi ce sommet et qu'on arrive au centre même des montagnes on trouve un pays aride et inhabité. La vue s'embellit peu jusqu'auprès de Mega-spileon; toutefois une demi-lieue avant d'arriver au monastère, qui est comme plaqué en haut d'un roc droit et uni, l'eau du Bouraïkos, ou torrent de Calavryta, amène un peu de verdure et de fécondité, et un village est situé tout à fait au fond de ce ravin au milieu de terres cultivées avec soin. Je montai de là à pied jusqu'au couvent, en suivant le chemin au hasard et en m'écartant de la route construite par les moines, et je grimpai plutôt que je ne montai par un ravin où l'eau coule entre des jardins potagers cultivés par chaque moine et enclos par des haies ou treillages. Après une heure de fatigue pour passer d'un jardin à un autre et me frayer un chemin plus droit à travers les plantations qui garnissent le cours d'eau, j'arrivai enfin au couvent. C'est un amas de constructions sans goût, élevées les unes au-dessus des autres entre les vides du rocher. Au-dessus, le rocher s'élève encore de beaucoup; et tout en haut est une petite fortification à l'aide de laquelle les moines ont su se faire respecter des Turcs et empêcher Ibrahim même d'arriver jusqu'à eux. L'hégoumène Germanos m'accueillit avec politesse. J'aurais bien voulu voir sur-le-champ la bibliothèque; mais on m'allégua des prétextes d'ajournement. Le moine qui avait la clef était aux champs; on me la montrerait le lendemain. Par là les moines espéraient détourner mon attention de cette demande; mais ils se trompaient. Pour le moment je me contentai de visiter l'intérieur du couvent et de l'église. Cet intérieur est misérablement composé de mille escaliers obscurs de bois qui conduisent aux loges plutôt qu'aux chambres des moines plus obscures encore et fort malsaines. Cependant de fréquentes épidémies les ont forcés à songer à leur santé, et j'ai trouvé çà et là de grandes chambres avec des fenêtres larges et où l'air pénètre et circule avec aisance. Cinq, six, huit moines couchent dans chaque chambre : les petits moines couchent encore dans les anciens trous, sans y recevoir d'autre jour que par une petite porte qui donne sur un étroit couloir obscur. On est confondu quand on compare ces misérables niches et ces misérables constructions avec les belles chambres et les splendides corridors de la Cava et du Mont-Cassin ! Comme les bénédictins savaient mieux choisir leurs emplacements que les frères de Saint-Basile ! L'institution de Saint-Basile ne peut être utile que dans un pays pauvre que l'on veut mettre en culture ; aujourd'hui, que les moines grecs sont devenus les seuls grands propriétaires, sans s'élever à la hauteur d'idées que doit avoir un grand propriétaire, ils n'ont plus guère de principe de vie. J'ai cherché à montrer à l'hégoumène la nécessité pour lui d'embrasser ce rôle de grand propriétaire, si rare dans son pays, en employant ses revenus à faire des améliorations agricoles, des essais de culture de pommes de terre, en donnant enfin l'exemple aux paysans, en même temps qu'il ferait ouvrir par ses moines des écoles là où il n'y en avait pas ; mais je l'ai trouvé beaucoup moins disposé à songer au bien général que ne le sont l'hégoumène du couvent de Poursos et quelques-uns de ses collègues. Les bénédictins avaient commencé aussi par la culture de la terre ; mais le travail de l'intelligence n'était pas négligé, et c'est par la science que cet ordre a continué à porter un nom respectable.

On me conduisit ensuite à l'église, où je me fis montrer avec soin tous les tableaux y compris le fameux portrait de la Vierge et de l'Enfant Jésus attribué à saint Luc ; car le couvent se vante de posséder un des originaux de ce portrait. C'est un misérable bas-relief de cire devenue noire. La Vierge n'a pas de front et ses yeux sont bridés à la chinoise ; on voit que cette partie a dû être fondue par le feu, car il est impossible qu'on ait jamais exécuté une si horrible figure. Le bas de la figure est un peu mieux. L'Enfant Jésus est aussi horriblement laid et tout noir. Ce bas-relief doit être du huitième ou neuvième siècle, c'est-à-dire une époque où les arts étaient tombés dans la dégradation. Il doit être fort ancien, puisqu'il est déjà mentionné dans d'anciens chrysobulles dont un, je pense, est du onzième siècle. La grandeur et la richesse du couvent actuel ne remontent guère que jusqu'à Jean Cantacuzène, au milieu du quatorzième siècle. Deux autres tableaux ont attiré bien plus mon attention : l'un est un délicieux petit tableau italien, de deux pieds et demi de hauteur sur un pied et demi de largeur environ, qui représente Jésus-Christ portant sa croix. Dans le fond sont une foule de personnages parfaitement peints; au bas les saintes femmes, en haut des anges qui annoncent le triomphe du Christ et y président. Il y a là une couleur et un dessin tout raphaéliques ; mais malheureusement ce tableau est placé dans un coin et caché sous un voile, de telle manière que, pour bien voir les uns et les autres, j'ai dû prétexter la faiblesse de ma vue et faire lever tous les voiles et ouvrir tous les vitraux qui les couvraient. Un autre tableau de la Vierge, aussi à l'huile, est fort beau et sur un plus grand modèle ; mais on en a malheureusement gâté l'effet en appliquant une couronne réelle d'argent doré sur la tête de la Vierge, et une autre sur la tête de l'Enfant, ainsi que je l'ai déjà vu pratiquer dans l'église métropolitaine à Zante, ce qui détruit toute l'harmonie de couleurs qu'avait préparée le pinceau du peintre.

Je soupai avec l'hégoumène, qui est dans les idées russes. Un maître d'école, inspiré par le désir d'entrer dans ses idées, nous a assuré gravement que l'Angleterre allait soulever tous les fidèles contre ses agents, attendu que, pour détruire la religion grecque, elle envoie des hommes (sans songer que la plupart sont Américains) qui détruisent ou cherchent à détruire la religion grecque. A Athènes, dit-il, l'ouvrage est presque consommé, et tous sont incrédules et n'observent plus les carêmes. Le didascalos assura que le peuple se révolte contre cette idée, et en a conçu contre les Anglais une haine qui n'attend qu'une occasion pour éclater.

Un des moines vint me prendre le lendemain matin pour me conduire par tout le couvent. Il me montra les chapelles des saints et saintes qui protégent le couvent et l'ont fondé, entre autres sainte Euphrosine. Il compte même parmi ses fondateurs saint Paul, qui, me dit-il, est passé par là dans ses voyages et s'y est arrêté. Ce moine me conduisit ensuite dans la cave pour me faire voir les deux mirifiques tonneaux que l'on montre toujours aux voyageurs. Je l'étonnai fort en lui disant que ses deux tonneaux étaient des enfants en comparaison de ceux que j'avais vus dans quelques couvents suisses et entre autres près de Weinfeld en Thurgovie. Au milieu de la cave de Mega-spileon est une source de fort bonne eau très-abondante en toute saison. Les murs qui conduisent à cette cave et qui soutiennent tout l'édifice sont fort épais et solides, et le rocher dans lequel la cave est placée m'a paru fort sec; les moines m'ont dit qu'il ne s'imprégnait d'humidité qu'en hiver. A l'extérieur du couvent le caloyer qui m'accompagnait me montra les trois miraculeuses croix inscrites sur le roc; mais, malgré toute ma bonne volonté, je n'ai pu voir dans aucune la forme d'une croix, celle du milieu ressemble plutôt à un oiseau de proie aux ailes étendues. La gravure qu'ils ont donnée dans leur ouvrage ne représente pas exactement la vérité, bien que déjà, dans la gravure, la forme des croix paraisse fort incertaine : j'en fis l'observation au moine, qui me dit que le temps avait sans doute altéré peu à peu ces pierres. Enfin nous arrivâmes, non sans peine et sans insistance de ma part, à la bibliothèque. Le bibliothécaire était absent, et n'existait peut-être pas : il fut remplacé par un jeune moine, qui m'alléga son ignorance sur tout; mais on ouvrit les quatre ou six armoires qui contiennent les livres imprimés et manuscrits et la caisse qui contient les chartes, et je pus examiner ce que bon me semblait. C'est une salle fort petite et fort obscure pratiquée dans le rocher même. Il me parut qu'il y avait tout au plus mille volumes parmi lesquels une cinquantaine de manuscrits mêlés çà et là aux autres livres, qui sont eux-mêmes recouverts d'autres volumes; de telle sorte que j'avais beaucoup de peine à suivre ma recherche, au milieu de deux moines armés de cierges et dont je ne voulais pas lasser la complaisance. Je pris un à un tout ce qui me sembla manuscrit et ne trouvai rien autre chose que des bibles grecques du treizième siècle, des évangéliaires grecs du onzième et du douzième, une copie du dix-septième siècle des sermons de saint Jean-Chrysostome et quelques autres livres ecclésiastiques ornés de miniatures. La caisse qui contient les archives renfermait seulement quelques-unes des chartes qu'ils ont publiées dans l'ouvrage sur leur abbaye; mais les plus anciennes étaient encore dans les mains de M. Oikonomos, auteur de l'ouvrage sur le Mega-spileon attaqué par M. Pharmakidis. Les chartes qui restent sont de riches firmans de la Porte, en tête desquels sont de fort élégantes peintures d'arabesques et de fleurs. Aucun manuscrit historique n'est tombé sous ma main. Il est possible cependant qu'il y en ait, bien que ce soit peu probable; mais on ne parviendra à le savoir qu'en déplaçant cette bibliothèque de l'endroit où elle est, et en obtenant des moines de céder leurs manuscrits pour quelque autre compensation qui leur sera plus agréable : car, tant qu'ils ne seront pas envoyés à Athènes, et qu'ils resteront là, ils seront inutiles et même inconnus.

Mon investigation terminée, je pris congé des moines et m'acheminai vers Calavryta. La route est fort belle et continue le long du Bouraïkos, qu'on passe plusieurs fois : et sur des ponts, chose rare en Grèce. Après deux heures et demie de marche j'arrivai enfin à Calavryta.

C'est de Calavryta et en particulier du couvent d'Hagia-Lavra que partit le cri de liberté qui appela toute la Grèce aux armes. L'archevêque de Patras, Germanos, uni à quelques hétéristes importants réfugiés dans le monastère d'Hagia-Lavra, apprenant le projet des Turcs de les frapper tous, leva le drapeau de l'insurrection, et sa voix respectée arma tous les habitants. Calavryta et le monastère d'Hagia-Lavra furent depuis repris par les Turcs et réduits en cendres. Les moines ont rebâti leur couvent à quelque distance et promptement, mais une ville est plus longue à reconstruire dans un pays dont toutes les ressources ont été détruites ; aussi la plupart des rues de Calavryta n'offrent-elles que des maisons en ruines. Cependant la persévérance grecque a beaucoup fait depuis peu d'années. Les propriétaires rentrés dans leurs maisons détruites en ont réparé une partie et l'habitent; d'autres ont reconstruit de nouvelles maisons, et il y en a une douzaine d'assez bonne apparence.

Ce qui m'attirait à Calavryta était le désir de voir le château des seigneurs de Tournay ; car pour le monastère d'Hagia-Lavra il n'y avait plus à y penser depuis l'incendie porté par Ibrahim, qui ne ménageait rien. La Chronique de Morée raconte que dans le partage de 1208 Raoul de Tournay reçut Calavryta avec douze fiefs.

Τὸν μισερὸν Ῥοῦ ντὲ Ντουρνᾶ ἐπρόνοιασεν ὡσαύτως
Νὰ ἔχῃ τὰ Καλάβρυτα, καὶ φίε δεκαδύο.

(P. 48.)

Elle mentionne aussi [1] un Jean de Tournay, Τζὰν τοῦ Τουρνᾶ, qui, en 1268, alla avec le prince Guillaume, le seigneur d'Akhova et plusieurs autres seigneurs français de Morée, au secours de Charles d'Anjou contre Conradin.

La même Chronique de Morée mentionne en 1290 un Geoffroi de Tournay

... ὁ μισὲρ Τζεφρὲς τὸ ἐπίκλην ντὲ Τουρνάε.

(P. 190.)

qui alla à Naples au sujet du mariage d'Isabelle de Ville-Hardoin avec Florent de Hainaut, ramena cette princesse en Morée, fut un de ceux qui reçurent le serment de

---

[1] Page 160.

Florent de Hainaut comme prince du pays, et l'assistèrent dans l'administration de la principauté[1].

Voici donc au moins trois générations de Tournay seigneurs de Calavryta. Je ne sais si cette famille ne se sera pas éteinte depuis par le défaut de mâles, et si la seigneurie de Calavryta n'aura pas passé dans les mains d'un La Trémouille; ce qui me le ferait croire est le fait suivant. Les La Trémouille, au moment de la conquête, avaient obtenu le fief de Chalandritza, entre Calavryta et Patras, un peu au sud de la route :

Μισὲρ Ῥουμπέρτον δὲ Τρέμουλα τέσσαρα φέη ἐδῶκαν·
Τὴν Χαλατρίτζαν ἔκτισε καὶ ἀφέντην τὸν ἔλεγαν.

(Pag. 48.)

et la petite montagne opposée à celle sur laquelle est bâtie la grande forteresse de Calavryta est couronnée des ruines d'un petit fort qui porte encore le nom de *Tremoula*. Aussitôt après mon arrivée à Calavryta, je m'empressai de monter au château; seul, car presque tous les habitants du pays qui étaient restés à Calavryta étaient malades de la fièvre : ceux qui avaient pu quitter s'étaient réfugiés, ainsi que le gouverneur de la province, à Carpéni, dans une situation plus saine. Une épidémie universelle régnait aussi à Mega-spileon. Je pris pour guide le premier berger que je rencontrai : ce sont presque toujours des guides fort bien informés et surtout fort au courant de toutes les croyances superstitieuses du pays. Celui-ci me conta comment une basilipoula était tombée du château assiégé par les Turcs, comment elle avait été égorgée par eux, et comment une grande plaque de pierre est placée en bas du rocher sur lequel est bâti le château de Calavryta, et indique le lieu de la chute et du meurtre. Il me raconta bien d'autres histoires merveilleuses : par exemple

[1] Page 193.

l'histoire d'un prince qui, à la demande de sa belle, voulut enlever du miel du Parnasse et qui, au moment il où mit sa main dans la ruche, fut transformé en statue que l'on voit encore sur les rochers près de Gravia, rochers qui prennent toutes les formes suivant les illusions de leur imagination; puis l'histoire d'un temple ou église à jamais fermé, dans lequel on entend des voix, et dont les torrents se détournent eux-mêmes avec respect, dans les flancs de ce même Parnasse. Ces deux dernières histoires m'avaient aussi été contées près de Gravia, en allant dans la vallée de la Doride.

La forteresse de Calavryta est située sur un rocher inaccessible de toutes parts sauf d'un seul côté, où est la porte, et ce côté est aussi d'un fort difficile accès. Cette porte est située du côté opposé à la ville actuelle, et les deux côtés subsistent encore. Tout le long du grand plateau placé au-dessus de la montagne on retrouve les restes des murs d'enceinte, qui sont assez bien conservés. Deux tours carrées subsistent en ce moment : l'une sur le mur d'enceinte, l'autre à l'extrémité supérieure du plateau, beaucoup plus considérable, du côté de Tremoula. Un grand nombre de maisons paraissent avoir existé dans cette enceinte. Il est probable que tous les Français avaient leur habitation dans l'intérieur de la forteresse, comme autrefois les nobles familles hellènes avaient les leurs dans les acropolis et dans les quartiers les plus rapprochés, et comme plus tard les Turcs eurent les leurs dans l'intérieur de leurs forteresses. Il est à croire qu'outre les citernes il y avait encore une source fort rapprochée, si elle n'était même dans l'intérieur; car, en descendant du côté de la ville, on retrouve les restes d'un aqueduc souterrain, à travers lequel l'eau coule jusqu'à une fontaine située à mi-chemin, entre le château et la ville actuelle. Le château est un des plus considérables par ses ruines que j'aie encore vus en Morée. Le seigneur de Calavryta était en effet un des hauts barons ou pairs de la principauté d'Achaye, et avait chez lui droit de haute et basse justice. Calavryta est mentionnée aussi par Phrantzi. A l'époque de la guerre d'indépendance, les Grecs y avaient d'abord cherché un refuge qu'ils quittèrent ensuite pour les retraites plus sûres du mont Chelmos; seconde montagne de ce nom, plus haute encore que le Chelmos qui se trouve près de Makry-Plagi et de Leondari.

Mon premier projet était d'aller de Calavryta à Corinthe en passant par Phonia, puis par Zarakka (lac Stymphale), pour voir les ruines de quelques tours ou châteaux francs qu'on m'avait indiquées sur ses bords; mais l'assurance qui me fut donnée par le frère du dimarque de Calavryta qu'à une demi-heure de Vlongoka existaient les ruines d'un château beaucoup plus considérable que celui de Calavryta, et que je ne voyais pas indiqué sur la carte, me décida à suivre cette route.

Je repris d'abord le chemin de Mega-Spileon. La vue est plus agréable en montant qu'en descendant le cours de la rivière de Calavryta. A un quart d'heure du couvent on tourne à droite la montagne ou plutôt le roc sur lequel le monastère est situé. Il y a là quelques belles vues de rochers bien autrement imposantes que dans la position choisie par le couvent, l'une surtout en haut des rochers, au fond d'une gorge qui s'étend presque en ligne droite jusqu'à la vallée de Calavryta. On continue toujours à monter jusqu'au sommet de la montagne, et on arrive dans une vallée sauvage et escarpée dont les hauteurs sont couronnées de fort beaux pins. Je vis là avec plaisir en trois endroits différents quelques scieurs de long préparer des planches et des solives.

Pendant trois heures de marche cette suite de rochers, de collines et de vallées offre peu de variété; mais en s'approchant du village de Vela on découvre au loin la mer, le port d'Acrata sur la rive, et de l'autre côté du golfe les montagnes de Roumélie. Autour de soi on aperçoit partout des traces de culture jusque sur le sommet le plus élevé des montagnes; car au-dessus d'une couche de rochers se trouve une vaste étendue de terre blanche et fertile. Les vignes surtout y abondent. Cette culture règne sans interruption jusqu'à Versova, dont les maisons sont distribuées sur tous les flancs de la montagne, au milieu des arbres et des terres cultivées. Les sources abondantes qui découlent de tous côtés fournissent l'eau nécessaire à l'arrosement de nombreux champs de maïs et interrompent la route par mille courants divers. De là on aperçoit devant soi le village de Vlongoka, situé tout en haut des dernières terres cultivables qui s'élèvent aux deux tiers du mont Evrostina. Le dernier tiers semble une couche pesante de terre ferrugineuse qui produit le plus bel effet. Entre ces deux villages est un profond ravin au bas duquel coule jusqu'à la mer un torrent aux eaux rougeâtres. Toutes les terres semblent sablonneuses jusqu'au bas du torrent, des deux côtés du ravin. Nous eûmes beaucoup de peine à nous diriger, à travers ce dédale de vignes, de champs de maïs et de courants d'eau, jusqu'au torrent, et beaucoup plus de peine encore à le passer. Je me tirai toutefois assez bien d'affaire et j'arrivai sans encombre sur l'autre bord, à travers les rochers et les espèces de canaux d'irrigation qui règnent le long de ses rives; mais mon agoïate fut moins heureux. Son cheval, chargé de mes bagages, était déjà une première fois tombé avec lui au milieu des rochers sur ces chemins étroits et glissants: les malles et autres effets avaient un peu souffert, chose trop habituelle en Grèce pour qu'on s'en occupe un instant; lui, il avait heureusement glissé du haut des malles par terre sur le dos sans se faire de mal. Cette fois la chute du cheval fut plus périlleuse; il tomba au milieu du torrent même, et la pesanteur de mes malles le retint sur le dos au milieu du courant: précisément dans un endroit où la fissure du rocher était suffisante pour qu'il y entrât par le dos s'il n'eût été chargé; mais l'ampleur de sa charge le retint ainsi suspendu avec les jambes hautes et le corps bas, au milieu d'un courant d'eau qui lui procurait une fraîcheur si agréable, qu'avec la peur qu'il avait de retomber sur les rochers pointus et la charge qui le retenait, il fallut bien une demi-heure pour le tirer de là. Pendant ce temps, mes effets, cartes et livres prenaient le même bain que le cheval, ce qui m'était moins agréable; mais que faire autre chose que de les faire délier et retirer un à un, du moins ceux qu'on retrouvait, et de remettre la monture sur pied! Mon agoïate était désespéré du calme de son cheval et de l'impossibilité de le faire relever. Enfin, tous ou presque tous les effets étant retirés du courant et apportés sur un rocher en saillie et à peu près sec, l'agoïate tira son cheval de côté sur la petite fissure à travers laquelle il eût pu passer dans une autre situation, et il parvint à le relever et à regagner l'autre rive. De là jusqu'à Vlongoka on monte par une pente rocheuse fort rapide jusqu'à ce qu'on arrive à la couche de terre végétale interposée entre les rochers du bas et les beaux rochers rouges de la cime. Je ne connais aucun village plus pittoresquement situé, au milieu des courants qui découlent de toutes parts de la cime supérieure et fertilisent les terres. Il est appuyé sur le rocher comme sur un fort; au bas est un profond ravin à droite, au nord un autre profond ravin, et autour de beaux vergers et de riches cultures. Il est là comme sur les derniers confins de la terre habitable. Les Turcs n'y ont jamais mis les pieds, tant il est haut dans la montagne. Aussi les maisons n'ont-elles pas été détruites, ni les champs ravagés. Au moment où j'y entrais, de nombreux troupeaux de chèvres et de moutons y rentraient avec moi et tout avait un air de vie et de prospérité. Tous y possèdent quelques terres. Le paredros ou adjoint me donna l'hospitalité; je traversai l'appartement des moutons et pénétrai dans l'appartement de famille, grande chambre où femmes et enfants étaient réunis.

De bonne heure je sortis pour jouir de la vue du pays.

espérant, d'un village placé si haut, voir lever le soleil ; mais pendant quarante jours le soleil ne luit pas sur Vlongoka, on voit seulement ses rayons échauffer les collines voisines. La vue, du reste, est fort belle ; car on a devant soi, comme un lac, une vaste étendue du golfe de Corinthe. Les chèvres par bandes et les moutons sortaient comme moi, et, çà et là aux fontaines, je voyais arriver les femmes pour se laver la figure en public. Leur toilette n'a rien de mystérieux. Le matin on apporte un plat d'étain recouvert d'une sorte d'écumoire à travers laquelle passe l'eau, un vase qui verse l'eau par un bec et un morceau de savon ; la servante a la serviette sur l'épaule, et la toilette est bientôt terminée. Après dîner c'est souvent, parmi les habitants de la campagne, le maître lui-même qui vous présente la serviette, selon l'usage antique.

Je pris tous mes renseignements avant de me mettre en route de Vlongoka pour voir mon prétendu palœo-castro du moyen âge ; car tout ici est palœo-castro, tour hellénique comme forteresse franque, et il faut voir tout par ses propres yeux pour ne pas être exposé à adopter de fausses notions. Je descendis jusqu'au fond d'un petit ravin où coule, au milieu de beaux arbres, un torrent qui se jette dans celui que j'avais passé la veille. Sur la route je rencontrai à diverses reprises de petits garçons qui arrivaient, avec leur petit sac de provisions pour la journée, des diverses maisons groupées sur la montagne et se rendaient à l'école d'enseignement mutuel de Vlongoka, entretenue par les fonds du village lui-même. Au fond de ce ravin est jeté sur le torrent un pont dont la hauteur est déguisée à l'œil par les arbres qui couvrent le torrent ; mais en l'entendant mugir au loin l'oreille en reconnaît la profondeur. Lorsque pendant l'hiver ou le printemps les petites cascatelles qu'il forme sont alimentées par les pluies, l'effet doit en être fort beau.

Cependant la demi-heure se passait et je n'arrivais pas à mon château franc. Je m'informais bien exactement de tous les passants, et tous m'indiquaient que j'en approchais. Je passai la haute chaîne de l'Evrostina et point de château; déjà je voyais que je me rapprochais de la mer et je commençais à craindre ce qui se réalisa en effet, c'est que le frère du dimarque et mes autres informateurs eussent pris les ruines immenses de l'antique ville d'Ægire pour les ruines d'un grand château du moyen âge. J'arrivai en effet, à mon grand désappointement, à Ægire. Quelques restes de murs helléniques et des fragments d'édifices romains, placés des deux côtés de la route, annoncent sa présence. Je pris mon désappointement en patience et me mis à parcourir l'enceinte de l'acropolis et de la ville. Elle couvrait une étendue immense de terrain depuis l'acropolis et deux tertres voisins, sur lesquels j'ai trouvé des fondements de plusieurs temples, jusque sur le coteau qui descend bien loin vers la mer. La position était des plus magnifiques. On retrouve, le long d'un précipice situé au bas de l'acropolis et le long du coteau de l'acropolis, de nombreux vestiges des antiques murailles helléniques en grandes pierres quadrilatères. Plus bas, en descendant vers la mer, sont des colonnes cannelées encore en place à une hauteur de deux à trois pieds, des restes de temples et d'édifices publics au milieu des champs, et tous les vestiges d'une ville puissante et opulente. C'est une idée attristante que de se trouver ainsi au milieu de ces grandes ruines d'une ville, dont le nom même est ignoré des descendants de ceux qui l'habitaient jadis et qui cultivent aujourd'hui des champs au milieu des débris des monuments bâtis par leurs pères. Le port de la ville d'Ægire était au bas de cette côte à l'embouchure du Crino, ou torrent de Versova. Je descendis d'Ægire, au milieu de pensées fort tristes, jusque sur le rivage de la mer et le suivis jusqu'à Xylo-Castro. Bientôt l'apparence d'une jeune prospérité vint changer le cours de mes idées. J'éprouve toujours un plaisir nouveau à suivre la rive de la mer au bruit des flots qui viennent expirer sur la grève : ici la beauté du pays ajoutait encore à ce plaisir. Ce gracieux golfe, terminé par les montagnes qui s'étendent de Lépante à Pera-Chora et à Corinthe, et sur la rive de Morée cette culture opulente et nouvelle des raisins de Corinthe, qui garnissent toutes les vallées et remontent jusqu'aux collines couvertes de pins et d'arbres verdoyants, et de toutes parts de petites maisons propres pour recevoir et embarquer les raisins de Corinthe, tout appelle l'intérêt sur cette Grèce si malheureuse, et si disposée, à peine sortie d'une lutte d'extermination, à déployer tous ses efforts pour marcher déjà d'un pas rapide dans la carrière des peuples civilisés. La plupart des habitants riches de cette côte ont leurs maisons de plaisance dans la montagne, à Triccala, où ils restent pendant la saison des grandes chaleurs.

XXXIII.

SICYONE. — CORINTHE.

Je passai la nuit au khani de Kiato et partis de bonne heure à pied pour Basilica, où mes chevaux vinrent me rejoindre. Basilica est un village qui occupe la position de l'antique et opulente Sicyone, si célèbre par les encouragements qu'elle donna aux arts et dont les belles monnaies se retrouvent partout en Grèce. Sicyone était située sur un plateau élevé, coupé au milieu par un ravin profond qui le pénètre en partie. Ses grandes murailles helléniques n'ont plus conservé que quelques débris : car, dans ce pays, la pierre, si prodiguée dans l'antique Sicyone, ne se trouve qu'à de grandes distances, et les maisons nouvelles se font une carrière des ruines anciennes. Il n'existe plus que deux grands fragments un peu entiers des murailles de deux édifices, l'un conservé dans une petite église dont les murs sont tout à fait antiques, l'autre sur l'extrémité du plateau, à peu de distance de l'église, qui semble avoir appartenu à une des tours de défense. Deux des entrées sont encore conservées : l'une, taillée dans le mur d'enceinte en forme de voûte qui va en s'abaissant, conduisait hors de l'acropolis. Les anciens, comme on voit, connaissaient la construction en voûte, mais ils la trouvaient peu élégante et ne l'employaient jamais dans les édifices splendides. L'autre passage, plus étendu, est une sorte de souterrain, creusé en partie dans le roc et en partie revêtu de larges pierres, et il conduit de la forteresse au ravin intérieur, qui était probablement fermé de murs, et où coule une fontaine qui sert aujourd'hui au village de Basilica. Du côté de la mer, on aperçoit aussi très-distinctement les gradins du théâtre, appuyés sur le rocher suivant l'usage antique. Quelques fragments de colonnes et de grosses pierres latérales des temples existent aussi çà et là. Une belle route de plaine conduit de Sicyone à Corinthe en deux heures et demie, au pas régulier d'un cheval.

Il est bien fâcheux qu'une fantaisie d'antiquaire ait empêché que Corinthe ne fût désignée, au lieu d'Athènes, pour la capitale de la Grèce. Sa situation la rapprochait à la fois de la Morée, de l'Attique et de la Roumélie, tandis que la proximité des deux golfes la mettait en facile communication avec l'Europe et l'Asie. Je ne doute pas que si Corinthe eut été choisie de préférence à Athènes elle n'eût déjà 50,000 habitants. Aujourd'hui c'est un misérable bourg; et, en effet, presque toutes les villes de Morée, sauf Calamata et Nauplie, ressemblent beaucoup plus à des bourgs qu'à des villes.

Corinthe est située dans une plaine élevée, en vue du golfe de Lépante, du Parnasse et des montagnes de Livadie. Il n'y reste presque aucune trace de sa grandeur passée. Sur un plateau, en sortant de la ville pour aller à l'Acrocorinthe, montagne élevée en forme de ballon et qui domine les deux golfes Saronique et de Lépante ou Corinthe, se tiennent cependant encore debout sept colonnes de côté et trois de face, reste d'un vaste temple d'ordre dorique en pierres poriques revêtues de stuc. Le stuc est tombé ; mais les colonnes, bien que rongées par le vent de mer, produisent de loin un bel effet, et de là on a une vue étendue de l'Acrocorinthe, du golfe, et des montagnes neigeuses de la Livadie. En montant à la citadelle on retrouve la fontaine Pyrène, d'où s'est échappé le cheval Pégase. Les marbres blancs qui la revêtaient ont disparu, mais les travaux intérieurs restent et on peut les suivre dans la montagne jusqu'à l'Acrocorinthe. Sur les collines, en montant, sont dispersées les ruines d'un village turc, avec ses mosquées abritées sous les murs de la forteresse. Tout au pied de l'Acrocorinthe, on aperçoit la voûte d'un souterrain qui semble de construction franque et qui se prolongeait sans doute de la montagne jusqu'à l'intérieur de la forteresse. Les débris des deux premières portes de défense, qui étaient de construction franque, gisent dispersées à quarante pas l'une de l'autre, et à la seconde porte commence le mur de clôture qui descendait de ce côté et qu'on peut suivre jusqu'au rocher supérieur. La porte actuelle, à l'intérieur de laquelle se conservent entières les rainures de la herse, et tout l'ensemble des constructions de la citadelle sont de construction vénitienne moderne, mais les murs d'enceinte à droite et à gauche sont de structure hellénique jusqu'à une grande hauteur et sans dégradation. L'enceinte contient deux pics de montagnes qui s'ouvrent en éventail du côté de la ville et renferment les débris d'un village ou d'une ville dans laquelle on retrouve confondues les ruines de temples helléniques avec leurs colonnes de marbre, de constructions franques avec leurs tours carrées de structure vénitienne, et de masures turques avec leurs bains, leurs mosquées et leurs minarets. C'est là que se trouve la source de la fontaine Pyrène. A quelques pas est une petite tour carrée, avec un escalier gothique tournant, d'une parfaite conservation. Sur le haut de cette tour les Turcs avaient élevé un minaret aux flancs bombés, et le même escalier qu'avaient construit les Francs dans cette guerre de croisade servait après leur départ pour appeler les musulmans à la prière. Dans le corps-de-garde quelques colonnes antiques de marbre blanc restent debout.

C'est sur le moins élevé des deux pics qu'était placée la vieille forteresse franque. Elle porte les traces de sa construction originaire. Cette citadelle, au temps des Francs, ne comprenait que le pic; mais, lorsque les Vénitiens eurent obtenu Corinthe, ils étendirent les fortifications. Ils comprirent qu'avec l'invention de la poudre à canon il y avait trop de dangers à laisser dominer un fort par un pic si voisin, et ils le renfermèrent dans leur nouvelle enceinte.

Corinthe, qui était la clef du Péloponnèse, avait résisté quelques années aux Francs, mais elle tomba enfin entre leurs mains. Pendant le siége qu'ils en firent, Othon de La Roche, sire d'Athènes, fit construire un petit fortin sur le plus élevé de ces deux pics afin de surveiller les envois d'hommes et d'approvisionnements qui pourraient arriver aux assiégés du côté de l'isthme. On n'y trouve plus aujourd'hui que les débris d'une église consacrée à saint Élie. D'un autre côté Geoffroi de Ville-Hardoin, voulant intercepter les secours qui pouvaient arriver par la Morée, avait, suivant la relation du chroniqueur grec de Morée, fait construire un autre fort sur un petit pic détaché, large à sa base et escarpé au sommet, auquel il donna le nom franc de Mont-Esquiou, le Mont Sourcilleux. Le chroniqueur de Morée raconte que ce fort avait conservé jusqu'à son temps, c'est-à-dire en 1320, le nom de Montescouvos. Le même nom se conserve aujourd'hui, légèrement altéré en celui de Pentescouvos, l'*m* ayant été changé en *p*, par le même procédé euphonique qui a fait changer le *p* en *m* dans le mot de Pentélique appelé Mendeli dans presque toutes les cartes modernes. Du fort de Montescouvos, construit par Ville-Hardoin, il n'existe que les anciennes fondations, le pavé et quelques chambres. Sur l'une des vieilles portes se voit la croix ancrée des Ville-Hardoin. En l'année 1826, un nommé Papas Notaras, archonte du pays, et descendant de l'ancienne famille des Notaras mentionnée par les chroniqueurs byzantins, fit bâtir la forteresse dans l'état où elle se trouve aujourd'hui; et il en a consigné le souvenir sur une plaque de marbre blanc à la porte d'entrée, et sur cette plaque il a fait sculpter la croix ancrée, qui existait sans doute sur la porte précédente, et la double aigle impériale.

Une bonne partie de la châtellenie de Corinthe avait appartenu, au temps des Français, à Nicolas de Guise, dit le Maigre. L'impératrice Catherine de Valois, agissant au nom de son fils Robert de Tarente, prince d'Achaye, en fit don, en 1342, à son chambellan Nicolas Acciaiuoli [1], et, le 21 avril 1358, Robert et Marie de Bourbon, sensibles aux plaintes des habitants de Corinthe, qui réclamaient la protection de leurs princes naturels, conférèrent la châtellenie de Corinthe à Nicolas Acciaiuoli, en qualité de haute baronnie, avec droit de haute et moyenne justice, sous la condition qu'il prendrait toutes les mesures nécessaires pour protéger le pays contre les Turcs [2].

---

[1] Voyez p. 66 de mes *Nouv. Rech.*, t. I.

[2] Voy. p. 103 et suiv. de mes *Nouvelles recherches*. La lettre des habitants de Corinthe, datée du 5 février 1358, est touchante.

« Excellent seigneur, lui écrivent-ils, nous commençons par nous recommander humblement à vous. Nous vous avons fait savoir avec douleur, et par nos lettres multipliées, et par les messagers spéciaux que nous avons envoyés à Votre Majesté, les afflictions continuelles et insupportables dont nous accablent les Turcs infidèles, tant et tellement que nous n'avons plus la force de maintenir vos châteaux, bon nombre d'hommes ayant été faits prisonniers par les Turcs, d'autres étant partis pressés par la famine et étant allés se réfugier dans d'autres pays, dans l'impossibilité où ils étaient de supporter toutes ces tribulations; car, eux qui étaient habitués à être abondamment fournis d'esclaves et de toutes les ressources de l'opulence, ils sont réduits maintenant à la pénurie et à la servitude,

Nicolas Acciaiuoli en mourant, en 1366, laissa sa baronnie de Corinthe, avec les mêmes droits, à son fils Ange. L'année 1371, cette baronnie fut transformée en comté palatin en faveur du même Ange par l'empereur

et il n'est aujourd'hui personne dans la châtellenie de Corinthe qui ne mange son pain avec douleur : aussi bien à cause de ces tribulations continuelles que parce que nous ne recevons aucun secours, aucune protection de vous-même, notre très-redouté seigneur naturel, de vous pour qui nous avons souffert tant de maux et tant de calamités afin de vous conserver notre fidélité.

» Et certes nous n'eussions jamais cru être aussi complétement abandonnés de Votre Majesté. Nous espérions au contraire que notre fidélité envers vous nous vaudrait d'être glorifiés et récompensés, et d'être maintenus et défendus contre tous nos ennemis. Mais, ô douleur ! nous sommes livrés en opprobre à toutes les nations, nous sommes faits prisonniers par les Turcs ; notre patrie devient inculte, et cette terre si agréable et si délicieuse est devenue déserte. D'autres de nous sont forcés de payer tribut.

» Ne pouvant plus maintenant nous soutenir, la lumière s'éteignant dans le chandelier, et nous sentant arrivés à la fin de notre malheureuse existence, nous nous jetons aux pieds de Votre Majesté, nous les arrosons de nos larmes, nous la supplions, dans notre profonde douleur, de daigner pourvoir promptement aux besoins de cette patrie désolée et complétement dépouillée d'hommes d'armes, d'armures et de vivres, sinon il nous faudra certainement abandonner notre patrie ou nous rendre tributaires de nos ennemis. Nous en présentons d'avance nos excuses raisonnables à Dieu, à Votre Excellence et à nos amis. Et, si (plaise à Dieu de détourner de nous ce malheur !) nous étions forcés de le faire, la faute n'en devra pas tomber sur nous qui aurons été foulés et meurtris, non par l'effet de notre volonté, mais par suite de notre impuissance. Comme nous ne pouvons vous exprimer en détail dans une lettre toute cette série de tribulations, nous vous envoyons notre compagnon Louis, habitant de Corinthe, pour vous présenter notre supplique et s'entendre avec vous sur les remèdes convenables. Daignez ajouter foi à ce qu'il vous dira en notre nom. C'est ce même Louis qui a si vaillamment maintenu votre château de Saint-Georges tant qu'il en a eu les moyens, et il y a dépensé du sien plus de deux cents hyperpères. Veuillez donc l'avoir pour bien méritant et bien recommandé. Que Votre Excellence se conserve longues années. »

Philippe de Tarente, étant à Bude en Hongrie, en reconnaissance des services qui lui avaient été rendus par Ange pendant sa captivité.

Après la mort d'Ange le comté palatin de Corinthe passa à son fils aîné, Robert Acciaiuoli, qui l'hypothéqua entre les mains de son parent Néri Acciaiuoli, pour gage de l'argent qu'il en avait emprunté.

Néri Acciaiuoli prit donc dès ce moment le titre de seigneur de Corinthe, qu'il conserva et transmit à ses héritiers investis en même temps des seigneuries d'Athènes et de Thèbes [1].

Dans les derniers temps de la domination des Turcs, Kiamil-Bey était le véritable successeur de ces grands feudataires. Il possédait à Corinthe un palais bâti au-dessus des anciennes murailles, dans une fort belle situation au-dessus du golfe, et ses jardins délicieux descendaient en pente dans la vallée vers la mer. Il avait là son harem, ses bains, ses jets d'eau, son opulence de bon goût. La grotte verdoyante des Nymphes, d'où coule perpétuellement une fontaine d'eau douce, était un des ornements de ses jardins. Les restes des vieilles tours franques et vénitiennes, distribuées sur les anciennes murailles, protégeaient l'approche de son palais du côté des champs. Dans l'intérieur de ces constructions on retrouve les débris de plusieurs temples anciens, avec de magnifiques colonnes de marbre de différentes couleurs. Ce palais, ce harem, ces bains, ces jardins, tout est aujourd'hui en ruine. Kiamil-Bey, au temps de sa puissance, était respecté et aimé ; il passait pour le plus intelligent et le meilleur des Turcs de Morée. La dernière guerre de l'indépendance détruisit cette grande existence. Fait prisonnier à Tripolitza, en 1823, il fut renfermé dans l'Acrocorinthe ; et, au moment de l'entrée de Dram-Ali, il fut égorgé, le

---

[1] Voyez, dans mes *Nouv. Rech.*, t. I, tout ce qui concerne les Acciaiuoli.

13 juillet, par un prêtre soldat et bandit, nommé Achilléas.

Outre ces quelques restes d'antiquité on trouve à Corinthe quelques débris de l'amphithéâtre taillé dans la montagne, des restes de temples sur la route de Corinthe à Kalamaki, et, près de Kechriès, quelques souvenirs des bains d'Hélène; mais tous ces restes sont fort mutilés. C'est surtout de ce côté de l'isthme que se sont multipliés en tout temps les ravages de la guerre.

XXXIV.

KYNÈTHES. — ROCHES SKYRONIDES. — MÉGARE. — MONT KARYDI.

De Corinthe à Kalamaki, petit port situé sur le golfe Saronique, la route est belle et facile. Une autre route carrossable, de deux lieues, conduit de Kalamaki à Loutraki, de l'autre côté de l'isthme sur le golfe de Corinthe. De Kalamaki à Athènes on va souvent par mer en quatre ou cinq heures, le vent le permettant. La route par terre est moins exposée aux caprices de ce roi des mers, mais elle est un peu rude. Jusqu'à Kynèthes on suit la plaine; mais à Kynèthes on commence à s'engager dans les défilés des roches Skyronides, d'où Skyron précipitait autrefois les voyageurs mal gardés. J'ai traversé plusieurs fois cette route de Kaki-scala (la mauvaise échelle) et une fois entre autres par une pluie d'orage mêlée d'éclairs et du bruit du tonnerre, qui faisait le plus bel effet en se répétant d'écho en écho dans la montagne; mais je ne l'ai pas trouvée aussi mauvaise qu'on me l'avait représentée. Quelques passages me rappelaient la route de la corniche, de Nice à Gênes. La vue du golfe Saronique avec la vue de Salamine et des îles qui le ferment en quelque sorte est toujours d'un bel effet. A un autre voyage, le 9 janvier, neuf mois auparavant, j'avais trouvé une si belle saison, une chaleur si douce, que j'éprouvai un véritable plaisir à m'asseoir sur le gazon, en plein air, à Kynèthes, pour me reposer et faire collation.

La route de Kynèthes à Mégare n'est que de trois heures. Une demi-lieue avant d'arriver à Mégare, dans la plaine, je m'aperçus qu'on avait fait des fouilles sur l'emplacement d'un ancien temple. Ce qu'on y a trouvé a été transporté à Mégare. En arrivant j'allai voir ces divers objets; il y a entre autres un bloc de marbre blanc représentant un enfant monté sur un cheval, tous deux de demi-grandeur. L'enfant et le cheval sont du plus mauvais goût; on dirait un ouvrage des siècles barbares : c'est sans doute l'œuvre d'un ciseau romain peu exercé. Un autre fragment un peu meilleur est peut-être d'origine grecque. C'est un lion combattant contre un serpent : le lion est entier et de demi-grandeur, mais le serpent est brisé et on n'en retrouve plus que deux fragments adhérents au corps du lion. Le travail du sculpteur n'est terminé que d'un côté, l'autre côté est uni ; ce qui ferait penser que cet ouvrage de sculpture aura été appliqué à quelque monument public ou privé, une fontaine par exemple. Dans une autre maison sont des statues que je crois d'un style romain et fort médiocres. La ville de Mégare, au temps des Turcs, était bâtie sur la montagne ; mais cette ville a été incendiée par eux, et on ne s'y promène aujourd'hui qu'à travers des ruines : car peu des habitants ont relevé leurs maisons sur la colline ; presque tous ont profité de la sécurité du pays pour reconstruire dans la plaine, où s'étendent aujourd'hui bon nombre de maisons nouvelles. La nouvelle Mégare me semble contenir environ 2,500 habitants. Dans la haute Mégare les débris modernes se confondent avec les débris du passé, car c'était avec les monuments antiques qu'on avait bâti les masures modernes. Ici, on voit une colonne antique placée en travers dans un pan de muraille d'une maison écroulée ; là, dans une petite église, une inscription lapidaire placée sens dessus dessous au haut de la muraille. Partout la grandeur antique se révèle par un seul petit fragment et écrase le misérable art moderne, humble et à l'œil bas. Le château est placé tout au haut de la ville ; il reste quelques assises de pierres helléniques par le bas, tout le haut est de construction franque. A l'intérieur est une porte de séparation de forme ogivale, entre les deux parties de la tour. Ce château, qui était fort petit, devait seulement protéger la ville ou plutôt la tenir en respect. L'abord de Mégare, du côté de la mer et du côté des défilés, était gardé par un véritable château-fort sur la colline de Nisea, d'où on embrasse à la fois la baie de Salamine et cette île et toute la plaine de Mégare. Les Francs y firent bâtir une forteresse ; mais il est aisé de s'apercevoir qu'il y existait auparavant une grande construction hellénique, car dans toutes les premières assises et dans les fondements on voit debout les larges pierres quadrilatères de l'architecture murale hellénique.

A un premier voyage que j'avais fait d'Athènes à Corinthe, le débordement des torrents à travers le dervend, seconde route pour aller de Mégare à Corinthe, m'avait empêché de vérifier un point qui m'intéressait vivement. Je voulais visiter le mont Karydi, où se livra, en 1250, une grande bataille entre le prince Guillaume de Ville-Hardoin, prince d'Achaye, à son nouvel avénement, et le duc d'Athènes, son vassal, soutenu des grands barons qui lui refusaient l'hommage féodal.

Cette fois, au lieu de suivre la route directe de Mégare à Athènes par Éleusis ou de me diriger par Salamine, je résolus d'explorer le Karydi et de visiter le revers du Cythéron, Égosthènes et Éleuthère. Pour aller de Mégare au mont Karydi la route est presque toute en plaine jusqu'au pied de la chaîne. On passe sur les hauteurs qui séparent cette chaîne de celle du grand dervend. Après deux heures et demie on rencontre, en montant, la route qui vient de Corinthe par le mont Acra ou Karydi, et qui n'est rien autre que l'ancienne route de Corinthe à Thèbes. C'est celle que dut prendre Guillaume de Ville-Hardoin pour marcher sur Thèbes contre le duc d'Athènes. Au milieu de la chaîne de montagnes sur laquelle domine le Karydi se trouve sur la route un puits sur un plateau large et incliné qui s'étend jusqu'à une courte vallée où aboutissent les flancs de toutes les montagnes d'alentour, c'est là sans doute le terrain sur lequel vint se poster, à trois heures en avant de Mégare, l'armée du duc d'Athènes pour attendre l'armée du prince de Morée et lui livrer combat. Il était probablement échelonné depuis le versant du Karydi jusqu'à l'entrée de la route qui venait de Corinthe. Ce qui montre qu'il a dû devancer en ce lieu l'armée du prince de Morée, c'est qu'après sa défaite il se porta sur Thèbes pour s'y défendre et que ce prince l'y suivit. La Chronique de Morée représente le prince Guillaume réunissant ses troupes à Corinthe, passant de force la scala de Mégare et s'emparant du défilé (dervend ou clisoura); puis le duc d'Athènes à cette nouvelle s'avançant de Mégare vers le mont Karydi, où il lui livra bataille, fut battu, se sauva vers Thèbes après sa défaite et fut poursuivi par le prince jusque dans cette ville[1]. Or, si Guillaume de Ville-Hardoin eût devancé au mont Karydi le duc d'Athènes, il lui eût évidemment coupé la route de Thèbes. Il me paraît donc certain que c'est ce vallon, aujourd'hui garni de pevka (pins) qui de loin ont l'aspect d'une verte prairie, que choisit le duc d'Athènes pour y attendre le prince de Morée à son débouché du défilé de Mégare vers la route de Thèbes; et que son armée, arrivant par la route fort courte et fort belle de Mégare, y devança fort aisément celle du prince de Morée, qui avait à traverser les passages difficiles du grand dervend. Je suis allé en trois heures de Mégare au mont

---

[1] Pag. 79 et 80 de la *Chron. de Morée.*

Karydi; mais il n'y a que quatre lieues de poste, et en une heure ou une heure et demie on peut y arriver en pressant le trot d'un bon et fort cheval.

En remontant un des flancs du Karydi pour suivre la route qui mène à Thèbes, on trouve au milieu des bois, sur les deux versants opposés d'un contrefort qui domine la vallée, deux tours helléniques aussi parfaitement conservées que si elles eussent été construites il y a peu de jours. La première qui se présente est une tour carrée, il ne manque que quelques pierres du couronnement de l'édifice; elle a de quarante à cinquante pieds de hauteur, et la porte, qui est de forme quadrilatérale, est parfaitement conservée. Sur le versant le plus éloigné du mont Karydi est une autre tour qui est de forme ronde et qui va en diminuant toujours vers le haut : elle est très-difficile à découvrir au milieu de ces bois épais et pierreux, bien qu'en s'élevant on aperçoive son extrémité au-dessus des éclaircies des arbres. Elle a aussi vingt-cinq ou vingt-six assises de hauteur en larges pierres quadrilatères, ce qui donne une cinquantaine de pieds; une ou deux pierres seulement du haut sont tombées, mais le reste est dans un état parfait de conservation. Près de ces deux tours sont des ruines de constructions du moyen âge. Il serait possible qu'après sa révolte le duc d'Athènes eût élevé ces remparts et lié les deux tours pour opposer une barrière à son suzerain le prince d'Achaye, et que celui-ci les eût fait démolir après la défaite de son vassal à Karydi en 1250. Ces deux tours sont certainement un des monuments les plus intéressants que je connaisse et des mieux conservés.

Au delà de ce point la route monte par un chemin assez facile jusqu'en haut de la montagne à travers un bois assez épais. Aussitôt qu'on est parvenu au fort qui mène de ce versant au versant opposé, à une vue tout à fait riante succède un tableau imposant par sa rudesse. Le Cythéron se développe tout entier devant vous, et, de ce côté, entre lui et le flanc rude et rocheux du mont Karydi est un contrefort du Karydi qui s'avance et forme une espèce d'avlon de rochers qui s'ouvre du côté de Kryo-Pigadi. Cette partie du chemin est fort difficile et s'embranche avec le chemin non moins rocailleux qui conduit à Porto-Germano, l'antique Égosthènes. Au loin cette partie du golfe de Corinthe se détache avec grâce, et les montagnes qui sortent des grandes montagnes de Roumélie sont douces et verdoyantes. De là à Vilia, il y a environ trois heures.

XXXV.

VILIA. — MONT CYTHÉRON. — ÉGOSTHÈNES. — ÉLEUTHÈRE. — ÉLEUSIS. — DAPHNI.

Il arrive peu d'étrangers à Vilia, et les Grecs sont à la fois curieux et polis à leur manière. A peine étais-je descendu pour me promener sur la place publique que, parmi cinquante hommes au moins réunis au café, car c'était jour de fête, il n'y en eut aucun qui ne m'offrît café et raki. Je m'assis un instant pour causer avec eux. Les questions du peuple comme celles des rois roulent toujours dans le même cercle d'idées : d'où venez-vous? où allez-vous? est-ce la première fois que vous visitez ce pays? êtes-vous marié? avez-vous des enfants? Les Grecs pensent faire preuve d'intérêt pour vous en vous interrogeant sur tout ce qui les intéresserait eux-mêmes. Vos enfants se portent-ils bien? combien payez-vous à votre agoïate? Puis la question roule ensuite sur la politique. La France abandonnera-t-elle donc la Crète? car la France, c'est la protectrice naturelle et désintéressée de tous ceux qui souffrent; et autres questions. Après avoir satisfait de mon mieux à leur politesse, je fis venir le kyrix ou héraut chargé des publications et je lui fis, selon mon usage, crier à haute voix dans tout le village : qu'un milordi, car c'est ainsi qu'on appelle tout étranger qui ne voyage pas pour affaires de commerce, venait d'arriver dans le village et désirait acheter des médailles et d'autres antiquités, et que tous ceux qui en auraient à vendre étaient invités à venir les lui montrer. La voix du crieur, modulée ainsi qu'ils ont l'habitude de le faire pour se parler d'une montagne à l'autre, était entendue dans tout le village, qui est cependant fort considérable et dont le terrain est fort accidenté. Beaucoup de monnaies me furent apportées, mais toutes ou romaines ou effacées ; je n'achetai rien, et en fus quitte pour une faible rémunération au crieur public. Mon konaki était chez un des Albanais qui habitent ce village au nombre de plus de 2,500. L'Albanais appartient à une race peu intelligente et avide, qui paraît destinée aujourd'hui à continuer l'état de cultivateur ou de soldat qu'elle a embrassé dès son arrivée en Grèce. Mon Albanais avait marié sa fille depuis un an ; et, nouveau-né, bru, fils, femme, tous nous couchâmes dans la même chambre, la seule de la maison. L'air frais de la nuit était sans doute fort nécessaire à la jeune mariée ; car trois ou quatre fois dans la nuit elle se leva pour aller respirer les parfums des vignes et vergers voisins, et autant de fois son jeune mari la suivit pour la rassurer. Comme leur tapis était fort voisin du mien, le contact de l'air frais qui pénétrait par la porte entre-ouverte me réveillait chaque fois et me révélait les secrets de famille.

Le père de mon jeune Albanais m'accompagna le lendemain matin à Égosthènes. Je partis à cheval, et, longeant toujours les flancs du Cythéron, j'arrivai après deux heures et demie à Égosthènes. Le point où on descend du Cythéron dans la vallée qui mène par une pente rapide au golfe de Corinthe est des mieux choisis pour la beauté de la vue. A côté de soi on a des masses de roches énormes, au-dessous une vallée couverte des plus beaux oliviers ; sur un tertre au bas du Cythéron, sur le versant du Karydi, se détache, un peu plus loin, la jolie forteresse antique d'Égosthènes, et un beau golfe bien encadré par les montagnes verdoyantes de Pera-Chora et de Roumélie s'étend à perte de vue à l'extrémité de la vallée. A travers ce chemin de rochers, qui semblent un mur destiné à vous barrer le passage, et à travers les bosquets d'oliviers étagés au-dessous, je parvins à la vieille forteresse hellénique. On voit que ce lieu a dû être autrefois très-peuplé. La ville s'étendait au bas. Sur la mer est une tour qui ferme le môle. De grosses pierres placées régulièrement dans l'eau conduisent l'œil à déterminer la forme du môle. Une autre tour carrée est placée plus avant pour la protection, du côté par où on descend de la montagne. Une petite église est construite à l'extérieur des murs helléniques. Le dessus de la porte est couvert d'une longue inscription grecque, et plusieurs autres bâtiments antiques vous conduisent des murs de la ville qui était dans la vallée aux murs de la forteresse située sur ce tertre. La forteresse est conservée tout entière du côté d'un ravin profond et moins bien du côté de la mer. Le mur du ravin est encore flanqué de ses tours carrées, conservées en entier jusqu'à une quarantaine de pieds de hauteur. Il y a quatre tours entières et plusieurs autres conservées un peu moins haut. Ce mur est flanqué d'un épais chemin de ronde construit au moyen âge et de construction franque. Les vides du mur du côté de la mer, destinés à des tours de garde, ont été construits à la même époque, sans doute pour protéger la côte contre les incursions des pirates. Je restai deux heures à me promener à travers les ruines de cette forteresse qui n'est plus destinée à protéger personne, car il n'y a pas trace de vie dans toute cette vallée : pas une maison, pas un habitant; seulement un moulin à huile placé dans une salle de la forteresse vous montre que de temps à autre on vient des villages voisins, après la récolte des olives, en pressurer les fruits, et un puits à poix résine, tout rempli pour servir après la vendange prochaine à la confection du détestable vin résiné fabriqué ici, prouve que les pevka, multipliés sur les montagnes, sont de quelque utilité. Pendant que j'étais à faire une légère collation près d'une fontaine d'excellente eau placée dans la vallée, je vis trotter à travers les bois un moine monté sur une excellente mule. Il venait du monastère de Saint-Meletius placé à cinq lieues de là et peuplé d'une cinquantaine de moines, pour visiter cinq cents essaims d'abeilles qui avaient été apportés du couvent et avaient été distribués dans la vallée et sur tous les flancs du Cythéron. Tous les ans, au moment où les pevka sont en produit, les moines font transporter leurs essaims dans cette vallée pour que les abeilles puissent butiner la résine et donner ainsi une nouvelle qualité à leur miel. Sur les mille essaims au moins que possède ce monastère, la moitié est distribuée de ce côté. Il est d'usage en Grèce de transporter ainsi les abeilles à deux ou trois reprises en différents lieux, suivant la nature et l'abondance des fleurs qu'elles doivent y trouver. On paye pour cela un droit de pâture. Je revins avec mon moine visiter une dizaine d'essaims d'abeilles qu'il avait placés sur les flancs du Cythéron au milieu de ces pins au feuillage si léger et si mobile qui de loin semblent à l'œil comme une prairie et à l'oreille comme le bruissement d'une mer agitée. En remontant de la mer à la montagne l'aspect de trois lignes de rochers placées l'une derrière l'autre, comme une suite de fortifications naturelles, paraît plus imposant encore qu'il ne se montre quand on descend de la montagne à la mer. En se retournant du côté de la vallée, on a en même temps un tableau plein de grâce. Après avoir visité avec le moine les essaims d'abeilles placés dans un champ élevé au milieu des pins et des rochers je repris ma route vers Vilia, où j'arrivai après deux heures et demie de voyage. Au-dessus du village de Vilia, à deux heures de distance seulement, est un plateau considérable qui s'étend depuis le haut de la montagne jusque près de Thèbes. C'est là qu'étaient placées les célèbres villes antiques de Platée et de Leuctres. Tanagra est un peu de côté sur la droite. Pendant quelque temps je me promenai sur cette route animée partout de grands souvenirs depuis OEdipe jusqu'à Épaminondas. Près du célèbre champ de bataille de Platée, on trouve encore les ruines d'un château antique. De retour à Vilia je me reposai quelques instants seulement, et me dirigeai vers l'antique Éleuthère connue aujourd'hui sous le nom de Gypto-Castro. La route tourne la montagne et après trois quarts d'heure on arrive à la caserne et au khani de Khasa situés sur la grande route, la seule grande route de Grèce, celle d'Athènes à Thèbes par Éleusis. Je m'acheminai aussitôt à pied vers les murs de la ville antique. En dix minutes j'arrivai au pied de la montagne aux grands murs helléniques qui en revêtent la cime. Toute la ligne des murailles de l'est avec les tours qui les flanquaient est parfaitement conservée. Les portes et fenêtres des tours, les portes qui conduisaient au dehors de l'enceinte, tout s'y retrouve dans une parfaite intégrité. Derrière le premier rang de grandes pierres quadrilatérales se voit un passage étroit, puis un second rang des mêmes murailles; afin, sans doute, que, si quelque partie du premier rang était endommagée par le bélier, la ville ne courût pas pour cela danger d'être prise. Au milieu de l'enceinte des murailles et sur le point le plus élevé on remarque un grand fort ou grande tour séparée, plus ruinée que les autres parties des fortifications. Les quatre murs subsistent cependant jusqu'à une certaine hauteur, et on voit qu'ils sont, bien que contemporains, d'une construction tout à fait différente; c'est celle qu'on a nommée cyclopéenne ou pélasgique. Là les pierres sont taillées pentagonalement ou plutôt irrégulièrement : comme je l'ai vu dans les murailles récemment excavées à Delphes, aussi bien que dans quelques parties des murs du château de Livadia. On voit que les deux constructions, la polygonale et la quadrilatérale, ont dû cependant être pratiquées en même temps. Le côté occidental d'Éleuthère, qui est flanqué par la route de Thèbes, et au delà par un ravin où coule un torrent qui tombe avec un bruit harmonieux d'un rocher voisin, est plus endommagé que l'autre côté ; mais la série des murs est cependant complète de rochers en rochers. C'est une des plus importantes ruines qu'il y ait en Grèce, et à la porte d'Athènes.

A peu près au milieu de la route entre Éleuthère et Éleusis se trouve à gauche près du chemin un pan de muraille haut d'une trentaine de pieds, et qui a fait partie d'une autre vieille tour hellénique. Cette route est fort belle. Il était huit heures du soir quand j'arrivai au khani de Kondoura. La nuit était depuis quelque temps survenue, mais la lune donnait à ce passage de montagnes rocheuses entre-semées d'arbres l'aspect d'une belle et vaste forêt. Au lieu de m'arrêter au khani de Kondoura je poussai, une lieue plus loin, jusqu'au khani de Khora, tenu par un Albanais, le plus grand klephte parmi les klephtes albanais. Pour ne pas coucher dans le cellier où étaient ses vins et ne pas respirer cette désagréable odeur, je fis démonter une porte que je fis transporter dans la partie la plus élevée de l'écurie ; car déjà il commençait à faire un peu frais pour coucher en plein air, nous étions au 24 septembre. J'avais trouvé le matin un peu de fraîcheur dans l'atmosphère en revenant d'Égosthènes, et la fraîcheur s'était fait sentir aussi à la chute du jour avant d'arriver à Khora. L'écurie était entièrement ouverte par-devant, mais elle était fort longue ; et une quinzaine de chevaux, distribués des deux côtés, entre nous et l'ouverture, réchauffaient un peu la partie de l'écurie où je me trouvais. Je fis d'ailleurs allumer un grand feu que je fis entretenir toute la nuit et autour duquel vinrent se distribuer les conducteurs des mules et des chevaux, qui étaient venus comme moi chercher un asile pour la nuit dans le khani. Un poulet fort jeune mais fort dur, du fromage fort vieux et d'excellent raisin de la vigne voisine, que l'on vendangeait, me composèrent un excellent souper ; car si la chair était médiocre l'appétit ne l'était pas, et je m'endormis fort paisiblement dans mon manteau sur ma porte en guise de bois de lit et près d'un fort bon feu. Ce luxe tout princier, d'une porte démantelée, d'un bon feu et d'un dur poulet rôti, avait fort éveillé l'imagination de mon Albanais du khani. Tout Albanais a faim de thalaris et il y avait là une justification suffisante pour en tirer au moins deux ou trois de la poche d'un Franc; car les idées de Franc et de thalari sont liées d'une manière inséparable dans la tête d'un Albanais. J'en avais déjà trouvé quelques exemples à Phigalée, à Corinthe, à Vilia. Celui-ci s'y prit avec une adresse qui me charma; je ne comptais pas trouver le propriétaire d'un petit khani de montagne à la hauteur de nos plus habiles dresseurs d'additions à Paris. Jamais poseur de sonnettes ou serrurier ne composa si artistement un mémoire détaillé : tant pour le poulet vivant, tant pour l'avoir tué, tant pour l'avoir plumé, tant pour l'avoir nettoyé, tant pour l'avoir embroché et tourné pendant une demi-heure; tant pour avoir fait le feu, tant pour l'avoir entretenu avec assiduité; tant pour la place dans l'écurie; tant pour avoir démonté la porte, tant pour la remettre, tant pour l'avoir laissée pendant la nuit et tant pour la natte qui la recouvrait. Rien n'y était oublié, moins *el ruido* (le bruit, le dérangement), que l'on paye quelquefois en Espagne. Chacune des sommes était petite et équitable, l'addition seule était quelque peu grosse; mais il n'y avait rien à dire, et le mérite d'une telle innovation méritait bien d'ailleurs d'être rémunéré. Je payai donc tout, charmé d'avoir vu ce trait de plus du caractère albanais, et je partis pour Éleusis. Des deux côtés de la route, avant d'arriver d'Éleuthère à Éleusis, on aperçoit déjà, au milieu des champs, des traces d'immenses constructions antiques, des fondements de temples, des tronçons de colonnes, des pans de murailles sortant de terre. Autour de la fontaine étaient plusieurs autres monuments, qui, à en juger par les quelques ruines sorties hors de terre, semblent avoir appartenu à l'époque romaine. On était, au moment où j'arrivai à Éleusis, dans tout le tumulte des vendanges. Je revis avec plaisir ces lieux qui m'étaient déjà familiers, et le vieux château franc qui domine la route d'Éleuthère, et la petite église composée de marbres antiques, et les grands débris des vastes temples construits sur la colline, et le môle et la gracieuse baie de Salamine. Je fis aussi, à moitié chemin d'Eleusis à Athènes, mon pèlerinage au couvent de Daphni et au tombeau des ducs français d'Athènes de la maison de La Roche; puis, hâtant le galop de mon cheval sur cette belle route unie qui a remplacé la voie sacrée, je revis avec une nouvelle admiration, et les eaux transparentes de la baie de Phalère et le glorieux rocher de l'Acropolis, heureux de me laisser aller encore pour quelques jours au charme de l'intimité de mes amis d'Athènes, en attendant qu'un souffle favorable des vents de l'Archipel me permît de visiter les îles qui l'émaillent, avec la même affection religieuse que j'ai mise à visiter la Grèce Continentale et la Morée.

FIN.

TABLE.

Dédicace a S. A. R. Madame la duchesse d'Orléans........ v
Introduction.. 1

GRÈCE CONTINENTALE.

I. Malte. — Syra. — Le Pirée. — Arrivée à Athènes........... 39
II. Athènes. — Ses monuments antiques et ses fêtes populaires. — Sa passion pour la philologie. — Ses écoles avant la révolution grecque... 63
III. Athènes. — La cour et la ville............................. 92
IV. L'Athènes française du moyen âge. — Ses monuments. — Châteaux. — Églises. — Sépultures. — Armures........... 115
V. Athènes. — L'État... 146
VI. Environs d'Athènes. — Colone. — L'Académie. — Daphni. — Éleusis.. 167
VII. Mont Lycabettus. — Marousi. — Kephisia. — Le Pentélique. — L'Hymette.. 177
VIII. Dekelia. — Marathon. — Varnavas. — Gliathi........... 190
IX. Marcopoulo. — Oropos. — Aulis. — Chalkis. — Thèbes.... 204
X. Lac Copaïs. — Karditza. — Livadia........................ 213
XI. Chéronée. — Un mariage grec. — Le monastère de Saint-Luc... 227
XII. Delphes. — Salona.. 248
XIII. Khani de Gravia... 261
XIV. La Clisoura. — Bodonitza................................ 280
XV. Une sucrerie française en Grèce. — Thronium — La Locride.. 288

TABLE.

XVI. Les Thermopyles. — Lamia. — Néo-Patras............ 318
XVII. Carpenisi. — Poursós........................... 337
XVIII. Retour de Poursos à Athènes..................... 359

MORÉE.

XIX. Épidaure. — Ligourio............................. 368
XX. Nauplie. — Tirynthe. — Mycènes. — Argos.......... 380
XXI. Astros. — Monembasie. — Château de la Belle....... 392
XXII. Myli. — Lerne. — Moukhli. — Tripolitza. — Nicli.... 416
XXIII. Sparte. — Lacédémonia. — Mistra. — Amyclée...... 424
XXIV. Trypi. — Chaîne du Taygète. — Calamata. — Messène.
— Coron. — Modon................................ 436
XXV. Navarin. — Arcadia. — Christiano................. 459
XXVI. Sidero-Castro. — Pavlitza. — Phigalée. — Bassæ. — Andritzena. — Lavda............................... 469
XXVII. Caritena. — Mégalopolis. — Leondari. — Veligosti. — Makry-Plagi. — Lakos. — Gardiki 476
XXVIII. Gortys. — Palomba. — Achovæ. — Liodora........ 489
XXIX. Isova. — Olympie............................. 496
XXX. Pyrgos. — Elis. — Andravida. — Blachernes. — Clarentza.. 501
XXXI. Patras. — Vostitza............................. 516
XXXII. Mega-Spileon. — Calavryta. — Trémoula. — Vlongoka. Ægire... 532
XXXIII. Sicyone. — Corinthe.......................... 546
XXXIV. Kynèthes. — Roches-Skyronides. — Mégare. — Mont Karydi.. 552
XXXV. Vilia. — Cythéron. — Égosthènes. — Éleuthère. — Éleusis. — Daphni................................. 557

FIN DE LA TABLE.

FAUTES A CORRIGER.

Page.	Ligne.		Lisez.
18	25	Boursos.	Poursos.
20	31	Sideroporton.	Sidero-Porta.
ib.	36	pénétrer dans.	pénétrer de.
32	24	régulières.	rocailleuses.
51	5	presque toute.	presque tous.
78	16	des corde.	des cordes.
142	35	l'orfre.	l'offre.
165	3	juin 1838.	juin 1835.
215	30	cette grotte.	cette vallée.
224	3	Patradjak.	Patradjik.
260	8	à mon départ.	à mon départ le lendemain.
261	10	en pleine air.	en plein air.
263	titre	Khania.	Khani.
284	2	du mot gre	du mot grec.
298	15	désignent avec.	désignent par.
310	29	si facile accès.	si faciles accès.
311	5	faite.	faites.
318	9	près de Vrac.	près de Vrachori.
319	14	Picliot.	Pichalt.
320	12	notre gaulois Brenn.	notre Brenn gaulois.
321	5	Palœo-Jania.	Palœo-Janni.
329	14	avec toute aussi.	aussi avec toute.
337	9	bâti.	bâtie.
360	32	Palœo-Vraca.	Palœo-Vracha.
367	35	Léosia.	Liosia.
ib.	note	Sucaminisii.	Sucamini.
399	7	palais.	temple.
419	33	ruines franque.	ruines franques.
420	31	en face la.	en face de la.
424	10	seulement de l'Eurotás.	riveraines de l'Eurotas.
429	16	Ceno-Valli.	Cento-Valli.
430	note	Théodose.	Théodore.
432	26	Nicholas Paléologue.	Michel Paléologue.
460	22	Castrotis.	Castro-tis.
464	6	encore.	encore plus.
470	34	Saint-Éloi.	Saint-Élie.
473	26	s'abreuvent.	subsistent.
503	titre	Leterie.	Leteri.

www.ingramcontent.com/pod-product-compliance
Lightning Source LLC
Chambersburg PA
CBHW060505230426
43665CB00013B/1390